Sabine Kurtenacker

Der Einfluss politischer Erfahrungen auf den Verfassungskonvent von Herrenchiemsee

Entwicklung und Bedeutung der Staats- und
Verfassungsvorstellungen von Carlo Schmid,
Hermann Brill, Anton Pfeiffer und
Adolf Süsterhenn

Herbert Utz Verlag · München

Geschichtswissenschaften

Coverabbildung: Urkunde vom 24. August 1948 zum Gedenken an den Verfassungskonvent von Herrenchiemsee, in: BayHStA, NL Pfeiffer 173. Die Unterschriften sind von Paul Zürcher, Josef Schwalber, Otto Suhr, Theodor Spitta, Wilhelm Drexelius, Hermann Louis Brill (linke Spalte); Justus Danckwerts, Theo Kordt, Adolf Süsterhenn, Fritz Baade, Josef Beyerle, Karl Schmid (rechte Spalte) und Anton Pfeiffer.

Zugl.: Diss., Heidelberg, Univ., 2017

Bibliografische Information der Deutschen Nationalbibliothek: Die Deutsche Nationalbibliothek verzeichnet diese Publikation in der Deutschen Nationalbibliografie; detaillierte bibliografische Daten sind im Internet über http://dnb.d-nb.de abrufbar.

Dieses Werk ist urheberrechtlich geschützt. Die dadurch begründeten Rechte, insbesondere die der Übersetzung, des Nachdrucks, der Entnahme von Abbildungen, der Wiedergabe auf fotomechanischem oder ähnlichem Wege und der Speicherung in Datenverarbeitungsanlagen bleiben – auch bei nur auszugsweiser Verwendung – vorbehalten.

Copyright © Herbert Utz Verlag GmbH · 2017

ISBN 978-3-8316-4631-9

Printed in EU
Herbert Utz Verlag GmbH, München
089-277791-00 · www.utzverlag.de

Danksagung

Bei der vorliegenden Studie handelt es sich um meine im Wintersemester 2016/2017 von der Philosophischen Fakultät der Ruprecht-Karls-Universität Heidelberg angenommene Inauguraldissertation. Ihr Entstehen wurde von vielen Personen unterstützt, denen ich an dieser Stelle meinen Dank aussprechen möchte.

In erster Linie gilt mein Dank dem Betreuer der Arbeit, Herrn Prof. Dr. Hartmut Soell. Er hat mich in meinen Bemühungen unterstützt, den Gang der Arbeit begleitet und mir dabei zugleich die notwendigen Freiheiten gelassen. Herrn Prof. Dr. Edgar Wolfrum sei für die Übernahme des Zweitgutachtens gedankt. Herrn Dr. Klaus Kempter danke ich für seine Bereitschaft zur Übernahme des Prüfungsvorsitzes.

Besonderen Dank für ihre Unterstützung schulde ich allen Mitarbeiterinnen und Mitarbeitern der von mir besuchten Bibliotheken und Archive, allen voran jenen der Staatsbibliothek und des Bayerischen Hauptstaatsarchivs in München. Zudem seien stellvertretend – in alphabetischer Reihenfolge – Frau Rosemarie Barthel (Thüringisches Staatsarchiv Gotha), Frau Eveline Bittorf (Hauptstaatsarchiv Weimar), Herrn Dr. Günther Bradler (Landtagsarchiv Baden-Württemberg), Herrn Wolfgang Ihle (KDStV Hohenstaufen), Herrn Frank Neupert (Landeshauptarchiv Koblenz), Herrn Dr. Thomas Notthoff (Archiv der Max-Planck-Gesellschaft) und Frau Sigrid Pfeifer (Landtagsarchiv Baden-Württemberg) genannt.

Von einer Reihe von Personen erhielt ich zudem wertvolle Hinweise und hilfreiches Material, das sie mir freundlicherweise zur Verfügung stellten. Gedankt sei daher an dieser Stelle – ebenfalls in alphabetischer Reihenfolge – Herrn Prof. em. Dr. Helmut Berding (Justus-Liebig-Universität Gießen), Herrn Dr. Michael Braun (Stiftung Reichspräsident-Friedrich-Ebert-Gedenkstätte Heidelberg), Herrn Dr. Otto-Heinrich Elias, Professor i. R. Dr. Manfred Overesch (Universität Hildesheim), Herrn Prof. em. Dr. Frank R. Pfetsch (Ruprecht-Karls-Universität Heidelberg) und Herrn Dr. Uwe Sibeth (Kommission für geschichtliche Landeskunde in Baden-Württemberg).

Nicht zuletzt gilt mein Dank meiner Familie – Eltern, Onkel und Tante –, die stets ein offenes Ohr hatte, sowie Herrn Dr. Joachim Wiesenbach, der noch zu Schulzeiten die Grundsteine für mein späteres Studium legte, René Meyer, der mir den zeitlichen Freiraum ermöglichte, um mit der vorliegenden Arbeit überhaupt erst zu beginnen, und Herrn Prof. Dr.-Ing. Michael Hässler, der nicht nur den Anstoß zu der vorliegenden Arbeit gab, sondern deren Entstehen mit großem Interesse begleitet und mich vielfach unterstützt hat.

München, im Januar 2017   Sabine Kurtenacker

Inhaltsverzeichnis

Danksagung 3

Abbildungsverzeichnis 9

Abkürzungsverzeichnis 10

1 Einleitung und Forschungsstand 13

2 Zwischen Kaiserreich und Diktatur – das staats- und verfassungsrechtliche Denken Schmids, Brills, Pfeiffers und Süsterhenns in der Zwischenkriegszeit 41

   2.1 Grundrechte und Europa – staats- und verfassungsrechtliche Überlegungen bei Carlo Schmid vor dem Zweiten Weltkrieg 41

      2.1.1 Erste Überlegungen zum Völkerbund als einem europäischen politischen System in den 30er Jahren 42

      2.1.2 Kritik an den Staatsvorstellungen der Nationalsozialisten in den Jahren 1934/1935 47

      2.1.3 Zusammenfassung 50

   2.2 Von der idealistischen Räterepublik zur sozialistischen Realpolitik – Staats- und Verfassungsvorstellungen Hermann Louis Brills in den frühen Jahren der Weimarer Republik 51

      2.2.1 Der Verfassungsentwurf für die vom Arbeiter- und Soldatenrat ausgerufene Räterepublik Gotha vom 1. Juli 1919 54

      2.2.2 Der Entwurf des Gesetzes für die vorläufige Regierungsgewalt in der Republik Gotha vom 23. Dezember 1919 59

      2.2.3 Zusammenfassung 64

   2.3 Gegen die Übermacht von Parlament und Einheitsstaat – Föderalismus als Kern der staats- und verfassungsrechtlichen Vorstellungen Anton Pfeiffers 65

      2.3.1 Über die Weimarer Reichsverfassung in einer Rede vom Februar 1920 66

      2.3.2 Zu „Einheitsstaat und Föderalismus" im März 1920 70

      2.3.3 Zusammenfassung 75

   2.4 Christliches Naturrecht und Subsidiarität – Katholizismus und Staatsdenken beim frühen Adolf Süsterhenn 75

      2.4.1 „Neuer Geist – alte Form" – erste Konturen des Süsterhenn'schen Denkens 76

      2.4.2 Beiträge in der *Kölnischen Volkszeitung* im Jahr 1933 77

      2.4.3 Zusammenfassung 80

   2.5 Staats- und verfassungsrechtliches Denken zwischen Föderalismus und Zentralismus – Gemeinsamkeiten und Unterschiede bei Carlo Schmid,

Hermann Louis Brill, Anton Pfeiffer und Adolf Süsterhenn vor dem
Zweiten Weltkrieg 81

3 Staats- und Verfassungsvorstellungen nach dem Zweiten Weltkrieg...................84
   3.1 Die politischen Parteien 86
      3.1.1 Carlo Schmid, Hermann Louis Brill und die Staats- und
           Verfassungsvorstellungen der Sozialdemokratischen Partei
           Deutschlands 87
      3.1.2 Die Staats- und Verfassungsvorstellungen der Unionsparteien und
           der „Bayerische Entwurf eines Grundgesetzes für den
           Verfassungskonvent von Herrenchiemsee" – die Einflüsse Anton
           Pfeiffers und Adolf Süsterhenns 101
      3.1.3 Zusammenfassung.. 112
   3.2 Die Verfassungsgebung in den Ländern.. 114
      3.2.1 Carlo Schmid und die Verfassungsgebung in Württemberg-Baden
           und Württemberg-Hohenzollern 118
      3.2.2 Hermann Louis Brill und die Verfassungsgebung in Thüringen und
           Hessen 128
      3.2.3 Anton Pfeiffer und die Verfassungsgebung in Bayern................... 136
      3.2.4 Adolf Süsterhenn und die Verfassungsgebung in Rheinland-Pfalz.... 145
      3.2.5 Zusammenfassung... 156
   3.3 Staats- und Verfassungsvorstellungen Carlo Schmids................................. 159
      3.3.1 Die Forderung nach einem Besatzungsstatut als Voraussetzung
           einer gesamtdeutschen Verfassung in den Jahren 1947/1948 160
      3.3.2 Deutsche Verfassungsarbeit unter Berücksichtigung der
           staatsrechtlichen Strukturen Europas in den Jahren 1947/1948 172
      3.3.3 Zusammenfassung... 180
   3.4 Staats- und Verfassungsvorstellungen Hermann Louis Brills 181
      3.4.1 Die Widerstandsschriften im Konzentrationslager Buchenwald in
           den Jahren 1944/1945 182
      3.4.2 Die Verfassungsentwürfe im Deutschen Büro für Friedensfragen
           aus dem Jahr 1947 189
      3.4.3 Zusammenfassung... 201
   3.5 Staats- und Verfassungsvorstellungen Anton Pfeiffers................................ 203
      3.5.1 Pfeiffers Wirken im Stuttgarter Länderrat in den Jahren 1945 bis
           1948.. 204
      3.5.2 Pfeiffer im Ellwanger Freundeskreis in den Jahren 1947/1948........... 211
      3.5.3 Zusammenfassung... 222
   3.6 Staats- und Verfassungsvorstellungen Adolf Süsterhenns........................... 223
      3.6.1 Die Artikelserie im *Rheinischen Merkur* in den Jahren 1946 bis 1948 224

3.6.2 Im Bund Deutscher Föderalisten in den Jahren 1946 bis 1948 236

3.6.3 Zusammenfassung 245

3.7 Staats- und Verfassungsvorstellungen nach dem Zweiten Weltkrieg bei Carlo Schmid, Hermann Louis Brill, Anton Pfeiffer und Adolf Süsterhenn .. 247

4 Staats- und Verfassungsvorstellungen auf dem Verfassungskonvent von Herrenchiemsee vom 10. bis 23. August 1948 254

4.1 Zur Vorgeschichte und Einberufung des Verfassungskonvents von Herrenchiemsee 254

4.2 Die Eröffnung des Verfassungskonvents von Herrenchiemsee 270

4.3 Themen und Ergebnisse des Verfassungskonvents 278

    4.3.1 Der Charakter der neu zu schaffenden staatlichen Ordnung – Verfassung oder Grundgesetz? 280

    4.3.2 Die Quelle der Staatsgewalt – Das Verhältnis von Bund und Ländern 287

    4.3.3 Die Grundrechtsdebatte – Individualrechte oder Ordnung der menschlichen Gemeinschaft? 291

    4.3.4 Die Verfassungsorgane – Bundespräsident oder Bundespräsidium? 299

    4.3.5 Die Verfassungsorgane – Bundesrat oder Senat? 306

    4.3.6 Die Verfassungsorgane – Bundestag 317

    4.3.7 Die Verfassungsorgane – Bundesregierung und Bundeskanzler 320

    4.3.8 Die Verfassungsorgane – Bundesverfassungsgericht 326

    4.3.9 Exkurs: Europapolitisches Programm und völkerrechtliche Bestimmungen 331

4.4 Das staats- und verfassungsrechtliche Denken Carlo Schmids, Hermann Louis Brills, Anton Pfeiffers und Adolfs Süsterhenns auf dem Verfassungskonvent von Herrenchiemsee 334

5 Zeitgenössische und rückblickende Bewertung der Ergebnisse des Verfassungskonvents von Herrenchiemsee 340

5.1 Die Bewertung des Verfassungskonvents durch Carlo Schmid, Hermann Louis Brill, Anton Pfeiffer und Adolf Süsterhenn 340

5.2 Die Bewertung durch die Ministerpräsidenten 346

5.3 Die Bewertung durch die Parteien 347

5.4 Die Bewertung durch die westlichen Besatzungsmächte 348

5.5 Rückblickende Bewertung der Ergebnisse des Verfassungskonvents 349

6 Zusammenfassung und Ausblick auf den Einfluss im Parlamentarischen Rat 355

Quellen- und Literaturverzeichnis 370

Gedruckte Quellen 370
Verfassungstexte und Verfassungskonzeptionen (chronologisch) 371
Archivarische Quellen 373
Quellen im Internet 374
Zeitungen und Zeitschriften 375
Literatur 376

Abbildungsverzeichnis

Abbildung 2-1:	Verfassungsorgane und Gewaltenverschränkung im Entwurf einer vorläufigen Verfassung für den Staat Gotha (1. Juli 1919)	57
Abbildung 3-1:	Verfassungsorgane und Gewaltenverschränkung in den Richtlinien für den Aufbau der Deutschen Republik (2. Juli 1947)	90
Abbildung 3-2:	Verfassungsorgane und Gewaltenverschränkung im „Bayerischen Entwurf" eines Grundgesetzes für den Verfassungskonvent (August 1948)	107
Abbildung 3-3:	Verfassungsorgane und Gewaltenverschränkung im vorläufigen Entwurf einer Verfassung für Nordwürttemberg und Nordbaden von Carlo Schmid (24. April 1946)	124
Abbildung 3-4:	Verwaltungsorgane und Gewaltenverschränkung in den Richtlinien für eine Landesverwaltungsordnung Thüringens von Hermann L. Brill (Mai/Juni 1945)	131
Abbildung 3-5:	Verfassungsorgane und Gewaltenverschränkung im Vorentwurf einer Verfassung für Rheinland Pfalz von Adolf Süsterhenn (4. Oktober 1946)	152
Abbildung 3-6:	Verfassungsorgane und Gewaltenverschränkung von Hermann L. Brill in einer Besprechung über Verfassungsfragen in der bayerischen Staatskanzlei München (14. März 1947)	192
Abbildung 3-7:	Verfassungsorgane und Gewaltenverschränkung in den Vorschlägen für eine Verfassungspolitik des Länderrats von Hermann L. Brill (14. April 1947)	196
Abbildung 3-8:	Verfassungsorgane und Gewaltenverschränkung in den Grundsätzen für eine deutsche Bundesverfassung des Ellwanger Freundeskreises (13. April 1947)	219
Abbildung 3-9:	Verfassungsorgane und Gewaltenverschränkung auf gesamtdeutscher Ebene bei Adolf Süsterhenn (1948)	233
Abbildung 6-1:	Urkunde vom 24. August 1948 zum Gedenken an den Verfassungskonvent von Herrenchiemsee	360

Abkürzungsverzeichnis

Abg.	Abgeordneter
Abschn.	Abschnitt
a. D.	außer Dienst
ADF	Arbeitsgemeinschaft Deutscher Föderalisten
akt.	aktualisiert
Anm.	Anmerkung
Art.	Artikel
AdsD	Archiv der Sozialen Demokratie
Aufl.	Auflage
BArch	Bundesarchiv Koblenz
Bayer.	Bayerisch
BayHStA	Bayerisches Hauptstaatsarchiv
Bd.	Band
BEGG	Bayerischer Entwurf eines Grundgesetzes für den Verfassungskonvent von Herrenchiemsee vom August 1948
Beilage II EvVSG	Beilage II zur vorläufigen Verfassung für den Staat Gotha von der Wahl des Landes-Arbeiter- und Bauernrates vom Juli 1919
Berat LVers	Beratende Landesversammlung der Verfassung für Rheinland-Pfalz
BVP	Bayerische Volkspartei
CDP	Christlich-Demokratische Partei
CDU	Christlich Demokratische Union
CSU	Christlich-Soziale Union
DBfF	Deutsches Büro für Friedensfragen
DDP	Deutsche Demokratische Partei
DDR	Deutsche Demokratische Republik
Dir.	Direktor
d. Js.	des Jahres
Dok.	Dokument
DV	Deutsche Volksfront
DVP	Deutsche Volkspartei
E	Entwurf
eingel.	eingeleitet
em.	emeritiert
erg.	ergänzt
erw.	erweitert
EvRRG	Entwurf des Gesetzes für die vorläufige Regierungsgewalt in der Republik Gotha vom 23. Dezember 1919 von Hermann Brill
EvVFG	Entwurf für eine vorläufige Verfassung für den Freistaat Gotha vom April 1919
EvVSG	Entwurf für eine vorläufige Verfassung für den Staat Gotha vom Juli 1919
E I	Entwurf der Verfassung für Rheinland-Pfalz nach der 1. Lesung des VA der Beratenden Landesversammlung

E II	Entwurf der Verfassung für Rheinland-Pfalz nach der 2. Lesung des VA der Beratenden Landesversammlung
e. V.	eingetragener Verein
Frhr.	Freiherr
GG	Grundgesetz
HchS	Herrenchiemsee
HChE	Entwurf eines Grundgesetzes des Verfassungskonvents auf Herrenchiemsee
HHStA	Hessisches Hauptstaatsarchiv, Wiesbaden
i. A.	im Auftrag
IfZ	Institut für Zeitgeschichte
i. R.	im Ruhestand
i. W.	im Wartestand
KDStV	Katholische Deutsche Studentenverbindung
KPD	Kommunistische Partei Deutschlands
lat.	lateinisch
LReg	Landesregierung
Landesverf	Landesverfassung
M. d. L	Mitglied des Landtages
MG	Militärgouverneur
MinPräs	Ministerpräsidenten
MP	Ministerpräsident
MR	Militärregierung
ND	Neudeutschland
NL	Nachlass
No.	Number
Nr.	Nummer
NS	Nationalsozialismus
NSV	Nationalsozialistische Volkswohlfahrt
o. A.	ohne Autor
o. Abs.	ohne Absender
o. Ang.	ohne Angabe
OKW	Oberkommando der Wehrmacht
OMGUS	Office of Military Government of the United States for Germany
ORR	Oberregierungsrat
PKV	Paulskirchenverfassung (Verfassung des Deutschen Reichs vom 28. März 1849)
PNL	Privatnachlass
PR	Parlamentarischer Rat
Pseud.	Pseudonym
RfAdDR	Richtlinien für den Aufbau der Deutschen Republik
RGCO	Regional Government Coordinating Office
SBZ	Sowjetische Besatzungszone
SdL	Statut für den Länderrat des amerikanischen Besatzungsgebietes
SED	Sozialistische Einheitspartei Deutschlands
Sp.	Spalte

SPD	Sozialdemokratische Partei Deutschlands
SS	Schutzstaffel (der NSDAP)
StaBi	Bayerische Staatsbibliothek, München
StBKHA	Stiftung Bundeskanzler-Adenauer-Haus
stellv.	stellvertrend(e)
ThHStAW	Thüringisches Hauptstaatsarchiv Weimar
ThStA Gotha	Thüringisches Staatsarchiv Gotha
UA I	Unterausschuss I
UA II	Unterausschuss II
UA III	Unterausschuss III
überarb.	überarbeitet(e)
übers.	übersetzt
UEF	Union Européenne des Fédéralistes / Union Europäischer Föderalisten
UN(O)	United Nations (Organization)
Unterabschn.	Unterabschnitt
USP(D)	Unabhängige Sozialdemokratische Partei Deutschlands
VA	Verfassungsausschuss der Beratenden Landesversammlung von Rheinland-Pfalz
VBA	Völkerbundsakte im Friedensvertrag von Versailles in der Fassung vom 8. September 1926
VDA	Volksbund für das Deutschtum im Ausland
Verf	Verfassung
VES	Vorentwurf einer Verfassung für Rheinland Pfalz von Adolf Süsterhenn vom 4. Oktober 1946
VESch	Vorläufiger Entwurf einer Verfassung für Nordwürttemberg und Nordbaden von Carlo Schmid vom 24. April 1946
VEVV	Entwurf einer Verfassung für Württemberg-Baden nach den Beschlüssen des Verfassungsausschusses der Vorläufigen Volksvertretung vom 15. Juni 1946
VHchS	Verfassungskonvent von Herrenchiemsee
v. Js.	vorigen Jahres
v/o	vulgo
Vol.	Volume
VRP	Verfassung von Rheinland-Pfalz vom 18. Mai 1947
VWB	Verfassung für Württemberg-Baden vom 28. November 1946
WeimRV	Weimarer Reichsverfassung vom 11. August 1919
WK	Weltkrieg
WR	Weimarer Republik
WRV	Weimarer Reichsverfassung vom 11. August 1919
z. D.	zur Disposition
z. Hd.	zu Händen

1 Einleitung und Forschungsstand

Vor knapp 70 Jahren trafen in dem ehemaligen Augustinerchorherrenstift auf der Herreninsel im Chiemsee Delegierte der elf westdeutschen Länder als Expertengremium zusammen, um in nur zwei Wochen – vom 10. bis 23. August 1948 – den „Entwurf eines Grundgesetzes", dem ein Vorbericht sowie ein „Darstellender Teil" voran- und ein „Kommentierender Teil" nachgestellt waren, zu erarbeiten. Als der Parlamentarische Rat am 1. September des Jahres 1948 in Bonn zusammentraf und in nur gut neun Monaten das heutige Grundgesetz schuf, konnte er auf diesen Verfassungsentwurf von Herrenchiemsee als wichtigste Beratungsgrundlage zurückgreifen. Keine der anderen Direktiven „fand in Umfang und Gestalt Eingang in das Grundgesetz wie der Entwurf von Herrenchiemsee"[1]. Die historische Bedeutung des Herrenchiemseer Entwurfs und seine Wirkung in die Gegenwart hinein werden daran ersichtlich, dass das am 23. Mai 1949 vom Parlamentarischen Rat verabschiedete Grundgesetz für die Bundesrepublik Deutschland, das zunächst nur als ein Provisorium gedacht war, schließlich zur endgültigen Verfassung des seit dem 3. Oktober 1990 wiedervereinten Deutschlands wurde.

Zeitlich zwischen der Übergabe der Frankfurter Dokumente an die Ministerpräsidenten der westdeutschen Länder am 1. Juli 1948 und dem Beginn der Beratungen des Parlamentarischen Rates am 1. September 1948 gelegen, stellte der Verfassungskonvent von Herrenchiemsee somit den zentralen Zwischenschritt auf dem Weg zur Konstituierung einer neuen deutschen Staatlichkeit dar. Nicht umsonst wird er daher in der Forschung als „Weichenstellung für Deutschland"[2] bezeichnet.

Die eigentliche Leistung des Verfassungskonvents, etwa seine verfassungsrechtlichen Anregungen auf dem Gebiet der Grundrechte, das heutige Grundrechtsverständnis überhaupt erst möglich gemacht. Die Weiterentwicklung des föderalistischen Prinzips vervollständigte die Grundsätze der Freiheit, Rechtsstaatlichkeit und Demokratie. Der Konsens, den die Delegierten auf Herrenchiemsee zum Ausdruck brachten, war getragen von den gemeinsamen Erfahrungen der Weimarer Republik und dem Erleben der darauf folgenden nationalsozialistischen Diktatur. Diese nicht zuletzt auch emotionale Grundlage, „die aus dem persönlichen Leiden am Staat kam"[3], und die damit verbundenen politischen Erfahrungen der handelnden Personen sind Forschungsgegenstand der vorliegenden Arbeit.

In der Forschung zu Herrenchiemsee findet sich die Einschätzung, dass außer „Anton Pfeiffer und Carlo Schmid [...] von den Teilnehmern am Verfassungskonvent auf Herrenchiemsee wohl der hessische Vertreter, Hermann L. Brill [...], die Diskussion

---

[1] Bauer-Kirsch, Angela, *Herrenchiemsee. Der Verfassungskonvent von Herrenchiemsee – Wegbereiter des Parlamentarischen Rates*, Dissertation elektronisch publ. auf dem Hochschulschriftenserver der ULB Bonn (http://hss.ulb.uni-bonn.de/diss_online), Bonn 2005.
[2] *Weichenstellung für Deutschland. Der Verfassungskonvent von Herrenchiemsee*, hg. v. Peter März und Heinrich Oberreuter, München 1999.
[3] Gallwas, Hans-Ullrich, „Der staatsrechtliche Standort des Verfassungskonvents von Herrenchiemsee", in: *Weichenstellung für Deutschland. Der Verfassungskonvent von Herrenchiemsee*, hg. v. Peter März und Heinrich Oberreuter, München 1999, S. 83–99, hier S. 98.

um eine gesamtstaatliche Verfassung am nachhaltigsten beeinflusst"[4] habe. Dies wirft die Fragestellung auf, weshalb es gerade diese drei Politiker waren, die ihren Einfluss auf Herrenchiemsee geltend machen konnten, aber auch, von welchen staats- und verfassungspolitischen Erfahrungen und Erkenntnissen sie sich dabei leiten ließen. Dabei waren nicht nur Carlo Schmid, Hermann Brill und Anton Pfeiffer führend an den Diskussionen um eine gesamtstaatliche Verfassung auf dem Verfassungskonvent von Herrenchiemsee beteiligt. Adolf Süsterhenn bestimmte aufgrund seiner politischen Erfahrungen sowie seiner staats- und verfassungspolitischen Vorarbeiten die Ergebnisse von Herrenchiemsee ebenfalls in bedeutendem Maße mit. Die vorliegende Arbeit bezieht daher seine Staats- und Verfassungsvorstellungen in die Untersuchung mit ein.[5]

Im Mittelpunkt der vorliegenden Arbeit steht dabei die Frage nach den zentralen staats- und verfassungspolitischen Motiven, die Carlo Schmid, Hermann Brill, Anton Pfeiffer und Adolf Süsterhenn leiteten. Ausgehend von den übergeordneten staats- und verfassungsrechtlichen Begriffen Demokratie und Föderalismus, die zunächst von den äußeren Rahmenbedingungen des Ersten Weltkriegs und der Novemberrevolution, dem Versailler Vertrag und der Weimarer Verfassung sowie dem aufkommenden Nationalsozialismus geprägt wurden, geht die vorliegende Studie chronologisch vor. So kamen nach den einschneidenden Umbrüchen des Dritten Reichs und des Zweiten Weltkriegs weitere äußere Einflussfaktoren hinzu, die die staats- und verfassungspolitische Diskussion mit beeinflussten, wie etwa die Demokratie- und Föderalismusvorstellungen vor allem der westlichen Alliierten. Dabei spielten vornehmlich die von ihren außenpolitischen Interessen bestimmten Denkmuster der amerikanischen und französischen Besatzungsmächte eine entscheidende Rolle in der Verfassungspolitik Nachkriegsdeutschlands.[6] Demokratisierung ging bei den Amerikanern mit dem Föderalismusgedanken Hand in Hand und wurde „im Sinne des politischen Aufbaus von unten gesehen."[7] Zudem war ihnen ein dezentrales System aus eigener Erfahrung bekannt, und nicht zuletzt ging es der amerikanischen Militärregierung auch darum, den Föderalismus „zur Absicherung einer marktwirtschaftlichen Erwerbswirtschaft"[8] zu fördern. Carlo Schmid stellte zum Föderalismusgedanken der Amerikaner rückblickend fest: „Föderalismus begriffen sie nicht als etwas Dissoziierendes, sondern als ein System Assoziation suchender Kräfte."[9] Dagegen war bei den französischen Alliierten, auch aufgrund der geographischen Voraussetzungen, der Sicherheitsgedanke weit stär-

---

[4] *Der Parlamentarische Rat 1948–1949. Akten und Protokolle*, hg. v. Deutschen Bundestag u. v. Bundesarchiv unter Leitung v. Kurt G. Wernicke u. Hans Booms, bearb. v. Peter Bucher, Bd. 2, Boppard am Rhein 1981, S. XXVI [im Folgenden zit. als PR, Bd. 2].
[5] Damit waren es auf der Herreninsel im Chiemsee, noch stärker als schon 100 Jahre zuvor in der Frankfurter Paulskirche, die süddeutschen Vertreter – Adolf Süsterhenn repräsentierte die rheinische Seite –, die die Verfassungsdiskussion in Deutschland im Wesentlichen mitbestimmten.
[6] Die Demokratie- und Föderalismusvorstellungen der britischen Alliierten spielten hingegen eine eher untergeordnete Rolle, da sie, im Unterschied zu den Franzosen und Amerikanern, keine „von langer Hand vorbereitete oder als Leitlinie geltende Vorgabe für die deutschen Verfassungsarbeiten hatten." Pfetsch, Frank R., *Ursprünge der Zweiten Republik. Prozesse der Verfassungsgebung in den Westzonen und in der Bundesrepublik*, Opladen 1990, S. 156.
[7] Ebd., S. 158.
[8] Ebd.
[9] Schmid, Carlo, *Erinnerungen*, Gesammelte Werke in Einzelausgaben, Bd. 3, Bern/München/Wien 1979, S. 369.

ker ausgeprägt. Hinzu kam die eigene zentralistisch geprägte Verfassungstradition. Dies führte dazu, dass es der französischen Seite eher um einen „dissoziativen Föderalismus"[10] ging, der sich in einem ausgeprägten „Antizentralismus"[11] manifestierte.[12] Dabei darf jedoch nicht übersehen werden, dass, was den Einfluss der westlichen Alliierten auf den Staats- und Verfassungsaufbau in Deutschland anbelangt, diese zwar die äußeren Rahmenbedingungen sowohl auf Landes- als auch auf gesamtdeutscher Ebene vorgaben und damit gleichsam diesen Prozess organisierten, dabei aber keinesfalls ein „Verfassungsdiktat"[13] ausübten.

Der Forschungsstand zum Verfassungsgebungsprozess, der in das Grundgesetz der Bundesrepublik Deutschland mündete, weist noch immer einige Lücken auf. Was Literatur und Forschung zum Verfassungskonvent von Herrenchiemsee betrifft, gab es in den letzten Jahren kaum wesentliche Neuerungen, abgesehen von der politikwissenschaftlichen Dissertation Angela Bauer-Kirschs im Jahr 2005[14]. Standard bei der Beschäftigung mit Herrenchiemsee sind nach wie vor die Akten und Protokolle zum Herrenchiemseer Verfassungskonvent, bearbeitet und mit einer ausführlichen Einleitung versehen von Peter Bucher.[15] Dazu kommen die – etwa im Nachlass von Anton Pfeiffer – erhaltenen Protokolle der Sitzungen der drei Unterausschüsse.[16] Allgemein scheint jedoch im Staatsrecht und in der historischen Forschung die verfassungsgeschichtliche Bedeutung des Verfassungskonvents von Herrenchiemsee nur noch einen verhältnismäßig geringen Stellenwert einzunehmen.[17] Deshalb soll hier ein Anstoß dafür gegeben werden, sich der Wurzeln des Grundgesetzes und des damit untrennbar verbundenen Einflusses Carlo Schmids, Hermann Brills, Anton Pfeiffers und Adolf Süsterhenns wieder bewusst zu werden.

In der Forschungsliteratur wird die Bedeutung des Verfassungskonvents von Herrenchiemsee zudem stets daran festgemacht, dass er die entscheidende Vorlage für die Beratungen im Parlamentarischen Rat lieferte. Tatsächlich stimmen jedoch das Grundgesetz und der Verfassungsentwurf von Herrenchiemsee in weiten Teilen über-

---

[10] Pfetsch, *Ursprünge*, S. 157. Carlo Schmid bemerkt zur Föderalismusauslegung der französischen Besatzungsmacht: „Die Franzosen würden das Institut des Föderalismus im wesentlichen als dissoziierende und die Zentralgewalt im Bundesstaat lähmende Einrichtung ansehen, von der sie sich Schutz vor dem allzeit den Limes der Latinität stürmenden östlichen Nachbarn versprachen." Schmid, *Erinnerungen*, S. 369.
[11] Pfetsch, *Ursprünge*, S. 159.
[12] Frank R. Pfetsch fasst die Demokratie- und Föderalismusvorstellungen der westlichen Alliierten treffend zusammen, indem er schreibt: „In ihrer Vorstellung über die föderalistische Struktur des künftigen deutschen Staates lagen die Franzosen am äußersten Spektrum dezentraler Muster (,fédéralisme très lâche'), während die Briten einem eher straffen Föderalismus (,fédéralisme très fort') das Wort redeten. Die Amerikaner lagen zwischen diesen beiden Polen." Ebd., S. 230.
[13] Ebd., S. 155. Ausführliche Darstellungen zur amerikanischen, französischen und britischen Verfassungspolitik finden sich ebd., S. 160–244.
[14] Bauer-Kirsch, *Herrenchiemsee*.
[15] PR, Bd. 2. Erwähnenswert ist an dieser Stelle auch die von Peter März und Heinrich Oberreuter herausgegebene Aufsatzsammlung *Weichenstellung für Deutschland. Der Verfassungskonvent von Herrenchiemsee*.
[16] Zur Quellenlage des Verfassungskonvents von Herrenchiemsee vgl. auch Bauer-Kirsch, *Herrenchiemsee*, S. 31–33.
[17] Gallwas, „Standort", S. 96f.

ein.[18] Die forschungsgeschichtliche Lücke, die darin besteht, dass der Herrenchiemseer Konvent bisher nur als Wegbereiter des Parlamentarischen Rats gesehen wurde, schließt Angela Bauer-Kirsch zwar in großen Teilen. Allerdings bezieht sie dabei, wie auch die bisherigen Forschung, die Motivlage und die politischen Erfahrungshintergründe der handelnden Personen kaum mit ein. Die persönlichen Motive und die Erfahrungen sind aber als Teil der jeweiligen Biographien mit Blick auf Herrenchiemsee nicht als etwas Nebensächliches zu sehen, sondern als zentrale Bestandteile des Denkens und Fühlens jener Personen zu verstehen, die die Arbeit des Verfassungskonvents ausschlaggebend beeinflusst haben. Daher wird in dieser Arbeit ein biographisch-struktureller Erklärungsansatz gewählt, der versucht, die handelnden Personen in das Zentrum der staats- und verfassungspolitischen Untersuchung zu stellen.

Während es umfangreiche Literatur von und über Carlo Schmid gibt – hier seien nur die umfassende Biographie Petra Webers[19] und Schmids Schrift *Politik als geistige Aufgabe*[20] sowie seine *Erinnerungen*[21] erwähnt –, ist zu Hermann Brill vor allem die Biographie Manfred Overeschs zu nennen, die jedoch nur bis ins Jahr 1946 reicht[22]. Neben zahlreichen kleineren Schriften ist indes Brills Widerstandsschrift *Gegen den Strom*[23] anzuführen, die im Jahr 1946 publiziert wurde. Die Biographie zu Anton Pfeiffer stammt von Christiane Reuter aus dem Jahr 1987.[24] Eine weiter gehende, vertiefende Beschäftigung mit der Person Pfeiffers wurde bisher nicht vorgenommen, was eine Auswertung des Nachlasses umso bedeutender machte. Von Pfeiffer selbst ist die Herausgabe der Hefte *Politische Zeitfragen – Halbmonatsschrift für alle Gebiete des öffentlichen Lebens* hervorzuheben, in denen er sich nicht nur als Schriftleiter betätigte, sondern auch selbst zu Wort meldete. Christoph von Hehls Biographie[25] Adolf Süsterhenns ist neben kleineren Aufsätzen, etwa von Winfried Baumgart[26], sicher die zentrale Aufzeichnung zu Leben und Wirken des Politikers. Süsterhenns Schriften zum Natur-, Staats- und Verfassungsrecht wurden von Peter Bucher zusammengetragen.[27] Sowohl zu Carlo Schmid als auch zu Hermann Brill, Anton Pfeiffer und Adolf Süsterhenn sind

---

[18] Zur Übereinstimmung des Verfassungsentwurfs von Herrenchiemsee mit dem im Parlamentarischen Rat erarbeiteten Grundgesetz vgl. Bauer-Kirsch, *Herrenchiemsee*.
[19] Weber, Petra, *Carlo Schmid 1896–1979. Eine Biographie*, München 1996. Petra Weber führt am Ende der Biographie auch ein umfangreiches Register der Schriften Carlo Schmid auf; ebd., S. 931–939.
[20] Schmid, Carlo, *Politik als geistige Aufgabe*, Gesammelte Werke in Einzelausgaben, Bd. 1, Bern/München/Wien 1973.
[21] Schmid, *Erinnerungen*.
[22] Overesch, Manfred, *Hermann Brill. Ein Kämpfer gegen Hitler und Ulbricht*, Bonn 1992 (Politik und Gesellschaftsgeschichte, Bd. 29).
[23] Brill, Hermann, *Gegen den Strom*, Offenbach a. M. 1946 (Wege zum Sozialismus, Heft 1).
[24] Reuter, Christiane, *Graue Eminenz der bayerischen Politik. Eine politische Biographie Anton Pfeiffers (1888–1957)*, München 1987 (Miscellanea Bavarica Monacensia. Dissertationen zur Bayerischen Landes- und Münchner Stadtgeschichte, Heft 117).
[25] Hehl, Christoph von, *Adolf Süsterhenn (1905–1974). Verfassungsvater, Weltanschauungspolitiker, Föderalist*, Düsseldorf 2012 (Forschungen und Quellen zur Zeitgeschichte, Bd. 62).
[26] Baumgart, Winfried, „Adolf Süsterhenn (1905–1974)", in: *Zeitgeschichte in Lebensbildern*, hg. v. Jürgen Aretz, Rudolf Morsey und Anton Rauscher, Bd. 6, Mainz 1984, S. 189–199.
[27] Süsterhenn, Adolf, *Schriften zum Natur-, Staats- und Verfassungsrecht*, hg. v. Peter Bucher, Mainz 1991 (Veröffentlichungen der Kommission des Landtages für die Geschichte des Landes Rheinland-Pfalz, Bd. 16).

die jeweiligen qualitativ und quantitativ deutlich ungleichen Nachlässe im Archiv der Sozialen Demokratie, dem Bundesarchiv Koblenz und dem Bayerischen Hauptstaatsarchiv erhalten. Sie dienten als wesentliche Grundlage dieser Arbeit.

Die besondere Herausforderung für diese Studie war es, trotz einer insgesamt eindeutig ungleichen Literatur- und Quellenlage zu den vier Hauptpersonen alle angemessen zu behandeln.[28] Dabei stehen die hier bereits erwähnten und in den folgenden Kapiteln ausgewählten Schriften, in denen sich die politische Entwicklung und die gesammelten Erfahrungen von Carlo Schmid, Hermann Brill, Anton Pfeiffer und Adolf Süsterhenn niederschlagen, bisweilen auch nur exemplarisch für die teils zahlreichen weiteren schriftlichen Äußerungen zu politischen und verfassungsrechtlichen Themen in den jeweiligen Lebensläufen.

Die nachfolgend angeführten biographischen Abrisse der vier Politiker sollen als Grundlage für die weitere Arbeit dienen. Sie veranschaulichen den persönlichen und politischen Werdegang Carlo Schmids, Hermann Brills, Anton Pfeiffers und Adolf Süsterhenns und ermöglichen somit eine zeitliche und personengebundene Einordnung der zu untersuchenden Staats- und Verfassungsvorstellungen und der damit verbundenen staats- und verfassungspolitischen Motive.

Carlo Schmid[29] wurde am 3. Dezember 1896 in Perpignan in Südfrankreich geboren. Seine Eltern – Joseph Schmid, ein aus dem schwäbischen stammender Sprachenlehrer[30], und Anna Schmid, geborene Erras, ebenfalls Lehrerin[31] – verließen schon bald nach der Geburt Carlos[32] Frankreich, um in Deutschland Fuß zu fassen. Als Einzelkind galt die volle Aufmerksamkeit der Eltern dem kleinen Carlo, der gemäß den traditionellen französischen Erziehungsprinzipien seiner Mutter, „die durch einen aufklärerischen Rationalismus und jansenistischen Pessimismus"[33] geprägt waren, aufwuchs.[34] Im Jahr 1906 zog die Familie Schmid nach Stuttgart, wo Carlo das humanistisch geprägte Karls-Gymnasium besuchte, wobei ihn die „politisch liberale Einstellung des Elternhauses" nachhaltiger beeinflusste „als die nationale Grundstimmung der Schule."[35] Er selbst

---

[28] Bereits die kurzen biographischen Abrisse vermitteln einen Eindruck davon, wie unterschiedlich die Literatur- und Quellenlage und deren Detailtiefe zu den einzelnen Personen ist.
[29] Bildquelle: Bestand Erna Wagner-Hehmke, Haus der Geschichte, Bonn.
[30] Zur Biographie Joseph Schmids vgl. Weber, *Schmid*, S. 16–18.
[31] Zur Biographie Anna Erras vgl. ebd., S. 19f.
[32] Carlo Schmids eigentlicher Name lautete: Charles Jean Martin Henri, wobei seine Mutter den Kosenamen Charlot verwendete. Erst im Württembergischen entstand der deutscher klingende Vorname Carlo. Ebd., S. 23. Zudem firmierte er auch unter dem Vornamen Karl, wie ein Blick in das Literaturverzeichnis der vorliegenden Arbeit zeigt.
[33] Ebd., S. 24-26.
[34] Das Erlernen der französischen Sprache gehörte hier ebenfalls dazu. Ebd., S. 24.
[35] Ebd., S. 30. Carlo Schmid selbst erinnerte sich: „Die Schule hat zunächst keinen besonderen Eindruck auf mich gemacht." Schmid, *Erinnerungen*, S. 16. Zu seiner Zeit im Stuttgarter Gymnasium schrieb Schmid später: „Von modernem sozialem Denken sagte man uns nichts. Doch was ich im Lateinunterricht über die Kämpfe der Gracchen hörte, ließ mich ahnen, welche Rolle ökonomische und soziale Ungleichheit im Leben der Staaten spielen können." Ebd., S. 25.

schrieb später: „Von gesellschaftlichen Klassen und überhaupt von ‚Gesellschaft' als Phänomen und Problem erfuhren wir nichts."[36] Stattdessen belehrte ihn sein Vater über „Wesen und Aufgabe der Parlamente und welche Rolle darin die Parteien spielten."[37] Literarisch gesehen spielten in seiner Kindheit und Jugend vor allem die Bücher, die er im Haus seiner Eltern vorfand eine Rolle; so zum Beispiel die Werke Leo Tolstois, der seinen Eltern „Hausheiliger"[38] war. Ihnen gestand er im Nachhinein prägenden Charakter zu, auch wenn er die „Skepsis gegenüber der praktischen Durchführbarkeit seines [Tolstois] Weges nie ganz zu unterdrücken vermochte."[39] Aber auch Nietzsche, Balzac, E. T. A. Hofmann, Emile Zola, Heinrich Heine, Hölderlin, Shakespeare und die Dichtungen Stefan Georges gehörten zu Schmids Lektüre. Rückblickend erkannte er: „Den wesentlichen Teil meiner Bildung verdanke ich [...] den Schriftstellern und Dichtern, deren Werke ich in den Bücherschränken meines Vaters fand und mir nach seinem Rat oder auf gut Glück heraussuchte."[40]

Vier Jahre nach seinem Eintritt in das Karls-Gymnasium trat Carlo Schmid der Wandervogelbewegung bei.[41] In der Schule oft noch in der Außenseiterrolle durch seine französischen Wurzeln[42], befand er sich hier in einem „Kreis geistig lebendiger Gefährten, die sich [...] Gedanken darüber machten, ob das Leben in der Wirklichkeit unserer Gesellschaft den Idealen entsprach, die sie für ihre Leitbilder ausgab."[43] Eine wichtige Erkenntnis nahm Schmid aus seiner Zeit im Alt-Wandervogel Württemberg mit, „daß der Staat die Aufgabe habe, die Lebensordnung seiner Bürger so einrichten zu helfen, daß diese sie akzeptieren können, ohne auf Selbstachtung verzichten zu müssen."[44] Ein Leitbild, das den politischen Stil Schmids prägen sollte.

Im Juni des Jahres 1914 bestand Carlo Schmid sein Abitur, aber sein angedachtes Studium kollidierte mit dem Ausbruch des Ersten Weltkriegs einen Monat nach seinem Schulabschluss, und er musste sich die Frage stellen, ob er auf Seiten seines Mutter- oder Vaterlandes stand.[45] Er meldete sich schließlich als Freiwilliger auf deutscher Seite und erlebte den Krieg an verschiedenen Abschnitten der Front im Osten und Westen.[46] Seine Erlebnisse in den vier Kriegsjahren summierten sich in der Einsicht: „Nie wieder Krieg."[47] Gelernt hatte er nach eigenen Angaben den „Umgang mit den

---

[36] Schmid, *Erinnerungen*, S. 28.
[37] Ebd., S. 29. Carlo Schmid gab aber auch zu: „Viel Konkretes konnte ich mir, auf das deutsche Reich bezogen darunter nicht vorstellen, doch einen Satz meines Vaters habe ich nicht vergessen: ‚Der ständig betrunkene Gärtner uns gegenüber darf wählen; deine Mutter, eine gebildete Frau, darf nicht wählen. Das ist himmelschreiend ungerecht und dumm; das wird man ändern müssen.'" Ebd., S. 29.
[38] Ebd., S. 28.
[39] Ebd., S. 30.
[40] Ebd., S. 31.
[41] Weber, *Schmid*, S. 31; Schmid, *Erinnerungen*, S. 35f.
[42] Weber, *Schmid*, S. 31.
[43] Schmid, *Erinnerungen*, S. 37.
[44] Ebd., S. 37f.
[45] Vgl. ebd., S. 47.
[46] Vgl. ebd., S. 40–79; Weber, *Schmid*, S. 35–42.
[47] Weber, *Schmid*, S. 42.

Menschen"[48], und nicht zuletzt war er hier „zum erstenmal mit der Welt der Gewerkschaften"[49] in Berührung gekommen.[50]

Im Dezember des Jahres 1918 konnte Carlo Schmid nach Stuttgart zurückkehren. Die Unruhen in Stuttgart ließen ihn an politischen Kundgebungen – „zumeist waren sie von den beiden sozialdemokratischen Parteien (SPD und USPD) einberufen worden"[51] – teilnehmen, führten aber keineswegs zu einem Entschluss, einer dieser Parteien auch beizutreten[52], und die Unterstützung „einer Diktatur des Proletariats"[53] kam für Schmid erst recht nicht in Frage.

Im Frühjahr 1919 nahm Schmid sein Jurastudium in Tübingen auf, wo er, sich noch im ersten Semester befindlich, aufgrund seiner Kriegserlebnisse einer sozialistischen Studentengruppe anschloss.[54] Er tat dies im Bewusstsein, dass eine Revolution „nicht nur die Beseitigung von Gewesenem, sondern auch Öffnung des Geschichtsbewußtseins für Werdendes, dem es Gehalt und Gestalt zu geben gilt"[55], bedeuten musste, bekannte dabei aber gleichzeitig: „[W]ir waren elitär und glaubte nicht an die Masse"[56].

Die Studentengruppe, „mehr ein Zirkel als eine Aktionsgruppe"[57], zerbrach wenige Monate nach ihrer Gründung an ihren inneren Gegensätzen, die in der Auseinanderentwicklung einer gemäßigten Seite, der auch der zweiundzwanzigjährige Carlo Schmid angehörte, und eines radikaleren Flügels zum Ausdruck kamen.[58] Schmid war nach dieser Zeit nicht mehr in der Hochschulpolitik aktiv, setzte sich aber weiterhin für die Weimarer Republik ein[59], legte sein Staatsexamen ab, vollendete 1923 seine Dissertation[60] und bestand wenig später die „Zweite Höhere Justizdienstprüfung mit

---

[48] Zitiert nach ebd.
[49] Schmid, *Erinnerungen*, S. 56.
[50] „Weil er während des Krieges die Denk- und Lebensweise der Arbeiter kennengelernt hatte, verfing bei ihm die Propaganda der proletarischen Revolution nicht. Nach all den Erfahrungen, die er gemacht hatte, erschien ihm eine realistische soziale Reformpolitik der einzige Weg in die Zukunft." Weber, *Schmid*, S. 42.
[51] Schmid, *Erinnerungen*, S. 83.
[52] Ebd., S. 87. „Was ich in diesen Tagen von den Parteien zu hören und zu sehen bekam, vermochte mich nicht von der Notwendigkeit zu überzeugen, einer von ihnen als Mitglied beizutreten. […] Daß verantwortungsbewußtes politisches Leben ohne politische Parteien in einer Demokratie nicht möglich ist, habe ich erst später begriffen." Ebd.
[53] Ebd., S. 83.
[54] Weber, *Schmid*, S. 45; Schmid, *Erinnerungen*, S. 90f.
[55] Schmid, *Erinnerungen*, S. 91.
[56] Ebd., S. 93.
[57] Ebd., S. 92.
[58] So schrieb Carlo Schmid in seinen Erinnerungen zu jener Zeit: „Ich konnte mich nie mit dem Satz anfreunden, daß der Zweck die Mittel heilige. Ich meinte, der Zweck müsse auch durch die Mittel geheiligt werden, mit denen man ihn erreichen will." Ebd., S. 92. Im Unterschied zu dem radikalen Flügel war der gemäßigte „elitär" und setzte seine Hoffnungen nicht auf „die Masse". Ebd., S. 93. Zu Carlo Schmids Einsatz für die Regierung während des Kapp-Putsches im Jahr 1920 vgl. Schmid, Manfred, *Die Tübinger Studentenschaft nach dem Ersten Weltkrieg 1918–1923*, Tübingen 1988 (Werkschriften des Universitätsarchivs Tübingen, hg. v. Volker Schäfer, Reihe 1: Quellen und Studien, Heft 13), S. 121.
[59] Vgl. Weber, *Schmid*, S. 47–50; Schmid, *Erinnerungen*, S. 96–98.
[60] Schmid, Karl, *Die Rechtsprechung des Ständigen Internationalen Gerichtshofs. In Rechtssätzen dargestellt*, Stuttgart 1932.

dem Prädikat ausgezeichnet."[61] Um Geld zu verdienen, arbeitete er zunächst als Rechtsanwalt, eine Arbeit, die ihm nicht eben behagte, und trat 1925 als Gerichtsassessor am Amtsgericht Tübingen in den Justizdienst des Landes Württemberg ein.[62] Bereits während der Arbeit an seiner Dissertation begann Carlo Schmid sich mit der Frage zu beschäftigen, „was den Staat und seine Rechtsordnung vor der Wahrheit legitimiert und damit seine Gebote für den Bürger als verpflichtend erscheinen läßt."[63] Seine Beschäftigung „mit den großen Staatsdenkern der Nachrenaissance"[64] mündete in einer vertieften Auseinandersetzung mit den Problemen des Völkerrechts und seinem Eintritt in das Kaiser-Wilhelm-Institut für ausländisches öffentliches Recht und Völkerrecht in Berlin im Jahr 1927[65], wo er zum ersten Mal „mit der großen Politik in Berührung"[66] kam, durch die sein „politisches Denken"[67] maßgeblich beeinflusst wurde. So entsprang auch die Thematik seiner Habilitationsschrift den in Berlin gewonnenen Eindrücken und Erkenntnissen.[68] Ende des Jahres 1929 hielt er seine Antrittsvorlesung als Privatdozent für Völkerrecht und internationales Privatrecht an der Universität Tübingen[69] und widmete dem Völkerbund einen eigenen Artikel im *Handwörterbuch für Theologie und Religionswissenschaft*[70].

Das Heraufziehen des Nationalsozialismus beobachtete Schmid „zwar besorgt, aber noch nicht ängstlich."[71] Er konnte sich schlechterdings „nicht recht vorstellen, daß man mit einem so primitiven Programm wie dem der NSDAP an die Hebel der Staatsmacht gelangen könnte"[72], und auch nach der Machtergreifung war Schmid sich „über die endgültige Bedeutung der Kanzlerschaft Adolf Hitlers [...] nicht im klaren."[73] Als er sich der Problematik schließlich bewusst wurde, nahm er für kurze Zeit als Redner an den die nationalsozialistische Politik kritisierenden Mitternachtssendungen des Südwestdeutschen Rundfunks teil, die jedoch bald abgesetzt wurden.[74] In Tübingen war er schließlich nicht zuletzt aufgrund seiner Vorlesungen „als Gegner des

---

[61] Weber, *Schmid*, S. 57.
[62] Ebd., S. 57f.
[63] Schmid, *Erinnerungen*, S. 118f.
[64] Ebd., S. 119.
[65] Ebd.; Weber, *Schmid*, S. 59.
[66] Weber, *Schmid*, S. 67. Carlo Schmid beschäftigte sich hier mit den rechtlichen und wirtschaftlichen Auflagen des Versailler Vertrags „und nahm [...] an Sitzungen des Ständigen Internationalen Gerichtshofes im Haag und des Deutsch-Polnischen Gemischten Schiedsgerichtes in Paris teil". Karl Schmid, Lebenslauf, 14. Januar 1946, in: AdsD, NL Schmid 37, S. 1.
[67] Weber, *Schmid*, S. 67.
[68] Ebd., S. 69.
[69] Ebd., S. 70; Schmid, *Erinnerungen*, S. 143–147.
[70] Siehe Kapitel 2.1.1.
[71] Schmid, *Erinnerungen*, S. 149.
[72] Ebd. Rückblickend schrieb Carlo Schmid: „Viele machten sich in jenen Monaten Sorgen um den Bestand der Republik und um die Fortdauer der demokratischen Ordnung unseres Staates. Aber wir ‚Gebildeten' hielten praktische Politik für ein Geschäft, das jene zu betreiben hatten, die sich aus Ehrgeiz oder anderen Gründen in ihren Dienst gestellt haben. Unsere Sache sei die Studierstube, der Beruf, das Amt, die Bibliothek und nicht das Forum. So nahm das Unheil seinen Lauf." Ebd., S. 154.
[73] Ebd., S. 155.
[74] Die Sendereihe wurde unter dem Titel „Vom Schicksal des deutschen Geistes" Ende des Jahres 1933 bis Ende des Jahres 1935 ausgestrahlt. Vgl.: Weber, *Schmid*, S.86 und S.93. Siehe Kapitel 2.1.2.

Nationalsozialismus bekannt"[75], was dazu führte, dass ihm eine Beförderung verwehrt blieb. Um nicht ganz aus dem universitären Dienst auszuscheiden, beugte er sich dem zunehmenden Anpassungsdruck und wurde Mitte des Jahres 1933 Mitglied im Bund Nationalsozialistischer Juristen[76], bevor er im Juli des Jahres 1940 als Kriegsverwaltungsrat nach Lille einberufen wurde.[77] Erst am Ende des Zweiten Weltkriegs, im Jahr 1945, sollte er nach Tübingen zurückkehren. In Lille entfaltete Carlo Schmid umfangreiche kulturpolitische Aktivitäten[78] und setzte sich für die dortige französische Bevölkerung ein.[79] Auch wenn Schmid später von sich selbst sagte, er habe trotz seiner Erkenntnis, dass nur ein für Deutschland verlorener Krieg „der Welt das Unheil [...], unter der Herrschaft des Nationalsozialismus leben zu müssen"[80], ersparen könne, „doch nichts dafür getan, was ‚in landesverräterischer Weise' zur Niederlage Deutschlands hätte beitragen können"[81], so dürfen an dieser Stelle dennoch seine Begegnungen mit dem aktiven Widerstand in der Person Helmuth von Moltkes[82] nicht unerwähnt bleiben, der Schmid als Gesprächspartner außerordentlich schätzte.[83] Schmid war durch

---

[75] „Bereits 1933 war seine beim Landgericht Tübingen angelegte Personalakte mit einem Beförderungssperrvermerk versehen worden." Weber, *Schmid*, S. 99.
[76] Ebd., S. 100f. „Im Juni 1934 meldete sich Schmid auch für die Nationalsozialistische Volkswohlfahrt (NSV) an." Ebd., S. 101.
[77] Ebd., S. 125.
[78] Carlo Schmid kümmerte sich nicht nur um den Denkmalschutz, auch das Deutsche Theater in Lille, der Schutz wertvoller Kunstwerke und die Frontbuchhandlung lagen ihm am Herzen. Vgl. ebd., S. 155–163.
[79] Ebd., S. 170–173. Carlo Schmid erinnerte sich: „Mein politisches Engagement hat sich darauf beschränkt, nach Kräften die Bevölkerung Frankreichs vor den Grausamkeiten zu bewahren, denen sie durch gewisse Führerbefehle und nationalsozialistische Heißsporne ausgesetzt war." Schmid, *Erinnerungen*, S. 196f. Dass man seinen Einsatz für die französische Bevölkerung würdigte, belegt ein in französischer Sprache und deutscher Übersetzung erhaltener Brief im Nachlass Carlo Schmids, in dem es heißt: „Herr Schmid hat sich jederzeit bemüht, mit allen Mitteln, über die er verfügte, zugunsten der französischen Bevölkerung die Besatzungslasten zu mindern. [...] Die Bevölkerung von Lille hat sein Haltung hoch geschätzt und seine guten Dienste oft in Anspruch genommen. [...] Kurz vor der Befreiung war Herr Schmid Verfolgungen der SS ausgesetzt, denen er dank deutscher einverständiger Hilfe entgehen konnte; [...] Herr Schmid ist eine der sichersten Personen, auf die man zählen kann, um ein Deutschland wiederaufzubauen, das von der faschistischen Herrschaft befreit ist, und in aufrichtiger und ehrenhafter Weise mit den alliierten Besatzungsmächten zusammenzuarbeiten." Der französische Oberbefehlshaber in Deutschland an die Militärregierung der französischen Besatzungszone, gezeichnet von Henry Chauchoy, 13. Oktober 1945, in: AdsD, NL Schmid 2001.
[80] Schmid, *Erinnerungen*, S. 196.
[81] Ebd.
[82] Zur Biographie Helmuth James von Moltkes vgl. Moltke, Freya von/Balfour Michael/Frisby Julian, *Helmuth James von Moltke, 1907–1945. Anwalt der Zukunft*, Stuttgart 1975.
[83] Zu einem ersten Zusammentreffen zwischen Carlo Schmid und Helmuth James von Moltke kam es am 10. Oktober 1941, als Schmid, bereits in Lille stationiert, einen Vortrag an der Akademie für Deutsches Recht hielt. „Er [Helmuth James von Moltke] wußte schon, daß Carlo Schmid seinen Plänen gewogen war, und der Vortrag gefiel ihm so gut, daß er Schmid auf der Stelle zum Essen einlud. Daraus ergab sich ein dauernder Kontakt. Moltke hoffte, Carlo Schmid könne eine Verbindung zwischen der Gruppe der französischen Résistance herstellen (Schmids Mutter war Französin)." Moltke/Balfour/Frisby, *Moltke*, S. 162. Den von Helmuth James von Moltke erhofften Kontakt konnte Carlo Schmid allerdings nicht herstellen. Vgl. Weber, *Schmid*, S. 175. Zu den Gesprächen mit Carlo Schmid schrieb Helmuth James von Moltke: „[...] ich habe wenige Unterhaltungen erlebt, die so konzentriert und befriedigend waren". Moltke/Balfour/Frisby, *Moltke*, S. 176.

ihn in die Umsturzpläne der Widerstandgruppe des Kreisauer Kreises[84] eingeweiht.[85] Auch wenn seine eigene Rolle dabei eher beratender Natur blieb[86], brachte er dennoch seine staats- und verfassungspolitischen Ansichten in die Kreisauer Grundsätze für eine Neuordnung Deutschlands nach Kriegsende ein. Kurz nach Kriegsende berichtete er in einem Brief an den Historiker Heinrich von zur Mühlen, „dass Graf Helmuth v. Moltke sich des öfteren mit mir [...] getroffen hat und dass wir miteinander nicht nur die politische Lage besprochen haben, sondern auch konkret erörterten, wie sie geändert werden könnte."[87] Bei der politischen Gliederung eines künftigen Deutschlands kam es Schmid vor allem auf den Schutz des demokratischen Systems an.[88] Allerdings tauchten auch erste Ideen, die auf einen europäischen Bund hinwiesen, in den Gesprächen zwischen ihm und von Moltke auf.[89] Insgesamt dürften nicht nur die staats- und verfassungspolitischen Pläne Carlo Schmids mit denen des Kreisauer Kreises hierbei weitgehend deckungsgleich gewesen sein.[90] Auch in der Frage, wer die Schuld an der Machtergreifung der Nationalsozialisten auf sich geladen hatte, teilte man die von Schmid formulierte Einschätzung: „Ich und meinesgleichen sind schuld, weil wir uns zu gut waren, uns so tief zu bücken, wie die Erde unter dem Sternenhimmel liegt; jene Erde, in die man die Fundamente für Freiheit, Frieden, Gerechtigkeit legen muß; jene Erde, auf der auch das Unkraut wächst, das dem Guten wehrt."[91]

---

[84] So wird Carlo Schmid auch von Freya von Moltke in der Teilnehmerliste zum *Kreisauer Kreis* genannt. Moltke/Balfour/Frisby, *Moltke*, S. 192.
[85] In einen seiner Lebensläufe schrieb Carlo Schmid über seine Verbindung zu Helmuth James von Moltke: „Wir haben eine Reihe von Plänen zur Beseitigung des Regimes erwogen und ich habe mit ihm bis zu seiner Verhaftung zusammengearbeitet. Ich war darum in die Pläne, die zum Attentat vom 20. Juli 1944 führten, eingeweiht; ich sollte nach Gelingen des Attentats in Lille die erforderlichen Massnahmen durchführen." Karl Schmid, Lebenslauf, 14. Januar 1946, in: AdsD, NL Schmid 37, S. 2.
[86] Weber, *Schmid*, S. 174–178; Schmid, *Erinnerungen*, S. 198–206.
[87] Carlo Schmid an Heinrich von zur Mühlen, 31. Dezember 1948, in: AdsD, NL Schmid 2001.
[88] Moltke/Balfour/Frisby, *Moltke*, S. 238.
[89] „Wir haben öfters miteinander über die Ordnung der Staatenwelt nach dem Kriege gesprochen und waren uns darüber einig, dass es mit Rechtsfiguren à la Völkerbund nicht mehr versucht werden sollte. Wir sahen beide die Wurzel des Uebels in dem Fetischismus der nationalstaatlichen Souveränität und waren der Meinung, dass künftigem Unheil nur gesteuert werden könne, wenn zum mindesten innerhalb bestimmter politischer Bezugssysteme eine Uebertragung von Souveränitätsrechten an irgendeine Art von Konföderation erfolge." Carlo Schmid an Heinrich von zur Mühlen, 31. Dezember 1948, in: AdsD, NL Schmid 2001.
[90] Vgl. Weber, *Schmid*, S. 174f. Freya von Moltke notierte hierzu: „Auf ihrer Suche nach Formen für eine neue Demokratie in Deutschland waren sich Helmuth von Moltke und seine Freunde einig, daß Deutschland wieder ein Rechtsstaat werden müsse, von dem der einzelne möglichst frei von politischem und gesellschaftlichem Zwang leben konnte." Moltke/Balfour/Frisby, *Moltke*, S. 234.
[91] Schmid, *Erinnerungen*, S. 217. An Wolf von Wrangel schrieb Carlo Schmid im Jahr 1946: „Ich denke oft an unsere gemeinsame Zeit in L. [Lille], an unsere Gespräche und an unsere Fahrten ins Land. Wer hätte damals, als ich mit Graf Schulenburg bei Ihnen war, daran gedacht, dass dieser edle Mann am Galgen sterben muss! Ich glaube, dass wir damals alle Schuld auf uns geladen haben, da wir, was wir wussten, nicht mutiger und entschlossener in Taten verwandelt haben. Es wäre dann vielleicht anders gegangen."

All diese Erfahrungen, die Carlo Schmid während des Zweiten Weltkriegs gesammelt hatte, bewogen ihn dazu, nach Kriegsende aktiv in die Politik einzutreten.[92] Zurück in Tübingen entwickelte er sich rasch „zum wichtigsten Verhandlungspartner der Franzosen"[93], wurde bereits im Juni zum außerplanmäßigen Professor ernannt[94] und übernahm auf Wunsch der französischen Besatzungsmacht die Landesdirektion für Bildung und Kultur in Stuttgart[95]. Mit der Übernahme Nordwürttembergs durch die Amerikaner im Juli 1945 – die Franzosen hatten sich mit Südwürttemberg zu begnügen – musste Carlo Schmid seine Hoffnung auf das Amt des Kultusministers zwar begraben[96], wurde aber im September zum Staatsrat der provisorischen Regierung in Württemberg-Baden ernannt[97] und fungierte fortan als „Mittelsmann zwischen Stuttgart und Tübingen"[98]. Schmid, der einen wesentlichen Anteil an der Ausarbeitung der Landesverfassungen für Württemberg-Baden und Württemberg-Hohenzollern hatte[99], trat erst Anfang des Jahres 1946 in die SPD ein.[100] Beim Gründungstag der Partei, am 10. Februar 1946 in Reutlingen, hielt Carlo Schmid das Grundsatzreferat und wurde gleichzeitig zum Parteivorsitzenden der SPD in Württemberg-Hohenzollern gewählt.[101] Hiernach entwickelte er das Parteiprogramm, das er einige Tage später der französischen Militärregierung vorlegte.[102] Schmids staats- und verfassungspolitisches Grundwissen führte dazu, dass die SPD ihn 1946 in den verfassungspolitischen Ausschuss der Partei berief[103] und er auch über die Parteigrenzen hinaus zu einem gefragten Redner wurde. In jener Zeit beschäftigte er sich intensiv mit Inhalt und Zustandekommen eines Besatzungsstatus von Seiten der Alliierten sowie einer gesamtdeutschen Verfassungsarbeit unter Berücksichtigung der staatsrechtlichen Strukturen Europas.[104]

Als Vertreter des Landes Württemberg-Hohenzollern wurde er im August 1948 als Teilnehmer zum Verfassungskonvent von Herrenchiemsee gesandt, bevor er Mitglied

---

[92] „Wenn du nicht wieder schuldig werden willst, sagte ich mir, wirst du dein Leben ändern müssen. Du mußt dich auf den Weg zwischen Tod und Teufel wagen. Dann erst wird dein Leben seinen Sinn finden. Ich werde also in die Politik gehen müssen." Schmid, *Erinnerungen*, S. 217.
[93] Weber, *Schmid*, S. 191.
[94] Ebd., S. 197.
[95] Ebd., S. 203.
[96] Ebd., S. 213f.
[97] Karl Schmid, Lebenslauf, 14. Januar 1946, in: AdsD, NL Schmid 37, S. 2.
[98] Weber, *Schmid*, S. 215.
[99] Siehe Kapitel 3.2.1.
[100] Weber, *Schmid*, S. 262. Seine Entscheidung für einen Eintritt in die SPD begründete Carlo Schmid damit, „daß eine Partei mit der Tradition der SPD am ehesten die Gewähr dafür bot, daß einige meiner Vorstellungen von dem, was die Stunde uns abforderte, verwirklicht werden könnten. Ohne den Rückhalt und die Tribüne einer Partei würde es nicht möglich sein, Einfluß auf das öffentliche Geschehen in Deutschland zu nehmen." Schmid, *Erinnerungen*, S. 246.
[101] Schmid, *Erinnerungen*, S. 247f.
[102] Weber, *Schmid*, S. 264. Von Seiten der französischen Militärregierung war man zunächst gegen die vorgesehene Namensgebung Sozialdemokratische Partei Deutschlands, da Parteigründungen zunächst nur auf Landesebene erlaubt waren. Carlo Schmid ließ sich jedoch nicht beirren und hielt an dem Namen fest, da SPD „schließlich doch auch: Selbstständiges Politisches Denken" bedeuten könne. Schmid, *Erinnerungen*, S. 247.
[103] Weber, *Schmid*, S. 271. Zu Carlo Schmids staats- und verfassungspolitischem Wirken innerhalb der SPD siehe Kapitel 3.1.1.
[104] Siehe Kapitel 3.3.1 und Kapitel 3.3.2.

des Parlamentarischen Rats wurde. Für die SPD saß Carlo Schmid nach der Verabschiedung des Grundgesetzes über sechs Legislaturperioden im Deutschen Bundestag, übernahm aber nie ein höheres Staats- oder Regierungsamt.[105] Sein politisches Engagement blieb jedoch keineswegs auf Deutschland beschränkt; er machte sich auch um die Einheit Europas verdient.[106] In seiner weiteren universitären Karriere bekleidete er das Amt eines Ordinarius für Politische Wissenschaften an der Goethe-Universität in Frankfurt[107], veröffentlichte zeitlebens zahlreiche wissenschaftliche und literarische Schriften und betätigte sich zudem auch als Übersetzer unter anderem von Charles Baudelaire, Pedro Calderón de la Barca und André Malraux[108]. In seinen letzten Lebensjahren beschäftigte sich Carlo Schmid mit der Abfassung seiner Memoiren. Er verstarb am 11. Dezember 1979 in Bonn im Alter von 83 Jahren.

Hermann Louis Brill[109] kam am 9. Februar 1895 als ältestes von fünf Kindern in einer Schneiderfamilie in Thüringen zur Welt. Sein Elternhaus war sozialistisch geprägt, und Hermann Brill nahm bereits in jungen Jahren Anteil am politischen Geschehen. So zählten auch zwei Begegnungen mit August Bebel zu den Erlebnissen seiner Kindheit.[110] Im heutigen Sprachgebrauch würde man den Jungen Hermann wohl als hochbegabt bezeichnen, hatte er doch bereits im Alter von zwölf Jahren das Bürgerliche Gesetzbuch sowie einige Schriften von Marx und Engels studiert und mit neunzehn Jahren, im Jahr 1914, sein erstes Lehrerexamen als Volksschullehrer abgelegt.[111] Es verwundert daher kaum, dass das politische Schlüsselerlebnis nach Brills eigener Auskunft bereits im Jahr 1905 zu verorten ist, als seine Mutter ihm die Teilnehmer an einem Turnerfest im Landkreis Gotha „als die letzten Helden der 48er-Revolution"[112] vorstellte.

Wie auch Carlo Schmid versah Hermann Brill seinen Militärdienst als Freiwilliger während des Ersten Weltkriegs an den Kriegsfronten in Ost und West. Hatte er sich bis dahin nur theoretisch mit dem sozialistischen Gedankengut jener Zeit befasst, so führten seine Erlebnisse im Krieg dazu, diese auch umsetzen zu wollen, und mündeten noch vor Kriegsende in seinem Eintritt in die USPD im Jahr 1918[113], in der er für eine

---

[105] Vgl. Weber, *Schmid*, S. 631–645.
[106] Vgl. dazu Schmid, *Erinnerungen*, S. 457–489. Gesammelte Stimmen zu Carlo Schmids europapolitischen Verdiensten befinden sich in: *Europa und die Macht des Geistes. Gedanken über Carlo Schmid (1896–1979)*, hg. v. der Friedrich-Ebert-Stiftung, Bonn 1997.
[107] Vgl. Weber, *Schmid*, S. 511–522.
[108] Vgl. u. a. ebd., S. 152f., 161f. und 189. Eine Auswahl der Schriften Carlo Schmids findet sich ebd., S. 931–939.
[109] Bildquelle: BArch, Bild 146-1974-008-05 / Fotograf: o. Ang.
[110] Overesch, *Brill*, S. 22.
[111] Ebd., S. 23–24 und 27–29.
[112] Ebd., S. 25.
[113] Lebenslauf Hermann Brills, in: BArch, NL Brill 326, Blatt 4.

totale Abwendung vom bisherigen Staats- und Regierungssystems eintrat.[114] Auch für Brill führte das Erleben der Novemberrevolution zu einer aktiven Teilnahme an der Politik. So schrieb er für die durch Arbeiter- und Soldatenräte ausgerufene Räterepublik seinen ersten Verfassungsentwurf.[115] Neben seinem zweiten Lehrerexamen und der Aufnahme einer Lehrtätigkeit blieb er weiter in der Politik aktiv und wurde im Jahr 1919 zum ersten Mal in die republikanische Landesversammlung in Gotha gewählt. Hier arbeitete Hermann Brill vor allem an dem Entwurf eines „Gesetzes für die vorläufige Regierungsgewalt in der Republik Gotha" und einem schulpolitischen Reformprogramm.[116] In den Jahren bis 1924 durchlief Brill einen weitgehenden politischen Gesinnungswandel. Hatte er 1918 noch eine Räterepublik herbeigesehnt und zunächst politisch zwischen SPD und KPD gestanden, so trat er im Oktober 1922 in die SPD ein[117] und entwickelte alsbald „das Profil eines Garanten demokratischer Verfassungs- und Rechtsstaatlichkeit, der sogar im Oktober 1923 zu den wichtigsten republikanischen Widerständlern gegen den kommunistischen Revolutionsversuch gehörte."[118] Auch wenn er von nun an der Demokratie den Vorzug gab, so blieben sozialistische Ideen doch stets Teil seines politischen Denkens und Handelns. Als er im Jahr 1924 in den Wartestand als politischer Beamter versetzt wurde, nahm er an der Universität zu Jena das Studium der Rechtswissenschaften, politischen Ökonomie, Soziologie und Philosophie auf und schloss es 1929 mit der Promotion ab. Neben seiner Tätigkeit als Gastlehrer in der Volkshochschule Tinz[119] war er Mitglied des Staatsgerichtshofs in Thüringen, gehörte 1920 bis 1932 zum Thüringer Landtag und 1932 auch dem Reichstag in Berlin an.

Als einziger der hier vorgestellten Charaktere traf Hermann Brill persönlich auf Adolf Hitler – eine Begegnung, die ihn prägte und daher hier kurz dargestellt werden soll: Der als „Köpenickiade von Schildburghausen"[120] bekannt gewordene Einbürgerungsversuch Hitlers zog im Jahr 1932 einen Untersuchungsausschuss des Thüringer

---

[114] Overesch beschreibt als prägendes Kriegserlebnis die Teilnahme Hermann Brills an einem Balloneinsatz, bei dem er den Auftrag ausführte, einen französischen Truppenkörper auszuschalten. Statt jedoch stolz auf seinen Erfolg zu sein, war Hermann Brill verzweifelt und schrieb: „Ich stellte mir die französischen Kanoniere vor, wie sie nun drüben herumliegen, verbrannt, verkohlt, zerfetzt, wie man mit Blendlaternen nach den Verwundeten sucht und sie fortbringt. […] Was nützt beten dem, der Todsünden beging? […] Ach Menschheit, arme Menschheit! Sie blutet aus unzähligen Wunden, und bringt sich immer neue bei." Zit. nach Overesch, *Brill*, S. 34–35.

[115] Ebd., S. 37–38. Siehe Kapitel 2.2.1.

[116] Ebd., S. 45–53. Zu dem Entwurf des „Gesetzes für die vorläufige Regierungsgewalt in der Republik Gotha" siehe Kapitel 2.2.2.

[117] Lebenslauf Hermann Brills, in: BArch, NL Brill 326, Blatt 16.

[118] Ebd., S. 63; vgl. auch ebd., S. 91.

[119] Vgl. Reimers, Bettina Irina, „Hermann Brill als Wegbereiter des Fachs Rechtskunde in der Thüringer Volksbildungsarbeit der Weimarer Zeit", in: *Hermann Louis Brill 1895–1959. Widerstandskämpfer und unbeugsamer Demokrat*, hg. v. Renate Knigge-Tesche und Peter Reif-Spirek, Wiesbaden 2011, S. 37–55, hier S. 39-50.

[120] Overesch, *Brill*, S. 206. Zum Versuch der Ernennung Adolf Hitlers zum Gendarmeriekommissar von Hildburghausen vgl. Schneider, Andreas, „Hermann Brill in der Ära Frick und die Auseinandersetzung um die Ernennung Hitlers zum Gendarmeriekommissar von Hildburghausen", in: *Hermann Louis Brill 1895–1959. Widerstandskämpfer und unbeugsamer Demokrat*, hg. v. Renate Knigge-Tesche und Peter Reif-Spirek, Wiesbaden 2011, S. 57–76.

Landtags unter dem Vorsitz Brills nach sich.[121] In seiner Schrift *Gegen den Strom* widmet sich Brill dieser Begegnung ausführlich. Er bezeichnet den Tag der Anhörung als einen „der entscheidensten Tage meines Lebens" und führt aus: „Ich hatte Hitler gehört und gesehen, länger als 30 Minuten hatte er mir gegenüber gestanden und auf meine Fragen antworten müssen. Ich besaß ein aus eigener Anschauung geschöpftes, wohlbegründetes Urteil über ihn. Er erschien mir damals als ein hysterischer Brutalist, ungebildet, zynisch, durch und durch unwahrhaftig, arrogant, unbeherrscht, bereit, jeden anderen physisch oder moralisch niederzuschlagen."[122] An diesem Tag „fasste ich den Entschluss, mich diesem Manne zu widersetzen, zu jederzeit, überall, unter allen Umständen und mit allen mir zur Verfügung stehenden Mitteln"[123], so Brill.

Nach der Machtergreifung Hitlers wurde Hermann Brill aus seinen Ämtern entlassen und schloss sich nach kurzer Zeit in Schutzhaft der Widerstandgruppe Neu Beginnen in Berlin an.[124] Im Jahr 1936 war er Mitbegründer der Widerstandgruppe Deutsche Volksfront, bevor er im Juli 1939 wegen Hochverrats zu insgesamt zwölf Jahren Zuchthaus verurteilt wurde.[125] Aus der Zeit vor seiner Inhaftierung stammen Schriften wie das „10-Punkte-Programm"[126] oder sein unvollendeter Versuch einer „Politik als Wissenschaft"[127]. Seine Haft- und Leidenszeit begann im Zuchthaus Brandenburg-Görden, in dem er bis Dezember 1943 einsaß. Zeugnis hierüber gibt sein „epischer Dialog" „Vollendung und Unendlichkeit".[128] Von Brandenburg-Görden aus wurde Hermann Brill in das Konzentrationslager Buchenwald verlegt. Sein Widerstandwille war jedoch trotz der Gräueltaten um ihn herum ungebrochen, und so wurde er Vorsitzender des illegalen Volksfrontkomitees, das Anhänger verschiedener politischer Richtungen vereinte mit dem Ziel, eine politische Grundlage für die Zeit nach der Hitlerära zu erarbeiten.[129] Hier entstanden wieder mehrere Schriften, wie die „Plattform"[130] oder das „Buchenwalder Manifest"[131].[132]

---

[121] Einen ersten misslungenen Einbürgerungsversuch Hitlers durch seine Ernennung zum Direktor der Weimarer Kunsthochschule kommentierte Brill ironisch: „Der Welt wäre viel erspart geblieben, wenn Hitler an der Weimarer Kunsthochschule entsprechend seinen künstlerischen Neigungen Tapetenmuster entworfen oder Porzellanvasen gedreht hätte." Brill, *Gegen den Strom*, S. 9.
[122] Ebd., S. 14.
[123] Ebd.
[124] Vgl.: Overesch, *Brill*, S. 237–246.
[125] Lebenslauf Hermann Brills, 14.11.1947, in: BArch, NL Brill 326, Blatt 6. Zur Arbeit der Widerstandgruppen Neu Beginnen und Deutsche Volksfront vgl. Griepenburg, Rüdiger, *Volksfront und deutsche Sozialdemokratie. Zur Auswirkung der Volksfronttaktik im sozialistischen Widerstand gegen den Nationalsozialismus*, Marburg 1971; Moraw, Frank, *Die Parole der „Einheit" und die Sozialdemokratie*, 2. Aufl., Bonn 1990, S. 47–54.
[126] Abgedruckt in Brill, *Gegen den Strom*, S. 16–17.
[127] Overesch, *Brill*, S. 246–254.
[128] Hermann Brill, Vollendung und Unendlichkeit. Ein epischer Dialog, geschrieben im Zuchthaus Brandenburg-Görden von Anfang Dezember 1942 bis Ende Februar 1943, in: BArch, NL Brill 70. Vgl. Overesch, *Brill*, S. 282–287.
[129] Über seine Zeit in Buchenwald schrieb Hermann Brill: „Schlimmer als diese körperlichen Beschwerden aber sind die seelischen Leiden. Die 2000 Hinrichtungen, die ich miterlebt habe, und die Leichenhaufen von verhungerten, erfrorenen und erschlagenen Menschen, die ich an jedem Morgen im Winter 1944/45 in Buchenwald gesehen habe, das Knarren der zweirädrigen, hoch mit Leichen beladenen Wagen – alles das ist an mir nicht spurlos vorübergegangen." Hermann Brill an Georg Dietrich, 19. Februar 1945, in: BArch, NL Brill 58.

Mit der Befreiung des Konzentrationslagers durch die Amerikaner wurde Hermann Brill zunächst deren Berater und im Juni 1945 sogar zum thüringischen Regierungspräsidenten ernannt. Er gründete den Bund demokratischer Sozialisten[133] und verfasste auf Geheiß der amerikanischen Militärregierung erste Richtlinien zum Aufbau einer Landesverwaltungsordnung in Thüringen[134]. Diesem politischen Aufstieg bereitete jedoch der Besatzungswechsel ein jähes Ende, woraufhin Brill zunächst als Berater der Amerikaner nach Berlin ging, bevor er im Jahre 1946 Staatssekretär und Chef der Hessischen Staatskanzlei in Wiesbaden wurde.[135] Hermann Brill selbst schrieb zu diesen Vorgängen an seinen Parteigenossen Georg Dietrich:

> „Die Amerikaner wollten mich schon im Juli v. Js. [1944] für einen hohen Regierungsposten, wie sie sagten, mitnehmen. Aus Gründen, die ich Dir nicht zu schildern brauche, konnte ich dieser freundlichen Aufforderung keine Folge leisten. Dann wurden mir im November 1945 mehrere hessische Ministerien angetragen; Ich habe sie abgelehnt, weil mir damals die Arbeit für die Einheit Deutschlands durch Errichtung von deutschen Zentralverwaltungen auf Grund des Potsdamer Abkommens[136] wichtiger erschien, als die Arbeit in einem Lande. Deshalb ging ich im Dezember als Chief Consultant nach Berlin. Ich habe mich jedoch zwischen März und Mai d. Js. [1945] davon überzeugen müssen, dass die Politik von Potsdam in Bezug auf die Einheit Deutschlands undurchführbar ist. Schon Anfang Mai machte man mir erneut das Angebot, nach Hessen zu gehen. Auch da habe ich noch gezögert. Nachdem mir jedoch Mitte Juni von höchster Stelle der Wunsch ausgedrückt wurde, ich solle in Hessen arbeiten, habe ich mich dann unter verschiedenen Dienstposten für den des Staatssekretärs und Chef der Staatskanzlei entschieden."[137]

Dass für seinen Wechsel nicht nur die Offerten der Amerikaner, sondern auch die Haltung der Sowjets in Thüringen ihm gegenüber ausschlaggebend war, wird deutlich, wenn Brill rückblickend berichtet:

> „[W]enn man die Einheit der Arbeiterklasse auf die Frage der mathematischen Mitgliedereinheit von SPD und KPD reduziert und sie dann so herbeiführen will, daß man den Landesvorsitzenden der SPD monatelang mit Verhaftung, Kriegstribunal, Deportation, Erschießen usw. bedroht und ihn dann auch noch zweimal verhaftet, dann haben Leute, die wissen, was das bedeutet, wohl allen Anlaß, bestimmte Konsequenzen zu ziehen."[138]

---

[130] Abgedruckt in Brill, *Gegen den Strom*, S. 94.
[131] Abgedruckt in ebd., S. 96–102.
[132] Zu Hermann Brills Widerstandsschriften im Konzentrationslager Buchenwald siehe Kapitel 3.4.1. Wie Brill berichtet, mussten aber die meisten der in Buchenwald entstandenen Schriften vernichtet werden: „Natürlich wäre es wunderbar, wenn nicht alle schriftstellerischen Arbeiten, die ich in Buchenwald geleistet habe, um die Jahreswende 1944/45 restlos hätten vernichtet werden müssen. Aber da der Preis des Lebens dafür wohl nicht zu hoch war ..." Hermann Brill an Hans Brumme, 20. November 1947, in: BArch, NL Brill 27.
[133] Siehe Kapitel 3.1.1.
[134] Siehe Kapitel 3.2.2.
[135] Vgl.: Overesch, *Brill*, S. 295–407.
[136] Zur Potsdamer Konferenz vgl. *Dokumente zur Deutschlandpolitik der Sowjetunion. Vom Potsdamer Abkommen am 2. August 1945 bis zur Erklärung der Souveränität der Deutschen Demokratischen Republik am 25. März 1954*, Bd. 1, hg. v. Deutschen Institut für Zeitgeschichte, Berlin 1957, S. 1–8.
[137] Hermann Brill an Georg Dietrich, 16. September 1945, in: BArch, NL Brill 57.
[138] Hermann Brill an Hans Brumme, 20. November 1947, in: BArch, NL Brill 27.

In Hessen angekommen, war Hermann Brill nicht nur auf Landesebene an der Entstehung der Hessischen Verfassung[139] sondern auch am Aufbau des Deutschen Büros für Friedensfragen[140] beteiligt. Nach seiner einflussreichen Arbeit im Verfassungskonvent auf Herrenchiemsee gehörte er in den Jahren 1949 bis 1953 dem Deutschen Bundestag an und arbeitete als Honorarprofessor für öffentliches Recht an der Frankfurter Universität. Hermann Louis Brill verstarb im Alter von 64 Jahren am 22. Juni 1959 in Wiesbaden.

Anton Pfeiffer[141], geboren am 7. April 1888 in der Pfalz bei Germersheim, wuchs als achtes von zwölf Kindern in einer katholisch geprägten, bildungsbeflissenen Lehrerfamilie auf. Über seine Zeit am humanistischen Gymnasium in Speyer in den Jahren 1898 bis 1907 schrieb Pfeiffer rückblickend, er habe „das Glück [gehabt], so ziemlich in allen Fächern Professoren meine Lehrer nennen zu dürfen, die nicht nur Meister des Lehrens waren, sondern auch Erzieher höchsten Ranges und Former der Seele"[142]. An der Ludwig-Maximilians-Universität zu München studierte er zunächst Anglistik, Romanistik sowie Staats- und Wirtschaftswissenschaften und war Mitglied der katholischen Studentenverbindung Ottonia[143], bevor er die Lehramtsprüfung in den beiden genannten philologischen Wissenschaften ablegte und seine Universitätszeit im Jahr 1913 mit einer Promotion abschloss. Vor Ausbruch des Ersten Weltkriegs ging er zunächst dem Lehrberuf an einer amerikanischen Privatschule, der Dr. Coit School for American Boys, vom November 1910 bis zum Juni 1915 nach[144], bevor er, vorübergehend zeitgleich, vom Oktober 1914 bis zum Juli 1919 an einer Realschule in

---

[139] Siehe Kapitel 3.2.2. Über seine Anfänge in der hessischen Politik berichtete Hermann Brill: „Die Verhältnisse sind hier nicht gut, weil sie von Anfang an einen falschen Start gehabt haben. Es fehlen Arbeitspläne, Organisation und Ordnung. Die Menschen beherrschen nicht die Maschine, sondern werden von der Maschine beherrscht." Hermann Brill an Georg Dietrich, 16. September 1945, in: BArch, NL Brill 57.
[140] Siehe Kapitel 3.4.2.
[141] Bildquelle: Bestand Erna Wagner-Hehmke, Haus der Geschichte, Bonn.
[142] Anton Pfeiffer, [Biographischer Abriss], o. D., in: NL Pfeiffer 1.
[143] Military Government of Germany. Fragebogen ausgefüllt von Anton Pfeiffer, 24. November 1945, in: NL Pfeiffer 1.
[144] Anton Pfeiffer, Biographical Sketch, 2. Oktober 1945, in: BayHStA, NL Pfeiffer 1, S. 1. Ziel der schulischen Einrichtung war die „Vorbereitung von jungen Amerikanern auf die amerikanische College-Eintrittsprüfung." o. A. [Anton Pfeiffer], Biographische Skizze von Dr. Anton Pfeiffer, Staatsminister, Leiter der Bayerischen Staatskanzlei, 15. Januar 1949, in: BayHStA, NL Pfeiffer 1. In der Coit School für American Boys war Pfeiffer ab dem Jahr 1911 „head of the German Department" und pflegte „contacts with many well-known Americans". Anton Pfeiffer, Biographical Sketch, 2. Oktober 1945, in: BayHStA, NL Pfeiffer 1, S. 2. Des Weiteren schrieb Anton Pfeiffer rückblickend: „Neben dem Studium und der Tätigkeit an dieser Schule ging einher die Tätigkeit als Hauslehrer in angesehenen amerikanischen Familien, die vorübergehend in München weilten." o. A. [Anton Pfeiffer], Wichtige Lebensdaten von Dr. Anton Pfeiffer, o. D. [Mai 1945], in: BayHStA, NL Pfeiffer 1.

München unterrichtete.[145] Vom November 1917 bis zum November 1918 nahm Anton Pfeiffer noch einmal ein Studium an der Münchner Universität auf, diesmal in „Nationalökonomie, Verfassungsfragen und Geschichte"[146]. Das Ende des Ersten Weltkriegs und die Eindrücke der Novemberrevolution 1918 politisierten Pfeiffer und führten am 12. November 1918 zu seinem Eintritt in die BVP.[147] Seinen Entschluss, der Bayerischen Volkspartei beizutreten, begründete Anton Pfeiffer damit, dass das Programm der Partei seinen eigenen Ansichten entsprochen habe: „democracy, christian basis of the states, federalistic structure of the Reich, refusal of classwar."[148]

Die Wirren der Novemberrevolution dürften den konservativen, traditionell eingestellten Anton Pfeiffer tiefgreifend erschüttert haben und können aufgrund seiner eigenen Schilderungen[149] als „Schlüsselerlebnis seiner politischen Mobilisierung"[150] angesehen werden. Zeitgleich mit seinem Eintritt in die Bayerische Volkspartei wurde er zum Generalsekretär ernannt, der er bis ins Jahr 1933 bleiben sollte.[151] In diese Zeit fallen auch die ersten staats- und verfassungspolitischen Vorstellungen und Konzeptionen Anton Pfeiffers – zum einen sein Standpunkt gegenüber der Weimarer Reichsverfassung[152], zum anderen seine Überlegungen zu „Einheitsstaat und Föderalismus"[153] –, die er in den von ihm mit herausgegebenen Heften über *Politische Zeitfragen* ausführte. Zu seinen Aufgaben als Generalsekretär der BVP zählten die Organisation von Wahlkämpfen, die Aufsicht über die Parteifinanzen und die Erstellung von Informations- und Propagandamaterial; außerdem bemühte er sich um den Aufbau einer Jugendorganisation. Aufgrund all dieser Tätigkeiten und nicht zuletzt durch sein organisatorisches und diplomatisches Geschick wuchs sein Ansehen innerhalb der Partei rasch.[154]

Der erstarkenden NSDAP stand Anton Pfeiffer kritisch gegenüber, und obwohl er auch in späteren Jahren nicht in diese Partei eintrat, glaubte er dennoch, die Nationalsozialisten durch eine Einbindung und Beteiligung an der Regierung bändigen zu können.[155] Nicht zuletzt angesichts der Gründung seiner amerikanischen Privatschule im

---

[145] Reuter, *Eminenz*, S. 3–5. Vgl. auch Schlemmer, Anton, „Anton Pfeiffer (1888–1957). Chef der Staatskanzlei, Bayern", in: Buchstab, Günter/Kleinmann, Hans-Otto, *In Verantwortung vor Gott und den Menschen. Christliche Demokraten im Parlamentarischen Rat 1948/49*, Freiburg 2008, S. 289.
[146] o. A. [Anton Pfeiffer], Wichtige Lebensdaten von Dr. Anton Pfeiffer, o. D. [Mai 1945], in: BayHStA, NL Pfeiffer 1.
[147] Anton Pfeiffer, Biographical Sketch, 2. Oktober 1945, in: BayHStA, NL Pfeiffer 1, S. 3. Bereits sein älterer Bruder und Vorbild Maximilian Pfeiffer (*21. Dezember 1875, † 3. Mai 1926) saß als Abgeordneter der Zentrumspartei von 1907 bis 1924 im Reichstag. Reuter, *Eminenz*, S. 1–2.
[148] o. A. [Anton Pfeiffer], Biographical Sketch, o. D., in: BayHStA, NL Pfeiffer 1.
[149] Siehe Kapitel 2.3.
[150] Vgl.: Reuter, *Eminenz*, S. 13–15.
[151] Anton Pfeiffer, Biographical Sketch, 2. Oktober 1945, in: BayHStA, NL Pfeiffer 1, S. 3.
[152] Siehe Kapitel 2.3.1.
[153] Siehe Kapitel 2.3.2.
[154] Reuter, *Eminenz*, S. 10–13 und 25–35; Schlemmer, „Pfeiffer", S. 290.
[155] Nach Ende des Zweiten Weltkriegs führte eine Meldung in der *Rhein-Neckar-Zeitung* vom 19. Dezember 1946 dazu, dass eventuelle Verflechtungen Pfeiffers mit der NSDAP – konkret war von Koalitionsverhandlungen zwischen Pfeiffer und der NSDAP die Rede – noch einmal thematisiert wurden. Ein angebliches Schreiben Josef Helds sollte dies belegen. In einem dreisetigen Brief an Anton Pfeif-

Jahr 1927[156] kam es zu einer Inhaftierung Pfeiffers durch die Nationalsozialisten und schließlich auch zur Schließung der Schule und der Auflösung der BVP.[157] Nach seiner wohl auch für Anton Pfeiffer plötzlichen Entlassung aus der Haft im Juli 1933 wurde seine „Wiederverwendung im Schuldienst abgelehnt"[158]; erst im Februar 1934 wurde er wieder zum Schuldienst zugelassen, allerdings, unterbrochen von schwerer Krankheit, mehrmals versetzt.[159]

Einen direkten Widerstand gegen den Nationalsozialismus kann man Anton Pfeiffer zwar nicht zuschreiben – er hat ihn für sich selbst wohl auch nie beansprucht –,

---

fer nahm Held jedoch davon Abstand und erklärte, er könne sich „heute beim besten Willen nicht an einen derartigen Brief erinnern." Josef Held an Anton Pfeiffer, 20. Dezember 1946, in: BayHStA, NL Pfeiffer 51. Auch dem bayerischen Ministerpräsidenten Hoegner, der von der Angelegenheit gewusst haben soll, schrieb Held eine Richtigstellung, in der er darauf hinwies, „dass Staatsminister Dr. Pfeiffer 1932 keine Verhandlungen mit den Nationalsozialisten über eine Regierungskoalition gepflogen hat." Josef Held an Wilhelm Hoegner, 20. Dezember 1946, in: BayHStA, NL Pfeiffer 51. Ein weiteres Schriftstück enthält hierzu ebenfalls „einige Richtigstellungen" wohl von Seiten Hoegners, der entgegen den Behauptungen der *Rhein-Neckar-Zeitung* vom 19. Dezember 1946 schreibt, dass Pfeiffer 1933 nicht mit einer Koalition geliebäugelt habe, um Kultusminister zu werden. Richtigstellungen, 18. Dezember (1946), in: BayHStA, NL Pfeiffer 51.

[156] Vgl. Reuter, *Eminenz*, S. 69–76. Ein Jahr vor der Gründung des Amerikanischen Instituts, im Jahr 1926, hatte Anton Pfeiffer eine Reise in die USA unternommen, wo die Idee zur Gründung einer Amerikanischen Schule in München Gestalt angenommen hatte: „In America the draft was made for the reopening of an American School in Munich and an Advisory Committee was formed [...]." Anton Pfeiffer, Biographical Sketch, 2. Oktober 1945, in: BayHStA, NL Pfeiffer 1, S. 2. Bereits in den Jahren 1920 bis 1925 hatte Anton Pfeiffer „contacts with the American High-Commissioner at Berlin then with the American Ambassador in Berlin and the American Consulate General in Munich" aufgenommen. Anton Pfeiffer, Biographical Sketch, 2. Oktober 1945, in: BayHStA, NL Pfeiffer 1, S. 2. Diese Kontakte baute er eigenen Angaben zufolge kontinuierlich aus: „1920–1941 Exchange of political ideas with the staff of the American Embassy in Berlin of the American Consulate General in Munich and personal friendship [...]." Anton Pfeiffer, Biographical Sketch, 2. Oktober 1945, in: BayHStA, NL Pfeiffer 1, S. 3.

[157] Anton Pfeiffer notierte hierzu: „Ca. 20. Juni, Samstag, ca. 16.30 Uhr Verhaftung in der Hubertusstraße vom Teetisch weg durch einen untergeordneten Polizeisekretär und einen Referendar der Polizeidirektion [...]. [...] Dienstag, Überführung nach Stadelheim [...]. 6. Juli, Besprechung [...] und Beschluß die Bayerische Volkspartei aufzulösen. 7. Juli, plötzliche Entlassung. Tiefstes Erlebnis in dieser Zeit Besuch meiner Frau im Gefängnis." o. A. [Anton Pfeiffer], Wichtige Lebensdaten von Dr. Anton Pfeiffer, o. D. [Mai 1945], in: BayHStA, NL Pfeiffer 1. An die Schließung des Amerikanischen Instituts erinnerte sich Anton Pfeiffer wie folgt:„1936 1. April, Ostern auf Grund des Verbots des Amerikanischen Instituts Aufgabe und Umbau des Hauses Hubertusstraße 9 und Übersiedlung in die Franz-Josefstr. 43." o. A. [Anton Pfeiffer], Wichtige Lebensdaten von Dr. Anton Pfeiffer, o. D. [Mai 1945], in: BayHStA, NL Pfeiffer 1. Endgültig geschlossen wurde das Amerikanische Institut im Jahr 1937. Anton Pfeiffer, Biographical Sketch, 2. Oktober 1945, in: BayHStA, NL Pfeiffer 1, S. 3.

[158] o. A. [Anton Pfeiffer], Wichtige Lebensdaten von Dr. Anton Pfeiffer, o. D. [Mai 1945], in: BayHStA, NL Pfeiffer 1.

[159] Anton Pfeiffer erinnerte sich: „September, Landtag wird aufgelöst, aber meine Wiederverwendung im Schuldienst abgelehnt. Ab September einfach von der vorgesetzten Behörde ignoriert und nicht zu Arbeit zugelassen. 1934 1. Februar, Strafversetzung an die Oberrealschule in Schweinfurt. [...] 1. September, Beurlaubung ohne Gehalt. 1935 2. Januar, Einweisung an das Humanistische Gymnasium mit Realschule in Pasing. 1936 15. August, schwere Erkrankung [...]. Bis 1. November im Schwabinger Krankenhaus. 1937 1. Januar, Versetzung an die Gisela-Oberschule für Knaben in München." o. A. [Anton Pfeiffer], Wichtige Lebensdaten von Dr. Anton Pfeiffer, o. D. [Mai 1945], in: BayHStA, NL Pfeiffer 1.

aber ihn als Mitläufer zu bezeichnen wäre ebenso irreführend.[160] Er selbst gab auf einem Fragebogen der amerikanischen Militärregierung aus dem Jahr 1945 an, zwar kein Parteimitglied der NSDAP gewesen, aber „durch zwangsweise Eingliederung der Ortsgruppe des Verbandes ‚Bayer. Philologen'"[161] Mitglied des NS-Lehrerbundes geworden zu sein. Der Gegensatz seiner Partei, der BVP, zu den Nationalsozialisten habe „für die folgenden 10 Jahre nur noch eine Verstärkung" seiner Parteiarbeit und der „Schaffung eines umfangreichen Schrifttums der Partei" mit sich gebracht, so Anton Pfeiffer.[162]

Nach Ende des Zweiten Weltkriegs verstand es Pfeiffer seine amerikanischen Kontakte zu nutzen und wurde zum Dolmetscher und „military advisor"[163] der amerikanischen Besatzungsmacht.[164] Als Gründungsmitglied der CSU im Jahr 1945 und Mandatsträger in der Verfassungsgebenden Landesversammlung[165] war er an den programmatischen Entwürfen seiner Partei und der Ausarbeitung der bayerischen Landesverfassung maßgeblich beteiligt[166]. Den Ruf, die „graue Eminenz der bayerischen Politik"[167] zu sein, erwarb er sich als Leiter der Staatskanzlei in den Jahren 1945 bis 1950, da er es verstand, die Staatskanzlei „zur Schaltzentrale der Staatsregierung"[168], vor allem in außenpolitischen Fragen, auszubauen.[169] Im Jahr 1946 erhielt er zudem

---

[160] Reuter, *Eminenz*, S. 75–76.
[161] Military Government of Germany. Fragebogen ausgefüllt von Anton Pfeiffer, 24. November 1945, in: NL Pfeiffer 1. Ebenso zwangsweise sei er Mitglied des Volksbundes für das Deutschtum im Ausland (VDA) geworden, da das Lehrerkollegium des Gymnasiums Pasing 1935 hier eingegliedert wurde. Als einzigen weiteren Kontakt mit den Nationalsozialisten vermerkte Pfeiffer seinen viermonatigen Einzug zum Volkssturm in Krailling vom Januar bis zum April 1945. Military Government of Germany. Fragebogen ausgefüllt von Anton Pfeiffer, 24. November 1945, in: BayHStA, NL Pfeiffer 1.
[162] Anton Pfeiffer, Beilage 3 zum Fragebogen der Militärregierung, o. D. [24. November 1945], in: BayHStA, NL Pfeiffer 1, S. 1. „Ich schätze die Zahl meiner politischen Reden und Referate in den 10 Jahren von 1923 bis 1933 auf mindestens 500. Die Zuhörerschaft bestand meistens aus den Besuchern öffentlicher politischer Versammlungen, in denen ich häufig in schärfste Diskussion mit den Nationalsozialisten geriet." Anton Pfeiffer, Beilage 3 zum Fragebogen der Militärregierung, [24. November 1945], in: BayHStA, NL Pfeiffer 1, S. 1. Unter dem „Schrifttum der Bayerischen Volkspartei" zählte Anton Pfeiffer auf: 1. „Mitteilungen für die Vertrauensleute der Bayerischen Volkspartei […] vom 28.5.1924 bis 15. Juni 1933 erschienen", 2. Wahlkampfbroschüren, 3. „Agitationsmaterial für die Vertrauensleute der Bayerischen Volkspartei", 4. „Zusammenstellungen über die Tätigkeit und Geschichte der Bayerischen Volkspartei", 5. diverse Zeitungsartikel. Anton Pfeiffer, Beilage 3 zum Fragebogen der Militärregierung, o. D. [24. November 1945], in: BayHStA, NL Pfeiffer 1, S. 2.
[163] Reuter, *Eminenz*, S. 84.
[164] Ebd., S. 84–92. Anton Pfeiffer beschreibt rückblickend, er habe bereits am 29. April 1945, als „das 813. Panzer-Bataillon der Amerikaner" anrückte, „Verbindung mit dem Militärregierungsoffizier" aufgenommen. o. A. [Anton Pfeiffer], Wichtige Lebensdaten von Dr. Anton Pfeiffer, o. D. [Mai 1945], in: BayHStA, NL Pfeiffer 1.
[165] Siehe Kapitel 3.2.3.
[166] Siehe Kapitel 3.1.2.
[167] So betitelte ihn etwa *Der Spiegel* abwechselnd als „Kleinen Münchner Metternich" („Sein Lieblingsplan. Ellwanger Nachgeburt", in: *Der Spiegel*, 3. April 1948) oder als „graue Eminenz im Kabinett Erhard" („Der Fall ist eingetreten. Möglicherweise in die Luft", in: *Der Spiegel*, 24. Juli 1948).
[168] Schlemmer, „Pfeiffer", S. 294.
[169] Vgl. Reuter, *Eminenz*, S. 84–135. Pfeiffer selbst schrieb dazu: „Seit 3.10.45 in der Bayerischen Staatskanzlei tätig, ab dem 18.10.1945 als Staatsrat, ab dem 22.10.45 als Staatssekretär." Anton Pfeif-

die Ernennung zum Sonderminister für Entnazifizierung in Bayern. Als Vertreter bayerischer Interessen war er nicht nur lokal, sondern auch auf zonaler Ebene im Stuttgarter Länderrat[170] und im Deutschen Büro für Friedensfragen[171] tätig.[172] Seinen persönlichen staats- und verfassungspolitischen Vorstellungen eines Deutschlands nach dem Zweiten Weltkrieg versuchte er nicht zuletzt im Ellwanger Freundeskreis zum Durchbruch zu verhelfen.[173] Im Jahr 1948 wurde er schließlich vom bayerischen Ministerpräsidenten Hans Ehard mit der Einberufung und Organisation der Zusammenkunft auf Herrenchiemsee, die „den ersten Verfassungskonvent des neuen Deutschlands"[174] bildete, betraut.

Nach dem Verfassungskonvent von Herrenchiemsee nahm Anton Pfeiffer als Vorsitzender der Unionsfraktion an den Beratungen des Parlamentarischen Rats teil, in dem er vermutlich „angesichts der politischen Verhältnisse in Bayern und aus Furcht, dass man ihm Illoyalität gegenüber dem Ministerpräsidenten vorwerfen könnte"[175], gegen das Grundgesetz stimmte. Seine politische Laufbahn beendete Anton Pfeiffer im September 1954 als Botschafter in Brüssel, wo er zuvor bereits als Generalkonsul tätig gewesen war. In München verstarb er am 19. Juli 1957 im Alter von 69 Jahren.[176]

Adolf Süsterhenn[177] kam am 31. Mai 1905 – er war damit der jüngste der hier vorgestellten Teilnehmer am Verfassungskonvent von Herrenchiemsee – als ältester von zwei Söhnen eines kaufmännischen Angestellten und einer Hausgehilfin in Köln zur Welt.[178] Katholisch in einem zentrumsnahen Elternhaus und „in durchaus kirchlichem Geiste erzogen"[179], besuchte er ab dem Jahr 1914 das Schillergymnasium in Köln und wurde als Mitglied des Windthorstbundes, der Jugendorganisation der katholischen Zent-

---

fer, Daten aus dem politischen Leben des Staatsministers Dr. Anton Pfeiffer, 26. August 1948, in: BayHStA, NL Pfeiffer 1.
[170] Siehe Kapitel 3.5.1.
[171] Siehe Kapitel 3.4.2.
[172] Vgl. Reuter, *Eminenz*, S. 135–149.
[173] Siehe Kapitel 3.5.2.
[174] PR, Bd. 2, Dok. Nr. 2, Verfassungskonvent auf Herrenchiemsee. Plenarsitzungen: Erster Sitzungstag, 10. August 1948, S. 56.
[175] Reuter, *Eminenz*, S. 227.
[176] Vgl. ebd., S. 206–220; Schlemmer, „Pfeiffer", S. 298.
[177] Bildquelle: BArch, Bild 183-2008-0505-50 / Fotograf: o. Ang.
[178] Wie Christoph von Hehl recherchieren konnte, lautete Süsterhenns vollständiger Name Adolf Philipp Alexander Süsterhenn. Siehe: Hehl, *Süsterhenn*, S. 26.
[179] Adolf Süsterhenn, Meine politische Entwicklung, o. D. [1945/1946], in: LHA 700, 177, Nr. 677, S. 1. Für Karl-Friedrich Meyer war Adolf Süsterhenn „rheinischer Katholik", und hierin sah Meyer auch „die beiden wichtigen Quellen für seine politische Grundausrichtung benannt". Meyer, Karl-Friedrich, „Dr. Adolf Süsterhenn (1905–1974) – Verfassungsjurist der ersten Stunde, Politiker und Richter". Vortrag gehalten am 20. September 2005 im Historischen Rathaussaal der Stadt Koblenz auf Einladung des rheinland-pfälzischen Landtags und der Peter-Altmeier-Gesellschaft, S. 3.

rumspartei[180], erstmals in einer politischen Vereinigung aktiv. Fünf Jahre später, unter dem Eindruck der Novemberrevolution, wurde Adolf Süsterhenn Gründungsmitglied des von dem Jesuitenpater Ludwig Esch initiierten Bundes Neudeutschland, eines „umfassenden Verband[es] katholischer Schüler höherer Lehranstalten"[181], „der ihn religiös und weltanschaulich stark prägen sollte."[182]

Nach bestandenem Abitur, im März 1923, nahm Süsterhenn sein Jurastudium an der Albert-Ludwigs-Universität Freiburg auf, wo er sich der katholischen Studentenverbindung Hohenstaufen anschloss.[183] In seiner Mitarbeit an den *Hohenstaufen-Blättern*, dem Sprachrohr der Hohenstaufen, zeigten sich bereits in jungen Jahren bei Süsterhenn Engagement, Schreibbegabung und die Manifestation eines gewissen Führungswillens.[184] Bereits 1924 wechselte Süsterhenn an die Universität zu Köln und führte sein Studium dort weiter, freilich nicht, ohne sich der dortigen katholischen Studentenkorporation Rappoltstein anzuschließen.[185] Im Jahr 1926 war er wiederum Mitbegründer des Görres-Rings[186], „der sich als überkorporativer Bund katholischer Jung-

---

[180] Krabbe, Wolfgang R., „Parteijugend in der Weimarer Republik. Ein typologischer Vergleich am Beispiel der Zentrums- und der DVP-Jugend", in: *Politische Jugend in der Weimarer Republik*, hg. v. Wolfgang R. Krabbe, Bochum 1993, S. 40f.

[181] Kindt, Werner (Hg.), *Die deutsche Jugendbewegung 1920 bis 1933. Die bündische Zeit. Quellenschriften*, Düsseldorf u. a. 1974, S. 697. So formulieren die „Leitsätze des Neudeutschen Bundes": „Unser Ziel: Die neue Lebensgestaltung in Christus. ND will eine Zielbewegung sein: Jugendliche Menschen sollen im Bunde reifen, im späteren Leben innerlich katholisch sein und ebenso klar und bewußt für ihre katholischen Grundsätze eintreten. Wahres Apostolat ist ein Wesensmerkmal unseres Bundes. Also Lebensgestaltung in unserer eigenen Persönlichkeit und in unserer Umwelt. Neu ist diese Gestaltung, weil sie geschieht auf dem Wege der gesunden Jugendbewegung. In Christus als dem letzten Urbilde gewinnt diese neue Lebensgestaltung den heute vielfach verlorenen Einklang zwischen Religion und Leben, Kirche und Kultur." Ebd., S. 709.

[182] Hehl, *Süsterhenn*, S. 28. Siehe auch ebd., S. 29–31.

[183] Hier beschäftigte er sich auch erstmals nachweisbar mit der Verfassungsgeschichte Deutschlands. Siehe Hehl, *Süsterhenn*, S. 32. Nach Süsterhenns eigenen Angaben war das für ihn eine „Selbstverständlichkeit". Adolf Süsterhenn, Lebensbeschreibung, o. D., in: LHA 700, 177, Nr. 577, S. 2; Adolf Süsterhenn, Meine politische Entwicklung, o. D. [1945/1946], in: LHA 700, 177, Nr. 677, S. 1.

[184] Siehe Kapitel 2.4.1. Ein weiteres frühes Zeugnis von Adolf Süsterhenns schriftlicher Ausdrucksstärke ist sicherlich sein Schreiben an den akademischen Disziplinarbeamten der Universität Freiburg, in dem der einundzwanzigjährige Süsterhenn um seine Exmatrikulation bittet. Adolf Süsterhenn an Dr. Rosenlärker, 19. Oktober 1924, in: Ihle, Wolfgang/Böhrig, Dirk (Hg.), *90 Jahre Hohenstaufen. Festschrift anläßlich des 90. Stiftungsfestes der KDStV Hohenstaufen zu Freiburg/Br. im CV*, Freiburg i. Br. 1995, S. 48–50.

[185] Süsterhenn selbst notierte zu dieser Zeit: „Es war ein Semester wie alle anderen: Frohsinn und Minne, überschäumende Jugendlust, seliges Fuchsentum und stolze Burschenherrlichkeit bildeten in ihrer harmonischen Verknüpfung den Grundakkord des ganzen Semesters und aller seiner Veranstaltungen, und wenn auch auf dem Conventen manchmal Moll statt Dur gespielt wurde, so konnte doch die symphonische Reinheit durch keinerlei Dissonanzen und Kakophonien getrübt werden." Ortwein, Friedrich J. (Hg.), *Rappoltstein 1905–2005*, Köln 2005, S. 161.

[186] Hehl, *Süsterhenn*, S. 39. Im *Großen Herder* wird die Görres-Gesellschaft als eine 1876 gegründete Vereinigung „zur Pflege der Wissenschaft im katholischen Deutschland" beschrieben, die die „Förderung der wissenschaftlichen Forschung und des wissenschaftlichen Nachwuchses" zum Ziel hatte. *Der Große Herder, Nachschlagewerk für Wissen und Leben*, 5., neubearbeitete Aufl., Bd. 4, Freiburg 1954, Sp. 239. Es verwundert daher auch nicht, wenn Christoph von Hehl in seiner Biographie Süsterhenns feststellt, dass dieser „in seiner Freiburger Zeit weniger von akademischen Lehrern und deren wissen-

akademiker zur nationalen und staatspolitischen Erziehung auf der Grundlage der katholischen Weltanschauung verstand" und „versuchte, als Gegengewicht zum völkischen, nationalistisch und antisemitisch eingestellten Deutschen Hochschulring zu agieren".[187] Hier lernte Adolf Süsterhenn auch seinen späteren Doktorvater Godehard Josef Ebers kennen, dessen Überlegungen, „wie Staat, wie Völkergemeinschaft und wie Kirche in sich und in ihrem Verhältnis zueinander sachgerecht geordnet und verfaßt sein müssen"[188], mit seiner gleichzeitig positiven Haltung gegenüber der Weimarer Reichsverfassung sowohl die Arbeit des Görres-Rings als auch das Denken Süsterhenns beeinflusste.[189] Eine weitere führende Persönlichkeit des Görres-Rings war der Sozialwissenschaftler Benedikt Schmittmann, der Adolf Süsterhenns staats- und verfassungspolitisches Denken nachhaltig prägte. Schmittmann ging vom Individuum aus, das für ihn im Mittelpunkt seiner staats- und verfassungsrechtlichen Überlegungen stand. Der Staat war für ihn die „Verkörperung des Volkes"[190]. „Der Volksstaat ebnet so dem Volke alle Wege zur Selbstregierung. Es gibt keine zentralistische Staatsgewalt, sondern nur eine zentrale und neben ihr Zwischengewalten in den Gemeinden, Kreisen, Provinzen oder Ländern."[191] Hinter dem Föderalismusbegriff verstand Süsterhenns geistiger Lehrer weit mehr als lediglich eine Staatsvorstellung. Zusammen mit seiner Vorstellung des Sozial- und Wirtschaftssystems ergab dies für ihn die Basis seiner Gesellschaftslehre.[192] Seinen Vorstellungen von Staat und Gesellschaft widmete sich Benedikt Schmittmann auch außerhalb der Kölner Universität und gründete im Jahr 1924 den Reichs- und Heimatbund deutscher Katholiken, der zwei Jahre später mit dem Deutschen Föderalisten-Bund in der Reichsarbeitsgemeinschaft Deutscher

---

schaftlichen Überzeugungen als vielmehr durch das Gefüge der katholischen Korporation geprägt wurde." Hehl, *Süsterhenn*, S. 37.
[187] Uertz, Rudolf, „Adolf Süsterhenn (1905–1974). Landesminister, Rheinland-Pfalz", in: Buchstab, Günter, *In Verantwortung vor Gott und den Menschen. Christliche Demokraten im Parlamentarischen Rat 1948/49*, Freiburg 2008, S. 355–364, hier S. 356. Süsterhenn selbst sprach davon, dem Hochschulring „ein geistiges Gegengewicht auf katholischer Grundlage" entgegenzusetzen. Adolf Süsterhenn, Meine politische Entwicklung, o. D. [1945/1946], in: LHA 700, 177, Nr. 677, S. 1.
[188] Hollerbach, Alexander, „Über Godehard Josef Ebers (1880–1958). Zur Rolle katholischer Gelehrter in der neueren publizistischen Wissenschaftsgeschichte", in: *Festschrift für Ulrich Scheuner zum 70. Geburtstag*, hg. v. Horst Ehmke, Berlin 1973, S. 143–162, hier S. 158.
[189] Vgl. Hehl, *Süsterhenn*, S. 41–45; Mathy, Helmut, „‚Die Freiheit und Würde des Menschen zu sichern …'. Adolf Süsterhenn (1905–1974), der ‚Vater' der rheinland-pfälzischen Verfassung", in: *Mainzer Zeitschrift. Mittelrheinisches Jahrbuch für Archäologie, Kunst und Geschichte*, hg. v. Altertumsverein, dem Landesmuseum der amtlichen Denkmalpflege, dem Stadtarchiv und der Stadtbibliothek Mainz, Jahrgang 83, 1988, S. 193–232, hier S. 195.
[190] Stehkämper, Hugo, „Benedikt Schmittmann (1872–1939)", in: *Zeitgeschichte in Lebensbildern*, hg. v. Jürgen Aretz, Rudolf Morsey und Anton Rauscher, Bd. 6, Mainz 1984, S. 29–49, hier S. 40.
[191] Ebd.
[192] Ebd., S. 41. „‚Der organische Aufbau des neuen Reiches kann sich nicht auf der Grundlage von Millionen atomisierter, durch die preußische Hegemonie zusammengeklammerter ‚Staatsbürger' vollziehen, sondern (will man kein kurzfristiges Zweckgebilde schaffen) nur auf tragender Volksordnung, in der die Atomisierung wieder aufgelebt wird, das heißt die Atome wieder zu lebensvollen Gebilden zusammengefügt werden.' Dieser 1930 in so allgemeinverständliche Prägnanz gefaßte einzige Satz enthält das gesamte staatspolitische Programm Schmittmanns." Lotz, Albert, *Benedikt Schmittmann. Sein Leben und Werk*, Frankfurt a. M. 1949, S. 67.

Föderalisten aufging.[193] Das Programm der Arbeitsgemeinschaft setzte Föderalismus weder mit dem Einheits- noch mit dem Bundesstaatsgedanken gleich. „Er [der Föderalismus] will vielmehr Freiheit zur Mitarbeit des Volkes am Staatsaufbau. Wir [die Reichsarbeitsgemeinschaft Deutscher Föderalisten] erstreben darum zur Schaffung einer föderativen Ordnung und zur Beseitigung des Dualismus Reich-Preußen die Ausgestaltung preußischer Provinzen zu Ländern, ausgestattet mit dem Maß an Rechten, das die Reichsverfassung den Ländern belassen hat."[194] Wie die vorliegende Arbeit zeigt, knüpfte Adolf Süsterhenn nicht nur an die geistigen Lehren Schmittmanns, sondern auch an dessen Arbeit und Programm in einem föderalistischen Bund an.[195]

Das Studium beendete Süsterhenn im Jahr 1927 mit dem ersten Staatsexamen, um sich danach seinem Referendariat und seiner Dissertation bei Godehard Josef Ebers, die er bereits ein Jahr später abschloss, zu widmen.[196] Nach seinem zweiten Staatsexamen, im April 1931, arbeitete er zunächst als Gerichtsassessor und Hilfsrichter, bevor er eine Hilfstätigkeit bei einem Kölner Rechtsanwalt ausübte und schließlich selbst im September 1932 beim Amts- und Landgericht Köln als Rechtsanwalt zugelassen wurde.[197]

Eine erste Berührung mit den Nationalsozialisten datiert auf das Jahr 1933. Während die ältere Forschung davon ausging, dass Adolf Süsterhenn während seiner politischen Tätigkeit als Abgeordneter der Zentrumspartei in der Kölner Stadtverordnetenversammlung eine Hospitation bei der NSDAP-Fraktion im Zuge der Gleichschaltung strikt ablehnte[198], konnte sein Biograph Christoph von Hehl das Gegenteil belegen.[199]

---

[193] Hehl, *Süsterhenn*, S. 47; Stehkämper, „Schmittmann", S. 43; Lotz, *Schmittmann*, S. 72–74 und 110–117.

[194] Stehkämper, „Schmittmann", S. 43. Benedikt Schmittmann wurde bereits 1939 von der Gestapo verhaftet und verstarb noch im selben Jahr im Konzentrationslager Sachsenhausen. Hehl, *Süsterhenn*, S. 48; Stehkämper, „Schmittmann", S. 44–48; Lotz, *Schmittmann*, S. 39–56.

[195] Siehe Kapitel 3.6.1 und 3.6.2. Adolf Süsterhenn widmete Benedikt Schmittmann in der Nachkriegszeit eine vierteilige Artikelserie im *Rheinischen Merkur*, in der er seine Verbundenheit mit dem verstorbenen Sozialwissenschaftler zum Ausdruck bringt. Adolf Süsterhenn, „Benedikt Schmittmann. Leben und Werk eines rheinischen Föderalisten", in: *Rheinischer Merkur*, 18., 21., 25. und 28. Juni 1946, abgedruckt in: Süsterhenn, *Schriften*, S. 22–33. Die von Adolf Süsterhenn in diesen Artikeln geäußerte Wertschätzung seines geistigen Vorbilds wird oft als „Selbstbildnis" oder „politisches Selbstbekenntnis" eingeschätzt. Vgl. Meyer, „Süsterhenn", S. 4; Hense, Ansgar, „Der Hohenstaufe Adolf Süsterhenn. Ein Leben für das Naturrecht!", in: *Hohenstaufen-Blätter*, Nr. 126, 1992, S. 3.

[196] Hehl, *Süsterhenn*, S. 50–55.

[197] Ebd., S. 55–57. Auch während dieser Zeit war Süsterhenn weiter im Görres-Ring aktiv und nahm an Versammlungen der Zentrumspartei teil. Ebd., S. 58.

[198] Süsterhenn, *Schriften*, S. XI; Mathy, „Süsterhenn", S. 196; Baumgart, „Süsterhenn", S. 190.

[199] Hehl, *Süsterhenn*, S. 66–71. So schrieb Süsterhenn selbst in dieser Zeit: „Die ‚Deutsche Revolution' des Jahres 1933 steht im Zeichen des ‚Dritten Reichs'. Der Begriff des ‚Dritten Reichs' ist allerdings noch nicht eindeutig. In dieser Situation hat der deutsche Katholizismus eine besondere Aufgabe. Heute, wo die revolutionäre Erschütterung die Bahn frei gemacht hat für eine grundlegende Neugestaltung des politischen Lebens, wo durch die sogenannte ‚Gleichschaltung' von Reich, Ländern und Gemeinden die mannigfaltigsten Hemmnisse einer Reichsreform beseitigt sind, da darf der deutsche Katholizismus sich nicht mit einer parlamentarischen Tolerierung des Neuen, mit einer taktischen Anpassung an die veränderten Machtverhältnisse begnügen, sondern muß als Siegelbewahrer des Reichsgedankens ein mutiges Bekenntnis ablegen, seine Ideen über Volkstum und Staat herauszustellen und versuchen, in geistigem Ringen das Neue, das da werden soll, mitzubeeinflussen und mitzu-

Die bisherige Forschung ist unterschiedlicher Ansicht über die Bewertung dieser Begebenheit in Süsterhenns Lebenslauf.[200] Es sollte allerdings nicht die einzige Berührung mit dem Nationalsozialismus bleiben. Um einem Berufsverbot als Rechtsanwalt zu entgehen, beschloss Süsterhenn noch im Jahr 1933 SA-Anwärter zu werden, schied jedoch nur wenige Monate später wieder aus.[201] In dieser Zeit publizierte er einige erste Artikel in der *Kölner Volkszeitung*, die einen Einblick in seinen damaligen staats- und verfassungspolitischen Standpunkt gewähren.[202] Süsterhenn blieb von da an bis ins Jahr 1945 Mitglied im Nationalsozialistischen Rechtswahrerbund[203], der Berufsorganisation der Juristen im Dritten Reich, um den Entzug seiner Rechtsanwaltszulassung zu vermeiden. Er selbst äußerte sich später sehr zurückhaltend zu dieser Berührung mit der NSDAP.[204]

Wie auch immer man diese Vorgänge in Adolf Süsterhenns Vita bewerten mag, so kann man ihm doch nicht absprechen, dass er in der Folge sein Handeln überdachte und sich bewusst für eine Annäherung an den Nationalsozialismus entschied, um seinen Beruf weiter ausüben zu können. Eine Beurteilung von Süsterhenns Verhalten mag vom heutigen Standpunkt aus gesehen eindeutig ausfallen[205], jedoch sollte hierbei seine konsequente Arbeit gegen das Regime im Rahmen seiner anwaltlichen Tätigkeit, in der er sich „für weltanschauliche Gegner des NS-Regimes"[206] einsetzte, nicht außer Acht gelassen werden. Durch seine Arbeit als Rechtsanwalt in Devisenprozessen hielt sich Adolf Süsterhenn häufig in den Niederlanden auf, wo er Kontakte zu holländi-

---

gestalten aus seiner großen Reichstradition heraus und aus den geistigen Kräften, die ihm aus seiner Weltanschauung zuflößen." Adolf Süsterhenn, „Das Reich als Aufgabe. Zur nationalpolitischen Erziehungsarbeit des Görresrings", in: *Kölnische Volkszeitung*, 16. April 1933, S. 7.

[200] Während Rudolf Morsey die Unterschätzung des Nationalsozialismus durch das katholische Zentrum als „historische Fehlentscheidung" wertet, spricht sich Süsterhenns Biograph Christoph von Hehl lediglich dafür aus, „das nach 1945 in Zeitungsberichten überlieferte Bild" Süsterhenns als einer Person, die sich stets den Nationalsozialismus entgegengestellt habe, zu korrigieren. Morsey, Rudolf, „1918–1933", in: *Lexikon der Christlichen Demokratie in Deutschland*, hg. v. Winfried Becker, Paderborn u. a. 2002, S. 35–43, hier S. 39; Hehl, *Süsterhenn*, S. 71. Zur Dauer der Hospitation vgl. ebd., S. 75, Anm. 59.

[201] Hehl, *Süsterhenn*, S. 75f.

[202] Siehe Kapitel 2.4.2.

[203] Zur Geschichte des NS-Rechtswahrerbundes vgl. Sunnus, Michael, *Der NS-Rechtswahrerbund (1928-1945). Zur Geschichte der nationalsozialistischen Juristenorganisation*, Frankfurt a. M. u. a. 1990.

[204] „Ich habe damals schwer mit mir gerungen, habe meine Lage mit meinen Freunden, insbesondere auch mit meinem Klienten Esser damals eingehend besprochen und bin zu dem Ergebnis gekommen: Die Loyalitätsgeste lässt sich nicht vermeiden! Ich bin nicht in die Partei eingetreten. Die unpolitischste und unverbindlichste Mitgliedschaft war damals die bei der SA. Ich bin im Herbst 1933 – also nach Auflösung des Zentrumspartei durch Brüning und nach Abschluss des Konkordats – S.A.-Anwärter geworden. Der Kram ekelte mich aber an. Ich bin dann nach einigen Monaten im Jahre 1943 wieder aus dem SA-Anwärterverhältnis ausgeschieden, indem ich Krankheit und Arbeitsüberlastung vorschützte." Adolf Süsterhenn, Meine politische Entwicklung, o. D.[1945/1946], in: LHA 700, 177, Nr. 677, S. 3f.

[205] So bewertete auch Süsterhenn selbst sein Verhalten im Jahr 1945 mit den Worten: „Ob ich damals richtig gehandelt habe? Vom heutigen Standpunkt aus ist die Frage leicht zu beantworten." Adolf Süsterhenn, Meine politische Entwicklung, o. D. [1945/1946], in: LHA 700, 177, Nr. 677, S. 4.

[206] Hehl, *Süsterhenn*, S. 80.

schen Widerstandkreisen knüpfen und dort auch journalistisch gegen den Nationalsozialismus tätig werden konnte.[207]

Seine Kontakte zum Widerstand beschränkten sich jedoch nicht nur auf das benachbarte Ausland. In Deutschland beteiligte er sich an den Aktivitäten des Kölner Kreises und stellte seine Wohnung für eines der Treffen der Widerstandsgruppe zur Verfügung.[208] Während Wolfgang Benz Adolf Süsterhenn dem „Kreis des 20. Juli 1944"[209] zuordnet, geht Christoph von Hehl davon aus, dass Süsterhenn eher „dem Umfeld des 20. Juli, dem zivilen Widerstand"[210] angehörte.[211]

Die Frage, ob Adolf Süsterhenn in der Zeit des Dritten Reichs eine opportunistische oder oppositionelle Haltung gegenüber den neuen Machthabern einnahm, muss daher differenziert beantwortet werden. Unterschätzte er zunächst wie so viele die Gefahr, die von den Nationalsozialisten ausging, und gehörte er sogar bis ins Jahr 1945 einer nationalsozialistischen Vereinigung an, so muss dies doch vor dem Hintergrund seines Einsatzes als Rechtsanwalt für Gegner des Nationalsozialismus, seiner journalistischen Tätigkeit in den Niederlanden und seiner Zugehörigkeit zum Kölner Kreis bewertet werden. Politischer Opportunismus kann Süsterhenn daher, wie schon Christoph von Hehl feststellt[212], im eigentlichen Sinne des Wortes nicht vorgeworfen werden, gab er doch seine eigenen politischen Überzeugungen und Wertvorstellungen nie in Gänze preis. Nicht bestritten werden kann indes, dass er sich hier auf einem schmalen Grat zwischen Opportunismus und Pragmatismus bewegte. Die Antwort auf die Frage, ob Adolf Süsterhenn der politischen Opposition zuzuordnen ist, fällt angesichts seiner anwaltlichen Tätigkeiten und seiner Mitgliedschaft im Kölner Kreis im weiteren Verlauf der Geschichte des Dritten Reichs hingegen eindeutiger aus.

Nach dem Zusammenbruch des Dritten Reichs im Jahr 1945 trat Süsterhenn der Christlich-Demokratischen Partei bei und war Gründungsmitglied der Partei in seiner Heimatgemeinde. Über seine Tätigkeit bei der CDP kam er auch mit Konrad Adenauer in Kontakt, der ihn im August 1946 auf eine mehrtägige Reise durch die amerikani-

---

[207] Ebd., S. 95-97; Baumgart, „Süsterhenn", S. 191.
[208] Mathy, „Süsterhenn", S. 196; Baumgart, „Süsterhenn", S. 191; Hehl, *Süsterhenn*, S. 100.
[209] Benz, Wolfgang, „Föderalistische Politik in der CDU/CSU. Die Verfassungsdiskussion im ‚Ellwanger Kreis' 1947/48", in: *Vierteljahrshefte für Zeitgeschichte*, 25. Jahrgang, 1977, S. 776–820, hier S. 801, Anm. 69.
[210] Hehl, *Süsterhenn*, S. 101.
[211] Süsterhenn selbst notierte über seine Mitarbeit im Widerstand Folgendes: „Während des Krieges habe ich [...] mit der holländischen Widerstandbewegung gegen das Nazi-System zusammengearbeitet. Bei der Abfassung der Protestschreiben des holländischen Episkopats gegen die Auflösung der katholischen Arbeitervereine Hollands durch den deutschen Reichskommissar habe ich mitgewirkt. Ich habe die Verbindung zwischen einem Oberst des OKW, der an dem Gördelerputsch vom 20. Juli 1944 beteiligt war, und den Führern der katholischen und sozialistischen Gewerkschaften Hollands hergestellt. Es war vorgesehen, dass ich als ziviler Berater [...] die Liquidierung der deutschen Verwaltung in Holland bei unserem Rückzug aus Holland durchführen sollte. Im Juni 1944 habe ich [...] eine Denkschrift über die innenpolitische Lage in Deutschland und die Möglichkeiten eines Sturzes des nationalsozialistischen Regimes, Nachkriegsfragen usw. durch den geheimen holl. Nachrichtendienst nach England gelangen lassen." Adolf Süsterhenn, Meine politische Entwicklung, o. D. [1945/1946], in: LHA 700, 177, Nr. 677, S. 5. Nach Recherchen v. Hehls sind diese Angaben Süsterhenns allerdings nicht überprüfbar. Siehe Hehl, *Süsterhenn*, S. 100f.
[212] Ebd., S. 79.

sche Besatzungszone schickte – für Süsterhenn der Beginn seiner politischen Karriere. Unterstützt wurde diese durch Alfred Kramer, den Herausgeber des *Kölnischen Merkurs*, der mit großer Regelmäßigkeit Artikel Süsterhenns zu staats- und verfassungspolitischen Fragen publizierte.[213] In die Geschichte ging Adolf Süsterhenn vor allem als „Vater der rheinland-pfälzischen Verfassung" ein, die er im August und September 1946 bis zu deren Verabschiedung im Mai 1947 wesentlich mitgestaltete.[214] Was Süsterhenns Wirken außerhalb des Landes Rheinland-Pfalz betrifft, so sind vor allem seine Arbeit im Verfassungsausschuss der Arbeitsgemeinschaft der CDU/CSU[215] und im Bund Deutscher Föderalisten[216] zu erwähnen, bevor er zum Vertreter seines Landes auf dem Verfassungskonvent von Herrenchiemsee ernannt wurde, wo er versuchte, seine vom christlichen Naturrecht und Föderalismus als natürlichem Gut des Menschen geprägten Staats- und Verfassungsvorstellungen einzubringen.

Nach dem Konvent auf Herrenchiemsee war Adolf Süsterhenn gemeinsam mit Carlo Schmid und Anton Pfeiffer Mitglied des Parlamentarischen Rates.[217] Am Tag vor der Schlussabstimmung über den Verfassungsentwurf des Parlamentarischen Rates erlitt Süsterhenn einen folgenschweren Autounfall, der seine weitere politische Laufbahn beeinträchtigte.[218] Von 1949 bis 1951 Vorsitzender des Bundesratsausschusses für Innere Angelegenheiten, übernahm Adolf Süsterhenn bis 1961 das Amt des Präsidenten des Oberverwaltungsgerichts und des Verfassungsgerichtshofs von Rheinland-Pfalz.[219] 1961 bis 1969 war er Mitglied des Deutschen Bundestags, wo er sich mit Fragen der Bundes- und Europapolitik sowie der internationalen Menschenrechte auseinandersetzte.[220] Am 24. November 1974 verstarb Adolf Süsterhenn in seinem 69. Lebensjahr in Koblenz.[221]

Die vier biographischen Abrisse von Carlo Schmid, Hermann Brill, Anton Pfeiffer und Adolf Süsterhenn weisen bereits auf einige grundlegende Unterschiede, aber auch Gemeinsamkeiten hin. So dürfte hinsichtlich der politischen Orientierung Hermann Brill sicher den deutlichsten Wandel durchlebt haben, hielten doch Carlo Schmid, Anton Pfeiffer und Adolf Süsterhenn zeitlebens an ihrem stark demokratisch beziehungsweise föderalistisch geprägten Weltbild fest. Auch was das (Über-)Leben im Dritten Reich betraf, zeigt sich ein uneinheitliches Bild. Leistete Hermann Brill aktiven Widerstand, kann Carlo Schmid indirekter Widerstand, Anton Pfeiffer hingegen ledig-

---

[213] Siehe Kapitel 3.6.1.
[214] Siehe Kapitel 3.2.4.
[215] Siehe Kapitel 3.1.2.
[216] Siehe Kapitel 3.6.2.
[217] Seine Grundsatzrede vom 8. September 1948 markierte hier „den vorläufigen Höhepunkt seiner politischen Karriere". Hehl, *Süsterhenn*, S. 437. Zur Grundsatzrede vgl. ebd., S. 394–397.
[218] Baumgart, „Süsterhenn", S. 198; Mathy, „Süsterhenn", S. 204; Uertz, „Süsterhenn", S. 363. Christoph von Hehl erkennt darin allerdings nicht die wesentliche Ursache für Süsterhenns Übertritt in die Justiz. Er geht vielmehr davon aus, dass es Süsterhenns bewusste Entscheidung war, nachdem „der Rahmen der neuen Rechtsstaatlichkeit stand, Einfluss zu nehmen auf die bei den Verfassungsberatungen in Rheinland-Pfalz und Bonn strittig gebliebenen Fragen." Hehl, *Süsterhenn*, S. 438.
[219] Vgl. Hehl, *Süsterhenn*, S. 439–537.
[220] Vgl. ebd., S. 538–587.
[221] Vgl. ebd., S. 591f.; Baumgart, „Süsterhenn", S. 199; Mathy, „Süsterhenn", S. 205; Uertz, „Süsterhenn", S. 364.

lich keine Mittäterschaft nachgesagt werden, während Adolf Süsterhenn zunächst die neuen Machthaber unterschätzte, dann aber Kontakte zu Widerstandkreisen knüpfte und sich auch in seiner anwaltlichen Tätigkeit gegen die Nationalsozialisten einsetzte.

Ihnen gemeinsam ist sicher, dass sie die nationalsozialistische Diktatur und den Zweiten Weltkrieg mit seinen Folgen als einschneidend erlebten und diese politisierend auf sie wirkten. Wie Carlo Schmid, Hermann Brill, Anton Pfeiffer und Adolf Süsterhenn ihre unterschiedlichen politischen Erfahrungen und Einsichten in ihren staats- und verfassungspolitischen Konzeptionen vor und auf dem Verfassungskonvent von Herrenchiemsee einbrachten, gilt es im Folgenden anhand ausgewählter Stationen und Dokumente aus dem Leben der vier Politiker aufzuzeigen. Mit Blick auf die Auswahl und Auswertung der jeweiligen Staats- und Verfassungsvorstellungen sind dabei vor allem der Staatsaufbau, die Staatsorganisation, die Aufteilung der exekutiven, legislativen und judikativen Gewalt unter den Verfassungsorganen sowie die Gewaltenverschränkung und die Stellung der Grund- und Menschenrechte in den jeweiligen Verfassungskonzeptionen von besonderem Interesse.[222] Das Hauptaugenmerk dieser Studie liegt somit auf den individuellen staats- und verfassungspolitischen Vorstellungen und deren Manifestation in Reden, Briefen, Aufsätzen und Verfassungsentwürfen in der Zeit vor 1945 bis zum Verfassungskonvent auf Herrenchiemsee im August 1948. Dass hierbei nicht detailliert auf die bereits gut erforschten politischen Rahmenbedingungen eingegangen wird, liegt nahe. Begebenheiten, an denen Carlo Schmid, Hermann Brill, Anton Pfeiffer und Adolf Süsterhenn nicht direkt beteiligt waren, werden daher auch nur dann thematisiert, wenn sie zum Verständnis der jeweiligen Staats- und Verfassungsvorstellungen unerlässlich sind; dasselbe gilt ebenso für biographische Erläuterungen. Die vorliegende Arbeit soll dadurch von Überblickswissen frei gehalten werden und sich ganz auf die staats- und verfassungspolitischen Ansichten der vier Staatsmänner konzentrieren.

Das auf diese Einleitung folgende zweite Kapitel setzt sich mit den Staats- und Verfassungsvorstellungen Carlo Schmids, Hermann Brills, Anton Pfeiffers und Adolf Süsterhenns vor Ausbruch des Zweiten Weltkriegs auseinander, während sich das dritte Kapitel den Staats- und Verfassungsvorstellungen der vier Politiker nach Ende des Zweiten Weltkriegs widmet und diese mit den im vorherigen Abschnitt analysierten staats- und verfassungspolitischen Ansichten vergleicht. Der Chronologie folgend befasst sich das vierte Kapitel mit den auf dem Verfassungskonvent von Herrenchiemsee vertretenen Staats- und Verfassungsauffassungen. Um die verschiedenen Sichtweisen von Carlo Schmid, Hermann Brill, Anton Pfeiffer und Adolf Süsterhenn direkt einander gegenüberstellen zu können, werden die grundlegenden – auf Herrenchiemsee diskutierten – Fragestellungen zu Staat und Verfassung thematisch unter einzelnen Überschriften gebündelt. Den Abschluss bilden die unterschiedlichen Bewertungen von

---

[222] Dieser Ansatz soll allerdings keineswegs die Komplexität einer Verfassung unterschlagen, wie Carlo Schmid sie sehr treffend mit den folgenden Worten beschrieb: „Eine Verfassung im vollen Sinne des Wortes darf sich nicht damit begnügen, Normen für das Zusammenspiel der verschiedenen staatlichen Organe aufzustellen. Sie muß darüber hinaus materielle Grundsätze für das Leben der Menschen im Staate aufstellen, die als Grundrechte des Menschen der Willkür des Gesetzgebers entzogen sind." Carlo Schmid, Neue Grundlagen staatlichen Lebens. Die drei Verfassungen der amerikanischen Zone, in: *Stuttgarter Rundschau*, November 1946, S. 12.

Zeitzeugen und Teilnehmern des Verfassungskonvents von Herrenchiemsee hinsichtlich der dort debattierten und verschriftlichten Staats- und Verfassungsvorstellungen sowie eine rückblickende Einschätzung. Inhaltlich schließt die Studie mit einer Zusammenfassung, in der die eingangs gestellte Frage beantwortet wird, welche politischen, staats- und verfassungspolitischen und -rechtlichen Erkenntnisse Carlo Schmid, Hermann Brill, Anton Pfeiffer und Adolf Süsterhenn im Vorfeld des Konvents sammelten, die sie dann zu den Überzeugungen führten, für die sie auf Herrenchiemsee eintraten, sowie mit einem kurzen Ausblick auf die Verarbeitung der Ergebnisse von Herrenchiemsee im Parlamentarischen Rat.

2 Zwischen Kaiserreich und Diktatur – das staats- und verfassungsrechtliche Denken Schmids, Brills, Pfeiffers und Süsterhenns in der Zwischenkriegszeit

Um eine angemessene Bewertung der staats- und verfassungspolitischen Vorstellungen von Carlo Schmid, Hermann Brill, Anton Pfeiffer und Adolf Süsterhenn, die schließlich im Verfassungskonvent von Herrenchiemsee eine ausschlaggebende Rolle spielten, vornehmen zu können, müssen ihre frühen schriftlichen Vorstellungen zu Staat und Verfassung nach Ende des Ersten und vor Beginn des Zweiten Weltkriegs näher betrachtet werden. Eine erste Einordnung ihrer verfassungs- und staatspolitischen Äußerungen soll die Grundlage bilden, um im weiteren Verlauf aufzeigen zu können, ob und inwiefern sich die Ansichten Carlo Schmids, Hermann Brills, Anton Pfeiffers und Adolf Süsterhenns im Laufe der Jahre geändert haben. Anhand ausgewählter Dokumente wird gezeigt, welche politischen Erfahrungen Schmid, Brill, Pfeiffer und Süsterhenn nach Ende des Ersten und vor Beginn des Zweiten Weltkriegs sammelten, wie sie diese verarbeiteten und in ihre jeweiligen verfassungs- und staatspolitischen Argumentationen oder Konzeptionen einbrachten. Dabei ist zu beachten, dass aufgrund der unterschiedlichen Quellenlage, aber auch des unterschiedlichen Lebensalters – Carlo Schmid war bei der Annahme der Weimarer Reichsverfassung Ende Juli 1919 22 Jahre, Hermann Brill 24, Anton Pfeiffer bereits 30 und Adolf Süsterhenn gerade erst 14 Jahre alt –, der ungleichen Lebenssituationen sowie der heterogenen privaten und politischen Erfahrungen die in den folgenden Abschnitten untersuchten Dokumente so verschieden sind wie ihre Verfasser.

2.1 Grundrechte und Europa – staats- und verfassungsrechtliche Überlegungen bei Carlo Schmid vor dem Zweiten Weltkrieg

Carlo Schmid, der sich im Jahr 1929 an der Universität Tübingen habilitiert hatte, lehrte dort als Privatdozent Völkerrecht und internationales Privatrecht bis 1940. Den aufkommenden Nationalsozialismus zunächst unterschätzend, wurde er bald zu dessen Gegner, was ein Weiterkommen im universitären Umfeld unmöglich machte.[223] Auch in seiner Arbeit als Landgerichtsrat waren für Schmid die Veränderungen der politischen Landschaft spürbar, und er „blieb ausschließlich mit Zivilsachen befaßt."[224]

Jeglicher Aussicht auf eine weitere universitäre oder juristische Beförderung beraubt[225], bemühte sich der junge Privatdozent, seine „Vorlesungen nicht anders als vor

---

[223] Vgl. Kapitel 1.
[224] Schmid, *Erinnerungen*, S. 167. „Später erfuhr ich, daß ich nach Meinung der für die Beurteilung der Richter zuständigen Parteistelle als für Strafsachen weltanschaulich nicht genügend gefestigt galt", schrieb Carlo Schmid später. Ebd., S. 167f.
[225] In einem Lebenslauf gab Carlo Schmid dazu an: „Wenn ich auch nicht als Beamter entlassen wurde, so wurde doch eine Beförderungssperre über mich verhängt, die dazu führte, dass ich bis 1945 weder im Richterdienst befördert, noch, trotz des Umstandes, dass verschiedene Fakultäten mich auf ihre Listen gesetzt hatten, auf einen Lehrstuhl berufen wurde; sogar der Titel eines außerordentlichen Professors wurde mir trotz meines wissenschaftlichen Rufes und der eifrigen Bemühungen der hiesi-

der neuen Ära"[226] zu halten. Das wurde ihm trotz seines Eintritts in den NS-Rechtswahrerbund fast zum Verhängnis, als er die Lehren des Nationalsozialismus als „eine Philosophie von Viehzüchtern, angewandt am verkehrten Objekt"[227], bezeichnete.[228] Außerhalb der Universität versuchte Carlo Schmid in jener Zeit in Diskussionszirkeln „mit Freunden" „die Symptome der Tyrannei"[229] zu fassen.[230] Trotz aller dort vorgetragenen Kritik an der Ideologie des Nationalsozialismus wurden in diesen Kreisen keine konkreten verfassungs- oder staatspolitischen Vorschläge ausgearbeitet oder gar verbreitet. Man beschränkte sich auf eine vergeistigte Kritik an den Zuständen jener Zeit, was Schmid später fragen ließ: „Wer hat schuld, daß die Macht in die Hände von Unmenschen kommen konnte? Wer trägt Schuld, daß dieses Volk sich so täuschen, sich so überrumpeln ließ?", worauf es, so sein Eingeständnis, nur eine Antwort geben konnte: „Ich und meinesgleichen sind schuld, weil wir uns zu gut waren, uns so tief zu bücken, wie die Erde unter dem Sternenhimmel liegt; jene Erde, in die man die Fundamente für Freiheit, Frieden, Gerechtigkeit legen muß; jene Erde, auf der auch das Unkraut wächst, das dem Guten wehrt."[231]

2.1.1 Erste Überlegungen zum Völkerbund als einem europäischen politischen System in den 30er Jahren

In den späten 20er Jahren begann Caro Schmid sich vermehrt mit der Thematik des Völkerrechts auseinanderzusetzen und erhielt seine erste Assistentenstelle am Seminar für Völkerrecht an der Universität Tübingen.[232] Anfang September des Jahres 1927 nahm er daraufhin seine Tätigkeit am Institut für ausländisches öffentliches Recht und Völkerrecht am Kaiser-Wilhelm-Institut in Berlin auf, wo er als Referent in der völkerrechtlichen Abteilung des Instituts beschäftigt war.[233] In seinen wissenschaftlichen Abhandlungen aus jener Zeit beschäftigte er sich mit den rechtlichen und wirtschaftli-

---

gen Fakultät bis zuletzt verweigert." Karl Schmid, Lebenslauf, 14. Januar 1946, in: AdsD, NL Schmid 37, S. 1.
[226] Ebd., S. 168.
[227] Ebd., S. 169.
[228] Carlo Schmid erinnerte sich: „Einmal freilich wäre ich beinahe in Teufels Küche gekommen, als ich bei einer Seminardiskussion der Theorien über das Wesen der Geschichte unter anderem ausführte: Die Lehre, daß Geschichte immer in der Auseinandersetzung zwischen Rassen kulminiere und daß Rassen auch geistig durch ihre Biologie determiniert seien und folgerichtig gute Politik darin bestehe, die richtige Rasse zu züchten, sei eine Philosophie von Viehzüchtern, angewandt am verkehrten Objekt. Das brachte mir eine Vorladung der Staatspolizei ein. Ich sorgte dafür, daß dies bekannt wurde, und – o Wunder! – es kam ein zweites Schreiben, mit dem meine Vorladung rückgängig gemacht wurde." Schmid, *Erinnerungen*, S. 169.
[229] Ebd., S. 168.
[230] Vgl. ebd., S. 169–173.
[231] Ebd., S. 217.
[232] Carlo Schmid, Tabellarischer Lebenslauf, o. D. [1953], in: AdsD, NL Schmid 37, S. 1.
[233] Ebd. Nach Carlo Schmids eigenen Angaben behielt er diese Stellung auch nach seiner Rückkehr nach Thüringen bis ins Jahr 1930 bei. Carlo Schmid, Tabellarischer Lebenslauf, o. D. [1953], in: AdsD, NL Schmid 37, S. 1.

chen Klauseln des Versailler Vertrags[234] und erbrachte damit „Hilfsdienste für die offizielle Außenpolitik."[235] Sein Weg führte ihn „vom Staatskommissar für die Gemischten Schiedsgerichte zum Sekretär des deutschen Richters am Deutsch-Polnischen und am Deutsch-Tschechischen Gemischten Schiedsgericht"[236]. Schließlich erhielt er Mitte des Jahres 1929 eine „Lehrberechtigung für Völkerrecht und internationales Privatrecht an der rechts- und wirtschaftswissenschaftlichen Fakultät der Universität Tübingen"[237]. In seinen Vorlesungen referierte Carlo Schmid über „die Entwicklung kollektiver Sicherheitssysteme und internationaler Streitschlichtungsmechanismen als Mittel zur Kriegsverhütung"[238]. Hieraus resultierten auch seine wissenschaftlichen Auseinandersetzungen mit der Institution des Völkerbundes, dem Deutschland 1926 beigetreten war[239], und dem „Problem einer allgemeinen internationalen Gerichtsbarkeit"[240].

„Die Idee eines Völkerbundes", so Schmid im Jahr 1931, sei „nur die eine Ausprägung der Vorstellung, es könne Ewiger Friede zwischen den Nationen im Wege des organisierten Zusammenschlusses der Staaten gestiftet werden."[241] „Die andere Ausprägung" sei „die der Weltmonarchie".[242] Enttäuscht musste Carlo Schmid am Ende des Ersten Weltkriegs feststellen, dass der von dem amerikanischen Präsidenten Wilson[243] propagierte Zusammenschluss der Nationen keinen Eingang in die Völker-

---

[234] Schmid, Karl/Schmitz, Ernst, „Der Paragraph 4 der Anlage zu Sektion IV des Teils X des Versailler Vertrags", in: *Zeitschrift für ausländisches öffentliches Recht und Völkerrecht*, Bd. 1, 1929, S. 251–320; Schmitz Ernst/Schmid, Karl, „Zur Dogmatik der Sektion V des Teiles des Versailler Vertrags", in: *Zeitschrift für ausländisches öffentliches Recht und Völkerrecht*, Bd. 2, 1931, S. 17–85. Trotz intensiver Recherchen konnten keine weiteren schriftlichen Hinterlassenschaften Carlo Schmids aus seiner Zeit am Kaiser-Wilhelm-Institut ermittelt werden, was vermutlich auf den Brand im Berliner Stadtschloss, in dem Schmid zu jener Zeit arbeitete, im Zweiten Weltkrieg zurückzuführen ist. Nachforschungen in den Nachlässen der Direktoren des Kaiser-Wilhelm-Instituts für ausländisches öffentliches Recht und Völkerrecht Viktor Bruns und Carl Bilfinger sowie der Wissenschaftlichen Berater und Wissenschaftlichen Mitglieder Friedrich Glum, Heinrich Triepel, Ludwig Kaas und Rudolf Smend sowie seines Schülers Wilhelm Hennis blieben ergebnislos.
[235] Weber, *Schmid*, S. 62.
[236] Carlo Schmid, Tabellarischer Lebenslauf, o. D. [1953], in: AdsD, NL Schmid 37, S. 1.
[237] Ebd.
[238] Weber, *Schmid*, S. 77.
[239] Zu Deutschlands Verhältnis zum Völkerbund bis zu seinem Beitritt vgl. Wintzer, Joachim, *Deutschland und der Völkerbund 1918–1926*, Paderborn 2006.
[240] Schmid, Karl, „Einige Gedanken zum Problem einer allgemeinen internationalen Gerichtsbarkeit", in: *The New Commonwealth Quarterly*, published by The New Commonwealth Institute, Vol. III, No. 4, March 1938, S. 342–355. Zur Entstehung der New Commonwealth Society vgl. Lipgens, Walter, *Die Anfänge der europäischen Einigungspolitik 1945–1950. Erster Teil: 1945–1947*, Stuttgart 1977, S. 41-43. Zum Wirken Carlo Schmids als Mitglied der New Commonwealth Society vgl. Weber, *Schmid*, S. 110–114.
[241] Schmid, Karl, „Völkerbund", in: *Die Religion in Geschichte und Gegenwart. Handwörterbuch für Theologie und Religionswissenschaft*, 2. Aufl., Bd. 5, Tübingen 1931, Sp. 1602–1611, hier Sp. 1602.
[242] Ebd.
[243] Woodrow Wilson hatte bei seiner Ansprache am 8. Januar 1918 einen Vierzehn-Punkte-Plan vorgestellt und im letzten dieser Punkte gefordert: „A general association of nations must be formed, under specific covenants, for the purpose of affording mutual guarantees of political independence and territorial integrity to great and small States alike." *Die Reden Woodrow Wilsons. Englisch und deutsch.*, hg. v. Committee on Public Information of the United States of America, Bern 1919, S. 124.

bundsakte (VBA)[244] des Versailler Vertrags gefunden hatte: „Die als Art. 1–26 des Versailler Vertrags geschaffene Völkerbundsatzung bedeutet diesen Plänen gegenüber eine erhebliche Abschwächung. Die Völkerbundsatzung ist nicht von bestimmten juristischen Konzeptionen inspiriert; ihr Inhalt ist nichts anderes als die rechtsförmliche Kodifikation der bisherigen klassischen Mittel der Politik (Kongreßpolitik, Konzert der Großmächte, Intervention der Großmächte, Vermittlung, Verwaltungsunionen)."[245] Anlass zur Kritik gab Schmid auch die Art und Weise, in der die Artikel formuliert waren, da sie weder „streng begrifflich" noch strukturiert seien, „um zu verhindern, daß die lebendige Wirklichkeit in ihrem Fortschreiten durch den Zwang des Begriffes gefesselt wird".[246] Die Zukunftsfähigkeit dieses Völkerbundes war damit für ihn mehr als fraglich.

Einen nicht zu unterschätzenden Mangel sah Carlo Schmid darin, dass die Völkerbundsakte sich „sozialen und humanitären Fragen" nur „in sehr allgemeiner Weise" widme (hier bezieht er sich auf Art. 23 und 25 VBA).[247] Aber auch gerade dem organisatorischen Aufbau des Völkerbundes begegnete er mit Bedenken: Die aus den „Vertretern der Bundesmitglieder" zusammengesetzte Völkerbundsversammlung (Art. 3 VBA) und der aus „Vertretern der alliierten und assoziierten Hauptmächte und aus Vertretern vier anderer Bundesmitglieder" formierte Völkerbundsrat (Art. 4 VBA) stünden „nicht im Verhältnis von Regierung und Parlament".[248] Zwar repräsentiere „jedes der beiden Organe den Völkerbund voll", dennoch würde „ersthandelndes Organ […] fast immer der Völkerbundsrat sein", da sich dieser vier- statt nur einmal im Jahr versammle.[249] Auch die „hohe Politik" werde ausschließlich vom Völkerbundsrat verfolgt, während der Völkerbundsversammlung lediglich die „verwaltende Tätigkeit" und die Aufstellung „programmatischer Grundsätze" zufielen.[250] Außerdem kritisierte Carlo Schmid die „völlig freie Hand", die der Völkerbundsrat bei der „Regelung von Staatenkonflikten" genieße (Art. 11 VBA).[251] Damit werde dem Rat nicht nur die „Kriegsverhütungs-Kompetenz", sondern auch die „Streitschlichtungs-Kompetenz" zugesprochen, da „jeder Streitfall zwischen Bundesmitgliedern" bei Nichtanrufung eines Schiedsgerichts von „der imperativen Mediation des Völkerbundsrats" abhängig sei (Art. 15 VBA).[252]

---

[244] Die Satzung des Völkerbundes mit Stand 1926 ist z. B. abgedruckt in: *Der Völkerbund. Seine Verfassung und Organisation*, hg. v. Sekretariat des Völkerbundes, Genf 1926, S. 55-70.
[245] Schmid, „Völkerbund", Sp. 1608. Diese Ansicht vertrat Carlo Schmid auch noch in der 50er Jahren, als er schrieb: „In Wirklichkeit war die Völkerbundsatzung […] a political document, an instrument of the Realpolitik, created in the image of nineteenth century imperialism. It has been set up by political statesmen, on political grounds, for political ends, and with political apparatus to be used for political effects." Schmid, Carlo, „Wilson und der Wilsonismus", in: Carlo Schmid, *Politik als geistige Aufgabe*, Gesammelte Werke in Einzelausgaben, Bd. 1, Bern/München/Wien 1973, S. 154–171, hier S. 169.
[246] Schmid, „Völkerbund", Sp. 1608.
[247] Ebd., Sp. 1610.
[248] Ebd.
[249] Ebd.
[250] Ebd., Sp. 1609.
[251] Ebd.
[252] Ebd.

Aufgrund der Zusammensetzung des Völkerbundsrats aus den fünf ständigen Mitgliedern Deutschland, Frankreich, Groß-Britannien, Italien und Japan, so stellte Schmid enttäuscht fest, sei das Organ „im wesentlichen identisch mit dem bisherigen Konzert der Großmächte"[253] und zementiere damit die Fortdauer des Nationalstaatssystems unter Beibehaltung der staatlichen Souveränitätsansprüche. Dies komme vor allem dadurch zum Ausdruck, dass „im Falle eines Angriffs" der Rat zwar „die erforderlichen Mittel vorzuschlagen" habe (Art. 20 VBA), „die einzelnen Mitgliedsstaaten [...] in ihren Entschlüssen" aber „völlig frei" blieben.[254] Ob es sich um einen Angriffskrieg handle, liege „im freien Ermessen jedes Bundesmitglieds"; zudem fehle die eindeutige „Verpflichtung zum schiedsrichterlichen Austrag eines Staatenstreites".[255]

Die vorgesehene Möglichkeit zu Anrufung der Institution des ständigen internationalen Gerichtshofs (Art. 14 VBA) befürwortete Carlo Schmid, aber auch hier gingen ihm die Ausführungen der Völkerbundsakte des Versailler Vertrags nicht weit genug. Zwar sei „im Statut des Internationalen Gerichtshofes [...] vorgesehen, daß die einzelnen Staaten durch einseitige Unterzeichnung der Fakultativklausel (die meistens nur unter wichtigen Vorbehalten erfolgt) mit jedem anderen Unterzeichner zu den dort vorgesehenen Bedingungen durch einen Schiedsvertrag verbunden sind", dies habe „aber angesichts der immer größeren Verbreitung von zweiseitigen Verträgen mit obligatorischer d. h. im voraus feststehender Schiedsgerichtsbarkeit ihre Wichtigkeit verloren".[256] Damit enthalte der Versailler Vertrag keine „Beurkundung der Beilegung umfangreicher und verwickelter Streitigkeiten"[257] der Staaten untereinander. Bereits im Jahr 1938 musste Carlo Schmid angesichts des stetigen Machtzuwachses der Nationalsozialisten – gerade auch auf internationalem Parkett – erkennen, dass eine positive Entwicklung der internationalen Gerichtsbarkeit nur dann stattfinden könne, „wenn man heute ihre allgemeine Anwendung auf Staaten beschränkte, die einem und demselben Rechtskreise angehören"[258]. Damit betonte Schmid nicht nur, aber eben auch die in Deutschland nachteilige politische Entwicklung für die Durchsetzung eines solchen internationalen Regelwerks. Zugleich warnte er vor dem „Irrtum zu glauben, dass man auf dem Wege der Schaffung einer Institution von selbst zu der Gesinnung käme, die Voraussetzung für deren Gedeihen ist: der Völkerbund ist ein warnendes Beispiel".[259] „Resigniert" stellte Schmid fest, die Aussicht für einen Internationalen Gerichtshof sei „heute einigermaßen trübe", da es „in allen in Betracht kommenden Staaten" keine einheitlichen Grundsätze von Gerechtigkeit gebe.[260]

Zwar befürwortete Carlo Schmid prinzipiell „die Entwicklung kollektiver Sicherheitssysteme und internationaler Streitschlichtungsmechanismen als Mittel zur Kriegs-

---

[253] Schmid, Carlo, „Über das europäische politische System", in: Carlo Schmid, *Politik als geistige Aufgabe*, Gesammelte Werke in Einzelausgaben, Bd. 1, Bern/München/Wien 1973, S. 180–201, hier S. 186.
[254] Schmid, „Völkerbund", Sp. 1609.
[255] Ebd., Sp. 1610.
[256] Ebd.
[257] Schmid, „Einige Gedanken", S. 344.
[258] Ebd., S. 349.
[259] Ebd.
[260] Ebd., S. 351.

verhütung"[261], warnte jedoch davor, dass auch der Völkerbund vor dem „Kampf der verschiedenen Machtströmungen"[262] der dort vereinten Staaten nicht gefeit sei. Letzten Endes könne der Völkerbund als Ausdruck der „Solidarität aller Völker" nur dann „lebensfähig" sein, „wenn man mit dem Prinzip der einen Welt ernst machte"[263]. Dazu fehlten aber sowohl die Sowjetunion als auch die Vereinigten Staaten von Amerika.[264] Trotz dieser ungünstigen Voraussetzungen begrüßte Schmid letztendlich Anfang der 30er Jahre den Beitritt Deutschlands zum Völkerbund, bemängelte aber, dass man sich von Seiten der deutschen Reichsregierung nicht intensiver für eine Gleichstellung Deutschlands einsetzte.[265] Zudem musste er ernüchtert feststellen, dass man mit der Völkerbundsakte „lediglich das alte System institutionalisiert" habe und „trotz der Beteiligung so vieler nichteuropäischer Staaten in Wesen und Funktion europazentrisch"[266] geblieben sei. Die veränderten „Voraussetzungen für eine europazentrische Politik"[267] hätten sich allerdings geändert, und zudem habe dem Völkerbund „von Anfang an die rechte Mitte gefehlt"[268], was zu seinem Scheitern genau dort, „wo man mit dem Prinzip der einen und unteilbaren politischen Welt hätte ernst machen müssen"[269], geführt habe. Letzten Endes hatten Carlo Schmid zufolge die nationalstaatlichen Eigeninteressen, das Festhalten an Souveränitätsrechten[270] und eine mangelnde Beantwortung von „sozialen und humanitären Fragen"[271] dazu geführt, dass Europa in jener Zeit nicht mehr war „als ein geographischer Begriff"[272].

Die Frage danach, was Europa tatsächlich ausmache, sollte Carlo Schmid nach dem Ende des Zweiten Weltkriegs erneut intensiv beschäftigen.[273] Seine Vision und sein Streben nach einem friedlichen Zusammenschluss der Nationen nahm mit der Gründung der UNO im Jahr 1945 langsam Gestalt an, wobei es Schmid durch sein verfassungspolitisches Wirken gelingen sollte, den Weg zu einem Beitritt Deutschlands zu ebnen.[274]

---

[261] Weber, *Schmid*, S. 77.
[262] Schmid, „Völkerbund", Sp. 1608.
[263] Schmid, „Über das europäische politische System", S. 186.
[264] Ebd.; Schmid, „Völkerbund", Sp. 1608.
[265] Weber, *Schmid*, S. 77f.
[266] Schmid, „Über das europäische politische System", S. 186.
[267] Ebd.
[268] Ebd., S. 187.
[269] Ebd.
[270] Carlo Schmid stellte fest: „Gewiß sind die Staaten, die sein [Europas] politisches System ausmachen, souverän, aber diese Souveränität muß das Interventionsrisiko auf sich nehmen, wenn sie das droit public Européen gefährdet." Schmid, „Über das europäische politische System", S. 187.
[271] Schmid, „Völkerbund", Sp. 1610.
[272] Schmid, „Über das europäische politische System", S. 187.
[273] Siehe Kapitel 3.3.2.
[274] Siehe Kapitel 4.3.9.

2.1.2 Kritik an den Staatsvorstellungen der Nationalsozialisten in den Jahren 1934/1935

Ein guter Freund Carlo Schmids in den Jahren des aufkommenden Nationalsozialismus und weit darüber hinaus[275] war Wolfgang Frommel[276], der mit seiner 1932 erschienen Schrift *Der Dritte Humanismus*[277] Schmids Aufmerksamkeit erregte.[278]

Ende des Jahres 1933 hatte Frommel eine Reihe von Mitternachtssendungen im Südwestdeutschen Rundfunk betreut, die Anfang des folgenden Jahres im Berliner Reichssender fortgesetzt wurden. Er ersuchte Carlo Schmid „um Beiträge, in denen, durch historische Beispiele verschlüsselt, einiges zur Problematik unserer Zeit ausgesagt werden sollte"[279] – eine Aufforderung, der Schmid nur allzu gerne nachkam.[280] Man einigte sich, dass Carlo Schmid am 16. November 1934 in Berlin über das Thema „Friedrich und Rousseau oder Kunst und Natürlichkeit als staatsbauende Wirksamkeiten"[281] sprechen und darin die beiden gegensätzlichen „Möglichkeiten der Formung des staatlichen Bezirkes"[282] in einer Gegenüberstellung der beiden „Staatsarchitekten"[283] aufzeigen sollte. Schmid demaskierte darin gekonnt die geradezu mystische Einheit, die die Nationalsozialisten – so etwa der spätere Reichspropagandaminister Joseph Goebbels in seiner Rede am 20. April 1932[284] –mit dem preußischen Staat Friedrichs des Großen herzustellen versuchten.

Dazu analysierte er das Zusammenspiel zwischen Volk, Staat und Staatsoberhaupt in der Gedankenwelt Jean-Jacques Rousseaus und Friedrichs von Preußen. Während „für Rousseau [...] die Triebkraft zum Guten nur im Gefühle" liege, habe Friedrich erkannt, dass diese „sich in einer konkreten Seelenkraft verwirklichende Vernunft, der Verstand" sei.[285] Dem Bösen in der Natur des Menschen, das nach Rousseau'schem Verständnis seinen Ursprung darin habe, dass sich „der Mensch nicht mehr im Naturzustande" befinde, hielt Schmid die Möglichkeiten zu „Aufklärung und Bildung" im preußischen Staat entgegen und stellte mit einem Seitenhieb gegen die Nationalsozia-

---

[275] „Mit Wolfgang Frommel bin ich bis heute befreundet." Schmid, *Erinnerungen*, S. 170f.
[276] Zur Biographie Wolfgang Frommels vgl. Lachmann, Vera, „Wolfgang Frommel", in: *Figuren um Stefan George. Zehn Porträts*, hg. v. Michael Landmann, Amsterdam 1982, S. 115–146.
[277] Frommel, Wolfgang (Pseud. Helbing, Wolfgang), *Der dritte Humanismus*, Berlin 1932; Frommel, Wolfgang (Pseud. Helbing, Lothar), „Der dritte Humanismus als Aufgabe unserer Zeit", in: *Vom Schicksal des deutschen Geistes. Erste Folge: Die Begegnung mit der Antike. Reden um Mitternacht*, hg. v. Wolfgang Frommel, Berlin 1934, S. 125–140.
[278] Weber, *Schmid*, S. 84.
[279] Schmid, *Erinnerungen*, S. 170. Wie Petra Weber bemerkte, waren „literarische, philosophische und historische Themen [...] ein bevorzugtes Medium, um Kritik am Nationalsozialismus zu tarnen." Weber, *Schmid*, S. 86.
[280] Zu weiteren Beteiligten an der Sendereihe unter der Regie Wolfgang Frommels vgl. Weber, *Schmid*, S. 86.
[281] Carlo Schmids Beitrag ist abgedruckt als Schmid, Karl, „Friedrich und Rousseau oder Kunst und Natürlichkeit als staatsbauende Wirksamkeiten", in: *Vom Schicksal des deutschen Geistes. Erste Folge: Die Begegnung mit der Antike. Reden um Mitternacht*, hg. v. Wolfgang Frommel, Berlin 1934, S. 79–86.
[282] Ebd., S. 79.
[283] Ebd.
[284] Vgl. dazu Gornig, Gilbert H., *Territoriale Entwicklung und Untergang Preußens. Eine historisch-völkerrechtliche Untersuchung*, Köln 2000, S. 174f.
[285] Schmid, „Friedrich und Rousseau", S. 80.

listen fest: „Das sicherste Kennzeichen, daß ein Land unter einer weisen und glücklichen Regierung steht, ist es, wenn die schönen Wissenschaften in ihm Wurzel fassen".[286] Nun sei aber der „Volksbegriff"[287] bei Rousseau und Friedrich dem Großen ein völlig anderer, so Carlo Schmid. In Jean-Jacques Rousseaus *Du Contrat Social ou Principes du Droit Politique*[288] sei das „Volk nicht geprägte Gestalt, sondern bloße [...] Organisation des Ursprünglichsten, das es gibt. [...] Volk sind die vielen Gleichen, die von den Wenigen verschieden sind, die kleinen Leute."[289] Daher gebe es bei Rousseau „nur zwei Möglichkeiten", die Würde des Menschen unangetastet zu lassen: „den Urzustand vor jeder Vergesellschaftung" oder eben den *contrat social*.[290] Bei Friedrich von Preußen hingegen sei die Menschenwürde und die Freiheit des Einzelnen durch die Anerkennung des „Gesetzes und der Ordnung"[291] gewährleistet. Während also der Gesellschaftsvertrag „den Einzelnen dem Ganzheitsanspruch der Gemeinschaft" ausliefere, sei „im Staate Friedrichs" der Einzelne „was er ist, nicht vom Staate her, er wird aber, was er ist und gilt, durch den Staat."[292] „Der Staat determiniert ihn nicht, er formt ihn."[293] Aufgabe des Staates sei es, „Sein und [...] Habe [...] in Verfassung" zu bringen.[294] Daher sei das Preußen Friedrichs des Großen von einer „schöpferischen Toleranz"[295] geprägt. Den „gleichmachenden Kulturimperialismus" Jean-Jacques Rousseaus verurteilte Carlo Schmid und hob kritisch hervor, dass demgegenüber das „Volk Friedrichs" eben „nicht vom Volkstum her bestimmt", sondern eine „von der Norm her" geschaffene „Sinngemeinschaft" sei, zu der gehöre, „wer durch seine Aufgabe für es bestimmt ist", und zwar ohne „eine Grenze" durch „Sprache oder Abstammung"[296] – eine unverkennbare Anspielung auf die Deutschtümelei der Nationalsozialisten.

Zusammenfassend lässt sich festhalten, dass Carlo Schmid in seinem Beitrag der von den Nationalsozialisten angestrebten Staatsform der plebiszitären Führerdemokratie eine Absage erteilte und gleichzeitig für die Ideale der Aufklärung, die Vereinigung von „Geist und Macht"[297] in einem „Staat [...] des deutschen Geistes"[298] plädierte. Hier zeigt sich ein Ideal, das Schmid in späteren Jahren in Form eines Senats verwirk-

---

[286] Ebd., S. 81.
[287] Ebd., S. 82.
[288] Rousseau, Jean-Jacques, *Du contrat social ou principes du droit politique. Vom Gesellschaftsvertrag oder Grundsätze des Staatsrechts*, übers. und hg. v. Hans Brockard, Stuttgart 1979.
[289] Schmid, „Friedrich und Rousseau", S. 82f.
[290] Ebd., S. 83.
[291] Ebd., S. 84.
[292] Ebd.
[293] Ebd. Wie Michael Philipp bemerkte, stellte „der Ganzheitsanspruch des Staates [...] nichts anderes als ein Synonym für Totalitarismus" dar. Philipp, Michael, *„Vom Schicksal des deutschen Geistes". Wolfgang Frommels Rundfunkarbeit an den Sendern Frankfurt und Berlin 1933–1935 und ihre oppositionelle Tendenz*, Potsdam 1995 (Potsdamer Studien, Bd. 1).
[294] Schmid, „Friedrich und Rousseau", S. 84.
[295] Ebd.
[296] Ebd., S. 85.
[297] Weber, *Schmid*, S. 88, wo es weiter heißt: „Schmids Idealisierung des aufgeklärten Absolutismus war Ausdruck seines Geistesaristokratismus, seiner Ablehnung der Massendemokratie, in der er die Hauptursache für das Aufkommen des Nationalsozialismus sah."
[298] Schmid, „Friedrich und Rousseau", S. 84.

licht sehen wollte.[299] In der Betonung der Würde des Menschen und seiner individuellen Freiheitsrechte lässt sich bereits die herausragende Stellung erahnen, die die Grundrechte in Zukunft für Schmid haben sollten, und die spätere Forderung erkennen, der Staat müsse für den Menschen da sein und nicht der Mensch für den Staat.[300]

Carlo Schmids zweiter Beitrag in den Mitternachtssendungen folgte am 11. Oktober 1935.[301] Er referierte über „Dante und Pierre Dubois. Idee und Ideologie des Abendlandes an der Wende von Mittelalter und Neuzeit"[302] und stellte die Reichsidee dem Völkerbund gegenüber. Es mag zunächst verwundern, dass Schmid vordergründig für Dante Partei ergriff und dessen Idee vom Reich, „ohne das [...] es kein Heil für die Menschheit"[303] gebe, als „Notwendigkeit"[304] bezeichnete, während er Dubois vorwarf, mit seiner Ideologie des Völkerbundes nur ein Ziel zu verfolgen: „die geistige und politische Hegemonie Frankreichs über die Welt"[305]. Aber auch in diesem Vortrag waren die beiden zitierten Autoren nur der Deckmantel, unter dem Carlo Schmid zum einen seine Kritik an den Herrschaftsansprüchen der Nationalsozialisten äußern und zum anderen seine Idee von einem vereinten Europa zum Ausdruck bringen konnte.

So widerlegte Schmid gekonnt die Reichsvorstellung des Nationalsozialismus, indem er gleich zu Beginn darauf hinwies, dass die Reichsidee ihren Ursprung darin habe, „daß die Völker in ihrer Verschiedenheit notwendig seien", und gleichzeitig die nationalsozialistische Ideologie verurteilte, nach deren „Vorstellung [...] die Verschiedenheit der Völker [...] ein Fehler im Gefüge des Weltbaus" sei.[306] Es ging ihm also mitnichten um eine Abkehr vom Gedanken eines Völkerbundes, sondern das Ziel der Verwirklichung von „Pax et Justitia"[307] in Europa, indem er vordergründig Dante den Vorzug gab, gleichzeitig aber anmerkte, dass der Kaiser als Reichsoberhaupt „die Herrschaft in der Welt nicht allein"[308] ausübe: „Er ist kein zentralisierender Tyrann, der die Völker nivelliert"[309]. Wenig später warnte er abermals verklausuliert vor der Person Hitlers und dessen Allmachtsphantasien, indem er seine Überzeugung äußerte, „daß derjenige, der den Weg zum Erfolge weist, notwendig an geschichtlichem Range dem überlegen sei, der die Norm des Menschen bestimmt und sein Bild aufrichtet, fordernd, leitend, verdichtend."[310]

---

[299] Siehe Kapitel 3.2.1 und 4.3.5.
[300] Siehe Kapitel 3.2.1 und 4.3.3.
[301] Weber, *Schmid*, S. 92.
[302] Schmid, Karl, „Idee und Ideologie des Abendlandes an der Wende von Mittelalter und Neuzeit: Dante und Pierre Dubois", in: *Aufsätze zur Geschichte der Antike und des Christentums*, Berlin 1937, S. 92–112.
[303] Ebd., S. 98.
[304] Ebd., S. 98.
[305] Ebd., S. 107. Petra Weber interpretierte die Kritik Carlo Schmids an Frankreich dahingehend, dass Schmid zwar „von Frankreich" redete, aber „in erster Linie Deutschland" im Sinn hatte. Weber, *Schmid*, S. 91.
[306] Schmid, „Idee und Ideologie", S. 93.
[307] Ebd., S. 98.
[308] Ebd., S. 100.
[309] Ebd.
[310] Ebd., S. 111.

Es war also keinesfalls einfach für die Zuhörer Carlo Schmids, das von ihm gewobene Netz von „Dante und Pierre Dubois", von „Idee und Ideologie" zu entwirren, und es ist sicher erst recht fraglich, inwieweit seine Hörer die Gedanken seines Vortrags zum Anlass nahmen, sich mit dem Gehörten weiter zu beschäftigen.[311] Die Idee von einem geeinten Europa, die Schmid hier entwarf, sollte ihn indes noch bis weit nach dem Verfassungskonvent von Herrenchiemsee bewegen.[312]

Da die Ausstrahlung der Mitternachtssendungen Ende des Jahres 1935 beendet wurde, ergab sich für Carlo Schmid hier keine weitere Gelegenheit für einen Vortrag.[313] Der von ihm ursprünglich vorgesehene dritte Beitrag mit dem Titel „Augustinus und Karl der Große" wurde nicht mehr gesendet. In ihm hatte sich Schmid erneut der Reichsidee, aber auch dem Thema Nation gewidmet.[314]

Bei aller Kritik, die Carlo Schmid in seinen Vorträgen Ende 1934 und Anfang 1935 an den staatspolitischen Umständen jener Zeit übte, darf nicht übersehen werden, dass seine Spitzen wohl ausschließlich dem gebildeten Bürgertum jener Zeit zugänglich waren, dem größten Teil der Bevölkerung aber verschlossen blieben, wie Schmid selbst in seinen „Erinnerungen" erkannte.[315] Gleichzeitig lässt sich allerdings in der Kritik am Bestehenden die Idee für das Neue, das es nach Schmids Dafürhalten anzustreben galt, erahnen. So manifestierten sich in den Beiträgen Carlo Schmids zu den Mitternachtssendungen erste staats- und verfassungspolitische Vorstellungen, und es wurden die Themenkomplexe sichtbar, denen Schmid sich fortan widmen sollte. Dazu gehörten die exponierte Stellung der Grundrechte[316] in einer Verfassung, die Idee einer geistigen Elite an der Spitze eines Staates[317] sowie die Vorstellung von einem geeinten Europa[318].

2.1.3 Zusammenfassung

Carlo Schmids Vorstellungen von Staat und Verfassung kamen in den 30er Jahren des 20. Jahrhunderts zum einen durch seine intensive Beschäftigung mit dem Versailler Vertrag und dem Völkerbund, zum anderen durch seine Kritik am nationalsozialistischen System in den für die Mitternachtssendungen Wolfgang Frommels verfassten Beiträgen zum Ausdruck. Kennzeichnend war bereits in jenen frühen Jahren der Gedanke an ein geeintes Europa, zu dessen Verwirklichung die einzelnen Staaten in großen Teilen sowohl auf ihr nationalstaatliches Denken als auch auf wesentliche Souve-

---

[311] Ebd., S. 92. Wie Michael Philipp allerdings feststellte, deutet „die sehr anspruchsvolle, mitunter keineswegs eingängige Textfassung der Vorträge im Druck", etwa in den Beiträgen von Carlo Schmid, möglicherweise auf „eine intensive Überarbeitung" des vorgetragenen Textes hin. Philipp, „*Vom Schicksal des deutschen Geistes*", S. 84.
[312] Siehe Kapitel 3.3.2.
[313] Weber, *Schmid*, S. 93.
[314] Ebd., S. 92.
[315] Vgl. Weber, *Schmid*, S. 86 und 92. Dass es aber sehr wohl Beispiele dafür gibt, dass die Kritik, die gerade Carlo Schmid in den Mitternachtssendungen an den Zuständen der Zeit übte, gehört wurde, belegt Michael Philipp, „*Vom Schicksal des deutschen Geistes*", S. 188.
[316] Siehe Kapitel 3.2.1 und 4.3.3.
[317] Siehe Kapitel 3.2.1 und 4.3.5.
[318] Siehe Kapitel 3.3.2 und 4.3.9.

ränitätsrechte zu verzichten hätten. Totalitäre und zentralisierende Staatsformen lehnte Carlo Schmid ab und betonte stattdessen die Bedeutung der Grund- und Menschenrechte. Allerdings entwickelte er in jenen Jahren keine eigenen Staats- oder Verfassungskonzeptionen, und seine Äußerungen in diesem Bereich beschränkten sich im Wesentlichen auf die Kritik an Bestehendem – der Völkerbundsakte des Versailler Vertrags und dem nationalsozialistischen System. Gleichwohl sollte das große Motiv, das Carlo Schmid hier bereits diskutierte – ein geeintes Europa und Deutschlands Stellung in diesem Europa sowie eine anthropologisch ausgerichtete Staatsauffassung und die Wichtigkeit der Grund- und Menschenrechte – seine Aktualität auch nach Ende des Zweiten Weltkriegs nicht verlieren, sondern ihn, ganz im Gegenteil, zeit seines Lebens beschäftigen.

2.2 Von der idealistischen Räterepublik zur sozialistischen Realpolitik – Staats- und Verfassungsvorstellungen Hermann Louis Brills in den frühen Jahren der Weimarer Republik

Die ersten schriftlichen Staats- und Verfassungsvorstellungen von Hermann Brill standen gänzlich unter dem Eindruck des Ersten Weltkriegs. Im Jahr 1914 hatte er sich als 19-Jähriger freiwillig zum Kriegsdienst gemeldet.[319] Nach einer Verwundung an der Ostfront und einem Aufenthalt im Lazarett wurde Brill Mitte 1915 erneut an die Front entsandt, um schließlich aufgrund einer dauerhaften rheumatischen Erkrankung Anfang 1916 aus dem militärischen Dienst entlassen zu werden.[320] Seine Erlebnisse und die Lehren, die er für sich persönlich daraus zog, teilte er seiner ehemaligen Privatlehrerin am Herzog-Ernst-Seminar in Gotha, Marianne Salzmann, zu der er „eine emotionale, vielleicht gar mütterliche"[321] Bindung hatte, in zahlreichen Briefen mit.[322] Wie Manfred Overesch treffend zusammenfasst, lassen sich an dieser Korrespondenz Hermann Brills zwei Geisteshaltungen erkennen: „zum einen sein im ethischen Rigorismus mündendes Verständnis eines von Idealen der deutschen Klassik und Humanität marxistischer Ideologie bestimmten Menschen, zum anderen sein bis zur elitären Distanz gegenüber der Masse gesteigertes pädagogischen Sendungsbewußtsein"[323].

Nach einer kurzen Episode als Referendar wurde Hermann Brill im Jahr 1917 bis Ende 1918 erneut in den Krieg einberufen, diesmal an die Westfront. Er schrieb wieder an Marianne Salzmann, und seine Briefe kündeten von seinem stärker werdenden politischen Tatendrang; sie enthielten einige Vorahnungen von dem, was auf den Krieg folgen würde.[324] Auch erste Vorstellungen von Staat und Verfassung flossen in

---

[319] Overesch, *Brill*, S. 30f.
[320] Ebd., S. 30–33.
[321] Ebd., S. 30.
[322] Die Korrespondenz zwischen Hermann Brill und Marianne Salzmann ist archiviert: BArch, NL Brill 24 und 25.
[323] Overesch, *Brill*, S. 32.
[324] So schrieb Hermann Brill am 21. Juli 1918 an Marianne Salzmann: „Die Welt wird sich ändern liebe Freundin, bald; und sehr gründlich. Alles, was wir an europäischen, menschlichen Begriffen besaßen: die Begriffe Recht, Gerechtigkeit, Wert, Wert der Arbeit, Wert des Lebens, Eigentum, Besitz –

Brills Korrespondenz mit ein, die vor allem eines deutlich machten: sein Eintreten für „eine radikale Abkehr vom bisherigen Staats- und Gesellschaftssystem"[325]. Die Erfahrungen des Krieges und die Erkenntnis, dass es einer neuen staatlichen und gesellschaftlichen Ordnung bedurfte, ließen Hermann Brill am 3. Oktober 1918 in Gotha in die USPD eintreten.[326]

Nach Gotha, das bis dahin unter der Regentschaft von Herzog Carl Eduard stand, gelangten die Nachrichten über die den Anfang der Novemberrevolution markierenden Aufstände der Matrosen in Kiel Anfang November 1918.[327] Daraufhin forderte die USPD-Fraktion den Rücktritt Carl Eduards[328], um eine sozialistische Republik bilden zu können, und noch am selben Tag konstituierte sich in Gotha der Arbeiter- und Soldatenrat.[329] Dieser wählte am 12. November einen Vollzugsauschuss zur Leitung der laufenden Geschäfte und übernahm einen Tag später die Staatsgewalt in Gotha.[330] Ende November wurde der Vollzugsausschuss durch die Volksbeauftragten des Staates Gotha ersetzt, die zunächst aus Wilhelm Bock[331], Adolf Schauder[332] und Emil

---

ach es gibt tausend Namen für das Eine: Mensch-Sein! – Alles das ist durch den Krieg so tief gesunken, daß es nur durch die schärfste Antithese des Bestehenden wieder ins Licht des schaffenden Tages gerufen werden kann." Zit. nach Overesch, *Brill*, S. 34.
[325] Overesch, *Brill*, S. 35. Hermann Brill formulierte im 16. Oktober 1918 in einem Brief an Marianne Salzmann: „Das Wunder, das ich ersehne, besteht nicht in Erlassen und Dekreten. Es besteht nicht darin, daß man dem Reichstag das Recht Krieg zu erklären und Frieden zu schließen zuspricht, daß man ihm allein ohne Sanktion des Popanz Krone legislative Gewalt zugesteht. Obgleich dieses beides dazugehört, ja seine unerläßliche Voraussetzung ist! Es besteht in einer Reform des Bewußtseins: ‚Ich bin Deutscher, d. h. ich will mitverantwortlich sein für das, was mein Volk tut.' Das ist das Wunder, das ich ersehne, daß die Masse denkt und will." Zit. nach ebd., S. 35, Anm. 58.
[326] Ebd., S. 34f.
[327] Siehe Schreiben der USPD-Fraktion des Gemeinschaftlichen Landtags der Herzogtümer Coburg und Gotha an das Staatsministerium, um unverzüglich den Landtag einzuberufen. Gotha, 8. November 1918, abgedruckt in: Hess, Ulrich (Bearb.), *Die Vorbereitung und Durchführung der Novemberrevolution 1918 im Lande Gotha. Eine Aktenpublikation*, Gotha 1960, S. 41f.
[328] Vgl. „Das Ende der coburgisch-gothaischen Parlamente. Abdankung des Herzogs. Gotha, den 14. November 1918", in: *Gothaer Volksblatt. Sozialdemokratisches Organ für das nördliche Thüringen. Offizielles Organ des Gothaer Arbeiter- und Soldatenrates*, 16. November 1918.
[329] So verkündete es der *Generalanzeiger für das Herzogtum Gotha* am 9. November 1918: „Nunmehr ist, gedrängt durch die Verhältnisse, Gotha vielen anderen Städten des Reiches gefolgt und zur Bildung eines Arbeiter- und Soldatenrates geschritten. Der Arbeiter- und Soldatenrat hat sich konstituiert und tagt seit gestern Abend in Permanenz. Arbeiterschaft und Soldaten von Gotha sind in voller Einmütigkeit daran gegangen, das Gebot der Stunde zu erfüllen, in den Befreiungskampf des deutschen Volkes mit voller Energie und Tatkraft einzugreifen. Alle militärische Macht, Waffen, Munition und alles andere befindet sich in den Händen des Arbeiter- und Soldatenrates. Hat er so in militärischer Beziehung alles in den Händen, so wird heute die Uebernahme der Zivilverwaltung erfolgen." „Arbeiter und Bürger Gothas!", in: *Generalanzeiger für das Herzogtum Gotha, Eisenach und Umgegend*, 9. November 1918. Vgl. auch Hess, Ulrich, „Das Sachsen-Coburg und Gothaische Staatsministerium 1858–1918", in: *Jahrbuch der Coburger Landesstiftung*, 1962, S. 13–92, hier S. 55f.
[330] Hess, *Vorbereitung*, S. 38; Hess, „Staatsministerium", S. 55f. Zur Trennung der beiden Landesteile des Herzogtums Sachse-Coburg und Gotha vgl. Hess, *Vorbereitung*, S. 38f.; Bergmann, Joachim, *Die innenpolitische Entwicklung Thüringens von 1918 bis 1932*, hg. v. Dietrich Grille und Herbert Hömig, Mainz/Gotha 2001, S. 47–50.
[331] Zu Wilhelm Bock vgl. Overesch, *Brill*, S. 39–46; Hesselbarth, Mario, „Der Großvater des Sozialismus in Thüringen: Wilhelm Bock", in: *Gelebte Ideen. Sozialisten in Thüringen. Biographische Skizzen*, hg. v. Mario Hesselbarth, Eberhart Schulz und Manfred Weißbecker, Jena 2006, S. 53–62.

Grabow bestanden.[333] Adolf Schauder verdankte Hermann Brill schließlich auch seinen Platz auf der Liste der USPD zu den Wahlen der ersten Landesversammlung Gothas am 23. Februar 1919.[334] Brill erlebte die Novemberrevolution als politischen Aufbruch: Als Mitglied der USPD beschäftigten ihn auf parteipolitischer Ebene zunächst die Möglichkeiten zur Durchsetzung eines Rätesystems.[335] Als Abgeordneter der USPD in der Gothaer Landesversammlung[336] arbeitete er auf landespolitischer Ebene zum einen an dem Entwurf einer Verfassung[337] für die noch junge Republik, zum andern befasste er sich mit einer Schulreform.[338]

---

[332] Zu Adolf Schauder vgl. Hess, *Vorbereitung*, S. 38, Anm. 1; Yannacopoulos, Christos/Pflügner, Irma, „Der August Bebel von Gotha: Adolf Schauder", in: *Gelebte Ideen. Sozialisten in Thüringen. Biographische Skizzen*, hg. v. Mario Hesselbarth, Eberhart Schulz und Manfred Weißbecker, Jena 2006, S. 377–381.

[333] „Um eine Vereinfachung und Verbilligung der Leitung der Staatsgeschäfte herbeizuführen, schlug der Vollzugsausschuß dem Arbeiter- und Soldatenrat vor, den Vollzugsausschuß, der aus 15 Personen bestand, aufzulösen und ein Dreimänner-Kollegium zu wählen. Der Vollzugsausschuß schlug zugleich vor, den Genossen Bock als Vorsitzenden und die Genossen E. Grabow und Ad. Schauder dazu zu bestimmen. Der Arbeiter- und Soldatenrat erteilte dem Vorschlag seine Genehmigung. Die dem Kollegium Angehörenden sollen den Titel ‚Volksbeauftragte' führen." „Aus dem gothaischen Lande. Gotha, den 4. Dezember. Provisorische Regierung Gotha", in: *Gothaer Volksblatt. Sozialdemokratisches Organ für das nördliche Thüringen. Offizielles Organ des Gothaer Arbeiter- und Soldatenrates*, 4. Dezember 1918. Im März 1919 wurde Wilhelm Bock durch Albin Tenner ersetzt. Zu Albin Tenner vgl. Overesch, *Brill*, S. 45f.; Schulz, Eberhart, „Gegen Willkür und Reaktion: Albin Tenner", in: *Gelebte Ideen. Sozialisten in Thüringen. Biographische Skizzen*, hg. v. Mario Hesselbarth, Eberhart Schulz und Manfred Weißbecker, Jena 2006, S. 422–427. Der Rat der Volksbeauftragten übernahm „neben der politischen Leitung der Verwaltung und den Rechten des Landtags auch die bisher vom Herzog ausgeübten Staatsaufgaben" und stellte „in Vollmacht des Arbeiter- und Soldatenrates die oberste Behörde, während das Gesetzgebungsrecht beim Arbeiter- und Soldatenrat blieb." Hess, „Staatsministerium", S. 56.

[334] Overesch, *Brill*, S. 44. In dieser ersten Gothaer Landesversammlung konnte die USPD die Mehrheit erlangen. Vgl. Siegmund, Jörg, „Zwischen Konsens und Blockadepolitik: Die Übergangsparlamente in Sachsen-Gotha und Sachsen-Coburg", in: *Die vergessenen Parlamente. Landtage und Gebietsvertretungen in den Thüringer Staaten und Gebieten 1919–1923*, hg. v. Thüringer Landtag, Erfurt 2002, S. 121–160, hier S. 124f und 153 (Schriften zur Geschichte des Parlamentarismus in Thüringen, Bd. 19); Overesch, *Brill*, S. 45. In die zweite Landesversammlung von Gotha, deren Wahlen für den 30. Mai 1920 angesetzt waren, wurde Hermann Brill nicht mehr gewählt. Overesch, *Brill*, S. 55.

[335] Siehe Kapitel 2.2.1.

[336] In der Presse war zu lesen: „Als Abgeordnete zur Gothaischen Landesversammlung sind gewählt: […] Lehrer Hermann Brill in Ohrdruf". „Aus dem gothaischen Lande. Gotha, den 5. März", in: *Gothaer Volksblatt. Sozialdemokratisches Organ für das nördliche Thüringen. Offizielles Organ des Gothaer Arbeiter- und Soldatenrates*, 5. März 1919.

[337] Siehe Kapitel 2.2.2.

[338] Overesch, *Brill*, S. 46. Eine genaue Anzahl der Teilnahmen Hermann Brills an den insgesamt 38 Sitzungen der ersten Gothaer Landesversammlung lässt sich nicht ermitteln, da die anwesenden Abgeordneten nicht namentlich in den entsprechenden Protokollen aufgeführt wurden. Redebeiträge des Abgeordneten Brills lassen sich allerdings für insgesamt 21 Sitzungen nachweisen. Die Verhandlungen der Landesversammlung für den Staat Gotha aus den Jahren 1919 und 1920 sind über ein Angebot der Thüringer Universitäts- und Landesbibliothek Jena online einsehbar unter: http://zs.thulb.uni-jena.de/receive/jportal_jpvolume_00159037 (13. April 2015). Zu Hermann Brills Arbeit in Fragen der Gothaer Schulpolitik vgl. Overesch, *Brill*, S. 44–53. Auch die Thüringer Allgemeine Zeitung berichtete „immer wieder" über die Debatten zur Schulfrage in Gotha. „Thüringer Rundschau. Immer wieder der Schulerlaß", in: *Thüringer Allgemeine Zeitung und Erfurter allgemeiner Anzeiger*, 22. Oktober

2.2.1 Der Verfassungsentwurf für die vom Arbeiter- und Soldatenrat ausgerufene Räterepublik Gotha vom 1. Juli 1919

Auf einer Landeskonferenz der USPD äußerte sich der erst 23-jährige Hermann Brill im Januar des Jahres 1919, vielleicht zum ersten Mal öffentlich, zu den von ihm vertretenen Staats- und Verfassungsvorstellungen. Er bekundete seine Überzeugung, „daß nur das Rätesystem die der Wirklichkeit entsprechende Volksvertretung eines zur sozialistischen Gesellschaftsform sich entwickelnden Staates sein kann."[339] „Wir lehnen die Nationalversammlung ab, denn diese ist nicht als eine Vertretung, gemäß der Konstruktion der Gesellschaft, anzuerkennen. Die Diktatur ist die wahre Form der Demokratie. Aus den Arbeiterausschüssen werden Arbeiterräte und aus diesen wieder die Exekutive gebildet"[340], so Brill weiter. In dieser Äußerung des jungen Genossen Brill klang bereits eine erste Rahmenbedingung an, unter der die Verfassungsgebung in Gotha stattfinden sollte: Auch das Deutsche Reich befand sich im Umbruch, und eine neu zu schaffende Landesverfassung konnte schwerlich im Widerspruch zu einer zukünftigen Reichsverfassung stehen, auch wenn Hermann Brill dies Anfang des Jahres 1919 noch anders einschätzte.[341] Die zweite Rahmenbedingung, die es zu berücksichtigen galt, war der Umstand, dass es auch Ziel der USPD war[342], die Thüringischen Kleinstaaten zu vereinigen.[343] Eine Verfassung für Gotha konnte im Jahr 1919 also nur ein Übergangswerk sein.

1919. Zeitgleich zu seinem Mandat trat Hermann Brill seine Stelle als Volksschullehrer in Finsterbergen an. Overesch, *Brill*, S. 37. Zu Hermann Brills Arbeit in Fragen der Gothaer Schulpolitik vgl. ebd., S. 44–53.

[339] „Die Landeskonferenz. (Fortsetzung.)", in: *Gothaer Volksblatt. Sozialdemokratisches Organ für das nördliche Thüringen. Offizielles Organ des Gothaer Arbeiter- und Soldatenrates*, 29. Januar 1919. Dass man sich in der USPD keineswegs einig darüber war, welchen staats- und verfassungspolitischen Weg man gehen wollte, zeigt folgender Artikel: „Parteitag der U.S.P.D. Kampf um die Klärung, Berlin, den 3. März 1919", in: *Gothaer Volksblatt. Sozialdemokratisches Organ für das nördliche Thüringen. Offizielles Organ des Gothaer Arbeiter- und Soldatenrates*, 7. März 1919.

[340] „Die Landeskonferenz. (Fortsetzung.)", in: *Gothaer Volksblatt. Sozialdemokratisches Organ für das nördliche Thüringen. Offizielles Organ des Gothaer Arbeiter- und Soldatenrates*, 29. Januar 1919.

[341] Zum Einfluss der Verfassungsgebung im Reich auf die Verfassungsgebung in Thüringen vgl. Hahn, Karl-Eckhard, „Von der Novemberrevolution 1918 bis zum endgültigen Erlöschen der Thüringer Staaten und Gebiete zum 1. April 1923. Notizen zu reichs- und landesgeschichtlichen Rahmenbedingungen", in: *Die vergessenen Parlamente. Landtage und Gebietsvertretungen in den Thüringer Staaten und Gebieten 1919–1923*, hg. v. Thüringer Landtag, Erfurt 2002, S. 11–52 (Schriften zur Geschichte des Parlamentarismus in Thüringen, Bd. 19). In der USPD war man sich zu diesem Zeitpunkt keineswegs über „Programm, Taktik und Einigungsfrage" im Klaren. Siehe hierzu: „Parteitag der U.S.P.D. Kampf um die Klärung, Berlin, den 3. März 1919", in: *Gothaer Volksblatt. Sozialdemokratisches Organ für das nördliche Thüringen. Offizielles Organ des Gothaer Arbeiter- und Soldatenrates*, 7. März 1919.

[342] Bereits auf einem Parteitag im Juni des Jahres 1919 stimmte die USPD für die Vereinigung der Thüringischen Kleinstaaten: „Landesversammlung. In der Sitzung vom Sonnabend, den 31. Mai wurde der Gesetzesentwurf über den Zusammenschluß der Thüringischen Staaten mit allen Stimmen angenommen. Einige bürgerliche Redner betrachten diese Beschlußfassung als den weitaus wichtigsten Beschluß des Gothaischen Landtags, der eine historische Bedeutung habe. Der Anfang vom Ende des gothaischen Staates ist gemacht.", in: *Gothaer Volksblatt. Sozialdemokratisches Organ für das nördliche Thüringen. Offizielles Organ des Gothaer Arbeiter- und Soldatenrates*, 2. Juni 1919.

[343] Vgl. hierzu Häupel, Beate, „Die Gründung des Landes Thüringen. Staatsbildung und Reformpolitik 1918–1923", in: *Demokratische Bewegungen in Mitteldeutschland*, Bd. 2, hg. v. Helga Grebing, Hans

Dass es in der Gothaer USPD und dem Arbeiter- und Soldatenrat Gotha zu zahlreichen verfassungspolitischen Überlegungen kam und auch Verfassungsentwürfe vorgelegt wurden, belegen zum einen Äußerungen der Opposition, zum anderen Meldungen der örtlichen Presse. So berichtete der DVP-Abgeordnete Georg Witzmann rückblickend, man habe „in jenen Zeiten immer wieder von Verfassungsentwürfen, die im Schoße des A.- und S.-Rates erwogen und beraten wurden"[344], gehört, und Leo Gutmann (DDP) bemerkte kritisch, „zahllose Entwürfe einer vorläufigen und endgültigen Verfassung" seien von der USPD in Gotha „aufgestellt, geändert" und wieder „umgeworfen" worden, wobei „nur eine bescheidene, aber immerhin den Bedarf übersteigende Zahl"[345] an die Landesversammlung weitergeleitet worden sei. Wie Georg Witzmann aber schrieb, gelangte von all diesen Entwürfen nur ein einziger an die Öffentlichkeit.[346] Er wurde am 24. April 1919 – und mit einigen Änderungen erneut am 1. Juli 1919 – im Gothaer Volksblatt veröffentlicht. Ob dieser *Entwurf einer vorläufigen Verfassung für den Freistaat Gotha*[347] (EvVFG), so die Überschrift des Artikels vom 24. April im *Gothaer Volksblatt*, oder der am 1. Juli veröffentlichte „Entwurf zu einer vorläufigen Verfassung für den Staat Gotha"[348] (EvVSG) von Hermann Brill stammt oder mit dessen Unterstützung entstand, kann nicht eindeutig belegt werden.[349] Allerdings war Brill diesen Entwürfen sicher sehr zugetan, was seine zahlreichen Beiträge zur Verfassungsdiskussion in jener Zeit belegen. Mehrfach betonte er Anfang des Jahres 1919 seine Auffassung, dass nur die Umsetzung eines reinen Rätesystems in der zu schaffenden Verfassung für Gotha einen Wandel in der Gesellschaft bewirken könne.[350] Aufgrund dieser deutlichen Positionierung des jungen USPD-Poli-

---

Mommsen und Karsten Rudolph, Weimar/Köln/Wien 1995, S. 80–94; Hess, „Staatsministerium", S. 63f.; Wahl, Volker, „Vorgeschichte und Gründung des Landes 1919/1920", in: Post, Bernhard/Wahl, Volker (Hg.), *Thüringen-Handbuch. Territorium, Verfassung, Parlament, Regierung und Verwaltung in Thüringen 1920 bis 1995*, Weimar 1999, S. 22–32.

[344] Witzmann, Georg, „Was wir erlebten. Die Kämpfe um die Gothaische Verfassung im Jahre 1919", in: *Rund um den Friedenstein. Blätter für Thüringische Geschichte und Heimatgeschehen*, hg. v. Gothaischen Tageblatt, Jahrgang 9, Nr. 10, 19. Mai 1932, S. 1–4, hier S. 2.

[345] „Die gothaische Verfassungsfrage vor Parlament und Oeffentlichkeit", in: *Gothaer Volksblatt. Sozialdemokratisches Organ für das nördliche Thüringen. Offizielles Organ des Gothaer Arbeiter- und Soldatenrates*, 27. November 1919.

[346] Witzmann, „Kämpfe", S. 2.

[347] „Der Entwurf einer vorläufigen Verfassung für den Freistaat Gotha", in: *Gothaer Volksblatt. Sozialdemokratisches Organ für das nördliche Thüringen. Offizielles Organ des Gothaer Arbeiter- und Soldatenrates*, 24. April 1919.

[348] „Entwurf einer vorläufigen Verfassung für den Staat Gotha", in: *Gothaer Volksblatt. Sozialdemokratisches Organ für das nördliche Thüringen. Offizielles Organ des Gothaer Arbeiter- und Soldatenrates*, 1. Juli 1919. Unterzeichnet war dieser Entwurf von den Volksbeauftragten Adolf Schauder, Albin Tenner und Emil Grabow. Eine gedruckte Version dieses Entwurfs sowie eine Beilage zur Wahl des Landes-Arbeiter- und Bauernrates konnten ausfindig gemacht werden. Entwurf zu einer vorläufigen Verfassung für den Staat Gotha und Beilagen II zur vorläufigen Verfassung für den Staat Gotha von der Wahl des Landes-Arbeiter- und Bauernrates, in: ThStA Gotha, NL Liebetrau, Nr. 40, Blatt 32–25.

[349] Manfred Overesch geht in seiner Biographie Hermann Brills davon aus, dass dieser für die vom Arbeiter- und Soldatenrat Gotha ausgerufene Räterepublik Gotha „den Verfassungs-Entwurf schrieb", belegt diese These aber nicht weiter. Overesch, *Brill*, S. 38.

[350] „Das neue Mittel, die neue proletarische Kampforganisation, um die Gesellschaft umzuwandeln, ist das Rätesystem. […] Es stellt die Staatsform des zur politischen Macht gelangten Proletariats dar."

tikers ist ein Blick auf die vorläufige Verfassung für den Staat Gotha gerechtfertigt, da angenommen werden kann, dass sie zunächst die uneingeschränkte Zustimmung Brills fand.

Wie bereits der DVP-Abgeordnete Witzmann bemerkte, waren die beiden Entwürfe zwar weitgehend identisch, allerdings enthielt der Juli-Entwurf „gewisse Milderungen gegenüber dem Entwurf vom April" und wurde der „Landesversammlung offiziell" vorgelegt.[351] So sollte nach dem Willen des Arbeiter- und Soldatenrates im Juli 1919 die „höchste Staatsgewalt [...] in den Händen des Volkes"[352] (§ 2 EvVSG) liegen und die Exekutive durch den Landes-Arbeiter- und Bauernrat ausgeübt werden (§ 3 EvVSG). Aus der Mitte dieses Rates war „zur Führung der Regierungsgeschäfte [...] der dreiköpfige Rat der Volksbeauftragten"[353] auf zwei Jahre zu wählen (§ 4 EvVSG) und von der Landesversammlung in seinem Amt zu bestätigen (§ 5 Abs. 1 EvVSG). Damit wurde der Rat der Volksbeauftragten zur Regierung im Staat Gotha erhoben (§ 7 Satz 1 EvVSG). Der aus vierundzwanzig Mitgliedern bestehende Landes-Arbeiter- und Bauernrat sollte ebenfalls auf zwei Jahre (§ 18 EvVSG) „in unmittelbaren, geheimen Verhältniswahlen nach den Grundsätzen der proletarischen Demokratie gewählt"[354] (§ 19 Abs. 1 EvVSG) werden.[355] Die Landesversammlung war „in allgemei-

---

Der Rätegedanke ist also ein neuer Staatsgedanke", so Hermann Brill auf der Landeskonferenz der USPD im Mai des Jahres 1919. „Die Landeskonferenz", in: *Gothaer Volksblatt. Sozialdemokratisches Organ für das nördliche Thüringen. Offizielles Organ des Gothaer Arbeiter- und Soldatenrates*, 6. Mai 1919. Brill führte aus: „Die Landeskonferenz sieht im reinen Rätesystem die Staatsform der proletarischen Revolution und erstrebt es mit allen Machtmitteln des Klassenkampfes. Die Einführung der Räteorganisation in Deutschland kann nur durch den ganzen Sieg des Proletariats in der sozialen Revolution erfolgen." „Die Landeskonferenz (Fortsetzung)", in: *Gothaer Volksblatt. Sozialdemokratisches Organ für das nördliche Thüringen. Offizielles Organ des Gothaer Arbeiter- und Soldatenrates*, 7. Mai 1919.
[351] Witzmann, „Kämpfe", S. 2. Weitere Unterschiede in den beiden Entwürfen bestanden zum einen in der Titulierung Gothas einmal als Freistaat im April-Entwurf, wenngleich auch hier von keiner eigenen Staatsbürgerschaft der Einwohner die Rede war, das andere Mal, im Juli-Entwurf, als Staat. Während der April-Entwurf in Artikeln abgefasst war, wurde es im Juli-Entwurf Paragraphen, man schien sich also methodisch bereits einem Gesetz statt einer Verfassung zu nähern (siehe dazu Kapitel 2.2.2). Insgesamt war der Juli-Entwurf deutlich besser strukturiert, er bestand aus insgesamt sechs Abschnitten, umfasste sechsunddreißig Paragraphen und regelte das Wahlrecht für Landes-Arbeiter- und Bauernrat sowie die Landesversammlung in zwei getrennten Beilagen. Allerdings fielen im Juli die noch am 24. April 1919 niedergeschriebenen Grund- und Freiheitsrechte weg, die dem Aufbau einer sozialistischen Gesellschaftsordnung dienen sollten, so etwa die „freie Meinungsäußerung", das „Vereins- und Versammlungsrecht", die Unverletzlichkeit der Wohnung, Rechtssicherheit oder Freiheit der Wissenschaft und Lehre (Art. 2, Abs. 2 EvVFG). Eine weitere wesentliche Änderung gegenüber dem April-Entwurf bestand darin, dass die Landesversammlung nur noch durch ein Referendum (§ 17 EvVSG), nicht aber zusätzlich durch den Rat der Volksbeauftragten (Art. 14 EvVFG) aufgelöst werden konnte.
[352] Entwurf in *Gothaer Volksblatt*; ThStA Gotha, NL Liebetrau, Nr. 40, Blatt 32.
[353] Entwurf in *Gothaer Volksblatt*; ThStA Gotha, NL Liebetrau, Nr. 40, Blatt 32.
[354] Entwurf in *Gothaer Volksblatt*; ThStA Gotha, NL Liebetrau, Nr. 40, Blatt 33.
[355] Die näheren Bestimmungen zur Wahl des Arbeiter- und Soldatenrates waren in einer Beilage (Beilage II EvVSG) geregelt und sahen vor, dass „wahlberechtigt und wählbar" alle Einwohner und Einwohnerinnen Gothas seien, „a) deren Einkommen aus dem Lohnverhältnis oder aus frei er produktiver Arbeit 8000 M nicht übersteigt, b) die unter Nachweis einer früher im Sinne des Absatzes a bezeichneten Tätigkeit zur Zeit erwerbslos, c) durch Krankheit, Kriegsverletzung oder Alter erwerbsunfähig sind, d) durch ihre Tätigkeit im Haushalt ohne Entgelt andere in den Stand setzt,

nen, unmittelbaren, gleichen und geheimen Wahlen nach den Grundsätzen der Verhältniswahl"356 vom Volk zu wählen (§ 15 EvVSG) (siehe zum verfassungsrechtlichen Gefüge des Entwurfs Abbildung 2-1).

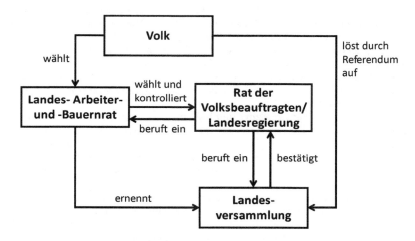

Abbildung 2-1: **Verfassungsorgane und Gewaltenverschränkung im Entwurf einer vorläufigen Verfassung für den Staat Gotha (1. Juli 1919)**
Quelle: Eigene Darstellung

Bei einem Vertrauensentzug durch die Landesversammlung sollte der Rat der Volksbeauftragten neu gewählt oder ergänzt werden (§ 5 Abs. 2 EvVSG). Im Falle einer Nichteinigung zwischen dem Landes-Arbeiter- und Bauernrat und der Landesversammlung bei der Besetzung des Rats der Volksbeauftragten war laut Juli-Entwurf die Landesversammlung aufzulösen und mussten Neuwahlen „innerhalb dreier Monate" angesetzt werden, während in der Übergangzeit „die Befugnisse der Landesversammlung an den Landes-Arbeiter- und Bauernrat" überzugehen hatten (§ 6 EvVSG).357

---

produktiv tätig zu sein." (§ 1 Beilage II EvVSG). Entwurf in *Gothaer Volksblatt*; ThStA Gotha, NL Liebetrau, Nr. 40, Blatt 34. Damit wurden Personen ausgeschlossen, die „ihren Lebensunterhalt ausschließlich oder vorwiegend aus Kapitalzins oder Kapitalrente bestreiten" oder „die zwecks Erzielung von Gewinnen dauernd mehr als einen nicht zur Familie gehörigen Lohnarbeiter (Lohnarbeiterin) beschäftigen", sowie „Personen, die erstens entmündigt sind oder unter vorläufiger Vormundschaft stehen, zweitens infolge eines rechtskräftigen Urteils der bürgerlichen Ehrenrechte ermangeln" (§ 2 Beilage II EvVSG). Entwurf in *Gothaer Volksblatt*; ThStA Gotha, NL Liebetrau, Nr. 40, Blatt 34.
356 Entwurf in *Gothaer Volksblatt*; ThStA Gotha, NL Liebetrau, Nr. 40, Blatt 32.
357 Entwurf in *Gothaer Volksblatt*; ThStA Gotha, NL Liebetrau, Nr. 40, Blatt 32. Aufgelöst werden sollte die Landesversammlung auch, „wenn das Referendum gegen sie entscheidet" (§ 17 Abs. 1 EvVSG), wobei der Rat der Volksbeauftragten die Auflösung vorzunehmen hatte (§ 17 Abs. 2 EvVSG).

Auch per Referendum sollte eine Auflösung der Landesversammlung möglich sein (§ 17 EvVSG). Sowohl Landes-Arbeiter- und Bauernrat als auch die Landesversammlung sollten vom Rat der Volksbeauftragten einberufen werden können (§ 20 Abs. 1 EvVSG). Die Auflösung der Landesversammlung im Falle einer Nichteinigung und das Einberufungsrecht auf Seiten der Landesregierung unterstrichen abermals die von USPD und Landes-Arbeiter- und Bauernrat gewünschte Machtkonzentration in den Händen der Räte und Volksbeauftragten. Hier zeigte sich deutlich das Streben, eine reine Räterepublik in Gotha durchzusetzen. So sah der Juli-Entwurf auch vor, den Rat der Volksbeauftragten lediglich der Kontrolle des Arbeiter- und Soldatenrats, nicht aber jener der Landesversammlung zu unterwerfen (§ 7 Abs. 2 EvVSG). Zudem sollte „die richterliche Gewalt [...] im Namen der Landesregierung ausgeübt"[358] werden (§ 29 Abs. 2 EvVSG).[359]

Auch die Regelungen zur Legislative und Judikative unterstrichen die Machtstellung des Landes-Arbeiter- und Bauernrates. Es war zwar vorgesehen, dass die Landesversammlung gemeinsam mit der Regierung die legislative Gewalt im Staat Gotha auszuüben hatte (§ 8 EvVSG), und sowohl Rat also auch Landesregierung, Landesversammlung und das gothaische Volk sollten das Recht zur Gesetzesinitiative innehaben (§ 9 EvVSG). Jedoch war der Landes-Arbeiter- und Bauernrat wiederum als oberste Instanz vorgesehen, die nach Unterzeichnung der Gesetze durch den Ratsvorsitzenden, den Präsidenten der Landesversammlung und ein Mitglied der Landesregierung (§ 11 EvVSG) Einspruch gegen bereits beschlossene Gesetze einlegen konnte (§ 12 EvVSG). Sollte es zu keiner Einigung kommen, war eine Entscheidung durch Volksreferendum vorgesehen (§ 13 EvVSG).

Die Dominanz des Räteprinzips zeigt sich sowohl im April- als auch, wenngleich in etwas abgeschwächter Form, im Juli-Entwurf des Jahres 1919 an der Machtkonzentration in den Händen des Landes-Arbeiter- und Bauernrats, während die Landesversammlung ihrer Rechte weitgehend enthoben werden sollte. Von daher verwundert es nicht weiter, dass auch noch der Juli-Entwurf bei der Opposition auf heftige Kritik stieß: „Für alle in der Opposition stehenden Parteien war es selbstverständlich, daß sie diesen Entwurf mit der gleichen Schärfe bekämpften wie alle seine Vorgänger."[360]

Die politische Situation, die im Laufe des Jahres 1919 schwieriger wurde, dürfte Hermann Brill die äußeren, für die Durchsetzung eines reinen Rätesystems ungünstigen Rahmenbedingungen der Verfassungsgebung in Gotha mehr denn je bewusst gemacht haben. Er entschied sich wohl aus diesen Gründen dafür, „in Erwägung, daß die veränderte politische Lage eine Propagierung des Rätesystems als Staatsform durch den Weg über das Parlament unmöglich macht [...] den Verfassungsentwurf zurückzuziehen."[361] Zugleich stellte er auf dem Landesparteitag der USPD im September 1919 den Antrag, anstelle des Verfassungsentwurfs „ein Gesetz über die Regierungsgewalt

---

[358] Entwurf in *Gothaer Volksblatt*; ThStA Gotha, NL Liebetrau, Nr. 40, Blatt 33.
[359] Eine detailliertere Regelung zur Judikative sah der „Entwurf zu einer vorläufigen Verfassung für den Staat Gotha" im Juli 1919 nicht vor.
[360] Witzmann, „Kämpfe", S. 3.
[361] „Der Landesparteitag", in: *Gothaer Volksblatt. Sozialdemokratisches Organ für das nördliche Thüringen. Offizielles Organ des Gothaer Arbeiter- und Soldatenrates*, 1. September 1919.

zu setzen, das der Landesversammlung die volle gesetzgebende Macht zuspricht"[362], und den Rat der Volksbeauftragten als Landesregierung Gothas anzuerkennen. Dieser Antrag wurde zunächst von der eigenen Partei abgelehnt, während die Opposition frohlockte: Brill habe damit sein „politisches Gesellenstück geleistet", und „das Beste" daran sei, dass er sich „derselben Argumente" habe bedienen müssen, die seine politischen Gegner bereits mehrfach vorgebracht hätten.[363] In der USPD hielt man jedoch trotz allen äußeren Drucks bis Anfang Dezember 1919 an der Durchsetzung des Rätesystems für Gotha fest.[364] Erst die Landeskonferenz am 16. Dezember läutete die Wende ein: Hermann Brill ergriff das Wort und mahnte seine Parteigenossen eindringlich, die realen „Machtverhältnisse [...] bei der Regelung von Verfassungsfragen" anzuerkennen. Die vorherrschenden Machtverhältnisse seien dadurch zustande gekommen, „daß es dem Proletariat nicht gelang, sich eine bewaffnete Macht, eine rote Armee, zu schaffen", was „seine Ursachen in den ökonomischen Wirtschaftsverhältnissen" habe. Daher argumentierte Hermann Brill, „es hieße heute das Rad der Geschichte zurückdrehen, wenn wir in Gotha versuchen wollten, das Rätesystem in der Verfassung festzulegen. Wir sind heute in eine neue revolutionäre Entwicklung getreten, wir sind von dem politischen Rätesystem abgekommen; die Hauptmacht zur Erringung des Sozialismus liegt in dem Ausbau des Betriebsrätesystems."[365]

Was der erst 24-jährige Hermann Brill bereits im September des Jahres 1919 erkannt und wiederholt seiner Partei deutlich zu machen suchte, wurde schließlich in den Sitzungen der Landesversammlung für den Staat Gotha, der Brill seit Februar des Jahres 1919 als ordentliches Mitglied angehörte, Ende des Jahres politische Wirklichkeit.

2.2.2 Der Entwurf des Gesetzes für die vorläufige Regierungsgewalt in der Republik Gotha vom 23. Dezember 1919

In einer ersten politischen Rede, am 14. Mai 1919, legte Hermann Brill seine staats- und verfassungspolitischen Ansichten „in einer parlamentarischen Jungfernrede"[366] eindringlich dar. Anlass dazu gab ihm die Kritik der Opposition an der „revolutionären Gesetzesmacherei"[367] von Arbeiter- und Soldatenrat, Vollzugsausschuss und

---

[362] Ebd.
[363] „Die gothaische Verfassungsfrage vor Parlament und Oeffentlichkeit", in: *Gothaer Volksblatt. Sozialdemokratisches Organ für das nördliche Thüringen. Offizielles Organ des Gothaer Arbeiter- und Soldatenrates*, 27. November 1919.
[364] Vgl. „Parteitag der U.S.P.D. 2. Verhandlungstag. Vormittagssitzung", in: *Gothaer Volksblatt. Sozialdemokratisches Organ für das nördliche Thüringen. Offizielles Organ des Gothaer Arbeiter- und Soldatenrates*, 5. Dezember 1919; „Das neue Aktionsprogramm der U.S.P.D.", in: ebd., 10. Dezember 1919.
[365] „Die Landeskonferenz", in: *Gothaer Volksblatt. Sozialdemokratisches Organ für das nördliche Thüringen. Offizielles Organ des Gothaer Arbeiter- und Soldatenrates*, 16. Dezember 1919.
[366] Overesch, *Brill*, S. 46.
[367] Verhandlungen der Landesversammlung für den Staat Gotha, 6. Sitzung, Gotha den 14. Mai 1919, S. 2, online einsehbar unter: http://zs.thulb.uni-jena.de/rsc/viewer/jportal_derivate_00223993/Film-423_1437.tif (14. April 2015). Auch die Finanzpolitik gab der Opposition Anlass zur Kritik: „Dieselben Grundsätze, die für die Sanktionierung der Verordnungen gelten, müssen auch auf die Finanzwirtschaft der provisorischen Regierung Anwendung finden. [...] Bisher ist eine Rechnungslegung

Volksbeauftragten seit November des vorangegangenen Jahres.³⁶⁸ Deutlich wird an dieser sich entspinnenden Debatte auch die unsichere staats- und verfassungspolitische, von einem Übergangscharakter gekennzeichnete Lage der jungen Republik Gotha, in der sich Landesversammlung, Volksbeauftragte und Arbeiter- und Soldatenrat zu positionieren versuchten und dies auch gerade im Hinblick auf das sich im Umbruch befindliche Deutsche Reich.³⁶⁹ Für Hermann Brill indes stellte sich die politische Lage so dar, „daß der Landes-Arbeiter- und Bauernrat heute noch oberstes politisches Organ des Staates Gotha ist."³⁷⁰ Es könne daher nicht darum gehen, „der Landesversammlung die volle politische Macht in die Hände zu legen."³⁷¹ Der Opposition hingegen warf Brill vor, die vorhandene Übergangssituation bis zur Schaffung einer endgültigen Verfassung auszunutzen und durch die Vermischung von Rechtsauffassungen und Anträgen „letzten Endes nichts weiter als die Abtretung aller politischen Rechte an die Landesversammlung"³⁷² zu lancieren, eine Forderung, die durch die Revolution in keinem Falle gerechtfertigt sei. Nicht nur die klare Analyse der bisherigen Diskussionsbeiträge ist an der Rede des noch jungen Mandatsträgers bemerkenswert; er parierte auch mühelos die von seinem Vorredner zitierten Worte Ferdinand Lassalles³⁷³: Leitgedanke der Geschichte sei zwar die Vernunft, ihr äußerer Ausdruck aber,

---

oder gar eine Prüfung der Rechnungen des Arbeiter- und Soldatenrates nicht erfolgt. Der Bericht des Volksbeauftragten Tenner [...] enthielt alles andere als die Legung einer Rechnung, eine Aufstellung aller Einnahmen und Ausgaben, noch weniger hat eine Prüfung stattgefunden. Hat er doch selbst erklärt, daß der Arbeiter- und Soldatenrat nicht der Landesversammlung, sondern nur dem Volk verantwortlich sei, [...] ‚also niemandem'. [...] Die Landesversammlung als Vertreterin des souveränen Volkes ist allein berechtigt, die Rechnung zu prüfen und die Entlastung zu erteilen." Ebd., S. 3.
³⁶⁸ Zu den Mehrheitsverhältnissen in der Gothaer Landesversammlung und den daraus entstehenden politischen Spannungen vgl. Hess, „Staatsministerium", S. 56f.
³⁶⁹ So machte die Opposition deutlich, dass, „soweit Verordnungen sich einfach über die Zuständigkeit des Reiches einfach hinwegsetzen und Reichsgesetze änderten, [...] [diese] natürlich ohne weiteres ungültig" seien, „solange nicht der seinerzeit von Herrn Geithner als Vorsitzendem des Vollzugsrats proklamierte Austritt unseres Landes aus dem Deutschen Reich wirklich durchgeführt ist." Verhandlungen der Landesversammlung für den Staat Gotha, 6. Sitzung, Gotha den 14. Mai 1919, S. 1, online einsehbar unter: http://zs.thulb.uni-jena.de/rsc/viewer/jportal_derivate_00223993/Film-423_1437.tif (14. April 2015). Zu Ernst Otto Geithner vgl. Raschke, Helga, „‚In contumaciam' aus der KPD geworfen: Ernst Geithner", in: *Gelebte Ideen. Sozialisten in Thüringen. Biographische Skizzen*, hg. v. Mario Hesselbarth, Eberhart Schulz und Manfred Weißbecker, Jena 2006, S. 177–183. Weiter führte die Opposition an: „Man mag sich zu den Verordnungen der provisorischen Regierung stellen, wie man will, sicher ist doch, daß sie nicht auf irgendwelcher Rechtsgrundlage erlassen sind. Damit soll ihre tatsächliche Berechtigung durchaus nicht in Abrede gestellt werden. Was aber verlangt werden muß, ist, daß diese Verordnungen nachträglich auf den Rechtsboden gestellt werden, ohne den kein Volk auf die Dauer auskommen, ohne den es keine Gesetzlichkeit, sondern nur Willkür und Gewalt geben kann." Verhandlungen der Landesversammlung für den Staat Gotha, 6. Sitzung, Gotha den 14. Mai 1919, S. 2, online einsehbar unter: http://zs.thulb.uni-jena.de/rsc/viewer/jportal_derivate_002239 93/Film-423_1437.tif (14. April 2015).
³⁷⁰ Ebd.
³⁷¹ Ebd.
³⁷² Ebd.
³⁷³ Siehe den Beitrag des Abgeordneten Gutmann von der DDP ebd., S. 3, online einsehbar unter: http://zs.thulb.uni-jena.de/rsc/viewer/jportal_derivate_00223993/Film-423_1438.tif (14. April 2015).

die Gewalt, manifestiere sich in der Revolution.[374] Vor allem aber zeigt sich in diesem Redebeitrag Hermann Brills seine verfassungs- und staatspolitische Einstellung unmittelbar nach Ende des Ersten Weltkriegs. Er war Sozialist[375] und vertrat dies, indem er sich für den Machterhalt in den Händen des Arbeiter- und Soldatenrates aussprach.

Auch wenn die Beiträge des USPD-Abgeordneten sich in den folgenden Debatten auf das Schulthema beschränkten, schien Brill mit seiner ersten Rede doch Eindruck hinterlassen zu haben. Am 28. Juni wurde er in die Verfassungskommission der Landesversammlung gewählt[376], die ihre Ergebnisse am 23. Dezember in Gotha vorstellte. Hermann Brill präsentierte die sieben Artikel „seines Entwurfs"[377] zu einem „Gesetz für die vorläufige Regierungsgewalt in der Republik Gotha" (EvRRG). Artikel 1 EvRRG erklärte Gotha zur „Republik im Verbande des Deutschen Reiches."[378] Die beiden folgenden Artikel beschäftigten sich mit den Verfassungsorganen. So regelte Artikel 2 Rechte und Pflichten der Landesversammlung. Auf zwei Jahre von der Landesregierung einberufen, erklärte Brill sie zur legislativen Gewalt in der Gothaischen Republik, wobei die Verkündung der Gesetze der Landesregierung vorbehalten sein sollte.[379] „Die im Laufe der Revolution erstmalig durch den Arbeiter- und Soldatenrat gebildete Landesregierung" wiederum sei von der Landesversammlung zu ernennen (Art. 3 Abs. 1 EvRRG)[380] und sollte sich aus den drei Volksbeauftragten zusammensetzen (Art. 3, Abs. 2 EvRRG)[381]. Zur Ausübung ihrer Geschäfte bedürfe sie des Vertrauens der Landesversammlung (Art. 3 Abs. 3 EvRRG). Als „Zentralverwaltungsbehörde des Landes" oblag der Landesregierung nach Hermann Brills Vorstellungen nicht nur die Bildung von Abteilungen und Landesämtern, sie stellte gleichzeitig auch die „landesherrliche Gewalt"[382] in Gotha.[383]

Artikel 4 EvRRG regelte die öffentliche Bildung und Artikel 5 EvRRG die Selbstverwaltung der Gemeinden, während Artikel 6 eine gewisse Rechtskontinuität gewährleisten sollte, indem zwar das Staatsgrundgesetz für die Herzogtümer Coburg und Go-

---

[374] Vgl. Overesch, *Brill*, S. 46f.
[375] Dies hatte er schon im Oktober 1918 in einem Brief an Marianne Salzmann deutlich herausgestellt. Siehe ebd., S. 47.
[376] Siehe: Landesversammlung für den Staat Gotha, 13. Sitzung, Gotha den 28. Juni 1919, S. 100, online einsehbar unter: http://zs.thulb.uni-jena.de/rsc/viewer/jportal_derivate_00223993/Film-423_1535.tif (14. April 2015).
[377] Landesversammlung für den Staat Gotha, 29. Sitzung, Gotha, den 23. Dezember 1919, S. 314, online einsehbar unter: http://zs.thulb.uni-jena.de/rsc/viewer/jportal_derivate_00223993/Film-423_1755.tif (15. April 2015).
[378] Ebd., S. 309, online einsehbar unter: http://zs.thulb.uni-jena.de/rsc/viewer/jportal_derivate_00223993/Film-423_1750.tif (15. April 2015).
[379] Ebd.
[380] Ebd.
[381] Ebd., S. 310, online einsehbar unter: http://zs.thulb.uni-jena.de/rsc/viewer/jportal_derivate_00223993/Film-423_1751.tif (15. April 2015).
[382] Ebd.
[383] Zur Verschmelzung von Staatsministerium und Landesregierung in der Zentralverwaltungsbehörde vgl. Hess, „Staatsministerium", S. 61–64.

tha vom 3. Mai 1852[384] aufgehoben, aber alle bisher von Arbeiter- und Soldatenrat, Vollzugsausschuss und Volksbeauftragten beschlossenen Verordnungen und Gesetze ihre Gültigkeit behalten sollten, solange sie dem aktuellen Gesetz nicht entgegenstünden.[385] Der den Entwurf Brills abschließende siebte Artikel hob alle Sonderrechte des ehemaligen Herzogs und anderer Personen auf.[386]

Das „Gesetz über die vorläufige Regierungsgewalt in der Republik Gotha" von Hermann Brill verdeutlicht zum einen, dass die USPD und mit ihr der Autor des Verfassungsentwurfs sich von der Durchsetzung eines absoluten Rätegedankens entfernt hatten; der Arbeiter- und Soldatenrat spielte praktisch keine Rolle mehr, und es war nur noch von einer Republik, nicht mehr von einer Räterepublik zu lesen. Zum anderen wies der Entwurf aber in konzeptioneller Hinsicht für einen Verfassungsentwurf große Lücken auf. So enthielt er „wegen des Notgesetzcharakters […] nicht einmal plebiszitäre Elemente"[387] und ist daher höchstens als Verfassungsfragment, keinesfalls aber als ausgereifte Verfassung anzusehen, was bereits an der Bezeichnung als „Gesetz" deutlich wird.

Eben diese Undifferenziertheiten machte sich die politische Gegenseite in ihrer Argumentation gegen die Konzeption Brills zunutze und legte einen Gegenentwurf vor.[388] Besonders despektierlich äußerte sich der Abgeordnete der DVP, Georg Witzmann, der mit Hermann Brill schon in Fragen der Schulpolitik heftige Auseinandersetzungen geführt hatte[389]: Er schlug vor, über die „Auseinandersetzungen in der Verfassungsfrage im Laufe der verflossenen Tage eine Satire zu schreiben."[390] Auch der

---

[384] Das Staatsgrundgesetz für die Herzogtümer Coburg und Gotha vom 3. Mai 1852 ist abgedruckt in: Kotulla, Michael, *Thüringische Verfassungsurkunden. Vom Beginn des 19. Jahrhunderts bis heute*, Berlin/Heidelberg 2015, S. 146–191.
[385] Landesversammlung für den Staat Gotha, 29. Sitzung, Gotha, den 23. Dezember 1919, S. 310, online einsehbar unter: http://zs.thulb.uni-jena.de/rsc/viewer/jportal_derivate_00223993/Film-423_1751.tif (15. April 2015).
[386] Ebd.
[387] Vgl. Häupel, „Gründung", S. 78f.: „Diejenigen, die sich die Verwirklichung der ‚wahren Demokratie' durch eine Rätemacht auf ihre Fahnen geschrieben hatten, erreichten mit ihrer dogmatischen und wirklichkeitsfremden Politik somit weniger, als diejenigen, die den Rätegedanken in die parlamentarische Demokratie eingebunden hatten".
[388] Scharfe Kritik äußerte beispielsweise der Abgeordnete der DDP Leo Gutmann. Er warf Hermann Brill vor, nicht einmal eine „vorläufige Verfassung" geschaffen und dazu noch das eigene Ideal der Räterepublik auf Druck der Reichsregierung preisgegeben zu haben. Landesversammlung für den Staat Gotha, 29. Sitzung, Gotha, den 23. Dezember 1919, S. 310, online einsehbar unter: http://zs.thulb.uni-jena.de/rsc/viewer/jportal_derivate_00223993/Film-423_1752.tif (16. April 2015). Der Gegenentwurf wurde ebenfalls von Leo Gutmann (DDP) vorgestellt. Siehe ebd., S. 309, online einsehbar unter: http://zs.thulb.uni-jena.de/rsc/viewer/jportal_derivate_00223993/Film-423_1751.tif (16. April 2015).
[389] Vgl. Landesversammlung für den Staat Gotha, 21. Sitzung, 1. Oktober 1919, S. 196–200, online einsehbar unter: http://zs.thulb.uni-jena.de/rsc/viewer/jportal_derivate_00223993/Film-423_1631.tif (16. April 2015).
[390] Landesversammlung für den Staat Gotha, 29. Sitzung, Gotha, den 23. Dezember 1919, S. 313, online einsehbar unter: http://zs.thulb.uni-jena.de/rsc/viewer/jportal_derivate_00223993/Film-423_1754.tif (15. April 2015). Georg Witzmann sparte auch einige Jahre später nicht mit Kritik an den Staats- und Verfassungsvorstellungen der USPD und letztlich an denen Hermann Brills. So betonte er in einem von ihm verfassten Artikel auch rückblickend vor allem die konträre Position der Unabhän-

DDP-Abgeordnete Leo Gutmann sparte nicht mit Kritik: Obwohl es sich um eine „vorläufige Verfassung" handle, werde das Wort „Verfassung [...] ängstlich vermieden", da man „bei einer Regelung der Regierungsgewalt [...] Konzessionen machen" könne, nicht jedoch bei einer echten Verfassung.[391]

Letzen Endes musste Hermann Brill eine wesentliche Änderung in seinem Verfassungsentwurf hinnehmen: In der endgültigen Fassung des „Gesetzes für die vorläufige Regierungsgewalt in der Republik Gotha"[392] blieb das Staatsgrundgesetz für die Herzogtümer Coburg und Gotha vom 3. Mai 1852 bestehen.[393] In der Presse war am Tag darauf zu lesen: „Es liegt gegenüber dem Regierungsentwurf auch ein Entwurf des Abg. Gutmann vor. Dieser wird nach eingehender Beratung mit den Stimmen der Unabhängigen abgelehnt. Dagegen wird ein Entwurf angenommen, der das Rätesystem ausschließt, aber, wie Hermann Brill als Berichterstatter der USPD, ausdrücklich betont, infolge des Druckes der Regierung."[394]

Eine Verkündung des Gesetzes erfolgte schließlich im Januar des Jahres 1920 in der Gesetzessammlung für den Staat Gotha. Allerdings war seine Gültigkeit nicht von langer Dauer, hatte man sich doch bereits im April des Jahres 1919 für einen Zusammenschluss der thüringischen Staaten entschieden.[395] Hermann Brill, der in der am 30. Mai 1920 gewählten zweiten Landesversammlung kein politisches Mandat mehr erhielt, begann sich neu zu orientieren und kandidierte im Juni desselben Jahres erfolgreich

---

gigen Sozialdemokraten im Hinblick auf die Reichspolitik: „In Weimar aber schritten inzwischen die Verhandlungen über die Reichsverfassung schnell vorwärts; es wurde von Tag zu Tag klarer, daß die neue Reichsverfassung sich auf den Boden der Demokratie, aber nicht des Rätegedankens stellen werde. Dazu kam, daß in diesen Monaten es sich entschied, daß die thüringischen Kleinstaaten sich zu einem Einheitsstaat zusammenschließen würden, und daß auch dieser nach demokratischen Grundsätzen aufgebaut werden würde. Je länger sich also unsere Verfassungskämpfe in Gotha hinzogen, umso geringer wurden die Hoffnungen unserer Radikalen auf Durchsetzung ihrer Grundgedanken auf Bildung einer Räterepublik nach sowjetischem Muster." Witzmann, „Kämpfe", S. 2.

[391] „Die gothaische Verfassungsfrage vor Parlament und Oeffentlichkeit", in: *Gothaer Volksblatt. Sozialdemokratisches Organ für das nördliche Thüringen. Offizielles Organ des Gothaer Arbeiter- und Soldatenrates*, 27. November 1919.

[392] Das „Gesetz für die vorläufige Regierungsgewalt in der Republik Gotha" wurde am 10. Januar 1920 ausgegeben und in der Gesetzessammlung für den Staat Gotha veröffentlicht.

[393] Der Satz „Das Staatsgrundgesetz vom 3. Mai 1852 gilt als aufgehoben" (Art. 6 Abs. 1 Satz 1 EVRG) wurde in der endgültigen Fassung gestrichen. Vgl. Landesversammlung für den Staat Gotha, 29. Sitzung, Gotha, am 23. Dezember 1919, S. 309, online einsehbar unter: http://zs.thulb.uni-jena.de/rsc/viewer/jportal_derivate_00223993/Film-423_1750.tif (15. April 2015); Gesetzessammlung für den Staat Gotha, Jahrgang 1920, Nr. 3, Gesetz für die vorläufige Regierungsgewalt in der Republik Gotha, ausgegeben den 10. Januar 1920, online einsehbar unter: http://zs.thulb.uni-jena.de/rsc/viewer/jportal_derivate_00216548/0019_HZG_1920_GSN0003_0006.tif (16. April 2015).

[394] „Thüringer Rundschau. Gothaer Landtag. Die Verfassung ohne Rätesystem", in: *Thüringer Allgemeine Zeitung und Erfurter allgemeiner Anzeiger*, 24. Dezember 1919. Im *Gothaer Volksblatt* fand zusätzlich noch der „Drucke der geographischen Lage des Landes Gotha" Erwähnung. „Aus der Landesversammlung (Sitzung am 23. Dezember)", in: *Gothaer Volksblatt. Sozialdemokratisches Organ für das nördliche Thüringen. Offizielles Organ des Gothaer Arbeiter- und Soldatenrates*, 24. Dezember 1919.

[395] Vgl. Hahn, „Novemberrevolution", S. 24–27. Die endgültige Vereinigung der thüringischen Staaten erfolgte im Januar des Jahres 1920. „Gemeinschaftsvertrag über den Zusammenschluß der thüringischen Staaten vom 4. Januar 1920", abgedruckt in: Post, Bernhard/Wahl, Volker (Hg.), *Thüringen-Handbuch. Territorium, Verfassung, Parlament, Regierung und Verwaltung in Thüringen 1920 bis 1995*, Weimar 1999, S. 376–389.

für den Landtag des vereinigten Landes Thüringen, in dem er, mit kurzer Unterbrechung, bis zu dessen letzter Wahlperiode im Jahr 1933 tätig war.[396]

Bei einer Gesamtbetrachtung des „Entwurfs für eine vorläufige Regierungsgewalt in der Republik Gotha" dürfen allerdings nicht nur dessen inhaltliche Konzeption sowie die Gültigkeitsdauer des Gesetzes in Betracht gezogen werden. Vielmehr muss auch berücksichtigt werden, dass Hermann Brill Ende des Jahres 1919 als „juristischer Autodidakt"[397] handelte, der sich im Wesentlichen auf theoretisches, angelesenes Wissen[398] und seine Erfahrungen aus dem Ersten Weltkrieg stützte. Es waren die ersten Schritte des erst 24-jährigen Abgeordneten auf staats- und verfassungspolitischem Boden, die er zu meistern versuchte, um schon wenig später erstmals als „Abgeordneter seiner Partei im Berliner Reichstag"[399] Zugang zur großen politischen Bühne zu erhalten.

2.2.3 Zusammenfassung

Als der noch junge Hermann Brill nach Ende des Ersten Weltkriegs die politische Bühne betrat, hatten ihn seine Kriegserlebnisse nicht nur in der von seinen Eltern vorgelebten sozialistischen Denkweise bestärkt, es drängte ihn auch danach, entsprechend zu handeln. „Der Rätegedanke ist also ein neuer Staatsgedanke"[400], formulierte er im Mai des Jahres 1919 euphorisch. Es verwundert daher nicht, dass Brills gesamte staats- und verfassungspolitisches Vokabular zu jener Zeit mehr sozialistisch denn demokratisch geprägt war und er anfänglich auch vor radikalen Formulierungen nicht zurückschreckte, etwa vor der von Karl Marx und Friedrich Engels geprägten Aussage, dass die proletarische „Diktatur [...] die wahre Form der Demokratie"[401] sei. Hermann Brill hielt daran fest, dass nur eine Abkehr von dem bestehenden Staats- und Verfassungssystem eine Abkehr von den herrschenden Verhältnissen mit sich bringen könne, auch wenn sich sein Demokratieverständnis dahingehend entradikalisierte, dass

---

[396] Vgl. hierzu die Übersicht zu den Wahlen des Landtags von Thüringen aus den Jahren 1920 bis 1930, abgedruckt in: Post/Wahl, *Thüringen-Handbuch*, S. 239–250.
[397] Overesch, *Brill*, S. 51.
[398] Vgl. den biographischen Abriss Hermann Brills in Kapitel 1.
[399] Overesch, *Brill*, S. 166. Hermann Brill saß als Abgeordneter der SPD im Reichstag der Weimarer Republik. Anders als etwa Albin Tenner hatte sich Brill bei der Spaltung der USPD in Thüringen nicht der KPD angeschlossen – ein weiteres Indiz dafür, dass Hermann Brill sich dem Sozialismus, aber keineswegs dem Kommunismus verschrieben hatte. Vgl. hierzu Hahn, „Novemberrevolution", S. 42; Häupel, „Gründung", S. 111.
[400] „Die Landeskonferenz", in: *Gothaer Volksblatt. Sozialdemokratisches Organ für das nördliche Thüringen. Offizielles Organ des Gothaer Arbeiter- und Soldatenrates*, 6. Mai 1919.
[401] „Die Landeskonferenz (Fortsetzung)", in: *Gothaer Volksblatt. Sozialdemokratisches Organ für das nördliche Thüringen. Offizielles Organ des Gothaer Arbeiter- und Soldatenrates*, 29. Januar 1919. Vgl. dazu Marx, Karl/Engels, Friedrich/Emel, Alexander (Hg.), *Die Klassenkämpfe in Frankreich. 1848–1850*, Berlin 1930, S. 125: „Dieser Sozialismus ist die Permanenzerklärung der Revolution, die Klassendiktatur des Proletariats als notwendiger Durchgangspunkt zur Abschaffung der Klassenunterschiede überhaupt, zur Abschaffung sämtlicher Produktionsverhältnisse, worauf sie beruhen, zur Abschaffung sämtlicher gesellschaftlichen Beziehungen, die diesen Produktionsverhältnissen entsprechen, zur Umwälzung sämtlicher Ideen, die aus diesen gesellschaftlichen Beziehungen hervorgehen."

er später davon sprach, dass „für den Gedanken der Demokratie [...] nicht die Form" entscheidend sei, „sondern die soziale Funktion [...] die die demokratische Form auf das ganze Verfassungsleben des Volkes ausübt"[402] – ein Gedanke, den Hermann Brill beibehalten sollte.

In der politischen Praxis vertrat Hermann Brill auf parteipolitischer Ebene zunächst die Durchsetzung eines reinen Rätesystems, durchaus auch in Anlehnung an das sowjetische Vorbild. Die reichspolitischen Rahmenbedingungen brachten ihn aber, früher als seine Parteigenossen, zu der Erkenntnis, dass das Festhalten an einer Räterepublik im thüringischen Gotha nicht zum Erfolg führen würde, woraufhin er sich für eine gemäßigtere Übergangslösung einsetzte. Der vom Krieg heimgekehrte Idealist Hermann Brill schien sich in einen Realpolitiker gewandelt zu haben und begann seine staats- und verfassungspolitischen Motive herauszubilden – Demokratie und Sozialismus. Erst die Erlebnisse Brills im Zweiten Weltkrieg, die Verfolgung, Inhaftierung und seine Zeit im Konzentrationslager Buchenwald sollten dazu führen, dass er sich in seinem Denken und Handeln erneut dem Rätegedanken zuwandte.[403]

2.3 Gegen die Übermacht von Parlament und Einheitsstaat – Föderalismus als Kern der staats- und verfassungsrechtlichen Vorstellungen Anton Pfeiffers

Anton Pfeiffer äußerte sich in den 1920er Jahren mehrfach zu aktuellen Zeitfragen, so etwa in seiner Rede über die Weimarer Reichsverfassung[404] und in der von ihm publizierten Reihe *Politische Zeitfragen*[405]. Seine Ausführungen zu jener Zeit entstanden zum einen unter dem lokalen Erleben der Novemberrevolution in Bayern[406], zum anderen unter dem nationalen Eindruck der neuen Weimarer Reichsverfassung.

So nahm Anton Pfeiffers Schilderung der Revolutionserlebnisse in einem achtseitigen Bericht zu wichtigen Daten in seinem Leben, der im Jahr 1894 beginnt und Ende April des Jahres 1945 endet, ganze zwei Seiten ein – ein deutlicher Beleg dafür, wie einschneidend Pfeiffer diese Erlebnisse auch Jahre später noch empfunden hatte. So schildert er detailliert, dass nach der Ermordung des Ministerpräsidenten Kurt Eisner am 21. Februar 1919 die „Eröffnungssitzung des Landtags" zunächst „um eine Stunde vertagt" wurde.[407] „Nach Wiederaufnahme der Sitzung", so der Bericht Anton Pfeiffers, „erscheinen auf der Zuschauertribüne rechts neben der Pressetribüne, wo ich als

---

[402] Verhandlungen des Landtags von Thüringen, 42. Sitzung, Weimar, den 2. März 1921, S. 976, online einsehbar unter: http://zs.thulb.uni-jena.de/rsc/viewer/jportal_derivate_00184924/509000331_0185a.tif (9. Juni 2015).
[403] Siehe Kapitel 3.4.1.
[404] Siehe Kapitel 2.3.1.
[405] Siehe Kapitel 2.3.2.
[406] Bereits am 7. November des Jahres 1918 kam es unter Führung des unabhängigen Sozialdemokraten Kurt Eisner zum Sturz des bayerischen Königs Ludwig III. und zur Forderung nach der Beendigung des Ersten Weltkriegs und der Etablierung einer parlamentarischen Demokratie. Kraus, Andreas, *Geschichte Bayerns. Von den Anfängen bis zur Gegenwart*, München 2013, S. 623–627.
[407] [Anton Pfeiffer], Wichtige Lebensdaten von Dr. Anton Pfeiffer, [Mai 1945], in: BayHStA, NL Pfeiffer 1.

einziger Zuhörer saß, 2 Männer mit Pistolen. [...] Von den beiden Eindringlingen auf der Galerie stürzte sich der eine mit dem Wort: ‚Die Bürgerlichen müssen alle hin werden, diese Sauhunde!' auf mich, der ich um 2 Stufen tiefer am vorderen Rand der Tribüne saß. Ich unterrannte ihn mit dem Kopf in den Bauch. Er schoß. Die Kugel flog mir über's linke Ohr und traf in der Diagonale des Saales, am Ausgang zu den Lesezimmern den Abgeordneten Osel. Darauf rannte auch dieser Attentäter wieder hinaus. Ich begab mich hinunter und fand an der Tür zum Lesezimmer den Abgeordneten Osel, dem gerade der Abgeordnete Theologieprofessor Dr. Eggersdorfer die Absolution gespendet hatte. Ich konnte Osel nur noch die Augen zudrücken."[408] Es war dies nicht das einzige Mal während der Revolutionsunruhen, dass Anton Pfeiffer um sein Leben fürchten musste. Für den 7. April 1918 notierte er: „In Ingolstadt Straßenunruhen. Auf dem Marktplatz werden wir mit Steinen beworfen. Es werden uns zwei Schüsse nachgejagt."[409]

Die geschilderten Ereignisse wirkten auf den 30-jährigen Anton Pfeiffer in erster Linie politisch motivierend und aktivierend; sie führten nicht dazu, dass er selbst in den bewaffneten Konflikt eingriff: „Ich konnte die Kämpfe [...] mit beobachten, nahm aber nicht selbst daran teil. Kein falsches Heldentum"[410], schrieb er rückblickend. Darüber, wie seine Staats- und Verfassungsvorstellungen nach der überstandenen Revolution und der am 11. August 1919 verabschiedeten Weimarer und Bamberger Verfassung aussahen, geben die im Folgenden näher betrachtete Rede über die Weimarer Reichsverfassung und ein Aufsatz Anton Pfeiffers Aufschluss.

2.3.1 Über die Weimarer Reichsverfassung in einer Rede vom Februar 1920

Die Entstehung der hier vorgestellten Rede Anton Pfeiffers über die Weimarer Reichsverfassung lässt sich zeitlich auf den Februar des Jahres 1920 eingrenzen.[411] Der 32-jährige Pfeiffer, der bereits seit zwei Jahren als Generalsekretär der BVP fungierte, behandelte in dieser Rede die „Auswirkungen zweier welthistorischer Tatsachen"– er meinte damit den „verlorenen Weltkrieg" und die damit einhergehenden „politischen Umwälzungen [...], welche wir als die Revolution in Bayern und im Reiche zu bezeichnen pflegen".[412] Die Aufzeichnungen im Nachlass Pfeiffers sind für die Jahre vor 1920 sehr lückenhaft, aber es kann davon ausgegangen werden, dass er diese Rede un-

---

[408] Ebd.
[409] Ebd. Anton Pfeiffer befand sich mit dem Vorsitzenden der BVP, Karl Speck, auf einer Fahrt nach Bamberg.
[410] [Anton Pfeiffer], Wichtige Lebensdaten von Dr. Anton Pfeiffer, [Mai 1945], in: BayHStA, NL Pfeiffer 1.
[411] In einer Anmerkung schreibt Christiane Reuter hierzu: „Es ist nicht ersichtlich, wo und aus welchem Anlass Pfeiffer die Rede gehalten hat. Der Zeitpunkt wurde aus den geschilderten Zusammenhängen rekonstruiert." Reuter, *Eminenz*, S. 236, Anm. 43.
[412] o. A. [Anton Pfeiffer], o. Ü. [Rede über die Weimarer Reichsverfassung], o. D. [Februar 1920], in: BayHStA, NL Pfeiffer 325, S. 1. Die Unterstreichungen wurden dem mit Schreibmaschine verfassten Text nachträglich, handschriftlich beigebracht.

ter den anhaltenden Eindrücken der Revolution des Jahres 1918 und seinen ersten Schritten als Generalsekretär der BVP verfasste.[413]

Pfeiffer begann den ersten Teil seiner Rede mit Überlegungen über den verlorenen Ersten Weltkrieg und argumentierte hier ganz im Sinne der Verfechter der Dolchstoßlegende, indem er schrieb:

„Der erste sichtbare Riß ging durch die Einheit unseres Volkes bei dem Streit um den verschärften U-bootskrieg und bei der Kriegserklärung Amerikas an Deutschland. Die innere Zersetzung hatte bereits weiter um sich gefressen, als nach äußeren Anzeichen zu schließen war. Durch geschickte Agitatoren der feindlichen Mächte gepflegt, war die Unzufriedenheit mit einzelnen Zuständen, der Zweifel an der Möglichkeit des Endsieges und die Untergrabung der staatlichen Autorität immer weiter gewachsen. Mit tiefem Schmerz müssen wir heute feststellen, daß auch zahlreiche Angehörige des Deutschen Volkes selbst an diesem Niederreißen der sittlichen Stützen unseres Volkes sich beteiligen und jene innere Zermürbung herbeiführen halfen, welche in ihren letzten Folgen zum militärischen und politischen Niederbruch des alten Deutschland führten."[414]

Pfeiffer machte keinen Hehl daraus, dass er die aus der Revolution geborene „Räterepublik in München" als „Gräuel" empfand.[415] Nicht zuletzt sei die Revolution in Bayern „von Führern der Unabhängigen Sozialdemokratie radikalster Richtung"[416] über das Land gebracht worden.

Im zweiten Teil seiner Rede ging Anton Pfeiffer auf die Bestimmungen der Weimarer Reichsverfassung und der Verfassung Bayerns näher ein. Zwar bilde „die Annahme der Verfassung des Freistaats Bayern durch den Landtag am 12. August 1919 in Bamberg" „einen gewissen Ruhepunkt"[417], aber es sei dennoch „eine schmerzliche [...] Tatsache, daß die neue Reichsverfassung [...] die bayerischen Sonderrechte, oder besser gesagt das staatliche Eigenleben Bayerns so außerordentlich einengt, daß von einem Staat Bayern kaum noch die Rede sein kann."[418] Deutlich zeigt sich an Pfeiffers Erläuterungen zu der neuen Bayerischen Verfassung seine Angst vor einer parlamentarischen Dominanz, da, wie er schrieb, „die volle gesetzgeberische Gewalt nur bei einer Körperschaft, dem souveränen Landtag"[419], liege. „Ein Beschluß, den er [der Landtag] faßt, hat sofort Gesetzeskraft. Ein Fehlbeschluß macht sich da fühlbar mit all seinen schlechten Folgen."[420] Der Versuch der BVP im Jahr 1919, dem Einfluss des Parla-

---

[413] Siehe Kapitel 1.
[414] o. A. [Anton Pfeiffer], o. Ü. [Rede über die Weimarer Reichsverfassung], o. D. [Februar 1920], in: BayHStA, NL Pfeiffer 325, S. 1–2. Bei dem Wort „Niederreißen" wurde das erste „e" handschriftlich eingefügt. „führten" ist in der Quelle selbst „führetn" geschrieben und wurde in diesem Zitat korrigiert.
[415] Ebd., S. 3.
[416] Ebd., S. 2. Zu den weiteren Ausführungen Anton Pfeiffers hinsichtlich der bayerischen Verhältnisse vgl. Reuter, *Eminenz*, S. 17.
[417] o. A. [Anton Pfeiffer], o. Ü. [Rede über die Weimarer Reichsverfassung], o. D. [Februar 1920], in: BayHStA, NL Pfeiffer 325, S. 4.
[418] Ebd., S. 5.
[419] Ebd., S. 4
[420] Ebd.

ments und den Einheitsgedanken an sich einen Staatspräsidenten entgegenzusetzen, scheiterte jedoch ebenso wie das ähnliche Vorhaben der CSU 27 Jahre später.[421]
Anton Pfeiffer erkannte jedoch auch, welche Relevanz dadurch das Volk, die Wählerschaft gewann, wenngleich er nicht den Schluss daraus zog, der etwa von Hermann Brill immer wieder betont wurde, dass vor allem das Volk hinter der Verfassung stehen müsse.[422] Stattdessen stellte der BVP-Generalsekretär fest: „Wenn die Wähler nicht die richtigen Männer in den Landtag entsenden oder durch Wahlfaulheit von diesem obersten Recht keinen Gebrauch machen, dürfen sie sich nicht wundern, wenn die Politik der einzigen gesetzgebenden Körperschaft, die wir haben, ihren Bedürfnissen und gesunden Interessen nicht entspricht."[423]

Die Beschränkungen durch die Weimarer Reichsverfassung beschrieb Pfeiffer als „schmerzliche [...] Tatsache"[424]. „Nicht einmal den Namen Staat dürfen wir mehr führen, sondern nur noch die Bezeichnung Land Bayern."[425] Dem föderalistisch eingestellten Generalsekretär der BVP konnte das nicht gefallen. Ausführlich kritisiert er, dass, was mit der neuen Reichsverfassung zu den „4 Grundpfeilern"[426] derselben wurde, dem Staat Bayern gehört habe: Außenpolitik, Heer, Finanz- und Verkehrswesen. So sei es Bayern nicht mehr erlaubt, „selbstständige bayerische Gesandte zu unterhal-

---

[421] Vgl. hierzu Reuter, *Eminenz*, S. 19; Fait, Barbara, *Demokratische Erneuerung unter dem Sternenbanner. Amerikanische Kontrolle und Verfassungsgebung in Bayern 1946*, Düsseldorf 1998, S. 288–375.
[422] Bei den Beratungen des Vorbereitenden Verfassungsausschusses argumentiert Anton Pfeiffer in der Vorsetzung dieses Gedankens, dass man die Formulierung im Verfassungs-Entwurf „die Staatsgewalt wird unmittelbar durch das Volk selbst ausgeübt" durch „die Staatsgewalt wird unmittelbar durch die Staatsbürger ausgeübt" ersetzen solle. „Dadurch werde der Ausdruck ‚Staatsbürger' gleich von Anfang an in Verbindung mit ‚Volkssouveränität' gebracht." Reuter, *Eminenz*, S. 101. Zur Teilnahme und Argumentation Anton Pfeiffers im Vorbereitenden Verfassungsausschuss vgl. Kapitel 3.2.3.
[423] o. A. [Anton Pfeiffer], o. Ü. [Rede über die Weimarer Reichsverfassung], o. D. [Februar 1920], in: BayHStA, NL Pfeiffer 325, S. 4. „Stellung der Regierung als Ausschuß des Landtags", „Parlamentarischer Charakter der Regierung", „Verhältnis zwischen Staat und Kirche", „Konkordat", „Bestimmungen der Reichsverfassung über die Gewissensfreiheit", „Die Stellung des Staates zu den Religionsgesellschaften und zur Schule" sind weitere Stichpunkte in Pfeiffers Rede, die er allerdings nicht schriftlich ausgeführt hat.
[424] Ebd., S. 5.
[425] Ebd., S. 5. In diesem Sinne äußerte sich Anton Pfeiffer auch auf Seite 2 des Aufsatzes „Die separatistische Bewegung in Bayern", erhalten im BayHStA, NL Pfeiffer 325. Der Aufsatz enthält weder eine Autoren- noch eine Datumsangabe. Aus dem Aufbau des Textes und der Wortwahl, die eindeutige Parallelen zu Anton Pfeiffers Schrift „Einheitsstaat und Föderalismus" (siehe Kapitel 2.3.2) erkennen lässt, kann die Schrift aber Pfeiffer mit einer hohen Wahrscheinlichkeit zugeschrieben werden. Zeitlich ist der Aufsatz in den späten 1920er Jahren anzusiedeln. Hinweise darauf geben die im Text erwähnten „Denkschrift der Bayerischen Staatsregierung vom Januar 1924" (S. 2) und der Verweis auf den Tod Erzbergers im Jahr 1921 (S. 1).
[426] o. A. [Anton Pfeiffer], o. Ü. [Rede über die Weimarer Reichsverfassung], o. D. [Februar 1920], in: BayHStA, NL Pfeiffer 325, S. 5. Wie Anton Pfeiffer in einem anderen Aufsatz angibt, stammte diese Einteilung nicht von ihm selbst. „Der verstorbene Abgeordnete und Reichsaussenminister Erzberger hat diese Theorie im Jahre 1920 in einer Rede in Stuttgart in die Formel gekleidet, das Reich braucht vier Säulen für eine starke Existenz. a.) Die Finanz- und Steuerhoheit. b.) Die Einheitlichkeit des Heerwesens. c.) Den alleinigen Besitz der Verkehrshoheit. d.) Die alleinige Führung der Aussenpolitik." o. A. [Anton Pfeiffer], Die separatistische Bewegung in Bayern, o. D. [nach 1921], in: BayHStA, NL Pfeiffer 325, S. 1.

ten"[427]. Den Berliner Zentralismus gerade auf dem Gebiet der Außenpolitik konnte ein Mann wie Anton Pfeiffer nicht gutheißen, störte er doch das bayerische Eigenständigkeitsempfinden vor allem auch dadurch, dass Bayern „nur noch durch berliner Augen und Ohren hören"[428] könne. Die Schaffung einer „einheitlichen Wehrmacht"[429] bewertete Pfeiffer indes aufgrund ihrer Verkleinerung[430] auffallend positiv: „Unter diesen Verhältnissen konnte also die Beseitigung der bayerischen Militärhoheit ohne Murren hingenommen werden."[431] „Nur so kann mit diesem kleinen Heere für die Aufrechterhaltung von Ordnung und Sicherheit in Deutschland das Allernotwendigste geleistet werden."[432]

Am ausführlichsten widmete sich der bayerische Generalsekretär der „3. Säule für den Bestand des Deutschen Reiches"[433], der „Einheitlichkeit des Finanzwesens"[434]. Sein zentraler Kritikpunkt war hier, „daß wir glauben, auch ohne Uebergabe der bayerischen Finanzverwaltung an das Reich für das Reich alles leisten zu können, was das Reich in seiner heutigen Not beanspruchen kann."[435] „Die Moral der Steuerzahler"[436] in Bayern, so Pfeiffer weiter, sei wesentlich nachhaltiger wiederherzustellen, wenn die Steuern auch vom bayerischen Staat erhoben würden, der den Einsatz derselben im eigenen Land auch viel gerechter verteilen könne „als die Herren in Berlin"[437]. Er machte keinen Hehl daraus, dass er in der Zentralisierung der Finanzverwaltung einen direkten Angriff auf die Eigenstaatlichkeit Bayerns erblickte: „Durch Uebernahme der bayerischen Finanzverwaltung an das Reich ist uns nun noch der Geldbeutel aus der Hand genommen und ein Hausvater, dem man den Geldbeutel nimmt, zählt nicht mehr als selbstständig."[438] Schließlich war es noch die Vereinheitlichung des Verkehrswesens, woraus für Bayern, so Pfeiffer, „ein unermeßlicher Schaden"[439] entstehe.

Handschriftlich sind in seiner Rede vom Februar 1920 die „Gesetzgebungskompetenzen des Deutschen Reichstages über Dinge, welche bisher Bayern vorbehalten waren"[440], als fünfte Stütze des Reichs gekennzeichnet. Pfeiffer stellt fest: „Wenn man die ganze Liste überblickt, welche Gesetzgebungsgebiete überhaupt vorhanden sind,

---

[427] o. A. [Anton Pfeiffer], o. Ü. [Rede über die Weimarer Reichsverfassung], o. D. [Februar 1920], in: BayHStA, NL Pfeiffer 325, S. 5.
[428] Ebd., S. 5.
[429] Ebd., S. 6.
[430] „Nachdem infolge des Friedensvertrages das ganze deutsche Heer vom 1. April 1920 ab nur noch 100 000 waffenfähige Männer einschließlich der Offiziere zählen darf, ist ohne Zweifel auf diesem Gebiete größte Einheitlichkeit geboten". Ebd.
[431] Ebd.
[432] Ebd.
[433] Ebd.
[434] Ebd. Auch auf dem Verfassungskonvent von Herrenchiemsee sollte die Debatte über eine künftige Finanzverfassung breiten Raum einnehmen. Siehe Kapitel 4.2.
[435] o. A. [Anton Pfeiffer], o. Ü. [Rede über die Weimarer Reichsverfassung], o. D. [Februar 1920], in: BayHStA, NL Pfeiffer 325, S. 7.
[436] Ebd., S. 7.
[437] Ebd.
[438] Ebd., S. 5. Handschriftlich wurde hier eine Korrektur vorgenommen. Der ursprüngliche Text lautete: „[…] ist uns nur noch der Geldbeutel aus der Hand genommen […]."
[439] Ebd., S. 8.
[440] Ebd.

und dann feststellt, was hiervon dem Reich überantwortet wurde, so kommt man bei nüchterner Betrachtung zu dem Ergebnis, daß für Bayern so gut wie nichts mehr übrig geblieben ist."[441] Zugestimmt habe man der neuen Reichsverfassung schließlich nur, weil man dem „Reich in seiner schwersten Not den [...] Boden für den Neuaufbau"[442] nicht habe entziehen wollen. Zusammenfassend stellt Anton Pfeiffer fest:

> „Die erneute scharfe Betonung der Forderung nach einem gesunden Föderalismus welcher das Reich aus lebenskräftigen Einzelstaaten zusammensetzen will, unter Schonung der empfindlichen und berechtigten Einzelinteressen eines jeden Landes und Volkes entspricht offensichtlich den inneren Gefühlen weiter Kreise Bayerns, auch solcher, welche nicht der Bayer. Vp. [Bayerischen Volkspartei] angehörten."[443]

Die Rede des bayerischen Generalsekretärs lässt deutlich die Ablehnung der Weimarer Reichsverfassung, ihrer zentralisierenden Wirkung und der damit verbundenen Berliner Politik erkennen. Eine Haltung, die er auch in seinen Ausführungen über „Einheitsstaat und Föderalismus"[444] fortsetzen sollte. Dennoch wäre es falsch, Pfeiffer als Separatisten zu bezeichnen, eine Titulierung, gegen die er sich auch selbst, etwa in seinem Aufsatz „Die separatistische Bewegung in Bayern"[445], zur Wehr setze: „Die Bayerische Volkspartei ist ausgeprägt föderalistisch unter Ablehnung aller partikularistischen und separatistischen Tendenzen [...]. Der beste Beweis für ihre gesamt deutsche Einstellung ist ihr Wunsch, die Weimarer Verfassung föderalistisch zu ändern, aber nicht die deutsche Verfassung überhaupt zu beseitigen."[446] Als Mitglied und Generalsekretär der BVP und Autor dieser Zeilen traf dies gewiss auch für Anton Pfeiffer zu, der zur separatistischen Bewegung bemerkte: „Ernsthafte Politiker haben diese Idee überhaupt nie vertreten."[447]

2.3.2 Zu „Einheitsstaat und Föderalismus" im März 1920

Anton Pfeiffer gab seit 1919 als Schriftleiter die Zeitschrift *Politische Zeitfragen – Halbmonatsschrift für alle Gebiete des öffentlichen Lebens* heraus, eine Heftreihe „über alle Gebiete des öffentlichen Lebens", die zuerst in unregelmäßigen Abständen, ab dem Jahr 1920 alle zwei Wochen und ein Jahr später monatlich erschien.[448] Er verstand die Monatsschrift als sein „privates Sprachrohr", dazu „bestimmt, politisch interessierten Men-

---

[441] Ebd., S. 9.
[442] Ebd., S. 10.
[443] Ebd.
[444] Siehe Kapitel 2.3.2.
[445] Anton Pfeiffer, Die separatistische Bewegung in Bayern, o. D. [nach 1921], in: BayHStA, NL Pfeiffer 325.
[446] Ebd., S. 2.
[447] Ebd., S. 3.
[448] Karl Schwend (1920–1933 Hauptschriftleiter der *Bayerischen Volkspartei-Correspondenz*) war ab dem Jahr 1920 Mitherausgeber. Anton Pfeiffer selbst schrieb, er habe durchaus „auch erfahrene Mitarbeiter" für die Arbeit an den *Politischen Zeitfragen* herangezogen, aber das „Thema und die Gliederung" stets selbst festgelegt. Anton Pfeiffer, Beilage 3 zum Fragebogen der Militärregierung, [24. November 1945], in: NL Pfeiffer 1, S. 4.

schen positives und übersichtliches Tatsachenmaterial vor allem aus der Gegenwartspolitik in die Hand zu geben."[449] Im September 1923 musste Pfeiffer die Herausgabe der *Politischen Zeitfragen* infolge der um sich greifenden Inflation und der damit nicht mehr finanzierbaren Mitarbeiter- und Druckkosten einstellen.[450] Der durch die Publikation der *Politischen Zeitfragen* entstandene Verlag Dr. Franz Anton Pfeiffer hatte hingegen bis ins Jahr 1929 Bestand, bevor er, ebenfalls aus finanziellen Gründen, an den Verein für das katholische Deutschland überging.[451] Ziel seiner hier veröffentlichten Arbeiten sei es gewesen, sich „grundsätzlich zu den Problemen der demokratischen Staatsführung, der föderalistischen Gestaltung des Reiches und der heranwachsenden nationalsozialistischen Bewegung"[452] zu äußern, so Anton Pfeiffer.

In den Heften 5, vom 1. März 1920, sowie 6/7 vom 1. April 1920 der *Politischen Zeitfragen* äußerte sich der Herausgeber Anton Pfeiffer persönlich in einem Artikel über „Einheitsstaat und Föderalismus"[453], der als Fortsetzung seiner Rede über die Weimarer Reichsverfassung vom Februar 1920 gesehen werden kann.[454] Die Tatsache, dass er selbst und kein anderer, etwa ein von ihm ausgewählter Autor dieses Thema behandelte, zeigt, welche Relevanz Anton Pfeiffer ihm zuschrieb. Ziel seiner Darstellung war die „Darlegung des Gegensatzes zwischen Bundesstaat und Einheitsstaat und eine knappe Schilderung der Entwicklung zum Unitarismus", die er „im allgemeinen vom bayerischen Standpunkt aus" zu schildern gedachte.[455]

Einleitend stellt Pfeiffer die Diskrepanzen zwischen Föderalismus und Zentralismus anhand eines Vergleichs zwischen dem Deutschen Reich des Jahres 1871, das er als Bundesstaat bezeichnet, und der für ihn gegenwärtigen Deutschen Republik, für ihn ein Einheitsstaat, dar. Ausdruck des Föderalismus des 19. Jahrhunderts war für ihn das Zustandekommen des Deutschen Reichs durch einen Bündnisvertrag. Der Einheitsstaat der Gegenwart, so Pfeiffer, sei hingegen dadurch entstanden, dass man „die ganze politische Macht und das Gehirn der gesamten Verwaltung auf allen Gebieten [...] an einem Punkt vereinigt, in einem Reichszentrum"[456]. Die Sprachfärbung lässt ein-

---

[449] Ebd.
[450] Die *Politischen Zeitfragen* waren, wie bereits erwähnt (siehe biographische Skizze Anton Pfeiffers in Kapitel 1), nicht die einzige Zeitschrift, deren Herausgeber Anton Pfeiffer war. So publizierte er ab Mai 1924 monatlich die *Mitteilungen für die Vertrauensleute der BVP* bis zur Auflösung der Partei im Jahr 1933. Als Sonderreihe innerhalb der *Politischen Zeitfragen* gab er ferner die Schrift *Selbstverwaltung – Halbmonatsschrift für alle Zweige der Selbstverwaltung in Gemeinden, den Bezirken und Kreisen Bayerns* heraus. Siehe Reuter, *Eminenz*, S. 27–28.
[451] Anton Pfeiffer, Beilage 3 zum Fragebogen der Militärregierung, [24. November 1945], in: BayHStA, NL Pfeiffer 1, S. 4.
[452] Ebd.
[453] Pfeiffer, Anton, „Einheitsstaat und Föderalismus", in: *Politische Zeitfragen. Halbmonatsschrift über alle Gebiete des öffentlichen Lebens*, 2. Jahrgang, Heft 5, 1. März 1920, S. 65–80; Pfeiffer, Anton, „Einheitsstaat und Föderalismus", in: *Politische Zeitfragen. Halbmonatsschrift über alle Gebiete des öffentlichen Lebens*, 2. Jahrgang, Heft 6/7, 1. April 1920, S. 81–111. Die Schriften sind auch erhalten im BayHStA, NL Pfeiffer 325.
[454] Siehe Kapitel 2.3.1.
[455] Pfeiffer, „Einheitsstaat" (Heft 5), S. 65. Was Anton Pfeiffer hier als „bayerischen Standpunkt" beschreibt, kann gewiss auch als seine eigene Haltung gelten, vor allem, wenn man seine Ausführungen mit der Rede über die Weimarer Reichsverfassung vom Februar 1920 vergleicht (siehe Kapitel 2.3.1).
[456] Pfeiffer, „Einheitsstaat" (Heft 5), S. 66–67.

deutig erkennen, dass der Autor mit den föderativen Elementen sympathisierte. So wird etwa im Abschnitt über den Zentralismus überaus häufig der Konjunktiv verwendet, während der Passus über den föderativen Charakter des Deutschen Reichs im Indikativ geschrieben steht.

Eines der Hauptargumente gegen die mit der Weimarer Reichsverfassung einhergehende Zentralisation war für Anton Pfeiffer – wie schon in seiner Rede vom Februar desselben Jahres[457] – der Verlust der Sonderrechte, insbesondere Bayerns. „Die Länder [...] würden durch die Ausführung des unitaristischen Gedankens mit folgender Dezentralisation also viel verlieren, ohne dafür etwas praktisch Wertvolles einzutauschen"[458]. Wie weit Pfeiffers föderalistische Vorstellungen mit dem Ziel der Widerherstellung einer bayerischen Eigenstaatlichkeit gingen, lässt sich an der ausführlichen Beschreibung der Beziehungen zwischen dem Königreich Bayern und dem Deutschen Reich ablesen. Der bayerische Generalsekretär betont hier nicht nur die Gesetzgebungskompetenzen der bayerischen Landtage sowie die Selbstständigkeit der bayerischen Finanzverwaltung, wie er dies auch schon in seiner Rede über die Weimarer Reichsverfassung getan hatte.[459] Auch das eigenständig geregelte Verkehrswesen, die „Königlich bayerische Armee"[460] und vor allem das Recht auf „eigene diplomatische Vertretungen"[461] auf dem Gebiet des Deutschen Reichs gelten ihm als Ausdruck einer „ausgeprägten Staatspersönlichkeit für das Königreich Bayern"[462]. Es waren nicht zuletzt Bemerkungen wie diese, die Anton Pfeiffer in Presse und Öffentlichkeit auch noch in späteren Jahren den Ruf als „Kleiner Münchner Metternich"[463] eintrugen.

An der Weimarer Verfassung des Jahres 1919 kritisiert Pfeiffer hingegen, dass nicht mehr die Souveräne der einzelnen Staaten „einen ewigen Bund"[464] geschlossen hatten, sondern „das deutsche Volk [...] sich diese Verfassung gegeben"[465] hatte, die Souveränität also „der Gesamtheit des deutschen Volkes" und nicht den Einzelstaaten zuerkannt wurde.[466] Von einem Hauch Pathos umweht stellt er fest, dass dies für „die staatliche Selbstständigkeit der bisherigen deutschen Bundesstaaten den Todesstoß"[467] bedeute. Das der neuen Verfassung von 1919 immanente „Unitarisierungsbestreben"[468] kam für Pfeiffer dabei vor allem in den Artikeln 6 bis 10, 15 und 76 derselben zum Ausdruck, einer Verfassung, die, wie er bemängelte, „ohne Zustimmung der Län-

---

[457] Siehe Kapitel 2.3.1.
[458] Pfeiffer, „Einheitsstaat" (Heft 5), S. 68.
[459] Siehe Kapitel 2.3.1.
[460] Pfeiffer, „Einheitsstaat" (Heft 5), S. 69.
[461] Ebd., S. 70.
[462] Ebd.
[463] „Sein Lieblingsplan. Ellwanger Nachgeburt", in: *Der Spiegel*, 03.04.1948.
[464] Präambel der RV vom 16.4.1871.
[465] Präambel der WRV vom 11.08.1919.
[466] Pfeiffer, „Einheitsstaat" (Heft 5), S. 70. Besonders verwerflich empfindet es Pfeiffer, dass die Weimarer Reichsverfassung „den Begriff Staaten" gänzlich gestrichen und ihn durch den Terminus „Länder" ersetzt hat (ebd.). Die Betonung der Souveränität der Einzelstaaten sollte einer von Anton Pfeiffers Leitgedanken bleiben; auf dem Verfassungskonvent von Herrenchiemsee versuchte er anhand dieses Grundsatzes die Quelle der Staatsgewalt zu begründen. Siehe Kapitel 4.3.2.
[467] Pfeiffer, „Einheitsstaat" (Heft 5), S. 71.
[468] Ebd., S. 73.

der in Kraft"[469] getreten sei. Die weitreichenden Kompetenzen des Reichs auf dem Gebiet der Legislative (Art. 6–10 WRV) sah er kritisch und monierte, dass hier „die Zuständigkeit des Reiches ungeheuer erweitert"[470] werde und dies sich besonders „auf dem Gebiet der konkurrierenden Gesetzgebung bemerkbar"[471] mache sowie durch das Aufsichtsrecht des Reiches „in den Angelegenheiten [...], in denen dem Reich das Recht der Gesetzgebung zusteht"[472]. Vor allem durch Artikel 8, der dem Deutschen Reich „die Gesetzgebung über die Abgaben und sonstige Einnahmen"[473] zubilligte, sah Pfeiffer den Ländern „die wesentliche Grundlage ihrer Selbstständigkeit genommen"[474], insofern sie in seinen Augen „den Grundpfeiler der bundesstaatlichen Souveränität"[475] bedeuteten. Die Eingriffe des neuen Deutschen Reiches in die Verfassungsgebung und das Wahlrecht innerhalb der Länder (Art. 17 WRV) stellten für den Generalsekretär der BVP in gleicher Weise einen Eingriff in deren Freiheit und „Selbstständigkeit" dar, wie der Wegfall des bayerischen Heeres, dessen „Übernahme auf das Reich" Pfeiffer sogar die Erwähnung des konkreten Datums („25. August 1919") wert war[476] – es schien ihm ein bedeutsamer Einschnitt zu sein. Schließlich und endlich komme die „Machtvollkommenheit des Reiches gegenüber den bisherigen Bundesstaaten [...] am deutlichsten zum Ausdruck in dem sogenannten Kompetenz-Kompetenz-Artikel der neuen Reichsverfassung gegenüber dem Artikel 78 der Reichsverfassung vom 16. April 1871"[477], besage Artikel 76 der Weimarer Reichsverfassung doch, dass die Verfassung „im Wege der Gesetzgebung geändert werden" könne.

Anton Pfeiffer kritisierte im ersten Teil seines Aufsatzes „Einheitsstaat und Föderalismus" vom April 1920 im Wesentlichen die Gesetzgebungskompetenzen des Reiches gegenüber den Ländern, da er deren Selbstständigkeit hierin am meisten gefährdet sah. Detailliert belegte er an einzelnen Artikeln, welche Konsequenzen diese jeweils für die bisherige Souveränität der Bundesstaaten haben würde, und verhehlte dabei nicht, dass er diese Folgen als Verlust, insbesondere für Bayern, empfand. „Begreiflicherweise" seien allerdings auch „außerhalb Bayerns ablehnende Stimmen gegenüber dem Einheitsstaat laut" geworden, so Pfeiffer.[478]

Letzteres war für den bayerischen Generalsekretär nur ein Grund mehr, sich im zweiten Teil seiner Ausführungen ganz dem föderalistischen Gedanken zuzuwenden, während er sich im ersten ausschließlich dem einheitsstaatlichen Aspekt gewidmet hatte. Aufschlussreich ist hierbei auch, dass Pfeiffer den Einheitsstaat lediglich anhand seiner Kritik an der Weimarer Reichsverfassung definierte, während ihm die Deutung des föderalistischen Begriffs einen eigenen Abschnitt wert war, der im Folgenden wiedergegeben wird:

---

[469] Ebd., S. 71.
[470] Ebd.
[471] Ebd.
[472] Ebd., S. 73. Vgl. WRV vom 11.08.1919, Art. 15.
[473] Pfeiffer, „Einheitsstaat" (Heft 5), S. 72.
[474] Ebd.
[475] Ebd., S. 73.
[476] Ebd.
[477] Ebd., S. 71.
[478] Pfeiffer, „Einheitsstaat" (Heft 6/7), S. 83.

„Der Föderalismus beruht auf dem Gedanken, daß zunächst die deutschen Einzelländer an und für sich mit allen Souveränitätsrechten ausgestattet sind. Durch einen freiwilligen Bündnisvertrag (lat. foedus) schließen sie sich zusammen zum Deutschen Reich und übertragen dem Reich genau umschriebene Teile ihrer Hoheitsrechte zur Ausübung. Damit wird gewissermaßen die Souveränität geteilt zwischen den einzelnen Bundesstaaten und dem Reiche."[479]

„Der Partikularismus" hingegen sei immer schon „eine Verärgerungsform des Föderalismus" gewesen, warnte Pfeiffer, der aber „naturgemäß" gerade dann hervortrete, „wenn eine gewaltsame Entwicklung zum Einheitsstaat mit unzarter Hand von den Angelegenheiten der Einzelstaaten mehr für das Reich in Anspruch nimmt, als für das Gedeihen des Ganzen unbedingt notwendig ist." Im Gegensatz zum Föderalismus betone der Partikularismus eindeutig „mehr das Trennende [...] als das Einende". Ebenfalls unterschieden werden müsse „der Separatismus (lat. separare = trennen)", der „eine folgerichtige Weiterentwicklung des Partikularismus" darstelle und dann aufkomme, „wenn ein Teil des Reiches sich in lebenswichtigen Interessen vergewaltigt fühlt von den anderen übermächtigeren Teilen". Von beiden Denkrichtungen seien jedoch weitaus weniger Vertreter in Bayern zu finden, als stets angenommen, so Pfeiffer, und die Bayerische Volkspartei lehne ohnehin „jede Loslösung vom Reiche ganz energisch ab" und vertrete „den Standpunkt der Reichseinheit und der unbedingten Reichstreue".[480]

Insgesamt war Anton Pfeiffers Blickrichtung bei seinen Betrachtungen vor allem rückwärtsgewandt, was sich in den häufigen Gegenüberstellungen der Weimarer Verfassung mit der Verfassung des Deutschen Reiches von 1871 widerspiegelt. Einen Ausblick oder eine Vision davon, wie sich die veränderten verfassungsrechtlichen Voraussetzungen in naher oder gar ferner Zukunft auswirken könnten, entwickelt er dabei nicht. Seine Interpretationen beschränkten sich auf Bayern und die Rechte des Reichs in der Legislative, während er den organisatorischen Aufbau dieses Reichs und den zweiten Hauptteil der Weimarer Reichsverfassung über „Grundrechte und Grundpflichten der Deutschen" in seinen Abhandlungen völlig außer Acht ließ. Auch der für die spätere Aushöhlung der Weimarer Verfassung maßgebliche Artikel 48 war ihm keine weitere Erwähnung wert. Seine Darstellung beschloss Anton Pfeiffer daher, ganz im bayerisch-föderalistischen Sinne, mit einer Aussage, die seine eigene Wahrnehmung zur damaligen Zeit widerspiegelt: „Die neue Reichsverfassung hat dem föderalistischen Gedanken sehr schwere Wunden geschlagen"[481].

---

[479] Ebd., S. 88. Derselben Argumentation bediente sich Anton Pfeiffer auch bei der Diskussion auf dem Verfassungskonvent von Herrenchiemsee, als es darum ging, die Quelle der Staatsgewalt zu definieren (siehe Kapitel 4.3.2). Auf der Grundlage dieser Föderalismusdefinition erhob Pfeiffer als Mitglied der Bayerischen Volkspartei die Forderung nach einem „Deutschland, in dem alle deutschen Volksstaaten, alle deutschen Stämme sich frei nach ihrem inneren Wesen, nach ihren Bedürfnissen entwickeln können." Pfeiffer, „Einheitsstaat" (Heft 6/7), S. 88. Weitere Forderungen der BVP und ihres Generalsekretärs Anton Pfeiffer waren: „Freier Handelsverkehr ohne Zollschranken zwischen den deutschen Staaten", ein „Gemeinsames bürgerliches Recht", eine „Soziale Gesetzgebung", eine „Garantie für die Sicherheit der Kriegsanleihe" sowie die „Schaffung eines Völkerbundes, der den Völkerfrieden garantiert" mit gänzlich gleichberechtigten Staaten. Ebd., S. 88f.
[480] Ebd., S. 90.
[481] Pfeiffer, „Einheitsstaat" (Heft 5), S. 79.

2.3.3 Zusammenfassung

Die Staats- und Verfassungsvorstellungen Anton Pfeiffers standen in den 1920er Jahren ganz unter dem Eindruck der revolutionären Umwälzungen, die ihn für eine Ablehnung der Übermacht des Parlaments sowie der neuen Weimarer Reichsverfassung argumentieren ließen. Beide stellten für den Generalsekretär der BVP einen wesentlichen Einschnitt in das Souveränitätsempfinden Bayerns dar. In seinen Aufzeichnungen blieb er trotz einiger Bemühungen stets bayernzentrisch, und seine Kritik an den gegenwärtigen staats- und verfassungspolitischen Verhältnissen mündete nicht in eine Vision oder gar einen eigenen Verfassungsentwurf. Dennoch ist nicht zu verkennen, dass sich in den Äußerungen Pfeiffers durchaus seine staats- und verfassungspolitischen Wunschvorstellungen ablesen lassen: Föderalismus im Gegensatz zum zentralisierenden Einheitsstaat lautete sein staats- und verfassungspolitisches Credo. Dabei grenzte Pfeiffer sich allerdings stets eindeutig gegen partikularistische oder gar separatistische Tendenzen ab; auch im späteren Verlauf seiner politischen Laufbahn sollte er sich deren Denkweise nicht zu eigen machen, wohl aber seinem durchaus als betont bayerisch zu kennzeichnenden Föderalismusgedanken als dem zentralen staats- und verfassungspolitischen Motiv treu bleiben.[482] Festzuhalten bleibt auch, dass in den 1920er Jahren der organisatorische Aufbau des Gesamtstaates – mit Ausnahme seiner artikulierten Furcht vor einer Übermacht des Parlaments – sowie die Grundrechte noch keine Rolle in den staats- und verfassungspolitischen Vorstellungen Anton Pfeiffers spielten, sondern seine Ausführungen in jener Zeit auf das Verhältnis des Gesamtstaats zu den Einzelstaaten, allen voran Bayern, beschränkt blieben.

2.4 Christliches Naturrecht und Subsidiarität – Katholizismus und Staatsdenken beim frühen Adolf Süsterhenn

Was die frühen Wirkungsjahre Adolf Süsterhenns betrifft, so ist die Quellenlage wenig umfangreich. Der Nachlass des Landeshauptarchivs Koblenz beinhaltet „praktisch keinerlei Material für die Zeit vor 1945."[483] Ein erster Aufsatz, der im Folgenden näher betrachtet wird, stammt aus den frühen 1920er Jahren, in denen sich Süsterhenn als Jurastudent in Freiburg der katholischen Korporation der Hohenstaufen anschloss. Er selbst schrieb über die Zeit: „Mein reges Interesse für Politik fand seinen Niederschlag in meiner aktiven Teilnahme an der Hochschulpolitik."[484] Als Ausdruck dieser aktiven Beteiligung kann sicher der hier analysierte, in den *Hohenstaufen-Blättern* veröffentlichte Artikel Adolf Süsterhenns „Neuer Geist – alte Form" angesehen werden. Erste Publikationen Süsterhenns in der *Kölnischen Volkszeitung*, „das maßgebliche Organ der deutschen Zentrumspartei"[485], mit der er schon in seinem Elternhaus in Berührung gekommen war, sind in den frühen 1930er Jahren zu verzeichnen. Sie geben einen Aufschluss darüber, wie sich Süsterhenn gegenüber dem aufkommenden Natio-

---

[482] Siehe vor allem Kapitel 3.1.2, 3.2.3, 3.5.1, 3.5.2 und 4.3.2.
[483] Hehl, *Süsterhenn*, S. 20.
[484] Adolf Süsterhenn, Lebensbeschreibung, o. D., in: LHA 700, 177, Nr. 577, S. 3.
[485] Ebd.

nalsozialismus positionierte und welche Staats- und Verfassungsvorstellungen er in der damaligen Zeit postulierte.

2.4.1 „Neuer Geist – alte Form" – erste Konturen des Süsterhenn'schen Denkens

Im April 1923 schrieb sich der 17 Jahre alte Adolf Süsterhenn an der Rechts- und Staatswissenschaftlichen Fakultät der Universität Freiburg ein und schloss sich sogleich der katholischen Studentenverbindung der KDStV Hohenstaufen an.[486] Hier fiel er wohl sogleich durch sein „hervorstechendes Redetalent"[487] auf. Ein erstes Anzeichen dafür, dass der junge Süsterhenn, politisch interessiert, die Strömungen und Stimmungen der Zeit aufnahm, ist sein Bericht über den Pfingstausflug der Hohenstaufen, in den er trotz aller romantisch-bilderschwärmerischer Malerei auch ernste Töne einzubringen vermochte. So blieb ihm des „Volkes Ringen" nach der Niederlage im Ersten Weltkrieg und dem damit verbundenen Versailler Friedensvertrag nicht verborgen, und auf die bange Frage „Führt's zum Aufstieg oder führt's zum Untergang?" konnte es für Adolf Süsterhenn schon 1923 keine andere Antwort geben als diese: „[D]as Deutsche Volk [...] geht nicht unter. Es wird aus den stolzen Taten seiner Vergangenheit [...] den Stürmen der Gegenwart trotzen [...] und aus dunkelster Nacht dem strahlenden Morgen einer neuen Zeit" entgegengehen.[488]

Bereits einige Monate später versuchte sich Süsterhenn in einer Beantwortung des Ursprungs „der deutschen Not"[489]. In dieser Antwort zeigt sich zum ersten Mal der Adolf Süsterhenn kennzeichnende Aufbau fast all seiner weiteren Aufsätze und Artikel. Er begann mit der Herleitung des aktuellen Zeitgeschehens aus der Vergangenheit. Die ihm gegenwärtige Not des Volkes war für Süsterhenn

> „das Resultat einer jahrhundertelangen Entwicklung, die sich zurückverfolgen lässt bis ins 15. und 16. Jahrhundert. Dort finden wir die tiefste und eigentliche Quelle in der Beseitigung der Gottgebundenheit des mittelalterlichen Menschen durch die Renaissance, von der eine gerade Linie über die Reformation, Aufklärung, moderne Philosophie hineinführt in das Meer der physischen und psychischen Not von heute, zum Sozialismus, Kapitalismus, Bolschewismus, Fascismus u.s.f."[490].

Auch wenn sich hier noch keine expliziten Staats- oder gar Verfassungsvorstellungen Adolf Süsterhenns erkennen lassen, so eröffnen sich in diesem Beitrag doch Grundla-

---

[486] Hehl, *Süsterhenn*, S. 31. Adolf Süsterhenn, Meine politische Entwicklung, o. D. [1945/1946], in: LHA 700, 177, Nr. 677, S. 1. Die „besondere geistige, katholisch geprägte Bildung und Haltung sowie auch die außenwirksame Präsenz und Repräsentation Hohenstaufens" sollen für Süsterhenn hier von besonderer Wichtigkeit gewesen sein. Hense, „Hohenstaufe", S. 3.
[487] Hense, „Hohenstaufe", S. 3. „‚Dolfes in den Reichstag!' soll eine damals übliche Redewendung gewesen sein." Ebd. „Dolfes" war der Kneipname Adolf Süsterhenns.
[488] Adolf Süsterhenn (v/o Dolfes), „Hohenstaufen auf Fahrt", in: *Hohenstaufen-Blätter*, Nr. 31, 1923, S. 216f.
[489] Adolf Süsterhenn (v/o Dolfes), „Neuer Geist – alte Form", in: *Hohenstaufen-Blätter*, Nr. 33, 1923/1924, S. 232.
[490] Ebd., S. 232f.

ge und Quelle seines späteren Denkens und Handelns. Ein erster Hinweis auf die Bedeutung Gottes in Süsterhenns Weltanschauung, die sich später durch sein Eintreten für das katholische Naturrecht manifestieren sollte, findet sich bereits in dieser frühen Schrift.[491] Eindringlich mahnt Adolf Süsterhenn:

> „Ex nihilo fit nihil! Wir müssen das Alte als Ausgangs- und Anknüpfungspunkt gesunder Entwicklung und organischen Wachstums bestehen lassen. Ein solcher Anknüpfungs- und Ausgangspunkt [...] ist die Corporation. [...] Das Wesen und eben auch die Stärke der Korporation liegt in der striktesten Durchführung des Prinzips der Subordination, in der festen Geschlossenheit, in der strengen Gebundenheit, daher auch der Name Verbindung. Sie absorbiert einen grossen Teil der individuellen Freiheit und stellt den Einzelnen unter den Willen der Gemeinschaft."[492]

Hier findet sich der zweite Hinweis auf Süsterhenns sich entwickelnde Vorstellungen von Staat und Verfassung: Das von ihm nach Ende des Zweiten Weltkriegs vertretene Prinzip der Lebenskreise und damit verbunden auch das Subsidiaritätsprinzip klingen bereits in dieser frühen Schrift an.[493]

2.4.2 Beiträge in der *Kölnischen Volkszeitung* im Jahr 1933

Eine Reihe von Artikeln Adolf Süsterhenns fällt in die Zeit der letzten freien Kommunalwahlen der Stadt Köln im März 1933.[494] Süsterhenn, der sich damals bereits als Rechtsanwalt in Köln niedergelassen hatte[495], wurde „von der Zentrumspartei auf Platz 33 der Liste für die Wahlen zum Kölner Kommunalparlament aufgestellt"[496].

Bereits einige Wochen vor der Wahl publizierte er einen Artikel in der *Kölnischen Volkszeitung*[497], in dem er die Bedeutung der anstehenden Stimmabgabe – insbesondere für den deutschen Katholizismus – kommentierte. Die für ihn typische historische Herleitung aktueller Fragestellungen zeigt sich bereits in diesem frühen Beitrag des damals 27-Jährigen. So sah er die Idee „der politischen und sozialen Selbstverwaltung"

---

[491] Siehe Kapitel 3.6.1 und Kapitel 3.6.2.
[492] Adolf Süsterhenn (v/o Dolfes), „Neuer Geist – alte Form", in: *Hohenstaufen-Blätter*, Nr. 33, 1923/1924, S. 234.
[493] Siehe Kapitel 3.6.1 und Kapitel 3.6.2.
[494] Zur Situation in Köln um März 1933 vgl. Matzerath, Horst, „Köln in der Zeit des Nationalsozialismus 1933–1945", in: *Geschichte der Stadt Köln*, i. A. der Historischen Gesellschaft Köln e. V., hg .v. Werner Eck, Bd. 12, Köln 2009, S. 73–85.
[495] „Nachdem ich mich im Oktober 1932 als Rechtsanwalt in Köln niedergelassen hatte, wurde ich für die Kommunalwahlen vom 12. März 1933 von der Zentrumspartei für die Kölner Stadtverordnetenversammlung aufgestellt und auch in das Stadtverordnetenkollegium gewählt." Adolf Süsterhenn, Meine politische Entwicklung, o. D. [1945/1946], in: LHA 700, 177, Nr. 677, S. 2. Zur Vergabe des Mandats an Adolf Süsterhenn vgl. Hehl, *Süsterhenn*, S. 65f.
[496] Hehl, *Süsterhenn*, S. 65.
[497] Zur Geschichte der *Kölnischen Volkszeitung* als Sprachrohr des Zentrums vgl. Buchheim, Karl, „Kölnische Volkszeitung", in: *Staatslexikon. Recht, Wirtschaft, Gesellschaft*, hg. v. d. Görres-Gesellschaft, Bd. 4, Freiburg 1959, Sp. 1127–1129.

schon „in der mittelalterlichen Gesellschaftsordnung" verwirklicht.[498] Der beginnende Einfluss seines geistigen Lehrers Benedikt Schmittmann ist deutlich zu erkennen, wenn Süsterhenn schreibt, dass die „christlich-naturrechtliche Staatsauffassung [...] im Staat nicht den, sondern nur einen sozialen Lebenskreis"[499] ausmache. Allerdings habe „das Erstarken des individualistischen Geistes [...] zu einer Zerschlagung des reichsgegliederten Gesellschaftsorganismus und zu einer einseitigen Machtkonzentration beim modernen Staat" und damit zum „Staatszentralismus" geführt.[500] Der Weimarer Verfassung hielt Süsterhenn zugute, dass „das Selbstverwaltungsprinzip in den Grundrechtskatalog aufgenommen" worden war.[501] Aber

> „leider verlief die tatsächliche Entwicklung anders. Mit der Einführung des parlamentarisch-demokratischen Regierungssystems hatte die Selbstverwaltung ihre grundsätzliche Bedeutung [...] verloren; ja man hielt sogar teilweise die kommunale Selbstverwaltung für unvereinbar mit dem Grundsatz, daß das Parlament der Träger der politischen Willensbildung der Nation sei. [...] So wurde gerade in der nachrevolutionären Aera unter dem beherrschenden Einfluß staatssozialistischer und liberal-zentralistischer Gedankengänge die Selbstverwaltung trotz schöner Verfassungsversprechungen ausgehöhlt und entrechtet."[502]

Für die anstehenden Kommunalwahlen in Köln sah Adolf Süsterhenn die Zentrumspartei als die Vertretung des Selbstverwaltungsgedankens als „altes katholisches Erbgut"[503]. Als geistliche Referenz dieses Gedankens führte Süsterhenn die Enzyklika „Quadragesimo anno" von Papst Pius XI. aus dem Jahr 1931 an, die besagte: „Jedwede Gesellschaft ist ja ihrem Wesen und Begriff nach subsidiär, sie soll die Glieder des Sozialkörpers unterstützen, darf sie aber niemals zerschlagen oder aussaugen."[504] Damit sah Süsterhenn das Recht auf Selbstverwaltung „im Naturrecht und damit auch im

---

[498] Adolf Süsterhenn, „Das Ringen um die Selbstverwaltung. Die deutschen Katholiken und die Kommunalwahlen", in: *Kölnische Volkszeitung*, 19. Februar 1933, S. 5.
[499] Ebd. Süsterhenn führte seine Beschreibung der christlich-naturrechtlichen Staatsvorstellung noch weiter aus: „Sie [die christlich-naturrechtliche Staatsvorstellung] sah außer dem Staat das natürliche Eigenrecht und den Eigenwert des Individuums, der Familie, der Gemeinde, des Stammes, der korporativen Verbände, des Volkes und der Völkergemeinschaft und schuf so eine hierarchische Ordnung der menschlichen Vergesellschaftungsformen, in der der umfassende Lebenskreis gegenüber dem engeren jeweils nur soviele Rechte besaß, wie er zur Erledigung der gesellschaftlichen Funktionen bedurfte, die der engere Kreis von sich aus nicht erfüllen konnte." Ebd. Bei der Entstehung der rheinland-pfälzischen Verfassung sollte dieses Prinzip der Lebenskreise für Adolf Süsterhenn abermals eine bedeutende Rolle spielen. Siehe Kapitel 3.6.1.
[500] Adolf Süsterhenn, „Das Ringen um die Selbstverwaltung. Die deutschen Katholiken und die Kommunalwahlen", in: *Kölnische Volkszeitung*, 19. Februar 1933, S. 5.
[501] Ebd. Siehe Art. 127 WRV: „Gemeinden und Gemeindeverbände haben das Recht der Selbstverwaltung innerhalb der Schranken der Gesetze."
[502] Adolf Süsterhenn, „Das Ringen um die Selbstverwaltung. Die deutschen Katholiken und die Kommunalwahlen", in: *Kölnische Volkszeitung*, 19. Februar 1933, S. 5.
[503] Ebd.
[504] Ebd. Abgedruckt ist das Rundschreiben „Quadragesimo anno" von 1931 in: Bundesverband der Katholischen Arbeitnehmer-Bewegung Deutschlands – KAB (Hg.), *Texte zur katholischen Soziallehre. Die sozialen Rundschreiben der Päpste und andere kirchliche Dokumente*, Bornheim/Kevelaer 1992, S. 61–132. Der hier zitierte Satz findet sich auf S. 90f.

göttlichen Sittenrecht verankert."[505] Mit Blick auf die Kommunalwahlen folgerte er daraus, dass das Zentrum als Vertretung der deutschen Katholiken dieses „Kulturgut der Selbstverwaltung" dem deutschen Volk erhalten müsse, da es sich ansonsten „mit vollen Segeln zum totalen, zentralistischen Machtstaat" bewegen würde.[506]

Diese frühen Äußerungen Adolf Süsterhenns zu Staat und Gesellschaft machen deutlich, dass er zwar die verfassungsmäßige Verankerung des Selbstverwaltungsprinzips in der Weimarer Verfassung begrüßte, ihm aber zugleich dessen Aushöhlung und Umgehung bewusst zu werden begann. Gezielt wandte er sich gegen Zentralismus und Machtstaatsgedanken und argumentierte mit dem im göttlichen Naturrecht verankerten Subsidiaritätsprinzip. Umso mehr überraschen Süsterhenns Ausführungen zwei Monate später, nach der Wahl zum Kölner Kommunalparlament.

Adolf Süsterhenns Hospitationstätigkeit in der NSDAP im Rahmen seines Mandats wurde bereits in der Einleitung dieser Arbeit kurz skizziert.[507] Während die ältere Forschung[508] noch davon ausgegangen war, dass eine solche Visitation nicht stattgefunden habe, Süsterhenn gar „sein Abgeordnetenmandat nach wenigen Wochen niedergelegt" habe, „weil er sich geweigert hätte, als nicht-nationalsozialistisches Ratsmitglied unmittelbar nach der Wahl bei der Fraktion der NSDAP zu hospitieren"[509], belegt sein Biograph Christoph von Hehl, dass der 28-jährige Süsterhenn „seit dem 29. Juli einer von zehn jüngeren Abgeordneten der insgesamt 27-köpfigen Zentrumsfraktion"[510] war, die bei der NSDAP visitierten.[511] Der einige Wochen nach der Wahl veröffentlichte Artikel Adolf Süsterhenns in der *Kölnischen Volkszeitung*, in dem er sich dementsprechend „zur nationalpolitischen Erziehungsarbeit des Görresrings"[512], dem er von 1926 bis zu seiner „Auflösung im Jahre 1933"[513] angehörte, äußerte, gibt hierüber Aufschluss. Im Vergleich zu seinem im Februar publizierten Artikel mutet dieser im April desselben Jahres veröffentlichte Beitrag völlig anders an.

„Das Reich als Aufgabe"[514] leitete Adolf Süsterhenn, wie es für seine weiteren Artikel kennzeichnend werden sollte[515], mit einem Blick in die Vergangenheit ein:

---

[505] Adolf Süsterhenn, „Das Ringen um die Selbstverwaltung. Die deutschen Katholiken und die Kommunalwahlen", in: *Kölnische Volkszeitung*, 19. Februar 1933, S. 5.
[506] Ebd.
[507] Siehe Kapitel 1.
[508] Siehe Hehl, *Süsterhenn*, S. 66, Anm. 23.
[509] Ebd., S. 66
[510] Ebd., S. 68f.
[511] Die äußeren Bedingungen dafür, dass eine solche – wenn auch bei Süsterhenn vorübergehende – Aufgabe der eigenen Überzeugungen überhaupt möglich wurde, beschreibt Rudolf Morsey. Es seien die „Vorbilder", wie etwa der „Abt von Maria Laach, Ildefons Herwegen", gewesen, die maßgeblich dazu beigetragen hätten, „das Rückgrat der Zentrumsanhänger, die gewohnt waren, auch im politischen Leben den kirchlichen Autoritäten weitgehend zu folgen, zu brechen." Morsey, Rudolf, „Die Deutsche Zentrumspartei", in: *Das Ende der Parteien 1933*, hg. v. Erich Matthias und Rudolf Morsey, Düsseldorf 1960, S. 281–453, hier S. 390.
[512] Adolf Süsterhenn, „Das Reich als Aufgabe. Zur nationalpolitischen Erziehungsarbeit des Görresrings", in: *Kölnische Volkszeitung*, 16. April 1933, S. 7.
[513] Adolf Süsterhenn, Meine politische Entwicklung, o. D. [1945/1946], in: LHA 700, 177, Nr. 677, S. 1.
[514] Adolf Süsterhenn, „Das Reich als Aufgabe. Zur nationalpolitischen Erziehungsarbeit des Görresrings", in: *Kölnische Volkszeitung*, 16. April 1933, S. 7.

„Im Kampf um das Reich erfüllt sich das politische Schicksal des deutschen Volkes. Der aus der Vermählung von Christentum und Germanentum erwachsene Gedanke des ‚Sacrum Imperium' war Jahrhunderte hindurch das politische Ordnungsprinzip des Abendlandes. Mag diese große politische Konzeption auch niemals zur vollen Wirklichkeit geworden sein, so bleibt doch die föderative Zusammenfassung der Völker des mitteleuropäischen Raums im ‚Heiligen Römischen Reich Deutscher Nation' die größte geschichtliche Tat des deutschen Volkes. […] Aber das Jahr 1918 brachte trotz des Wegfalls der dynastischen Hemmnisse nicht den ersehnten staatlichen Zusammenschluß des deutschen Volkes in Mitteleuropa […]. Die ‚Deutsche Revolution' des Jahres 1933 steht im Zeichen des ‚Dritten Reiches'. Der Begriff des ‚Dritten Reiches' ist allerdings noch nicht eindeutig. In dieser Situation hat der deutsche Katholizismus eine besondere Aufgabe."[516]

Bereits im Sprachgebrauch Süsterhenns ist sowohl eine großdeutsche Gesinnung als auch eine deutliche Annäherung an das Gedankengut der nationalsozialistischen Bewegung zu erkennen. Nicht außer Acht gelassen werden darf allerdings Adolf Süsterhenns Plädoyer für eine „föderative Zusammenfassung der Völker"[517]. Die besondere Funktion des Katholizismus, so Süsterhenn weiter, bestehe in der „politisch-geistigen Führeraufgabe"[518].

So sehr sich diese beiden Artikel aus der ersten Hälfte des Jahres 1933 in ihrer politischen Argumentation auch unterscheiden, so eindeutig charakterisieren sie Adolf Süsterhenn doch als einen Mann, der es als die Aufgabe des deutschen Katholizismus ansah, göttliches Naturrecht, das Prinzip der Subsidiarität und einen religiös motivierten Föderalismus in die Staats- und Verfassungsdiskussionen der Zeit einzubringen. Wie er später selbst bemerkte, hatte er sich „schon als junger Student für die föderalistische Auffassung und gegen den Staatszentralismus entschieden."[519] Dass er dabei anfänglich die Wucht des aufkommenden Nationalsozialismus, wie viele andere, zweifelsohne unterschätzte, kann dabei zwar eindeutig belegt, muss aber vor dem Hintergrund seines späteren anwaltlichen Einsatzes für Gegner des nationalsozialistischen Regimes bewertet werden.[520]

2.4.3 Zusammenfassung

Der im Gegensatz zu Carlo Schmid, Hermann Brill und vor allem Anton Pfeiffer noch wesentlich jüngere Adolf Süsterhenn begann noch in seiner Studentenzeit ein staats- und verfassungspolitisches Profil zu entwickeln, dem er im weiteren Verlauf seiner politischen Karriere treu bleiben sollte. So fußten seine staats- und verfassungstheoretischen Ausführungen in den 1920er Jahren bereits auf den Prinzipien des katholischen Naturrechts, und in den 1930er Jahren vertiefte er sie in einer christlich-

---

[515] Siehe Kapitel 3.6.1..
[516] Adolf Süsterhenn, „Das Reich als Aufgabe. Zur nationalpolitischen Erziehungsarbeit des Görresrings", in: *Kölnische Volkszeitung*, 16. April 1933, S. 7.
[517] Ebd.
[518] Ebd.
[519] Adolf Süsterhenn an Hans Herchenbach, 23. März 1947, in: LHA 700, 177, Nr. 754.
[520] Zu Adolf Süsterhenns anwaltlicher Tätigkeit während des Dritten Reichs vgl. Hehl, *Süsterhenn*, S. 80–101.

naturrechtlichen Staatsauffassung, der das Subsidiaritätsprinzip zugrunde lag. Kritik übte Adolf Süsterhenn vor allem an der Weimarer Reichsverfassung, die ihm zu zentralistisch geraten schien und in seinen Augen eine einseitige Machtkonzentration auf Seiten des Gesamtstaates bewirkte. Positiv hingegen bewertete er die Aufnahme des Selbstverwaltungsrechts der Gemeinden und Gemeindeverbände in die Verfassung von Weimar, die seiner Vorstellung des Subsidiaritätsprinzips entsprach.

Das staats- und verfassungspolitische Motiv eines katholisch-subsidiär geprägten Föderalismus begann für Adolf Süsterhenn nun vermehrt eine Rolle zu spielen, wenn auch zunächst, wie es scheint, unter dem Einfluss der nationalsozialistischen Bewegung, der er später vor allem in juristischer Hinsicht entgegentrat. Zwar argumentierte auch Süsterhenn für eine großdeutsche Lösung, allerdings in einem föderativen Zusammenschluss der Staaten unter katholisch-geistlicher Führung. Föderalismus begann für ihn in jener Zeit mehr als ein bloßer Begriff zu werden, und so formulierte er in späteren Jahren: „Die Frage Föderalismus oder Zentralismus ist im übrigen auch keine Frage der politischen Zweckmässigkeit, sondern eine Frage der politischen Weltanschauung"[521] – eine Auffassung die sich in der 1930er Jahren bereits herauszubilden begann.

2.5 Staats- und verfassungsrechtliches Denken zwischen Föderalismus und Zentralismus – Gemeinsamkeiten und Unterschiede bei Carlo Schmid, Hermann Louis Brill, Anton Pfeiffer und Adolf Süsterhenn vor dem Zweiten Weltkrieg

Nicht nur die persönliche Situation, ihr Lebensalter und damit auch die Kreise, in denen sie sich bewegten, sowie ihre individuelle und universitäre Vorbildung unterschieden Carlo Schmid, Hermann Brill, Anton Pfeiffer und Adolf Süsterhenn wesentlich voneinander. Auch ihre Hinwendung zum politischen Weltgeschehen erfolgte auf unterschiedliche Art und Weise. Während Carlo Schmid, ohne einer Partei anzugehören, sich zu ersten staats- und verfassungspolitischen Äußerungen durch die Unterzeichnung des Versailler Vertrags und die Völkerbundsakte sowie später durch den aufkommenden Nationalsozialismus gedrängt sah, standen Hermann Brills erste Ausführungen als Mitglied der USPD ganz unter dem Eindruck des verlorenen Ersten Weltkrieges und der um sich greifenden Novemberrevolution. Auch dem Generalsekretär der BVP Anton Pfeiffer gab das Revolutionsgeschehen den Anlass, seine Bedenken zur neu angenommenen Weimarer Reichsverfassung kundzutun, und der noch junge Adolf Süsterhenn, der schon als Schüler im Zentrum aktiv war, sah sich noch in seiner aktiven Studentenzeit von den Folgen des Ersten Weltkriegs zu ersten schriftlichen Bemerkungen veranlasst.

Beim Blick auf die frühen Schriften der hier betrachteten Autoren fällt zunächst auf, dass es sich – mit Ausnahme der Schriften Hermann Brills – mitnichten um fertig ausformulierte Verfassungen oder Konzeptionen handelte. Die Darstellungen Carlo Schmids, Anton Pfeiffers und Adolf Süsterhenns waren im Wesentlichen Kritiken an den verfassungs- und staatspolitischen Gegebenheiten der Zeit: an dem Versailler Ver-

---

[521] Adolf Süsterhenn an Hans Herchenbach, 23. März 1947, in: LHA 700, 177, Nr. 754.

trag mit seiner Völkerbundsakte, der Weimarer Reichsverfassung und bei Carlo Schmid bald auch an den Staatsvorstellungen der Nationalsozialisten. Gleichwohl darf nicht verkannt werden, dass sich gerade in der Kritik am Bestehenden auch eigene staats- und verfassungspolitische Leitlinien ablesen lassen. Während sich bei Carlo Schmid das seine politische Laufbahn beherrschende Motiv eines geeinten Europas unter Verzicht auf nationale Souveränitätsrechte abzeichnete, das mit der Ablehnung jeglicher totalitärer Staatsform und einer Betonung der Grund- und Menschenrechte einherging, zeigte sich bei Anton Pfeiffer bereits deutlich der Föderalismusgedanke als das Moment, das seine staats- und verfassungspolitischen Ausführungen beherrschen sollte. Zwar behielt seine Föderalismusdefinition stets eine betont bayerische Note, sie glitt jedoch nie ins Partikularistische oder Separatistische ab. Auch die Gefahr einer Übermacht des Parlaments sollte in Pfeiffers Argumentationen ein wichtiger Faktor bleiben. Adolf Süsterhenn entdeckte ebenfalls die föderalistische Staatsauffassung für sich, allerdings nicht unter landespolitischem, sondern unter katholisch-geistlichem Gesichtspunkt. Seinen durch eine christlich-naturrechtliche Staatsauffassung geprägten Gedanken eines katholischen Föderalismus untermauerte er mit der Vorstellung des Subsidiaritätsprinzips, dem Süsterhenn zeit seines Lebens treu bleiben sollte. Einzig Hermann Brill entwickelte bereits vor der Annahme der Weimarer Verfassung eine eigene Verfassungskonzeption, die den Rätegedanken als neuen Staatsgedanken pries – eine Vorstellung, der Anton Pfeiffer mit größter Abneigung begegnete. Auch als Brill erkennen musste, dass seine Ziele sich unter der gegebenen politischen Wirklichkeit nicht gänzlich durchsetzen ließen, begnügte er sich nicht damit, die bestehenden Verhältnisse zu beklagen, sondern entwickelte einen gemäßigteren Verfassungsentwurf mit Übergangscharakter, wobei er seine sozialistische Grundhaltung auch später nie ganz aufgeben sollte.

Carlo Schmid, Hermann Brill, Anton Pfeiffer und Adolf Süsterhenn antworteten also ganz unterschiedlich auf die politischen Gegebenheiten jener Zeit. Während Schmid, Pfeiffer und Süsterhenn vor allem Kritik am Bestehenden übten und die gegenwärtige Umbruchsituation, so vor allem der BVP-Generalsekretär, mit einem Rückgriff in die Vergangenheit zu beantworten suchten und dabei durchaus eigene Interpretationen und Definitionen sowie ihre jeweiligen staats- und verfassungspolitischen Leitmotive zu entfalten begannen, schickte sich Hermann Brill an, bereits eigene Verfassungskonzeptionen und neue Staatsgedanken zu entwickeln.

Bei einer gesamtheitlichen Betrachtung der Staats- und Verfassungsvorstellungen Carlo Schmids, Hermann Brills, Anton Pfeiffers und Adolf Süsterhenns überwiegen auf den ersten Blick die Unterschiede, vor allem in der Gegenüberstellung der Kerngedanken Schmids und Brills mit denen Pfeiffers und Süsterhenns. Während Carlo Schmid seine Gedanken über das Deutsche Reich hinaus auf eine alles verbindende Völkergemeinschaft unter Berücksichtigung der Grund- und Menschenrechte richtete und daran anknüpfend jegliche Form von totalitären oder zentralisierenden Machtsystemen ablehnte, ging Hermann Brill so weit, eine neue Staatsform zu fordern. Anton Pfeiffer und Adolf Süsterhenn hingegen wandten sich dem Föderalismus zu, der eine einem betont lokal-bayerischen, der andere einem geistlich-katholischen unter Berücksichtigung des Subsidiaritätsprinzips.

Auf den zweiten Blick sind allerdings auch Disparitäten zwischen den Staats- und Verfassungsvorstellungen Carlo Schmids und Hermann Brills sowie zwischen denen

Anton Pfeiffers und Adolf Süsterhenns zu erkennen. Schmid schickte sich an, einer der führenden Völkerrechtler zu werden, der bereits damals erkannt hatte, dass ein friedliches Zusammenleben nur dann möglich sein würde, wenn die Einzelstaaten bereit wären, sich zu den Rechten des Einzelnen zu bekennen und einen Teil ihrer Hoheitsrechte abzugeben. Hermann Brill hingegen ließ sich von den revolutionären Ereignissen jener Zeit mitreißen; er war gänzlich in die politischen Vorgänge seines Landes eingebunden und machte sich für eine sozialistische Staatsauffassung stark, in der er zunächst eine Volksvertretung durch Räte propagierte und die proletarische Diktatur als die einzig wahre Form der Demokratie bezeichnete. Allerdings gab er seine radikal-sozialistischen Erwartungen bald zugunsten einer gemäßigteren Denkweise auf und sah nicht mehr die Form der Demokratie als entscheidend an, sondern deren soziale Wirkung auf das Leben der Bevölkerung. Und obwohl sich Anton Pfeiffer ebenso wie Adolf Süsterhenn bereits damals dem Föderalismus als der einzig wahren Staatsvorstellung verschrieben hatte, zeigen sich evidente Unterschiede in ihren Auslegungen. Während Pfeiffer einen bayerischen Föderalismus vertrat, bei dem es ihm vor allem darauf ankam, bayerische Sonderrechte und bayerische Selbstständigkeit zu wahren, entdeckte der junge Süsterhenn eine christlich-naturrechtliche Staatsauffassung für sich, die ihn zum Anhänger eines katholisch-subsidiären Föderalismusgedankens werden ließ.

Bemerkenswert ist jedoch, dass alle vier, so verschieden ihre Auffassungen von Staat und Verfassung auch sein mochten, bereits vor Beginn des Zweiten Weltkriegs die ihre künftigen Staats- und Verfassungsvorstellungen beeinflussenden Ausrichtungen und Leitmotive gefunden hatten. Betrachtet man die unterschiedlichen Positionen Carlo Schmids, Hermann Brills, Anton Pfeiffers und Adolf Süsterhenns nochmals von einer höheren Ebene, so ist zu erkennen, dass sich ihr staatsrechtliches beziehungsweise verfassungspolitisches Denken bereits damals, trotz aller Unterschiede im Detail, um dieselben zentralen Begriffe Föderalismus und Zentralismus – gewissermaßen als Grundpfeiler jeglicher völkerrechtlichen Ordnung – drehte, auch wenn bei Carlo Schmid der Aspekt des Völkerrechts und Europas, bei Hermann Brill zunächst der Rätegedanke, bei Anton Pfeiffer ein bayerischer und bei Adolf Süsterhenn ein katholischer Föderalismus das jeweilige persönliche staats- und verfassungspolitische Motiv prägten.

3 Staats- und Verfassungsvorstellungen nach dem Zweiten Weltkrieg

Mit dem 8. Mai 1945 und der bedingungslosen Kapitulation der Wehrmacht ging für Deutschland nicht nur das Ende des Zweiten Weltkriegs, sondern auch der Beginn der Befreiung vom Nationalsozialismus einher. Nachdem die oberste Gewalt in den eroberten Gebieten an die Siegermächte übergegangen war, konnten erste Maßnahmen zur Neuordnung der besetzten deutschen Gebiete erfolgen. Mit der Aufteilung des deutschen Territoriums in Zonen konstituierte sich im Juli 1945 der Alliierte Kontrollrat zur Behandlung aller Angelegenheiten, die nicht nur die einzelnen Besatzungszonen, sondern das deutsche Gebiet in seiner Gesamtheit betrafen. Jedoch ließ der wachsende Ost-West-Konflikt ein einheitliches und gemeinsames Vorgehen der Alliierten bald stagnieren. Folgerichtig veränderte sich auch deren Perspektive auf die Ausrichtung der Besatzungspolitik: Statt gesamtdeutschen standen nun zonale Fragen im Vordergrund der alliierten Interessen.

In der amerikanisch besetzten Zone trieb die Militärregierung zunächst mit harter Hand die Entnazifizierung voran, da sie der Meinung war, dass in Deutschland eine grundsätzliche politische Umerziehung notwendig sei, um das Land auf den Boden der Demokratie zu stellen. Neu erlernt werden mussten nach Auffassung der Amerikaner sowohl die „Grundprinzipien eines demokratischen Staatsaufbaus" als auch der „Umgang der Parteien und Politiker miteinander".[522] Dabei ging man davon aus, dass sich dieser Lernvorgang von unten nach oben, beginnend auf kommunaler Ebene, vollziehen müsse, und ließ die Bildung von Parteien zunächst auch nur auf unterster Ebene zu. In diesem Zusammenhang spielten auch wirtschaftliche Interessen eine Rolle, da den USA daran gelegen war, ihre Besatzungskosten zu reduzieren.

Hingegen überwog in der französischen Zone eindeutig das Sicherheitsbedürfnis, das die Grundlage der dortigen Besatzungspolitik bildete. Man ging zwar das Entnazifizierungsproblem „vergleichsweise pragmatisch"[523] an, forderte jedoch einen streng föderalistischen Staatsaufbau und wehrte zunächst alle Versuche, eine deutsche Zentralverwaltung aufzubauen, erfolgreich ab. Im Gegensatz zur amerikanischen Besatzungszone schritt der politische Neuaufbau daher hier auch wesentlich langsamer voran – was unter anderem darin begründet lag, dass es Frankreich gelang, seine Besatzungskosten im Vergleich zu denen der USA gering zu halten.

Für Carlo Schmid, Hermann Brill, Anton Pfeiffer und Adolf Süsterhenn stellte sich die persönliche, politische und räumliche Lage zum Ende des Zweiten Weltkriegs recht unterschiedlich dar. Während Schmid 1945 von seiner Tätigkeit als Kriegsverwaltungsrat aus dem französischen Lille heimkehrte, wurde Brill durch die Amerikaner aus dem Konzentrationslager in Buchenwald befreit. Anton Pfeiffer war während des Zweiten Weltkriegs, mit kurzen Unterbrechungen, als Studienrat im bayerischen Schuldienst verblieben und lediglich Anfang 1945 für vier Monate zum Volkssturm beordert worden, und Adolf Süsterhenn ging bis zum Ausgang des Krieges seiner an-

---

[522] Kimmel, Elke, *Besatzungspolitische Ausgangsposition*, 31.10.2005, S. 1, online einsehbar unter: http://www.bpb.de/geschichte/deutsche-geschichte/marshallplan/39984/besatzung (04.01.2016).
[523] Ebd., S. 5.

waltlichen Tätigkeit nach, wobei er vor allem ehemalige Zentrumspolitiker und Ordensgeistliche verteidigte.

Das unterschiedliche persönliche Erleben des Zweiten Weltkriegs spiegelte sich auch in differenzierten Erfahrungen mit dem Nationalsozialismus wider. Einzig Hermann Brill konnte für sich beanspruchen, nie Mitglied in einer nationalsozialistischen Organisation gewesen zu sein und erkennbar aktiven Widerstand geleistet zu haben. Carlo Schmid war zwar Mitglied im Bund Nationalsozialistischer Juristen gewesen, hatte sich aber in seiner Zeit als Kriegsverwaltungsrat in Frankreich vehement für die dortige Bevölkerung eingesetzt und Kontakte zu den Widerstandskreisen um Helmuth von Moltke geknüpft; gleichwohl musste er später eingestehen, die Macht des heraufziehenden Nationalsozialismus unterschätzt zu haben. Zwar mussten Anton Pfeiffer und Adolf Süsterhenn ebenfalls eine zwangsweise Mitgliedschaft im NS-Lehrerbund beziehungsweise im NS-Rechtswahrerbund gegenüber der Militärregierung angeben, aber weder Carlo Schmid noch Anton Pfeiffer oder Adolf Süsterhenn waren jemals Mitglied der NSDAP gewesen, und jeder hatte im Verlauf des Dritten Reichs auf seine Weise versucht, den Auswirkungen der Diktatur in seinem Umfeld entgegenzutreten. Politisierend wirkten all diese Erfahrungen nach Ende des Zweiten Weltkriegs in jeglicher Hinsicht: Anton Pfeiffer trat als Gründungsmitglied der CSU in Bayern hervor, Adolf Süsterhenn gehörte zu den Mitbegründern der CDU in Rheinland-Pfalz, Hermann Brill gründete zunächst in Thüringen den Bund demokratischer Sozialisten, bevor er sich in Hessen der SPD anschloss, und Carlo Schmid, der bis dahin keiner Partei angehört hatte, entschied sich 1946 zu einem Eintritt in die Sozialdemokratische Partei.

Der Einfluss Carlo Schmids, Hermann Brills, Anton Pfeiffers und Adolf Süsterhenns auf die staats- und verfassungspolitischen Vorstellungen und Konzeptionen der Nachkriegszeit beruhte jedoch nicht nur auf ihrer politischen Vorbildung, ihrem wenn auch unterschiedlich starken Eintreten gegen den Nationalsozialismus und ihrer Zugehörigkeit zu den sich bildenden Parteien, sondern lag auch in den individuell verschieden ausgeprägten Kontakten zu den Alliierten begründet. So war der aus Lille heimgekehrte Carlo Schmid bald der wichtigste Verhandlungspartner der französischen Besatzungsmacht in Tübingen. Hermann Brill, von den Amerikanern aus dem Konzentrationslager Buchenwald befreit, wurde von diesen zunächst mit dem administrativen Wiederaufbau Thüringens betraut und schließlich, nachdem Thüringen Teil der sowjetischen Besatzungszone geworden war, von der amerikanischen Militärregierung nach Hessen berufen, um dort am verfassungsmäßigen Wiederaufbau des Landes mitzuarbeiten. Auch Anton Pfeiffer nutzte seine Kontakte, die er als Gründer der amerikanischen Schule in München vor allem zum späteren Gründer des Stuttgarter Länderrats James K. Pollock und zu Karl Loewenstein, der nach Ende des Zweiten Weltkriegs als Berater der amerikanischen Militärregierung fungierte, hatte. Adolf Süsterhenn unterhielt demgegenüber zwar zunächst keine direkten persönlichen Kontakte zu der französischen Besatzungsmacht, seine föderalistisch geprägte Grundhaltung korrespondierte jedoch grundsätzlich mit deren Haltung, und er bekam durch seine Reise in die amerikanische Besatzungszone bereits früh die Gelegenheit, sich über die dortigen staats- und verfassungspolitischen Vorstellungen zu informieren.

3.1 Die politischen Parteien

Die Betrachtung besonders der frühen Programme der neu gegründeten politischen Parteien und die Haltung Carlo Schmids, Hermann Brills, Anton Pfeiffers und Adolf Süsterhenns zu diesen ist vor allem deshalb beachtenswert, weil in diesen ersten programmatischen Verlautbarungen nicht nur die aktuellen gesellschaftlichen Probleme thematisiert wurden, sondern sich auch die Verhältnisse in der politischen Landschaft zu Beginn der Verfassungsdiskussionen widerspiegeln.

Ermöglicht wurde die Bildung politischer Parteien erstmals durch das Potsdamer Abkommen im August 1945, in dem es unter anderem hieß: „In ganz Deutschland sind alle demokratischen politischen Parteien zu erlauben und zu fördern mit der Einräumung des Rechtes, Versammlungen einzuberufen und öffentliche Diskussionen durchzuführen."[524] Während in der amerikanischen Zone General Clay Parteienbildung und Wahlen, vor allem vor dem Hintergrund von wirtschaftlichen Problemen und interalliierten Konflikten, rasch vorantrieb[525], vollzog sich diese Entwicklung in den französisch besetzten Gebieten zögernder.[526] Die Bürgerlichen erfuhren im Gegensatz zur Sozialdemokratischen Partei, die relativ nahtlos an ihre bestehenden Traditionen anknüpfen konnte, zunächst eine Neugründung im Zentrum, um später überwiegend mit der Christlich Demokratischen Union (CDU) und der Christlich-Sozialen Union in Bayern (CSU) zu verschmelzen.[527] All diese heterogenen Voraussetzungen und Entwicklungen übten naturgemäß auch einen Einfluss auf die verfassungspolitischen Konzeptionen der Parteien aus.

Entsprechend der politischen Orientierung von Schmid, Brill, Pfeiffer und Süsterhenn werden im Folgenden die Staats- und Verfassungsvorstellungen von SPD und CDU/CSU vorgestellt. Zwar lag – bis auf den „Bayerischen Entwurf" – keine dieser parteipolitischen Konzeptionen dem Verfassungskonvent von Herrenchiemsee unmittelbar vor, aber ihre Autoren nahmen an den Ausschussberatungen und Plenardebatten teil. Sie diskutierten also keineswegs nur als Sachverständige, sondern immer auch als Abgeordnete ihrer jeweiligen politischen Partei, deren Verfassungsvorstellungen sie teils mehr und teils weniger nachdrücklich vertraten. Eine Sonderstellung nahm in diesem Kontext der bayerische Versuch ein, insbesondere die Verfassungsdiskussionen auf Herrenchiemsee zu beeinflussen. Mit der Eingabe eines Entwurfs für ein zu schaffendes Grundgesetz versuchten die bayerischen Delegierten wichtige Akzente zu setzen. Zudem muss beachtet werden, dass die Autoren der Verfassungskonzeptionen der politischen Parteien bis zur Übergabe der Frankfurter Dokumente[528] am 1. Juli

---

[524] „Potsdamer Abkommen vom 2. August 1945", in: Riedel, Kai, (Hg.), *documentArchiv*, Stichwort: Potsdamer Abkommen, online einsehbar unter: http://www.documentarchiv.de/ (26.02.2013). Siehe auch *Dokumente zur Deutschlandpolitik*, S. 1–8.

[525] Vgl. hierzu Fait, *Demokratische Erneuerung*, S. 37–62.

[526] Vgl. Alemann, Ulrich von, *Das Parteiensystem der Bundesrepublik Deutschland*, Bonn 2001, S. 46; Bergsträsser, Ludwig, *Geschichte der politischen Parteien in Deutschland*, München 1960, S. 303f.; Wolfrum, Edgar, *Französische Besatzungspolitik und deutsche Sozialdemokratie. Politische Neuansätze in der „vergessenen Zone" bis zur Bildung des Südweststaates 1945–1952*, Düsseldorf 1991, S. 68–75. Vgl. auch Schmid, *Erinnerungen*, S. 245.

[527] Vgl. Alemann, *Parteiensystem*, S. 46–51; Bergsträsser, *Geschichte*, S. 311–322.

[528] Zu den Frankfurter Dokumenten siehe Kapitel 4.1.

1948 noch von einer gesamtdeutschen Entwicklung ausgingen. Danach erst befasste man sich ernsthaft mit Ausarbeitungen für einen westdeutschen Staat.

3.1.1 Carlo Schmid, Hermann Louis Brill und die Staats- und Verfassungsvorstellungen der Sozialdemokratischen Partei Deutschlands

Carlo Schmid trat, im Gegensatz zu seinem Parteigenossen Hermann Brill, erst Anfang des Jahres 1946 in die SPD ein und erinnerte sich später daran, dass er dies bewusst tat, da „eine Partei mit der Tradition der SPD am ehesten Gewähr dafür bot, daß einige meiner Vorstellungen von dem, was die Stunde uns abforderte, verwirklicht werden können. Ohne den Rückhalt einer Partei würde es nicht möglich sein, Einfluß auf das öffentliche Geschehen in Deutschland zu nehmen."[529]

Die Führung des Parteivorsitzenden Kurt Schumacher prägte die Deutschlandpolitik der Sozialdemokraten. Er und die Parteiführung versuchten, früh Einfluss vor allem auf die sozialdemokratischen Ministerpräsidenten auszuüben und sie auf Parteilinie zu bringen[530], was ihnen aber im Fall Wilhelm Hoegners und auch Carlo Schmids nicht immer gelang.[531] Die verfassungspolitischen Diskussionen innerhalb der Partei waren zunächst von sozialistischen Wirtschafts- und Sozialkonzeptionen geprägt.[532] Durch die Zwangsvereinigung von KPD und SPD in der sowjetischen Besatzungszone im April 1946 wandelte sich diese Ansicht, und die Grundsätze einer parlamentarischen Demokratie traten jetzt eindeutig in den Vordergrund.[533] Bis zum Zusammen-

---

[529] Schmid, *Erinnerungen*, S. 246. Zur Daseinsberechtigung der Parteien bemerkte Carlo Schmid im Jahr 1948: „Aufgabe der politischen Parteien – ihre politische Aufgabe schlechthin – ist es, dafür besorgt zu sein, dass das deutsche Volk sich einerseits so verhält, dass auf Grund seines Verhaltens selbst es den Besatzungsmächten schwer wird, bestimmte Entscheidungen zu treffen, die den Bestand Deutschlands in verhängnisvoller Weise gefährden oder präjudizieren könnten, und andererseits so, dass auf Grund seines Verhaltens selbst gewisse Entscheidungen, die wir für den Bestand Deutschlands für notwendig halten, unausweichlich werden." Carlo Schmid, „Politische Verantwortung setzt Entscheidungsfreiheit voraus", in: *Neue-Ruhr-Zeitung*, 7. Juli 1948. Noch im September 1945 hatte Carlo Schmid die Ansicht vertreten, es sei „zwecklos, sich an der Bildung von Parteien und der Betätigung in ihnen zu beteiligen. Nur die Männer innerhalb der Parteien, nicht diese selbst, sind allenfalls relevant. Infolgedessen ist die wichtigste Aufgabe die Gründung eines politischen Klubs, in dem die politische Substanz festgestellt wird und sich die Kräfte vorläufig gegeneinander abmessen." Protokoll der Besprechung vom 18. Sept. 1945 über die Bildung politischer Parteien, 20. September 1945, in: AdsD, PNL Carlo Schmid 1/CSAA002230, S. 2.
[530] Benz, Wolfgang (Hg.), *Bewegt von der Hoffnung aller Deutschen. Zur Geschichte des Grundgesetzes. Entwürfe und Diskussionen 1941–1949*, München 1979, S. 357; Sörgel, Werner, *Konsensus und Interessen. Eine Studie zur Entstehung des Grundgesetzes für die Bundesrepublik Deutschland*, Stuttgart 1969, S. 19 (Frankfurter Studien. Zur Wissenschaft von der Politik, hg. v. Iring Fetscher und Carlo Schmid, Bd. V).
[531] Auch wenn Petra Weber im Hinblick auf die Beziehung zwischen Carlo Schmid und Kurt Schumacher schreibt, dass „der Dissens weit über die Europa- und Föderalismusfrage hinausging", so ist dies doch nicht ganz zutreffend. Weber, *Schmid*, S. 268. Dass sie in ihrer inneren Grundhaltung übereinstimmten, belegt beispielhafte der folgende Wortwechsel: „‚Auf dem Nachttisch liegt der Don Quijote', sagte der Schmid über den Schumacher. ‚Das einzige anständige Buch der Weltliteratur' soll der geantwortet haben." Rudolf Augstein, „Der letzte Gründervater", in: *Der Spiegel*, 17. Dezember 1979, S. 24.
[532] Sörgel, *Konsensus*, S. 56–59.
[533] Ebd., S. 19; Benz, *Hoffnung*, S. 357.

treten des Parlamentarischen Rates im September 1948 war die sozialdemokratische Politik von drei Grundsätzen bestimmt: Ein Besatzungsstatut sollte erlassen werden, um das deutsch-amerikanische Verhältnis auf eine rechtliche Basis zu stellen, der Gedanke an einen endgültigen Weststaat wurde vehement abgelehnt und die Verantwortung der Alliierten für das politische Schicksal Deutschlands wurde immer wieder hervorgehoben.[534] Die Verfassungsarbeiten in der SPD nahmen folglich Ende 1946 Fahrt auf, als der Parteivorstand einen Verfassungspolitischen Ausschuss einsetzte, dem auch Carlo Schmid angehörte.[535]

Das erste verfassungspolitische Konzept, die „Richtlinien für den Aufbau der Deutschen Republik"[536] (RfAdDR), stellte Walter Menzel[537] auf dem SPD-Parteitag in Nürnberg im Juli 1947[538] vor.[539] Diese Richtlinien – die erste offizielle Ausarbeitung eines von der SPD beauftragten Verfassungsausschusses – besaßen bis in den August 1948 hinein Gültigkeit. In der ersten Hälfte des Jahres 1948 kam es zu keinen weiteren Verfassungskonzeptionen innerhalb der SPD.[540] Bis der sogenannte „Erste Menzel Entwurf einer ‚Westdeutschen Satzung'"[541] am 16. August 1948 vorlag, hatte der Verfassungskonvent von Herrenchiemsee längst seine Beratungen aufgenommen, wovon der Menzel'sche Entwurf aber keinerlei Notiz nahm.[542]

Dieser erste Entwurf der Sozialdemokratischen Partei, die „Richtlinien für den Aufbau der Deutschen Republik", war in acht Abschnitte gegliedert und enthielt trotz

---

[534] Sörgel, *Konsensus*, S. 20–23. Eine differenziertere Beschreibung der sozialdemokratischen Deutschlandpolitik findet sich ebd., S. 19–29.

[535] Insgesamt umfasste der Verfassungspolitische Ausschuss der SPD sechzehn Mitglieder, unter ihnen waren der bayerische Ministerpräsident Wilhelm Hoegner, der Parteivorsitzende Kurt Schumacher, Walter Menzel und das spätere Mitglied des Verfassungskonvents von Herrenchiemsee, Otto Suhr. *Jahrbuch der Sozialdemokratischen Partei Deutschlands 1947*, Berlin u. a. 1976, S. 34 (Jahrbücher der Sozialdemokratischen Partei Deutschlands 1946–1949, hg. v. Vorstand der Sozialdemokratischen Partei Deutschlands).

[536] Die „Richtlinien für den Aufbau der Deutschen Republik" sind abgedruckt in: Benz, *Hoffnung*, S. 359–363; Sörgel, *Konsensus*, S. 263–266.

[537] Zur Biographie Walter Menzels siehe Lange, Erhard H. M., *Wegbereiter der Bundesrepublik. Die Abgeordneten des Parlamentarischen Rates. Neunzehn historische Biografien. 50 Jahre Grundgesetz und Bundesrepublik Deutschland*, 2., überarb. und erw. Aufl., Brühl 1999, S. 150-168.

[538] Die Protokolle über die Verhandlungen der Parteitage der Sozialdemokratischen Partei Deutschlands (1946–1959) sind in der Online-Edition der Bibliothek der Friedrich-Ebert-Stiftung einsehbar unter: http://library.fes.de/parteitage/index.html (01.07.2015). Das Referat Walter Menzel in: Protokoll der Verhandlungen des Parteitags der Sozialdemokratischen Partei Deutschlands vom 29. Juni bis 2. Juli 1947 in Nürnberg, S. 121–138, online einsehbar unter: http://library.fes.de/parteitage/index-pt-1946.html (01.07.2015). Die „Richtlinien für den Aufbau der Deutschen Republik" in: ebd., S. 225–227. Die hier verwendeten Zitate aus den „Richtlinien" sind allesamt diesem Protokoll entnommen.

[539] Bereits im März 1947 hatte der Parteivorstand der SPD eine „grundsätzliche Erklärung […] zur Frage der staatlichen Neugestaltung Deutschlands" abgegeben, in der er sich erstens „zur politischen und staatsrechtlichen Einheit Deutschlands" bekannte, zweitens festlegte, dass „die Deutsche Republik […] ein Bundesstaat" sein sollte, und drittens eingehend davor warnte, „aus Deutschland einen bloßen Staatenbund souveräner Länder zu machen." Sitzung des Parteivorstandes der SPD, 13. März 1947, in: AdsD, NL Schmid 1148.

[540] Sörgel, *Konsensus*, S. 63.

[541] Abgedruckt in: Sörgel, *Konsensus*, S. 267–278.

[542] Vgl. Benz, *Hoffnung*, S. 358; Sörgel, *Konsensus*, S. 64–69.

diverser Rückgriffe auf die Weimarer Reichsverfassung, insbesondere was das Bund-Länder-Verhältnis betraf[543], einige grundlegende Neuerungen. So war gleich im ersten Teil eine Mitgliedschaft des künftigen deutschen Staates in einem „europäischen Staatenbund" (Abschn. A. 1. Abs. 1 RfAdDR) vorgesehen. Das Völkerrecht sollte deshalb auch zum obligatorischen Teil des Reichsrechts (Abschn. A. 1. Abs. 2 RfAdDR) und Krieg als Mittel der Politik geächtet werden (Abschn. C. 3. RfAdDR); außerdem wurde die Option, „Hoheitsrechte [...] an internationale Institutionen zu übertragen"[544] (Abschn. A. 1. Abs. 3 RfAdDR) offengehalten. Auch wenn der Einfluss einzelner Mitglieder des Verfassungspolitischen Ausschusses der SPD im Einzelnen nicht mehr nachzuzeichnen ist, kann doch davon ausgegangen werden, dass Carlo Schmid der geistige Vater dieser Formulierungen war, entsprachen sie doch exakt seinen Vorstellungen von Staat und Verfassung, auch gerade im Hinblick auf ein künftiges Deutschland innerhalb Europas.[545]

Für den Aufbau des zukünftigen Staatswesens sahen die Richtlinien Folgendes vor: „Separatismus und Partikularismus" wurden entschieden abgelehnt (Abschn. A. 2. RfAdDR). Deshalb durften die Länderverfassungen nichts enthalten, was gegen die Reichseinheit sprach, und mussten den Vorbehalt aufnehmen, „daß Reichsrecht Landesrecht bricht" (Abschn. A. 2. RfAdDR). Der neue Staat sollte kein Staatenbund sein (Abschn. A. 3. RfAdDR), denn „die Deutsche Republik wird ein Bundesstaat sein müssen", allerdings „im Sinne einer gesunden Dezentralisation" (Abschn. A. 4. RfAdDR). Ziel der Richtlinien war es also, einen „dezentralisierten Einheitsstaat"[546] zu proklamieren, was am evidentesten in den Verwaltungsbestimmungen[547] zum Ausdruck kam.

Als Verfassungsorgane einer künftigen deutschen Republik (siehe dazu Abbildung 3-1) nannten die Richtlinien einen Reichstag, der aus allgemeinen, gleichen, unmittelbaren und geheimen Wahlen hervorgehen sollte (Abschn. B. 1 RfAdDR). Ein Reichsrat, dessen Mitglieder „von den Landtagen" zu wählen waren und für den ein suspensives Veto bei „vom Reichstag beschlossenen Gesetzen" vorgesehen wurde (Abschn. B. 2. RfAdDR), sollte daneben stehen.[548] Der Reichsregierung wurde die Exekutive zugesprochen, wobei sie aber „des Vertrauens des Reichtages" bedurfte (Abschn. B. 4. RfAdDR). Auch war bereits der Ansatz eines konstruktiven Misstrauensvotums erkennbar, wenn es hieß: „Ein Mißtrauensvotum führt nur dann zu dem Rücktritt der Regierung, wenn binnen einer bestimmten Frist eine neue Regierung gebildet wird" (Abschn. B. 4. RfAdDR). Für die Judikative wurde empfohlen, einen Staatsgerichtshof einzurichten, „der für Verfassungsstreitigkeiten und Ministeranklagen ausschließlich zuständig" sein sollte (Abschn. B. 6. RfAdDR).

---

[543] Sörgel, *Konsensus*, S. 59.
[544] Ebd.
[545] Siehe Kapitel 3.3.1 und 3.3.2. Vgl. Hirscher, Gerhard, *Carlo Schmid und die Gründung der Bundesrepublik. Eine politische Biographie*, Bochum 1986, S. 187.
[546] Benz, *Hoffnung*, S. 357. Vgl. auch Sörgel, *Konsensus*, S. 61.
[547] Vgl. Abschn. D. 2.a, D. 2.b, D. 3. sowie Abschn. F., G., H. RfAdDR.
[548] Für die Ausübung der legislativen Gewalt bestimmten die Richtlinien weiter: „Das Recht, Gesetze vorzuschlagen, liegt ausschließlich bei dem Reichstag oder bei der Reichsregierung. Die Gesetze werden vom Reichstag beschlossen" (Abschn. D. 1.b RfAdDR).

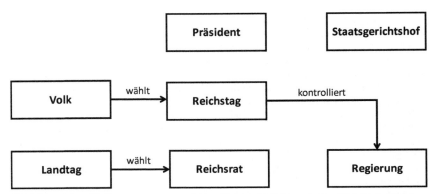

Abbildung 3-1: **Verfassungsorgane und Gewaltenverschränkung in den Richtlinien für den Aufbau der Deutschen Republik (2. Juli 1947)**

Quelle: Eigene Darstellung

„An der Spitze der Deutschen Republik" war schließlich „ein Präsident" vorgesehen, von dessen Amtszeit es vage hieß, sie solle „mindestens zwischen der einfach und doppelten Legislaturperiode des Reichstages liegen" (Abschn. B. 3. RfAdDR), wobei die Richtlinien aber keine Angaben über die Dauer der Legislaturperiode des Reichstags selbst machten. Beim Amt des Präsidenten entfernte man sich, im Gegensatz zu den anderen Verfassungsorganen, nicht nur namentlich am deutlichsten von der Weimarer Reichsverfassung, er wurde auch eindeutig in seinen Rechten beschnitten, da erstens ausdrücklich festgehalten wurde, dass eine künftige Verfassung „keine Bestimmung über ein Notstandsrecht enthalten" dürfe, „die dem Parlament gestattet, sich der politischen Verantwortung zu entziehen" (Abschn. B. 5. RfAdDR), und zweitens keinerlei Beteiligung des Präsidenten an der Exekutive vorgesehen war. Damit wurde das Präsidentenamt auf eine rein repräsentative Aufgabe beschränkt.

Wie auch in der Weimarer Reichsverfassung waren „Grundrechte und Grundpflichten" (Abschn. C. RfAdDR) in den sozialdemokratischen Grundsätzen vorgesehen. Allerdings betonte Walter Menzel in seinem Vortrag, dass „die neue Verfassung der deutschen Republik [...] diese Rechte an ihre Spitze stellen"[549] und durch den Staatsgerichtshof schützen lassen müsse.

Inhaltlich-organisatorisch konnten die „Richtlinien für den Aufbau der Deutschen Republik" keineswegs mit Vollständigkeit aufwarten. Dennoch gaben sie wichtige Hinweise, in welche Richtung eine künftige deutsche Verfassung entwickelt werden sollte. Deutlich war zum einen die Abkehr von Weimar, vor allem durch eine umfassende Entmachtung des Präsidentenamtes und die Aufwertung der Grundrechte und Grundpflichten, zum anderen das Ziel der Gründung einer Deutschen Republik innerhalb eines europäischen Staatenbunds.

---

[549] Protokoll der Verhandlungen des Parteitags der Sozialdemokratischen Partei Deutschlands vom 29. Juni bis 2. Juli 1947 in Nürnberg, S. 137, online einsehbar unter: http://library.fes.de/parteitage/index-pt-1946.html (01.07.2015).

Die sich auf dem Parteitag der SPD im Juli 1947 anschließende Debatte hielt sich in Grenzen. Carlo Schmid ging als erster Redner auf den Entwurf ein und betonte zwar, dass es „von größter Wichtigkeit" sei, „daß die Partei heute schon Leitsätze für die künftige Verfassung der deutschen Republik aufstellt".[550] Er selbst wünsche sich in dieser Verfassung „gerade so viel Föderatives […] als unter Berücksichtigung und ohne irgendwelche Schädigung der deutschen Gesamtinteressen verantwortet werden kann, und nur so viel Zentralismus, als […] um der Gesamtbelange willen"[551] notwendig sei. Allerdings ging Schmid bei seinen Ausführungen nicht detailliert auf die einzelnen Bestimmungen der Richtlinien ein, sondern nahm diese zum Anlass, seine Forderung nach der Schaffung eines Besatzungsstatuts zu thematisieren.[552]

Erst im Juli 1948 äußerte sich Carlo Schmid eingehender zu den „verfassungspolitischen Richtlinien"[553] seiner Partei. So findet sich in seinem Nachlass der von ihm verfasste Kommentar „Die verfassungspolitischen Richtlinien der SPD" vom 19. Juli 1948, der, wie Schmid handschriftlich darauf vermerkte, für eine Veröffentlichung in der Zeitschrift *Die Gegenwart* vorgesehen war.[554]

Schmid bekräftigte zunächst, dass in der gegenwärtigen „Realität", in der die Besatzungsmächte „die oberste Gewalt für sich in Anspruch nehmen", „eine deutsche Verfassung im vollen Sinne des Wortes erst geschaffen werden kann, wenn das gesamte deutsche Volk unter dem universalen Schutz aller rechtsstaatlichen Freiheitsgarantien in den Stand gesetzt wird, eine Nationalversammlung zu wählen, die ohne von aussen kommende Auflagen frei beschliessen kann."[555] Bis dahin sei es nur möglich, „Provisorien ins Leben zu rufen, denen gerade so viel ‚Verfassungscharakter' anhaften soll, als je und je für die zweckmässige Organisation der dem deutschen Volk von den Besatzungsmächten jeweils gewährten Autonomie erforderlich ist."[556] Trotz der Anerkennungen dieser Realität habe sich die SPD dazu entschlossen in den Richtlinien die Grundsätze darzulegen, „die einmal das Fundament und das Gerüst der Verfassung der deutschen Republik abgeben sollen."[557] Relativierend stellte Schmid, vor dem Beginn seiner eigentlichen Erläuterungen fest, dass die von ihm vorgelegten Richtlinien weder „Glaubenssätze" seien noch die Parteimitglieder dazu anhalten würden,

---

[550] Ebd., S. 139.
[551] Ebd. Carlo Schmid betonte: „Der Frieden Europas wird nicht garantiert durch Föderalisierung Deutschlands sondern durch Demokratisierung Deutschlands".
[552] Vgl. dazu Kapitel 3.3.1.
[553] Karl Schmid, Die verfassungspolitischen Richtlinien der SPD, 19. Juli 1948, in: AdsD, NL Schmid 82, veröffentlicht in: Schmid, Karl, „Gliederung und Einheit. Die verfassungspolitischen Richtlinien der SPD", in: *Die Gegenwart. Eine Halbmonatsschrift*, hg. v. Bernhard Guttman u. a., Freiburg, 20. August 1948, S. 15–20, abgedruckt in: Benz, *Hoffnung*, S. 383-391. Im Folgenden wird aus dem im Nachlass von Carlo Schmid erhaltenen Entwurf zitiert.
[554] Gerhard Hirscher merkte an, dass Carlo Schmid den hier vorgestellten Artikel geschrieben hat, ohne einen konkreten Auftrag hierfür von Seiten des Parteivorstandes erhalten zu haben. Hirscher, *Schmid*, S. 196.
[555] Schmid, Richtlinien, 19. Juli 1948, in: AdsD, NL Schmid 82, S. 1.
[556] Ebd. Die intensive Beschäftigung Carlo Schmids mit der Schaffung eines Besatzungsstatuts als Voraussetzung einer Verfassungsgebung in Deutschland wird in Kapitel 3.3.1 thematisiert.
[557] Schmid, Richtlinien, 19. Juli 1948, in: AdsD, NL Schmid 82, S. 2.

„ihre Feststellungen als Heilswahrheiten zu achten; wer aber als Mandatar der Partei in ihrem Namen tätig wird, hat sich nach ihnen zu richten."[558]

Unter den „Vorstellungen vom Sinn des Staates und [...] den besonderen Aufgaben, die in Deutschland zu erfüllen" seien, summierte Carlo Schmid, dass „der Staat um des Menschen willen da sein" müsse, woraus sich die „Grenzen der Staatsgewalt" ergäben, die „in einem Grundrechtskatalog" offenbar werden sollten, „der nicht ein blosses Anhängsel des organisatorischen Teils der Verfassung, sondern dessen Regent sein soll."[559] Ferner müsse eine künftige deutsche Verfassung so gestaltet sein, dass ein „Beitritt zu einer europäischen Staatenföderation nicht auf verfassungsmässige Schwierigkeiten stossen kann."[560] Daher müsse es möglich sein, „Hoheitsrechte durch einfaches Gesetz auf internationale Institutionen zu übertragen." „Vom Geiste der internationalen Solidarität getragen", sollten die „Regeln des Völkerrechts [...] bindende Bestandteile des Rechts der deutschen Republik sein", woraus sich für Carlo Schmid ergab, dass „Völkerrecht Landesrecht brechen soll".[561] Daher dürfe „Krieg kein Mittel der Politik mehr sein"[562].

Mit Blick auf den Aufbau des zukünftigen deutschen Staatswesens mahnte Schmid, nicht außer Acht zu lassen, „dass trotz des elementaren Einheitswillens des deutschen Volkes ein zentralistischer Einheitsstaat den Vorstellungen seiner überwiegenden Mehrheit nicht entsprechen würde."[563] Die Schaffung eines Staatenbundes schloss Carlo Schmid aus, da ein solcher „auf dem kleinen Raume, den Deutschland im weltpolitischen Maßstabe darstellt, nichts anderes bedeuten" würde „als eine Zersplitterung von Kräften".[564] Demzufolge könne „Deutschland [...] nur dann richtig in Verfassung gebracht sein, wenn es bundesstaatlich in Länder aufgegliedert wird."[565] Allerdings könne dieser Bundesstaat „nicht vom Willen der Länder her geschaffen werden", da „Deutschland [...] längst eine Einheit" sei, „die nicht neu geschaffen, sondern nur neu organisiert zu werden braucht."[566] Dieses Bekenntnis zu einem „gemäßigten Föderalismus"[567] erläuterte Schmid in seinen weiteren Ausführungen zum Staatsaufbau, indem er deutlich machte: „Der deutsche Bundesstaat wird nicht ein von den Ländern zusammengesetztes Mosaik sein, sondern vielmehr die Form, in der sich das deutsche Volk als Ganzes durch einen Gesamtakt konstituiert" und der „soviel Föderatives als möglich und nur soviel Zentralismus als nötig bringen wird."[568]

---

[558] Ebd.
[559] Damit untermauerte Carlo Schmid nochmals die in Abschn. C. RfAdDR beschriebene Stellung der Grundrechte und Grundpflichten.
[560] Siehe dazu Abschn. A. 1. RfAdDR.
[561] Auch hier konkretisierte Carlo Schmid die bereits in Abschn. A. 1. RfAdDR beschriebene Stellung des Völkerrechts.
[562] Schmid, Richtlinien, 19. Juli 1948, in: AdsD, NL Schmid 82, S. 2–4. Siehe zu Letzterem Abschn. C. 3. RfAdDR.
[563] Während sich die „Richtlinien für den Aufbau der Deutschen Republik" von Menzel lediglich gegen die Schaffung eines Staatenbunds ausgesprochen hatten (Abschn. A. 3. RfAdDR), grenzte Carlo Schmid den künftigen Staatsaufbau hier noch etwas konkreter ab.
[564] Vgl. dazu Abschn. A. 3. RfAdDR.
[565] Vgl. dazu Abschn. A. 4. RfAdDR.
[566] Schmid, Richtlinien, 19. Juli 1948, in: AdsD, NL Schmid 82, S. 5.
[567] Hirscher, *Schmid*, S. 197.
[568] Schmid, Richtlinien, 19. Juli 1948, in: AdsD, NL Schmid 82, S. 5.

Wie aber diese von Carlo Schmid propagierte „Verwirklichung einer gesunden föderativen Konzeption" genau aussehen sollte, darin blieben seine Ausführungen vage.[569] Er merkte lediglich an, dass bei der Schaffung einer deutschen Verfassung „darauf zu achten sein wird, dass sowohl die Einheitlichkeit der Hoheitsgewalt des Ganzen als auch die damit vereinbarte Eigenständigkeit der Länder im Sinne einer gesunden Dezentralisation gewährleistet bleibt." Diese Dezentralisation sollte, so Schmid, unter anderem in der Gesetzgebung zum Ausdruck kommen, die die Länder „allein oder in Konkurrenz mit dem Bundesstaat ausüben können, und zwar überall dort, wo es ohne Schaden für das Ganze geschehen kann."[570] „Der Bundesstaat muss aber das Recht der Gesetzgebung überall dort haben, wo der Natur der Sache nach einheitliche Lösungen nötig sind". Dabei solle „die deutsche Republik ein Rechtsstaat im vollen Sinne des Wortes sein", der „nach dem klassischen Prinzip der Trennung der Gewalten aufgegliedert" werde, so Schmid.[571] In diesen allgemeinen Ausführungen zum Staatsaufbau hielt sich Carlo Schmid an das, was die „Richtlinien für den Aufbau der Deutschen Republik" bereits verkündet hatten; er konkretisierte deren Darstellungen lediglich an einigen Stellen, an denen er es für angebracht hielt.

Zur organisatorischen Ausgestaltung eines künftigen, nach Schmids Dafürhalten bundesstaatlichen Deutschlands schloss er sich zunächst ebenfalls den Ausführungen der Richtlinien seiner Partei an, indem er die Schaffung von fünf Verfassungsorganen – Reichstag, Reichsrat, Präsident, Regierung und Reichsgericht – und deren Ausgestaltung in einer deutschen Verfassung vorsah. Während Carlo Schmid in seinen Erläuterungen zu Reichstag, Reichsrat und Reichsregierung beinahe wortgetreu den Richtlinien folgte[572], führte er zum Amt des Präsidenten aus: „Er soll den Staat nach aussen vertreten und das pouvoir neutre darstellen, das die Kontinuität wahrt und mehr durch sein Dasein als durch seine Aktivität bewirkt, dass die Trennung der Gewalten nicht zu einer Lähmung des Staatsapparates führt."[573] Die Richtlinien hatten hingegen für das Präsidentenamt weder eine außenpolitische Vertretungsposition vorgesehen noch ihn ausdrücklich als neutrale Gewalt bezeichnet.[574] Statt von einem Staatsgerichtshof, wie ihn die Richtlinien seiner Partei vorsahen, sprach Carlo Schmid – im Rückgriff auf die Ursprünge der Weimarer Verfassung[575] – von der Bildung eines Reichsgerichts, „um die Einheit des Rechts durch die Einheit der Rechtssprechung zu sichern."[576]

Innerhalb der Verfassungsarbeiten der Sozialdemokratischen Partei und vor allem auch der Arbeit des Verfassungspolitischen Ausschusses trat Carlo Schmid vor dem Verfassungskonvent von Herrenchiemsee zwar mit keinem eigenen Verfassungsentwurf hervor. Er leistete dennoch seinen Beitrag zu den sozialdemokratischen Verfassungsdiskussionen jener Zeit. So unterschied er sich in seinem Kommentar zwar nicht wesentlich von den von der SPD ausgegeben „Richtlinien für den Aufbau der Deut-

---

[569] Dennoch muss angemerkt werden, dass Carlo Schmid die Entstehung eines deutschen Bundesstaates hier konkreter beschrieben hat als Menzel in Abschn. A. 4. RfAdDR.
[570] Vgl. dazu Abschn. A. 2. RfAdDR.
[571] Schmid, Richtlinien, 19. Juli 1948, in: AdsD, NL Schmid 82, S. 7–8.
[572] Vgl. dazu Abschn. B. 1., B. 2., B. 3. sowie D. 1.b und D. 2.a RfAdDR.
[573] Schmid, Richtlinien, 19. Juli 1948, in: AdsD, NL Schmid 82, S. 9f.
[574] Vgl. dazu Abschn. B. 3. RfAdDR.
[575] Vgl. dazu Art. 103 WRV.
[576] Schmid, Richtlinien, 19. Juli 1948, in: AdsD, NL Schmid 82, S. 10.

schen Republik", steuerte aber Ergänzungen und damit auch durchaus konträre Denkanstöße zu der Debatte um eine deutsche Verfassung bei.

Carlo Schmids Parteigenosse Hermann Brill, der zunächst Mitglied der USPD war[577], trat nach der Hinwendung des größten Teils der USPD zur SPD im Jahr 1922 ebenfalls der SPD bei. Ende des Zweiten Weltkriegs, nach seiner Befreiung aus dem Konzentrationslager Buchenwald, trat er als Mitautor des „Buchenwalder Manifests"[578] auf und versuchte zunächst, wenn auch letztendlich ohne Erfolg, den Bund demokratischer Sozialisten zu Beginn der sowjetischen Besatzung in Thüringen[579] als Nachfolgepartei der bisherigen Sozialdemokratischen Partei Deutschlands zu etablieren.[580] Brill selbst begründete diesen Schritt damit, dass „während der ganzen Zeit der Diktatur" die „Sozialdemokraten kameradschaftlich mit Katholiken und Kommunisten zusammengearbeitet" hätten in der Hoffnung, „daß aus der Volksfront eine große einheitliche sozialistische und demokratische Organisation hervorgehen würde".[581] „Deshalb lehnten wir es nach der Befreiung auch ab, uns als Sozialdemokratische Partei zu konstituieren."[582]

Der Bund demokratischer Sozialisten war daher kein Sammelbecken von Sozialdemokraten und Kommunisten, wie noch in Buchenwald, sondern ein Zusammenschluss ehemaliger Sozialdemokraten, der sich am 3. Juli in Weimar auf Initiative Hermann Brills konstituierte, nachdem der Besatzungswechsel in Thüringen die Bildung von Parteien ermöglichte.[583] Die „Richtlinien des Bundes demokratischer Sozialisten"[584] referierten auf dessen Entstehung im Konzentrationslager Buchenwald und hoben das „Buchenwalder Manifest"[585] „als Aktionsprogramm für eine bessere Zu-

---

[577] Siehe Kapitel 1.
[578] Siehe Kapitel 3.4.1.
[579] Zu Hermann Brills Vorstellungen und Beiträgen zu Verfassungsarbeiten während der amerikanischen Besatzung in Thüringen vgl. Kapitel 3.2.2.
[580] Zur Vorgeschichte und Gründung des Bundes demokratischer Sozialisten vgl. Overesch, *Brill*, S. 339–343. Vgl. auch Röll, Wolfgang, *Sozialdemokraten im Konzentrationslager Buchenwald 1937–1945*, Göttingen 2000, S. 259.
[581] Brill, *Gegen den Strom*, S. 96. Siehe hierzu Kapitel 3.4.1.
[582] Brill, *Gegen den Strom*, S. 96. Gunter Ehnert nennt als Grund für die Ablehnung der Wiedergründung der SPD in Thüringen 1945 die „Kritik" „führender Sozialdemokraten [...] an dem defensivlegalistischen Reformismus der Weimarer SPD". Ehnert, Gunter, „Alte Parteien und der ‚neuen Zeit'. Vom Bund demokratischer Sozialisten zum SPD-Bezirksverband in Thüringen 1945", in: *Von der SBZ zur DDR. Studien zum Herrschaftssystem in der Sowjetischen Besatzungszone und in der Deutschen Demokratischen Republik*, hg. v. Hartmut Mehringer, München 1995, S. 13–42, hier S. 13. Manfred Overesch beschreibt „die Weimarer Initiative" Hermann Brills als „eine ideologische Neubesinnung innerhalb der SPD" und eine Vorbereitung auf „eine politische Einheit der deutschen Arbeiterparteien". Overesch, Manfred, *Machtergreifung von links. Thüringen 1945/46*, Hildesheim/Zürich/New York 1993, S. 89.
[583] Overesch, *Brill*, S. 343. Vgl. auch Ehnert, „Parteien", S. 20 und 22; Overesch, *Machtergreifung*, S. 89f. Hermann Brill erinnert sich: „Aber schon nach dem zweiten Tage nach der Befreiung [aus dem Konzentrationslager Buchenwald] mußten wir erkennen, daß die KPD die alte geblieben war." Brill, *Gegen den Strom*, S. 96.
[584] Richtlinien des Bundes demokratischer Sozialisten, hg. v. vorläufigen Bezirksvorstand des Bundes demokratischer Sozialisten, Hermann Brill, Rudolf Jungmann u. Kurt Böhme, Sommer 1945, in: AdsD, NL Brill 1/HBAJ000004.
[585] Zum „Buchenwalder Manifest" siehe Kapitel 3.4.1.

kunft" hervor. Während das Manifest jedoch von der Regierungsform eines „demokratischen Sozialismus"586 ausgegangen war, war in den Richtlinien zu lesen, dass weder „zur Zeit, noch in naher Zukunft [...] von einer demokratischen Organisationsform" oder „einer Demokratie im öffentlichen oder staatlichen Leben die Rede sein" könne.587 Unter der Überschrift „Neuer Beginn von oben her!" hieß es: „Wir werden vielmehr zu einem System kommen müssen, das eine Synthese von Autokratie und Demokratie darstellt, die autoritäre Demokratie!" Begründet wurde dieses politische Konzept damit, dass die Masse der Bevölkerung sich der politischen Tragweite der gegenwärtigen Situation nicht bewusst und „in ihren Entschlüssen und Maßnahmen [...] abhängig von der Besatzungsarmee"588 sei.589

Die Wortwahl der „Richtlinien des Bundes demokratischer Sozialisten" klingt zunächst drastisch. Zwar enthalten sie die Aufforderung, sich „zum *Buchenwalder Manifest* zu bekennen"590, in dem ebenfalls von einem „neuen Typ der Demokratie" die Rede war, dessen „Organisationen auf eine urdemokratische Grundlage"591 zur Durchsetzung eines demokratischen Sozialismus aufgebaut werden sollte. Jedoch stellt sich die Frage, ob Hermann Brill in den Richtlinien grundsätzlich von seiner Idee einer sozialistischen Demokratie abwich. Zum Aufbau einer autoritären Demokratie stellten die „Richtlinien" fest, dass diese Regierungsform „im Anfangsstadium ihrer Entwicklung begriffen" sei, „so daß man im Augenblick nur soviel über sie sagen kann, daß aus einem bestimmten Kreis aufbauwilliger antifaschistischer Kräfte, der sich durch gemeinsames Schicksal und gemeinsamen Willen zusammengefunden hat, einer oder mehrere Kameraden gewählt werden, denen bestimmte Aufträge von diesem Kreis erteilt werden." Zur Ausübung der ihnen übergebenen Aufgabe, sollten diese Personen „vom Vertrauen dieses [...] Kreises" abhängig sein. „Die Verantwortung für alles, was der Beauftragte unternimmt und tut ist eine Kollektiv-Verantwortung, d. h. sie wird vom Gewählten und seinen Wählern gemeinsam getragen."592 Es konnte also trotz der drastischen Wortwahl, die zunächst wie eine „Abkehr vom Glauben an die Umsetzbarkeit demokratischer Konzepte"593 anmutet, nicht die Rede davon sein, dass Hermann Brill mit den Richtlinien für den Bund demokratischer Sozialisten das Konzept

---

586 „Buchenwalder Manifest", in: Brill, *Gegen den Strom*, S. 97.
587 Richtlinien des Bundes demokratischer Sozialisten, in: AdsD, NL Brill 1/HBAJ000004, S. 3.
588 Ebd.
589 Frank Moraw weist in diesem Zusammenhang auf das „Dilemma" einer von Hermann Brill skizzierten „Gegenelite" hin, die „sich zwischen Bevölkerung und Militärregierung" befand und in dieser Situation „prinzipiell zwei Lösungen zuließ, die beide Gefahren mit sich bringen mußten. Einmal drohte bei fortschreitender Entfremdung zwischen politischer Führung und Bevölkerung die Korrumpierung dieser verselbstständigten Instanzen durch die Besatzungsmacht. Demgegenüber war denkbar, daß die führenden Antifaschisten die in Gang kommenden politischen Regungen der Bevölkerung mit Macht förderten; dabei mußten sie aber fast zwangsläufig in einen hoffnungslosen Konflikt mit den Alliierten geraten, die in der Politisierung der Bevölkerung generell ein Sicherheitsrisiko erblickten und sie nur in strenger Kanalisierung dulden wollten." Moraw, *Parole*, S. 69.
590 Richtlinien des Bundes demokratischer Sozialisten, in: AdsD, NL Brill 1/HBAJ000004, S. 5.
591 „Buchenwalder Manifest", in: Brill, *Gegen den Strom*, S. 98.
592 Richtlinien des Bundes demokratischer Sozialisten, in: AdsD, NL Brill 1/HBAJ000004, S. 3–4.
593 Kachel, Steffen, *Ein rot-roter Sonderweg? Sozialdemokraten und Kommunisten in Thüringen 1919 bis 1949*, Köln/Weimar/Wien 2011, S. 285 (Veröffentlichungen der Historischen Kommission für Thüringen. Kleine Reihe, Bd. 29).

seines demokratischen Sozialismus aufgab. Wirft man zweitens einen Blick auf die anderen, zwischen den Jahren 1936 und 1945 selbst oder mitverfassten Schriften und Reden von Hermann Brill, so finden sich darin keinesfalls autoritäre Färbungen, die eine Interpretation der „Richtlinien" als Abkehr von Brills Konzept des demokratischen Sozialismus rechtfertigen würden.[594] Dennoch nehmen die „Richtlinien" eine Sonderstellung in den Staats- und Verfassungsvorstellungen Hermann Brills ein, da sie die politische Neugestaltung Deutschlands nicht mehr in die Hände von aus der „Bewegung der breiten werktätigen Massen"[595] zu bildenden „Volksfront-Komitees"[596], sondern in die eines „verhältnismäßig kleinen Kreises"[597] legen wollten.[598]

Der Bund demokratische Sozialisten kam bereits am 8. Juli zu einer ersten Landeskonferenz zusammen, auf der Brill ein Referat über die politischen Verhältnisse hielt und zum Vorsitzenden gewählt wurde.[599] Hermann Brill machte in seiner Rede deutlich, dass „das sozialdemokratische Zeitalter […] zu Ende" sei. Stattdessen sei davon auszugehen, dass man „in eine neue Zeit der […] permanenten Sozialrevolution eingetreten" sei. Zwar sprach Brill der Sozialdemokratie „eine große Vergangenheit" mit ebenso großen politischen Erfolgen nicht ab, stellte aber dennoch fest, dass man „[n]eu beginnen" müsse und „neue Grundlagen" geschaffen werden müssten, auf denen „ein neues Gebäude" entstehen könne. Hinsichtlich der „Grundlagen" gab Hermann Brill den Hinweis, man solle Marx, Engels und Lassalle zum Vorbild nehmen und auf einer „sozialistischen Grundlage" handeln: „Deshalb wollen wir im Marx'schen Sinne neu beginnen und wollen durch ein materialistisches, nüchternes, gegenständliches Denken und ein sozialistisches Wollen und durch ein revolutionäres Handeln die Einheit aus Erkenntnis, Willen und Aktion finden, die unserer Zeit bittere Notwendigkeit ist". Die Antwort, wie genau dieses neu zu errichtende „Gebäude" in Deutschland aussehen sollte, blieb er allerdings noch schuldig und sprach allenfalls vage von der Gründung einer „Volksrepublik". Die „unmittelbare Gegenwartsaufgabe", so Brill, sei „der Sozialismus". Es werde jedoch „der Zeitpunkt kommen, in dem man uns bittet, in die Vereinten Nationen einzutreten".[600]

Hermann Brill trat in seiner Rede im Juli 1945 „regelrecht missionarisch"[601] auf. Er verkündete zwar eine Abkehr vom bisherigen Wirken der deutschen Sozialdemokratie, an dessen Stelle der Sozialismus treten sollte, machte aber noch keinerlei konkrete

---

[594] Frank Moraw weist allerdings zu Recht auf eine Parallele zum Programm der Deutschen Volksfront hin, in dem ebenfalls Teilnahmslosigkeit der Masse der Bevölkerung als Anlass „zum Infragestellen der liberal-demokratischen Tradition" diente. Moraw, *Parole*, S. 51.
[595] Richtlinien des Bundes demokratischer Sozialisten, in: AdsD, NL Brill 1/HBAJ000004, S. 4.
[596] „Buchenwalder Manifest", in: Brill, *Gegen den Strom*, S. 90.
[597] Richtlinien des Bundes demokratischer Sozialisten, in: AdsD, NL Brill 1/HBAJ000004, S. 4.
[598] Frank Moraw weist auf den Aspekt hin, dass, „würde man in den zitierten ‚Richtlinien' die Ausführungen zur Besatzungssituation ausklammern", das Konzept „dem Modell einer Erziehungsdiktatur" entspräche. Moraw, *Parole*, S. 68.
[599] Overesch, *Brill*, S. 344f. und 348; Overesch, *Machtergreifung*, S. 90; Ehnert, „Parteien", S. 25.
[600] Rede des Genossen Dr. Hermann Brill anläßlich der 1. Landeskonferenz des Bundes der Demokratischen Sozialisten (SPD), 8. Juli 1945, in: AdsD, NL Brill 1/HBAJ000004, S. 1–4.
[601] Overesch, *Brill*, S. 346.

Vorgaben, wie diese sozialistische „Volksrepublik"[602] auszugestalten sei[603]. Von der Errichtung einer „autoritären Demokratie"[604] war jedenfalls keine Rede mehr.

Der Bund demokratische Sozialisten wurde in Thüringen nicht als Partei zugelassen. Noch im Monat seiner Gründung wurde er, nach dem Abzug der amerikanischen Militärregierung, von der sowjetischen Besatzungsmacht verboten und ging im Bezirksverband der thüringischen SPD auf.[605] Zu untersuchen bleibt, „welche realpolitische Breitenwirkung"[606] der Bund demokratischer Sozialisten in den wenigen Wochen seines Bestehens in Thüringen entfalten konnte. Für die Person Hermann Brills und die Entwicklung seiner Vorstellungen von Staat und Verfassung bedeutete dieser Abschnitt in jedem Fall einen weiteren wichtigen Schritt auf dem Weg zur Ausarbeitung eigener Verfassungskonzeptionen[607], auch wenn er in Thüringen „mit seiner politischen Konzeption zumindest vorerst gescheitert"[608] war. Als Landesvorsitzender der SPD musste Hermann Brill seinen Genossen im August mitteilen, dass der Terminus „Bund demokratischer Sozialisten" von der sowjetischen Militäradministration verboten worden sei und man sich von jetzt an als SPD zu bezeichnen habe.[609] In den nächsten fünf Monaten versuchte er vergeblich, dem staats- und verfassungspolitischen Profil seiner Partei in Thüringen Gewicht zu verleihen.[610]

So hielt Brill unter anderem in Erfurt eine Rede „Zur Frage der Demokratie"[611] als Regierungsform und referierte in Jena über die „Demokratie von unten heraus"[612]. Es

---

[602] Rede des Genossen Dr. Hermann Brill anläßlich der 1. Landeskonferenz des Bundes der Demokratischen Sozialisten (SPD), 8. Juli 1945, in: AdsD, NL Brill 1/HBAJ000004, S. 4.

[603] Lediglich beim Neuaufbau der Parteien wurde Hermann Brill in seiner Rede von 8. Juli etwas konkreter. Vgl. Overesch, *Brill*, S. 346f.; Overesch, *Machtergreifung*, S. 90f.

[604] Richtlinien des Bundes demokratischer Sozialisten, in: AdsD, NL Brill 1/HBAJ000004, S. 3.

[605] Vgl. Overesch, *Brill*, S. 361; Overesch, *Machtergreifung*, S. 112f.; Ehnert, „Parteien", S. 30–34.

[606] Ehnert, „Parteien", S. 21, Anm.42.

[607] Siehe Kapitel 3.4.2.

[608] Ehnert, „Parteien", S. 33.

[609] Overesch, *Brill*, S. 363.

[610] Hermann Brill betonte, die Partei sei „mehr als [eine] Organisation: eine ringende, sich jederzeit selbst kontrollierende dem Volke verantwortliche Gesinnungs- und Kampfgemeinschaft. Sie muß, vielleicht sogar mehr noch als der Staat, das große Erziehungswerk leisten, dem deutschen Volke ein neues politisch-historisches Bewußtsein von seiner Aufgabe in der Völkerfamilie zu geben." Hermann Brill, „Unsere Aufgaben", in: *Tribüne. Sozialdemokratische Landeszeitung für Thüringen*, 15. September 1945. Zu Hermann Brills Vorstellungen hinsichtlich einer Verfassung für das Land Thüringen siehe Kapitel 3.2.2.

[611] Hermann Brill, Zur Frage der Demokratie. Thesen für das Referat am 18. Okt. 1945 in Erfurt, 16./17. Oktober 1945, in: AdsD, NL Brill 1/HBAJ000004 und BArch, NL Brill 97. Der Auftritt erfolgte noch gemeinsam mit einem Funktionär der KPD. Siehe „Demokratie und Bodenreform. Gemeinsame Funktionärskonferenz in Erfurt", in: *Tribüne. Sozialdemokratische Landeszeitung für Thüringen*, 23. Oktober 1945. Während Hermann Brill zunächst „zu den konsequentesten Verfechtern einer einheitlichen Arbeiterpartei" gehört hatte, musste er alsbald erkennen, dass die aufstrebende KPD diesen „Einheitswillen nicht mittrug". Ehnert, „Parteien", S. 16f. Siehe auch Hermann Brill, „Die sozialistische Einheit der deutschen Arbeiterklasse", in: *Tribüne. Sozialdemokratische Landeszeitung für Thüringen*, 1. November 1945; Hermann Brill, Rundschreiben Nr. 18 der Sozialdemokratischen Partei Deutschlands. Landesverband Thüringen, 6. November 1945, in: AdsD, NL Brill 1/HBAJ000004. Zur Entwicklung des Bundes demokratischer Sozialisten/SPD und der KPD in Thüringen vgl. Overesch, *Brill*, S. 339–407; Overesch, *Machtergreifung*, S. 85–125; Ehnert, „Parteien", S. 25–42; Kachel, *Sonder-*

sei grundlegend falsch, die Begriffe Demokratie und Parlamentarismus „synonym" zu gebrauchen, so Brill am 18. Oktober 1945 in Erfurt. Zwar könne „der linguistische Sinn und die grammatikalische Funktion des Wortes ‚Demokratie'" anhand der „griechischen Sprachwurzeln von demos und krátein" als „Volksherrschaft" festgelegt werden, es gehöre jedoch nicht zu den „Aufgaben der beiden Parteien der Arbeiterklasse", den „Begriff an sich [...] zu erarbeiten, sondern in der gemeinsamen proletarischen Aktion die dialektische Einheit von Handeln und Erkennen, Sein und Bewusstsein herzustellen." Dabei dürfe nicht übersehen werden, dass „die gesellschaftlichen Tatsachen unserer Zeit [...] die Voraussetzung für diese theoretischen Auseinandersetzungen [mit dem ‚Typ der Demokratie'] von Grund auf verändert" hätten. Der Nationalsozialismus habe den „Typ der liberalen Demokratie vernichtet", so Hermann Brill, und allen freiheitsliebenden „Klassen [...] einen revolutionären Kampf aufgezwungen, der nach ihrem Sieg einen antifaschistischen Staat zu einer conditio sine qua non ihrer Existenz macht".[613] Daher sei „eine Neuorientierung von Theorie und Praxis in der sozialistischen Arbeiterbewegung in der Frage der Demokratie notwendig", deren „Basis [...] nur der Marxismus sein" dürfe.[614]

Hermann Brill plädierte in Erfurt für eine von der Arbeiterklasse getragene „nationale Demokratie", die es durch einen „Vorrang der Entwicklung der demokratischen Kräfte vor der Bildung neuer demokratischer Formen durch Aufbau von Gewerkschaften und Genossenschaften, Schaffung einer neuen Betriebs- und Wirtschaftsverfassung, Organisation der kommunalen, sozialen und pädagogischen Selbstverwaltung" aufzubauen gelte. Um diesen Aufbau zu ermöglichen, seien eine „Befreiung der Presse" und „baldige Wahlen auf Grund eines Gesetzes über die Kontrolle politischer Parteien" notwendig, um „in absehbarer Zeit [...] eine nationale, demokratische Verfassung für Deutschland" zu schaffen, „die die Konstruktions- und Funktionsfehler der Weimarer Verfassung" vermeide. „Die Voraussetzung dafür ist die Herstellung einer zivilen Regierungsgewalt für das Restreich", so Brill.[615]

Vergleicht man diese Rede vom 18. Oktober 1945 mit den vorangegangenen „Richtlinien des Bundes demokratischer Sozialisten" und seiner Rede am 8. Juli, so ist nicht zu übersehen, dass Hermann Brill hier eindeutigere verfassungspolitische Vorstellungen zu entwickeln begann: Deutschland sollte eine von der Arbeiterklasse her

---

weg?, S. 287–344; Malycha, Andreas, „Die Neugründung der SPD im Land Thüringen und der Weg zur SED", in: *Zwangsvereinigung von SPD und KPD in Thüringen*, Erfurt 1996, S. 6–27, hier S. 9-12.
[612] Auftakt zum Parteitag. Demokratie von unten heraus. Kundgebung mit Genossen Dr. Brill im Jenaer Volkshaus, 28. Oktober 1945, in: AdsD, NL Brill 1/HBAJ000004. Siehe auch „Demokratie von unten herauf. Kundgebung mit Genossen Dr. Brill im Jenaer Volkshaus", in: *Tribüne. Sozialdemokratische Landeszeitung für Thüringen*, 27. Oktober 1945.
[613] Hermann Brill, Zur Frage der Demokratie. Thesen für das Referat am 18. Okt. 1945 in Erfurt, 16./17. Oktober 1945, in: AdsD, NL Brill 1/HBAJ000004, S. 1–2. Die Thesen für das Referat in Erfurt sind auch erhalten in: BArch, NL Brill 97. Als Beispiele für einen neuen Typ der Demokratie nannte Hermann Brill nicht nur, wie Manfred Overesch und Steffen Kachel erwähnen, die „Wahlsiege der britischen Labour-Party" sondern auch „die Sowjetverfassung von 1936", den „Kampf um die Verfassungsfrage in Frankreich" sowie „sozialdemokratische Tendenzen in der demokratischen Partei der USA". Ebd., S. 2. Vgl. Overesch, *Brill*, S. 374, Kachel, *Sonderweg?*, S. 287.
[614] Hermann Brill, Zur Frage der Demokratie. Thesen für das Referat am 18. Okt. 1945 in Erfurt, 16./17. Oktober 1945, in: AdsD, NL Brill 1/HBAJ000004, S. 2.
[615] Ebd., S. 2–3.

national geprägte demokratische Verfassung erhalten, die durch einen neuen Aufbau basisdemokratischer Elemente sich zwar an die Weimarer Verfassung anlehnen, aber deren Fehler unbedingt vermeiden musste. Zwar verwarf Brill das sozialistische Gedankengut nicht völlig, aber die Verwirklichung des Sozialismus als „unmittelbare Gegenwartsaufgabe"[616] wurde zugunsten einer Demokratisierung in den Hintergrund gedrängt.

Wenige Tage später trat Hermann Brill noch einmal in Jena auf, um dort als „Auftakt zum Parteitag" der SPD erneut und in Anknüpfung an sein Referat in Erfurt über „den Neuaufbau eines demokratischen Deutschlands" zu sprechen. Er betonte, dass zur Sicherung der Demokratie der Nationalsozialismus vollständig vernichtet werden müsse, und warnte eindringlich vor der „Geschichte der Weimarer Republik". Der Fehler des Jahres 1918 habe darin bestanden, dass man „erst die formale Demokratie" eingeführt habe und danach „den demokratischen Umbau des Staates" habe vornehmen wollen; „heute müssen wir erst die materiellen und staatlichen Voraussetzungen für die Demokratie schaffen und dann zu allgemeinen Wahlen schreiten." Die „demokratischen Kräfte" müssten „von unten herauf" entwickelt werden, so Hermann Brill, und dazu sei eine Neuerziehung für „das gesamte deutsche Volk" notwendig; es sollte „ein klares politisches Bekenntnis" abgeben. Nur „in einem geeinten, nicht durch Zonen getrennten Deutschland" könne „die Einheit der deutschen Arbeiterschaft in ihrer Gesamtheit geschaffen werden." Dazu brauche es „ein neues Geschichtsbewusstsein und Grundlage dafür" sei „die Geschichte der deutschen Sozialdemokratie".[617]

Die Rede Hermann Brills wenige Tage nach seinem Auftritt in Erfurt kann als konsequente Weiterführung seiner dortigen Thesen gesehen werden. Er gedachte, auf den Traditionen der Sozialdemokratie einen demokratisch-sozialistischen Staat in einem geeinten Deutschland aufzubauen. Von einer Rätedemokratie, für die Brill noch im Mai und Juni desselben Jahres eingetreten war[618], wich er nun zugunsten einer sozialen Demokratie von unten herauf ab.

Hermann Brill blieben jedoch nur wenige Monate, um die parteipolitische Verfassungsdiskussion für ein künftiges Deutschland aus Thüringen heraus zu beeinflussen. Zwischen April und Dezember 1945[619] versuchte er diese Debatte zunächst als Vorsitzender des Bundes demokratischer Sozialisten und hernach in der Sozialdemokratischen Partei mitzugestalten. Dabei wandelte und konkretisierte sich sein Programm zunehmend von den Vorstellungen einer „autoritären Demokratie"[620] über den Sozia-

---

[616] Rede des Genossen Dr. Hermann Brill anläßlich der 1. Landeskonferenz des Bundes der Demokratischen Sozialisten (SPD), 8. Juli 1945, in: AdsD, NL Brill 1/HBAJ000004, S. 4.
[617] Auftakt zum Parteitag. Demokratie von untern heraus. Kundgebung mit Genossen Dr. Brill im Jenaer Volkshaus, 28. Oktober 1945, in: AdsD, NL Brill 1/HBAJ000004, S. 1–5.
[618] Siehe Kapitel 3.2.2.
[619] Bereits am 26. November 1945 hielt Hermann Brill seine „letzte große politische Rede in Thüringen." Overesch, *Brill*, S. 385. Sitzung des Gesamtvorstandes des Landesverbandes Thüringen der Sozialdemokratischen Partei Deutschlands, 26. November 1945, darin: Referat Brills über „Die Herstellung der sozialistischen Einheit der Arbeiterklasse", in: AdsD, NL Brill 1/HBAJ000004. Zur Analyse der Rede Hermann Brills vgl. Overesch, *Brill*, S. 385–388.
[620] Richtlinien des Bundes demokratischer Sozialisten, in: AdsD, NL Brill 1/HBAJ000004, S. 3.

lismus als „Gegenwartsaufgabe"[621] hin zu einem demokratischen Deutschland, in dem „die einzigen Ideen, denen Lebenskraft zukommt [...] Sozialismus und Demokratie"[622] sein sollten. In jener Zeit befand sich Hermann Brill zweifelsohne noch auf der Suche nach seinem staats- und verfassungspolitischen Standort.

Obwohl er zunächst noch Landesvorsitzender der Sozialdemokraten in Thüringen blieb, entschloss er sich schließlich im Dezember 1945 aufgrund der für ihn persönlich und politisch unzumutbar gewordenen Lage, dem Ruf der Amerikaner in den Westen zu folgen, wo er nach einer kurzen Beratertätigkeit in Berlin als Mitglied der SPD zum Chef der hessischen Staatskanzlei in Wiesbaden ernannt wurde.[623] In den folgenden Jahren nahm er an den weiter oben beschrieben Verfassungsdiskussionen innerhalb der SPD, vor allem in den Jahren 1947 und 1948, allerdings nicht aktiv teil und war auch nicht, wie sein Parteigenosse Carlo Schmid, Mitglied des Verfassungsausschusses seiner Partei. Brills verfassungspolitische Arbeit konzentrierte sich nun vor allem auf die Ausarbeitungen im Deutschen Büro für Friedensfragen. Seinen Ursprung hatte das Deutsche Büro für Friedensfragen in einer Besprechung der amerikanischen und britischen Alliierten mit den Ministerpräsidenten der Länder in den jeweiligen Besatzungszonen im Januar 1947. Man dachte über die „Errichtung einer Leitstelle für Friedensvertragsvorbereitungen, die in Form einer Koordinationsstelle errichtet werden soll"[624], nach. Allerdings kam es aufgrund einer Intervention General Clays, der erklärte, ein Büro für Friedensfragen könne nur auf zonaler Ebene erfolgen, schließlich am 14. März zu einer Vereinbarung von Bevollmächtigten aus Württemberg-Baden, Bayern und Hessen über die Einrichtung des Deutschen Büros für Friedensfragen in Stuttgart. Die formelle Gründung erfolgte am 15. April 1947 durch die Ministerpräsidenten der amerikanischen Besatzungszone und den Senatspräsidenten Bremens. Seiner ursprünglichen Aufgabe – dem Sammeln von Dokumentationsmaterial – kam das Deutsche Büro für Friedensfragen zwar nach, bezog aber, anders als vorgesehen, auch Gesamtdeutschland in seine Recherchen mit ein. Zudem legten mehrere Mitglieder eigene Verfassungsentwürfe für Deutschland vor, unter ihnen Hermann Brill.[625]

---

[621] Rede des Genossen Dr. Hermann Brill anläßlich der 1. Landeskonferenz des Bundes der Demokratischen Sozialisten (SPD), 8. Juli 1945, in: AdsD, NL Brill 1/HBAJ000004, S. 4.
[622] Auftakt zum Parteitag. Demokratie von untern heraus. Kundgebung mit Genossen Dr. Brill im Jenaer Volkshaus, 28. Oktober 1945, in: AdsD, NL Brill 1/HBAJ000004, S. 1.
[623] Zu Hermann Brills letzten Monaten als Parteivorsitzender der SPD in Thüringen vgl. Overesch, *Brill*, S. 251–379; Overesch, *Machtergreifung*, S. 113–135; Ehnert, „Parteien", S. 30–42, Kachel, *Sonderweg?*, S. 330–344. Vgl. auch: Kapitel 1 und Kapitel 3.2.2.
[624] *Akten zur Vorgeschichte der BRD*, Bd. 2, Dok. Nr. 4, Ruhrreise der Ministerpräsidenten, Wirtschafts- und Arbeitsminister der amerikanischen und britischen Zone, 23.–25. Januar 1947, S. 140. Zur Geschichte des Deutschen Büros für Friedensfragen vgl. Piontkowitz, Heribert, *Anfänge westdeutscher Außenpolitik 1946–1949. Das Deutsche Büro für Friedensfragen*, Stuttgart 1978 (Studien zur Zeitgeschichte, Bd. 12).
[625] Siehe Kapitel 3.4.2. Auch der bayerische Ministerialdirigent Friedrich Glum und der bayerische Ministerpräsident Wilhelm Hoegner, der aus Württemberg-Hohenzollern abgesandte Theodor Eschenburg und Otto Küster aus Württemberg-Baden legten im Deutschen Büro für Friedensfragen eigene Verfassungsentwürfe vor. Vgl. o. A. [Friedrich Glum], Verfassung der Bundesrepublik Deutschland, September 1947 (?), in: BArch, NL Brill 10, Blatt 121–153; Friedrich Glum, Vorschläge für eine Bundesverfassung, 6. November 1947, in: BArch, NL Brill 10a, Blatt 99–102; Friedrich Glum, Verfassung der Vereinigten Staaten von Deutschland, o. D., in: BArch, NL Brill 10a,

Der von ihm darin vertretene föderalistische Ansatz stimmte allerdings nicht mit der offiziellen Parteilinie überein. So sah sich der Parteivorsitzende Kurt Schumacher, dem die Arbeit des Deutschen Büros für Friedensfragen ohnehin zu viele föderalistische Tendenzen aufwies, dazu gezwungen, den Alleingang Hermann Brills zu rügen. Nach einem Bericht Carlo Schmids[626], der als Gast an den Sitzungen im Deutschen Büro für Friedensfragen teilnahm, schrieb Schumacher unmissverständlich, er „halte es nicht für sehr glücklich und erfolgsbringend, wenn durch sozialdemokratische Persönlichkeiten mit geistigem Profil damit auch ein Stück der Sozialdemokratie für eine Politik festgelegt wird, die von allen demokratisch kontrollierten Instanzen der Partei eindeutig abgelehnt wird."[627]

3.1.2 Die Staats- und Verfassungsvorstellungen der Unionsparteien und der „Bayerische Entwurf eines Grundgesetzes für den Verfassungskonvent von Herrenchiemsee" – die Einflüsse Anton Pfeiffers und Adolf Süsterhenns

Die Unionsparteien hatten in den ersten Nachkriegsjahren gegenüber der Sozialdemokratischen Partei den Nachteil, dass es sich bei ihnen um „ein Ensemble selbstständiger Parteien gleichen Namens"[628] handelte, das seit 1946 oberflächlich von der Arbeitsgemeinschaft der CDU/CSU Deutschlands zusammengehalten wurde.[629] Hinzu kam eine Konkurrenz um die Führung in der Union zwischen Konrad Adenauer als Leiter des Zonenausschusses des britischen Besatzungsgebietes und Jakob Kaiser[630] an der Spitze des Berliner Landesverbandes. Nicht zu vernachlässigen sind in diesem Kontext auch die bayerische CSU unter Josef Müller und die süddeutschen Verbände.[631] Diese heterogenen Positionen der einzelnen Zonen- und Landesverbände spiegelten sich unweigerlich auch in den Verfassungsdiskussionen und -konzeptionen der Partei wider.[632]

Blatt 154–180; Friedrich Glum/Wilhelm Hoegner, Vorschläge für eine Regelung der Zuständigkeitsverteilung zwischen Bund und Staaten, 8. Mai 1947, in: BArch, NL Brill 10a, Blatt 26–28; Theodor Eschenburg, Entwurf über die Zuständigkeitsabgrenzung in einer künftigen deutschen Verfassung, o. D., in: BArch, NL Brill 10a, Blatt 72f.; Otto Küster, Richtlinien für eine künftige deutsche Verfassung, 21. April 1947, in: BArch, NL Brill 10a, Blatt 21f.

[626] Carlo Schmid wehrte sich in seinem Schreiben an Kurt Schumacher heftig dagegen, als Autor der von Hermann Brill verfassten Entwürfe angesehen zu werden, und schrieb im Juni 1947 an den Parteivorsitzenden, er habe an den Sitzungen lediglich teilgenommen, weil er „glaubte, im Sinne der Beschlüsse des Verfassungsausschusses der SPD wirken zu können." Karl Schmid an Kurt Schumacher, 4. Juli 1947, in: AdsD, NL Schmid 474, S. 1.

[627] Kurt Schumacher an Karl Schmid, 12. Juni 1947, in: AdsD, NL Schmid 474, S. 2, wo es weiter heißt: „Die Taktik der persönlichen Husarenritte fördert die von den Reitern gewünschte Sache nicht, tut aber dem Ansehen der Partei viel Abbruch, denn hinterher muss ja doch ein Abrücken der Partei von Plänen, die nicht mit den ihren übereinstimmen, erfolgen".

[628] Benz, *Hoffnung*, S. 319.

[629] Sörgel, *Konsensus*, S. 73.

[630] Zur Biographie Jakob Kaisers siehe Lange, *Wegbereiter*, S. 54–70.

[631] Vgl. Benz, *Hoffnung*, S. 319; Sörgel, *Konsensus*, S. 31–36 und 73–78.

[632] Da hier nicht alle Verfassungsentwürfe der Unionsparteien vorgestellt werden können, sei diesbezüglich auf Sörgel, *Konsensus*, S. 73–88 verwiesen. Siehe auch Kapitel 3.5.2.

Anton Pfeiffer war wesentlich am Aufbau und an der Programmatik der CSU in Bayern beteiligt. Schon wenige Tage nachdem in der amerikanischen Zone die Bildung von Parteien auf lokaler Ebene gestattet worden war, begann Pfeiffer mit seiner für die Partei richtungsweisenden Arbeit.[633] Im Gegensatz zur bayerischen Sozialdemokratie verlief die Gründung der CSU weniger harmonisch. So standen sich bereits zu Beginn zwei unterschiedliche politische Flügel gegenüber.[634] Während der eine, aus Mitgliedern der ehemaligen Bayerischen Volkspartei (BVP) bestehend, versuchte, deren Wiederbelebung voranzutreiben, verfolgte der andere das Ziel „der Schaffung einer neuen, interkonfessionellen Sammlungspartei, die sich in ihrer Organisation und Programmatik grundlegend von der BVP abgrenzen wollte"[635]. Die Meinungen darüber, welcher Seite Anton Pfeiffer zuzuordnen war, gehen in der Forschung auseinander.[636] Vor diesem Hintergrund ist eine Betrachtung der von Pfeiffer (mit-)verfassten programmatischen Schriften von Bedeutung, da in ihnen bereits erste Hinweise auf eine verfassungsmäßige Neuordnung Deutschlands enthalten sind. Ohne Zweifel war sich Anton Pfeiffer darüber im Klaren, dass es gerade jetzt angesichts des Vakuums innerhalb seiner Partei „ungeheure Gestaltungsmöglichkeiten"[637] gab, die es zu nutzen galt.

Beauftragt von den Gründungsmitgliedern der Münchner CSU, verfasste Pfeiffer bereits im September 1945 ein dreiseitiges „Grundsatz-Programm einer Christlich-Demokratischen Volkspartei in Bayern"[638], das allerdings „durchaus nicht als vollständig und lückenlos angesehen"[639] werden kann.[640] Der „organische Aufbau eines demokra-

---

[633] Reuter, *Eminenz*, S. 121f.
[634] Zur Gründungsgeschichte der CSU vgl. Fait, Barbara, *Die Anfänge der CSU 1945–1948. Der holprige Weg zur Erfolgspartei*, München/Landsberg 1995, S. 17–77.
[635] Fait, *Demokratische Erneuerung*, S. 87.
[636] Während Barbara Fait ihn dem ersten, an der BVP orientierten Flügel zuordnet, geht Christiane Reuter davon aus, dass Pfeiffer keiner der beiden Fraktionen zugeschrieben werden kann, und bezieht sich dabei auf Pfeiffers Ausspruch aus dem Jahr 1946, wo er betonte, keiner der beiden Gruppen anzugehören, sondern stets seine eigenen Ansichten kundzutun. Fait, *Demokratische Erneuerung*, S. 87f.; Reuter, *Eminenz*, S. 224f. Aufschlussreich ist zu dieser Fragestellung sicher ein Brief Anton Pfeiffers an den Münchner Oberbürgermeister Karl Scharnagl vom September 1945, in dem er angab, sich „verpflichtet" zu fühlen, „Ehre und Ansehen der Bayerischen Volkspartei nach Kräften zu wahren." Zudem habe die von Scharnagl „totgesagte Bayerische Volkspartei [...] bestimmt mehr Lebenskraft und Lebenswillen als manches Gebilde, an dem z. Zt. herumgezimmert wird." Anton Pfeiffer an Karl Scharnagl, 13. September 1945, in: BayHStA, NL Pfeiffer 533.
[637] Anton Pfeiffer/Karl Schwend, Unsere Lage im Sommer 1945. Bayerns Erbteil aus der Naziherrschaft. Gedanken und Vorfragen zur Parteienbildung, 25. August 1945, in: BayHStA, NL Pfeiffer 142, S. 10.
[638] o. A. [Anton Pfeiffer/Karl Schwend], Grundsatz-Programm einer Christlich-Demokratischen Volkspartei in Bayern, o. D. [5. September 1945], in: BayHStA, NL Pfeiffer 41; abgedruckt in: Reuter, *Eminenz*, S. 320f. Die hier verwendeten Zitate aus dem „Grundsatz-Programm" sind allesamt dem Dokument im Nachlass Anton Pfeiffers entnommen.
[639] Anton Pfeiffer an Max Günther Grasmann, Heinrich Krehle, Josef Müller und Alois Schlögel, 5. September 1945, in: BayHStA, NL Pfeiffer 41.
[640] Nach eigenen Angaben hatte Anton Pfeiffer die „Entwürfe für ein Grundsatzprogramm und für einen ersten Aufruf, bei denen als erfahrener und vielfach erprobter Freund Herr Schwend mitwirkte [...] als Grundlage" verfasst. Anton Pfeiffer an Max Günther Grasmann, Heinrich Krehle, Josef Müller und Alois Schlögel, 5. September 1945, in: BayHStA, NL Pfeiffer 41. Vgl. auch Fait, *Demokratische Erneue-*

tischen Staatswesens" solle „aus den gesunden Volkskräften von unten nach oben mit einer festen Staatsführung ohne Wiederholung der gescheiterten formalen Demokratie mit ihrem übersteigerten Parlamentarismus" angestrebt werden.[641] Die „neue Reichsbildung" habe „auf einer gebietsmäßig und kräftemäßig ausgeglichenen föderativen Grundlage" stattzufinden, und Bayern müsse innerhalb dieses Reiches als „geschlossenes staatliches Gebilde" existieren können.[642] Zu Anton Pfeiffers verfassungspolitischen Vorstellungen gehörte es, dass dieses neue Reich nur als „Aufbau eines Rechtsstaates mit gleichem Recht für alle" und unter „Achtung vor den natürlichen Menschenrechten und der menschlichen Persönlichkeit ohne Rücksicht auf Rasse und Volk" entstehen könne. Er dachte aber auch über ein künftiges Deutschland hinaus und forderte das „Bekenntnis zur höheren Idee des übernationalen Zusammenschlusses in Völkergemeinschaften zu gemeinsamen Sicherung des friedlichen kulturellen und zivilisatorischen Fortschrittes"[643] in Europa. Die von Anton Pfeiffer hier entwickelten verfassungspolitischen Vorstellungen wurden Teil des ersten öffentlichen Aufrufs der bayerischen CSU im Herbst 1945.[644]

---

rung, S. 90f. Der im Brief Anton Pfeiffers vom 5. September 1945 erwähnte „Aufruf" ist ebenfalls erhalten: o. A. [Anton Pfeiffer/Karl Schwend], Christliche Volkspartei in Bayern, [5. September 1945], in: BayHStA, NL Pfeiffer 41, abgedruckt in: Reuter, *Eminenz*, S. 317–319.

[641] Grundsatz-Programm, in: BayHStA, NL Pfeiffer 41, S. 2. Damit knüpfte Anton Pfeiffer an seine bereits im Sommer 1945 niedergeschriebenen Gedanken zur Lage Bayerns an: „Nicht der gescheiterte übertriebene Parlamentarismus mit seiner zersplitterten Parteiwirtschaft kann helfen. Er würde noch einmal in die gleiche Irre führen. Wir müssen uns eine von unten aufgebaute Volksdemokratie schaffen, getragen von den Kräften einer lebendigen Selbstverwaltung und Selbstverantwortung der körperschaftlichen Organismen, aus denen sich das Ganze zusammensetzt. Die Sicherung einer wirklich handlungsfähigen demokratischen Staatsführung ist entscheidend für den Staatsaufbau." Anton Pfeiffer/Karl Schwend, Unsere Lage im Sommer 1945. Bayerns Erbteil aus der Naziherrschaft. Gedanken und Vorfragen zur Parteibildung, 25. August 1945, in: BayHStA, NL Pfeiffer 142, S. 13. Auch in einer Wählerversammlung der CSU Mitte des Jahres 1946 betonte Anton Pfeiffer: „Die Union bekennt sich in unwandelbarer Treue zum bayerischen Volk und seinem Staat. Gemäss dem von altersher in Bayern verwurzelten demokratischen Gedanken fordert sie, dass der Neuaufbau des Reiches von unten her, d. h. auf der Grundlage selbständiger Staaten erfolgt. Dem bundesstaatlichen Reich ist an Aufgaben zu überlassen, was zur Erhaltung seiner politischen und wirtschaftlichen Einheit notwendig ist." o. A., Die politische Linie der Christlich-Sozialen Union, o. D. [Mitte des Jahres 1946], in: BayHStA, NL Ehard 1632, S. 5.

[642] Grundsatz-Programm, in: BayHStA, NL Pfeiffer 41, S. 2. Auch in der in der vorangehenden Fußnote genannten Wählerversammlung betonte Anton Pfeiffer: „Die Christlich Soziale Union in Bayern steht fest und unerschütterlich auf dem Boden der föderalistischen Gestaltung des staatlichen Lebens auf allen Stufen." o. A., Die politische Linie der Christlich-Sozialen Union, o. D. [Mitte des Jahres 1946], in: BayHStA, NL Ehard 1632, S. 5.

[643] Grundsatz-Programm, in: BayHStA, NL Pfeiffer 41, S. 1f. Bereits im Sommer des Jahres 1945 hatte Anton Pfeiffer sich ähnlich geäußert: „Was Europa nottut, eine weitgespannte völkerverbindende Föderation, in der für national-staatliche Egoismen kein Platz ist. Das neue Deutschland als Gebilde der europäischen Mitte kann nicht mehr auf den geschichtlich überholten Vorstellungen des völlig in sich ruhenden und nur sich verantwortlichen Nationalstaates aufgebaut werden." Anton Pfeiffer/Karl Schwend, Unsere Lage im Sommer 1945. Bayerns Erbteil aus der Naziherrschaft. Gedanken und Vorfragen zur Parteibildung, 25. August 1945, in: BayHStA, NL Pfeiffer 142, S. 12.

[644] Fait, *Demokratische Erneuerung*, S. 92f. Siehe auch „Das Programm der Christlich-sozialen Union", in: *Süddeutsche Zeitung*, 11. Dezember 1945.

Pfeiffer, der in seinem Grundsatzprogramm zunächst noch die Bezeichnung „Christlich-Demokratische-Volkspartei" bevorzugt hatte, wurde bei der Gründungssitzung der CSU im Januar 1946 zum Vorsitzenden des Organisations- und Werbeausschusses und zum stellvertretenden Vorsitzenden des Informationsausschusses gewählt.[645] Als Vertreter seiner Partei entfaltete Anton Pfeiffer Ende April 1946, noch weit bevor es zur Einsetzung eines offiziellen Gremiums für gesamtdeutsche Verfassungsfragen auf Seiten der Unionsparteien kam, in zehn Punkten seine „Grundgedanken für eine Stellungnahme der Christlich-Sozialen Union zum Reichsaufbau", die er als „Beitrag zum staatlichen Wiederaufbau Deutschlands" verstanden wissen wollte.[646] Es sollte „eine staatliche Form geschaffen" werden, „die den guten schöpferischen Kräften der deutschen Stämme und Landschaften fruchtbringende Entfaltungsmöglichkeit gewährt".[647] Dazu sei einem „bundesstaatlichen Aufbau" Deutschlands der Vorzug zu geben, denn nur dann sei „die Eingliederung [Deutschlands] in die große europäische Völkerfamilie und damit eine gedeihliche friedliche Entwicklung zur Wiedererlangung der Gleichberechtigung mit den anderen Kulturvölkern" möglich.[648]

Gleichzeitig betonte Pfeiffer, dass der „Ausbau der staatlichen Formen der Einzelstaaten" voranzutreiben sei, „weil gut durchorganisierte Einzelstaaten die feste Grundlage für den zu schaffenden Bund bilden müssen". Um dies zu erreichen, sei vor allem eine Stärkung „der Selbstverwaltung der Gemeinden und Gemeindeverbände" notwendig. Zwar sprach Anton Pfeiffer dem Bund das Recht zu, „durch vertragsmäßige Vereinbarung der Einzelstaaten die Zuständigkeit zur Regelung jener Angelegenheiten zu erhalten, die ihrer Natur nach für das ganze deutsche Volk nach einheitlichen Gesichtspunkten geordnet werden müssen", „die Ausführung der Bundesgesetze" sollte jedoch „den Einzelstaaten überlassen bleiben, die ihr Eigenleben durch die nach eigenen Bedürfnissen zu gestaltenden Verfassungen schützen und ordnen können."[649]

Dieses Grundsatzpapier zeigt zum einen, dass Anton Pfeiffer keineswegs separatistische Gedanken hegte. Zum anderen wird aber auch sein Festhalten an einem von starken Ländern geprägten Bundesstaat deutlich, worauf nicht nur die Konstruktion eines künftigen Bundesstaates von unten nach oben, sondern auch die Bezeichnung der Länder als „Einzelstaaten"[650] hinweist. Auch in den weiteren Staats- und Verfas-

---

[645] Reuter, *Eminenz*, S. 131.
[646] o. A. [Anton Pfeiffer], Grundgedanken für eine Stellungnahme der Christlich-Sozialen Union zum Reichsaufbau, 30. April 1946, in: BayHStA, NL Pfeiffer 320, S. 1.
[647] Ebd. Auch in der schon erwähnten Wählerversammlung der CSU Mitte des Jahres 1946 betonte Anton Pfeiffer: „An der Spitze unseres staatspolitischen Denkens steht das eindeutige Bekenntnis zum bayerischen Staat und zur bayerischen Heimat, zu dem Staatsgedanken, der für Angehörige verschiedener deutscher Stämme und die Bewohner grosser historischer Landschaften in einer Zusammenarbeit von mehr als 130 Jahren zum edelsten Gedankengut geworden ist". o. A., Die politische Linie der Christlich-Sozialen Union, o. D. [Mitte des Jahres 1946], in: BayHStA, NL Ehard 1632, S. 5.
[648] o. A. [Anton Pfeiffer], Grundgedanken für eine Stellungnahme der Christlich-Sozialen Union zum Reichsaufbau, 30. April 1946, in: BayHStA, NL Pfeiffer 320, S. 1.Dieselbe Äußerung findet sich wenig später auch in einem offiziellen Grundsatzprogramm der CSU: „Wir fordern den föderativen Aufbau Deutschlands auf bundesstaatlicher Grundlage." Das Grundsatz-Programm der Christlich-Sozialen Union in Bayern, 15. November 1946, in: BayHStA, NL Pfeiffer 41.
[649] o. A. [Anton Pfeiffer], Grundgedanken für eine Stellungnahme der Christlich-Sozialen Union zum Reichsaufbau, 30. April 1946, in: BayHStA, NL Pfeiffer 320, S. 1–2.
[650] Ebd., S. 1.

sungsdiskussionen sollte sich der bayerische Staatssekretär als Verfechter der *clausula rebus sic stantibus* erweisen.

In der bayerischen CSU ging man mit den Verfassungskonzeptionen für ein künftiges Deutschlands allerdings noch einen Schritt weiter und beschränkte sich nicht auf grundsätzliche Formulierungen und programmatische Äußerungen. Während der offizielle verfassungspolitische Ausschuss der Arbeitsgemeinschaft der CDU/CSU bereits im März 1947 seine Arbeit aufgenommen hatte, ging man in Bayern daran, einen eigenen „Bayerischen Entwurf eines Grundgesetzes" (BEGG) nebst „Leitgedanken für die Schaffung eines Grundgesetzes" gezielt für den Verfassungskonvent auf Herrenchiemsee vorzubereiten.[651] Nach Vorarbeiten des Ministerialdirektors Friedrich Glum wurde das Konzept in der bayerischen Staatskanzlei von Hans Nawiasky[652], Josef Schwalber[653], Claus Leusser[654] und Heinrich Kneuer erarbeitet.[655] Anton Pfeiffer, der zwar keinen offiziellen Anteil an den Arbeiten zu dem Verfassungsentwurf hatte, von dem aber angenommen werden kann, dass er dessen Anfertigung als Leiter der bayerischen Staatskanzlei in Augenschein nahm, verkündete auf der Tagung des Ellwanger Freundeskreises[656] am 8. August 1948, „daß Bayern inzwischen einen eigenen Verfassungsentwurf [...] entwerfen ließ, der der Kommission in Herrenchiemsee auf Wunsch vorgelegt werden würde", wobei „man alles anhand der Weimarer Verfassung ausscheiden" solle, „was man nicht brauche".[657] Das Ziel, das Pfeiffer mit der Vorlage dieses Entwurf verfolgte, war eindeutig: Durch die Einbringung einer schriftlichen Vorlage in die Debatten des Verfassungskonvents versuchte er richtungsweisend zu wirken, um eigene Verfassungspläne zu verwirklichen. Wieder einmal zeigte sich die diplomatische Versiertheit des bayerischen Staatssekretärs.

Gegliedert war der „Bayerische Entwurf eines Grundgesetzes" in eine Einleitung, einen ersten Teil über „Aufgaben und Aufbau der Bundesgewalt", einen zweiten über „Die Ausübung der Bundesstaatsgewalt" und einen dritten über die „Übergangs- und

---

[651] Der bayerische Verfassungsentwurf, die Leitsätze sowie Ergänzungen sind erhalten in: BayHStA, NL Pfeiffer, 162 und abgedruckt in: PR, Bd. 2, Dok. Nr. 1, Bayerischer Entwurf eines Grundgesetzes für den Verfassungskonvent, S. 1–52.
[652] Zur Biographie Hans Nawiaskys siehe PR, Bd. 2, S. LIX–LXII und LXXVI–LXXXI.
[653] Zur Biographie Josef Schwalbers siehe PR, Bd. 2, S. LX–LXII.
[654] Zur Biographie Claus Leussers siehe PR, Bd. 2, S. CVI–CIX.
[655] Vgl. PR Bd. 2, Dok. Nr. 2, Verfassungskonvent auf Herrenchiemsee, Plenarsitzungen: Erster Sitzungstag, 10. August 1948, S. 64; Gelberg, Karl-Ulrich, „Bayerische Strategien für den Konvent", in: *Weichenstellung für Deutschland. Der Verfassungskonvent von Herrenchiemsee*, hg. v. Peter März und Heinrich Oberreuter, München 1999, S. 53–70, hier S. 62. Hans Nawiasky, Claus Leusser und Josef Schwalber nahmen auch am Verfassungskonvent von Herrenchiemsee teil. Die Leitgedanken zur Interpretation des Grundgesetzes wurden von Ottmar Kollmann erarbeitet, die sie im späteren Unterausschuss II auf Herrenchiemsee zur Geltung brachte. Zur Biographie Ottmar Kollmanns PR, Bd. 2, S. LXXXII–LXXXVI.
[656] Zu Anton Pfeiffers Arbeit im Ellwanger Freundeskreis siehe Kapitel 3.5.2.
[657] 5. Tagung des Ellwanger Freundeskreises. Protokoll über die Beratungen am 8. August 1948, in: BayHStA, NL Pfeiffer 44, S. 9. Der ebenfalls anwesende Adolf Süsterhenn forderte daraufhin, „dass der Ellwanger Kreis sich so zeitig wie möglich in alle Verfassungsverhandlungen einschalten solle." Ebd.

Schlußbestimmungen".[658] Ein Grundrechtsteil war nicht enthalten. Inhaltlich stimmte der Entwurf nahezu perfekt mit den Konzeptionen des Ellwanger Kreises überein, indem er den Landesregierungen im Bundesrat einen großen Einfluss auf die bundesstaatliche Politik zusprach.[659] Der Bundesrat sollte gemäß dem Entwurf als Organ der Länderregierungen (Art. 32 Abs. 1 BEGG) gleichberechtigt bei der Wahl des Bundespräsidenten (Art. 40 Abs. 1 BEGG), der Ernennung und dem Rücktritt des Bundeskanzlers (Art. 49 Abs. 1–2 BEGG), der Bestimmung der Bundesminister (Art. 50 Abs. 1 BEGG) und bei der Gesetzgebung (Art. 65, 66, 67 Abs. 2 BEGG) an der Politik beteiligt werden (siehe zu den Verfassungsorganen und ihrer Verschränkung nach dem „Bayerischen Entwurf" Abbildung 3-2). Zudem wurde dem Bundesrat das Zustimmungsrecht zum Notstandsrecht der Bundesregierung eingeräumt (Art. 57 Abs. 2 BEG). Kurz, er stand stets auf der gleichen Stufe wie der Bundestag.[660] Die erläuternd an den Entwurf angeschlossenen Leitgedanken stellten zwei Versionen zur Wahl. Entweder sollte der Bundesrat zur Exekutivgewalt im Bund werden und dafür in der Legislative an Rechten einbüßen, oder er sollte grundsätzlich mit dem Bundestag gleichberechtigt sein.[661] Es ist unschwer zu erkennen, dass diese zweite Option das eigentliche Anliegen der bayerischen Vertreter war, da auf ihr der gesamte Entwurf basierte.[662] Die Leitforderung war, den Bundesrat aus Mitgliedern der Länderräte zu besetzen. Auch Anton Pfeiffer vertrat diesen Standpunkt in den Debatten deutlich.[663] Mit der Stärkung des Bundesrates grenzte sich die bayerische Politik eindeutig von der Weimarer Reichsverfassung ab.[664]

Die Bundesregierung sollte in ihrem Zustandekommen an die Zustimmung von Bundesrat und Bundestag gebunden sein (Art. 51 BEGG); der Entwurf lehnte sich damit an die Reichsverfassung von 1871 und die Bayerische Verfassung von 1946[665] an.[666] Eine Einschränkung von Grundrechten, die allerdings in dem Entwurf gar nicht vorhanden waren[667], stand der Regierung zwar zu (Art. 57 Abs. 1 BEGG), aber sie

---

[658] PR, Bd. 2, Dok. Nr. 1, Bayerischer Entwurf eines Grundgesetzes für den Verfassungskonvent, S. 1.
[659] Siehe Kapitel 3.5.2.
[660] Zu den Rechten des Bundestages siehe 3. Abschnitt, Art. 15–31 BEGG.
[661] PR, Bd. 2, Dok. Nr. 1, Bayerischer Entwurf eines Grundgesetzes für den Verfassungskonvent, S. 38f.
[662] Gelberg, „Strategien", S. 64.
[663] Ebd., S. 64f. Siehe auch PR Bd. 2, Dok. Nr. 4, Verfassungskonvent auf Herrenchiemsee, Plenarsitzungen: Dritter Sitzungstag, 12. August 1948, S. 137–139.
[664] Gelberg, „Strategien", S. 61. Im Abschlussbericht des Verfassungskonvents von Herrenchiemsee sollte diese Auffassung schließlich dem Senatsmodell gegenüberstehen, was bedeutete, dass man aus bayerischer Sicht Abstriche machen musste. Siehe Kapitel 4.3.4. Vgl. auch Gelberg, „Strategien", S. 65f.
[665] Verfassung des Freistaates Bayern vom 8. Dezember 1946, abgedruckt in: Wegener, Wilhelm (Hg.), *Die neuen deutschen Verfassungen*, Essen 1947, S. 119–146.
[666] Gelberg, „Strategien", S. 63f.
[667] Die Tatsache, dass der „Bayerische Entwurf" keine Grundrechte enthielt, führte auf Herrenchiemsee zu heftiger Kritik von Seiten der Sozialdemokraten. Vgl. etwa die Äußerungen von Carlo Schmid auf der Plenarsitzung vom 11. August 1948, in: PR, Bd. 2, Dok. Nr. 3, Verfassungskonvent auf Herrenchiemsee. Plenarsitzungen: Zweiter Sitzungstag, 11. August 1948, S. 73. Siehe auch Kapitel 4.3.3.

konnte auf Verlangen von Bundesrat oder Bundestag aufgehoben werden, während zu ihrer Bestätigung beide Organe zustimmen mussten (Art. 57 Abs. 2 BEGG).

Die Machtposition des Bundespräsidenten war in dem Entwurf insofern begrenzt, als er von Bundestag und Bundesrat gewählt werden sollte (Art. 40 Abs. 1 BEGG). Wie schon zu Weimarer Zeiten sollte er den Bund völkerrechtlich vertreten (Art. 41, Abs. 1 BEGG)[668] und das Begnadigungsrecht ausüben (Art. 42 BEGG)[669]. Eine Anklage vor dem Bundesverfassungsgerichtshof „wegen vorsätzlicher Verletzung des Grundgesetzes oder eines anderen Gesetzes" (Art. 47 BEGG) konnte durch den Bundestag erfolgen.

Dem Bundesverfassungsgerichtshof war von bayerischer Seite her ein eigener Abschnitt gewidmet worden (7. Abschn., Art. 61–63 BEGG). Als oberster Gerichtshof sollte er für „Fragen des Bundesstaatsrechts" (Art. 61 BEGG) zuständig sein. Erstmals war seine Berechtigung so weit gefasst, dass er auch „über Verfassungsstreitigkeiten zwischen den obersten Bundesorganen" (Art. 62 Abs. 4 BEGG) zu entscheiden hatte. Für die Besetzung des Bundesverfassungsgerichtshofes war vorgesehen, dass die eine Hälfte der Mitglieder auf Vorschlag der Bundesregierung und durch den Bundestag, die andere nur durch den Bundesrat gewählt werden sollte (Art. 63 Abs. 1 BEGG).[670]

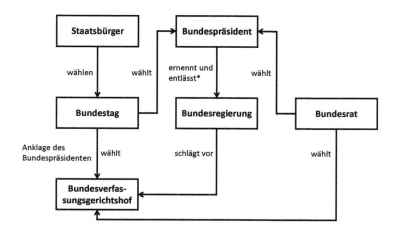

Abbildung 3-2: Verfassungsorgane und Gewaltenverschränkung im „Bayerischen Entwurf" eines Grundgesetzes für den Verfassungskonvent (August 1948)

Quelle: Eigene Darstellung

---

[668] Vgl.: Art.45 WRV.
[669] Vgl.: Art.49 WRV.
[670] Auch hier zeigte sich wieder die von bayerischer Seite erwünschte überragende Stellung des Bundesrats.

Die Bedeutung des „Bayerischen Entwurfs eines Grundgesetzes" muss im Hinblick auf den Verfassungskonvent von Herrenchiemsee als hoch eingeschätzt werden. Schon die Tatsache, dass ein solches Konzept vorhanden war und den Konventsteilnehmern vorlag, beeinflusste deren Besprechungen. Allerdings bedeutete dies keinesfalls, dass sie sich der bayerischen Vorlage kommentarlos anschlossen.[671] Hinzu kam, dass der Verfassungskonvent von Anton Pfeiffer geleitet wurde.[672] Angesichts dieser Rahmenbedingungen hatten die bayerischen Delegierten eine relativ gute Ausgangsposition, um ihre Ansichten durchzusetzen. Dabei war gerade die Uneinigkeit der Unionsparteien von Vorteil, die im Gegensatz zur Führungsspitze der SPD nicht versuchte, ihre Vertreter auf Kurs zu halten.[673]

Der bereits erwähnte offizielle Versuch einer einheitlichen verfassungspolitischen Arbeit der Unionsparteien und damit der Ausarbeitung eines Kompromisses zwischen den eher föderalistischen Vorstellungen der südwestdeutschen und den mehr zentralistischen Auffassungen der nordwestdeutschen CDU/CSU scheiterte letztlich an der Majorisierung von Seiten der Vertreter aus der britischen Zone.[674] Die Arbeitsgemeinschaft der CDU/CSU kam erstmals im August 1946 zusammen.[675] Man einigte sich auf die Bildung von insgesamt fünf Arbeitsausschüssen, von denen einer sich mit dem Thema „Verfassung" beschäftigen sollte.[676] Erst im Februar des darauffolgenden Jahres traf man erneut zusammen; diesmal war auch Adolf Süsterhenn[677] zugegen, der in den Verfassungsausschuss unter Leitung von Heinrich von Brentano[678] gewählt wurde.[679]

---

[671] Siehe dazu Kapitel 4.3.1 bis 4.3.8.
[672] Siehe Kapitel 4.2.
[673] Vgl. Gelberg, „Strategien", S. 68; Wengst, Udo, „Herrenchiemsee und die Konstellationen des Jahres 1948", in: *Weichenstellung für Deutschland. Der Verfassungskonvent von Herrenchiemsee*, hg. v. Peter März und Heinrich Oberreuter, München 1999, S. 41–51, hier S. 47f.
[674] Sörgel, *Konsens*, S. 79–81.
[675] Kaff, Brigitte, *Die Unionsparteien 1946–1950. Protokolle der Arbeitsgemeinschaft der CDU/CSU Deutschlands und der Konferenzen der Landesvorsitzenden*, Droste 1989, S. XI (Forschungen und Quellen zur Zeitgeschichte, Bd. 17). Zur Vorgeschichte siehe ebd., S. IX–XI.
[676] Ebd., Dok. Nr. 3, Erste Tagung der Arbeitsgemeinschaft. Königstein, 28./29. August 1946, S. 18.
[677] Nach Angaben Hehls, kam die Einladung Adolf Süsterhenns aufgrund seiner „guten Beziehungen zu Adenauer" zustande. Hehl, *Süsterhenn*, S. 348. Christiane Reuter nennt Anton Pfeiffer als einen der möglichen „Wegbereiter der Königsteiner Tagung der CDU/CSU vom 5./6.2.47", wobei er „wegen Krankheit an der Tagung nicht" habe teilnehmen können. Reuter, *Eminenz*, S. 152.
[678] Zur Biographie Heinrich von Brentanos siehe Lange, *Wegbereiter*, S. 41–53. Vgl. auch die Arbeit Heinrich von Brentanos im Ellwanger Freundeskreis in Kapitel 3.5.2.
[679] Kaff, *Unionsparteien*, Dok. Nr. 4, Zweite Sitzung der Arbeitsgemeinschaft. Königstein, 5./6. Februar 1947, S. 19, 21 und 24. Im *Rheinischen Merkur* war wenige Tage später zu lesen: „Die christlich-demokratische Arbeitsgemeinschaft beschäftigte sich auch mit den staatsrechtlichen Problemen der deutschen Frage. In voller Einmütigkeit wurde ein Bekenntnis zur föderativen Neugestaltung Deutschlands abgelegt. Ein aus Vertretern aller Besatzungszonen gebildeter Verfassungsausschuss wurde beauftragt, die Grundlagen einer deutschen Verfassung auszuarbeiten und dabei insbesondere das Verhältnis der deutschen Zentralgewalt zu den deutschen Ländern festzulegen und die gegenseitigen Befugnisse abzugrenzen. Die Notwendigkeit der Trennung der Gewalten in der Gesetzgebung, Rechtsprechung und Verwaltung wurde als grundlegende Forderung für den Neubau des deutschen

Nach einem vertraulichen Bericht erntete Süsterhenn einige Kritik für seine Forderung „die föderative Gestaltung Deutschlands in die außenpolitische Resolution" aufzunehmen. Auch, was seine Forderung nach einer Gleichsetzung der „Ablehnung separatistischer und zentralistischer Tendenzen" anbelangte, musste er sich schließlich kompromissbereit zeigen. Die Arbeit des Verfassungsausschusses war indes von besonders intensiven Debatten geprägt. Adolf Süsterhenn trat vehement dafür ein, „daß das Wort Länder vermieden und durch den Begriff Staaten ersetzt werde." Seinen extrem föderalistischen Verfassungsvorstellungen suchte er zudem durch seine Forderung, „die Möglichkeit einer Verfassungsentscheidung durch Vertrag der Länder untereinander" offenzuhalten, Nachdruck zu verleihen und erreichte damit, dass „der Gedanke an eine verfassungsgebende Versammlung"[680] zunächst fallengelassen wurde.

Der Verfassungsausschuss der Arbeitsgemeinschaft der CDU/CSU kam insgesamt zu drei offiziellen Tagungen in den Jahren 1947/48 zusammen, war aber nie vollständig in seiner Besetzung.[681] An der ersten Tagung am 10. März 1947 im hessischen Heppenheim nahmen außer Adolf Süsterhenn nur vier weitere Personen teil; Mitglieder aus der britischen und sowjetischen Besatzungszone fehlten völlig.[682] Die Aufgabe dieser Verfassungskommission sah Süsterhenn durch die Notwendigkeit bestimmt, „dass die grossen politischen Parteien sich wenigstens grundsätzlich darüber klar werden, wie das neue Deutschland staatsrechtlich aussehen soll."[683]

Die in einem Memorandum von Heinrich von Brentano zusammengefassten Beschlüsse dürften nur teilweise seinen Zuspruch gefunden haben. Zwar bekannte man sich zu einem „föderativen Aufbau des neuen Staates", trat jedoch für eine Zweite Kammer ein, die jeweils zur Hälfte „aus Mitgliedern der Länderregierungen" und aus „von den Landtagen nach landesrechtlichen Vorschriften" gewählten Teilnehmern bestehen sollte.[684] Adolf Süsterhenn argumentierte hingegen für eine Zweite Kammer, die „aus weisungsgebundenen Vertretern der Landesregierungen" bestehen sollte, um durch „eine andere Zusammensetzung der Zweiten Kammer gegenüber dem Volksparlament [...] ein System des politischen Gleichgewichts und der wechselseitigen Kontrolle der beiden Häuser" zu schaffen und letztendlich „die Parteipolitik zu Gunsten der Staatspolitik" zurückzuhalten.[685] Dass der Vorstand der Arbeitsgemeinschaft

---

Staatswesens klar herausgestellt." „Zur Königsteiner Tagung", in: *Rheinischer Merkur*, 15. Februar 1947, S. 2.

[680] Kaff, *Unionsparteien*, Dok. Nr. 4A, Die CDU und Königstein, S. 39. Der vertrauliche Bericht vermerkte weiterhin: „Ebenso konnte der Gedanke eines gesamtdeutschen Parlaments nicht voll zum Ausdruck kommen, weil sich der Streit nicht entscheiden ließ, ob ein solches Parlament aus Volkswahlen oder aus Delegation durch die Länderparlamente hervorgehen soll." Ebd., S. 40.

[681] Ley, Richard, *Föderalismusdiskussion innerhalb der CDU/CSU*, Mainz 1978, S. 37. Zu den Mitgliedern und der Arbeitsweise des Verfassungsausschusses der CDU/CSU-Arbeitsgemeinschaft sowie zur Einflussnahme des Ellwanger Freundeskreises auf diese offizielle Verfassungsdiskussion vgl. ebd., S. 37–40.

[682] Kaff, *Unionsparteien*, Dok. Nr. 5, Erste Sitzung des Vorstandes der Arbeitsgemeinschaft. Berlin, 13.–15. März 1947, S. 87.

[683] Adolf Süsterhenn an Hubert Armbruster, 17. März 1947, in LHA 700, 177, Nr. 754.

[684] Kaff, *Unionsparteien*, Dok. Nr. 5, Erste Sitzung des Vorstandes der Arbeitsgemeinschaft. Berlin, 13.–15. März 1947, S. 88.

[685] Adolf Süsterhenn, „Bundesrat oder Senat?", in: *Rheinischer Merkur*, 24. April 1948, abgedruckt in: Süsterhenn, *Schriften*, S. 198. Siehe auch Kapitel 3.6.1.

der CDU/CSU das Memorandum für überprüfungswürdig hielt, konnte Süsterhenn in diesem Fall nur recht sein.[686] In einem anderen entscheidenden Punkt stimmte er allerdings, wie der *Rheinische Merkur* zu berichten wusste, völlig mit dem Memorandum überein. Die dort erhobene Forderung, dass die neue föderative Verfassung nur dadurch zustande kommen könne, dass „bereits die verfassunggebende Körperschaft selbst sich aus einer Volkskammer und einer Länderkammer"[687] zusammensetze, hatte Adolf Süsterhenn bereits in seinem am 8. März 1948 im *Rheinischen Merkur* veröffentlichen Artikel „Föderalistische Entscheidung"[688] gefordert.

An der folgenden zweiten und auch an der dritten Sitzung des Verfassungsausschusses konnte er aufgrund der gleichzeitig stattfindenden Landtagswahlen und der Entscheidung über die Annahme der von ihm ausgearbeiteten Verfassung in Rheinland-Pfalz nicht teilnehmen.[689] Erst im folgenden Jahr kam der Verfassungsausschuss der Arbeitsgemeinschaft der CDU/CSU erneut zusammen und beriet über die von ihm selbst erstellten, nach dem Tagungsort benannten „Heppenheimer Entwürfe" und die vom Ellwanger Kreis ausgearbeiteten „Grundsätze für eine deutsche Bundesverfassung"[690]. Dabei konnten einige Gemeinsamkeiten herausgearbeitet werden; Streitpunkt blieb jedoch die Zusammensetzung der Zweiten Kammer.[691]

Dass trotz der erzielten Übereinstimmungen im Mai 1948 die Vertreter der Unionsparteien ohne eine einheitliche verfassungspolitische Linie zum Verfassungskonvent nach Herrenchiemsee reisten, belegt zum einen der Versuch der bayerischen Politiker, den Konvent durch die Eingabe eines eigenen Verfassungsentwurfs zu beeinflussen. Zum anderen dokumentiert aber auch der vermutlich von Anton Pfeiffer verfasste Ar-

---

[686] Kaff, *Unionsparteien*, Dok. Nr. 5, Erste Sitzung des Vorstandes der Arbeitsgemeinschaft. Berlin, 13.–15. März 1947, S. 72.
[687] „Der Aufbau Deutschlands. Die CDU. Einmütig für eine deutsche Bundesrepublik", in: *Rheinischer Merkur*, 22. März 1947, S. 1.
[688] Adolf Süsterhenn, „Föderalistische Entscheidung", in: *Rheinischer Merkur*, 8. März 1947, abgedruckt in: Süsterhenn, *Schriften*, S. 98–102. Adolf Süsterhenn hatte hier geschrieben, „daß die Entscheidung über den föderalistischen oder zentralistischen Charakter dieser Verfassung weitgehend davon abhängt, wie die verfassunggebende Körperschaft gebildet wird." Süsterhenn, *Schriften*, S. 99. Daraufhin hatte er gefordert, „die verfassunggebende Versammlung" solle „aus zwei gleichberechtigten Körperschaften" gebildet werden, „nämlich einem vom Volke gewählten Zentralparlament und einem Länderrat, dessen Mitglieder von den Länderregierungen delegiert werden". Ebd., S. 101.
[689] Siehe Kapitel 3.2.4. Vgl. Kaff, *Unionsparteien*, Dok. Nr. 8, Dritte Tagung der Arbeitsgemeinschaft. Würzburg, 2./3. Juni 1947, S. 113; Ley, *Föderalismusdiskussion*, S. 45, Anm. 17; Hehl, *Süsterhenn*, S. 352. Allerdings nutzte Adolf Süsterhenn geschickt die auf der ersten Tagung des Verfassungsausschusses der Arbeitsgemeinschaft der CDU/CSU geknüpften Kontakte, um „eine starke Zusammenarbeit der föderalistischen Kräfte" im Bund Deutscher Föderalisten in die Wege zu leiten. Adolf Süsterhenn an Alois Hundhammer, 4. April 1947, in: LHA 700, 177, Nr. 754. Zu Adolf Süsterhenns Arbeit im Bund Deutscher Föderalisten siehe Kapitel 3.6.2.
[690] „Grundsätze für eine deutsche Bundesverfassung, 18. April 1948", abgedruckt in: Sörgel, *Konsensus*, S. 297–307. Diese Grundsätze sind auch erhalten im BayHStA, NL Pfeiffer 44.
[691] Vgl. Ley, *Föderalismusdiskussion*, S. 65–69. Auch in der Folge kam es zu keinem Abschluss der Verfassungsdiskussionen innerhalb der Unionsparteien. Vgl. ebd., S. 69f.

tikel über „Die Stellung der CDU und CSU zum Verfassungsproblem"[692] den anhaltenden Dissens innerhalb der CDU/CSU. Fünf Tage vor der Zusammenkunft auf Herrenchiemsee musste Pfeiffer sich hier eingestehen, dass „eine Offizielle Stellungnahme" der Unionsparteien noch nicht vorlag. Zwar sei man sich grundsätzlich hinsichtlich eines föderalistischen Staatsaufbaus einig, es seien aber „verschiedene Grade von Föderalismus deutlich erkennbar." Strengstens verwahrte sich der bayerische Staatssekretär gegen den Verdacht des Separatismus – „diese Träume" hätten „schon 1946 nicht Stand halten können." Allerdings wolle man in Süddeutschland „auf keinen Fall einen Einheitsstaat, auch keinen dezentralisierten"[693].

Einigkeit bestehe in den Unionsparteien darin, „daß Deutschland ein wirklicher Bundesstaat sein soll, dessen Eintritt in eine europäische Föderation bereits in der Verfassung vorzusehen ist." Es dürfe „keine Kompetenz-Kompetenz bestehen", und die Länder müssten nur dann ihre Rechte an den Bund abtreten, wenn dies explizit in der Verfassung geregelt sei. Hinsichtlich der Grundrechte sei man darüber einig geworden, dass diese in den Länderverfassungen, die Menschenrechte hingegen in einer gesamtdeutschen Verfassung zu regeln seien. Die Rechte der Länder sollten weiterhin dadurch gestärkt werden, dass man ihnen die Regelungshoheit über „Polizei und das kulturelle Leben" übertrage. Weitere Übereinstimmungen habe man in Bezug auf ein eingeschränktes Notstandsrecht und „eine Bundesexekution" sowie der „Einsetzung oberster Gerichte für den ganzen Bund" erzielen können.[694] Verfassungsänderungen sollten „möglichst erschwert werden" und „im Falle der Menschenrechte, vielleicht auch der demokratischen und föderalen Grundlage der Verfassung ausgeschlossen sein."[695]

Allerdings bestehe trotz dieses erzielten Konsenses auch noch erheblicher Dissens, etwa „bezüglich der Organisation der Bundesgewalt". Die Majorität bevorzuge „ein aus allgemeinen Wahlen hervorgegangenes Parlament" sowie „einen Bundestag", wobei man in der Frage des Wahlrechts noch Diskussionsbedarf habe. Die Schaffung eines „starken, aus allgemeinen Wahlen hervorgegangenen Präsidenten" lehne man ebenfalls mehrheitlich ab und setze sich dafür ein, ihn lediglich mit „repräsentativen Aufgaben" zu betrauen. So solle er die Bundesregierung ernennen, die zu ihrer Amtsführung „des Vertrauens des Parlaments" bedürfe. Über die Bildung einer Bundesregierung, die „nicht durch Mißtrauensvotum gestürzt" werden könne sollte, sei man sich ebenfalls einigen, so Anton Pfeiffer.[696]

---

[692] o. A. [Anton Pfeiffer], „Die Länder und der deutsche Staat. Die Stellung der CDU und CSU zum Verfassungsproblem", in: *Die Gegenwart. Eine Halbmonatsschrift*, hg. v. Bernhard Guttman u. a., Freiburg, 5. August 1948, S. 9–11. Zur Vermutung, dass der angegebene Artikel von Anton Pfeiffer stammt, siehe Benz, *Hoffnung*, S. 320. Der Artikel ist auch abgedruckt in: ebd., S. 347–359.
[693] o. A. [Pfeiffer], „Länder", S. 9–10
[694] Vgl. hierzu auch die in Kapitel 3.5.2 vorgestellten „Grundsätze für eine deutsche Bundesverfassung" des Ellwanger Freundeskreises.
[695] o. A. [Pfeiffer], „Länder", S. 10–11. Weiteren Konsens habe man auf den Gebieten der „Gesetzgebung des Bundes" und der „Finanzhoheit [...] zwischen Bund und Ländern" erzielt, so Anton Pfeiffer. Ebd., S. 10.
[696] Ebd., S. 11

Die größten Differenzen gebe es indes in der Schaffung der Zweiten Kammer. Man stimme zwar grundsätzlich darin überein, dass eine Zweite Kammer geschaffen werden solle, allerdings wünsche die eine Hälfte „eine Art Oberhaus oder Senat", während die andere „das Länderratsprinzip" verwirklicht sehen wolle.[697] Lediglich bei den Rechten der Zweiten Kammer sei man sich einig[698], wobei es weiterhin eine Meinungsverschiedenheiten hinsichtlich der Frage gebe, „ob die Regierung auch des Vertrauens des Bundesrates neben dem Vertrauen des Bundestages" bedürfe. Die „Anhänger des Bundesrates", zu denen auch Anton Pfeiffer zählte, seien indes der Ansicht, „daß ein konsequent durchgeführter Föderalismus von unten nach oben" sowohl in einer Kompetenzverteilung zwischen Bund und Ländern als auch „in einer Beteiligung der Länder durch die ihren Landtagen verantwortlichen Regierungen an der Bundesgewalt Ausdruck finden" müsse. „Die erfolgreiche Arbeit des Stuttgarter [...] Länderrates", in dem Pfeiffer selbst mitgewirkt hatte[699], habe den Erfolg dieses Konzepts bereits bewiesen. Letzten Endes könne im Falle eines Versagens des Bundestags nur mit einer starken Stellung der Ländervertretung „die Gefahr vermieden werden [...], daß sich aus der Stellung des Bundespräsidenten wieder eine Macht entwickelt, die, wie die Erfahrungen gezeigt haben, in eine verhängnisvolle Richtung getrieben werden könnte." Einig, so schloss Anton Pfeiffer seine Zusammenfassung über die Haltung der Unionsparteien zu einer deutschen Verfassung, sei man sich darin, „daß eine Bundesverfassung nur für ein einheitliches Deutschland gedacht und daß jede westliche Lösung nur eine provisorische sein kann."[700]

Mit diesen von Konsens und Dissens gleichermaßen geprägten Verfassungsvorstellungen gingen Anton Pfeiffer und Adolf Süsterhenn als Abgeordnete ihrer Parteien in den Verfassungskonvent von Herrenchiemsee.

3.1.3 Zusammenfassung

Während Hermann Brill, Anton Pfeiffer und Adolf Süsterhenn schon vor Beginn des Zweiten Weltkriegs einer politischen Partei angehörten und damit auch im Jahr 1945 ihre politische Heimat relativ rasch fanden, trat Carlo Schmid erst ein Jahr später den Sozialdemokraten bei. Aber nicht nur im zeitlichen Beitritt, sondern auch im Verhältnis zu den Staats- und Verfassungsvorstellungen ihrer Parteien sind wesentliche Unterschiede zu erkennen. So verhinderte bei Carlo Schmid sein radikales Festhalten an

---

[697] Vgl. hierzu auch die in Kapitel 3.5.2 vorgestellten *Grundsätze für eine deutsche Bundesverfassung* des Ellwanger Freundeskreises.
[698] Die Zweite Kammer sollte gleichberechtigt an der Gesetzgebung beteiligt sein, ein Zustimmungsrecht bei „der Ernennung von höchsten Beamten und der Präsidenten der obersten Gerichte" erhalten und „beim Erlaß von Ausführungsbestimmungen und Anweisungen an die Länder, sowie der Verkündung des Notstandes und der Erklärung der Bundesexekution" befragt werden, „um so die Macht der Bundespräsidenten zu beschränken". „Eine Mitwirkung bei der Wahl des Bundespräsidenten" sei erwünscht. o. A. [Pfeiffer], „Länder", S. 11. Ebenso solle die Zweite Kammer bei der Regierungsbildung durch den Präsidenten, wenn diese „nach einmaliger Auflösung des Bundestages" nicht möglich sei, ein Zustimmungsrecht erhalten. Ebd., S. 11.
[699] Siehe Kapitel 3.5.1.
[700] o. A. [Pfeiffer], „Länder", S. 11.

der Provisoriumstheorie eine eigenständige Arbeit innerhalb des Verfassungsausschusses der SPD zu einer gesamtdeutschen Verfassung. Unter dem Motto „So viel Föderalismus, wie die deutschen Gesamtinteressen verkraften, und so viel Zentralismus, wie zu deren Aufrechterhaltung nötig" äußerte sich Schmid zunächst nur sehr vage zu den verfassungspolitischen Konzeptionen seiner Partei. Obwohl für ihn zunächst die Schaffung eines Besatzungsstatuts im Vordergrund stand, argumentierte er schon früh dafür, einen künftigen deutschen Staat in das internationale Recht und in einen europäischen Staatenbund einzubetten, während er Deutschland selbst als Bundesstaat konstituiert sehen wollte. Neben der Betonung der Grundrechte stimmte Carlo Schmid dem organisatorischen Aufbau, den Walter Menzel in seinem Verfassungsentwurf für die SPD vorgesehen hatte, grundsätzlich zu, ergänzte ihn jedoch um die Neutralität eines künftigen Staatsoberhaupts.

Hermann Brill indes versuchte zunächst im Bund demokratischer Sozialisten seiner Auffassung einer sozialistischen Demokratie zum Durchbruch zu verhelfen und begann damit, von seinem vor dem Zweiten Weltkrieg vertretenen radikalen Rätegedanken Abstand zu nehmen. Trotz dieses Wandels plädierte er für einen von unten her sozialistisch aufgebauten Staat, ohne dessen konkreten organisatorischen Aufbau weiter zu erläutern. Schon früh erkannte und mahnte Brill, dass es bei einem künftigen Neuaufbau Deutschlands vor allem die Fehler der Weimarer Verfassung zu vermeiden gelte. Nach seinem Eintritt in die SPD und dem Wechsel vom sowjetisch besetzten Thüringen in das von den Amerikanern eingenommene Wiesbaden beteiligte er sich im Gegensatz zu seinem Parteigenossen Carlo Schmid nicht an den Verfassungsdiskussionen der Partei, sondern tat seine Ansichten im Deutschen Büro für Friedensfragen kund, was ihm wiederum die Kritik der Parteiführung einbrachte. Nicht zuletzt mit seinem Eintritt in die SPD und dem Wechsel in die amerikanische Besatzungszone hatte für Hermann Brill der Wandel vom radikalen Rätepolitiker zum demokratischen Sozialisten begonnen.

Anton Pfeiffer beschäftigte sich als Programmatiker der CSU bereits früh mit einem künftigen staats- und verfassungspolitischen Neuaufbau Deutschlands, auch wenn er dabei kein geschlossenes Verfassungskonzept vorlegte. Zwar betonte er stets die Notwendigkeit eines starken Föderalismus auf der Grundlage der Einzelstaaten und unter Beachtung der Grund- und Menschenrechte, war dabei aber weit davon entfernt, separatistische Gedanken zu hegen. Stattdessen argumentierte auch er für einen bundesstaatlichen Aufbau und eine Einordnung des künftigen Deutschlands in das politische Gefüge Europas. Zwar war Pfeiffer nicht direkt an der Schaffung des bayerischen Verfassungsentwurfs für Herrenchiemsee beteiligt, sah jedoch mit einiger Wahrscheinlichkeit seine Forderung nach einer starken Stellung der Einzelstaaten in der exponierten Stellung des Bundesrats verwirklicht. Im Gegensatz zu Anton Pfeiffers Ansinnen innerhalb seiner programmatischen Ausarbeitung für die CSU enthielt der Entwurf jedoch keinen Abschnitt über Grund- und Menschenrechte.

Adolf Süsterhenn war im Gegensatz zu Anton Pfeiffer Mitglied des offiziellen Verfassungsausschusses der Unionsparteien, konnte sich dort aber mit seiner extrem föderalistischen Haltung nicht durchsetzen. Sein katholisch geprägter Föderalismusgedanke stieß in der verfassungspolitischen Diskussion der Parteien mit verschiedenen anderen Strömungen zusammen, so dass er sich zu Kompromissen gezwungen sah und daraufhin – parallel zur innerparteilichen Debatte – begann, seine staats- und verfassungsrechtlichen Vorstellungen außerhalb der eigenen Partei – genauer im Bund Deutscher Föderalisten – zu begründen.

Es bleibt festzuhalten, dass die staats- und verfassungspolitischen Konzeptionen in SPD und Unionsparteien zwar nicht von Carlo Schmid, Hermann Brill, Anton Pfeiffer oder Adolf Süsterhenn stammten, diese aber innerhalb der Debatten ihre eigenen staats- und verfassungspolitischen Vorstellungen – teils unter Beibehaltung, teils unter Weiterentwicklung ihrer bisherigen Motive – schärfen konnten.

3.2 Die Verfassungsgebung in den Ländern

Die Landesverfassungen waren ein wichtiger Schritt hin zu einer Verfassung für Deutschland, standen sie doch für eine Demokratisierung des deutschen Staatswesens von unten nach oben und dienten bei den Beratungen des Verfassungskonvents auf Herrenchiemsee als Grundlage für die Debatten und den dort ausgearbeiteten Verfassungsentwurf.

Auf internationaler Ebene hatten die Länderverfassungen ihren Ursprung im Potsdamer Abkommen vom 2. August 1945[701], in dem drei der Siegermächte die Richtlinien ihrer gemeinsamen Besatzungspolitik näher bestimmten.[702] Hier hieß es: „Die lokale Selbstverwaltung wird in ganz Deutschland nach demokratischen Grundsätzen, und zwar durch Wahlausschüsse (Räte), so schnell wie es mit der Wahrung der militärischen Sicherheit und den Zielen der militärischen Besatzung vereinbar ist, wieder hergestellt."[703] Zur Verfassungsgebung kam es bereits 1946/47 auf der Basis von Ausarbeitungen der Landesparlamente. Zu dieser Zeit war der Zusammenbruch des nationalsozialistischen Regimes noch greifbar nahe und beeinflusste daher die Entstehung der Länderverfassungen maßgeblich.[704]

Wesentlichen Einfluss auf die Entstehung der Landesverfassungen nahmen auch die Alliierten, die den äußeren Rahmen für deren Zustandekommen absteckten. Da entsprechend der lokalen Orientierung von Carlo Schmid, Hermann Brill, Anton Pfeiffer und Adolf Süsterhenn in dieser Arbeit vor allem Württemberg-Baden und Württemberg-Hohenzollern, Thüringen, Hessen, Bayern und Rheinland-Pfalz eine

---

[701] *Dokumente zur Deutschlandpolitik*, S. 1–8.
[702] Die Potsdamer Konferenz fand ohne die Beteiligung Frankreichs statt. „Frankreich stimmte dem Potsdamer Vertragssystem zwar grundsätzlich zu, machte jedoch Vorbehalte geltend hinsichtlich der Wiedereinrichtung einer Zentralregierung für Deutschland, der Wiederherstellung politischer Parteien auf gesamtdeutscher Ebene und, der Schaffung zentraler Verwaltungsstellen unter Staatssekretären für Gesamtdeutschland." Pfetsch, *Ursprünge*, S. 215f.
[703] *Dokumente zur Deutschlandpolitik*, S. 8. Ferner wurden in dem Abkommen Fragen der Neugliederung der Territorien geregelt.
[704] Vgl. Gromoll, Bernhard, „Klassische und soziale Grundrechte", in: *Die Entstehung des Grundgesetzes. Beiträge und Dokumente*, hg. v. Udo Mayer und Gerhard Stuby, Köln 1976, S. 112–144, hier S. 139; Mayer, Udo, „Vom Potsdamer Abkommen zum Grundgesetz", in: ebd., S. 75–110, hier S. 76–81. Die verfassungsrechtlichen Konsequenzen waren Sozialisierungsermächtigungen und -aufträge, eine ausdrückliche Verankerung von sozialen Grundrechten und eine grundlegende Revision der Eigentums- und Wirtschaftsformation. Vgl. Gromoll, „Grundrechte", S. 140; Mayer, „Potsdamer Abkommen", S. 79f. Frankreich nahm am 7. August 1945 in sechs Noten zu den Potsdamer Beschlüssen Stellung. Pfetsch, *Ursprünge*, S. 216.

zentrale Rolle spielen, ist ein Blick auf die Vorgaben und Interessen der amerikanischen und französischen Besatzungsmächte in den jeweiligen Ländern angebracht.

Die in der amerikanischen Zone gelegenen Länder Württemberg-Baden, Hessen und Bayern waren, was ihre geographischen Ausmaße betraf, ein Ergebnis US-amerikanischer Besatzungsherrschaft.[705] Die Bildung der Verwaltungsgebiete erfolgte am 19. September 1945 mit der Proklamation Nr. 2 der Militärregierung der US-Zone[706] und „zielte darauf ab, das Deutsche Reich nach amerikanischem Muster in einen Bundesstaat mit möglichst gleich großen Gliedstaaten umzuwandeln."[707] In Stuttgart tagte zwei Monate später erstmals der am 17. Oktober 1945 gegründete Länderrat der amerikanischen Zone, der als zentrale Koordinationsstelle die Verfassungsgebung in den Ländern begleiten sollte.[708] Während die Bildung politischer Parteien offiziell erst in den Sommermonaten des Jahres 1946 wieder zugelassen wurde, erging bereits am 4. Februar 1946 eine amerikanische Direktive, die den Zeitplan für den administrativen Aufbau der Länder festlegte und gleichzeitig der Militärregierung die Kontrolle nicht nur über den zeitlichen Ablauf der Verfassungsgebung sicherte. Eine erste Kommission, die vorbereitende Aufgaben wie die Sammlung von Material erledigen sollte, war bis zum 22. Februar zu benennen, und bereits drei Monate später rechnete die amerikanische Militärregierung mit deren Abschlussberichten. Bis zum 15. September waren komplette Verfassungsentwürfe vorzulegen, die nach eingehender Prüfung durch die Besatzungsmacht und deren Genehmigung am 3. November zur Abstimmung in den Ländern gebracht werden sollten. Dabei behielten es sich die Amerikaner vor, die jeweils vorgelegte Verfassung im Falle undemokratischer Bestandteile, mangelnder Übereinstimmung mit den amerikanischen oder alliierten Grundsätzen oder eines erkennbaren Nachteils für die künftige Struktur Gesamtdeutschlands ganz oder in Teilen zurückzuweisen.[709]

---

[705] Auch Thüringen war zunächst Teil der amerikanischen Besatzungszone, wurde aber im Juli 1945 an die sowjetische Militärverwaltung übergeben. Da die Staats- und Verfassungskonzeptionen Hermann Brills für Thüringen noch in die Zeit der amerikanischen Besatzung fallen, wird hier darauf verzichtet, die Einflussnahme der sowjetischen Militärregierung näher darzulegen. Ein entsprechende Darstellung findet sich bei: Braas, Gerhard, *Die Entstehung der Länderverfassungen in der Sowjetischen Besatzungszone Deutschlands 1946/47*, Köln 1987 (Mannheimer Untersuchungen zu Politik und Geschichte der DDR, Bd. 4, hg. v. Hermann Weber und Dietrich Staritz).

[706] Gemäß amerikanischen Vorstellungen sollten die proklamierten Verwaltungsgebiete „als Staaten bezeichnet werden", wobei vorweggenommen wurde, dass „jeder Staat [...] eine Staatsregierung" haben würde. Mühlhausen, Walter, *„... die Länder zu Pfeilern machen ..."*. *Hessens Weg in die Bundesrepublik Deutschland 1945–1949*, Wiesbaden 1989, Dokument 1, Proklamation Nr. 2, 19. September 1945, S. 181. Zur dieser Proklamation vgl. auch Fait, Barbara, „In einer Atmosphäre von Freiheit'. Die Rolle der Amerikaner bei der Verfassungsgebung in den Ländern der US-Zone 1946", in: *Vierteljahrshefte für Zeitgeschichte*, 33. Jahrgang, 1985, S. 420–455, hier S. 423.

[707] Berding, Helmut (Hg.), *Die Entstehung der Hessischen Verfassung von 1946. Eine Dokumentation*, bearb. v. Helmut Berding und Katrin Lange, Wiesbaden 1996, S. XI.

[708] Zum Länderrat vgl. Härtel, Lia, *Der Länderrat des amerikanischen Besatzungsgebietes*, hg. i. A. der Ministerpräsidenten von Bayern, Hessen, Württemberg-Baden und des Präsidenten des Senats der Freien Hansestadt Bremen vom Direktorium des Länderrats, Stuttgart/Köln 1951.

[709] „a) On or before 22 February, each Minister President shall appoint a small preparatory constitutional commission of experts [...]. b) On or before 1 April, each Land government shall submit to the Office of Military Government for Germany (US) for approval the draft of a law for the election of the members of the constitutional assembly. [...] c) On or before 20 May, the report of the prepara-

Treibende Kraft hinter der Aufstellung dieses zeitlich äußerst knapp kalkulierten Plans war der die amerikanische Besatzungspolitik im Wesentlichen gestaltende Militärgouverneur, General Lucius D. Clay, als Leiter des Office of Military Government of the United States for Germany (OMGUS).[710] In dieser seiner Initiative zeigte sich aber auch alsbald der Antagonismus der amerikanischen Besatzungspolitik: Auf der einen Seite knüpfte sie eine Annahme der Landesverfassungen an ihre Bedingungen, auf der anderen Seite „lag es in der Konsequenz der eigenen Grundsätze, den durch Wahlen legitimierten Abgeordneten das Recht zuzugestehen, in freier Selbstbestimmung die politische Zukunft ihres Landes zu gestalten."[711] Hinzu kam die Problematik, dass ein Verzicht auf Kommentare von amerikanischer Seite auf deutscher Seite automatisch als Zustimmung interpretiert werden konnte. Bewusst war man sich auch der Gefahr, dass eine zu starke Beeinflussung der Länderverfassungen sich ungünstig auf deren Akzeptanz in der Bevölkerung auswirken würde.[712] So entschieden sich die Amerikaner schließlich für eine Einflussnahme „in the form of informal advice rather than mandatory directive."[713]

Während die amerikanische Militärregierung, vor allem durch die starke Stellung von Militärgouverneur Clay, eine rasche Ausarbeitung der Länderverfassungen an-

---

tory constitutional commission shall be filed with the Minister President for the use of the constitutional assembly. d) The constitutional assembly for each Land shall convene within fifteen days after the election of its members and shall complete a draft of a Land constitution on or before 15 September. [...] e) The Office of Military Government for Germany (US) reserves the right to disapprove a Land constitution in whole or in part because of provisions which are undemocratic, contrary to American or Allied policies, or prejudicial to the future structure of the Reich. f) After approval by the Office of Military Government for Germany (US), the Land constitution shall be submitted to popular vote for ratification. The date of the referendum shall not be later than 3 November. On the same date, the Landtag shall be elected and all other Land officials whose election may be provided for by the Land constitution." Berding, *Entstehung*, Dokument 3, Der Zeitplan für die Verfassungsberatungen, 4. Februar 1946, S. 5. Zu den Reaktionen auf den Zeitplan in den Ländern der amerikanischen Besatzungszone vgl. Fait, „Rolle der Amerikaner", S. 430f. Zur Einhaltung der vorgegebenen Termine siehe Berding, *Entstehung*, Dokument 3, Der Zeitplan für die Verfassungsberatungen, 4. Februar 1946, S. 5, Anm. 12–14. Vgl. auch Mühlhausen, Walter, *Hessen 1945–1950. Zur politischen Geschichte eines Landes in der Besatzungszeit*, Frankfurt a. M. 1985, S. 231f.

[710] Fait, „Rolle der Amerikaner", S. 424. Als Gründe für die Eile, zu der Militärgouverneur Clay in Fragen der Verfassungsgebung in den Länder der amerikanisch besetzten Zone drängte, sind folgende zu nennen: 1) Die nach Ende des Zweiten Weltkriegs herrschende politische Leere sollte mit demokratischen Gedanken gefüllt werden, um das erneute Aufkommen diktatorischer Strukturen zu verhindern. 2) Durch die Abgabe von Verantwortung an die Länder sollten die Verwaltungskosten der amerikanischen Militärregierung gesenkt werden. 3) Der Aufbau eines föderalistischen Deutschlands sollte gegen die aufkommenden zentralistischen Strömungen in der sowjetischen Besatzungszone geschützt werden. Ebd., S. 427–429. Zur Person Lucius D. Clays vgl. Backer, John H., *Die deutschen Jahre des Generals Clay. Der Weg zur Bundesrepublik 1945–1949*, München 1983.
[711] Berding, *Entstehung*, S. XXII.
[712] Fait, „Rolle der Amerikaner", S. 433.
[713] Berding, *Entstehung*, Dokument 35, Das Problem der Lenkung und Überwachung, 18. Juli 1946, S. 398. Siehe auch ebd., Dokument 36, Die Einwände der Besatzungsbehörden, 31. Juli 1946, S. 399, Anm. 107 und ebd., S. XXIIf. Vgl. auch Fait, „Rolle der Amerikaner", S. 434–436. Zur Ausübung dieser informellen Einflussnahme in den Ländern Bayern, Hessen und Württemberg-Baden vgl. ebd., S. 440–455.

strebte und sich zudem ausgesprochen liberal verhielt[714], begegnete die französische Besatzungsmacht einer Verfassungsgebung in den Ländern Württemberg-Hohenzollern und Rheinland-Pfalz mit weitaus mehr Zurückhaltung[715]. Ziel der französischen Verfassungspolitik war es, im Sinne des eigenen Sicherheitsbedürfnisses Deutschland als Staatenbund zu organisieren.[716] Dem gemäßigten Föderalismus der Amerikaner, den diese durch indirekte Einflussnahme geltend zu machen suchten, stand ein „dissoziativer Föderalismus"[717] der französischen Besatzungsmacht gegenüber, den diese teils durch konkrete Vorgaben durchzusetzen versuchte.

So gab auch erst im August 1946, ein halbes Jahr nach Beginn der Verfassungsarbeiten in der amerikanischen Zone, der Militärgouverneur Marie-Pierre König in der französisch besetzten Zone die Direktive aus, in Rheinland-Pfalz eine Versammlung einzuberufen, die sich mit Verfassungsfragen beschäftigen und einen Entwurf ausarbeiten sollte.[718] Noch einmal zwei Monate später, im Oktober 1946, wurde dann auch Württemberg-Hohenzollern aufgefordert, einen Verfassungsentwurf auszuarbeiten.[719] Im Gegensatz zu der amerikanischen Direktive, die einen relativ großen Raum für die inhaltliche Ausgestaltung der Landesverfassungen gelassen hatte, gab es von französischer Seite Anfang des Jahres 1947 konkrete Empfehlungen zu der Frage der Staatsangehörigkeit, den Grundlagen der Verfassung und der Organisation des Staates.[720] Besonders bei den Vorschlägen zur Staatsangehörigkeit und zu dem organisatorischen Aufbau des Staates zeigte sich die auf Dezentralisation ausgerichtete Besatzungspolitik der französischen Militärregierung. So sollte den Ländern die Hoheit in Fragen der Staatsangehörigkeit zustehen, nicht dem Staat. Organisatorisch war vorgesehen, „die politische Macht [...] den einzelnen Staaten" zuzuschreiben und das noch in der Weimarer Verfassung festgeschriebene Prinzip „Reichsrecht bricht Landesrecht" zu eliminieren.[721] Dabei behielt sich die französische Militärregierung ebenfalls ein Veto

---

[714] Fait, „Rolle der Amerikaner", S. 430, 432f. und 439.
[715] „Die anfängliche Zurückhaltung ist wohl maßgeblich zurückzuführen auf das Widerstreben gegen jedwede zentralisierende Impulse, die bei diesem Prozeß sowohl von den Amerikanern als auch von den Briten in deren Besatzungszonen ausgingen." Baumgart, Winfried, „Voraussetzungen und Wesen der rheinland-pfälzischen Verfassung", in: Klaas, Helmut (Bearb.), *Die Entstehung der Verfassung für Rheinland-Pfalz. Eine Dokumentation*, Boppard am Rhein 1978, S. 1–32, hier S. 11. Zur Entstehung des Landes Württemberg-Hohenzollern vgl. Raberg, Frank, „Einleitung. Zur Entstehung der Verfassung des Landes Württemberg-Hohenzollern", in: *Quellen zur Entstehung der Verfassung von Württemberg-Hohenzollern. Erster Teil*, hg. v. der Kommission für geschichtliche Landeskunde in Baden-Württemberg, bearb. v. Thomas Rösslein, Stuttgart 2006, S. XIII–XXVIII, hier S. XIVf. Zur Entstehung des Landes Rheinland-Pfalz vgl. Baumgart, „Voraussetzungen", S. 10–12.
[716] Pfetsch, *Ursprünge*, S. 216–220.
[717] Ebd., S. 238.
[718] „Ordonnance No 57, en date du 30 Août 1946, concernant la création d'un état Rhéno-Palatin", in: *Journal Officiel du Commandement en Chef Français en Allemagne. Gouvernement Militaire de la Zone française d'occupation*, No 35, 30 Août 1946, S. 292 (im Folgenden *Journal Officiel*).
[719] Hier hieß es in Artikel 29: „L'Assemblée établira, en accord avec le Gouvernement Provisoire, un projet de constitution qui sera soumis à référendum." „Ordonnance No 66 / Verordnung Nr. 66, 8. Oktober 1946", abgedruckt in: *Quellen zur Entstehung der Verfassung von Württemberg-Hohenzollern. Erster Teil*, S. 58.
[720] Pfetsch, *Ursprünge*, S. 230–232.
[721] Ebd., S. 231.

gegen die eingereichten Verfassungsentwürfe der Länder vor und sollte, anders als die Amerikaner, in der Folge auch davon Gebrauch machen.

Die Arbeit an den Landesverfassungen und die hier gewonnenen Erkenntnisse und Erfahrungen verarbeiteten Carlo Schmid, Hermann Brill, Anton Pfeiffer und Adolf Süsterhenn bei ihren Vorstellungen und Konzeptionen von Staat und Verfassung auf gesamtdeutscher Ebene bereits vor dem Verfassungskonvent auf Herrenchiemsee. Zwar diente keine dieser Landesverfassungen in Herrenchiemsee als unmittelbare Beratungsgrundlage, aber – wie auch bei den Staats- und Verfassungskonzeptionen der politischen Parteien – ihre (Mit-)Begründer nahmen an den Ausschussberatungen und Plenardebatten teil und bezogen sich dabei nicht selten auf die in den Landesverfassungen begründeten Staats- und Verfassungsvorstellungen.

3.2.1 Carlo Schmid und die Verfassungsgebung in Württemberg-Baden und Württemberg-Hohenzollern

Carlo Schmids Rolle in den Verfassungsberatungen in Württemberg-Baden, das seit dem 8. Juli 1945 nicht mehr Teil der französischen, sondern der amerikanischen Besatzungszone war[722], und dem von Frankreich besetzten Württemberg Hohenzollern war eine besondere. Er nutzte seine politischen Ämter in beiden Ländern dazu, als „Mittelsmann"[723] zwischen den Militärregierungen in Stuttgart und Tübingen zu fungieren, und trieb durch sein Engagement im Verfassungsgebungsprozess die Einheit Württembergs voran.

Der Auftrag der amerikanischen Militärregierung an den Ministerpräsidenten von Württemberg-Baden, mit der Ausarbeitung einer Verfassung für das aus den Landesteilen Nordwürttemberg und Nordbaden zusammengesetzte Land Württemberg-Baden zu beginnen, erging einen Monat, bevor am 12. März 1946 der Verfassungsausschuss der Vorläufigen Volksvertretung zum ersten Mal zusammentrat.[724] Die Anordnung vom Februar 1946 sah vor, dass bis zum 22. Februar „eine kleinere, vorbereitende Verfassungskommission" einzuberufen sei und spätestens am 15. März ein „Gesetzentwurf über die Wahl der Mitglieder der Verfassunggebenden Versammlung" vorliegen müsse, der am 30. Juni zu wählen sei.[725] Wie auch in den anderen Ländern der amerikanischen Besatzungszone sollte am 15. September 1946 der „Entwurf einer Verfassung für das Land Württemberg-Baden" vorliegen, für dessen Annahme am 3. November ein Volksentscheid vorgesehen war.[726]

---

[722] Weber, *Schmid*, S. 211.
[723] Ebd., S. 215.
[724] *Quellen zur Entstehung der Verfassung von Württemberg-Baden. Erster Teil: Februar bis Juni 1946*, hg. v. der Kommission für geschichtliche Landeskunde in Baden-Württemberg, bearb. v. Paul Sauer, Stuttgart 1995, S. 4f. Vgl. „1. Sitzung des Verfassungsausschusses der Vorläufigen Volksvertretung am 12. März 1946", in: ebd., S. 6–9. Zur Entstehung der Länder Baden, Württemberg-Baden und Württemberg-Hohenzollern vgl. Feuchte, Paul, *Verfassungsgeschichte von Baden-Württemberg*, Stuttgart 1983, S. 17–39.
[725] *Quellen zur Entstehung der Verfassung von Württemberg-Baden. Erster Teil*, S. 4.
[726] Ebd., S. 5.

Carlo Schmid, seit dem 18. September 1945 Staatsrat in der eingesetzten Regierung[727], wurde von Ministerpräsident Reinhold Maier als „wissenschaftlicher Sachverständiger"[728] in den Verfassungsausschuss der Vorläufigen Volksvertretung berufen.[729] Seine führende Rolle in den Beratungen der Verfassungskommission ließ sich bereits in deren erster Sitzung erahnen, in der er zunächst dem Ansinnen, eine „Generaldebatte" über „die Frage Bundesstaat oder Staatenbund" zu führen, eine Absage erteilte, da seiner Ansicht nach die zu schaffende Landesverfassung „dem Staat nur die Möglichkeit zu einem gesetzmäßigen Leben geben" sollte und es damit „völlig abwegig" sei, „Sätze in die Verfassung hereinzunehmen, die sich auf die Reichsverfassung beziehen."[730] Auf Bitten des Vorsitzenden des Verfassungsausschusses Wilhelm Keil nahm Carlo Schmid daraufhin, wenn auch etwas widerwillig angesichts der auf ihn zukommenden Mehrarbeit, die Aufgabe, „ein Referat als Grundlage für die Generalaussprache zu halten"[731], an und stellte der Kommission seine Ausarbeitungen bereits einen knappen Monat später vor.

Seinen eigentlichen Ausführungen zum Aufbau einer Landesverfassung stellte Carlo Schmid fünf „allgemeine Darlegungen"[732] und sechs Bekenntnisse als Leitgedanken voran. Der erste der fünf Grundbausteine sah vor, der zu schaffenden Verfassung einen „substantiellen Sinn" dergestalt zu verleihen, dass sie „die Gesamtentscheidung über Art und Form der politischen Existenz eines Volkes" zum Ausdruck bringe.[733] Zweitens müsse die Landesverfassung „eine echte Entscheidung des gesamten Volkes über sein Selbstverständnis werden"[734], und da drittens der Aufbau eines Staates von unten nach oben stattfinden müsse, könne fünftens eine „künftige Reichsverfassung [...] nur aus den Länderverfassungen, die jetzt geschaffen werden, ihre Bausteine nehmen". Daher dürfe die zu erarbeitende Landesverfassung „keine Präjudizierung für die Schaffung einer künftigen Reichsverfassung überhaupt sein."[735] Folgt man diesen

---

[727] Schmid, *Erinnerungen*, S. 231. Petra Weber nennt für Schmids Einsetzung als Staatsrat den 19. September 1945. Weber, *Schmid*, S. 215.
[728] *Quellen zur Entstehung der Verfassung von Württemberg-Baden. Erster Teil*, S. 5.
[729] Wilhelm Keil, der Vorsitzende des Verfassungsausschusses der Vorläufigen Volksvertretung, berief Carlo Schmid nicht, wie Petra Weber angibt, in die Verfassungskommission. Weber, *Schmid*, S. 272. Er verlieh lediglich seinem „Wunsch", Schmid möge „im Vorausschuß das Referat" halten und einen „Verfassungsentwurf" anfertigen, Ausdruck. Keil, Wilhelm, *Erlebnisse eines Sozialdemokraten*, Bd. 2, Stuttgart 1948, S. 686. Wie Petra Weber herausstellt, war Schmid „durch seine Tätigkeit im Kaiser-Wilhelm-Institut auf dem Gebiet des ausländischen öffentlichen Rechts" geradezu prädestiniert für die Arbeit in dieser Verfassungskommission. Weber, *Schmid*, S. 272.
[730] „1. Sitzung des Verfassungsausschusses der Vorläufigen Volksvertretung am 12. März 1946", in: *Quellen zur Entstehung der Verfassung von Württemberg-Baden. Erster Teil*, S. 8.
[731] Ebd.
[732] „3. Sitzung des Verfassungsausschusses der Vorläufigen Volksvertretung", in: *Quellen zur Entstehung der Verfassung von Württemberg-Baden. Erster Teil*, S. 17.
[733] Ebd., S. 10. Im Gegensatz dazu führte Carlo Schmid den „formalen [...] Sinn" einer Verfassung an. Ebd.
[734] Ebd., S. 11, wo es auch heißt: „Ohne diesen Gedanken der Legitimität der Verfassung gibt es, glaube ich, keine echte Verfassung".
[735] Wie Carlo Schmid auch selbst bemerkte, ging er etwas „unsystematisch" vor, indem er in seinem vierten Grundsatz das Verhältnis von Nordwürttemberg und Nordbaden thematisierte und sich dafür aussprach, aus beiden Landesteilen „zwei Kantone mit Verwaltungsautonomie [...] unter einer gemeinsamen Zentralregierung zu bilden". Ebd., S. 15f.

Leitfäden, so verwundert es nicht, dass Carlo Schmid ausdrücklich im „Verhältnis Nordwürttemberg – Nordbaden" „die völlige Verschmelzung [...] dieser beiden historischen Einheiten in ein neues Ganzes" zurückwies, „weil eine solche Lösung eine künftige Wiedervereinigung [...] wesentlich erschweren könnte."[736] Von gleichem Wert erachtete Staatsrat Schmid die von ihm vorgestellten sechs Grundwerte, zu denen man sich beim Aufbau einer künftigen Landesverfassung bekennen müsse: Erstens war dies das „Bekenntnis zur Würde des Menschen", das „in einem Katalog der Menschenrechte" festgeschrieben werden sollte, und zwar im Gegensatz zur Weimarer Reichsverfassung nicht „am Schluß wie ein lästiges Anhängsel". Zweitens das „Bekenntnis zur sozialen Gerechtigkeit", das Carlo Schmid schon damals als „das Problem des 20. Jahrhunderts" erkannte. Drittens das „Bekenntnis zur Demokratie als Staatsform und Staatsinhalt" und damit verbunden viertens „zur Ablehnung der Staatsallmacht", was eine klare Gewaltenteilung bedeutete. Fünftens nannte Schmid das „Bekenntnis zu Völkerrechtsordnung [...] nicht nur in dem bloß Schüchternen, fast Verschämten, wie es in Artikel 4 der Weimarer Reichsverfassung geschehen ist, sondern so, daß die Völkerrechtsordnung, soweit geeignet, als Gesetz des Landes erscheint." Und schließlich forderte er sechstens den „Verzicht auf den Krieg [...] als mögliches Mittel der Politik"[737].

In diese, wie Carlo Schmid sie selbst nannte, „allgemeinen Darlegungen"[738] eingebettet entwarf er sodann in seinem Referat den Aufbau einer künftigen Verfassung, den er in die vier Hauptteile „Vom Menschen"[739], „Vom Staat"[740], „Erziehung und Unterricht"[741] und „Die Gestaltung der Sozial- und Wirtschaftsstruktur"[742] gliederte, wobei hier der zweite Hauptteil von besonderem Interesse sein wird.

Nach Carlo Schmid sollte „das Gebäude der Verfassung" auf sieben Säulen, allen voran auf dem „Bekenntnis zur demokratischen Republik" und „der Gewaltenteilung", ruhen, die er in einem „Teil der Einleitung" niederzulegen gedachte.[743] Es kam Schmid, so sagte er, darauf an, „für die Stellung der einzelnen Organe ihre Funktion zu erörtern und kritisch gegenüberzustellen", was ihn allerdings nicht davon abhielt, seine persönlichen Empfehlungen einfließen zu lassen. Bei einem heutigen „modernen Staat von bestimmter Größe" könne „das Schwergewicht nur bei den repräsentativen Möglichkeiten sein". Das hieß für den Staatsrat, dass die künftige Landesverfassung „zwei Repräsentanten des Volkes [...]: das Parlament und neben ihm das unmittelbar

---

[736] Ebd., S. 15–17. Die von Carlo Schmid hier angeführte „Wiedervereinigung" meinte die Vereinigung der nördlichen Teile von Baden und Württemberg in der amerikanischen und der südlichen Teile sowie Hohenzollerns in der französischen Besatzungszone.
[737] Ebd., S. 12–14.
[738] Ebd., S. 17.
[739] Ebd., S. 17f.
[740] Ebd., S. 19–29.
[741] Ebd., S. 29f.
[742] Ebd., S. 31–33.
[743] Des Weiteren sah Carlo Schmid in seinen Ausführungen über das „Staatsgebiet" den „Staatsbürger", „Staatsflagge, Staatswappen", „die Verbindlichkeit der Völkerrechtsordnung" und den „Verzicht auf den Krieg als mögliches Mittel der Politik" vor. Ebd., S. 20.

vom Volk gewählte Staatsoberhaupt" vorsehen sollte.[744] Der Zeitpunkt für die Schaffung eines Staatsoberhauptes sei vor dem Hintergrund „der inneren Zerrissenheit, in der sich unser Volk heute befindet, bei der Notwendigkeit, demokratische Methoden erst wieder zu lernen, [...] besonders günstig." Dabei dürfe man allerdings nicht außer Acht lassen, dass gerade für „ein Staatsnotrecht Sicherungen"[745] vorgesehen werden müssten, so Schmid.

Weder „Parlament noch Regierung" dürften „einander unter- oder übergeordnet" sein. Dabei sei die „unmittelbare Beziehung zwischen Regierung und Volk" von besonderer Bedeutung und könne „nur dann hergestellt werden, wenn wie in der Weimarer Verfassung die Exekutive auf zwei Organe aufgeteilt wird, nämlich auf das vom Vertrauen des Volkes abhängige Kabinett und das unmittelbar vom Volk gewählte Staatsoberhaupt."[746] Zwar sei die Regierung vom Vertrauen der Volksvertretung abhängig und müsse zurücktreten, wenn sie „in die Minorität kommt"; aber „dieser Rücktritt wird nur dann perfekt, wenn die Mehrheit, die sie gestürzt hat, eine Regierung bilden kann."[747] Carlo Schmid regte somit bereits zu Beginn der Verfassungsberatungen an, ein konstruktives Misstrauensvotum aufzunehmen und zog damit einmal mehr die Lehren aus der Vergangenheit, indem er feststellte: „Der Nationalsozialismus von 1933 wurde möglich durch die Weimarer Verfassung."[748]

In der Frage des Zwei-Kammersystems entsprachen „eine Erste Kammer [...], bestehend aus den gewählten Vertretern der Kreise", also „gewissermaßen die Körperschaft, innerhalb der der Mensch als Element einer Lebensordnung dem Staat gegenübertritt", und „das Unterhaus" als „eine Körperschaft [...], innerhalb der der Mensch als einzelnes Individuum dem Staat gegenübersteht", am ehesten den Vorstellungen des Staatsrats Carlo Schmid. Zudem sprach er sich dafür aus, die Erste Kammer als „Staatsverfassungsgerichtshof" zum „Hüter der Verfassung" zu machen.[749] Zum Zustandekommen der Ersten Kammer präzisierte Schmid im Verlauf der sich anschließenden Diskussion, man könne sie zu drei Vierteln wählen und zu einem Viertel vom Staatsoberhaupt bestimmten lassen.[750]

Die Anerkennung, die die Mitglieder des Verfassungsausschusses parteiübergreifend äußerten[751], führte dazu, dass Carlo Schmid in der Folge damit beauftragt wurde, einen

---

[744] Ebd., S. 19–21. Mit Blick auf die Volksvertretung sprach Schmid über eine „allgemeine direkte Wahl". Ebd., S. 23.
[745] Ebd., S. 27. Zu den Aufgaben eines Staatsoberhauptes zählte Carlo Schmid: „1. Vertretung des Staats nach außen. Das ist überall in der Welt der Fall. 2. Minister- und Beamtenernennung. 2. Ausfertigung und Verkündigung der Gesetze. 4. Begnadigungsrecht, Auflösung des Parlaments, besonders Appell an das Volk. 5. Durchführung der Maßnahmen im Fall eines Staatsnotstandes." Ebd., S. 26.
[746] Ebd., S. 25.
[747] Ebd., S. 49–50.
[748] Ebd., S. 50.
[749] Ebd., S. 23–24. Davon unabhängig sprach Carlo Schmid allerdings auch von der „Errichtung eines Staatsgerichtshofs." Ebd., S. 29.
[750] Ebd., S. 49.
[751] So attestierte der Mannheimer Oberbürgermeister Josef Braun (CDU) Schmids Ausführungen „eine Höhe", die man in der folgenden Debatte nicht würde aufrechterhalten können. Ebd., S. 51. Wolfgang Haußmann (DVP) machte gar als Erster den Vorschlag, Schmid mit der Ausarbeitung ei-

ersten Verfassungsentwurf auszuarbeiten – eine Aufgabe die er ohne zu zögern annahm.[752] Innerhalb weniger Tage konkretisierte Schmid seine mündlichen Ausführungen zu einem „Entwurf einer Verfassung für Nordwürttemberg und Nordbaden", den er dem Verfassungsausschuss der Vorläufigen Volksvertretung von Württemberg-Baden am 24. April 1946 vorlegte.[753] Die Tatsache, dass es sich dabei um einen vorläufigen Entwurf handelte, könnte auf den ersten Blick den Gedanken an ein Provisoriumskonzept entstehen lassen, was Carlo Schmid jedoch bereits vor Abgabe seines Verfassungsentwurfs kategorisch ausgeschlossen hatte. Vielmehr setzte er sich dafür ein, die künftige Landesverfassung „substantiell"[754] auszurichten, sie „in der Hoffnung auf einstige Freiheit"[755] zu konzipieren und nicht zuletzt dieser Landesverfassung die „Bausteine"[756] für eine spätere deutsche Verfassung zu entnehmen.

Der vorgelegte Entwurf gliederte sich daher in zwei Hauptteile: „Vom Menschen und seinen Ordnungen" und „Vom Staat".[757] Anders als noch zu Weimarer Zeiten und wie bereits in seinem Referat am 5. April stellte Carlo Schmid dreizehn Artikel zu den Grundrechten bewusst an den Anfang seines Verfassungsentwurfs und ließ darauf einen Abschnitt über die Wirtschafts- und Sozialordnung folgen.[758]

---

nes Verfassungsentwurfs zu beauftragen. Ebd., S. 35. Und auch aus den Reihen der eigenen Partei zeigte man sich „begeistert von dem Entwurf", den Carlo Schmid in seinem Referat gezeichnet hatte. Ebd., S. 44.
[752] Ebd., S. 51. Unter Mitarbeit von Gustav von Schmoller ging Schmid an die Arbeit. Schmid, *Erinnerungen*, S. 272.
[753] Schmid, Karl, „Vorläufiger Entwurf einer Verfassung für Nordwürttemberg und Nordbaden, 24. April 1946", abgedruckt in: Pfetsch, Frank R. (Hg.), *Verfassungsreden und Verfassungsentwürfe. Länderverfassungen 1946–1953*, Frankfurt a. M. 1986, S. 353–363 (Verfassungspolitik. Heidelberger Studien zur Entstehung von Verfassungen nach 1945, Bd. 1). In *Quellen zur Entstehung der Verfassung von Württemberg-Baden. Erster Teil*, S. 59, Anm. 4 findet sich der Hinweis: „Ein Exemplar des betreffenden Erstentwurfs von Carlo Schmid hat sich offensichtlich nicht erhalten. Nachforschungen durch den Dokumentationsdienst des Landtags waren erfolglos." Nachforschungen ergaben allerdings, dass sich ein maschinenschriftliches Exemplar auf Durchschlagpapier des Verfassungsentwurfs Carlo Schmids nach wie vor im Archiv des Landtages von Baden-Württemberg in Stuttgart befindet. An dieser Stelle möchte ich mich recht herzlich bei Herrn Dr. Otto-Heinrich Elias, Herrn Dr. Günther Bradler und Frau Sigrid Pfeifer für ihre Unterstützung bedanken. Die hier verwendeten Zitate aus Artikeln des „Vorläufigen Entwurfs einer Verfassung für Nordwürttemberg und Nordbaden", datiert auf den 24. April 1946, von Carlo Schmid sind allesamt dem bei Frank Pfetsch abgedruckten Entwurf entnommen.
[754] „3. Sitzung des Verfassungsausschusses der Vorläufigen Volksvertretung am 5. April 1946", in: *Quellen zur Entstehung der Verfassung von Württemberg-Baden. Erster Teil*, S. 46. Schmid fand in seiner Argumentation gegen ein Provisorium deutliche Worte: „Wenn wir uns jetzt entschließen sollten, ein Provisorium zu machen, würden wir fehlgreifen." Ebd., S. 52.
[755] Ebd., S. 46.
[756] Ebd., S. 17.
[757] Schmid, „Vorläufiger Entwurf", S. 353.
[758] Ebd., S. 354f. Carlo Schmid betonte: „Diese Grundrechte sollten in die Verfassung als geltendes Recht und nicht nur wie in der Weimarer Verfassung als bloße Rechtsgrundsätze aufgenommen werden. Es sollen Rechtssätze sein, d. h. gerichtsfähige Sätze, auf die man vor Gericht Ansprüche stützen kann. Das war das Unglück im Sinne sogenannter Grundrechte der Weimarer Verfassung, […], daß man damit nicht zu Gericht gehen konnte, weil ein Richter sagen konnte, das wäre alles schön und gut, wenn es in ein Reichsgesetz transformiert worden wäre, aber jetzt ist es nur ein Rechtsgrundsatz, der in die Zukunft weist oder ein Sollen ausspricht. Das hat die Weimarer Verfassung sehr diskredi-

Den Zweiten Hauptteil eröffnete Schmid mit den „Grundlagen des Staates", die er in der 3. Sitzung des Verfassungsausschusses der Vorläufigen Volksvertretung ebenfalls bereits mündlich skizziert hatte. So stellte er den Artikeln über die Verfassungsorgane einen Abschnitt über „Die Grundlagen des Staates"[759], bestehend aus sieben Artikel, als „Einleitung"[760] voran.

Wie schon in seinem Referat sprach sich Carlo Schmid auch in seinem Verfassungsentwurf für die Etablierung eines Zwei-Kammer-Systems aus (vgl. zu dem Institutionengefüge des Verfassungsentwurfs Abbildung 3-3). Den Landtag sah Schmid als „die vom ganzen Volk gewählte Volksvertretung". „Er beschliesst die Gesetze und überwacht ihre Ausführung." (Art. 27 VESch).[761] Er sollte für vier Jahre im Amt bleiben (Art. 30 VESch), sofern der Staatspräsident nicht von seinem Recht der Auflösung Gebrauch machte (Art. 35 VESch).[762]

Es verwundert kaum, dass Schmid die Erste Kammer, für die er ebenfalls bereits plädiert hatte, als Senat in seinen vorläufigen Verfassungsentwurf aufnahm. Im Gegensatz zum Landtag sollte im Senat „die Erfahrung um das öffentliche Wohl verdienter Staatsbürger zu Wirkung" (Art. 44 VESch) kommen. Dass es sich bei der Art und Weise des Zustandekommens der Ersten Kammer um „eine Notlösung"[763] handelte, musste sogar Carlo Schmid selbst zugeben. Die Mitglieder sollten zu je einem Drittel „vom Landtag gewählt", „vom Staatspräsidenten berufen" und „zugewählt" werden (Art. 45 VESch), ein Verfahren, das auch Schmid als nicht „demokratisch"[764] bezeichnete.[765] Überdies ließ er offen, wer das letzte Drittel des Senats hinzuwählen sollte.[766] Zu den Pflichten des Senats sollte es gehören, an der Gesetzgebung mitzuwirken (Art. 67, 70, 72, 74, 77 VESch) und in „Zweifelsfragen über die Auslegung der Verfassung" (Art. 44 VESch) zu entscheiden. Hinsichtlich der Legislative kam dem Senat in Schmids Entwurf eine weitere wichtige Aufgabe zu: Es sollte zwar möglich sein, die Verfassung „im Wege der Gesetzgebung" abzuändern, allerdings nur, wenn diese Änderungen „den Geist oder die Prinzipien der Verfassung" nicht missachteten (Art. 72 Satz 1 VESch). Ob diese Änderungsanträge verfassungskonform waren, darüber hatte nach Auffassung Carlo Schmids der Senat zu entscheiden (Art. 72 Satz 2 VESch). Eine Durchlöcherung der Verfassung, wie in der Weimarer Republik, wollte er hiermit

---

tiert, vielleicht mit am meisten." „3. Sitzung des Verfassungsausschusses der Vorläufigen Volksvertretung am 5. April 1946", in: *Quellen zur Entstehung der Verfassung von Württemberg-Baden. Erster Teil*, S. 18. Zu den Grundrechten sowie zur Wirtschafts- und Sozialordnung im „Vorläufigen Entwurf" Carlo Schmids vgl. Weber, *Schmid*, S. 273–275.

[759] Schmid, „Vorläufiger Entwurf", S. 356.
[760] „3. Sitzung des Verfassungsausschusses der Vorläufigen Volksvertretung", in: *Quellen zur Entstehung der Verfassung von Württemberg-Baden. Erster Teil*, S. 19.
[761] Ferner sah Carlo Schmid es als Aufgabe des Landtags an, Gesetzesvorlagen einzubringen (Art. 66 VESch).
[762] Art. 35 VESch wurde von Carlo Schmid, bis auf die Namen der Verfassungsorgane, wörtlich von Art. 25 WRV übernommen.
[763] „6. Sitzung des Verfassungsausschusses der Vorläufigen Volksvertretung", in: *Quellen zur Entstehung der Verfassung von Württemberg-Baden. Erster Teil*, S. 122.
[764] Ebd.
[765] Gewählt werden durfte nur, wer Bürger des Staates war und „das 35. Lebensjahr vollendet" hatte (Art. 47 VESch).
[766] Die Wahl des letzten Drittels des Senats ist in Abbildung 3-3 nicht dargestellt.

vermeiden. Ein weiteres Recht des Senats solle es sein, „von der Regierung über die Führung der Regierungsgeschäfte auf dem Laufenden" (Art. 50 VESch) gehalten zu werden.

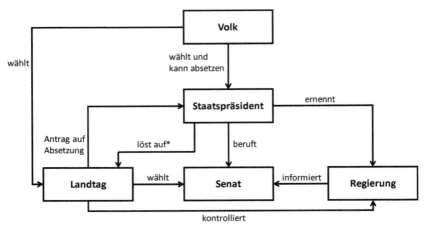

Abbildung 3-3: **Verfassungsorgane und Gewaltenverschränkung im vorläufigen Entwurf einer Verfassung für Nordwürttemberg und Nordbaden von Carlo Schmid (24. April 1946)**
Quelle: Eigene Darstellung

Über den „Rat der Weisen", der in dem vorläufigen Entwurf Schmids „als ein Widerlager zur Parteiendemokratie" gedacht war, wurde heftig debattiert.[767] Nicht zuletzt aufgrund Carlo Schmids eigener Zweifel[768] war der Senat zwar in der Folge noch Bestandteil des „Entwurfs einer Verfassung für Württemberg-Baden"[769], der der amerikanischen Militärregierung am 15. Juni 1946 von dem Verfassungsausschuss der Vorläufigen Volksvertretung vorgelegt wurde[770]; in den Beratungen der Verfassungsge-

---

[767] Weber, *Schmid*, S. 276.
[768] „Ich habe mir selbst lange überlegt, welchen Vorschlag ich dem Ausschuß machen könnte. Befriedigt hat mich kaum einer meiner Einfälle." „6. Sitzung des Verfassungsausschusses der Vorläufigen Volksvertretung", in: *Quellen zur Entstehung der Verfassung von Württemberg-Baden. Erster Teil*, S. 121.
[769] „Entwurf einer Verfassung für Württemberg-Baden nach den Beschlüssen des Verfassungsausschusses der Vorläufigen Volksvertretung, 15. Juni 1946", abgedruckt in: *Quellen zur Entstehung der Verfassung von Württemberg-Baden. Erster Teil*, S. 367–385.
[770] Siehe Art. 44–51 dieses Entwurfs vom 15. Juni 1946, in: *Quellen zur Entstehung der Verfassung von Württemberg-Baden. Erster Teil*, S. 375f.

benden Landesversammlung fand sich jedoch keine Mehrheit mehr für das von Schmid angedachte Zwei-Kammer-System.[771]

Als ebenso strittig erwies sich das von Carlo Schmid vorgesehene Amt des Staatspräsidenten, den er als „pouvoir neutre", als „Autorität", die allein durch ihr Vorhandensein „die Kontinuität realisieren" sollte, verstanden wissen wollte.[772] Daher sah Schmid vor, ihn als „über den Gewalten" (Art. 52 VESch) stehend „vom ganzen Volk" (Art. 53 VESch) auf sieben Jahre (Art. 54 VESch) wählen zu lassen. Zu den Pflichten des Staatspräsidenten sollte es gehören, „den Staat nach außen" zu vertreten, wobei „der Abschluss von Staatsverträgen" nur nach „Zustimmung der Regierung und des Landtags" zustande kommen sollte (Art. 56 VESch).[773] Neben dem Ernennungs- und Entlassungsrecht der Beamten (Art. 57 VESch) sah Schmid für ihn das Recht auf Begnadigung (Art. 58 VESch) vor, zudem könne er bei Uneinigkeit zwischen Senat und Landtag bei Gesetzesvorhaben „eine Volksabstimmung anordnen" (Art. 70 VESch), so Schmid in seinem Entwurf. Das Problem der Notstandsverordnungen der Weimarer Republik hatte er bereits in seinem Referat angesprochen; der entsprechende Abschnitt im Verfassungsentwurf für Nordwürttemberg und Nordbaden beinhaltete jedoch die von Carlo Schmid angesprochenen „Sicherungen"[774] nicht. So stellte Artikel 59 in Schmids Verfassungsentwurf lediglich eine leicht entschärfte Variante des Artikels 48 der Weimarer Verfassung dar, die dem Staatspräsidenten weiterhin das Recht zusprach, „zur Wiederherstellung der öffentlichen Sicherheit und Ordnung" die „erforderlichen Maßnahmen" zu ergreifen, was nichts anderes hieß, als dass das Staatsoberhaupt in diesem Fall die exekutive Gewalt im Land übernehmen sollte. Das Vetorecht des Landtags allein könne dazu führen, diese Anordnungen „ausser Kraft zu setzen", so Schmid in seinem Entwurf (Art. 59 VESch). Wie der Senat, so fand auch das Amt des Staatspräsidenten zwar noch Eingang in den der Militärregierung

---

[771] Weber, *Schmid*, S. 276. „Verfassung für Württemberg-Baden vom 28. November 1946", abgedruckt in: Wegener, *Verfassungen*, S. 101–118.

[772] „6. Sitzung des Verfassungsausschusses der Vorläufigen Volksvertretung", in: *Quellen zur Entstehung der Verfassung von Württemberg-Baden. Erster Teil*, S. 110. Carlo Schmid begründete die Etablierung des Amts eines Staatspräsidenten wie folgt: „Wenn man eine Verfassung will, die aufgebaut ist als ein System von Gegengewichten, d. h. der Wille des Volkes, der die Grundlage dieses staatlichen Daseins sein soll, wird repräsentiert auf verschiedene Weise und durch verschiedene Schichten (Landtag, Senat), dann muß man ein Organ schaffen, das diesen Apparat in Gang hält, das nicht Zünglein an der Waage ist, aber etwas wie in der Uhr, diese Unruhe, die in das Räderwerk eingreift. [...] Der Staatspräsident ist doch eine der wirksamsten Formen des Minderheitenschutzes. Wie soll die Minderheit im Landtag im Volk einen Anwalt finden, wenn nicht in einer Figur ähnlich der des Staatspräsidenten?" „11. Sitzung des Verfassungsausschusses der Vorläufigen Volksvertretung", in: *Quellen zur Entstehung der Verfassung von Württemberg-Baden. Erster Teil*, S. 304.

[773] Als Begründung für die außenpolitische Vertretung führte Carlo Schmid an: „Ich bin überzeugt, daß wir auf einige Jahre hinaus in diesen Ländern staatlich werden existieren müssen, also eine Stelle haben müssen, die eben den Staat nach außen repräsentiert. Auch aus diesem Grunde ist ein Staatspräsident nötig. 11. Sitzung des Verfassungsausschusses der Vorläufigen Volksvertretung", in: *Quellen zur Entstehung der Verfassung von Württemberg-Baden. Erster Teil*, S. 304.

[774] „3. Sitzung des Verfassungsausschusses der Vorläufigen Volksvertretung", in: *Quellen zur Entstehung der Verfassung von Württemberg-Baden. Erster Teil*, S. 27.

vorgelegten Verfassungsentwurf[775], es wurde jedoch von der Verfassunggebenden Landesversammlung letzten Endes verworfen.[776]
Die Regierung bestand in Carlo Schmids Entwurf aus dem Kanzler und den Ministern, die durch den Staatspräsidenten zu ernennen waren.[777] Dabei argumentierte Schmid klar für das Kanzlerprinzip: Dieser sollte „den Vorsitz in der Regierung führen" (Art. 62 Abs. 1 VESch) und die Richtlinien der Politik" (Art. 62 Abs. 2 VESch) der Regierung bestimmen und wurde damit in die Stellung eines „primi supra pares, nicht primi inter pares"[778] erhoben.[779] Für Carlo Schmid war es eine selbstverständliche Konsequenz aus der Instabilität der Weimarer Republik, die Stellung der Regierung mit der Umkehr des destruktiven in ein konstruktives Misstrauensvotum zu stärken. Er argumentierte: „Wenn eine Regierung in die Minorität kommt, hat sie ihren Rücktritt anzubieten; dieser Rücktritt wird nur dann perfekt, wenn die Mehrheit, die sie gestürzt hat, eine Regierung bilden kann. Wenn also die Majorität nicht imstande ist, eine Regierung zu bilden, ist die Demission vom Staatspräsidenten nicht entgegenzunehmen."[780]
Zur Stellung der Landesverfassung im Hinblick auf eine künftige Reichsverfassung bemerkte der Entwurf abschließend: „Sämtliche Bestimmungen dieser Verfassung, die mit der künftigen Reichsverfassung in Widerspruch stehen, treten außer Kraft, sobald die Reichsverfassung verkündet wird" (Art. 86 VESch). Damit distanzierte sich Schmid nicht nur von dem Aufbau eines zukünftigen Deutschlands als Staatenbund[781], sondern sprach sich zugleich indirekt für eine bundesstaatliche Struktur aus.

---

[775] Siehe Art. 52–60 im „Entwurf einer Verfassung für Württemberg-Baden nach den Beschlüssen des Verfassungsausschusses der Vorläufigen Volksvertretung, 15. Juni 1946", abgedruckt in: *Quellen zur Entstehung der Verfassung von Württemberg-Baden. Erster Teil*, S. 376–378. Allerdings erfuhr das Amt des Staatspräsidenten hier bereits einen entscheidenden Einschnitt: Nicht mehr das Volk, sondern Senat und Landtag sollten das Staatsoberhaupt wählen (Art. 53 VEVV).
[776] Vgl. Weber, *Schmid*, S. 276. „Verfassung für Württemberg-Baden vom 28. November 1946", abgedruckt in: Wegener, *Verfassungen*, S. 101–118.
[777] Dabei wählte Carlo Schmid die Bezeichnung „Staatskanzler" bewusst: „ Im Premiersystem ist der Premier schlechthin der Chef in viel höherem Maß als der Reichskanzler der Weimarer Verfassung. Er ist der Führer des Parlaments. Daneben steht der Führer der Opposition. Das Kanzlersystem ist ein Mittelding. […] Ich möchte gerne, daß dieser Sachverhalt seinen Ausdruck in der Bezeichnung ‚Staatskanzler' findet." „11. Sitzung des Verfassungsausschusses der Vorläufigen Volksvertretung", in: *Quellen zur Entstehung der Verfassung von Württemberg-Baden. Erster Teil*, S. 308. In der Folge konnte sich Schmid jedoch mit seiner Auffassung nicht durchsetzen. Ebd., S. 311.
[778] Weber, *Schmid*, S. 277.
[779] „Wir brauchen der Militärregierung gegenüber dieses Kanzlersystem. Der Ministerpräsident wird konfrontiert, dann muß er die Möglichkeit haben, auf die Minister einzuwirken", so Schmid. „11. Sitzung des Verfassungsausschusses der Vorläufigen Volksvertretung", in: *Quellen zur Entstehung der Verfassung von Württemberg-Baden. Erster Teil*, S. 309. In der Verfassung von Württemberg-Baden wurde das Kanzlerprinzip ebenfalls aufgenommen (Art. 72 Abs. 1 VWB). Vgl. auch Art. 55 und 56 WRV.
[780] „3. Sitzung des Verfassungsausschusses der Vorläufigen Volksvertretung", in: *Quellen zur Entstehung der Verfassung von Württemberg-Baden. Erster Teil*, S. 49f. Die Entsprechung fand sich in Carlo Schmids „Vorentwurf" (Art. 64 Satz 2 VESch): „Entzieht ihr [der Regierung] der Landtag durch ausdrücklichen Beschluss sein Vertrauen, so muss sie zurücktreten, wenn auf dem Vertrauen der Mehrheit, die den Beschluss herbeigeführt hat, eine neue Regierung gebildet werden kann."
[781] Weber, *Schmid*, S. 278.

Auch wenn Carlo Schmid sich letzten Endes nicht mit allen Vorstellungen durchzusetzen vermochte, so war die Verfassung Württemberg-Badens im November 1946 doch auf die von ihm geschaffenen Grundlagen zurückzuführen.[782] Auf gesamtdeutscher Ebene konnten sowohl Schmids „Vorentwurf" als auch die württemberg-badische Verfassung als Vorlage dienen – ein Ziel, das sich Schmid bereits zu Beginn seiner Arbeiten gesetzt hatte.[783] Geschaffen war damit eine End- und zugleich Ausgangssituation, mit der Schmid durchaus zufrieden sein konnte. Bevor es an die Ausarbeitung einer länderübergreifenden Verfassung ging, stand für Carlo Schmid jedoch zunächst der Verfassungsgebungsprozess in dem unter französischer Militärregierung stehenden Württemberg-Hohenzollern auf der Agenda.[784]

Die Verfassungsgebung in Württemberg-Hohenzollern schritt sehr viel langsamer voran als die in Württemberg-Baden, da die französische Militärregierung – in der Hoffnung „auf eine Neuabgrenzung der Besatzungszonen"[785] – im Gegensatz zu den Amerikanern den Prozess der Staatswerdung um einiges zögerlicher voranbrachte. Die schließlich im Dezember 1946 in Gang kommenden Verfassungsberatungen waren im Anschluss an den mühsamen Start vor allem durch parteipolitische Kontroversen geprägt.[786] Carlo Schmid, der seit dem 16. Oktober 1945 de facto als „Regierungschef"[787] in Württemberg-Hohenzollern tätig war, eröffnete die konstituierende Sitzung der Beratenden Landesversammlung am 22. November 1946, nachdem man ihn von französischer Seite bereits um die Zusendung des Verfassungsentwurfs von Württemberg-Baden und um „Vorschläge für die Übernahme dieses Verfassungstextes für Südwürttemberg"[788] gebeten hatte, was Schmids Betreiben einer Einheit Württembergs sehr entgegenkam.

In der Beratenden Landesversammlung am 2. Dezember 1946, wenige Tage nach der Konstitution der Beratenden Landesversammlung[789], hielt Carlo Schmid eine Grundsatzrede, die noch einmal die Position des Staatsrats hinsichtlich der zu schaf-

---

[782] Zu den Versuchen der Einflussnahme der amerikanischen Militärregierung auf die Beratungen des Verfassungsentwurfs der Vorläufigen Volksvertretung und die Reaktionen Carlo Schmids siehe Fait, „Rolle der Amerikaner", S. 442–444.

[783] Schmid, *Erinnerungen*, S. 272f. Vgl. hierzu: Rede von Carlo Schmid gehalten in Städten der nordamerikanischen Zone Württembergs anläßlich des Wahlkampfes für die Verfassungsgebende Landesversammlung in der Zeit vom 27.–29.6.1946, in: AdsD, NL Schmid 77.

[784] Carlo Schmid notierte in seinen „Erinnerungen": „Gouverneur Widmer hatte mich schon um Vorlage meines Verfassungsentwurfs für Württemberg-Baden gebeten und bat mich nun um Vorschläge für die Übernahme dieses Verfassungstextes in Südwürttemberg, falls sich die Notwendigkeit ergeben sollte. Ich stimmte zu, beiden Landesteilen annähernd gleichlautende Verfassungstexte vorzuschlagen, und sei es nur, um deutlich zu machen, daß trotz der Schlagbäume beide Landeshälften ihr politisches Schicksal in gleicher Weise begriffen." Schmid, *Erinnerungen*, S. 274f.

[785] Weber, *Schmid*, S. 279.

[786] Zu den parteipolitischen Auseinandersetzungen in den Verfassungsberatungen für Württemberg-Hohenzollern vgl. ebd., S. 279–283; Schmid, *Erinnerungen*, S. 275; Raberg, „Einleitung", S. XVII–XXVII.

[787] Weber, *Schmid*, S. 258.

[788] Schmid, *Erinnerungen*, S. 274. Vgl. auch Weber, *Schmid*, S. 279.

[789] Die Beratende Landesversammlung von Württemberg-Hohenzollern konstituierte sich am 22. November 1946. Raberg, „Einleitung", S. XVII.

fenden Verfassungsorgane und ihrer Gewaltenverschränkung auf Landesebene zum Ausdruck brachte.[790] Nachdem die französische Militärregierung „in einem einmaligen Vorgang im Nachkriegsdeutschland"[791] den Entwurf, der maßgeblich die Handschrift der CDU trug, als „zu konfessionell, autoritär und undemokratisch"[792] abgelehnt hatte, konnte Schmid in der Folge zwar erreichen, dass die Verfassung Württemberg-Badens als Grundlage der Beratungen im Nachbarland diente. Er musste jedoch einige Kompromisse eingehen, was für ihn einen ersten politischen Rückschlag bedeutete.[793]

Insgesamt lassen sich somit die Leitlinien von Carlo Schmids staats- und verfassungspolitischem Denken auch auf Landesebene deutlich erkennen. Wie eine künftige gesamtdeutsche Verfassung die Eingliederung in einen europäischen Bund ermöglichen sollte, so sollte eine Verfassung auf Landesebene nach Schmids Ansicht nichts enthalten, was einer künftigen Staatsverfassung im Wege stünde. Zudem bildete, wie auch in gesamtdeutscher Hinsicht, ein demokratischer Aufbau mit vorangestellten Menschenrechten die Basis seiner Staats- und Verfassungsvorstellungen.

3.2.2 Hermann Louis Brill und die Verfassungsgebung in Thüringen und Hessen

Im April 1945 erlebte Hermann Brill die Befreiung als Häftling des Konzentrationslagers Buchenwald durch die amerikanischen Truppen.[794] Für Brill eröffnete sich hiermit „die politische Chance seines Lebens". Es drängte sich förmlich auf, „mit dem Anspruch höchster Legitimation in die aktive Politik zurückzukehren."[795] Allerdings

---

[790] Schmid, Karl, „Grundsatzrede in der Beratenden Landesversammlung von Württemberg-Hohenzollern, 2. Dezember 1946", abgedruckt in: Pfetsch, *Verfassungsreden*, S. 111–141.
[791] Wolfrum, *Besatzungspolitik*, S. 197.
[792] Ebd. Über die Ursachen für die Ablehnung des Verfassungsentwurfs durch die französische Militärregierung vgl. Wolfrum, *Besatzungspolitik*, S. 197f.; Weber, *Schmid*, S. 280f.
[793] Vgl. Weber, *Schmid*, S. 281–283; Hirscher, *Schmid*, S. 83–100; Wolfrum, *Besatzungspolitik*, S. 192–203.
[794] Wie Manfred Overesch anmerkt, sind von Hermann Brill selbst keine Aufzeichnungen zu diesem Ereignis überliefert. Overesch, *Brill*, S. 298. An dieser Stelle sei jedoch auf den Bericht Ernst Thapes zur Befreiung des Konzentrationslagers Buchenwald verwiesen. Overesch, Manfred, „Ernst Thapes Buchenwalder Tagebuch von 1945", in: *Vierteljahrshefte für Zeitgeschichte*, 29. Jahrgang, 1981, S. 631–672, hier S. 646–670.
[795] Overesch, *Brill*, S. 302. Bereits am 15. April 1945 plädierte er in einem Schreiben an amerikanische Stellen: „Im hiesigen Lager befinden sich etwa 80 thüringische politische Gefangene, die wegen ihrer antinazistischen Betätigung in Haft genommen worden sind. Ein größerer Teil von ihnen hat öffentliche Ämter bekleidet. [...] Eine größere Anzahl der nichtgenannten ehemaligen thüringischen Schutzhaftgefangenen hat geringere öffentliche Ämter oder Funktionen in den politischen und gewerkschaftlichen Organisationen bekleidet. Wenn Sie, Herr Kommandant, diesen politischen Persönlichkeiten die Möglichkeit geben wollten, das Lager unverzüglich zu verlassen, so würden sie imstande sein, nach notwendiger Rücksprache mit ihren Freunden binnen kürzester Frist eine geordnete öffentliche Verwaltung in Thüringen wiederherzustellen, eine Sache, die in vielseitigem Interesse sehr erwünscht scheint. Aus diesem Grund bitten wir Sie, die Entlassung der thüringischen politischen Gefangenen alsbald verfügen zu wollen." „Schreiben der politische Häftlinge Dr. Hermann L. Brill

sollte sein politischer Weg nicht stringent – erst der Landesaufbau Thüringens und danach oder parallel die Mitarbeit am Aufbau eines deutschen Staatswesens – verlaufen.

Zunächst wurde Hermann Brill – nach seinem Vortrag des „Buchenwalder Manifests"[796] am 23. April 1945 – zum Leiter des Intelligence Team der Psychological Warfare Division der Amerikaner bestellt. Man erkundigte sich, ob er bereit sei, unter Aufsicht der Militärregierung am Wiederaufbau Deutschlands mitzuarbeiten.[797] Hermann Brill ergriff die Chance, die sich ihm bot, auch wenn sie nicht direkt seinen eigenen Wünschen nach politischer Mitarbeit entsprach[798], und wurde von William M. Brown, dem kommandierenden Offizier für die Stadt Weimar, damit beauftragt, „der Stadt Weimar und dem Landkreis Weimar eine neue Verwaltung zu geben."[799] So entwarf Brill zunächst einen grundsätzlichen Plan für den Aufbau einer thüringischen Verwaltung[800], um anschließend „Richtlinien für eine Landesverwaltungsordnung"[801] in Thüringen auszuarbeiten.

Die Verwendung des staats- und verfassungsrechtlichen Vokabulars Hermann Brills unterscheidet sich hier deutlich von dem seiner späteren Mitstreiter auf dem Verfassungskonvent von Herrenchiemsee.[802] Keine Verfassung galt es für Thüringen zu

---

(SPD) und Otto Schiek (KPD) an den amerikanischen Platzkommandanten des befreiten Konzentrationslagers Buchenwald vom 15. April 1945", abgedruckt in: Post/Wahl, *Thüringen-Handbuch*, S. 98f.

[796] Siehe Kapitel 3.4.1.

[797] Overesch, Manfred, „Hermann Brill und die Neuanfänge deutscher Politik in Thüringen 1945", in: *Vierteljahrshefte für Zeitgeschichte*, 27. Jahrgang, 1979, S. 524–569, hier S. 539.

[798] Nach seinen eigenen Ausführungen erschien es Hermann Brill wichtiger, „die Arbeit für die Einheit Deutschlands […] als die Arbeit in einem Lande" voranzutreiben, während die amerikanische Militärregierung einen Aufbau Deutschlands von unten nach oben vorsah. Hermann Brill an Georg Dietrich, 16. September 1945, in: BArch, NL Brill 57. So schrieb er auch an William Brown, den Military Government Officer der Stadt Weimar: „Was aus den ehemaligen Ländern werden soll, ist eine politische Frage, die hier nicht zur Debatte steht. Immerhin gestatte ich mir die Bemerkung, daß niemand in den antifaschistischen politischen Kreisen, an deren illegaler Arbeit ich teilgenommen habe, an eine Wiederherstellung der Regierungs- und Gesetzgebungsrechte dieser Länder denkt. Wir wünschen deshalb auch nicht, daß gegenwärtig irgendwelche Maßnahmen ergriffen werden, die auch nur den Anschein einer solchen Restauration erwecken könnten. […] Auch die Zweckmäßigkeit gebietet, in den Ländern und Provinzen zentral vorzugehen." „Denkschrift von Dr. Hermann L. Brill für den Military Government Officer in Weimar über den Neuaufbau der Verwaltung in Thüringen vom 26. April 1945", abgedruckt in: Post/Wahl, *Thüringen-Handbuch*, S. 101. Vgl. auch Overesch, „Hermann Brill und die Neuanfänge", S. 539.

[799] Zit. nach Overesch, *Brill*, S. 304.

[800] Hier sah Hermann Brill bereits die Schaffung einer „Landesverwaltungsordnung" vor, die „die Zuständigkeit des Regierungspräsidenten und der Regierungsdirektoren, die Organisation der Landesämter, die Geschäftsverteilung zwischen den Landesämtern, das allgemeine Verwaltungsverfahren und die Verwaltungsgerichte und das allgemeine Polizeirecht zu ordnen" habe. „Plan für Dr. Hermann L. Brill, beauftragt mit der Wahrnehmung der Geschäfte des Vorstandes des Thüringischen Staatsministeriums und des Ministeriums des Inneren, für den Aufbau der Verwaltung Thüringens [vom 31. Mai 1945]", abgedruckt in: Post/Wahl, *Thüringen-Handbuch*, S. 112.

[801] o. A. [Hermann Brill], Richtlinien für eine Landesverwaltungsordnung, o. D. [Mai/Juni 1945], in: BArch, NL Brill 95, Blatt 39–41. Zu Hermann Brills Vorschlägen für eine Gebietsreform sowie zur Entnazifizierung vgl. Overesch, *Brill*, S. 322f. und 327–339.

[802] Vgl. Kapitel 3.2.1, 3.2.3 und 3.2.4.

schaffen, sondern eine Landesverwaltungsordnung, die Thüringen als „Provinz"[803], also lediglich als „einen größeren Verwaltungsbezirk mit gewissen Selbstverwaltungsrechten"[804] innerhalb eines übergeordneten Staatswesens beschrieb.[805] Als „oberstes Verwaltungsorgan" sah Brill „die Provinzregierung" vor, die „aus dem Regierungspräsidenten und dem Regierungskollegium" zusammengesetzt werden sollte (siehe zu den Verwaltungsorganen und ihren Beziehungen in diesem Entwurf Brills Abbildung 3-4). „In der Übergangszeit", so Brill, „ wird der Regierungspräsident von der Militärregierung ernannt. Später ist er durch unmittelbare Volkswahl zu wählen."[806] Die überaus starke Stellung des Regierungspräsidenten kam jedoch nicht nur durch die Wahl durch das Volk, sondern auch durch die ihm zugesprochene Leitung und Beaufsichtigung der Provinzverwaltung, der Verantwortung für die Personalpolitik sowie seinen Vorsitz in Hoheits- und Justizangelegenheiten zum Ausdruck. Zudem sollte er an der Spitze des Regierungskollegiums stehen.[807]

Dem Regierungskollegium, bestehend aus Regierungsdirektoren, räumte Brill Rechte zum „Abschluss von Staatsverträgen, für die Beschlussfassung über Verordnungen, für die Stellungnahme zu Vorlagen der Militärregierung, für die Beschlussfassung über den Haushalt, für die Genehmigung der Rechnungslegung" sowie „für Erwerbungen und Veräusserungen von Vermögensteilen" ein. Dabei sollte jeder Regierungsdirektor einem Landesamt vorstehen.[808] Für die „Rechtskontrolle der Verwaltung" sollten „Verwaltungsgerichte, Disziplinargerichte und eine Rechnungsprüfungsbehörde" sorgen, so Brill.[809] Nicht reversibel wären allerdings „Verwaltungsakte", die „als Regierungsakte charakterisiert werden" und somit einer „Bestätigung des Regierungspräsidenten" bedurften, was ein weiteres Mal dessen ohnehin schon starke Stellung festigte.[810]

---

[803] o. A. [Brill], Richtlinien, in: BArch, NL Brill 95, Blatt 39.
[804] Weber-Fas, Rudolf, *Das kleine Staatslexikon. Politik, Geschichte, Diplomatie, Recht*, Frankfurt a. M. 2000, S. 397.
[805] Von Hermann Brills föderalistischen Ansichten, die er vor allem im Verlaufe seiner Arbeit für das Deutsche Büro für Friedensfragen klar zum Ausdruck brachte, ist hier noch nichts zu lesen. Vgl. Kapitel 3.4.2. Vgl. auch Overesch, *Brill*, S. 322.
[806] o. A. [Brill], Richtlinien, in: BArch, NL Brill 95, Blatt 39.
[807] Ebd.
[808] Ebd. Insgesamt sah Hermann Brill sieben Landesämter vor: für Inneres, für Finanzen, für Volksbildung, für Industrie, Handel und Gewerbe, für Land- und Forstwirtschaft sowie für Verkehr und Über deren Geschäftsordnung und Geschäftsverteilung sollten jedoch nicht die Regierungsdirektoren, sondern der Regierungspräsident bestimmen. Vgl. ebd.
[809] Ebd., Blatt 40. Sowohl die Verwaltungs- als auch die Disziplinargerichtsbarkeit sollten nach Ansicht Hermann Brills aus „zwei Instanzen" bestehen. Ebd., Blatt 40f. Über die Rechnungsprüfungsbehörde verfügte Brill, dass sie „ein Kollegialorgan, welches grundsätzlich Entscheidungen in öffentlicher Sitzung zu fällen" habe, sei. Ebd., Blatt 41.
[810] Ebd., Blatt 40.

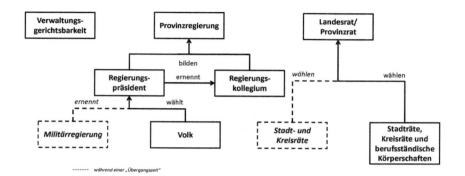

Abbildung 3-4: Verwaltungsorgane und Gewaltenverschränkung in den Richtlinien für eine Landesverwaltungsordnung Thüringens von Hermann L. Brill (Mai/Juni 1945)

Quelle: Eigene Darstellung

Erst am Ende seiner dreiseitigen Richtlinien kam Hermann Brill auf die Volksvertretung zu sprechen, die durch einen „Landesrat", „der in der Übergangzeit aus den Stadt- und Kreisräten zu wählen" sei, repräsentiert werden sollte.[811] Nachfolgend, so Brill, seien an der Wahl zum „Provinzrat" zusätzlich die „berufsständischen Körperschaften" zu beteiligen, „dies jedoch nur dann, wenn diese paritätisch aus Arbeitgebern und Arbeitnehmern zusammengesetzt sind".[812] Wie bereits Manfred Overesch feststellte, deutet die Ausdrucksweise Hermann Brills an, dass es sich bei „Landesrat" und „Provinzrat" um ein und dasselbe Verwaltungsorgan handelt und er hier keineswegs ein Zwei-Kammer-System zu schaffen gedachte.[813]

Betrachtet man die „Richtlinien für eine Landesverwaltungsordnung" in Hermann Brills individuellem historischem Kontext, so geben sie eine recht unstete Gesamtkomposition ab. An die Spitze der thüringischen Provinz stellte er einen Regierungspräsidenten, den er mit weitreichenden Machtbefugnissen ausstattete.[814] Von einem „neuen Typ der Demokratie", wie es noch im „Buchenwalder Manifest" im April 1945

---

[811] Ebd., Blatt 41.
[812] Ebd.
[813] Vgl. Overesch, *Brill*, S. 324f. Overesch räumt allerdings ein, dass es „nicht auszuschließen sei", dass Hermann Brill hier doch an ein Zwei-Kammer-System gedacht habe, da seine Richtlinien „an amerikanische Adressaten ging und in seinem *Buchenwalder Manifest* das Bekenntnis zum ‚Eintritt Deutschlands in den angelsächsischen Kulturkreis' steht." Ebd., S. 325.
[814] Die Frage, ob Hermann Brill bei der Ausgestaltung des Amtes des Regierungspräsidenten bereits in Erwartung seiner eigenen Ernennung zum vorläufigen Regierungspräsidenten der Provinz Thüringen am 9. Juni 1945 handelte, bleibt hierbei offen. Im thüringischen Regierungsblatt wurde vermerkt: „Folgende Beamte sind ernannt worden: Regierungspräsident: Herr Dr. Hermann Brill." *Regierungsblatt für die Provinz Thüringen*, herausgegeben von der Präsidialkanzlei des Regierungspräsidenten in Thüringen, Weimar, den 16. Juli 1945, Nr. 1, in: BArch, NL Brill 95. Zur Ernennung Hermann Brills als Regierungspräsident der Provinz Thüringen vgl. Overesch, *Brill*, S. 326f.

hieß, war in den Richtlinien wenig zu spüren.[815] Auch Brills noch wenige Wochen zuvor geäußerter Anspruch, „den breiten Massen in Stadt und Land eine effektive Betätigung in Politik und Verwaltung"[816] zu verschaffen, verblasste angesichts eines geradezu übermächtigen Regierungspräsidenten und der sehr knapp gehaltenen Ausführungen zur Volksvertretung, die auch noch an letzter Stelle der Richtlinien standen. Gleichzeitig erinnert die Sprachwahl Hermann Brills an seine verfassungspolitischen Arbeiten nach Ende des Ersten Weltkriegs, wenn er nun davon sprach, einen „Provinzrat"[817] zu schaffen, an dessen Wahl er in sozialistischer Manier auch aus Arbeitgebern und Arbeitnehmern zusammengesetzte Vertretungen zu beteiligen gedachte. Einzig die Organisation und Kontrolle der Verwaltung legte Brill detaillierter dar.[818] Bei der Einschätzung von Hermann Brills „Richtlinien für eine Landesverwaltungsordnung" sollte indes nicht unbeachtet bleiben, dass sie als Grundlage der „Landesverwaltungsordnung für die Provinz Thüringen"[819], ausgearbeitet von Rudolf Knauth, dienten.[820]

Der amerikanischen Militärregierung konnte Brill seinen Entwurf für die Provinz Thüringen am 6. Juni 1945 im IG-Farbenhaus in Frankfurt am Main vorstellen.[821] Sowohl Brills sachlichen als auch seinen personellen Auslegungen stimmten die Amerikaner zu und beauftragten ihn mit der Regierungsbildung in Thüringen.[822] Allerdings blieb die nun zu erwartende politische Karriere des Regierungspräsidenten Hermann Brill in Thüringen aus. Bereits im Juli 1945 setzte die neu eingerichtete sowjetische Besatzungsmacht für Thüringen im Beisein Brills diesen als Regierungspräsidenten ab, ersetzte ihn durch Rudolf Paul, den bisherigen Oberbürgermeister der Stadt Gera, als „Präsident des Landes Thüringen"[823] und schob Hermann Brill wenig später in die

---

[815] „Buchenwalder Manifest", abgedruckt in: Brill, *Gegen den Strom*, S. 98. Siehe auch Kapitel 3.4.1.
[816] „Buchenwalder Manifest", abgedruckt in: Brill, *Gegen den Strom*, S. 98.
[817] o. A. [Brill], Richtlinien, in: BArch, NL Brill 95, Blatt 41.
[818] Vgl. Heil, Thomas, *Die Verwaltungsgerichtsbarkeit in Thüringen 1945–1952: ein Kampf um den Rechtsstaat*, Tübingen 1996, S. 8f. (Beiträge zur Rechtsgeschichte des 20. Jahrhunderts, Bd. 18).
[819] o. A. [Rudolf Knauth], Landesverwaltungsordnung für die Provinz Thüringen vom Juli 1945, in: BArch, NL Brill 95, Blatt 42–63. Hermann Brill fügte hier seine eigenen handschriftlichen Kommentare ein.
[820] Heil, *Verwaltungsgerichtsbarkeit*, S. 9f.
[821] Overesch, *Brill*, S. 325; Overesch, Manfred, „Hermann Brill und die SPD in Thüringen 1945/1946", in: *Arbeiterbewegung und Sozialdemokratie in Thüringen. Dokumentation des Kolloquiums der Friedrich-Ebert-Stiftung, Landesbüro Thüringen und Arbeit und Leben in Thüringen e. V., am 30.10.2001 im Kaisersaal, Erfurt, anlässlich des 110jährigen Jubiläums des Erfurter Parteitages*, Erfurt [2002], S. 35–48, hier S. 43.
[822] Overesch, *Brill*, S. 325–327; Overesch, „Hermann Brill und die SPD in Thüringen", S. 43.
[823] Protokoll der Sitzung vom 16. Juli 1945, in: ThHStAW, Büro des Ministerpräsidenten Nr. 459, Blatt 27. Das Protokoll vermerkte zur Person Hermann Brills: „Herr Regierungspräsident Dr. Brill wird nach Berlin berufen werden und soll dort anderweite Verwendung finden." Keine zwei Wochen zuvor hatte Hermann Brill noch in seinem Amt als Regierungspräsident einen detaillierten Lagebericht über die aktuelle Situation Thüringens an das Oberkommando der sowjetischen Besatzungsmacht geschickt, in dem er seiner Hoffnung auf „Zusammenarbeit mit dem Oberkommando der russischen Besatzungstruppen bzw. der Kontrollkommission für die deutsche Zivilverwaltung in der russischen Besatzungszone" Ausdruck verlieh, um „die Aufbauarbeiten für die Provinz ungesäumt" vorantreiben zu können. „Bericht des Regierungspräsidenten Dr. Hermann L. Brill an das Oberkommando der sowjetischen Besatzungsarmee über die Lage in Thüringen vom 4. Juli 1945", abgedruckt in: Post/Wahl, *Thüringen-Handbuch*, S. 125.

Thüringische Verwaltungs-Gesellschaft mbH ab.[824] Gegen Ende des Jahres zeigte Brill auch vermehrt den Wunsch, dem Angebot der amerikanischen Militärregierung nachzukommen und seine Arbeit in den Westen zu verlagern.[825] Im Dezember 1945 war es dann soweit, er ging „als Chief Consultant nach Berlin", um schon wenige Monate später, im Juni 1946, den „Dienstposten [...] des Staatssekretärs und Chef der Staatskanzlei" in Hessen anzutreten.[826]

Wie auch in den anderen Ländern der amerikanischen Besatzungszone bildeten das Potsdamer Abkommen im August 1945 und die anschließende Proklamation Nr. 2 der amerikanischen Militärregierung die Grundlage zur Entstehung des Staates Groß-Hessen und für die Ausarbeitung von Verfassungen auf Landesebene.[827] Der Beratende Landesausschuss begann seine Arbeit im Februar 1946, und einen Monat später nahm der Vorbereitende Landesausschuss seine Arbeit auf, um bald darauf den Entwurf eines Gesetzes für die Wahlen zur Verfassungsberatenden Landesversammlung zu präsentieren.[828] Anders als in Bayern kam man der Direktive der amerikanischen Militärregierung nach, regte eine Diskussion über die Verfassungsgebende Landesversammlung hinaus an und holte Vorschläge für eine zukünftige Landesverfassung ein.[829]

Hermann Brill wirkte zu Beginn der hessischen Verfassungsberatungen, wie bereits dargestellt, noch in Thüringen und kam erst nach Hessen, als die Verfassungsdiskussionen dort bereits in vollem Gange waren. Dies mag auch ein Grund dafür gewesen sein, dass er für die Hessische Verfassung keinen eigenen Entwurf präsentierte. Zudem war Brill in seinem Amt als Staatssekretär und Chef der Staatskanzlei ein Mitglied der Regierung, deren Rederecht zu Fragen der Verfassung nicht unumstritten war und letztendlich untersagt wurde.[830] Er nutzte trotzdem seine Chance zu einer Grundsatzrede im Plenum des Verfassungsausschusses am 6. August 1946. Diese Rede gibt Auf-

---

[824] „Vorsitzender des Aufsichtsrates [...] soll [...] in der Verwaltungs-GmbH Dr. Brill werden." Niederschrift zur Sitzung der zivilen Verwaltung des Landes Thüringen vom 21. September 1945, in: ThHStAW, Büro des Ministerpräsidenten Nr. 459, Blatt 161. Zur Übernahme der Besatzungsrechte durch die Sowjetunion in Thüringen vgl. Overesch, *Brill*, S. 327–357; Overesch, „Hermann Brill und die SPD in Thüringen", S. 43–47; Overesch, „Hermann Brill und die Neuanfänge", S. 552–566.
[825] So schrieb Hermann Brill im Oktober 1945: „Wie dir bekannt ist, hatten mir ja die Amerikaner einen höheren Regierungsposten in ihrer Zone angeboten. Ich habe mich zur Übernahme eines solchen Regierungsamtes seinerzeit bereit erklärt, es jedoch abgelehnt, mit den Amerikanern aus Thüringen abzuziehen. Seit dieser Zeit habe ich nichts mehr von der Sache gehört [...]. Auf jeden Fall wäre ich dir sehr dankbar, wenn du die Herren, mit denen ich bekannt bin, einmal auf meine derzeitige Lage und Wünsche aufmerksam machen könntest." Hermann Brill an Werner Hilpert, 4. Oktober 1945, in: BArch, NL Brill 26.
[826] Hermann Brill an Georg Dietrich, 16. September 1946, in: BArch, NL Brill 57.
[827] Siehe Kapitel 3.2. Vgl. Will, Martin, *Die Entstehung der Verfassung des Landes Hessen von 1946*, Tübingen 2009, S. 14–26 (Beiträge zur Rechtsgeschichte des 20. Jahrhunderts, Bd. 63); Berding, *Entstehung*, S. XI.
[828] Berding, *Entstehung*, S. XVf.; Mühlhausen, *Hessen 1945–1950*, S. 233–235; Will, *Entstehung*, S. 50–64.
[829] Zur Verfassungsgebung in Bayern siehe Kapitel 3.2.3. Die amerikanische Direktive vom 4. Februar 1946 sah vor: „To stimulate discussion, request proposals from the political parties, and invite proposals from the press and other groups as well as individuals as to the future constitution of the Land." Berding, *Entstehung*, Dokument 3, Der Zeitplan für die Verfassungsberatungen, 4. Februar 1946, S. 5. Zur Verwendung der Vorschläge vgl. ebd., S. XVIIf.; Will, *Entstehung*, S. 74f.
[830] Will, *Entstehung*, S. 307 und 312.

schluss über die Staats- und Verfassungsvorstellungen des hessischen Staatssekretärs auf Länderebene.

Geschickt knüpfte Brill an die bereits im Plenum diskutierte Frage an, ob der gegenwärtige Zeitpunkt „der richtige für den Erlaß einer Verfassung" sei, und betonte sogleich ausdrücklich die „Chance", die trotz der „Doppelherrschaft von Besatzungsmacht und neuen deutschen Staatsorganen" genau hierin liege.[831] So sei jetzt „die Möglichkeit der Zurückgewinnung eines außerordentlich bedeutenden Teiles der ‚Souveränität'"[832] gegeben. Hermann Brill warnte eindringlich davor, diese Gelegenheit ungenutzt verstreichen zu lassen: „Es wäre die Verletzung der nationalen Aufgabe, Deutschland als Bund der Länder neu zu konstituieren. Denn wenn wir das tun wollen, brauchen wir in erster Linie handlungsfähige Länder."[833] Wie wichtig ihm Souveränität und Handlungsfähigkeit der Länder tatsächlich waren, zeigte sich in seinen Verfassungsentwürfen innerhalb des Deutschen Büros für Friedensfragen ein Jahr später.[834] Zur damit zusammenhängenden Frage nach dem rechtlichen Status des Deutschen Reichs und einer Einordnung der Länder schrieb Brill in seiner „Erklärung über die Grundsätze Hessens zur deutschen Einheit" nur wenige Wochen später,

> „daß mit der bedingungslosen Kapitulation am 4., 8. und 9. Mai 1945 die hitleristische Diktatur gewaltsam untergegangen ist, und die Organe der Staatsgewalt des Dritten Reiches aufgehört habe zu existieren; daß die legale Ausübung einer Staatsgewalt auf dem Gebiete Deutschlands durch den Alliierten Kontrollrat und die Besatzungsmächte erfolgt; daß trotzdem die Einheit der Rechtsordnung, wie sie seit 1871 in Deutschland begründet worden ist, weiterbesteht; daß mit dem Inkrafttreten der Verfassung das Land Hessen ein aus eigenem Recht folgendes Staatsleben auf der Grundlage und innerhalb dieser gesamtdeutschen Rechtsordnung führt"

und aus diesen Gründen „Hessen [...] ein mit den anderen bestehenden oder in der Entstehung begriffenen deutschen Ländern in einer einheitlichen Rechtsordnung verbunden" sei. „Die Art und der Inhalt dieser Verbundenheit begründen zwischen Hessen und den anderen deutschen Ländern ein bundesstaatliches Verhältnis", so Brill.[835]

---

[831] Berding, *Entstehung*, Dokument 40b, Die erste Lesung im Plenum. Sitzung vom 6. August 1946, S. 481.
[832] Ebd.
[833] Ebd. Die Hervorhebung der Länder brachte Hermann Brill nicht nur in den Beratungen zur Verfassung Hessens die Zustimmung der CDU-Vertreter ein, auch in den Sitzungen des Deutschen Büros für Friedensfragen näherten sich die Meinungen der Sozialdemokraten und der Christdemokraten in dieser Frage an. Siehe Kapitel 3.4.2.
[834] Siehe Kapitel 3.4.2.
[835] Hermann Brill, Vorschläge für die Abgabe einer „Erklärung über die Grundsätze Hessens zur deutschen Einheit" durch die Verfassungsberatende Landesversammlung, Wiesbaden, den 10. September 1946, in: BArch, NL Brill 77. Diese These, nach der das Deutsche Reich zwar untergegangen sei, aber seine Rechtsordnung weiter existiere, vertrat Hermann Brill auch in der Verfassungsberatenden Landesversammlung. In der Sitzung vom 12. September 1946 bemerkte er: „Ganz wesentlich ist gegenüber diesen beiden Feststellungen, dass damit die gesamtdeutsche Rechtsordnung nicht untergegangen ist, sondern weiter gilt, dass also tatsächlich Deutschland als ein passiver, öffentlichrechtlicher Verband weiter existiert und dass nun auf dem Boden dieses Rechts eine neue Entwicklung dadurch beginnt, dass die Länder nach dem Inkrafttreten der Landesverfassungen ein aus eigenem Rechte originär fliessendes Staatsleben beginnen und so aktiv in diese sich passiv existierende

Aus diesen Gründen betonte Hermann Brill auch die Bedeutung des Landtags „als Organ des Volkes", den er „in einer ganz anderen Weise als in der Weimarer Verfassung in den Mittelpunkt unseres Staatslebens" zu rücken gedachte, indem er ihm nicht nur das Recht der Gesetzgebung, sondern auch „die Kontrolle der Verwaltung" zusprach. So verwundert es auch kaum, dass Brill hervorhob, dass „die Handlungsfähigkeit der Länder [...] besser durch Landtage [...] als durch mehr oder weniger bürokratische Regierungen" ermöglicht werde. Kontrolliert werden sollte die Regierung nach Brills Dafürhalten durch die Einrichtung eines Misstrauensvotums und die Möglichkeit der „Ministeranklage vor einem Staatsgerichtshof"[836]. Wie auch schon bei seinem Entwurf der „Landesverwaltungsordnung" Thüringens betonte Hermann Brill zudem die notwendige Kontrolle der Verwaltung durch „ordentliche Gerichte", „Verwaltungsgerichte" und „Rechnungshof". Darin, so Brill, liege der Unterschied „der totalitären zur sogenannten konstitutionellen Demokratie"[837] begründet.

Der Einrichtung einer weiteren Kammer erteilte Brill indirekt eine Absage. Auch wenn er zunächst angab, sich hier „nicht äußern" zu wollen, tat er dann doch seine Vorbehalte kund und wies darauf hin, dass eine Kammer, „wenn sie auf keiner demokratischen Grundlage geschaffen wird, nur unter Anerkennung einer bestimmten Wertskala entstehen" könne. Dabei sei es gleichgültig, ob es sich um „ökonomische, soziale oder kulturelle Werte" handle, so Brill. Da „wir in einer Zeit leben, in der eine solche allgemeingültige Wertskala nicht gefunden werden kann [...] müßte es wohl den Parteien überlassen bleiben, wie sie ein Parlament konstituieren wollen."[838] Über allem standen für Herman Brill aber die Grundrechte, die nicht nur die judikative Gewalt im Staat, sondern auch die Verwaltung, den Gesetzgeber und den Landtag binden sollten.[839]

Vergleicht man die Vorstellungen der von Hermann Brill verfassten „Richtlinien für eine Landesverwaltungsordnung" der Provinz Thüringen mit der Grundsatzrede des hessischen Staatssekretärs ein Jahr später, so fällt zunächst die detailreichere Ausarbeitung der thüringischen Richtlinien auf – eine Disparität, die mit Brills Vorarbeiten im thüringischen Raum und der Tatsache, dass er in Hessen in eine bereits laufende Verfassungsdiskussion einsteigen musste, zu erklären ist. Festzustellen bleibt, dass er Thüringen und Hessen als Provinz oder Land eines die Klammer bildenden gesamtdeutschen Staates sah. Dabei betonte er stets die notwendige Kontrolle der Verfassungsorgane, besonders der Regierung und auch der Verwaltung, durch eine entsprechende Gerichtsbarkeit. Das von ihm noch in Thüringen vorgesehene Amt eines Präsidenten fand in die hessischen Verfassungsberatungen von seiner Seite aus keinen Eingang

---

gesamtdeutsche Rechtsordnung handelnd eintreten." Protokoll zur Siebener-Ausschuss-Sitzung vom 12. September 1947, in: BArch, NL Brill 77. Hermann Brill vertrat also im August und September 1946 durchgängig die Meinung, dass das Deutsche Reich zwar untergegangen sei, aber Teile der Rechtsordnung weiter existierten.
[836] Berding, *Entstehung*, Dokument 40b, Die erste Lesung im Plenum. Sitzung vom 6. August 1946, S. 481, 484.
[837] Ebd., S. 483.
[838] Ebd., S. 484.
[839] Ebd., S. 483. Wie Will, *Entstehung*, S. 308, herausgearbeitet hat, antizipierte Hermann Brill damit nicht nur einen Artikel der späteren Hessischen Verfassung, sondern auch des Grundgesetzes.

mehr. Obwohl Hermann Brill in den Jahren 1945 und 1946 keinen in sich abgeschlossenen Verfassungsentwurf für Thüringen oder Hessen ausarbeitete, geben die hier untersuchten Dokumente somit doch einen ersten Einblick in seine Staats- und Verfassungsvorstellungen der frühen Nachkriegszeit und zeugen von einer Beibehaltung und Weiterentwicklung des Motivs des demokratischen Sozialismus. Ein Jahr später schrieb Hermann Brill rückblickend über das Zustandekommen der Länderverfassungen und vorausschauend auf die Arbeit an einer zukünftigen gesamtdeutschen Verfassung:

> „Die Struktur der bayerischen Verfassung erweckt den Eindruck eines mächtigen und reichen Staates, der souverän über Wirtschaft und Kultur verfügt. Die Präambel der badischen Verfassung ist in ihrem christlichen Humanismus bedrückend schön, viel zu schön, um wahr zu sein. Hessen spricht ausdrücklich und betont vom Sozialismus und sozialer Gesinnung. In Stuttgart wird sogar Schwarz-Rot-Gold geflaggt. Aber ob in der sowjetischen Besatzungszone die Verfassungen, von denen eine der anderen wie ein Ei dem anderen gleicht, und alle zusammen bis auf wenige täuschende Figuren der Verfassung der jugoslawischen Volksrepublik auffallend ähnlich sind, binnen weniger Tage ‚einstimmig' angenommen wurden, ohne daß Volksabstimmungen darüber stattfanden (manipulierte Propagandawahlen haben die Deutschen durch Hitler ja auch besser gelernt), oder ob die britischen Militärgouverneure erst parlamentarische Regierungen bilden und dann die Verfassungen machen lassen – das Elend ist überall das Gleiche. Und wirkliche Demokraten müssen da wieder beginnen, wo sie vor fast 100 Jahren ihre mühsame Arbeit aufgenommen haben. Was nun?! ist die eigentliche Verfassungsfrage Deutschlands. ‚Aussprechen, was ist' lautet die Antwort."[840]

Hermann Brills Schlussfolgerung hieraus bekräftigte wiederum das ihn leitende staats- und verfassungspolitische Motiv: „Der demokratische Sozialismus muß also mit beiden Füßen in der Gegenwart stehen, neue Wege suchen."[841]

3.2.3 Anton Pfeiffer und die Verfassungsgebung in Bayern

Die Freigabe zu Beratungen von Verfassungen auf Landesebene in der amerikanischen Besatzungszone gab General Clay am 17. Oktober 1945 im Beisein der Ministerpräsidenten, indem er erklärte: „We propose to start the election of representative assemblies at the Gemeinde levels in January of next year. We understand that a number of you feel that this is too soon. However, we know of no other way in which the working of democratic processes can be placed under way in Germany."[842] Und noch im selben Jahr spielte Clay erstmals mit dem Gedanken, am 1. Juli des kommenden Jahres „entweder dem Volk Länderverfassungen vorzulegen oder am gleichen Tag Wahlen zu Verfassungsgebenden Versammlungen abhalten zu lassen."[843] Schließlich forderte die

---

[840] Hermann Brill, Deutsche Verfassungsfragen, 31. Mai 1947, in: BArch, NL Brill 333, S. 1f.
[841] Ebd., S. 3.
[842] *Akten zur Vorgeschichte der Bundesrepublik Deutschland. September 1945–Dezember 1946*, Sonderausgabe Bd. 1, Teil 1, bearb. v. Walter Vogel und Christoph Weisz, hg. v. Bundesarchiv und Institut für Zeitgeschichte, München 1976, Dok. Nr. 2, Konstituierende Tagung des Länderrates des amerikanischen Besatzungsgebietes in Stuttgart, 17. Oktober 1945, S. 126.
[843] Fait, *Demokratische Erneuerung*, S. 51.

Militärregierung Ministerpräsident Hoegner am 8. Februar offiziell dazu auf, bis zum 30. Juni 1946 Wahlen zur Verfassungsgebenden Landesversammlung abzuhalten und wie auch in den anderen amerikanisch besetzten Ländern „am oder vor dem 22. Februar [...] eine kleine vorbereitende Verfassungskommission von Fachleuten"[844] zu berufen, die mit folgenden Aufgaben betraut werden sollte:

> „a) Unterstützung bei der Abfassung des Gesetzes über die Wahlen zur gesetzgebenden Versammlung.
> b) Sammlung der notwendigen bibliographischen und dokumentarischen Unterlagen für die gesetzgebende Versammlung.
> c) Anregung der Diskussion und das Einholen von Vorschlägen der politischen Parteien, das Ermuntern von Vorschlägen von seiten der Presse und anderer Gruppen sowie von Einzelpersonen im Hinblick auf die zukünftige Verfassung des Landes."[845]

Am 8. März konstituierte sich daraufhin der Vorbereitende Verfassungsausschuss[846], der zunächst Material sammeln sollte, das später einer Verfassungsgebenden Landesversammlung zur Verfügung zu stellen war.[847] Mitglied dieses vorbereitenden Aus-

---

[844] Abschrift, Amt der Militärregierung für Bayern an Ministerpräsident Dr. Hoegner, 8. Februar 1946, in: BayHStA, NL Pfeiffer 147, S. 2.
[845] Ebd., S. 3. Als weiteren Zeitplan legte die Militärregierung fest: „Bis spätestens 20. Mai 1946 soll der Bericht der vorbereitenden Verfassungskommission dem Ministerpräsidenten zur Verwendung durch die verfassungsgebende Versammlung überreicht werden." Ebd. Wie Barbara Fait ausführt, kam der Ausschuss seiner Aufgabe, eine landesweite Diskussion anzuregen, nicht unbedingt nach. Fait, *Demokratische Erneuerung*, S. 121f.
[846] Die Einladung zur Eröffnungssitzung des Vorbereitenden Verfassungsausschusses am 8. März 1946 versandte Anton Pfeiffer im Auftrag des bayerischen Ministerpräsidenten Hoegner. Als Mitglieder wurden außer Pfeiffer selbst folgende Personen benannt: Ministerpräsident Dr. Wilhelm Hoegner (SPD), Staatsminister Albert Rosshaupter (SPD), Staatsminister des Innern Josef Seifried (SPD), Staatssekretär Dr. Hans Ehard (CSU), Oberbürgermeister Dr. Karl Scharnagl (CSU), Staatsminister für Sonderaufgaben Heinrich Schmitt (KPD), 2. Bürgermeister von München Thomas Wimmer (SPD) und Prof. Dr. Hans Nawiasky von der Handelshochschule St. Gallen. Vgl. auch Anton Pfeiffer, Der Entwurf für eine neue bayerische Staatsverfassung, München, 12. Juni 1946, in: BayHStA, NL Pfeiffer 149, S. 1; Hoegner, Wilhelm, *Der schwierige Außenseiter*, München 1959, S. 248; Einladung zur Eröffnungssitzung des Verfassungsausschusses am 8. März 1946, in: BayHStA, NL Pfeiffer 147. Ein Schreiben Hoegners, das bereits auf den 1. Februar 1946 datiert war, an die Landesvorsitzenden der Parteien zur Bildung einer Verfassungskommission konnte, wie Barbara Fait angibt, nicht im NL Pfeiffer 147 aufgefunden werden. Vgl. Fait, *Demokratische Erneuerung*, S. 119.
[847] So beschreibt auch ein Bericht die Aufgaben des Vorbereitenden Verfassungsausschusses wie folgt: „1.) Collaboration in the draft of a law on the election of the Constituent Assembly. 2.) Collecting of all scientific literature and of the relevant documentary material for the practical work of the Constituent Assembly. 3.) Simulation of the discussion on the new constitution. 4.) Submission of a report together with the entire collected material to the Consituent Land-Assembly." o. A. [Anton Pfeiffer], Report of the Bavarian Preparatory Constitution-Commission to the Bavarian Constituent Land-Assembly, o. D. [Mai/Juni 1946], in: BayHStA, NL Pfeiffer 149, S. 1f. Da der zitierte „Report" in weiten Teilen mit einer von Anton Pfeiffer verfassten Schrift „Der Entwurf für eine neue bayerische Staatsverfassung", die sich ebenfalls im NL Pfeiffer 149 befindet, übereinstimmt, liegt die Vermutung nahe, dass Pfeiffer, der über hervorragende Englischkenntnisse verfügte, hier als Übersetzer tätig war. Bei dem englischsprachigen Report handelt es sich um eine Übersetzung aus dem „Entwurf einer bayerischen Verfassung", in dessen Anhang sich der „Bericht des Bayerischen Vorbereitenden Verfassungsausschusses an die Bayerische Verfassungsgebende Landesversammlung" befindet. Eines der Exemplare, betitelt mit „Entwurf einer bayerischen Verfassung zur Vorlage an die Verfassungs-

schusses war selbstverständlich auch Anton Pfeiffer, der wie die anderen Teilnehmer aufgrund seiner bisherigen Erfahrungen auf dem Gebiet der Verfassungsarbeit ausgewählt wurde.[848] Statt sich jedoch mit dem Sammeln von Material für eine Verfassungsgebende Landesversammlung zu begnügen, wurde in den insgesamt 15 Sitzungen des Verfassungsausschusses[849] ein bereits vorgefertigter Entwurf einer „Verfassung des Volksstaates Bayern"[850] des sozialdemokratischen Ministerpräsidenten Hoegner beraten.[851] Diese Konzeption bestand aus drei Hauptteilen: „Aufbau und Aufgaben des Staates"[852], „Grundrechte und Grundpflichten"[853] und „Wirtschaftsleben"[854]. Den Abschluss bildeten „Übergangs- und Schlußbestimmungen"[855].

Anton Pfeiffer legte auch in diesem Gremium keinen eigenen Entwurf einer Verfassung vor, jedoch lassen sich anhand seiner Redebeiträge und Kommentare zur „Ver-

---

gebende Landesversammlung. Nicht zur Veröffentlichung in der Presse und im Rundfunk bestimmt. Als Manuskript gedruckt im Juni 1946. München. Bayerische Staatskanzlei" befindet sich im BayHStA, NL Pfeiffer 149.

[848] Die Begründung zur Teilnahme Pfeiffers lag offenbar darin, dass er als Generalssekretär der BVP in den Jahren 1918–1933 die Debatten zur Reichsverfassung begleitet und auch an den Beratungen zur Bayerischen Verfassung des Jahres 1919 teilgenommen hatte. Siehe Reuter, *Eminenz*, S. 265. So berichtet auch Pfeiffer, dass „Sachkunde und Erfahrung" ausschlaggebend für die Berufung in den vorbereitenden Verfassungsausschuss waren. Anton Pfeiffer, Der Entwurf für eine neue bayerische Staatsverfassung, München, 12. Juni 1946, in: BayHStA, NL Pfeiffer 149, S. 1.

[849] Alle 15 Sitzungsprotokolle des Vorbereitenden Verfassungsausschusses sind überliefert in: IfZ, Bestand: Wilhelm Hoegner, ED 120, Bd. 129. Bis auf die 5. und 6. sowie 11. bis 14. Sitzung liegen die Protokolle ebenfalls in: BayHStA, NL Pfeiffer 147 vor. Das Protokoll der 15. Sitzung ist auch erhalten in: BayHStA, NL Pfeiffer 149. Anton Pfeiffer nahm an allen Sitzungen des Vorbereitenden Verfassungsausschusses – außer an der 3. Sitzung am 22. März, hier war er durch eine Erkrankung verhindert, der 9. Sitzung am 5. April und an der abschließenden 15. Sitzung am 24. Juni 1946 – teil. Vgl. Protokoll der 2. Sitzung des Vorbereitenden Verfassungsausschusses am 15. März 1946 in der Bayer. Staatskanzlei, in: IfZ, Bestand: Wilhelm Hoegner, ED 120, Bd. 129, Blatt 4; Protokoll der 9. Sitzung des Vorbereitenden Verfassungsausschusses am 5. April 1946 in der Bayer. Staatskanzlei, in: ebd., Blatt 84; Protokoll der 15. Sitzung des Vorbereitenden Verfassungsausschusses am Montag, den 24. Juli 1946 in der Bayerischen Staatskanzlei, in: ebd., Blatt 128. Zu den Beratungen des Vorbereitenden Verfassungsausschusses vgl. auch Fait, *Demokratische Erneuerung*, S. 135–151; Zimmer, Annette, *Demokratiegründung und Verfassungsgebung in Bayern. Die Entstehung der Verfassung des Freistaates Bayern von 1946*, Frankfurt a. M. 1987, S. 143–151 (Verfassungspolitik. Heidelberger Studien zur Entstehung von Verfassungsfragen nach 1945, Bd. 4).

[850] I. Hauptteil der Verfassung des Volksstaates Bayern, in: BayHStA, NL Pfeiffer 147. Die „Verfassung des Volksstaates Bayern" ist abgedruckt in: Pfetsch, *Verfassungsreden*, S. 333–352. Zu den Vorbereitungen und dem Entwurf Wilhelm Hoegners siehe auch Fait, *Demokratische Erneuerung*, S. 122–135; Zimmer, *Demokratiegründung*, S. 139–143.

[851] Wie der amerikanische General Muller anlässlich der Eröffnungssitzung des Verfassungsausschusses allerdings bemerkte, wurde dieser zwar nicht direkt mit der Vorlage eines „vollständigen" Verfassungsentwurfs beauftragt, aber es wurde ihm freigestellt „eine Anzahl verschiedener Vorschläge" vorzulegen. Rede des Generals Muller anlässlich der Eröffnungssitzung des Vorbereitenden Verfassungsausschusses am 8. März 1946, in: BayHStA, NL Pfeiffer 147, S. 2.

[852] Wilhelm Hoegner, Vorentwurf zur Verfassung des Volksstaates Bayern, Februar 1946, Art. 1–61, in: Pfetsch, *Verfassungsreden*, S. 333–341.

[853] Art. 62–104, ebd., S. 341–347.

[854] Art. 105–130, ebd., S. 348–351.

[855] Art. 131–134, ebd., S. 351f.

fassung des Volksstaates Bayern" von Wilhelm Hoegner in den Sitzungen des Verfassungsausschusses sowie in den Abstimmungsergebnissen zu den jeweiligen Artikeln seine Vorstellungen von Staat und Verfassung nachvollziehen.[856]

So wollte Anton Pfeiffer in der Debatte um den Aufbau und die Aufgaben des Staates zunächst Artikel 2 Satz 2 der „Verfassung des Volksstaates Bayern" schärfen. Statt „Alle Gewalt geht vom Volke aus"[857] sollte nach Meinung Pfeiffers eine Umformulierung in Anlehnung an die Bamberger Verfassung vom 14. August 1919[858] in „Die Staatsgewalt geht von der Gesamtheit des Volkes aus"[859] stattfinden.[860] Dementsprechend wollte Pfeiffer auch den Satz „Die Staatsgewalt wird ausgeübt"[861] „unmittelbar durch die Staatsbürger"[862] in Artikel 3 verankern, um so den „Ausdruck ‚Staatsbürger' gleich von Anfang an in Verbindung mit der Volkssouveränität"[863] zu bringen. Die Souveränität des Volkes war für den bayerischen Staatssekretär indes nicht gleichbedeutend mit der Übertragung der uneingeschränkten legislativen Gewalt an die Volksvertretung. Einschränkend merkte er hier an, dass der Vertretung des Volkes nur solche gesetzgeberischen Rechte zugestanden werden sollten, „die nicht durch diese Verfassung oder die Verfassung des Deutschen Reiches, der Staatsbürgerschaft, den Behörden oder den Verbänden der Selbstverwaltung vorbehalten sind."[864]

---

[856] Als weitere Quellen zum Beleg von Anton Pfeiffers Staats- und Verfassungsvorstellungen werden folgende Dokumente herangezogen: Anton Pfeiffer, Bemerkungen zum Entwurf einer Verfassung des Volksstaates Bayern, o. D. [März 1946], in: BayHStA, NL Pfeiffer 147; Anton Pfeiffer, Der Entwurf für eine neue bayerische Verfassung, 12. Juni 1946, in: BayHStA, NL Pfeiffer 149.
[857] Hoegner, Vorentwurf, Art. 2, in: Pfetsch, *Verfassungsreden*, S. 333.
[858] Die Bamberger Verfassung vom 14. August 1919 ist abgedruckt in: Ruthenberg, Otto, *Verfassungsgesetze des Deutschen Reichs und der deutschen Länder nach dem Stande vom 1. Februar 1926*, Berlin 1926, S. 63–83.
[859] Protokoll der 3. Sitzung des Vorbereitenden Verfassungsausschusses am 22. März 1946 in der Bayer. Staatskanzlei, in: IfZ, Bestand: Wilhelm Hoegner, ED 120, Bd. 129, Blatt 12. In seinen Notizen zum Entwurf Hoegners vermerkte Anton Pfeiffer hierzu: „Die Formulierung der Bamberger Verfassung halte ich für ansprechend." Anton Pfeiffer, Bemerkungen zum Entwurf einer Verfassung des Volksstaates Bayern, o. D. [März 1946], in: BayHStA, NL Pfeiffer 147, S. 1.
[860] Mit diesem Einwurf konnte sich Anton Pfeiffer allerdings nicht durchsetzen. Das Protokoll vermerkte, dass Artikel 2 in der Form „Die Staatsgewalt geht vom Volke aus" einstimmig angenommen wurde. Protokoll der 3. Sitzung des Vorbereitenden Verfassungsausschusses am 22. März 1946 in der Bayer. Staatskanzlei, in: IfZ, Bestand: Wilhelm Hoegner, ED 120, Bd. 129, Blatt 12.
[861] Hoegner, Vorentwurf, Art. 3, in: Pfetsch, *Verfassungsreden*, S. 333.
[862] Protokoll der 3. Sitzung des Vorbereitenden Verfassungsausschusses am 22. März 1946 in der Bayer. Staatskanzlei, in: IfZ, Bestand: Wilhelm Hoegner, ED 120, Bd. 129, Blatt 12. Die ursprüngliche Formulierung des Art. 3 im Entwurf Wilhelm Hoegners lautete: „Die Staatsgewalt wird ausgeübt durch das Volk selbst, durch die von ihm gewählten Volksvertreter, die mittelbar oder unmittelbar von ihm bestellten Vollzugsbehörden und Richter." Hoegner, Vorentwurf, Art. 3, in: Pfetsch, *Verfassungsreden*, S. 333.
[863] Protokoll der 3. Sitzung des Vorbereitenden Verfassungsausschusses am 22. März 1946 in der Bayer. Staatskanzlei, in: IfZ, Bestand: Wilhelm Hoegner, ED 120, Bd. 129, Blatt 12.
[864] Anton Pfeiffer, Bemerkungen zum Entwurf einer Verfassung des Volksstaates Bayern, o. D. [März 1946], in: BayHStA, NL Pfeiffer 147, S. 4. Wieder lieh sich Pfeiffer die Formulierung bei der Bamberger Verfassung des Jahres 1919, diesmal von § 3, konnte sich damit aber wiederum im Vorbereitenden Verfassungsausschuss nicht durchsetzen. Protokoll der 3. Sitzung des Vorbereitenden Verfassungsausschusses am 22. März 1946 in der Bayer. Staatskanzlei, in: IfZ, Bestand: Wilhelm Hoegner, ED 120, Bd. 129, Blatt 15. Auch für die Formulierungen bezüglich der exekutiven und judikativen

In der Diskussion über die entsprechenden Artikel zur Schaffung der Verfassungsorgane stimmte Anton Pfeiffer der Schaffung eines Staatsgerichtshof zur Regelung von Verfassungsstreitigkeiten und einem Verwaltungsgerichtshof zur Rechtsprechung in Verwaltungsstreitigkeiten grundsätzlich zu, wünschte sich aber noch eine etwas detailliertere Ausführung der Zuständigkeiten.[865]

Im Hinblick auf die Betonung der Eigenstaatlichkeit Bayerns regte er an, das Wort „Regierung"[866] durch „Staatsregierung"[867] zu ersetzen, wobei selbst er es für „überflüssig" hielt, das Attribut „‚bayerisch' immer wieder anzuwenden".[868] Um „eine Stabilität der Regierung"[869] anders als in der Weimarer Verfassung zu garantieren, trat Anton Pfeiffer dafür ein, die Bildung von „Splitterparteien"[870] in jedem Falle zu vermeiden und deshalb die Ernennung und Entlassung der Staatsregierung durch den Ministerpräsidenten an eine einfache Mehrheit des Landtags zu koppeln.[871] Er nutzte hier aber auch geschickt die Gelegenheit, um die Bedeutung der bayerischen Staatskanzlei

---

Gewalt gedachte Anton Pfeiffer sich an die Bamberger Verfassung anzulehnen. Anton Pfeiffer, Bemerkungen zum Entwurf einer Verfassung des Volksstaates Bayern, o. D. [März 1946], in: BayHStA, NL Pfeiffer 147, S. 4f.

[865] Protokoll der 3. Sitzung des Vorbereitenden Verfassungsausschusses am 22. März 1946 in der Bayer. Staatskanzlei, in: IfZ, Bestand: Wilhelm Hoegner, ED 120, Bd. 129, Blatt 18f. Vgl. Hoegner, Vorentwurf, Art. 7 und 8, in: Pfetsch, *Verfassungsreden*, S. 333f.

[866] Hoegner, Vorentwurf, Art. 4 Abs. 2, in: Pfetsch, *Verfassungsreden*, S. 333.

[867] Protokoll der 3. Sitzung des Vorbereitenden Verfassungsausschusses am 22. März 1946 in der Bayer. Staatskanzlei, in: IfZ, Bestand: Wilhelm Hoegner, ED 120, Bd. 129, Blatt 15.

[868] Ebd., Blatt 19; Protokoll der 4. Sitzung des Vorbereitenden Verfassungsausschuss am 26. März 1946 in der Bayer. Staatskanzlei, in: ebd., Blatt 26–37. Wie bereits Barbara Fait gezeigt hat, konnte sich Anton Pfeiffer mit dieser Anmerkung durchsetzen. Fait, Barbara, „Für eine föderalistische Ordnung: Bayerische ‚Bundespolitik' 1945/46", in: *Weichenstellung für Deutschland. Der Verfassungskonvent von Herrenchiemsee*, hg. v. Peter März und Heinrich Oberreuter, München 1999, S. 23–39, hier S. 30. Allerdings war auch Ministerpräsident Hoegner kein Verfechter eines bayerischen Separatismus. „Er für seine Person habe keine Bedenken zu sagen: Bayer ist ein Bestandteil des deutschen Bundes." Protokoll der 3. Sitzung des Vorbereitenden Verfassungsausschusses am 22. März 1946 in der Bayer. Staatskanzlei, in: IfZ, Bestand: Wilhelm Hoegner, ED 120, Bd. 129, Blatt 11.

[869] Protokoll der 7. Sitzung des Vorbereitenden Verfassungsausschusses am 3. April 1946 in der Bayer. Staatskanzlei, in: IfZ, Bestand: Wilhelm Hoegner, ED 120, Bd. 129, Blatt 59.

[870] Ebd., Blatt 62. Ein weiterer Vorschlag Pfeiffers zur Vermeidung von Splitterparteien war, „dass wie in England jeder Wahlvorschlag mit einer hohen Kautionssumme angemeldet werden müsse" und dann, „wenn der Wahlvorschlag nicht einen gewissen Prozentsatz der Stimmen bekomme", der hinterlegte Geldbetrag „verfalle"; die Anregung wurde jedoch nicht weiter verfolgt. Protokoll der 3. Sitzung des Vorbereitenden Verfassungsausschusses am 22. März 1946 in der Bayer. Staatskanzlei, in: IfZ, Bestand: Wilhelm Hoegner, ED 120, Bd. 129, Blatt 16.

[871] Der Staatsrechtler Hans Nawiasky hatte folgende Fassung des Art. 32 im Entwurf Hoegners vorgeschlagen: „Der Ministerpräsident beruft und entlässt die Staatsminister und Staatssekretäre. Sie bedürfen der Bestätigung des Landtags durch einen mit einfacher Mehrheit der Abstimmenden gefassten Beschluss." Protokoll der 7. Sitzung des Vorbereitenden Verfassungsausschusses am 3. April 1946 in der Bayer. Staatskanzlei, in: IfZ, Bestand: Wilhelm Hoegner, ED 120, Bd. 129, Blatt 59. Dieser Vorschlag wurde einstimmig angenommen; ebd., Blatt 62. „Er glaube, dass gegen eine Stärkung der Vollmachten der Regierung nichts einzuwenden sei, weil diese des Vertrauens des Landtags bedürfe. Er habe Bedenken dagegen, dass die Regierung sich der Fraktionen bedienen müsse", so Anton Pfeiffer am 28. März. Protokoll der 5. Sitzung des Vorbereitenden Verfassungsausschusses am 28. März 1946 in der Bayer. Staatskanzlei, in: IfZ, Bestand: Wilhelm Hoegner, ED 120, Bd. 129, Blatt 42.

hervorzuheben, und betonte, „dass bei der Fülle der Aufgaben beim Ministerpräsidenten eine zusammenfassende Stelle mit einem gewissen Apparat und einer gehobenen Bedeutung da sein solle, wie die Erfahrung gezeigt habe."[872] Dieser Vorschlag wurde vom Vorbereitenden Verfassungsausschuss angenommen.[873]

Was die Zusammensetzung des künftigen Bayerischen Landtags betraf, so stimmte der bayerische Staatssekretär zwar mit dem Ministerpräsidenten darin überein, dass „der Landtag [...] aus den Abgeordneten des bayerischen Volkes"[874] zusammengesetzt sein sollte, äußerte jedoch Bedenken hinsichtlich des angedachten Verhältniswahlrechts[875] und versuchte, die in Artikel 11 des hoegnerschen Entwurfs angedachte Einschränkung des Wahlrechts zu verschärfen.[876] Außerdem gab Pfeiffer zu bedenken, dass der von Hoegner vorgesehene „Ausschuss für auswärtige Angelegenheiten"[877], der vom Landtag einzuberufen sei, durchaus „zu Missverständnissen Anlass geben könne."[878] Diese Argumentation zeigt ein weiteres Mal die Umsicht Anton Pfeiffers, der zwar – wie auch der Münchner Oberbürgermeister Karl Scharnagl – auf bayerische Eigenstaatlichkeit bedacht war, jedoch deren Wahrnehmung insbesondere von Seiten der Alliierten stets im Blick behielt und den Vorwurf des Separatismus zu vermeiden suchte.[879]

---

[872] Protokoll der 7. Sitzung des Vorbereitenden Verfassungsausschusses am 3. April 1946 in der Bayer. Staatskanzlei, in: IfZ, Bestand: Wilhelm Hoegner, ED 120, Bd. 129, Blatt 68.
[873] Ebd., Blatt 69.
[874] Hoegner, Vorentwurf, Art. 9 Satz 1, in: Pfetsch, *Verfassungsreden*, S. 334.
[875] Ebd., Art. 10 Abs. 1. Anton Pfeiffer führte aus: „Am sympathischsten sei ihm jedoch der Einmann-Wahlkreis mit einer Ergänzung des Landesresultats." Protokoll der 3. Sitzung des Vorbereitenden Verfassungsausschusses am 22. März 1946 in der Bayer. Staatskanzlei, in: IfZ, Bestand: Wilhelm Hoegner, ED 120, Bd. 129, Blatt 21. Um eine Eskalation zu vermeiden, beantrage Pfeiffer schließlich, „diesen Punkt [...] noch einmal auszusetzen, die verschiedenen Systeme herauszuschälen und dann zu entscheiden." Ebd., Blatt 23. Zur Diskussion des Wahlrechts im Vorbereitenden Verfassungsausschuss vgl. Fait, *Demokratische Erneuerung*, S. 137–139.
[876] Statt „Wählergruppen, deren Mitglieder darauf ausgehen, die staatsbürgerlichen Freiheiten zu vernichten", das Wahlrecht für den Bayerischen Landtag zu entziehen, wolle Anton Pfeiffer „schon schwere Angriffe oder die Einengung der staatsbürgerlichen Freiheiten" mit Wahlentzug ahnden. Vgl. Hoegner, Vorentwurf, Art. 11 Abs. 1, in: Pfetsch, *Verfassungsreden*, S. 334 und Protokoll der 4. Sitzung des Vorbereitenden Verfassungsausschusses am 26. März 1946 in der Bayer. Staatskanzlei, in: IfZ, Bestand: Wilhelm Hoegner, ED 120, Bd. 129, Blatt 28. Mit dieser Ansicht konnte sich Pfeiffer nicht durchsetzen und stimmte dem Artikel 11 im Entwurf Wilhelm Hoegners schließlich zu. Ebd., Blatt 29.
[877] Hoegner, Vorentwurf, Art. 22 Abs. 1 Satz 1, in: Pfetsch, *Verfassungsreden*, S. 335.
[878] Protokoll der 5. Sitzung des Vorbereitenden Verfassungsausschusses am 28. März 1946 in der Bayer. Staatskanzlei, in: IfZ, Bestand: Wilhelm Hoegner, ED 120, Bd. 129, Blatt 43. Der erste Absatz des Art. 22 wurde schließlich komplett aus dem hoegnerschen Entwurf gestrichen. Ebd., Blatt 44f.
[879] So schrieb Scharnagl ganz im Sinne Pfeiffers: „Die Verfassung des Landes Bayern muß gemacht werden ohne Rücksicht auf mögliche Regelungen eines Reichsgebietes. Aus diesem Grunde muß die Verfassung des Landes eine Gestaltung der Landesregierung vorsehen, wie sie einem unabhängigen Staate zusteht. Diese Möglichkeit kommt auch den Wünschen entgegen, die wir im Interesse unseres Landes und der zukünftigen Gestaltung seiner politischen Belange haben müssen. In letzter Hinsicht kann trotzdem die erwünschte Wiedergestaltung eines deutschen Staatswesens im Auge behalten werden." Karl Scharnagl, Landesverfassung und oberste Spitze des Lands, 27. März 1946, in: BayHStA, NL Pfeiffer 147, S. 1.

Während die Debatten über die bereits skizzierten Verfassungsorgane eher ruhig abliefen, kam es im Vorbereitenden Verfassungsausschuss zu ernstlichen Meinungsverschiedenheiten hinsichtlich der „zwei Fragen"[880], die Ministerpräsident Hoegner bereits in der Eingangssitzung des Ausschusses als strittig herausgestellt hatte:

> „1. Über die Frage des Ein- oder Zweikammersystems;
> 2. Über die Frage, ob an der Spitze des Staates ein Staatspräsident oder ein Ministerpräsident stehen soll."[881]

Da der Entwurf Hoegners keine Angaben zu einer Zweiten Kammer enthielt, stellte der Staatsrechtler Dr. Nawiasky auf der sechsten Sitzung des Vorbereitenden Verfassungsausschusses vier Alternativen vor:

> „a) ein Senat mit geringerer Mitgliederzahl als die erste Kammer, mit höherem Wahlalter und höherem Mitgliedsalter,
> b) eine ständische Gliederung
> c) der von Herrn Oberbürgermeister Dr. Scharnagl gemachte Vorschlag: 1/3 ständische Vertreter, 1/3 von der Volksvertretung gewählte Mitglieder und 1/3 vom Staatspräsidenten ernannte Mitglieder,
> d) Vertreter der sozialen, wirtschaftlichen, kulturellen und kommunalen Körperschaften des Landes."[882]

Anton Pfeiffer sprach sich an dieser Stelle erstmals deutlich dafür aus, eine Zweite Kammer in Form eines Senats als „Regulativ" in einem „Eventualvorschlag" in den Verfassungsentwurf aufzunehmen und diesen Vorschlag weiter zu entfalten.[883] Am Ende der Beratungen wurde sowohl der Vorschlag eines Zwei-Kammer-Systems als auch der zur Schaffung des Amts eines Staatspräsidenten in einem Alternativentwurf festgehalten.[884]

---

[880] Protokoll der 1. Sitzung des Vorbereitenden Verfassungsausschusses am 8. März 1946, in: IfZ, Bestand: Wilhelm Hoegner, ED 120, Bd. 129, Blatt 2.
[881] Ebd., Blatt 3. Vgl. auch den Bericht Pfeiffers an die Amerikanische Militärregierung: „In two important questions the Preparatory Constitution Commission does not wish to anticipate the future Constituent Land Assembly: Establishment of a second Chamber, and Installation of a State President." o. A. [Anton Pfeiffer], Report of the Bavarian Preparatory Constitution-Commission to the Bavarian Constituent Land-Assembly, o. D. [Mai/Juni 1946], in: BayHStA, NL Pfeiffer 149, S. 3.
[882] Protokoll der 6. Sitzung des Vorbereitenden Verfassungsausschusses am 1. April 1946 in der Bayer. Staatskanzlei, in: IfZ, Bestand: Wilhelm Hoegner, ED 120, Bd. 129, Blatt 51. Nawiasky selbst sprach sich für die vierte Alternative aus. Ebd., Blatt 52f.
[883] Ebd., Blatt 54.
[884] So hatte Hoegner bereits in der Eingangssitzung dafür plädiert, hinsichtlich der Frage des Staatspräsidenten einen „Doppelentwurf anzufertigen." Protokoll der 1. Sitzung des Vorbereitenden Verfassungsausschusses am 8. März 1946, in: IfZ, Bestand: Wilhelm Hoegner, ED 120, Bd. 129, Blatt 3. Auf Empfehlung Hoegners wurde der Vorschlag eines Zwei-Kammer-Systems von Scharnagl und Nawiasky „als Anlage" zum Protokoll ausgearbeitet. Protokoll der 6. Sitzung des Vorbereitenden Verfassungsausschusses am 1. April 1946 in der Bayer. Staatskanzlei, in: IfZ, Bestand: Wilhelm Hoegner, ED 120, Bd. 129, Blatt 56. In der Sitzung am 3. Mai 1946 vermerkte das Protokoll schließlich: „Die Alternativ-Vorschläge 2. Kammer und Staatspräsident werden dem Bericht als Anlagen 3 und 4 beigefügt." Protokoll der 14. Sitzung des Vorbereitenden Verfassungsausschusses am 3. Mai 1946 in der Bayer. Staatskanzlei, in: IfZ, Bestand: Wilhelm Hoegner, ED 120, Bd. 129, Blatt 126.

Pfeiffer hatte bereits in seinen „Bemerkungen" zum Verfassungsentwurf Hoegners deutlich gemacht, dass, falls das Amt eines Staatspräsidenten geschaffen werden sollte, man über dessen Zuständigkeiten – etwa „bei der Regierungsbildung: wählt der Landtag den Ministerpräsidenten oder wird er vom Staatspräsidenten berufen"[885] – nachdenken müsse und mit der Institutionalisierung eines Staatspräsidenten „die Staatsregierung wahrscheinlich nicht mehr die oberste vollziehende und leitende Behörde des Staates"[886] sein würde. Diskussionsbeiträge zum Amt des Staatspräsidenten innerhalb des Vorbereitenden Verfassungsausschusses sind von Anton Pfeiffer zwar nicht überliefert, allerdings liegt angesichts seiner „Bemerkungen" die Vermutung nahe, dass er – wie auch in der Frage nach einem Zwei-Kammer-System[887] – mit den Ansichten seines Parteigenossen Scharnagl übereinstimmte, der für die Einrichtung eines „Staatspräsidenten auch im Hinblick auf einen künftigen Reichsaufbau"[888] eintrat.[889]

Die Arbeit Anton Pfeiffers im Vorbereitenden Verfassungsausschuss Anfang des Jahres 1946 lässt zum einen ein weiteres Mal das organisatorische, methodische und diplomatische Geschick des Leiters der bayerischen Staatskanzlei erkennen.[890] Zum anderen vermittelt sie ein Bild der Staats- und Verfassungsvorstellungen Pfeiffers auf Landesebene – und damit verbunden auch in gesamtstaatlicher Hinsicht. So wies Pfeiffer in einem Rückblick auf die Arbeit des Vorbereitenden Verfassungsausschusses darauf hin, dass es „Aufgabe der bayerischen Verfassung" sei, „die bayerische Staatlichkeit auszuprägen und zu entwickeln, dass das bayerische Volk [...] in den Zustand politischen Wohlbehagens kommt und dass unter den auf lange Sicht gegebenen sehr

---

[885] Anton Pfeiffer, Bemerkungen zum Entwurf einer Verfassung des Volksstaates Bayern, o. D. [März 1946], in: BayHStA, NL Pfeiffer 147, S. 4.
[886] Ebd., S. 5.
[887] Karl Scharnagl warnte ausdrücklich davor, dass „diese Überspitzung des Parlamentarismus, wie sie durch die Ausschließlichkeit einer Kammer gegeben ist, nachteilig wirkt", und argumentierte, „die den wechselnden Stimmungen der öffentlichen Meinung unterworfene Volksvertretung braucht dringend ein Regulativ, damit eine ausgeglichene, möglichst konsequente Linie der Staatsführung eingehalten werden kann." Karl Scharnagl, Landesverfassung und oberste Spitze des Landes, 12. März 1946, in: BayHStA, NL Pfeiffer 147, S. 2f.
[888] Protokoll der 6. Sitzung des Vorbereitenden Verfassungsausschusses am 1. April 1946 in der Bayer. Staatskanzlei, in: IfZ, Bestand: Wilhelm Hoegner, ED 120, Bd. 129, Blatt 57. Weiter führte Karl Scharnagl aus: „Rechte und Stellung des Staatspräsidenten hängen davon ab und werden bedingt von der Bedeutung, die man der Volksvertretung beilegen will und von den Rücksichten, die zu nehmen sind auf eine kommende Reichsgestaltung." Karl Scharnagl, Landesverfassung und oberste Spitze des Landes, 12. März 1946, in: BayHStA, NL Pfeiffer 147, S. 1.
[889] Vgl. hierzu Reuter, *Eminenz*, S. 102.
[890] So plädierte Anton Pfeiffer etwa dafür, „dass Ergänzungs- oder Gegenvorschläge, die von einer bestimmten Anzahl von Unterschriften getragen seien, auch zur Abstimmung gestellt werden können. Darauf solle man sich von vorneherein einstellen." Protokoll der 3. Sitzung des Vorbereitenden Verfassungsausschusses am 22. März 1946 in der Bayer. Staatskanzlei, in: IfZ, Bestand: Wilhelm Hoegner, ED 120, Bd. 129, Blatt 14. Und weiter: „Man könne einen Entwurf verfassen, in dem man alles hineinschreibe, was wir für notwendig hielten und darüber dann mit den Amerikanern verhandeln mit dem Hinweis darauf, dass eine Verfassung, in der gar zu wenig stehe, auch keine Achtung geniesse. Diese Fragen könne man nicht im grossen Rahmen der Landesversammlung besprechen. Die andere Möglichkeit sei die, eine knappe Verfassung zu machen. Wenn man aber zu sehr die Lücken und Einengungen sehe, werde dadurch die Autorität auch nicht gestärkt." Ebd., Blatt 13f.

schwierigen und verwickelten Verhältnissen die bayerische Staatsregierung all ihren Aufgaben zum Besten des Volkes gerecht werden kann."[891] „Eine staatsrechtliche Gestaltung des neuen Deutschland" so Pfeiffer, bringe aber auch „eine Abgrenzung und Auseinandergliederung der Zuständigkeiten" mit sich. „Eine solche Verteilung und Gliederung der Zuständigkeiten" bedinge, „dass nicht alle Zuständigkeiten beim einzelnen Land oder einzelnen Bundesstaat verbleiben können." Allerdings betonte der bayerische Staatssekretär eindringlich, „dass der Entwurf dem künftigen Aufbau Deutschlands in keiner Weise vorgreifen" wolle. „Infolgedessen wolle man bitte in dem Fehlen von Hinweisen auf Deutschland keinerlei Absage an den deutschen Gedanken erblicken und sich auch keine Deutung erlauben, als ob die Mitarbeit an diesem Entwurf oder gar die bayerische Staatsregierung die Zugehörigkeit zur Schicksalsgemeinschaft des deutschen Volkes irgendwie hätte ablehnen wollen."[892]

Diese rückwirkenden Bemerkungen des bayerischen Staatssekretärs zu den Arbeiten des Vorbereitenden Verfassungsausschusses lassen ein weiteres Mal seine Kontinuität in der Argumentation für eine bayerische (Eigen-)Staatlichkeit erkennen. Seine Darstellung und Begründung zum „Entwurf einer bayerischen Verfassung" vom Juni 1946 zeigt aber auch, dass er zwar föderalistische, aber keineswegs partikularistische oder separatistische Ansichten vertrat. So hatte er schon in seiner im Jahr 1920 publizierten Schrift „Einheitsstaat und Föderalismus" betont, dass der Partikularismus eine „Verärgerungsform" des Föderalismus sei und Tendenzen dieser Art „in Bayern sehr viel geringer sind, als immer behauptet wird."[893]

Die von Anton Pfeiffer im Vorbereitenden Verfassungsausschuss explizit und implizit durch Zustimmung bei den Abstimmungen zu den entsprechenden Artikeln des hoegnerschen Entwurfs vorgetragenen Vorstellungen von Staat und Verfassung bestätigen diese Grundhaltung des bayerischen Staatssekretärs. Zwar setzte er sich auf der einen Seite für einen eigenständigen Staat Bayern mit einem eigenen Staatspräsidenten ein, griff aber auf der anderen Seite mäßigend ein, als es um die Einrichtung eines ständigen Ausschusses für auswärtige Angelegenheiten ging.[894]

Die weiteren Beratungen über eine bayerische Verfassung fanden in der „Verfassungsgebenden Landesversammlung" statt, die am 30. Juni 1946 von der Bevölkerung gewählt wurde. Auch Anton Pfeiffer wurde als Mitglied bestätigt[895], konnte allerdings

---

[891] Anton Pfeiffer, Der Entwurf für eine neue bayerische Staatsverfassung, 12. Juni 1946, in: BayHStA, NL Pfeiffer 149, S. 3.
[892] Ebd., S. 2.
[893] Pfeiffer, „Einheitsstaat" (Heft 6/7), S. 90.
[894] So bestätigte Anton Pfeiffer auch in der Presse, „dass hinsichtlich der ‚Gesetzgebung und Staatsführung' wohl die überwältigende Mehrheit der Christlich-sozialen Union sich aussprechen werde, einen Ausgleich der Kräfte im Staatswesen und eine weitgehende Sicherung der Volksrechte durch Einführung eines Zweikammer-Systems und die Schaffung eines Staatspräsidenten herbeizuführen. Dabei würde sich ergeben, dass in Ausführung der gesetzgebenden Gewalt zwei Kompetenzen, nämlich ein Landtag und ein Landesrat, zusammenwirken müssten, die als Landesversammlung auch gemeinsam tagen könnten, während die vollziehende Gewalt zwischen einer Staatsregierung und dem Staatspräsidenten geteilt werde." „Die politische Linie der Christlich-sozialen Union. Eine programmatische Rede des Staatssekretärs Dr. Pfeiffer", in: *Süddeutsche Zeitung*, 20. Juni 1946.
[895] Reuter führt als Beleg der Mitgliedschaft Anton Pfeiffers in der Verfassungsgebenden Landesversammlung eine „eigene Angabe" Pfeiffers an. Reuter, *Eminenz*, S. 103 und 266, Anm. 105. Ein Schreiben des Bayerischen Statistischen Landesamtes an Anton Pfeiffer als „Mitglied der Verfas-

aufgrund seiner Aufgabe als Sonderminister für Entnazifizierung kaum an den Beratungen teilnehmen.[896] Die Bedeutung, die er dem Komplex der Verfassungsgebung auf bayerischer Ebene beimaß, machte Anton Pfeiffer jedoch in einer Rede anlässlich der Wahlen zum ersten Bayerischen Landtag am 1. Dezember 1946 und der Abstimmung über die Bayerische Verfassung deutlich. Darin bestätigte er ein weiteres Mal seine föderalistische, aber keinesfalls separatistische Grundhaltung:

> „Zwei große Entscheidungen sind am 1. Dezember 1946 von den Wählern in Bayern zu treffen. Der Entwurf einer neuen Verfassung ist der Volksabstimmung unterstellt. Mit dieser Annahme ist ein neues Staatsgrundgesetz geschaffen als Grundlage für die staatliche Entwicklung Bayerns auf Generationen hinaus."[897] „Von grösster Bedeutung für die Zukunft unseres Volkes ist am 3. Dezember 1946 neben der Annahme der Verfassung auch die Wahl des neuen bayerischen Landtags. Dieser erste nach dem Zusammenbruch des dritten Reiches in geheimer, allgemeiner und unbeeinflusster Wahl berufene Landtag wird einen Ministerpräsidenten zu wählen haben, der eine vom Vertrauen der Volksvertretung getragene Regierung bildet. Den Abschluss der staatlichen Aufbauarbeit bildet also die Bestellung einer wirklich demokratischen Regierung."[898] „Der bundesstaatliche Aufbau des neuen Deutschlands erfordert besondere Umsicht von Seiten der Regierung. Wir wollen dem Bundesstaat übertragen, was für ganz Deutschland gemeinsam geregelt werden kann. Wir wollen aber die staatlichen Notwendigkeiten Bayerns und dessen Einfluss auf die Führung der deutschen Angelegenheiten gesichert wissen."[899]

Damit bestätigte Anton Pfeiffer einmal mehr sein staats- und verfassungspolitisches Motiv eines bayerischen Föderalismus. Es bleibt zu prüfen, inwiefern sich Anton Pfeiffer mit seinen dargestellten Staats- und Verfassungsvorstellungen auf dem Verfassungskonvent auf Herrenchiemsee durchsetzen konnte.

3.2.4 Adolf Süsterhenn und die Verfassungsgebung in Rheinland-Pfalz

Die Geschichte der Entstehung der Landesverfassung von Rheinland-Pfalz, die Rolle Süsterhenns als „Vater der Verfassung" sowie die Beweggründe für seine Mitarbeit

---

sungsgebenden Bayer. Landesversammlung" vom 31. Oktober 1946 bestätigt dies. Dr. Wagner (Kommissarischer Leiter des Bayerischen Statistischen Landesamts) an Anton Pfeiffer, 31. Oktober 1946, in: BayHStA, NL Pfeiffer 147. Ein weiterer Beleg für die Zugehörigkeit Pfeiffers findet sich in einem „Verzeichnis der Mitglieder der Bayerischen Verfassungsgebenden Landesversammlung", in dem Pfeiffer als „Staatsminister für Sonderaufgaben" an 105. Stelle genannt wird. Verzeichnis der Mitglieder der Bayerischen Verfassungsgebenden Landesversammlung nach dem Stande vom 1. September 1946, in: BayHStA, NL Pfeiffer 147, S. 4.

[896] Reuter, *Eminenz*, S. 103. Zu den Beratungen der Verfassungsgebenden Landesversammlung vgl. Fait, *Demokratische Erneuerung*, S. 157–407; Zimmer, *Demokratiegründung*, S. 265–455; Kock, Peter Jakob, *Bayerns Weg in die Bundesrepublik*, München 1988, S. 226–238 (Studien zur Zeitgeschichte, Bd. 22).

[897] Anton Pfeiffer, Zwei große Entscheidungen, o. D. [Ende 1946], in: BayHStA, NL Pfeiffer 320. Hier wurde, vermutlich von Pfeiffer selbst, eine handschriftliche Korrektur vorgenommen. Der ursprüngliche Satz hieß: „Damit soll ein neues Staatsgrundgesetz geschaffen werden als Grundlage für die staatliche Entwicklung Bayerns auf Generationen hinaus." Mit der nachträglichen Korrektur wurde das Einverständnis des Volkes mit der neuen Verfassung bereits vorausgesetzt.

[898] Ebd. Handschriftlich eingefügt wurde die Passage „neben der Annahme der Verfassung".

[899] Ebd.

wurden bereits eingehend untersucht.[900] Aus diesem Grund wird hier auf eine breit angelegte chronologische Rekapitulation der Abläufe sowie eine detaillierte Beschreibung der Ursachen des Wirkens Adolf Süsterhenns aus biographischer Sicht verzichtet. Stattdessen soll hier der Fokus auf die inhaltlichen Aspekte des Vorentwurfs zur rheinland-pfälzischen Verfassung gerichtet werden, da dieser den unmittelbarsten und unverfälschtesten Blick auf Süsterhenns Staats- und Verfassungsvorstellungen eröffnet, um ihn anschließend mit Süsterhenns inhaltlichem Mitwirken auf dem Verfassungskonvent von Herrenchiemsee zu vergleichen.[901]

Zum besseren Verständnis sei jedoch auf folgende äußere Umstände der Entstehung der rheinland-pfälzischen Verfassung verwiesen: Den Auftakt zur Entstehung des Landes Rheinland-Pfalz und zum damit verbundenen Verfassungsgebungsprozess bildete die Verordnung Nr. 57 des Militärgouverneurs der französischen Besatzungszone vom 30. August 1946. Der darin enthaltene erste Artikel bestimmte: „Il est créé un Land comprenant la Province du PALATINAT et les districts rhénans actuels des TRÊVES, COBLENCE, MAYENCE et Montabaur."[902] Eine beratende Versammlung sollte nach den Wahlen am 13. Oktober 1946 zusammentreten (Art. 3)[903] und im Einvernehmen mit der vorläufigen Regierung einen Verfassungsentwurf ausarbeiten, über den per Volksentscheid abgestimmt werden sollte (Art. 5)[904]. Zur Vorbereitung der Arbeit der beratenden Landesversammlung war eine gemischte Kommission vorgesehen, die auch die Verwaltung des Landes während der Übergangszeit festzulegen hatte und der das Land bis zur Annahme der Verfassung durch den Volksentscheid unterstellt bleiben sollte (Art. 6).[905] Am 3. September 1946 trat die in Artikel 6 vorgesehene „commission mixte"[906] in Koblenz zusammen und beschloss unter anderem die „Schaffung eines Verfassungsausschusses", der „die vorbereitenden Arbeiten für

---

[900] Zur Entstehungsgeschichte der Verfassung von Rheinland-Pfalz vgl. u. a. Klaas, Helmut (Bearb.), *Die Entstehung der Verfassung für Rheinland-Pfalz. Eine Dokumentation*, Boppard am Rhein 1978; Brommer, Peter, „Die Entstehung der Verfassung", in: *Rheinland-Pfalz entsteht. Beiträge zu den Anfängen des Landes Rheinland-Pfalz in Koblenz 1945–1951*, hg. v. Franz-Josef Heyen, Boppard 1984, S. 59–78. Zu Adolf Süsterhenns Beitrag zur Entstehung der Verfassung von Rheinland-Pfalz vgl. u. a. Küppers, Heinrich, *Staatsaufbau zwischen Bruch und Tradition. Geschichte des Landes Rheinland-Pfalz 1946–1955*, Mainz 1990, S. 122–132; Hehl, *Süsterhenn*, S. 177–258. Eine ausführliche Literaturliste zur Entstehung der rheinland-pfälzischen Verfassung und dem Wirken Adolf Süsterhenns findet sich in Hehl, *Süsterhenn*, S. 177, Anm. 2 und in Brommer, Peter, „Kirche und Verfassung. Zum rheinlandpfälzischen Verfassungsentwurf Süsterhenns aus dem Jahr 1946", in: *Jahrbuch für westdeutsche Landesgeschichte*, Bd. 16, 1990, S. 429–519, hier S. 429, Anm. 1.
[901] Siehe Kapitel 4.
[902] *Journal Officiel*, S. 292.
[903] „Une Assemblée Consultative, composée de représentants élus des territoires énumérés à l'article premier, sera constituée aussitôt après les élections du 13 Octobre, dans les conditions qui seront précisées ultérieurement." *Journal Officiel*, S. 292.
[904] „L'Assemblée Consultative établira, en accord avec le Gouvernement Provisoire, un projet de constitution qui devra, en particulier, définir les rapports entre les différentes parties du nouveau Land. Le projet de constitution sera soumis à referendum." *Journal Officiel*, S. 292.
[905] „Une Commission mixte, composée des membres des ‚Oberpräsidium' de RHÈNANIE, HESSE-NASSAU et de HESSE-PALATINAT, est chargée de préparer en matière constitutionnelle les travaux de l'Assemblée Consultative, et de mettre au point le régime transitoire devant régir le Land jusqu'à l'approbation par voie de referendum de la Constitution." *Journal Officiel*, S. 292.
[906] Ebd.

den Entwurf der Verfassung erledigen"[907] und diesen im Anschluss der gemischten Kommission übergeben sollte. Als Vorsitzender dieses sechsköpfigen Verfassungsausschusses wurde Adolf Süsterhenn vorgesehen[908], der diese „erste und höchste Aufgabe"[909] einige Tage später im *Rheinischen Merkur* leidenschaftlich kommentierte:

> „Wir müssen uns jedenfalls darüber klar sein, daß eine Verfassung mehr ist als bloß ein System von Formalvorschriften, eine Art Geschäftsordnung einer staatlich organisierten Volksgemeinschaft, in der das Wesen, die geistige Struktur, das Gesamtgefüge und die Lebensart eines Volkes nicht nur ihren Ausdruck, sondern zugleich ihre feste Verankerung finden. Eine Verfassung ist formgewordene Welt- und Lebensanschauung, judifiziertes Selbstbewußtsein und organisierter Handlungswille eines Volkes. Verfassung ist der rechtliche Ausdruck dafür, wie ein Volk innerlich und äußerlich ‚verfaßt' ist, d. h. in welchem Zustand der Ordnung oder aber auch der Unordnung es sich befindet."[910]

Zu insgesamt fünf Sitzungen kam der Verfassungsausschuss unter Vorsitz Süsterhenns zwischen dem 21. September und dem 25. Oktober 1946 zusammen.[911] Bereits bei der zweiten Tagung des Verfassungsausschusses, am 4. Oktober 1946 legte Adolf Süsterhenn der Kommission einen *Vorentwurf* für eine Landesverfassung vor, der sich in zwei Hauptteile, „Grundrechte und Grundpflichten" sowie „Aufbau und Aufgaben des Staates", gliederte.[912] Schon zwölf Tage zuvor, auf der 1. Sitzung des Verfassungsaus-

---

[907] Brommer, Peter, *Quellen zur Geschichte von Rheinland-Pfalz während der französischen Besatzung. März 1945 bis August 1949*, Mainz 1985, S. 197–198.

[908] Zu den weiteren Mitgliedern des Verfassungsausschusses vgl. ebd., S. 199.

[909] Adolf Süsterhenn, „Die erste und höchste Aufgabe", in: *Rheinischer Merkur*, 24. September 1946, abgedruckt in: Süsterhenn, *Schriften*, S. 48–51. Zur Zusammenarbeit Süsterhenn mit dem *Rheinischen Merkur* siehe Kapitel 3.6.1.

[910] Süsterhenn, „Aufgabe", in: *Rheinischer Merkur*, 24. September 1946, abgedruckt in: Süsterhenn, *Schriften*, S. 50. Reflektierend merkt Süsterhenn an: „So kann eine gute Verfassung einem zusammengebrochenen Volke einen neuen Halt geben, seine innere Gesinnung und sein äußeres Gefüge neugestalten und so seine ganze zukünftige Entwicklung maßgeblich beeinflussen. Diese Effekte der Verfassungsgesetzgebung werden nicht dadurch ausgeschlossen, daß das deutsche Volk nicht in völliger Freiheit, sondern unter der Kontrolle und der Anleitung der Alliierten sich seine Verfassung zu geben hat." Ebd., S. 51.

[911] Die Protokolle der Sitzungen des Verfassungsausschusses der Gemischten Kommission sind abgedruckt in: Heyen, Franz-Josef (Bearb.), *Der Vorentwurf einer Verfassung von Adolf Süsterhenn und dessen Beratung in der Gemischten Kommission sowie in deren Unterausschuß für Verfassungsfragen. Die Entstehung der Verfassung für Rheinland-Pfalz. Eine Dokumentation*, bearb. v. Helmut Klaas, Boppard am Rhein 1978, S. 71–128.

[912] Ebd., S. 108f. Insgesamt sechs Rahmenbedingungen bzw. Voraussetzungen führten laut Peter Brommer dazu, dass Adolf Süsterhenn (gemeinsam mit Dr. Ernst Biesten) dazu in der Lage war, innerhalb kürzester Zeit – von dem Erlass der Verordnung Nr. 57 am 30. August 1946 bis zur zweiten Sitzung des Verfassungsausschusses am 4. Oktober 1946 – einen derart ganzheitlichen Verfassungsentwurf vorzulegen: 1) Süsterhenns Erwerb des Staatslexikons der Görresgesellschaft Ende 1945, 2) Süsterhenns Artikelserie zu verfassungs- und staatsrechtlichen Fragestellungen im *Rheinischen Merkur*, 3) Süsterhenns Lesungen zu Staatslehre und Staatsrecht an der Rheinischen Verwaltungsschule in Cochem, 4) Süsterhenns Reise durch die amerikanische Besatzungszone im Auftrag Konrad Adenauers, 5) die Umwandlung einzelner Artikel aus diversen Vorlagen wie der Frankfurter Reichsverfassung von 1849, der preußischen Verfassung von 1850, der Weimarer Reichsverfassung von 1919, dem Reichskonkordat von 1933, den Verfassungsentwürfen der Länder der amerikanischen Besatzungszone, dem Strafgesetzbuch von 1871, dem Allgemeinen Preußischen Landrecht von 1794 sowie aus-

schusses, hatte er „ein einführendes Referat über die Grundprobleme der Verfassung"[913] gehalten, in dem er einleitend die Frage nach der Schaffung einer Not- oder einer Vollverfassung mit der Erstellung einer Vollverfassung beantwortete und hierin die Zustimmung des Ausschusses erfuhr.[914] Für diese Vollverfassung sah Süsterhenn zwei Hauptteile vor: einen Grundrechtskatalog und Ausführungen zum „organisatorischen Aufbau des Staates".[915] Hinsichtlich „des Inhalts des Grundrechtskatalogs" betonte er, dass „die individuellen Freiheits- und Gleichheitsrechte" um die „sozialen" Grundrechte der Weimarer Verfassung[916] zu erweitern seien, um das Individuum nicht nur gegen die Allmacht des Staates, sondern auch „gegen die Übermacht anderer sozialer Gewalten" zu schützen.[917] Hinsichtlich des Staatsaufbaus führte Süsterhenn aus, dass insbesondere über die Einführung eines Staatsrates als Zweiter Kammer „nach dem Beispiel der früheren preußischen Verfassung"[918] als auch über die Schaffung des Amtes eines Staatspräsidenten als „Faktor der politischen Stabilität, der parteipolitischen Neutralität und des Interessenausgleichs zwecks Förderung der Einheit des Volkes"[919] nachzudenken sei.[920] Als besonders wichtig bezeichnete er „die Schaffung eines Staatsgerichtshofes als Hüter der Verfassung und des Rechts."[921]

Süsterhenns Vorentwurf, den er am 4. Oktober 1946 dem Verfassungsausschuss präsentierte, beinhaltete allerdings weit mehr als eine Ausführung zu den oben angeführten Verfassungsorganen.[922] Einer einleitenden Präambel[923] folgte der „Erste

---

ländischen Verfassungen, 6) die Zuarbeit Dritter. Brommer, „Kirche und Verfassung", S. 430–434. Vgl. auch Brommer, „Entstehung", S. 61.

[913] Protokoll über die 1. Sitzung des Verfassungsausschusses am 21. September 1946 im Sitzungssaal des Oberpräsidiums Koblenz-Oberwerth, abgedruckt in: Heyen, *Vorentwurf*, S. 106.

[914] Die Frage nach der Schaffung einer Not- oder Vollverfassung sollte auf dem Verfassungskonvent von Herrenchiemsee noch eingehend erörtert werden. Siehe Kapitel 4.1.

[915] Protokoll über die 1. Sitzung des Verfassungsausschusses am 21. September 1946 im Sitzungssaal des Oberpräsidiums Koblenz-Oberwerth, abgedruckt in: Heyen, *Vorentwurf*, S. 106.

[916] Beispielhaft sei hier auf die Art. 119, 163 und 164 WRV verwiesen.

[917] Protokoll über die 1. Sitzung des Verfassungsausschusses am 21. September 1946 im Sitzungssaal des Oberpräsidiums Koblenz-Oberwerth, abgedruckt in: Heyen, *Vorentwurf*, S. 106.

[918] Ebd. Vgl. Art. 69-74 der Verfassung für den preußischen Staat vom 31. Januar 1850.

[919] Protokoll über die 1. Sitzung des Verfassungsausschusses am 21. September 1946 im Sitzungssaal des Oberpräsidiums Koblenz-Oberwerth, abgedruckt in: Heyen, *Vorentwurf*, S. 106f.

[920] Beiden Fragestellungen widmete sich Adolf Süsterhenn auch in seiner Artikelserie im *Rheinischen Merkur*. In seinen im Oktober publizierten Artikeln sprach er sich für die Schaffung einer Zweiten Kammer und zunächst auch für die Schaffung des Amts eines Staatspräsidenten aus. Adolf Süsterhenn, „Ein- oder Zweikammersystem?", in: *Rheinischer Merkur*, 15. Oktober 1946, abgedruckt in: Süsterhenn, *Schriften*, S. 58–61; Adolf Süsterhenn, „Der Staatspräsident", in: *Rheinischer Merkur*, 22. Oktober 1946, abgedruckt in: Süsterhenn, *Schriften*, S. 61–65. Siehe auch: Kapitel 3.6.1.

[921] Protokoll über die 1. Sitzung des Verfassungsausschusses am 21. September 1946 im Sitzungssaal des Oberpräsidiums Koblenz-Oberwerth, abgedruckt in: Heyen, *Vorentwurf*, S. 107. Auch zu diesem vorgesehenen Verfassungsorgan veröffentlichte Adolf Süsterhenn beinahe zeitgleich zur Debatte im Verfassungsausschuss einen entsprechenden Artikel im *Rheinischen Merkur*. Adolf Süsterhenn, „Der Staatsgerichtshof", in: *Rheinischer Merkur*, 1. November 1946, abgedruckt in: Süsterhenn, *Schriften*, S. 65–68. Siehe auch: Kapitel 3.6.1.

[922] Der „Vorentwurf einer Verfassung für Rheinland-Pfalz" vom 4. Oktober 1946 von Adolf Süsterhenn, allerdings ohne Präambel, ist abgedruckt bei Pfetsch, *Verfassungsreden*, S. 365–386. Ein Abdruck des durch den Verfassungsausschuss bearbeiteten „Vorentwurfs" ist abgedruckt in: Klaas, *Entstehung*, S. 355–509. Im Nachlass von Adolf Süsterhenn befindet sich hierzu folgende Akte: o. A. [Adolf Süs-

Hauptteil" zu den Grundrechten und Grundpflichten, der sich in die Abschnitte I, II und V über „Die Einzelperson", „Ehe und Familie" und „Selbstverwaltung der Gemeinden und Gemeindeverbände" gliederte.[924] Der „Zweite Hauptteil" bestand aus neun Abschnitten, die sich im Einzelnen mit folgenden Themengebieten befassten:

> „I.   Abschnitt: Die Grundlagen des Staates
> II.   Abschnitt: Der Landtag
> III. Abschnitt: Der Staatsrat
> IV. Abschnitt: Der Staatspräsident und die Staatsregierung
> V.   Abschnitt: Die Gesetzgebung
> VI. Abschnitt: Das Finanzwesen
> VII. Abschnitt: Die Rechtsprechung
> VIII. Abschnitt: Die Verwaltung
> IX. Abschnitt: Übergangs- und Schlußbestimmungen."[925]

Der erste Abschnitt des Zweiten Hauptteils, „Die Grundlagen des Staates", proklamierte in Artikel 1 das Volk als „Träger der Staatsgewalt" und verfügte in Artikel 5 die Trennung der legislativen, judikativen und exekutiven Gewalt „als Grundlage der Volksfreiheit".[926] Dem Aufbau des Staates und seinen Organen widmete Adolf Süs-

---

terhenn, Ernst Biesten], Entwurf einer Verfassung für Rheinland-Pfalz, o. D. [4. Oktober 1946], in: LHA 700, 177, Nr. 721. Im Folgenden wird aus dem „Entwurf einer Verfassung für Rheinland-Pfalz" aus dem Nachlass Süsterhenns zitiert.

[923] Bereits die Präambel machte deutlich, wessen Vaters Kind dieser Entwurf war: „Im Bewusstsein der Verantwortung vor Gott als dem Urheber des Rechts und dem Schöpfer aller menschlichen Gemeinschaft von dem Willen beseelt, die Freiheit und Würde des Menschen zu sichern, das Gemeinschaftsleben nach dem Grundsatz der sozialen Gerechtigkeit zu ordnen, den wirtschaftlichen Fortschritt aller zu fördern und dem inneren und äusseren Frieden zu dienen, hat sich das Volk von Rheinland-Pfalz diese Verfassung gegeben:". Eindeutig sind hier das von Süsterhenn als grundlegend erachtete Naturrecht sowie das von ihm verfochtene Subsidiaritätsprinzip zu erkennen, aber auch sein Bedenken hinsichtlich einer uneingeschränkten Volkssouveränität. „Ihnen trug er Rechnung, indem er [...] Gott als den Urgrund des Rechts herausstellte." Meyer, „Süsterhenn", S. 7.

[924] Protokoll über die 2. Sitzung des Verfassungsausschusses am 4. Oktober 1946 im Sitzungssaal des Oberpräsidiums Koblenz-Oberwerth, abgedruckt in: Heyen, *Vorentwurf*, S. 108. Hinsichtlich der Abschnitte III, IV und VI über „Schule, Bildung und Kulturpflege", „Religion und Religionsgemeinschaften" und „Die Wirtschafts- und Sozialordnung" kündigte Süsterhenn an, dass er diese „möglichst bei der nächsten Sitzung des Verfassungsausschusses am 11.10.1946 vorlegen werde." Ebd., S. 109. Die von Süsterhenn erwähnten Abschnitte befinden sich in: o. A. [Adolf Süsterhenn], Entwürfe zu den Abschnitten III, IV und VI des Entwurfs einer Verfassung von Rheinland-Pfalz, o. D. [11. Oktober 1946], in: LHA 700, 177, Nr. 723. Im Protokoll der dritten Sitzung des Verfassungsausschusses am 11. Oktober 1946 legte Adolf Süsterhenn „nunmehr die fertiggestellten Teile des Vorentwurfs über Kirchen und Religionsgemeinschaften sowie Schule, Bildung und Kulturpflege vor." Protokoll über die 3. Sitzung des Verfassungsausschusses am 11. Oktober 1946 im Landratsamt zu Bad Kreuznach, abgedruckt in: Heyen, *Vorentwurf*, S. 112.

[925] Ebd., S. 109.

[926] Süsterhenn bemerkte hierzu: „Unter dem Gewicht der Erfahrungen, die im sog. Dritten Reich mit der Zusammenballung der Macht in einer Hand gemacht wurden, bekennt sich die Verf [...] zum Grundsatz der Unantastbarkeit der herkömmlichen Trennung der Gewalten, die seit sie von Montesquieu 1748 in L'esprit des lois auf der Grundlage der Lehren Lockes proklamiert worden war, zu einer wesentlichen Voraussetzung der abendländischen Auffassung von einem vernünftigen Staatsaufbau gehörte". Süsterhenn, Adolf/Schäfer, Hans, *Kommentar der Verfassung für Rheinland-Pfalz mit Berücksichtigung des Grundgesetzes für die Bundesrepublik Deutschland*, Koblenz 1950, S. 308.

terhenn die folgenden drei Abschnitte. So sah er einen auf vier Jahre gewählten (Art. 14 VES) Landtag als „die vom Volke gewählte Volksvertretung" (Art. 10 VES) vor (siehe zu den Verfassungsorganen des Süsterhenn'schen Entwurfs Abbildung 3-5).

Neben dem Landtag sollte ein Staatsrat „zur Mitwirkung bei der Gesetzgebung und Verwaltung des Staates" geschaffen werden (Art. 34 VES). Die Zusammensetzung dieses Staatsrats verdient eine nähere Betrachtung. So sollten 30 der insgesamt 48 Mitglieder „nach den Grundsätzen der Verhältniswahl durch die Bezirksräte gewählt" und „auf die Regierungsbezirke entsprechend der Bevölkerungszahl verteilt" werden (Art. 35 VES). Die restlichen 18 Mitglieder waren durch die bereits gewählten Mitglieder zu gleichen Anteilen aus Vertretern der Kirchen, Universitäten und Hochschulen, Gewerkschaften, Presse, Rundfunk und Theater zu wählen. Außerdem sollten dem Staatsrat drei „durch besondere Lebenserfahrung und Bewährung im Dienste der Gemeinwohls ausgezeichnete Personen" angehören, die ebenfalls von den durch die Bezirksräte gewählten Mitgliedern hinzuzuwählen waren. Der letzte Abschnitt des Artikel 35 bestimmte: „Soweit die zuzuwählenden Mitglieder Vertreter von Körperschaften oder Gruppen sind, haben diese ein Vorschlagsrecht."

Adolf Süsterhenn sah also einen Staatsrat vor, der sowohl den verschiedenen Bezirken innerhalb des Landes als auch den Interessenvertretern von Kirche, Kultur und Arbeitnehmern ein Mitspracherecht verschaffen sollte. Nach dem Vorbild der klassischen griechischen Gerusia wünschte er sich Personen, die über eine „besondere Lebenserfahrung" verfügten, als Teil des Staatsrates. Offensichtlich versuchte Süsterhenn hier die Vorteile beider Modelle – Länderrat und Senat – miteinander zu verschmelzen. Die Einberufung des Staatsrats sollte erstmalig von der Staatsregierung ausgehen (Art. 37 Abs. 1 VES), und diese war wiederum dazu verpflichtet, den Staatsrat „über die Führung der Staatsgeschäfte auf dem laufenden zu halten" (Art. 38 Abs. 1 VES). Süsterhenn erkannte dem Staatsrat insgesamt weitreichende Kompetenzen zu. So war er im „Vorentwurf" dazu berechtigt, „Gesetzesvorlagen durch die Staatsregierung an den Landtag zu bringen" (Art. 38 Abs. 3 VES) und „gegen die vom Landtag beschlossenen Gesetze" Einspruch zu erheben (Art. 39 Abs. 1 VES).

Abschnitt vier des Zweiten Hauptteils von Adolf Süsterhenns „Vorentwurf" zur rheinland-pfälzischen Verfassung befasste sich in den Artikel 41 bis 59 mit dem Amt eines Staatspräsidenten und der Staatsregierung. Symbolträchtig führte Süsterhenn den Staatspräsidenten als obersten „Hüter des Gemeinwohls und Wahrer der Einheit des Volkes" ein (Art. 41 VES). Gewählt werden sollte der Staatspräsident „vom Landtag und Staatsrat in gemeinsamer Sitzung mit absoluter Mehrheit" (Art. 42 VES) auf eine Dauer von sechs Jahren (Art. 44 Abs. 1 Satz 1 VES).[927] Vor Ablauf der regulären Amtsdauer sah Süsterhenn eine Möglichkeit zur Absetzung des Staatspräsidenten „auf Antrag des Landtags durch Volksentscheid" vor (Art. 44 Abs. 2 Satz 1 VES).[928] Innenpolitisch sprach er dem Staatspräsidenten das Recht auf Ernennung und Entlassung der Staatsbeamten (Art. 47 VES) sowie „das Recht, im Wege der Gnade rechtskräftig erkannte Strafen zu erlassen oder zu mildern" (Art. 48 Abs. 1 Satz 1), zu. Er-

---

[927] Weiterhin regelte Art. 44 Abs. 1 Satz 2: „Wiederwahl ist zulässig."
[928] Im Detail führte Art. 44 Abs. 2 aus: „Der Beschluß des Landtags erfordert Zweidrittelmehrheit. Durch den Beschluß ist der Staatspräsident an der weiteren Ausübung des Amtes verhindert. Die Ablehnung der Absetzung durch den Volksentscheid hat die Auflösung des Landtags zur Folge."

wähnenswert sind außerdem die weitgehenden Rechte, die Artikel 49 dem Staatspräsidenten verschaffte. So sollte er, „wenn die öffentliche Sicherheit und Ordnung erheblich gestört oder gefährdet wird oder die Beseitigung eines ungewöhnlichen Notzustandes es dringend erfordert, mit Zustimmung des Präsidenten des Landtags oder des Präsidenten des Staatsrats alle nach seinem pflichtgemäßen Ermessen notwendigen Maßnahmen treffen" können (Art. 49 Abs. 1 Satz 1 VES). Auch die im Ersten Hauptteil verfassten „Grundrechte der freien Meinungsäußerung, der Versammlungs- und Vereinigungsfreiheit (Art. 8, 10, 12 und 13), des Brief-, Post-, Telegraphen- und Fernsprechgeheimnisses und der Freizügigkeit" sollte der Staatspräsident zu diesem Zwecke „vorübergehend einschränken oder außer Kraft setzen" können (Art. 49 Abs. 1 Satz 2 VES).[929] Einschränkungen erfuhr der Präsident lediglich durch den Landtag, den er „unverzüglich" über die „getroffenen Maßnahmen" zu informieren hatte (Art. 49 Abs. 2 Satz 1 VES) und auf dessen Verlangen ebendiese Maßnahmen „außer Kraft zu setzen" waren (Art. 49 Abs. 2 Satz 2 VES). Allerdings sollte diese Machtbeschränkung nicht zu hoch bewertet werden, da der Staatspräsident nach Auffassung Süsterhenns über das Recht verfügen sollte, den Landtag aufzulösen (Art. 15 Abs. 1 VES).[930] Anders als bei allen anderen „Anordnungen und Verfügungen" sah Süsterhenns hierfür nicht einmal eine „Gegenzeichnung durch den Ministerpräsidenten oder den zuständigen Minister" vor (Art. 50 VES) vor. Außenpolitisch sollte „der oberste Hüter des Gemeinwohls" (Art. 41 VES) den Staat zwar vertreten, „der Abschluß von Staatsverträgen" war allerdings an die „Zustimmung des Landtags und des Staatsrats" gebunden (Art. 46 VES).

---

[929] „Die weiteren Grundrechte dürfen nicht angetastet werden" (Art. 49 Abs. 1 Satz 3 VES).
[930] Die einzige Absicherung für den Erhalt des Landtags bestand darin, dass „die Neuwahl eines aufgelösten Landtags [...] spätestens am 6. Sonntag nach der Auflösung" zu erfolgen hatte (Art. 15 Abs. 3 VES).

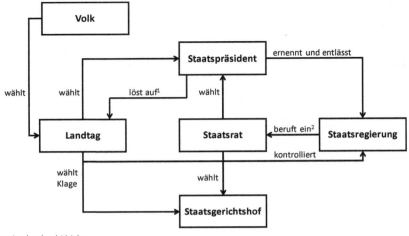

Abbildung 3-5: Verfassungsorgane und Gewaltenverschränkung im Vorentwurf einer Verfassung für Rheinland Pfalz von Adolf Süsterhenn (4. Oktober 1946)

Quelle: Eigene Darstellung

Stellt man gerade bei diesem Amt einen Vergleich mit der Weimarer Verfassung von 1919 an, so sind zwar einige Unterschiede, aber auch nicht von der Hand zu weisende Übereinstimmungen herauszustellen. Eine offensichtliche Änderung bestand darin, dass Adolf Süsterhenn den Staatspräsidenten nicht vom Volk (Art. 41 Abs. 1 WRV), sondern von Landtag und Staatsrat (Art. 42 VES) auf die Dauer von sechs (Art. 44 Abs. 1 Satz 1 VES) statt sieben Jahren (Art. 43 Abs. 1 Satz 1 WRV) wählen lassen wollte.[931]

---

[931] Während der Reichspräsident der Weimarer Verfassung zeitgleich „Mitglied des Reichstags" sein konnte (Art. 44 WRV), legte Adolf Süsterhenn eindeutig fest, dass der Staatspräsident nicht „zugleich Mitglied des Landtags oder Staatsrats" sein durfte (Art. 45 VES). Auch war es dem Staatspräsidenten im „Vorentwurf" Süsterhenns nicht gestattet, selbstständig, ohne „Zustimmung des Landtags und des Staatsrats" Staatsverträge abzuschließen (Art. 46 VES), während er zu Weimarer Zeiten sehr wohl dazu berechtigt gewesen war, „Bündnisse und andere Verträge mit auswärtigen Mächten" zu unterzeichnen (Art. 45 Abs. 1 WRV). Der vom Staatspräsidenten zu leistende Amtseid unterschied sich im Wesentlichen durch die explizite Aufnahme eines religiösen Gelöbnisses in Süsterhenns „Vorentwurf". So lautete der Eid des Reichspräsidenten in der Weimarer Reichsverfassung: „Ich schwöre, *daß ich meine Kraft dem Wohle des* deutschen *Volkes widmen*, seinen Nutzen mehren, Schaden von ihm wenden, *die Verfassung und die Gesetze* des Reichs *wahren, meine Pflichten gewissenhaft erfüllen und Gerechtigkeit gegen jedermann üben werden*" (Art. 42 Abs. 2 WRV). In Adolf Süsterhenns „Vorentwurf" vom 4. Oktober 1946 hatte der Staatspräsident folgende Eidesformel zu sprechen: „Ich schwöre bei Gott dem Allmächtigen, *daß ich meine Kraft dem Wohle des Volkes widmen, die Verfassung und die Gesetze wahren, meine*

Eine nähere Betrachtung verdient auch der Artikel 48 der Weimarer Verfassung im Vergleich zu dem korrespondierenden Artikel 49 im „Vorentwurf" Adolf Süsterhenns. Nicht nur, dass die Nummerierung der Artikel fast identisch ist, es finden sich auch einige Gemeinsamkeiten, die bis in den Wortlaut einzelner Abschnitte hineinreichen. So sprach Adolf Süsterhenn dem Staatspräsidenten einige Sonderrechte zu, „wenn die öffentliche Sicherheit und Ordnung erheblich gestört oder gefährdet wird oder die Beseitigung eines ungewöhnlichen Notzustandes es dringend erfordert" (Art. 49 Abs. 1 Satz 1 VES).[932] Zwar verfügte der Staatspräsident in Süsterhenns Entwurf für die Ergreifung dieser Maßnahmen nicht über das Recht, diese „mit Hilfe der bewaffneten Macht" (Art. 48 Abs. 2 Satz 1 WRV) durchzuführen, aber er durfte „alle nach seinem pflichtgemäßen Ermessen notwendigen Maßnahmen treffen" (Art. 49 Abs. 1 Satz 1 VES). Hierzu waren sowohl der Reichs- wie auch der Staatspräsident berechtigt, bestimmte Grundrechte zeitweise zu beschränken oder außer Kraft zu setzen.[933] Die Liste an Grundrechten, die von dieser Maßnahme betroffen sein konnten, liest sich nahezu identisch. In der Weimarer Verfassung und auch im „Vorentwurf" Süsterhenns konnten die freie Meinungsäußerung (Art. 118 WRV, Art. 8 VES), die Versammlungsfreiheit (Art. 123 WRV, Art. 10 VES), die Vereinigungsfreiheit (Art. 124 WRV, Art. 11 VES) und das Brief-, Post-, Telegraphen- und Fernsprechgeheimnis (Art. 117 WRV, Art. 12 VES) aufgehoben werden. Der einzige Unterschied bestand darin, dass Adolf Süsterhenn dem Staatspräsidenten auch das Recht zuerkannte, die Freizügigkeit (Art. 13 VES) einzuschränken, während der Reichspräsident zusätzlich die Grundrechte zur Freiheit der Person (Art. 114 WRV), der Unverletzlichkeit der Wohnung (Art. 115 WRV) und des Eigentums (Art. 153 WRV) einstweilen aufheben konnte. Insgesamt war die Summe der durch den Staatspräsidenten Süsterhenns gefährdeten Grundrechte zwar kürzer, ein Notstandsrecht an sich bestand indes weiterhin.[934]

Während der Reichspräsident zu Weimarer Zeiten diese Entscheidungen eigenständig treffen konnte und lediglich im Nachhinein über die bereits „getroffenen Maßnahmen [...] dem Reichstag Kenntnis zu geben" (Art. 48, Abs. 3 Satz 1 WRV) hatte, musste sich der Staatspräsident im Entwurf Süsterhenns vorab der „Zustimmung des Präsidenten des Landtags oder des Präsidenten des Staatsrats" (Art. 49 Abs. 1 Satz 1 VES) versichern.[935] Was den Landtag in Süsterhenns „Vorentwurf" und den Reichstag

---

Pflichten gewissenhaft erfüllen und Gerechtigkeit gegen jedermann üben werde, so wahr mir Gott helfe" (Art. 43 VES). Zur besseren Lesbarkeit wurden die übereinstimmenden Passagen hervorgehoben.

[932] Im entsprechenden Artikel der Weimarer Verfassung hieß es: „Der Reichspräsident kann, wenn im Deutschen Reiche die öffentliche Sicherheit und Ordnung erheblich gestört oder gefährdet wird [...]" (Art. 48 Abs. 2 Satz 1 WRV).

[933] Süsterhenn formulierte: „Zu diesem Zwecke darf er [der Staatspräsident] die Grundrechte [...] vorübergehend einschränken oder außer Kraft setzen" (Art. 49 Abs. 1 Satz 2 VES). In der Weimarer Reichsverfassung findet sich eine fast identische Formulierung, in der es heißt: „Zu diesem Zwecke darf er [der Reichspräsident] die [...] festgesetzten Grundrechte ganz oder zum Teil außer Kraft setzen" (Art. 48 Abs. 2 Satz 2 WRV).

[934] So konnte der Staatspräsident im „Vorentwurf" Süsterhenns vom 4. Oktober 1946 insgesamt fünf Grundrechte antasten, der Reichspräsident der Weimarer Verfassung von 1919 hingegen sieben.

[935] Sowohl der Reichstag in der Weimarer Verfassung (Art. 48 Abs. 3 Satz 2 WRV) als auch der Landtag im „Vorentwurf" Süsterhenns (Art. 49 Abs. 2 Satz 2 VES) konnten anordnen, die getroffenen Maßnahmen wieder außer Kraft zu setzen.

der Weimarer Verfassung betraf, so hatten sowohl der Staats- als auch der Reichspräsident das Recht, diesen aufzulösen (Art. 25 WRV, Art. 15 VES).[936] Die Staatsregierung setzte sich bei Süsterhenn „aus dem Ministerpräsidenten und den Staatsministern" zusammen (Art. 52 VES) und wurde „vom Staatspräsidenten ernannt und entlassen" (Art. 53 VES).[937] Bei der Ausübung ihrer Geschäfte sollte die Staatsregierung vom „Vertrauen des Landtages" abhängig sein (Art. 54 Abs. 1 Satz 1 VES).[938] Des Weiteren waren alle Beschlüsse „unverzüglich dem Landtag vorzulegen und auf sein Verlangen zu ändern oder ausser Kraft zu setzen" (Art. 55 VES). Einen erweiterten Schutz erfuhr die Staatsregierung im „Vorentwurf" Süsterhenns dadurch, dass bei einem Vertrauensentzug durch den Landtag Ministerpräsident und Staatsminister „die Geschäfte so lange weiterzuführen" hatten, „bis eine neue Regierung gebildet ist" (Art. 54 Abs. 2 VES).[939] Auch bei Adolf Süsterhenn hatten die Erfahrungen mit der Weimarer Republik also dazu geführt, die Wirkungen eines destruktiven Misstrauensvotums zur Stabilisierung der Regierung abzumildern. Anders als in der Weimarer Reichsverfassung sollten Staatspräsident und Staatsminister „auf Beschluss des

---

[936] Zur Vertretung des Reichs- bzw. Staatspräsidenten sehen beide Verfassungen den Präsidenten des Reichs- bzw. Staatsgerichtshofes vor (Art. 51 WRV, Art. 51 VES). In der Weimarer Verfassung wurde dieser Artikel allerdings erst per Gesetz vom 17.12.1932 in diese Richtung abgeändert; zuvor hatte der Reichskanzler das Vertretungsrecht. Das Amt des Staatspräsidenten wurde allerdings nicht in die endgültige Fassung der Verfassung von Rheinland-Pfalz übernommen. „Schon bei der 1. Lesung im VA wurde die Einrichtung des Staatspräsidenten aus dem E gestrichen (Sitzungen vom 9./10. und vor allem 22.1.1947)". Süsterhenn/Schäfer, *Kommentar*, S. 313.
[937] Auch in diesen beiden Artikeln des „Vorentwurfs" von Adolf Süsterhenn ist der Bezug zur Weimarer Verfassung kaum zu übersehen. So hieß es in Art. 52 WRV: „Die Reichsregierung besteht aus dem Reichskanzler und den Reichsministern." Und in Art.53 WRV: „Der Reichskanzler und auf seinen Vorschlag die Reichsminister werden vom Reichspräsidenten ernannt und entlassen."
[938] Adolf Süsterhenn bemerkte hierzu: „Was zunächst die Bildung und Abberufung der LReg betrifft, so steht die Verf grundsätzlich – wie die WeimRV und die nach 1945 entstandenen Landesverf des Bundesgebiets mit Ausnahme Bayerns, das das System abgewandelt hat […] auf dem Boden des sog. parlamentarischen Regierungssystems. Darunter versteht die Staatsrechtswissenschaft die Verwirklichung des Grundsatzes der Abhängigkeit der Regierung vom Parlament in der Weise, daß die Regierung für die Amtsführung und damit für ihr Verbleiben im Amt des Vertrauens der Volksvertretung bedarf. Dieses System war für die Reichsregierung verankert in Art. 54 WeimRV […]." Süsterhenn/Schäfer, *Kommentar*, S. 353f.
[939] Weiter hieß es in Art. 54 Abs. 4 VES: „Falls die Landtagsmehrheit nicht innerhalb von zwei Wochen nach dem Beschluss über die Entziehung des Vertrauens dem Staatspräsidenten eine neue vom ausdrücklichen Vertrauen der Landtagsmehrheit getragene Regierung vorschlägt, verliert der Beschluss über den Vertrauensentzug seine Gültigkeit und bleibt die bisherige Regierung im Amt." Adolf Süsterhenn bemerkte hierzu weiter: „Bei den Vorarbeiten zu den Landesverf nach 1945 bestand überall weitgehende Uebereinstimmung darüber, daß am parlamentarischen System grundsätzlich festzuhalten sei. Jedoch hatten die ungünstigen Auswirkungen der unbedingten Durchführung des Systems in der Weimarer Zeit […] die infolge häufigen Wechsels in der obersten Leitung der vollziehenden Gewalt, namentlich nach Vertrauensentzug durch heterogene Parteiverbindungen, die ihrerseits nicht in der Lage waren, eigene Regierungen an die Stelle der gestürzten zu setzen, zu Ueberlegungen geführt, wie das parlamentarische System etwa ‚veredelt' […] werden könnte." Süsterhenn/Schäfer, *Kommentar*, S. 354.

Landtags" nicht nur vor dem Staatsgerichtshof angeklagt, sondern laut „Vorentwurf" auch strafrechtlich verfolgt werden können (Art. 59 VES).[940]

Auch wenn nicht alle Verfassungsorgane in der endgültigen Verfassung von Rheinland-Pfalz vom 18. Mai 1947 in ihrer in Adolf Süsterhenns Entwurf vom 4. Oktober 1946 vorgesehenen Art und Weise erhalten blieben – die Ämter des Staatspräsidenten[941] und des Staatsrats[942] etwa wurden gänzlich gestrichen –, so ist seine Handschrift doch deutlich zu erkennen.[943] Rechte und Pflichten der Verfassungsorgane sowie deren Gewaltenverschränkung in Süsterhenns „Vorentwurf" entstanden immer wieder aus Rückgriffen, vor allem auf die Weimarer Reichsverfassung vom 11. August 1919. Die Tatsache, dass Adolf Süsterhenn das Amt des Staatspräsidenten und des Staatsrates – beides Verfassungsorgane des ehemaligen Deutschen Reiches – in die Verfassung des Landes Rheinland-Pfalz aufzunehmen gedachte, zeigt den Stellenwert, den er den Ländern innerhalb des neu zu konstituierenden deutschen Staatswesens zuerkannte. Es kann als Ausdruck seiner föderalistischen Grundprinzipien gewertet werden, dass er für das Land die gleichen Verfassungsorgane vorsah wie für den zu schaffenden Gesamtstaat, und bestätigt zugleich sein staats- und verfassungspolitisches Motiv eines katholisch-subsidiär geprägten Föderalismus. So verglich Süsterhenn auch noch drei Jahre nach dem Inkrafttreten der rheinland-pfälzischen Landesverfassung diese mit dem inzwischen ebenfalls ratifizierten Grundgesetz: „Beide Verfassungen beschränken sich nicht darauf bloße Organisationsstatute zu sein, d. h. eine Sammlung von Formalvorschriften über die Organisation und Funktion des staatlichen Behördenapparates, sondern sie sind echte Vollverfassungen."[944] Als besonderen Grundzug

---

[940] In der Weimarer Verfassung konnte zusätzlich auch der Reichspräsident vor dem Staatsgerichtshof angeklagt werden (Art. 59 WRV).

[941] „Die für den Staatspräsidenten vorgesehenen Befugnisse wurden im E I, soweit sie nicht durch den Wegfall der Einrichtung gegenstandslos geworden waren, auf den MinPräs übertragen (mit Ausnahme der Regierungsbildung, die sich jetzt nach Art. 98 II abspielt)." Süsterhenn/Schäfer, *Kommentar*, S. 313. Art. 98 Abs. 2 VRP bestimmte: „Der Landtag wählt auf Aussprache den Ministerpräsidenten mit der Mehrheit der gesetzlichen Mitgliederzahl. Der Ministerpräsident ernennt und entläßt die Minister. Die Regierung bedarf zur Uebernahme der Geschäfte der ausdrücklichen Bestätigung des Landtags. Zur Entlassung eines Ministers ist die Zustimmung des Landtags erforderlich."

[942] „Schon bei der 1. Lesung des VA hatte sich gezeigt, daß nur die CDU die Einrichtung eines Zweikammersystems bejahen würde, während die drei übrigen Parteien sich gegen die Einrichtung des Staatsrats aussprachen. Doch wurde der 2. Unterabschn. zunächst in – gegenüber dem VE nur geringfügig geänderter – Fassung mit in den E I übernommen. Bei der 2. Lesung des VA wurde dann, allerdings erst im letzten Stadium kurz vor Befassung der Berat LVers der 2. Unterabschn. aus dem E herausgenommen, so daß der E II keine Vorschriften mehr über den Staatsrat enthielt." Süsterhenn/Schäfer, *Kommentar*, S. 312.

[943] Vgl. hierzu die „Synopse der Entwürfe einer Verfassung für Rheinland-Pfalz mit dem endgültigen Text der Landesverfassung", in: Klaas, *Entstehung*, S. 355–509.

[944] Adolf Süsterhenn, „Drei Jahre rheinisch-pfälzische Verfassung", in: *Staats-Zeitung und Staatsanzeiger für Rheinland-Pfalz*, 15. Mai 1950, S. 1. Ähnlich schrieb Adolf Süsterhenn auch zum fünfjährigen Bestehen der rheinland-pfälzischen Verfassung: „In dieser Sicht bedeutete die Schaffung einer neuen Verfassungsordnung mehr als die Lösung eines bloßen Organisationsproblems, sondern erforderte eine echte geistige Entscheidung, die der Herrenchiemseer Konvent in Artikel 1 seines Verfassungsentwurfes in die Worte kleidete: ‚Der Mensch ist nicht für den Staat, sondern der Staat ist für den Menschen da.' Diesen Gedanken hatte schon vorher die Verfassung von Rheinland-Pfalz zum Aus-

stellte Süsterhenn auch noch im Jahr 1952 heraus, dass „die rheinland-pfälzische Verfassung immer wieder ausdrücklich auf überpositives, vorstaatliches und letztlich in der göttlichen Schöpfungsordnung verankertes Naturrecht, das der Willkür des staatlichen Gesetzgebers entzogen ist", zurückgreife, während „der die Weimarer Demokratie noch beherrschende Geist des Relativismus und Rechtspositivismus, der die ‚legale' Machtergreifung Hitlers rechtstheoretisch überhaupt ermöglichte, überwunden und die Staatsgewalt den absoluten Bedingungen des natürlichen Sittengesetzes unterworfen worden" sei.[945] Die große Bedeutung, die Adolf Süsterhenn einer Auseinandersetzung mit Vergangenheit und der damit einhergehenden geistigen Erneuerung zuerkannte, wird deutlich, wenn er schreibt: „Ohne Rechtssicherheit, welche die Verfassung erst begründet und gewährleistet, ist kein menschliches Gemeinschaftsleben, keine Überwindung der wirtschaftlichen Not und kein wirtschaftlicher Wiederaufstieg möglich."[946] Für Adolf Süsterhenn war und blieb die Verfassung von Rheinland-Pfalz „ein politischer Integrationswert ersten Ranges und für die demokratische Republik sogar der einzige."[947]

3.2.5 Zusammenfassung

Wie die Bildung der politischen Parteien, so ging auch die Initiative zu dem Verfassungsgebungsprozess in den Ländern von den Alliierten aus – und wieder zögerte man in der französischen Besatzungszone mit diesem Schritt ein klein wenig länger als in der amerikanischen. So gab General König erst am 30. August 1946, General Clay hingegen bereits am 4. Februar desselben Jahres eine Direktive heraus, die die Aufforderung zur Beratung der Landesverfassungen zum Inhalt hatte. Aber nicht nur zeitlich, auch in den Vorgaben zur Organisation des Verfassungsgebungsprozesses und in den Empfehlungen zur inhaltlichen Ausgestaltung unterschieden sich die Voraussetzungen in den Ländern der amerikanischen und der französischen Besatzungszone. Während die Amerikaner nur allgemeine Leitlinien aufstellten und eine Einflussnahme eher indirekt stattfand, versuchte die französische Militärregierung durch konkrete Vorgaben und direktes Eingreifen, wie etwa im Fall Württemberg-Hohenzollerns, ihren Ansichten Geltung zu verleihen. Die Gemeinsamkeit der Verfassungspolitik der Alliierten lag daher vor allem darin, „daß sie den Verfassungsgebungsprozess organi-

---

druck gebracht, wenn sie in Artikel 1 sagte: ‚Der Mensch ist frei. Er hat ein natürliches Recht auf die Entwicklung seiner körperlichen und geistigen Anlagen und auf die freie Entwicklung seiner körperlichen und geistigen Anlagen und auf die freie Entfaltung seiner Persönlichkeit innerhalb der durch das natürliche Sittengesetz gegeben Schranken.'" Adolf Süsterhenn, „Fünf Jahre Landesverfassung", in: *Staats-Zeitung und Staatsanzeiger für Rheinland-Pfalz*, 18. Mai 1952, S. 1.
[945] Adolf Süsterhenn, „Fünf Jahre Landesverfassung", in: *Staats-Zeitung und Staatsanzeiger für Rheinland-Pfalz*, 18. Mai 1952, S. 2. Vgl. Meyer, „Süsterhenn", S. 5f.
[946] Adolf Süsterhenn, „Verfassung oder Brot", in: *Rhein-Zeitung*, 14. Mai 1947, abgedruckt in: Süsterhenn, *Schriften*, S. 147. Besonders deutlich wird Süsterhenns Einstellung dadurch, dass gleich neben seinem Artikel ein Aufsatz mit dem Titel „Kräfteverfall bei 600 Kalorien" abgedruckt wurde, der über die zunehmende Hungersnot der Bevölkerung berichtete. „Kräfteverfall bei 600 Kalorien", in: *Rhein-Zeitung*, 14. Mai 1947, S. 1.
[947] Ebd.

sierte"[948]. Und wenn sie versuchten, Einfluss zu nehmen, so fand dies „eher in freiheitsvergrößernder als repressiver Absicht" statt und mündete keinesfalls in einem „Verfassungsdiktat".[949]

Die Rollen, die Carlo Schmid, Hermann Brill, Anton Pfeiffer und Adolf Süsterhenn in den Verfassungsgebungen der Länder spielten, waren recht unterschiedlich. Während Carlo Schmid und Adolf Süsterhenn als Väter der jeweils von ihnen mit einem entsprechenden Entwurf vorbereiteten und maßgeblich bestimmten Landesverfassungen gelten können, muss die Beurteilung des Anteils, den Hermann Brill und Anton Pfeiffer an den Verfassungen ihrer Länder hatten, differenzierter ausfallen. Während bei Brill der Wechsel der Besatzungsmacht in Thüringen und schließlich sein räumlicher Wechsel nach Hessen eine konkrete Mitarbeit an den jeweiligen Landesverfassungen verhinderte, nahm der bayerische Staatssekretär, wie schon so oft, eine eher beratende Rolle bei den Verhandlungen der bayerischen Landesverfassung ein. Auch ging es für Hermann Brill in Thüringen zunächst darum, eine „Landesverwaltungsordnung" als Übergang zu schaffen, während in Württemberg, Bayern und der Pfalz Vollverfassungen beraten wurden.

Trotz dieser unterschiedlichen Umstände gingen die staats- und verfassungspolitischen Überlegungen der vier von einem gemeinsamen Ausgangspunkt aus: Schon in dieser frühen Phase der Verfassungsgebung bezogen sie sich immer wieder auf die Weimarer Verfassung und versuchten, bereits auf Landesebene Lehren aus deren Scheitern zu ziehen. Gleichzeitig betonten sie jedoch, dass man dem zukünftigen Neuaufbau Deutschlands damit in keiner Weise vorgreifen wolle.[950] Für Carlo Schmid bedeutete dies zunächst, dass die Grundrechte eine exponierte Stellung auch in den Landesverfassungen erhalten mussten. Adolf Süsterhenn stellte ebenfalls die Grundrechte und Grundpflichten dem eigentlichen Aufbau des Staates in seinem Verfassungsentwurf voran, und auch Hermann Brill argumentierte in den Beratungen zur Hessischen Verfassung in diesem Sinne.

Der organisatorische Aufbau der Landesverfassungen sollte nach Auffassung Schmids, Pfeiffers und Süsterhenns ein Zwei-Kammer-System zum Inhalt haben. Während sich Carlo Schmid und auch Anton Pfeiffer für einen Senat, zumindest in einem Eventualvorschlag, als Zweite Kammer einsetzten, schlug Süsterhenn einen Staatsrat vor, wollte diesen aber zum Teil auch mit Interessenvertretern von Kirche und Kultur sowie Arbeitnehmern besetzt wissen. Hermann Brill hingegen lehnte sowohl bei der thüringischen als auch bei der hessischen Verfassungsdebatte das Zwei-Kammer-System zunächst direkt beziehungsweise indirekt ab. In ihren endgültigen Fassungen enthielten die Verfassungen Württemberg-Badens, Württemberg-Hohenzollerns, Hessens und von Rheinland-Pfalz keine Zweite Kammer; einzig in der Verfassung für Bayern stand ein Senat als Zweite Kammer neben dem Landtag.

In Anknüpfung an die Weimarer Tradition wurde auch bei den Beratungen der Landesverfassungen das Amt eines Staatsoberhauptes diskutiert. Während Hermann Brill in Thüringen noch einen Regierungspräsidenten als Teil eines Regierungskollegiums vorgesehen hatte, erwähnte er ein solches Amt in seiner Grundsatzrede im Ple-

---

[948] Pfetsch, *Ursprünge*, S. 155.
[949] Ebd.
[950] Siehe Kapitel 3.1.1 und Kapitel 3.1.2.

num des hessischen Verfassungsausschusses nicht mehr. Anders hingegen Carlo Schmid; er sah in seinem Entwurf einen durch das Volk gewählten Staatspräsidenten vor, den er zwar als „pouvoir neutre" bezeichnete, dem er aber immer noch das Recht einräumte, die zur Wiederherstellung der öffentlichen Sicherheit und Ordnung erforderlichen Maßnahmen zu ergreifen. Auch Adolf Süsterhenn plädierte für das Amt eines Staatspräsidenten in der rheinland-pfälzischen Verfassung, wollte ihn aber durch Landtag und Staatsrat wählen lassen. Wie Carlo Schmid gestand Süsterhenn dem Staatspräsidenten weitgehende Rechte zu. Bei einer Störung der öffentlichen Sicherheit und Ordnung sollte er in den Überlegungen Schmids dazu autorisiert sein, die notwendigen Maßnahmen zu ergreifen; im „Vorentwurf" Süsterhenns war er gar dazu befugt, Grundrechte außer Kraft zu setzen, allerdings nur in Übereinstimmung mit den Präsidenten von Landtag und Staatsrat. In den Beratungen zur Bayerischen Verfassung zeigte sich auch Anton Pfeiffer nicht abgeneigt, das Amt eines Staatspräsidenten zu schaffen.

So sehr Schmid, Brill, Pfeiffer und Süsterhenn betonten, Lehren aus Weimar ziehen zu wollen, so wenig reflektiert erscheint ihr Wunsch, einen Staatspräsidenten auf Landesebene zu installieren und ihn mit entsprechenden Befugnissen auszustatten – ein Ansinnen, das in den anschließenden Debatten allerdings meist fallengelassen wurde: Weder die Verfassung Württemberg-Badens noch die Hessens, Bayerns oder von Rheinland-Pfalz enthielten in ihrer endgültigen Fassung das Amt eines Staatspräsidenten; einzig in der Verfassung Württemberg-Hohenzollerns wurde „nominell [...] der Regierungschef Staatspräsident genannt."[951] Insgesamt führten unter anderem „Bedenken aus gesamtstaatlicher, parlamentarisch-demokratischer sowie historischer Erfahrung und Orientierung"[952] dazu, dass das Amt des Staatspräsidenten keinen Eingang in die genannten Landesverfassungen fand. Weitaus umsichtiger zeigte man sich bei der Stellung der Regierung. Sowohl Carlo Schmid als auch Adolf Süsterhenn sahen zu deren Stärkung ein konstruktives Misstrauensvotum vor, während Anton Pfeiffer Stabilität dadurch zu erreichen suchte, dass er die Ernennung und Entlassung der Staatsregierung durch den Ministerpräsidenten an eine einfache Mehrheit des Landtags zu koppeln gedachte.

Die Sprache, die in den Verfassungsüberlegungen zum Ausdruck kam, macht deutlich, dass man noch weitgehend der Tradition der Landesverfassungen der Weimarer Zeit verhaftet war, indem man den Verfassungsorganen oft das Präfix „Staat" voranstellte. Zumindest im Fall Anton Pfeiffers und Adolf Süsterhenns wurden diese Bezeichnungen mit einiger Wahrscheinlichkeit bewusst gewählt, um so die Eigenstaatlichkeit von Bayern und Rheinland-Pfalz zu betonen oder zumindest die Länder als Keimzelle der neuen staats- und verfassungspolitischen Ordnung hervorzuheben.

---

[951] Pfetsch, *Ursprünge*, S. 313.
[952] Ebd., S. 315. Im Einzelnen führt Pfetsch hier folgende sechs Gründe und Argumente dafür auf, dass das Amt eines Staatspräsidenten aus den Landesverfassungen gestrichen wurde: 1) „Ein deutscher Zentralstaat auch auf föderalistischer Grundlage lasse starke Länderspitzen nicht zu", 2) „die Funktionen könnten von anderen Verfassungsorganen (Ministerpräsident, Verfassungsgerichtshof) wahrgenommen werden", 3) „Durch die Stärkung der Ministerpräsidenten [...] erübrige sich eine zweigeteilte Staats- bzw. Regierungsspitze, 4) „Negativerfahrungen von Weimar mit Art. 48", 5) „Konkurrenzsituation zwischen Staats- und Regierungschef", 6) „Kleinheit der Länder und die anfallenden Kosten".

Betrachtet man die vorgestellten Verfassungsentwürfe und Beiträge zu den Landesverfassungen in einem größeren Kontext, so geben sie als Vorboten einer gesamtdeutschen Verfassung wichtige Aufschlüsse darüber, welche staats- und verfassungspolitischen Ansichten Carlo Schmid, Hermann Brill, Anton Pfeiffer und Adolf Süsterhenn über ihre jeweiligen Landesgrenzen hinaus vertraten. So erblickte Schmid in den Landesverfassungen die Bausteine für eine künftige deutsche Verfassung, und Brill wollte durch die zu schaffenden Landesverfassungen die Länder in ein bundesstaatliches Verhältnis zum Gesamtstaat gerückt wissen. Auch Pfeiffer trat durchaus für ein bundesstaatlich organisiertes Deutschland ein, wollte jedoch dem Bund nur die Angelegenheiten übertragen, die unbedingt gemeinschaftlich geregelt werden mussten; die staatlichen Notwendigkeiten Bayerns sollten davon unbeeinflusst bleiben. Im Entwurf Süsterhenns hingegen fehlt eine Bezugnahme auf die Stellung von Rheinland Pfalz zum Gesamtstaat Deutschland, was jedoch nicht ohne Kritik blieb.[953] Gerade diese Aussparung und auch die Ausgestaltung seines Verfassungsentwurfs lassen darauf schließen, dass Rheinland-Pfalz von ihm durchaus als Staat gedacht war, wenn er auch später angab, eine Unterscheidung zwischen Bundesstaat und Staatenbund betrachte er lediglich als juristische Wortklauberei.[954]

Festzuhalten bleibt, dass die grundlegende Haltung Carlo Schmids, Hermann Brills, Anton Pfeiffers und Adolf Süsterhenns zum Staatsaufbau eines künftigen Deutschlands in Form der Arbeit an den Landesverfassungen Gestalt anzunehmen begann. Das bedeutete aber keineswegs, dass sie sich mit all ihren Vorstellungen durchzusetzen vermochten. Inwiefern sie an ihren staats- und verfassungspolitischen Auffassungen und Motiven auf gesamtdeutscher Ebene festhielten und ihnen zum Durchbruch verhelfen konnten, wird in den folgenden Kapiteln zu zeigen sein.

3.3 Staats- und Verfassungsvorstellungen Carlo Schmids

Das verfassungspolitische Engagement Carlo Schmid fand seine Wirkungsstätte zunächst in Württemberg-Baden und Württemberg-Hohenzollern, wo er maßgeblich zur Entstehung der Landesverfassungen beitrug. Auf gesamtdeutscher Ebene legte Schmid innerhalb seiner Partei keine eigenständigen Verfassungskonzeptionen vor, nahm aber Anteil an der Diskussion über die von Walter Menzel vorgebrachten Entwürfe.[955] Auch seine Teilnahme an den Sitzungen des Deutschen Büros für Friedensfragen blieb ohne eigenen Verfassungsentwurf.[956] Der Antwort auf die Frage, warum Carlo Schmid ausgerechnet auf diesem Gebiet deutscher Nachkriegspolitik untätig blieb, wird im Folgenden nachgegangen. Zu untersuchen ist zum einen Schmids Forderung nach einem Besatzungsstatut als Voraussetzung einer gesamtdeutschen Verfas-

---

[953] Vgl. Hehl, *Süsterhenn*, S. 217.
[954] Siehe Kapitel 3.6.1.
[955] Siehe Kapitel 3.1.1.
[956] Zu Carlo Schmids Teilnahme an den Sitzungen des Deutschen Büros für Friedensfragen vgl. Weber, *Schmid*, S. 288–291. Zu den von Hermann Brill im Deutschen Büro für Friedensfragen vorgestellten Verfassungsentwürfen siehe Kapitel 3.4.2.

sung, zum anderen seine Vorstellung von einem geeinten Europa, für das er wiederum ein geeintes Deutschland als Vorbedingung ansah.

3.3.1 Die Forderung nach einem Besatzungsstatut als Voraussetzung einer gesamtdeutschen Verfassung in den Jahren 1947/1948

Während sich viele Gremien und Gruppierungen bereits über einen staatlichen Neuaufbau Deutschlands und die Inhalte einer neuen deutschen Verfassung berieten[957], machte es sich Carlo Schmid zur Aufgabe, die Vorbedingungen, unter denen eine solche Staatlichkeit und eine entsprechende Verfassung entstehen sollten, zu thematisieren. Die Frage nach der Schaffung eines Besatzungsstatuts[958] als Voraussetzung für die Verfassungsgebung in Deutschland beschäftigte Schmid bis weit nach dem Verfassungskonvent auf Herrenchiemsee im August 1948, so etwa im Ausschuss für ein Besatzungsstatut im Parlamentarischen Rat.[959] Er hielt nicht nur zahlreiche Reden, auf der Konstanzer Juristentagung, der Münchner Ministerpräsidentenkonferenz, auf Parteitagen der SPD, in den Verhandlungen des Landtags von Württemberg-Hohenzollern[960] und vor dem Rechts- und Verfassungsausschuss des Zonenbeirats

---

[957] Es wurden allerdings auch andere Stimmen gegen eine verfrühte Festlegung von Staats- und Verfassungsaufbau laut. So warf der Ministerpräsident von Württemberg-Baden, Reinhold Maier, den Bayern vor, „die Souveränität Bayerns" zu verteidigen, „bevor eine solche überhaupt besteht." Maier, Reinhold, *Ende und Wende. Das schwäbische Schicksal 1944–1946. Briefe und Tagebuchaufzeichnungen*, Stuttgart 1948, S. 397.
[958] Wilhelm Grewe, wies bereits 1948 auf zwei unterschiedliche Bedeutungen des Wortes „Besatzungsstatut" hin: „In einem weiteren Sinne kann darunter jede rechtsförmige Festlegung des Besatzungsrechts verstanden werden, gleichviel, auf welchem Wege sie zustandekommt. [...] In einem engeren Sinne kann unter dem Begriff ‚Besatzungsstatut' jedoch auch lediglich eine solche rechtsförmige Festlegung des Besatzungsrechts verstanden werden, die nicht auf dem Wege vertraglicher Vereinbarung zustandegekommen ist, sondern von den Besatzungsmächten ‚statuiert', d. h. aus eigener Machtvollkommenheit einseitig erlassen ist. In diesem Sinne bildet ein solches oktroyiertes Besatzungsstatut den Gegenbegriff zu einem vereinbarten ‚Besatzungsabkommen'. [...] Die Form des Besatzungsabkommens war vor allem solange in Betracht zu ziehen, als die Hoffnung auf eine baldige Bildung einer provisorischen deutschen Regierung für ganz Deutschland noch nicht aufgegeben werden durfte. Nachdem diese Hoffnung [...] an realer Bedeutung eingebüßt hat, ist die Form des Besatzungsstatuts, und zwar eines von den drei westlichen Besatzungsmächten einseitig erlassenen Statuts, stärker in den Vordergrund gerückt." Grewe, Wilhelm, *Ein Besatzungsstatut für Deutschland. Die Rechtsformen der Besetzung*, Stuttgart 1948, S. 12f.
[959] Vgl. *Der Parlamentarische Rat 1948–1949. Akten und Protokolle*, hg. v. Deutschen Bundestag u. v. Bundesarchiv unter Leitung v. Kurt G. Wernicke u. Hans Booms, bearb. v. Wolfram Werner, Bd. 4, Boppard am Rhein 1989 [im Folgenden zit. als PR, Bd. 4]. Aufgrund der in dieser Arbeit vorgenommenen zeitlichen Eingrenzung bis zum Verfassungskonvent auf Herrenchiemsee im August 1948 werden spätere Stellungnahmen Carlo Schmids zu dem Komplex der Schaffung eines Besatzungsstatuts nicht berücksichtigt.
[960] Carlo Schmid sah sich hier dem Vorwurf ausgesetzt, sich mit seinen Forderungen nach einem Besatzungsstatut „in den Dienst ausländischer Interessen zu stellen", dem er mit einer Erläuterung der Gründe, die zu seiner Forderung geführt hatten, begegnete. 30. Sitzung des Landtags für Württemberg-Hohenzollern, 13. Juli 1948, in: *Verhandlungen des Landtags für Württemberg-Hohenzollern. Protokoll-Bd. 2. 26.–50. Sitzung vom 11. Juni bis 17. Dezember 1948*, amtlich hg. in Bebenhausen, Tuttlingen 1948, S. 421.

der britischen Zone[961], veranlasste die Ausarbeitung von Richtlinien für ein Besatzungsstatut von Seiten der SPD und einer Denkschrift des Deutschen Büros für Friedensfragen, sondern verfasste auch Aufsätze und Artikel in diversen Zeitungen und äußerte sich im Rundfunk zu diesem Themenkomplex.[962] Bei der Beschäftigung mit dieser Fragestellung konnte Carlo Schmid gewiss „die Erfahrung seiner juristischen Lehrzeit im Berliner Kaiser-Wilhelm-Institut für internationales Recht in einzigartiger Weise nutzen, um die Frage zu klären, wie über das Völkerrecht einem besiegten Volk ein Spielraum eigener Gestaltung zurückgegeben werden konnte."[963]

Auf der von der französischen Militärregierung einberufenen Konstanzer Juristentagung vom 2. bis 5. Juni 1947, wo er „eine Analyse des modernen Rechtsstaats" vortrug und „in diesem Zusammenhang auch die Frage des Rechts in der Völkergemeinschaft" vor einem internationalen Publikum analysierte[964], äußerte sich Carlo Schmid öffentlich zu der Frage nach einem Besatzungsstatut.[965] Er gab zu bedenken, „dass das Recht nicht eine Technik für die Organisation des Zusammenlebens der Menschen, sondern das Fundament der Staaten ist!"[966] Allerdings könne „das Leben des Menschen im Staate nur dann in das Recht eingebettet sein [...], wenn der Staat selbst in seinem Verhältnis zu den anderen Staaten in das Recht eingeordnet sei."[967] Diese Erkenntnis war für Carlo Schmid die entscheidende, um nach Kriegsende und trotz der „Verantwortlichkeit des deutschen Volkes" die Forderung nach „einem Friedensvertrage oder besser schon vorher [...] einem Besatzungsstatut" zu erheben, um darin zu definieren, „in welcher Weise sich die Sphäre seiner [des deutschen Volkes] Rechtsordnung zu jener der anderen Staaten verhält, mit anderen Worten, wo es im einzelnen von jedem, der von ihm fordert, den Nachweis seines Rechtstitels verlangen kann. Erst wenn dieser Zustand erreicht sein wird, werden wir in Deutschland alle Konse-

---

[961] Zur Arbeit des Ausschusses für Rechts- und Verfassungsfragen des Zonenbeirats der britisch besetzten Zone vgl. Dorendor, Annelies, *Der Zonenbeirat der britisch besetzten Zone. Ein Rückblick auf seine Tätigkeit*, hg. auf Beschluss des Zonenbeirats, eingel. v. Gerhard Weisser, Göttingen 1953, S. 48–56.
[962] Für das Sommersemester 1948 plante Carlo Schmid an der Universität Tübingen sogar ein „Seminar über Fragen des Besatzungsrechts" mit mehreren Vortragenden. Siehe Arbeitsplan für das Seminar über Fragen des Besatzungsrechts von Staatsrat Professor Dr. Karl Schmid, Sommersemester 1948, in: AdsD, NL Schmid 1526.
[963] Hennis, Wilhelm, „Carlo Schmid und die SPD", in: *Europa und die Macht des Geistes. Gedanken über Carlo Schmid (1896–1979)*, hg. v. der Friedrich-Ebert-Stiftung, Bonn 1997, S. 108–120, hier S. 112.
[964] Wylick, Christine van, *Das Besatzungsstatut. Entstehung, Revision, Wandel und Ablösung des Besatzungsstatuts*, Diss., Köln 1956, S. 56f.
[965] Bereits im Jahr 1946 hatte Carlo Schmid damit begonnen, öffentlich die Schaffung eines Besatzungsstatus zu thematisieren. Vgl. Auerbach, Hellmuth, „Die politischen Anfänge Carlo Schmids", in: *Vierteljahrshefte für Zeitgeschichte*, 36. Jahrgang, 1988, S. 595–694, hier S. 641. Zu Äußerungen Carlo Schmids hinsichtlich der Schaffung eines Besatzungsstatuts vor dem Konstanzer Juristentag im Juni 1947 vgl. auch Hirscher, *Schmid*, S. 133f.
[966] Schmid, Karl, „Unteilbarkeit der Rechtsordnung. Aus einer Ansprache auf dem Juristentag in Konstanz am 2. Juni 1947", in: *Deutsche Rechts-Zeitschrift*, hg. v. Karl S. Bader, 2. Jahrgang, Heft 7, Juli 1947, S. 205–208, hier S. 206. Die vollständige Rede Carlo Schmid auf dem Konstanzer Juristentag im Juni 1947 findet sich im Nachlass: Ansprache gehalten von Herrn Staatsrat Prof. Dr. Schmid anlässlich der Juristentagung in Konstanz am 2. Juni 1947, in: AdsD, NL Schmid 503. Siehe auch: Militärregierung des französischen Besatzungsgebietes in Deutschland. Generaljustizdirektion, *Der Konstanzer Juristentag (2.–5. Juni 1947). Ansprachen. Vorträge. Diskussionsreden*, Tübingen 1947, S. 15–23.
[967] Schmid, „Unteilbarkeit der Rechtsordnung", S. 207.

quenzen des Rechtsstaates ziehen können, der unter der Herrschaft der Improvisation nur schwer leben kann."[968] Die nächste Möglichkeit, öffentlich für ein Besatzungsstatut einzutreten, bot sich Carlo Schmid auf der Münchner Ministerpräsidentenkonferenz[969], nur wenige Tage nach dem Konstanzer Kongress. Zwar hatte die französische Militärregierung die Entsendung von Teilnehmern ihrer Zone an die Auflage geknüpft, dass ausschließlich wirtschaftliche Aspekte debattiert würden.[970] Dies hielt Carlo Schmid jedoch nicht davon ab, am zweiten Tag der Konferenz ein Referat über die Notwendigkeit der „Schaffung eines Besatzungsrechtes"[971] zu halten. Drei Gründe führte Schmid an, die nach seiner Ansicht die Ausarbeitung eines Besatzungsstatuts unumgänglich machten: Erstens könne nur ein Staat, der selbst in das „Völkerrecht eingebettet" sei „das Leben seiner Bürger" auf eine rechtliche Grundlage stellen; zweitens müssten die „Abgrenzungen der Kompetenzen der Organe der Besatzungsmacht gegenüber denen der landeseigenen Stellen erfolgen, weil diese nur dann in der Lage sind, planmäßig und selbstverantwortlich zu handeln"; und drittens müsse, um eine „zuverlässige Haushaltsführung, eine zuverlässige Planung und Lenkung der Wirtschaft und eine sichere Versorgung der Bevölkerung" zu gewährleisten, klar geregelt werden, welche „Leistungen des besetzten Landes" zu erbringen seien.[972] Daher sei es unabdingbar, so Carlo Schmid, die Rechte der Besatzungsmacht auf den eigentlichen „Besatzungszweck", nämlich auf „militärische, wirtschaftliche und moralische Demilitarisierung Deutschlands, Sicherung und Reparationsleistungen, Denazifizierung, Demokratisierung" zu reduzieren.[973] Für die Legislative bedeute dies, dass „die Besatzungsmächte [...] sich

---

[968] Ebd.
[969] Zu Einberufung, Organisation, Themengebieten und Ergebnissen der Münchner Ministerpräsidentenkonferenz vom 6. und 7. Juni 1947 vgl. *Akten zur Vorgeschichte der Bundesrepublik Deutschland. 1945–1949*, Sonderausgabe Bd. 2: *Januar–Juni 1947*, bearb. v. Wolfram Werner, hg. v. Bundesarchiv und Institut für Zeitgeschichte, München 1989, S. 37–45. Zu Carlo Schmids Weg zur Ministerpräsidentenkonferenz in München vgl. Weber, *Schmid*, S. 291–293. Zum Echo der Presse vgl. u. a.: „Ministerpräsidentenkonferenz in München", in: *Bayerischer Staatsanzeiger*, 7. Juni 1947; „Ministerpräsidentenkonferenz ohne Ostzone. Dramatischer Auftakt in München", in: *Süddeutsche Zeitung*, 7. Juni 1947; Anton Pfeiffer, „Zerbrochenes Porzellan", in: *Süddeutsche Zeitung*, 7. Juni 1947; „Abschluß der Münchener Konferenz. Besprechung der dringendsten Wirtschaftsfragen trotz Auszug der Ostzonenminister", in: *Die Neue Zeitung. Eine amerikanische Zeitung für die deutsche Bevölkerung*, 9. Juni 1947.
[970] „Die französische Regierung" nehme an, „dass in München lediglich über wirtschaftliche und nicht etwa über Fragen der politischen Neuordnung Deutschlands gesprochen werde." o. A., Frankreichs Stellungnahme zur Münchner Konferenz der Ministerpräsidenten und zur Schaffung des Zweizonen-Wirtschaftsrates, 30. Mai 1947, in: AdsD, NL Schmid 462. Vgl. Weber, *Schmid*, S. 292.
[971] *Akten zur Vorgeschichte der BRD*, Bd. 2, Dok. Nr. 32, Ministerpräsidentenkonferenz in München, 6./7. Juni 1947, S. 567. Das Referat Carlo Schmids enthielt entscheidende Grundsatzpositionen zum Besatzungsrecht und wurde daher, in leicht gekürzter Form, ein Jahr später im *Jahrbuch für internationales und ausländisches öffentliches Recht* abgedruckt. Vgl. Schmid, Karl, „Die Neuregelung des Besatzungsrechts", in: *Jahrbuch für internationales und ausländisches öffentliches Recht*, hg. v. Rudolf Laun und Hermann v. Mangoldt, Bd. 1, Hamburg 1948, S. 123–128. Die Rede ist auch erhalten in: AdsD, NL Schmid 462. Vorbereitet hatte das Referat sein juristischer Mitarbeiter Gustav von Schmoller. Siehe Auerbach, „Anfänge", S. 641.
[972] *Akten zur Vorgeschichte der BRD*, Bd. 2, Dok. Nr. 32, Ministerpräsidentenkonferenz in München, 6./7. Juni 1947, S. 568.
[973] Ebd., S. 569.

darauf beschränken, eigene gesetzgeberische Tätigkeiten nur in beschränktem Umfang zu entfalten."[974] Hinsichtlich der Judikative empfahl Schmid, „die Justizhoheit der besetzten Länder nicht über Gebühr einzuschränken"[975], und auch was die Demokratisierung betraf, gab er zu bedenken, dass „unmittelbare Maßnahmen der Besatzungsmächte sich zum mindesten nicht sehr vorteilhaft auswirken müssen."[976]

Wie Petra Weber feststellte, sollte Schmids Vortrag „richtungsweisend für die spätere Ausformulierung des Besatzungsstatuts" werden – nicht zuletzt, weil er „keine Gelegenheit ausließ, seine Forderung nach einem Besatzungsstatut zu wiederholen."[977] Dessen ungeachtet war sich Carlo Schmid darüber im Klaren, dass es sich bei seinen Darstellungen um ein „Ideal"[978] handelte.[979] Auf der Ministerpräsidentenkonferenz in München beschloss man auf Schmids Vortrag hin, einen Ausschuss für Besatzungsrecht einzusetzen, allerdings nicht unter seinem, sondern unter dem Vorsitz Hermann Brills. Dieser Ausschuss tagte jedoch nur einmal vom 18. bis 19. Juli 1947[980] und erörterte im Wesentlichen das Referat Carlo Schmid auf der Münchner Konferenz.[981] Auch auf den folgenden Konferenzen der Ministerpräsidenten blieb die Forderung nach einem Besatzungsstatut Thema.[982]

---

[974] Ebd. „Es wird wohl immer so sein, daß, insbesondere wenn die Beteiligten aus verschiedenen Rechtstraditionen kommen, Meinungsverschiedenheiten über die Zweckmäßigkeit rechtlicher Anordnungen von Gesetzen anderer Art bestehen. Hier sollte man den Deutschen das Risiko überlassen, sich getäuscht zu haben", so Carlo Schmid weiter. Ebd., S. 570.
[975] Ebd., S. 570.
[976] Ebd., S. 571. Zu Carlo Schmids Ausführungen über die übrigen Besatzungszwecke vgl. ebd., S. 570–573. Zu den Reaktionen auf Carlo Schmids Rede vgl. Weber, *Schmid*, S. 296f.
[977] Weber, *Schmid*, S. 296. Zu den Reaktionen der Öffentlichkeit auf Carlo Schmids Rede bei der Münchner Ministerpräsidentenkonferenz vgl. Hirscher, *Schmid*, S. 121f.
[978] *Akten zur Vorgeschichte der BRD*, Bd. 2, Dok. Nr. 32, Ministerpräsidentenkonferenz in München, 6./7. Juni 1947, S. 574.
[979] In einem Rückblick auf die Münchner Ministerpräsidentenkonferenz schrieb Carlo Schmid: „Die Rede fand damals starke Beachtung. Meine Bemühung, die Alliierten dazu zu bringen, ein Statut zu erlassen, hatte – wenn auch spät – insoweit Erfolg, als das Besatzungsstatut nach Inkrafttreten des Deutschlandvertrages erlassen worden ist. Meines Wissens haben sich außer mir nur wenige politisch verantwortliche Persönlichkeiten um das Problem rechtsstaatlicher Ausübung der Besatzungshoheit gekümmert." Carlo Schmid an Reinhard Bollmus, 2. August 1973, in: AdsD, NL Schmid 462. Vgl. auch Schmid, *Erinnerungen*, S. 283f.
[980] *Akten zur Vorgeschichte der BRD*, Bd. 2, Dok. Nr. 32, Ministerpräsidentenkonferenz in München, 6./7. Juni 1947, S. 581, Anm. 39.
[981] Niederschrift über die Sitzungen des Ausschusses für Besatzungsrecht am 18. und 19. Juli 1947 in Wiesbaden, gezeichnet von Hermann L. Brill, 29. Oktober 1947, in: BArch, Z 35 (Deutsches Büro für Friedensfragen)/146, Blatt 5–17. Carlo Schmid schrieb hierzu enttäuscht an Erich Kaufmann: „Die Kommission, die seinerzeit in Wiesbaden getagt hat, scheint verstorben zu sein. Herr Brill hat sich nicht imstande gezeigt, ein einigermassen brauchbares Protokoll zu verfassen; was er mir geschickt hat, ist unbrauchbar. Ich habe mich schon öfter gefragt, ob wir den Ausschuss nicht wieder einberufen sollten, habe es aber unterlassen, diesbezügliche Schritte zu unternehmen, weil ich glaube, dass die Reaktion abgewartet werden sollte, die nunmehr wohl von Seiten der Besatzungsmächte zu erwarten sein wird." Carlo Schmid an Erich Kaufmann, 19. Januar 1948, in: AdsD, NL Schmid 601.
[982] Zu den weiteren Konferenzen der Ministerpräsidenten siehe Kapitel 4.1 dieser Arbeit; vgl. u. a. Auerbach, „Anfänge", S. 644; Hirscher, *Schmid*, S. 140–157; Weber, *Schmid*, S. 335–338.

Die nächste Gelegenheit, für ein Besatzungsstatut zu plädieren, bot sich Schmid auf dem Parteitag der SPD in Nürnberg am 2. Juli 1947. Auch hier wurde deutlich, dass die Schaffung eines Besatzungsstatuts für ihn Vorrang vor der Schaffung einer Verfassung hatte: „Die Besatzungsherrschaft muss rechtsstaatlich gemacht werden. Das kann nur dadurch geschehen, daß die Besatzungsmächte, die hier souverän sind, sich von sich aus, aus eigenem Entschluß, selbst beschränken, daß sie für ihre Dienststellen und für ihr Verhältnis zu den deutschen Stellen Reglements erlassen, in denen all das enthalten ist, was man seit rund 200 Jahren für das Essentiale eines rechtlich Gefügten, einer herrschaftlichen Organisation ansieht."[983] Es sei „von größter Wichtigkeit", so Schmid, „daß die Partei heute schon Leitsätze für die künftige Verfassung der deutschen Republik aufstellt", gerade weil „die wirkliche Verfassung, unter der wir leben", lediglich aus „zwei Artikeln"[984] bestehe:

> „Artikel 1. Die Staatsgewalt in Deutschland geht nicht vom deutschen Volke, sondern von den Besatzungsmächten aus. Sie sind dabei absolut und nur an Beschränkungen gebunden, die sie sich selbst auferlegen wollen.
> Artikel 2. Die Besatzungsmächte können gewisse Befugnisse an deutsche Stellen und von ihnen geschaffene Zonenorgane übertragen, die ihrer Kontrolle unterstehen, und diese Kontrolle kann auftrennen, was je und je von den Länderregierungen und Zonenregierungen gewoben worden ist."[985]

Souverän war also für Carlo Schmid nicht das deutsche Volk, sondern allein die Besatzungsmacht. „Unter der Taucherglocke einer absolutistischen Besatzungsverfassung" sei es jedoch unmöglich, „einen demokratischen Rechtsstaat" aufzubauen.[986]
Wie schon bei den Konferenzen der Ministerpräsidenten blieb das Besatzungsstatut auch auf den Parteitagen der SPD und zwischen Schmid und seinen Parteigenossen weiterhin Thema.[987] So leitete der Vorstand der SPD – auf Betreiben Carlo Schmids – dem Alliierten Kontrollrat Ende des Jahres 1947, als die Londoner Außenministerkonferenz gescheitert war, „Richtlinien für ein Besatzungsstatut für Deutschland"[988] zu.[989]

---

[983] Protokoll der Verhandlungen des Parteitags der Sozialdemokratischen Partei Deutschlands vom 29. Juni bis 2. Juli 1947 in Nürnberg, S. 140, online einsehbar unter: http://library.fes.de/parteitage/index.html (01.07.2015).
[984] Ebd., S. 139–140.
[985] Ebd.
[986] Ebd. Bereits auf der Sitzung des Landesvorstands der württembergischen SPD in Reutlingen, im Juli 1946, war Carlo Schmids Wortwahl eindeutig: „Zur Demokratie kann man die Menschen auf jeden Fall nicht mit den Mitteln der Diktatur erziehen. Und eine Militärregierung ist auf jeden Fall eine Form der Diktatur. Sie kann sehr sanft und wohlwollend ausgeübt werden, sie gleicht dennoch insoweit einer Diktatur, als sie von der Bevölkerung des von ihr besetzten Landes verlangt, was diese Bevölkerung unter Umständen nicht will. Das ist ja das Charakteristikum der Diktatur, dass sie, wenn sie befiehlt, Gehorsam verlangt. Zu Demokratie kann nur erziehen, indem man das Volk, das erzogen werden soll, in eine demokratische Luft versetzt." Protokoll über die Sitzung des Landesvorstands der SPD-Württemberg sowie der Kreisvorsitzenden, 27. Juli 1946, in: AdsD, NL Schmid 1447.
[987] Vgl. Auerbach, „Anfänge", S. 642f.; Weber, *Schmid*, S. 330–334.
[988] Die „Richtlinien für ein Besatzungsstatut für Deutschland" und das Schreiben an den Alliierten Kontrollrat in Berlin von Seiten der SPD sind abgedruckt in: *Jahrbuch der SPD 1947*, S. 90–95.
[989] Vgl. *Akten zur Vorgeschichte der BRD*, Bd. 2, Dok. Nr. 32, Ministerpräsidentenkonferenz in München, 6./7. Juni 1947, S. 581, Anm. 39.

Die am 20. Dezember 1947 vom Parteivorstand beschlossenen Richtlinien trugen zweifelsohne die Handschrift Schmids, fanden sich in ihnen doch seine bereits auf der Münchner Ministerpräsidentenkonferenz vorgetragenen Argumente wieder. So stellten sie gleich zu Beginn fest, dass, wenn nicht das „bloße Recht des Stärkeren maßgebend sein" solle, die „Rechtsordnungen" von Besatzern und Besetzten „zueinander in ein rechtliches [...] Verhältnis gestellt werden" müssten. Nur dann könnten „die deutschen Länder [...] sich zu Rechtsstaaten im vollen Sinne des Wortes entwickeln." „Denn wenn der Staat selber nicht in das Recht – das Völkerrecht – eingebettet ist, vermag er auch seinerseits nicht das Leben seiner Bürger ganz auf das Recht zu stellen."[990] Die weiteren Forderungen der Richtlinien nach einer Abgrenzung der Kompetenzen der Besatzungsmächte und eine klare Definition der zu erbringenden Leistungen[991] entsprachen genau den von Carlo Schmid dargelegten Begründungen für die Notwendigkeit eines Besatzungsstatuts auf der Münchner Ministerpräsidentenkonferenz im Juni 1947. Mitte des nächsten Jahres sollte sich das Blatt für Carlo Schmid allerdings wenden. Die auf einer Sitzung des SPD-Parteivorstandes[992] ausgearbeitete Erklärung zu den Londoner Empfehlungen der Sechs-Mächte-Konferenz, die „offizielle Parteilinie"[993] bleiben sollte, enthielt die Forderung, dass das „Besatzungsstatut [...] nicht mehr bis zur Schaffung eines Friedensvertrags mit Gesamtdeutschland in Kraft bleiben, sondern nur noch bis zur ‚Herstellung des Friedenszustandes für alle drei Zonen'"[994] Gültigkeit besitzen sollte.

Für den 14. Oktober 1947 hatte Carlo Schmid sogar eine Einladung erhalten, über sein Anliegen vor dem Ausschuss für Rechts- und Verfassungsfragen des Zonenbeirats der britisch besetzten Zone zu referieren.[995] Er betonte, dass es Ziel der Forderung nach einem Besatzungsstatut sein müsse, „eine rechtliche Regelung der Beziehungen [...] zu der Besatzung, den besetzten Ländern und der Bevölkerung herbeizu-

---

[990] „Richtlinien für ein Besatzungsstatut für Deutschland", abgedruckt in: *Jahrbuch der SPD 1947*, S. 91.
[991] Ebd.
[992] Carlo Schmid hatte vor der Einberufung der Vorstandssitzung noch erfolglos versucht, den stellvertretenden Parteivorsitzenden Erich Ollenhauer für seine Auslegung des Besatzungsstatuts in Verbindung mit der Provisoriumstheorie zu gewinnen, und schrieb an ihn: „Der richtige und alle Fiktionen vermeidende Weg wäre wohl der, dass man von den Besatzungsmächten verlangt, dass [...] dieses Organisationsstatut [...] von den Besatzungsmächten in Ausübung ihrer Besatzungshoheit oktroyiert wird. Freilich müsste von uns verlangt werden, dass sein Text in Beratung mit den grossen politischen Parteien festgestellt wird, damit nicht allzuviel Unsinn geschieht." Carlo Schmid an Erich Ollenhauer, 15. Juni 1948, in: AdsD, NL Schmid 475.
[993] Weber, *Schmid*, S. 332.
[994] Ebd., S. 331. Wie Petra Weber treffend feststellt, handelte es sich bei der „Hamburger Resolution" um einen „Formelkompromiß, auf den sich die Verteidiger des Provisoriumskonzepts und die Befürworter eines westdeutschen Staates, wenn sie es mit der Terminologie nicht allzu ernst nahmen, gleichermaßen berufen konnten." Weber, *Schmid*, S. 332.
[995] Der Rechts- und Verfassungsausschuss der britisch besetzten Zone hatte sich bereits vorab mit der Frage eines Besatzungsstatuts beschäftigt und ein entsprechendes Memorandum für die Militärregierung ausgearbeitet. Von Carlo Schmids Referat versprach man sich weitere Anregungen zur Überarbeitung der Denkschrift, vertagte aber im Januar 1948 schließlich die Arbeiten an einem Besatzungsstatut. Vgl. Dorendor, *Zonenbeirat*, S. 55f.; *Akten zur Vorgeschichte der Bundesrepublik Deutschland. 1945–1949*, Bd. 3: *Juni–Dezember 1947*, bearb. v. Günter Plum, hg. v. Bundesarchiv und Institut für Zeitgeschichte, München/Wien 1982, S. 652, Anm. 73.

führen."⁹⁹⁶ „Ich glaube, daß gerade heute von deutscher Seite alles getan werden sollte, um die Diskussion der Frage in Fluß zu bringen: In welcher Weise haben die Besatzungsmächte sich zu verhalten, wenn in Deutschland überhaupt rechtsstaatlich verwaltet und demokratisch regiert werden soll"⁹⁹⁷, so Schmid. Er empfahl, wie auch in einem späteren Artikel in der *Neuen Zeitung*⁹⁹⁸, man solle „die Alliierten [...] veranlassen, im Wege eines einseitig von ihnen geschaffenen Reglements die Materie zu ordnen, wobei sie vielleicht Veranlassung nehmen könnten, dieses Reglement so zu fassen, daß auch die deutschen Länder sich auf es berufen könnten, als wäre sie eine wechselseitige Vereinbarung."⁹⁹⁹

Nach diesen öffentlichen Auftritten Carlo Schmids, in denen er sich für die Schaffung eines Besatzungsstatuts einsetzte, publizierte er seine Plädoyers bis zum Verfassungskonvent von Herrenchiemsee vor allem als Artikel in diversen Zeitungen. Anlass dazu gab ihm zunächst die gescheiterte Londoner Außenministerkonferenz Ende des Jahres 1947¹⁰⁰⁰, deren Ergebnis in seinen Augen dazu führte, dass „Deutschland weiter unter der Herrschaft des Zwielichts und der Vorläufigkeiten leben"¹⁰⁰¹ müsse, so Schmid.¹⁰⁰² Daher könne eine „Antwort auf die Vertagung der Londoner Konferenz" nur „die Forderung eines Besatzungsstatuts sein, das für ganz Deutschland die Durchführung der Besatzungshoheit einheitlich macht". „Dieses Statut müßte alles regieren, was bis zur endgültigen Friedensregelung noch geschehen mag", da „eine echte politische Ver-

---

⁹⁹⁶ Sitzung des Rechts- und Verfassungsausschusses des Zonenbeirats der britischen Besatzungszone, 14. Oktober 1947, in: BArch, Z 2 (Zonenbeirat der britischen Besatzungszone)/372, Blatt 104.
⁹⁹⁷ Ebd., Blatt 105.
⁹⁹⁸ Vgl. Carl Schmid, „Hauptgesichtspunkte für ein Besatzungsstatut. Wirtschaft und Verwaltung unter deutsche Verantwortung!", in: *Die Neue Zeitung. Eine amerikanische Zeitung für die deutsche Bevölkerung*, 27. Juni 1948, S. 5.
⁹⁹⁹ Sitzung des Rechts- und Verfassungsausschusses des Zonenbeirats der britischen Besatzungszone, 14. Oktober 1947, in: BArch, Z 2 (Zonenbeirat der britischen Besatzungszone)/372, Blatt 106. In seinen weiteren Ausführungen folgte Carlo Schmid im Wesentlichen seinen Erläuterungen von der Münchner Ministerpräsidentenkonferenz am 7. Juni 1947. Vgl. ebd., Blatt 108–117. Zu den Reaktionen der Mitglieder des Rechts- und Verfassungsausschusses der britischen Besatzungszone vgl. *Akten zur Vorgeschichte der BRD*, Bd. 3, S. 652, Anm. 73.
¹⁰⁰⁰ Zur Londoner Außenministerkonferenz vom 25. November bis 15. Dezember 1947 vgl. *Akten zur Vorgeschichte der BRD*, Bd. 3, S. 40–44.
¹⁰⁰¹ Carlo Schmid, Organisiertes Provisorium, in: Die Welt, 10. Januar 1948. Dieser Artikel ist auch erhalten in: AdsD, NL Schmid 80.
¹⁰⁰² In einer von der SPD herausgegebenen Schrift betonte Carlo Schmid: „[...] unsere Antwort auf die Vertagung der Londoner Konferenz muß die Forderung eines Besatzungsstatuts sein, das für ganz Deutschland die Durchführung der Besatzungshoheit rechtsstaatlich und einheitlich macht. Dieses Statut müßte alles regieren, was innerhalb des Zeitraums noch geschehen mag, der bis zur endgültigen Friedensregelung noch verstreichen wird [...]. Und selbst wenn es einmal gewissen Besatzungsmächten als nützlich oder notwendig erscheinen sollte, diese Einrichtung nach der administrativen oder legislativen Seite auszuweiten, müßten diese Schritte in Anwendung des Besatzungsstatuts getan werden; sie wären dann als Teilstücke der Maßnahmen zu betrachten, die für die einstweilige Organisation des Provisoriums getroffen werden müßten. Mit einem vernünftigen Besatzungsstatut werden wir die Zeit überbrücken können, die bis zum Friedensschluß und damit bis zur Wiederherstellung deutscher Selbstregierung verstreichen wird." Karl Schmid, London und was nun?, hg. v. Vorstand der SPD, o. D. [Ende 1947/Anfang 1948], in: AdsD, PNL Carlo Schmid 1/CSAA002243.

tretung Deutschlands" erst dann Realität werden könne, „wenn einmal eine deutsche Republik in Erscheinung treten kann."[1003] Dies sei aber erst dann möglich, so Schmid, „wenn die Sieger die von ihnen auferlegten Einschränkungen der deutschen Souveränität aufgehoben haben werden und wenn das deutsche Volk sich durch eine Nationalversammlung seine Staatsform gegeben haben wird (die ich mir so föderalistisch wie mit den Gesamtinteressen vereinbar wünsche)."[1004] Es war aber genau diese fehlende Souveränität des deutschen Volkes, die Schmid beklagte und die dazu führe, „dass ‚die Deutschen' politische Entscheidungen nicht treffen können und somit auch ausserstande sind, politische Verantwortung zu übernehmen"[1005]. Er appellierte an die Siegermächte, „den wichtigsten Partner, den jeder Sieger für das Fruchtbarmachen seines militärischen Sieges braucht, den Besiegten nämlich, mit der Freiheit auszurüsten, deren er bedarf, um Verantwortung [...] übernehmen zu können"[1006], und zwar durch „irgendein juristisches Instrument, durch das die Ausübung der Besatzungshoheit durch die Besatzungsmächte rechtlich geordnet wird."[1007] Keinesfalls würde also „durch das Besatzungsstatut die Besatzungshoheit eingerichtet, sondern [...] lediglich [...] die bisher improvisiert ausgeübte Besatzungshoheit [...] in Verfassung gebracht. Die Art und Weise, wie die Besatzungsmächte ihre Besatzungshoheit ausüben, das ist die eigentliche Verfassung, unter der Deutschland lebt", stellte Carlo Schmid Anfang des Jahres 1948 fest.[1008] Diese müsse durch eine „detaillierte Regelung"[1009] zur „Ver-

---

[1003] Ebd. Carlo Schmid betonte jedoch, dass „eine Ordnung der Art der Ausübung der Besatzungshoheit nicht identisch ist mit der Ablösung des Kriegszustandes durch eine Friedensregelung." Carl Schmid, „Hauptgesichtspunkte für ein Besatzungsstatut. Wirtschaft und Verwaltung unter deutsche Verantwortung!", in: *Die Neue Zeitung. Eine amerikanische Zeitung für die deutsche Bevölkerung*, 27. Juni 1948, S. 5.
[1004] Carlo Schmid, „Organisiertes Provisorium", in: *Die Welt*, 10. Januar 1948. Dieser Artikel ist auch erhalten in: AdsD, NL Schmid 80. Vgl. hierzu auch Carlo Schmids Äußerungen zum Föderalismus innerhalb der Verfassungsberatungen der SPD in Kapitel 3.1.1.
[1005] Carlo Schmid, „Politische Verantwortung", in: *Telegraf*, 10. Januar 1948. Dieser Artikel ist auch erhalten in: AdsD, NL Schmid 80.
[1006] Ebd. So auch in: Karl Schmid, „Die Gefahren eines neuen Revisionismus. Grundsätzliche Betrachtungen zur Friedensfrage", in: *Der Ruf. Unabhängige Blätter der jungen Generation*, 15. April 1948, S. 4.
[1007] Diskussion – Am runden Tisch – über das Thema Besatzungsstatut, am 19. Februar 1948, 22.00–22.30 Uhr im Nordwestdeutschen Rundfunk, Sender Hamburg, in: AdsD, NL Schmid 80, S. 2. „Gründe, die ein Besatzungsstatut erforderlich machen", so Schmid weiter, seien die Notwendigkeit einer funktionierenden Verwaltung, eines geordneten Haushalts, eines vernünftigen Wirtschaftens sowie die Aufrechterhaltung der „Produktion und die Verteilung der Konsumgüter" und die Sicherung der „Ernährung". Ebd., S. 3f.
[1008] Ebd., S. 2. Genauso argumentierte Carlo Schmid auch in einem Artikel der *Westdeutschen Allgemeinen Zeitung*, wo er ausführte, „dass die eigentliche Verfassung Deutschlands die Grundsätze sind, nach denen die Besatzungsmächte ihre Herrschaft ausüben. Wir werden also erst von dem Augenblick ab in Deutschland ernsthaft von Demokratie reden können, in dem die Besatzungsgewalt selbst sich rechtsstaatlichen und demokratischen Grundsätzen unterwirft." Karl Schmid, „Über die Notwendigkeit eines Besatzungsstatuts", in: *Westdeutsche Allgemeine Zeitung*, 23. April 1948. Dieser Artikel ist auch erhalten in: AdsD, NL Schmid 81. Auch zwei Monate später stellte Schmid fest: „Ob auf Grund eines Besatzungsstatuts oder ohne ein solches ausgeübt – die Form, in der die Besatzungsmächte Befugnisse in Deutschland geltend machen, wird noch für lange Zeit unsere ‚eigentliche' Verfassung sein." Carl Schmid, „Hauptgesichtspunkte für ein Besatzungsstatut. Wirtschaft und Verwaltung unter deut-

rechtsstaatlichung der Ausübung der Besatzungshoheit"[1010] ersetzt werden. Die Haager Landkriegsordnung von 1907[1011] sei hier keineswegs ausreichend[1012], da diese „lediglich die sog. kriegerische Besetzung im Auge" habe und „die gegenwärtige Besetzung eine Reihe weiterer Zwecke" anstrebe. „Diese Zwecke sind:

1. die Verhinderung der Bildung einer deutschen Zentralgewalt bis zu dem Zeitpunkt, der den Besatzungsmächten hierfür geeignet erscheint; [...]
2. die Demilitarisierung und die Demokratisierung Deutschlands;
3. die Sicherung der Erfüllung der Reparationsansprüche, die Deutschland gegenüber erhoben werden."[1013]

Jedoch könne ein Besatzungsstatut keinesfalls „in der Form eines Vertrages zwischen den Besatzungsmächten und deutschen Stellen in Erscheinung treten[...]"; es könne, „solange Deutschland nichts geschäftsfähig ist, nur einseitig von den Besatzungsmächten erlassen werden – was nicht ausschließt, daß diese vielleicht gut daran täten, sich vorher sehr ausgiebig mit politisch und administrativ verantwortlichen Deutschen über seinen Inhalt zu unterhalten."[1014] Auch wenn Carlo Schmid stets den Übergangcharak-

---

sche Verantwortung!", in: *Die Neue Zeitung. Eine amerikanische Zeitung für die deutsche Bevölkerung*, 27. Juni 1948, S. 5.

[1009] Diskussion – Am runden Tisch – über das Thema Besatzungsstatut, am 19. Februar 1948, 22.00–22.30 Uhr im Nordwest-deutschen Rundfunk, Sender Hamburg, in: AdsD, NL Schmid 80, S. 7. Auf die zu leistende Detaillierung wies Carlo Schmid auch in der *Westdeutschen Allgemeinen Zeitung* hin: „Solange Deutschland keinen Friedensvertrag bekommen kann, müssen diese Dinge in einem Besatzungsstatut geregelt werden. Dieses dürfte sich nicht auf Allgemeinheiten beschränken, sondern müsste ins Einzelne gehende Bestimmungen enthalten, die so zu fassen wären, dass jeder Deutsche und jede deutsche Stelle sich auf sie berufen und von jedem, der fordert, im einzelnen den Nachweis seines Rechtstitels verlangen kann." Karl Schmid, „Über die Notwendigkeit eines Besatzungsstatuts", in: *Westdeutsche Allgemeine Zeitung*, 23. April 1948.

[1010] Diskussion – Am runden Tisch – über das Thema Besatzungsstatut, am 19. Februar 1948, 22.00–22.30 Uhr im Nordwest-deutschen Rundfunk, Sender Hamburg, in: AdsD, NL Schmid 80, S. 4. So argumentierte Carlo Schmid auch in der *Westdeutschen Allgemeinen Zeitung*: „Will man, wie die Besatzungsmächte uns immer wieder erklären, Deutschland wieder zu einem Rechtsstaat und einer Demokratie werden lassen, dann muss das Verhältnis der Besatzungsmächte zu Deutschland selbst verrechtsstaatlicht werden." Karl Schmid, „Über die Notwendigkeit eines Besatzungsstatuts", in: *Westdeutsche Allgemeine Zeitung*, 23. April 1948; Karl Schmid, „Besatzung muß ihre Grenzen haben. Klärung der Befugnisse wichtig", in: *Westdeutsche Allgemeine Zeitung*, 1. Mai 1948.

[1011] Der Text der Haager Landkriegsordnung von 1907 ist online einsehbar unter: http://1000dok.digitale-sammlungen.de/dok_0201_haa.pdf (22. Juli 2015). Zum Zustandekommen der Haager Landkriegsordnung vgl. Dülffer, Jost, *Regeln gegen den Krieg? Die Haager Friedenskonferenzen von 1899 und 1907 in der internationalen Politik*, Berlin/Frankfurt a. M./Wien 1981.

[1012] Diesen Missstand benannte Carlo Schmid auch in seinen späteren Artikeln zum Thema Besatzungsstatut. Vgl. Karl Schmid, „Besatzung muß ihre Grenzen haben. Klärung der Befugnisse wichtig", in: *Westdeutsche Allgemeine Zeitung*, 1. Mai 1948; Carl Schmid, „Hauptgesichtspunkte für ein Besatzungsstatut. Wirtschaft und Verwaltung unter deutsche Verantwortung!", in: *Die Neue Zeitung. Eine amerikanische Zeitung für die deutsche Bevölkerung*, 27. Juni 1948, S. 5.

[1013] Karl Schmid, „Über die Notwendigkeit eines Besatzungsstatuts", in: *Westdeutsche Allgemeine Zeitung*, 23. April 1948; Karl Schmid, „Besatzung muß ihre Grenzen haben. Klärung der Befugnisse wichtig", in: *Westdeutsche Allgemeine Zeitung*, 1. Mai 1948.

[1014] Carl Schmid, „Hauptgesichtspunkte für ein Besatzungsstatut. Wirtschaft und Verwaltung unter deutsche Verantwortung!", in: *Die Neue Zeitung. Eine amerikanische Zeitung für die deutsche Bevölkerung*,

ter eines Besatzungsstatuts betonte, so trat er dennoch für eine „überzonale Regelung ein" und warnte eindringlich davor, dass andernfalls „Gebilde entstehen würden, deren separater Staatscharakter schwer zu leugnen wäre und deren Dasein wahrscheinlich die Einigung aller vier Besatzungsmächte über eine gemeinsame Deutschlandpolitik für immer ausschließen würde."[1015]

In die Debatte über ein Besatzungsstatut kam auf der Seite der Alliierten mit der Übergabe der Frankfurter Dokumente am 1. Juli 1948 Bewegung.[1016] Das dritte der Frankfurter Dokumente anerkannte, dass zur „Schaffung einer verfassungsmäßigen deutschen Regierung [...] eine sorgfältige Definition der Beziehungen zwischen dieser Regierung und den Alliierten Behörden notwendig"[1017] sei, spiegelte aber im Folgenden das ganze Ausmaß der alliierten Vorbehalte wider. So sah das Dokument vor, dass „die Militärgouverneure [...] den deutschen Regierungen Befugnisse der Gesetzgebung, der Verwaltung und der Rechtsprechung gewähren und sich solche Zuständigkeiten vorbehalten, die nötig sind, um die Erfüllung des grundsätzlichen Zwecks der Besatzung sicherzustellen."[1018] Im Falle eines Notstandes und zur Sicherung der bereits erlassenen Verfassungen sowie des Besatzungsstatuts würden die Militärgouverneure „die Ausübung ihrer vollen Machtbefugnisse wieder aufnehmen"[1019]. Hinsichtlich der Kontrolle durch die Militärregierung vermerkte das Dokument Nr. 3, „daß die deutsche Regierung in den auswärtigen Beziehungen und wenn es sich um die Sicherung der Verfassungen handelt, unbedingt dem Weisungsrecht der Militärgouverneure unterworfen sein sollte, während auf den übrigen Gebieten den deutschen Organen die Befugnisse zu selbstständigen Entscheidung gewährt werden sollte"[1020].

---

27. Juni 1948, S. 5. Später erinnerte sich Carlo Schmid: „Im Verhältnis der Sieger zur deutschen Bevölkerung konnten die Normen hierfür nicht auf Vereinbarungen gegründet werden, denn es gab auf deutscher Seite infolge der bedingungslosen Kapitulation der Wehrmacht hierfür zunächst keinen möglichen Verhandlungspartner für die Besatzungsmächte. Die rechtliche Normierung konnte nur im Wege der Selbstbeschränkung der Alliierten erfolgen [...]." Schmid, *Erinnerungen*, S. 282f.

[1015] Carl Schmid, „Hauptgesichtspunkte für ein Besatzungsstatut. Wirtschaft und Verwaltung unter deutsche Verantwortung!", in: *Die Neue Zeitung. Eine amerikanische Zeitung für die deutsche Bevölkerung*, 27. Juni 1948, S. 5.

[1016] Die Frankfurter Dokumente sind abgedruckt in: *Der Parlamentarische Rat 1948–1949. Akten und Protokolle*, hg. für den Deutschen Bundestag v. Kurt Georg Wernicke, für das Bundesarchiv v. Hans Booms unter Mitwirkung v. Walter Vogel, bearb. v. Johannes Volker Wagner, Bd. 1, Boppard am Rhein 1975 [im Folgenden zit. als PR, Bd. 1], Dok. Nr. 4, Dokumente zur künftigen politischen Entwicklung Deutschlands („Frankfurter Dokumente"), Frankfurt, 1. Juli 1948, S. 30–36. Zu den Frankfurter Dokumenten und deren Vorgeschichte siehe auch Kapitel 4.1.

[1017] PR, Bd. 1, Dok. Nr. 4, Dokumente zur künftigen politischen Entwicklung Deutschlands („Frankfurter Dokumente"), Frankfurt, 1. Juli 1948, S. 33.

[1018] Ebd. Als Vorbehalte wurden aufgezählt: die vorläufige Wahrnehmung und Leitung der auswärtigen Beziehungen Deutschlands, „das Mindestmaß der Kontrolle über den deutschen Außenhandel", „vereinbarte oder noch zu vereinbarende Kontrollen", der Schutz des Ansehen der Besatzungsmächte und „die Beachtung der von ihnen gebilligten Verfassungen". Ebd., S. 33f.

[1019] Ebd., S. 34. Christine van Wylick bezeichnet dieses Vorgehen treffend als „Generalvorbehalt". Wylick, *Besatzungsstatut*, S. 80.

[1020] Wylick, *Besatzungsstatut*, S. 80. Zur Analyse des Dokuments Nr. 3 vgl. auch Grewe, *Besatzungsstatut*, S. 225–233.

Carlo Schmid sah in diesen Bestimmungen zwar einen „Anfang"[1021], jedoch keineswegs die von ihm geforderte systematische Verrechtsstaatlichung der Verhältnisse zwischen den Besatzungsmächten und den deutschen politischen und administrativen Stellen durch eine detaillierte Kompetenzabgrenzung.[1022] Er bemängelte, dass die Besatzungsmächte „auf ihre Entscheidungs- und Aufsichtsgewalt nur teilweise verzichtet" hätten, woraus folge, dass man auf deutscher Seite nach wie vor nicht in der Lage sei, „politische Entscheidungen" zu treffen. Das deutsche Volk stehe immer noch „unter Fremdherrschaft in allem, was Gesamtentscheidungen" anbelange.[1023]

Dieselben Argumente fanden sich auch in der von Schmid initiierten Denkschrift des Deutschen Büros für Friedensfragen[1024] nur vier Tage nach Übergabe der Frankfurter Dokumente.[1025] Mehr noch: Eindringlich warnte die Denkschrift: „[D]ie vorgeschlagene Lösung krankt an dem Hauptfehler des Versailler Vertrags: Die Alliierten, unter sich uneinig, brauchen die Zustimmung des deutschen Volkes zu ihren Vereinbarungen, können sich aber nicht entschließen, von Anfang an mit uns zu verhandeln. Dadurch, daß es uns gestattet wird, einige Retuschen zu einem bereits festliegenden Text vorzuschlagen, von denen die Hälfte zurückgewiesen werden wird, kann eine deutsche Mitarbeit nachträglich nicht konstruiert werden."[1026]

Obwohl Carlo Schmid hier zunächst harsche Kritik übte, erkannte er in einer seiner letzten Äußerungen in der Presse vor dem Verfassungskonvent auf Herrenchiemsee dennoch „eine unbestreitbare Verbesserung des bisherigen Zustandes"[1027] in der Übergabe der Frankfurter Dokumente, da sich zwar am Prinzip „des Besatzungsregimes nichts geändert" habe, aber „die Modalitäten der Ausübung der Besatzungshoheit eine Änderung erfahren sollen."[1028] Die in Dokument Nr. 1 festgelegte Richtlinie, in den Ländern „eine Verfassungsgebende Versammlung einzuberufen"[1029], gab

---

[1021] Karl Schmid, „Ein Anfang", in: *Schwäbisches Tagblatt*, 6. Juli 1948.
[1022] In seinen Erinnerungen schrieb Schmid zu dem dritten der Frankfurter Dokumente: „Ähnliche Bestimmungen pflegten die Verträge zu enthalten, aufgrund derer die ‚Mächte' einst in Afrika und Asien ‚Protektorate' begründeten [...]." Schmid, *Erinnerungen*, S. 325.
[1023] Carlo Schmid, „Politische Verantwortung setzt Entscheidungsfreiheit voraus. Grundsätzliche Betrachtung über Abgrenzung der Kompetenzen zwischen der Besatzung und den Deutschen", in: *Neue Ruhr-Zeitung*, 7. Juli 1948. Dieser Artikel ist auch erhalten in: AdsD, NL Schmid 80.
[1024] An der Ausfertigung der Denkschrift waren neben Carlo Schmid noch Wilhelm Grewe, Erich Kaufmann und Gustav von Schmoller beteiligt. Weber, *Schmid*, S. 334. Carlo Schmid bekundete, Gustav von Schmoller sei sein „engster Mitarbeiter bei der Erforschung der Probleme des Besatzungsrechts." Carlo Schmid, Bestätigungsschreiben für Gustav von Schmoller, 31. Dezember 1948, in: AdsD, NL Schmid 609.
[1025] Weber, *Schmid*, S. 333.
[1026] PR, Bd. 1, Dok. Nr. 5, Denkschrift des Deutschen Büros für Friedensfragen zu den Frankfurter Dokumenten, Stuttgart, 5. Juli 1948, S. 37. Ebenfalls betonte die Denkschrift, dass „von einem Besatzungsstatut eine klare Abgrenzung der Zuständigkeiten und Verantwortlichkeiten zwischen den Organen der Besatzungsgewalt und den deutschen Organen" zu erwarten sei – eine Forderung, die Carlo Schmid nicht müde wurde zu erheben. Ebd., S. 49.
[1027] Carlo Schmid, „‚Feststellen, was ist –'. Klarheit der Verantwortung – Besatzungsstatut oder Verfassung", in: *Die Welt*, 10. Juli 1948. Dieser Artikel ist auch erhalten in: AdsD, NL Schmid 82.
[1028] Ebd. So Carlo Schmid auch in der Sitzung des Staatsministeriums von Württemberg-Hohenzollern am 5. Juli 1948. Auerbach, „Anfänge", S. 643.
[1029] PR, Bd. 1, Dok. Nr. 4, Dokumente zur künftigen politischen Entwicklung Deutschlands („Frankfurter Dokumente"), Frankfurt, 1. Juli 1948, S. 30.

Schmid hingegen abermals Gelegenheit, den Erlass eines Besatzungsstatuts vor deren Einberufung zu fordern, „damit einerseits diese von vorneherein weiß, nach welchen Ausmaßen sie das Haus zu bauen hat, und andererseits klar zum Ausdruck kommt, was ist – nämlich daß auch ihre Tätigkeit in Funktion der obersten Gewalt geschieht, die die Besatzungsmächte in Anspruch nehmen, und nicht etwa der Ausdruck deutscher Volkssouveränität ist."[1030]

Dem intensiven Eintreten Carlo Schmids für ein Besatzungsstatut – das durchaus nicht immer im Einklang mit der offiziellen Parteilinie stand – vor dem Verfassungskonvent von Herrenchiemsee war zwar kein Erfolg beschieden, sollte bis zu seinem Erlass doch noch fast ein Jahr vergehen.[1031] Es erwies sich aber dennoch als richtungsweisend, und in Schmids Äußerungen in dieser Frage zeigten sich seine Vorstellungen von einem künftigen deutschen Staat und dessen Verfassung. Dabei argumentierte er stets für ein Besatzungsstaut, nicht für ein Besatzungsabkommen, auch wenn er empfahl, die entsprechenden deutschen Stellen bei seiner Abfassung mit einzubeziehen.[1032]

Carlo Schmids Andeutungen zufolge war es zwar wahrscheinlich, dass es eine oberste deutsche Gewalt geben werde, er wollte diese aber keineswegs als Zentralgewalt im eigentlichen Sinne verstanden, sondern in einem föderalistischen Staat eingebettet wissen, der auf der Souveränität des deutschen Volkes fußen sollte. Eingehend warnte er vor den Gefahren separatistischer Bestrebungen und machte sich für ein gemeinsames Vorgehen aller vier Siegermächte stark.[1033] Die Begründung für sein vehementes Engagement betonte Schmid mehr als einmal: Für ihn war das Besatzungsstatut die eigentliche Verfassung, was im Umkehrschluss bedeutete, dass das Besatzungsstaut den Beratungen über eine gesamtdeutsche Verfassung vorgelagert sein musste. Die Beratungen über eine solide künftige gesamtdeutsche Verfassung hingen für Carlo Schmid entscheidend von einer Verrechtsstaatlichung der gegenwärtigen Verhältnisse ab. Was zunächst gegensätzlich anmuten mag, war von Carlo Schmid schlicht dialektisch gedacht: Gerade dadurch, dass er versuchte, die Alliierten mit der Forderung nach einem Besatzungsstatut in die Enge zu drängen, konnte er beides erreichen: Besatzungsstatut und Grundgesetz.

[1030] Carlo Schmid, „‚Feststellen, was ist –'. Klarheit der Verantwortung – Besatzungsstatut oder Verfassung", in: *Die Welt*, 10. Juli 1948.
[1031] „Am 12. Mai [1949] verkündeten die Alliierten das Besatzungsstatut. Für mich war dies ein Tag besonderer Befriedigung, hatte ich doch seit 1946 mich darum bemüht, den Besatzungsmächten klarzumachen, daß auch ein Besatzungsregime in rechtsstaatlichen Formen ausgeübt werden muß und kann." Schmid, *Erinnerungen*, S. 395.
[1032] Zur Definition eines Besatzungsstatuts und eines Besatzungsabkommens siehe Kapitel 33, S. 160, Anm. 958 dieser Arbeit.
[1033] Vgl. in diesem Zusammenhang auch Carlo Schmids Eintreten für ein Provisorium in Kapitel 4.1.

3.3.2 Deutsche Verfassungsarbeit unter Berücksichtigung der staatsrechtlichen Strukturen Europas in den Jahren 1947/1948

Während Carlo Schmid sich also erstens mit den Voraussetzungen für die Entstehung einer gesamtdeutschen Verfassung beschäftigte, versuchte er zweitens diese zukünftige Verfassung gleichsam auf eine höhere Stufe zu heben und sie frühzeitig in ein „Europa [...] als Bund"[1034] einzubetten. Wie auch schon bei seinem Eintreten für ein Besatzungsstatut sollte Schmid die Idee eines geeinten Europas ebenfalls bis weit nach dem Herrenchiemseer Verfassungskonvent beschäftigen.[1035]

Beide Themenkreise waren indes eng miteinander verwoben, denn Schmid hatte erkannt, dass „Deutschlands Schicksal in den Händen der Besatzungsmächte" lag, „die zumeist von der Wiederherstellung der politischen Einheit und Handlungsfähigkeit Deutschlands Nachteile für sich befürchten." Daher sei es geboten, „sich allen Staaten gegenüber so zu verhalten, daß ihre Befürchtung [...] schwindet und an die Stelle von Furcht ein Interesse an der Herstellung eines wiedervereinigten Deutschlands treten kann."[1036] Vorausschauend verband Carlo Schmid somit die Zukunft Deutschlands mit der Europas, indem er „das deutsche Problem in das Geflecht des Koordinatensystems der Weltpolitik" einzufügen und „die Staaten Europas [...] als dritte Macht" neben den USA und der Sowjetunion zu etablieren gedachte.[1037] „Zu dieser dritten Kraft könne Europa nur werden, wenn die freiheitlichen Staaten die Spaltung Deutschlands nicht hinnehmen, sondern sich bei ihren Auseinandersetzungen mit der Sowjetunion politisch um die Wiedervereinigung des gespaltenen Deutschland bemühen."[1038] Deshalb erklärte Schmid, „die beste Politik europäischer Staaten" sei es, „alles zu versuchen, was – ohne die nationale Identität dieser Staaten zu zerstören – ein wirtschaftlich, politisch, militärisch geeintes Europa zustande bringen könnte, dessen

---

[1034] Schmid, Karl, „Europa – Nur als Bund möglich", in: *Neues Europa. Halbmonatsschrift für Völkerverständigung*, Heft 9, Hannoversch-Münden 1948, S. 13–16. Derselbe Text, nebst handschriftlicher Notizen, befindet sich in: o. A. [Carlo Schmid], Einiges Abstrakte zu dem konkreten Problem „Europa", 6. April 1948, in: AdsD, NL Schmid 81.
[1035] Vgl. hierzu Weber, *Schmid*, S. 417–439 und 657–674; Loth, Wilfried, „Die Europa-Bewegung in den Anfangsjahren der Bundesrepublik", in: *Vom Marshallplan zur EWG: die Eingliederung der Bundesrepublik Deutschland in die westliche Welt*, hg. v. Ludolf Herbst, Werner Bührer und Hanno Sowade, München 1990, S. 63–77, hier S. 68-72; Schmid, *Erinnerungen*, S. 424–430; Schmid, Carlo, „Europa als nationale Aufgabe", in: Carlo Schmid, *Europa und die Macht des Geistes*, Gesammelte Werke in Einzelausgaben, Bd. 2, München/Zürich 1976, S. 29–41; Schmid, „Über das europäische politische System".
[1036] Schmid, *Erinnerungen*, S. 295f.
[1037] Ebd. Vgl. auch ebd., S. 417. Mit dem Thema Europa beschäftigte sich damals nicht nur Carlo Schmid. Vgl. Weber, *Schmid*, S. 320f. Zu den unterschiedlichen Positionen innerhalb der Europa-Bewegung vgl. Loth, „Europa-Bewegung", S. 64.
[1038] Schmid, *Erinnerungen*, S. 417, wo es weiter heißt: „Dies sollte nicht allein um der Deutschen willen geschehen, sondern weil Europa über die zur Selbstbehauptung erforderlichen Mittel erst verfügen werde, wenn ihm die Potenziale ganz Deutschlands zugewachsen sind oder wenn diese ungeteilt in neutralisiertes Mitteleuropa eingebracht werden, das Gegenstand eines allgemeinen Systems kollektiver Sicherheit ist."

Potentiale geschlossen zur Steigerung der inneren Wohlfahrt und zur Verteidigung des Friedens nach außen verfügbar sein würden."[1039]

Seine politischen Überlegungen zu Europa veröffentlichte Carlo Schmid nicht nur in Zeitungen und Zeitschriften, er vertrat sie auch innerhalb der Sozialdemokratischen Partei und suchte den Kontakt zu internationalen Verbänden, wie der Union der Europäischen Föderalisten (UEF).[1040]

Schon während des Zweiten Weltkriegs und seiner Stationierung in Lille hatte sich Carlo Schmid Gedanken über das Verhältnis Deutschlands zu Frankreich in einem europäischen Kontext gemacht und den Austausch hierüber gesucht.[1041] 1947 entwickelte er seine Vorstellung von einem Auftreten Europas als „der dritte Partner"[1042] und führte aus, dass die europäischen Staaten „damit nicht nur ihrer Selbsterhaltung, sondern auch dem Frieden und der Wohlfahrt der Welt den entscheidenden Dienst erweisen"[1043] würden. Um zu dieser dritten Kraft zu werden, sei es unumgänglich, dass Europa „sich in Verfassung" bringe, was nur möglich sei, wenn „die Staaten, die es ausmachen, auf das staatliche Grundprinzip der letztvergangenen Neuzeit, die Souveränität, zugunsten einer überstaatlichen Gemeinschaft verzichten".[1044] Dazu müssten „alle Formen staatlicher Aktivität, die im Außenverhältnis der Staaten zum Zuge kommen […] auf diese Gemeinschaft übertragen werden".[1045] Dabei sollten die Länder aber „ihr inneres Leben nach ihrem eigenen Willen gestalten können." „Eine Grenze" er-

---

[1039] Ebd., S. 422. Aufgrund der Fragestellung dieser Arbeit nach den Staats- und Verfassungsvorstellungen wird in diesem Kapitel der Fokus auf Carlo Schmids Überlegungen zu einem politisch geeinten Europa gelegt.

[1040] Zur Kontaktaufnahme mit der Union Europäischer Föderalisten vgl. ebd., S. 420; Weber, *Schmid*, S. 322.

[1041] Weber, *Schmid*, S. 190 und 319. Noch kurz vor dem Verfassungskonvent von Herrenchiemsee schrieb Carlo Schmid: „Man muß darum das deutsch-französische Verhältnis auf einer Ebene zu befriedigen suchen […]. Diese andere Ebene ist Europa. Erst wenn es gelungen sein wird, Europa zu einer wirtschaftlichen, politischen und konstitutionellen Einheit zu machen, wird das deutsch-französische Problem wirklich aufhören zu bestehen; damit erst wird es gelöst sein, denn die einzige Möglichkeit seiner Lösung ist, es gegenstandslos zu machen. Bis dorthin ist noch ein weiter Weg […]." Carlo Schmid, „Deutsche und Franzosen", in: *Münchner Merkur*, 19. Juli 1948.

[1042] Schmid, Carlo, „Das deutsch-französische Verhältnis und der dritte Partner", in: *Die Wandlung*, Heft 9, Heidelberg 1947, S. 792–805. Gehe man von der „geschichtlichen Erfahrung […] aus, dann wird einem das Verhältnis Frankreich-Deutschland notwendig als ein Teilstück des Problems Europa überhaupt erscheinen, oder vielleicht besser als ein Problem der politischen Welt, die zwischen den Kräftefeldern liegt, die sich um die USA und Sowjetrußland ausdehnen", so Schmid. Ebd., S. 793. Wie Carlo Schmid sich später erinnerte, war es unter anderen dieser Artikel, der Ernst von Schenck auf ihn aufmerksam werden ließ und dazu führte, dass dieser ihn für die Union Europäischer Föderalisten zu gewinnen suchte. Schmid, *Erinnerungen*, S. 420.

[1043] Schmid, „Das deutsch-französische Verhältnis", S. 794. Carlo Schmid erkannte sehr wohl, „daß politische Konstruktionen eines adäquaten ökonomischen Unterbaues bedürfen, um haltbar zu sein." Schmid, Karl, „Europäische Union", in: *Merkur. Deutsche Zeitschrift für europäisches Denken*, Heft 5, Baden-Baden 1947, S. 649–654, hier S. 651.

[1044] Schmid, „Das deutsch-französische Verhältnis", S. 795. Carlo Schmid schlug vor, dass Deutschland „durch freiwilligen Verzicht auf gewisse ökonomische Souveränitätsrechte den Anfang" machen solle. Schmid, „Europäische Union", S. 651. Insbesondere solle man einer „Internationalisierung der Kontrolle der Produktion des Ruhrgebietes" zustimmen. Ebd.

[1045] Schmid, „Das deutsch-französische Verhältnis", S. 795.

achtete Schmid jedoch als „gesetzt": Zwar seien innerhalb dieser Union Europas unterschiedliche ökonomische Systeme denkbar, aber keinesfalls „eine in der Grundstruktur verschiedene Gesellschaftsordnung".[1046]

Carlo Schmid zeichnete – im Rückgriff auf das Ende des Ersten Weltkriegs gebräuchliche Vokabular[1047] – ein Bild der „Vereinigten Staaten von Europa", die auf föderativer Grundlage entstehen sollten, indem „vor dem staatsrechtlichen Zusammenschluß der Staaten diese ihre großen schwerindustriellen Komplexe unter gegenseitige internationale Kontrolle gestellt haben".[1048] Dabei empfahl er „ein Vorgehen in Etappen", wobei „erste Schritte [...] im Rahmen des British Commonwealth" und durch einen zeitgleichen föderativen „Zusammenschluß der skandinavischen Staaten" getan werden könnten, um zu geeigneter Zeit beide „zu einer Union zu verschmelzen, deren Anziehungskräfte [...] auch andere Staaten"[1049] zum Beitritt bewegen würden.

Deutschlands Rolle bei diesem Entstehungsprozess der Vereinigten Staaten von Europa sei zunächst dadurch gekennzeichnet, dass es „besetzt, und [...] bis heute noch nicht sicher" sei, „wie diese vierfältige Besetzung sich auf die staatsrechtliche Einheit auswirken" werde. Aufgrund der „Befürchtungen" einiger Besatzungsmächte in außenpolitischer, politischer und wirtschaftlicher Hinsicht empfahl Carlo Schmid, „Deutschland vorläufig außenpolitisch weiter inaktiv zu belassen [...] bis die [...] entworfenen Zusammenschlüsse sich in etwa vollzogen haben".[1050] Gleichzeitig plädierte er dafür, man solle „von vorneherein das gesamte Deutschland als Mitglied vorsehen oder von vorneherein wenigstens für den Anfang darauf verzichten."[1051] Damit gelang es Schmid, Deutschland trotz dessen Inaktivität als außenpolitischen Faktor im Spiel zu halten.

Obwohl Carlo Schmids Vorstellungen von der Ausgestaltung einer Union der Vereinigten Staaten von Europa im Jahr 1947 noch keine konkreteren Konturen gewonnen hatten, ließen sich bereits erste verfassungspolitische Vorstellungen erkennen, indem er ebendiesen Zusammenschluss auf eine föderative und demokratische Basis zu stellen gedachte. Auch sein Eintreten für ein Provisoriumskonzept für Westdeutschland begann bereits erste Formen anzunehmen.

Im darauffolgenden Jahr verknüpfte Schmid die Vorstellung von einem geeinten Europa mehr und mehr mit den Forderungen nach einem Besatzungsstatut auf der einen und einer provisorischen Zwischenlösung für die westdeutschen Länder auf der anderen Seite. Oftmals boten ihm europa- und weltpolitische Ereignisse hierzu den geeigneten Anlass. So warnte er, indem er nach der Londoner Außenministerkonferenz für ein „Organisiertes Provisorium" plädierte, gleichzeitig vor den „Gefahren einer Teilung Deutschlands" und einem „sich neu bildenden Einheitsnationalismus"

[1046] Schmid, „Europäische Union", S. 653.
[1047] Vgl. Lipgens, *Anfänge*, S. 35.
[1048] Schmid, „Das deutsch-französische Verhältnis", S. 795.
[1049] Ebd., S. 796–798.
[1050] Ebd., S. 798f. Dabei betonte Carlo Schmid, „es wäre falsch, zu glauben, daß Deutschland damit überhaupt aufhören würde, ein außenpolitischer Faktor zu sein, und daß im deutschen Volke bis zum Ablaufe dieser Frist überhaupt keine außenpolitisch wirksame Tätigkeit entfaltet werden könnte." Ebd., S. 799.
[1051] Schmid, „Europäische Union", S. 654.

und bezeichnete eine mögliche Weststaatsgründung als „verhängnisvoll", da ein solcher Akt „den Zuschlag von Teilen Deutschlands zu dem Machtbereich des einen oder anderen Blocks, also eine Etappe im Aufmarsch der beiden Giganten mit der Bildung eines tödlichen Risses nicht nur durch Deutschland, sondern durch das politische Gefüge der Welt" mit sich bringen würde.[1052] In der Ostzone prangerte Schmid das „Einheitsparteisystem" an, was „eine effektive Ausschaltung der parlamentarischen Demokratie und die alleinige Herrschaft der ‚Besatzungspartei'" bedeute.[1053] Hier wurden eindeutig Erinnerungen an die Parteipolitik im Dritten Reich geweckt, denen Carlo Schmid mit aller Vehemenz entgegenzutreten versuchte, indem er auf die Gefahren eines erneut heraufziehenden „Totalitarismus"[1054] hinwies. Solange diese Gefahr nicht gebannt sei, müsse man erst gar nicht darüber debattieren, ob man die westlichen Teile Deutschlands in Verfassung bringen wolle, denn „der Zeitpunkt für die Wahl einer gesamtdeutschen Repräsentation wird erst dann gekommen sein, wenn in allen vier Zonen die Durchführung echter demokratischer Wahlen mit allen Sicherungen für die staatsbürgerlichen Freiheiten und mit freiem Wettbewerb aller demokratischer Parteien gewährleistet ist."[1055]

Die Unterzeichnung des Brüsseler Vertrags[1056] im März 1948, den Carlo Schmid aber keineswegs vorbehaltlos als „Schritt auf ein politisch und konstitutionell geeintes Europa" verstanden wissen wollte, gab ihm Anlass, über ein „Europa [...] als Bund" nachzudenken.[1057] Europa, so Schmid könne „als politisch handlungsfähiges Gebilde nicht" Wirklichkeit werden, da bestimmte „Souveränitätsrechte" noch immer nationalstaatliche Angelegenheiten seien. Auch sei ein geeintes Europa nicht „durch einen einmaligen contract social der beteiligten Nationen" zu erschaffen, sondern es ließe „sich nur in Etappen realisieren". Grundsätzlich müsse in einem solchen Europa die Außenpolitik der einzelnen Mitgliedsstaaten „an den Grenzen ‚Europas' selbst" enden, und es sei „eine Form" anzustreben, „die es erlaubt, die erforderliche Einheit zu reali-

---

[1052] Carlo Schmid, „Organisiertes Provisorium", in: *Die Welt*, 10. Januar 1948. Carlo Schmid führte weiter aus: „Ein solcher Schritt würde aber noch ein Weiteres im Gefolge haben: Jede der beiden Hälften Deutschlands würde entweder zur anderen streben oder die andere zu sich heranholen wollen, je nachdem, wo ihr der Kern des echten Deutschlands zu liegen schiene. In jeder Hälfte würde das deutsche Volk also entweder sich gegen die Besatzungsmacht auflehnen, die den ‚Anschluß' der anderen oder an die andere Hälfte verhindert, oder ‚ihre' Besatzungsmacht dafür zu gewinnen suchen, diesen Anschluß durch Einsatz ihrer politischen Macht herbeizuführen. Die Folgen beider Eventualitäten wären gleich verhängnisvoll."

[1053] Carl Schmid, „Nationale Repräsentation", in: *Das Volk. Organ der Sozialdemokratischen Partei Badens*, 28. Februar 1948. Dieser Artikel ist auch erhalten in: AdsD, NL Schmid 80.

[1054] Ebd. Carlo Schmid erinnerte hier daran, dass „der Ruf ‚Ich kenne keine Parteien mehr, ich kenne nur noch Deutsche' [...] zu allen Zeiten der Auftakt zur politischen Entmannung des Volkes gewesen" sei, „denn nur die Organisation in sich gegenüberstehenden politischen Parteien macht eine aktive und verantwortliche Vertretung der verschiedenen Interessen und Zielsetzungen möglich; und nur das Vorhandensein mehrerer Parteien vermag die Ausartung der Staatsgewalt in Despotismus zu verhindern."

[1055] Ebd.

[1056] „Vertrag zwischen Belgien, Frankreich, Luxemburg, den Niederlanden und dem Vereinigten Königreich von Großbritannien und Nordirland (Brüsseler Vertrag, Westeuropäische Union), 17. März 1948", abgedruckt in: Voß, Joachim, *EuG. Europagesetze II*, München 1964, S. 13–18.

[1057] Schmid, „Europa – Nur als Bund möglich", S. 13.

sieren, ohne daß die Vielfältigkeit [...] aufgegeben werden müßte". Diese staatsrechtliche „Form" könne nur ein „Bund" sein, so Schmid, wobei es unwesentlich sei, ob man sich für einen Bundesstaat oder einen Staatenbund entscheide, wichtig sei lediglich, „daß eine geschlossene Repräsentation des Bundes nach innen und außen möglich bleibt."[1058]

Die inhaltliche Ausgestaltung des Bundes, so Carlo Schmid, müsse dergestalt sein, dass „der Bund die alleinige Zuständigkeit für die Außenpolitik und die Verteidigung des Bundesgebietes hat, und sie muß weiter vorsehen, daß die Beziehungen der dem Bunde angehörigen Staaten untereinander nicht solche des Völkerrechts sind, sondern ausschließlich vom Bundesrechte her geregelt werden." Schmid schwebte ein einheitliches „Zoll- und Wirtschaftsgebiet"[1059] vor, innerhalb dessen die Legislative auf diesem Gebiet ebenfalls beim Bund liegen sollte.

Auf verfassungsorganisatorischer Ebene wurde Schmid konkreter: Der europäische Bund brauche eine „gesetzgebende Körperschaft [...], außerdem eine Regierung, die gestützt auf geeignete Exekutivkräfte nach innen und außen die Rechte und Pflichten des Bundes wahrnimmt, und auch eine besondere Bundesgerichtsbarkeit." Eine so ausgestaltete europäische Bundesverfassung müsse in die Zukunft gerichtet sein und – „bei grundsätzlicher Gewährleistung aller Postulate der rechtsstaatlichen Demokratie – jede Umgestaltung der ökonomischen und gesellschaftlichen Verhältnisse" sicherstellen. Auf keinen Fall dürfe Europa „als Schutzwall gegen den Sozialismus" verstanden werden, denn dann würde dieser binnen kürzester Zeit einstürzen und „die Trümmer zu Beute der Gewalten machen, die man [...] abwehren möchte – nämlich des Totalitarismus".[1060]

Zur territorialen Ausdehnung Europas bemerkte Schmid, dass in einem „auf die westeuropäischen Völker" reduzierten Bund Europa nichts anderes sei „als Teil des Kontinents, den sie füllen", womit er wieder an seine Vorstellung eines Provisoriums anknüpfte.[1061] Deutlicher formuliert bedeutete dies für ihn, „daß ohne die politische, wirtschaftliche und konstitutionelle Einheit Gesamtdeutschlands Europa weder geschaffen werden könnte, noch fähig wäre, die Rolle des dritten Partners zu übernehmen, ohne den die Welt notwendig in zwei sich bekämpfende Blöcke auseinanderfallen muß."[1062] Daher müsse das „Ziel aller Politik in Deutschland und um Deutschland heute [...] sein, dahin zu wirken, daß zum mindesten alles vermieden wird, was die Einigung endgültig unmöglich machen könnte." Eine „Organisation des Westens" dürfe „daher lediglich provisorischen und administrativen Charakter tragen; sie kann nicht mehr als einen Zweckverband schaffen."[1063] Es sollte dies auch das Credo werden, das Carlo Schmid auf dem Verfassungskonvent von Herrenchiemsee vertrat.[1064]

Innerhalb seiner eigenen Partei stießen Schmids Vorstellungen von einem provisorischen Zusammenschluss der westdeutschen Länder zunächst nicht auf ungeteilte

---

[1058] Ebd., S. 13–15.
[1059] Ebd., S. 15.
[1060] Ebd., S. 15–16.
[1061] Ebd.
[1062] Karl Schmid, „Das Provisorium", in: *Schwäbisches Tagblatt*, 16. April 1948. Dieser Artikel ist auch erhalten in: AdsD, NL Schmid 81.
[1063] Ebd.
[1064] Siehe Kapitel 4.3.5.

Zustimmung; Hier musste er einige Überzeugungsarbeit leisten.[1065] In seiner Rede auf dem Bezirksparteitag der SPD in Berlin im Mai 1948 erhob er die Stadt zum „Sinnbild Europas", da hier „die vier großen Mächte, die Europas Geschick bestimmen, dicht beieinander" seien. „Aufgabe Europas" sei es, „eine Weltordnung, in der Freiheit des Individuums und Anspruch der Gemeinschaft zu voller Deckung kommen" zu schaffen.[1066] Schmid gelang es auf diesem Parteitag, sein Provisoriumskonzept zur „offiziellen Parteimeinung"[1067] zu erheben, und er forderte für die „vorläufige Ordnung des Provisoriums"[1068] ein Besatzungsstatut[1069].

„Die Einheit Deutschlands" aber sei „nicht nur eine deutsche Notwendigkeit, sondern eine europäische und eine Weltnotwendigkeit."[1070] Er warnte abermals davor, aus dem „Provisorium ein Definitivum" zu machen, da dann für Sowjetrussland und die USA keine Notwendigkeit mehr bestünde, „im Gespräch zu bleiben".[1071] Daher brauche man Europa als „dritten Partner"[1072].

Auch auf parteipolitischer Landesebene warb Schmid für seine Idee. In Württemberg-Hohenzollern mahnte er, „daß alles vermieden werden" müsse, „was aus dem notwendigen Provisorium der Organisation der westdeutschen Länder etwa zu einem besonderen westdeutschen Staat führen könne. Es sei besser, nichts zu schaffen, als etwas endgültig Falsches. Der Minister trat außerdem für den Zusammenschluß von Württemberg, Baden und Hohenzollern zu einem Gliedstatt der künftigen deutschen Republiken ein."[1073]

Carlo Schmid beschränkte sein Eintreten für ein geeintes Europa nicht auf die nationale Ebene. Der Kontakt zu der Union Européenne des Fédéralistes (UEF)[1074] kam, so erinnerte sich Schmid später, durch Ernst von Schenck zustande, der ihn als

---

[1065] Vgl. Weber, *Schmid*, S. 324–329.
[1066] Schmid, Carlo, „Berlin, Bastion der Freiheit. Rede vom 9. Mai 1948 auf dem Bezirkstag der SPD in Berlin", in: Carlo Schmid, *Kampf um die Freiheit. Zwei Reden aus geschichtlichem Anlaß*, Hamburg 1948, S. 23–45., hier S. 23f..
[1067] Weber, *Schmid*, S. 329.
[1068] Schmid, „Berlin", S. 30.
[1069] Carlo Schmid führte hierzu weiter aus: „Die im Bereich des Provisorischen technisch notwendigen festeren Organisationen kann man aber nur dann gefahrlos schaffen, wenn man sie als Ausfluß eines Besatzungsstatuts in die Welt setzen kann. Wenn man das nicht kann, dann wird man sich immer wieder in der Notwendigkeit befinden, in einem Bereich, der ohne Schaden nur Provisorisches gestattet, es mit Definitivem versuchen zu müssen." Ebd., S. 31. Zu Carlo Schmids Forderung nach einem Besatzungsstatut als Voraussetzung einer gesamtdeutschen Verfassung siehe Kapitel 3.3.1.
[1070] Schmid, „Berlin", S. 26. Vgl. hierzu auch: „Blick auf Europa! Staatsrat Carlo Schmid über die deutsche Zukunft", in: *Das Volk. Organ der Sozialdemokratischen Partei Badens*, 10. März 1948.
[1071] Schmid, „Berlin", S. 26.
[1072] Ebd., S. 28.
[1073] „Echter Bund gleichberechtigter Völker'. Landesparteitag der SPD fordert europäische Lösung der Deutschlandfrage", in: *Schwäbisches Tagblatt*, 15. Juli 1948.
[1074] Zur Entstehung der Union Européenne des Fédéralistes vgl. Cornides, Wilhelm (Hg.), „Die Anfänge des europäischen föderalistischen Gedankens in Deutschland 1945–1949. Ein historischpolitischer Bericht, 5. September 1951", in: *Europa-Archiv. Zeitgeschichte, Zeitkritik, Verwaltung, Wirtschaftsaufbau. Halbmonatsschrift der Deutschen Gesellschaft für Auswärtige Politik*, Sechstes Jahr, Juli–Dezember 1951, S. 4243–4258.

Deutschland-Beauftragter der UEF 1947 in Tübingen aufsuchte.[1075] Allerdings konnte Schmid, obwohl er sich zur Mitarbeit bereit erklärte, zunächst weder an der konstituierenden Sitzung des Verbandes in Montreux im August 1947[1076] noch an der Gründungstagung in Den Haag im Mai 1948[1077] teilnehmen.[1078] Seine erste Teilnahme ist daher erst für die vom 20. bis 24. Mai 1948 einberufene Arbeitstagung der Deutschland-Kommission der UEF in Bad Homburg zu verzeichnen, auf der Carlo Schmid das Auftaktreferat über „Deutschland und Europa in der Verfassungsarbeit"[1079] hielt.

Ausgehend von den „zwei Kräftefeldern" Amerika und der Sowjetunion erläuterte Schmid die Notwendigkeit einer Einigung Europas mit dem Ziel, „eine politische Neuschöpfung in Form eines europäischen Bundesstaates (Föderation)" zu verwirklichen, dessen „Prinzip [...] Einheit in der Mannigfaltigkeit" sein müsse. Die „Bildung der Föderation" solle dadurch zustande kommen, dass das „Volk Europas [...] die Verfassung des europäischen Bundes" beschließe. Zur Bearbeitung von „gesamteuropäischen Aufgaben" müssten „gemeinsame Organe geschaffen werden". „Aus unmittelbaren Wahlen" solle ein „Bundesparlament" hervorgehen und „die Mannigfaltigkeit der geschichtlich gewordenen Volksindividualität in einem europäischen Bundesrat" zum Ausdruck kommen. „Parlament und Bundesrat obliegt die Bestellung einer Regierung". „Ein oberster Gerichtshof wacht über die Einhaltung der Charta der Menschenrechte und die Erfüllung der Bundespflichten durch die Mitglieder."[1080]

In Bezug auf Deutschland führte Carlo Schmid aus, müsse das „Prinzip der Föderation" in besonderem Maße gelten, sei doch „die heutige problematische Lage Deutschlands, Folge einer vordem unerhörten Zentralisierung der Macht". Daher komme in diesem europäischen Kontext nur die Schaffung „einer bundesstaatlichen deutschen Republik" in Frage, in der keinem der Länder „die Möglichkeit einer hegemonialen Stellung den anderen oder dem Ganzen gegenüber eingeräumt würde". In Anknüpfung an die Verfassungsorgane eines europäischen Bundesstaates solle die künftige deutsche Verfassung daher ebenfalls „ein vom ganzen Volk gewähltes Parlament" vorsehen, ebenso „einen das Länderelement vergegenwärtigenden Bundesrat".[1081]

Gleichzeitig wies Carlo Schmid aber darauf hin, dass, wenn „die Politik der geforderten und notwendigen europäischen Föderation [...] für alle Staaten und Völker Europas" gelten solle, dies „dann auch für alle Teile Deutschlands" der Fall sei. Auf keinen Fall dürfe „zum falschen Zeitpunkt eine Teileingliederung Deutschlands" erfol-

---

[1075] Schmid, *Erinnerungen*, S. 420. Vgl. auch Loth, „Europa-Bewegung", S. 65.
[1076] Zum Kongress der Union Européenne des Fédéralistes in Montreux vgl. Cornides, „Anfänge", S. 4250-4251; Lipgens, *Anfänge*, S. 514-545.
[1077] Zum Kongress der Union Européenne des Fédéralistes in Den Haag vgl.: Cornides, „Anfänge", S. 4251.
[1078] Schmid, *Erinnerungen*, S. 420f. Für Montreux erhielt Carlo Schmid keine Ausreisegenehmigung der französischen Militärregierung, und eine Teilnahme am Kongress in Den Haag wurde ihm durch die ablehnende Haltung der sozialdemokratischen Parteizentrale verwehrt. Weber, *Schmid*, S. 322f.
[1079] Kommissionsbericht der Arbeitstagung in Bad Homburg der Deutschland-Kommission der Union Européenne des Fédéralistes vom 20.-24. Mai 1948, 7. Juni 1948, in: AdsD, NL Schmid 80. Zu den Vorarbeiten des Referats vgl.: Carlo Schmid, Politische Kommission, in: AdsD, PNL Carlo Schmid 1/CSAA000080.
[1080] Kommissionsbericht der Arbeitstagung in Bad Homburg der Deutschland-Kommission der Union Européenne des Fédéralistes vom 20.-24. Mai 1948, 7. Juni 1948, in: AdsD, NL Schmid 80, S. 1-3
[1081] Ebd., S. 3

gen, da „vorerst [...] weder die Föderation, noch die Möglichkeit einer völker- und bundesrechtlichen deutschen Willenserklärung" bestehe. Der Beitritt Deutschlands müsse „im genau richtigen Zeitpunkt" erfolgen.[1082]

Geschickt hatte Schmid hier die Forderung nach einem bundesstaatlich organisierten Europa mit der nach einem ebenso aufzubauenden Deutschland, seiner Provisoriumsdoktrin und seinem Ersuchen nach einem Besatzungsstatut verbunden. Keineswegs gab er sich aber der Illusion hin, dass all dies in nächster Zukunft umsetzbar sei, und bemerkte abschließend: „Alles diese Feststellungen [...] sind nur grundsätzlichen Charakters. Um sie in der gegebenen realpolitischen Situation [...] wirksam werden zu lassen, bedarf es der Berücksichtigung der konkreten Möglichkeiten."[1083]

Carlo Schmid konnte sich mit dem von ihm entworfenen Bild Europas und der Forderung, dass auf keinen Fall „zum falschen Zeitpunkt eine Teileingliederung Deutschlands"[1084] erfolgen dürfe, in Bad Homburg durchsetzen. Der ebenfalls – als Abgesandter des Bundes deutscher Föderalisten[1085] – anwesende Adolf Süsterhenn hatte für einen sofortigen Beitritt des Westens Deutschlands zu Europa votiert und musste eine Niederlage hinnehmen.[1086]

Aber nicht nur in diesem Punkt waren die beiden Politiker, die auf Herrenchiemsee erneut zusammentreffen sollten, unterschiedlicher Ansicht. Während für Carlo Schmid der Ausgangspunkt seiner Forderungen nach einem geeinten Europa der war, dass ein dritter Partner zwischen den beiden Großmächten USA und Sowjetunion geschaffen werden müsse, argumentierte Adolf Süsterhenn, dass der Marshallplan den Auftakt „für eine wirkliche Europa-Politik"[1087] darstelle. Beiden gemeinsam war allerdings die Überzeugung, dass nur durch eine neue Definition des Gedankens der staatlichen Souveränität ein vereintes Europa geschaffen werden könne; während Schmid dabei jedoch den Provisoriumsgedanken bewahren und einen europäischen Bundesstaat schaffen wollte, schwebte Süsterhenn einen sofortiger Beitritt Westdeutschlands zu „einer europäischen Föderation"[1088] vor.[1089]

Carlo Schmid war sich bei seinem Eintreten für ein vereintes Europa – zunächst in Form der „Vereinigte Staaten von Europa"[1090], später als „Bundesstaat"[1091] – vor dem

---

[1082] Ebd., S. 4

[1083] Kommissionsbericht der Arbeitstagung in Bad Homburg der Deutschland-Kommission der Union Européenne des Fédéralistes vom 20.-24. Mai 1948, 7. Juni 1948, in: AdSD, NL Schmid 80, S. 4.

[1084] Ebd.

[1085] Zu Adolf Süsterhenns politischer Arbeit im Bund deutscher Föderalisten siehe Kapitel 3.6.2.

[1086] Loth, „Europa-Bewegung", S. 66; Cornides, „Anfänge", S. 4252.

[1087] Adolf Süsterhenn, „Europäischer Föderalismus, 12. Juli 1947", abgedruckt in: Süsterhenn, *Schriften*, S. 150.

[1088] Ebd.

[1089] Im weiteren Verlauf schlossen sich auch Hermann Brill und Anton Pfeiffer der UEF an. Vgl. Loth, „Europa-Bewegung", S. 67–69; Cornides, „Anfänge", S. 4255. Anton Pfeiffer versuchte den europäischen Gedanken vor allem als einen „Siegeszug des Föderalismus" zu interpretieren: „Alle neuen Tendenzen grossräumiger Zusammenfassung, wie insbesondere die zukunftsreiche Idee der Vereinigten Staaten von Europa, weisen in die föderative Richtung." o. A. [Anton Pfeiffer], Der Siegeszug des Föderalismus – ein Rückblick auf 160 Jahre, 22. Mai 1947, in: BayHStA, NL Pfeiffer 605, S. 9.

[1090] Schmid, „Das deutsch-französische Verhältnis", S. 795.

Verfassungskonvent von Herrenchiemsee ebenso wie bei seiner Forderung nach einem Besatzungsstatut der Tatsache bewusst, dass es sich hierbei zunächst um Ideale handelte und „noch ein gutes Stück realistischer politischer Arbeit nötig sein werde, um ein Europa zu schaffen, das eine handlungsfähige und stabile politische Gemeinschaft genannt werden kann."[1092] Dennoch nahm er sich des Themas an und entwickelte nicht nur ein staatsrechtliches und in Ansätzen auch verfassungspolitisches Konzept für ein geeintes Europa, sondern verband dies auch mit den beiden anderen Themenkomplexen, die ihn in jener Zeit auf gesamtdeutscher Ebene im Wesentlichen beschäftigten: der Forderung nach einem Besatzungsstatut und der nach einer allenfalls provisorischen Weststaatsgründung. In einzigartiger Weise verband Carlo Schmid diese Aspekte argumentativ miteinander und vertrat seine Ansichten sowohl auf nationaler als auch auf internationaler Ebene.

3.3.3 Zusammenfassung

Carlo Schmid beteiligte sich vor dem Verfassungskonvent auf Herrenchiemsee aus gutem Grunde nicht an der detaillierten Ausarbeitung einer gesamtdeutschen Verfassung, da er mit einem solchen Vorstoß die Einheit Deutschlands nicht gefährden wollte; „wichtiger als einzelne Verfassungsartikel zu konzipieren, sei, sich ein Bild von den möglichen Voraussetzungen für das Zustandekommen eines gesamtdeutschen Staatenverbandes zu machen"[1093], schrieb Schmid noch in seinen *Erinnerungen*. Die Vorbedingung war für ihn die Schaffung eines Besatzungsstatuts als der eigentlichen Verfassung Deutschlands während der alliierten Besatzung und die Rahmenbedingung der Gedanke eines europäischen Bundes, dem nur ein wiedervereinigtes Deutschland beitreten sollte.

In dieser intensiven Auseinandersetzung in den Jahren 1946 bis 1948 mit den Vor- und Rahmenbedingungen für eine künftige deutsche Verfassung offenbarten sich geradezu zwangsläufig die ersten Vorstellungen Carlo Schmids hinsichtlich eines gesamtdeutschen Verfassungswerks. Die Rechtsstaatlichkeit eines künftigen Deutschlands stand für ihn dabei außer Frage. Es sollten eine rechtsstaatliche Verwaltung und eine demokratische Regierung geschaffen werden. In seiner Forderung nach einem Besatzungsstatut kam zum Ausdruck, dass er damit zuerst die Souveränität des deutschen Volkes zurückgewinnen wollte, damit die Staatsgewalt wieder von diesem ausgehen konnte. Schon bei der Entstehung der Länderverfassungen hatte Schmid die anthropologische Sichtweise vertreten, dass der Staat um des Menschen willen und nicht der Mensch um des Staates willen da sein müsse.[1094] Eine künftige gesamtdeutsche Verfassung wünschte er sich dabei vor allem demokratisch und nur in dem Maße föderalistisch, wie es mit den Gesamtinteressen des Staates vereinbar war. Auch dieses Ansin-

---

[1091] Kommissionsbericht der Arbeitstagung in Bad Homburg der Deutschland-Kommission der Union Européenne des Fédéralistes vom 20.-24. Mai 1948, 7. Juni 1948, in: AdsD, NL Schmid 80, S. 2.
[1092] Schmid, *Erinnerungen*, S. 422.
[1093] Schmid, *Erinnerungen*, S. 295.
[1094] Schmid, Karl, „Grundsatzrede in der Beratenden Landesversammlung von Württemberg-Hohenzollern, 2. Dezember 1946", abgedruckt in: Pfetsch, *Verfassungsreden*, S. 118.

nen stand in Einklang mit den Forderungen, die er innerhalb der Verfassungsdiskussionen der Sozialdemokratischen Partei erhoben hatte.[1095]

In seinem Europakonzept setzte Carlo Schmid den Wunsch nach einer föderativen Grundlage auf demokratischer Basis fort und knüpfte damit ebenfalls an seine Ansichten vor dem Zweiten Weltkrieg an – bereits damals hatte er gefordert, auf staatliche Souveränität zugunsten einer größeren europäischen Gemeinschaft zu verzichten.[1096] Europa dachte er sich dabei als Bund, und er verknüpfte diesen Gedanken geschickt mit seinem Provisoriumskonzept. Auch wenn er Deutschland nur als Provisorium organisiert sehen wollte, sprach er sich doch dafür aus, in Kontinuität zu einem europäischen Bundesstaat in einer gesamtdeutschen Verfassung ein vom Volk gewähltes Parlament und einen die Länder repräsentierenden Bundesrat vorzusehen.

Carlo Schmids Forderungen in den Jahren nach 1945 wiesen im Vergleich zu seinen staats- und verfassungspolitischen Vorstellungen vor dem Zweiten Weltkrieg ein großes Maß an Konsistenz und Kontinuität auf. Zentrales Motiv war und blieb für ihn die Geltung des Völkerrechts in einem geeinten Europa.

3.4 Staats- und Verfassungsvorstellungen Hermann Louis Brills

Die verfassungsrechtlichen Vorstellungen und Konzeptionen Hermann Brills standen bis zum Ende des Zweiten Weltkriegs vor allem unter dem Einfluss der Verfolgung und Inhaftierung wegen Hochverrats am 28. Juli 1939 durch die Nationalsozialisten. Bereits im Zuchthaus Brandenburg-Görden, in dem er bis zum Dezember 1943 einsaß, versuchte sich Brill an der Definition eines Sozialismus, die er mit „Vollendung und Unendlichkeit. Ein epischer Dialog" betitelte.[1097] Mit seiner Überstellung in das Konzentrationslager Buchenwald begann in Zusammenarbeit mit anderen Sträflingen der verschiedensten politischen Richtungen eine vermehrt programmatisch orientierte Arbeit an verfassungspolitischen Fragestellungen.[1098] Schon im April 1944 hatte das aus Brill und einigen seiner Mithäftlinge bestehende Volksfront-Komitee eine aus sechs Punkten bestehende Plattform erarbeitet, die als Grundlage aller weiteren Schriften des Komitees diente.[1099] Dieses wie auch alle anderen Schriftstücke der Buchenwalder Zeit sind nicht im Original überliefert, jedoch dem Inhalt nach in Hermann Brills Sammelband *Gegen den Strom* abgedruckt.

[1095] Siehe Kapitel 3.1.1.
[1096] Siehe Kapitel 2.1.1.
[1097] Vgl. Overesch, *Brill*, S. 282–287.
[1098] Brill nennt als Mitglieder Ernst Thape (SPD), Werner Hilpert (CDU), Walter Wolf (KPD). Brill, *Gegen den Strom*, S. 88. Vgl. hierzu auch Röll, *Sozialdemokraten*, S. 157–170.
[1099] Die Plattform forderte: „1. Vernichtung der faschistischen Diktaturen, 2. Bestrafung der Kriegs- und Terrorverbrecher, Wiedergutmachung allen Unrechts, 3. Errichtung einer deutschen Volksrepublik auf neuer demokratischer Grundlage, 4. Beendigung des Krieges. Zurückziehung der deutschen Truppen hinter die Grenzen von 1938. Waffenstillstand. Austausch der Kriegsgefangenen, Heimsendung der Fremdarbeiter, 5. Friede ohne Annexionen und Kontributionen. Anerkennung der deutschen Reparationspflicht. Ablehnung der Verwendung deutscher Arbeitskräfte zur Zwangsarbeit, 6. Verstaatlichung der Schwerindustrie. Ausreichende Ernährung. Einführung der 40-Stundenwoche. Einheit der Sozialgesetzgebung." Brill, *Gegen den Strom*, S. 94.

Zwischen dieser Verschriftlichung und den weiteren hier vorgestellten Entwürfen innerhalb des Deutschen Büros für Friedensfragen aus dem Jahr 1947 liegen wiederum einschneidende Erlebnisse in der Biographie Hermann Brills. So beschreibt Manfred Overesch die Zeit unmittelbar nach Brills Entlassung im April 1945 als „die politische Chance seines Lebens", insofern „er mit dem Anspruch höchster Legitimation in die aktive Politik zurückkehren" konnte.[1100] Hermann Brill wurde zunächst Chefberater der amerikanischen Militärregierung, übernahm die geschäftliche Führung der Thüringer Landesregierung und wurde im Juni 1945 zum vorläufigen Regierungspräsidenten der Provinz Thüringen ernannt.[1101] Der Wechsel der Besatzungsmacht in Thüringen beendete jäh die Regierungstätigkeit Brills, der jedoch, nachdem die Sowjets die Gründung von Parteien gestattet hatten, zunächst Mitbegründer und schließlich Vorsitzender des Bundes demokratischer Sozialisten wurde. Als die Auseinandersetzungen zwischen SPD und KPD zunahmen und die Differenzen mit der sowjetischen Besatzungsmacht immer größer wurden, legte Brill schließlich sein Amt als Landesvorsitzender der demokratischen Sozialisten nieder. Er war vom „Widerstandskämpfer gegen den Nationalsozialismus[...] zum Appellator gegen den Bolschewismus"[1102] geworden. Dies stellte seinen weiteren Verbleib in Thüringen mehr als in Frage und führte dazu, dass er der amerikanischen Militärregierung nach Berlin folgte und von dort aus im Juni 1946 nach Hessen ging, wo er die Leitung der Staatskanzlei in Wiesbaden übernahm, die er bis Juni 1949 ausübte. Die Verfassungsentwürfe aus dem Jahr 1947 stehen also unter dem Eindruck der Auseinandersetzungen und des Widerstands nicht nur gegen den Nationalsozialismus, sondern auch gegen die sowjetischen Militärregierung und die KPD.

3.4.1 Die Widerstandsschriften im Konzentrationslager Buchenwald in den Jahren 1944/1945

Bereits 20 Jahre vor der Entstehung der wohl bekanntesten Widerstandsschrift aus dem Konzentrationslager Buchenwald, dem so genannten „Buchenwalder Manifest"[1103], erläuterte Hermann Brill sein Verständnis eines Staates dahingehend, „dass der Parlamentarismus, den wir jetzt haben, durchaus nicht das Ende und die Krone der Demokratie ist", sondern dass, „so lange von einer wirklichen und wahrhaftigen Demokratie nicht die Rede sein kann, [...] es das kapitalistische Produktionssystem durch die Verfügungsgewalt über die Produktionsmittel [...] immer und immer wieder fertig bringen wird, das eigentliche Klasseninteresse der Bevölkerung zu verfälschen".[1104] Diese Überlegungen Brills zeigen sich im Grundsatzprogramm des „Buchenwalder Manifests" vom 16. April 1945, das als eine der frühesten Überlegungen zu Staat und Verfassung, noch ganz unter den unmittelbaren Erlebnissen der Gräuel-

---

[1100] Overesch, *Brill*, S. 302.
[1101] Ebd., S. 310-327.
[1102] Ebd., S. 372.
[1103] Das „Buchenwalder Manifest" ist zu finden in: BArch, NL Brill 94 und abgedruckt in Brill, *Gegen den Strom*, S. 96–102. Die Bedeutung, die die Unterzeichner dem Dokument zuwiesen, spiegelt sich in dem gewählten Namen „Manifest" (lat. manifestus, „offenkundig", „deutlich") wider.
[1104] Zitiert nach Overesch, *Brill*, S. 166.

taten des nationalsozialistischen Regimes stehend, gegen Ende des Zweiten Weltkriegs gewertet werden kann.[1105] Dabei ist freilich zu beachten, dass das „Buchenwalder Manifest" nicht auf die Denk- und Vorstellungswelt einer einzelnen Person zurückgeht, sondern die gebündelten Überlegungen der in Buchenwald Inhaftierten und zum politischen Widerstand Motivierten widerspiegelt.

Schon am 23. Dezember 1943 wurde Hermann Brill, der zuvor schon im Zuchthaus Brandenburg-Görden eingesessen hatte, in das Konzentrationslager Buchenwald verbracht. Ursache dieses Schrittes war seine Verurteilung wegen Hochverrats im Juli 1939 und die im September 1942 folgende „Vereinbarung zwischen dem Reichsführer SS Heinrich Himmler und dem Reichsjustizminister Otto Thierack[...] über die Auslieferung asozialer Elemente aus dem Strafvollzug an den Reichsführer SS zur Vernichtung durch Arbeit"[1106]. Diese besagte, dass alle Sicherungsverwahrten, die eine Strafe von mehr als acht Jahren zu verbüßen hatten, sukzessive in Konzentrationslager gebracht werden sollten.[1107] Brill selbst beschrieb seine Ankunft in Buchenwald wie folgt: „Nach wenigen Tagen stellte ich fest, dass Buchenwald von der KPD beherrscht wurde. Ich nahm mit einigen ihrer führenden Mitglieder Fühlung [auf] und bildete schon im Februar 1944 ein Volksfront-Komitee".[1108] „In Fortsetzung seiner bisherigen Widerstandsarbeit verstand Brill sich nicht als Vertreter einer der vor 1933 bestehenden Parteien, sondern als Repräsentant der Volksfront."[1109] Die Tätigkeiten des Komitees bestanden aus der Beratung und Verschriftlichung richtungsweisender Grundsätze und praktischer Handlungsweisungen für die Zeit nach der Überwindung des Nationalsozialismus. Dabei war die Volksfront „die einzige politische Organisation der deutschen politischen Häftlinge in Buchenwald ausser der KPD" und nach ihrem Selbstverständnis nicht nur eine „Häftlingsorganisation", sondern die „vorläufige Zusammenfassung all der politischen Richtungen und Gruppierungen, die die Politik Deutschlands" nach dem Ende des Dritten Reichs maßgeblich prägen würden, quasi „als organisatorische Vorwegnahme der politischen Konstellationen des nachfaschistischen Deutschland".[1110] Dies war die Grundlage der Arbeit des Volksfrontkomitees.

Als Vorarbeit – zumindest aus sozialdemokratischer Sicht – zum „Buchenwalder Manifest" kann „die Formulierung einer aus 6 Punkten bestehenden Plattform"[1111] im April 1944 angesehen werden. Auch wenn sie zeitlich gesehen noch vor Ende des Zweiten Weltkriegs entstand und damit formal gesehen dem vorherigen Abschnitt dieser Arbeit zuzuordnen wäre, wird sie dennoch hier angeführt, um sie im Kontext des „Buchenwalder Manifests" analysieren zu können.

Die „6-Punkte-Plattform" stellte den Versuch dar, eine einheitliche schriftliche Grundlage „aller im Konzentrationslager Buchenwald vertretenen politischen Rich-

---

[1105] Ebd., S. 166f. Frank Moraw bezeichnet das Manifest indes als „Aktionsprogramm". Moraw, *Parole*, S. 66.
[1106] Röll, *Sozialdemokraten* S. 157.
[1107] Vgl. Overesch, *Brill*, S. 281–287.
[1108] Brill, *Gegen den Strom*, S. 88. Brill betonte ferner, dass sich die Arbeit des Komitees „nicht auf die deutschen Gefangenen beschränkte". Ebd., S. 88. Vgl. auch Griepenburg, *Volksfront*, S. 107.
[1109] Griepenburg, *Volksfront*, S. 107.
[1110] Ebd.
[1111] Brill, *Gegen den Strom*, S. 89.

tungen zu erarbeiten."[1112] Inhaltlich handelte die Plattform „von der Vernichtung des Faschismus, der Wiederherstellung der Freiheit, der Schaffung einer neuen demokratischen Republik, der Beendigung des Krieges, der Bestrafung der Kriegs- und Terrorverbrecher, der Herbeiführung des Friedens und von einigen wirtschaftlichen und sozialen Sofortmaßnahmen".[1113] Dies kam in den folgenden sechs Punkten zum Ausdruck:

> „1. Vernichtung der faschistischen Diktaturen.
> 2. Bestrafung der Kriegs- und Terrorverbrecher, Wiedergutmachung allen Unrechts.
> 3. Errichtung einer deutschen Volksrepublik auf neuer demokratischer Grundlage.
> 4. Beendigung des Krieges. Zurückziehung der deutschen Truppen hinter die Grenzen von 1938. Waffenstillstand. Austausch der Kriegsgefangenen, Heimsendung der Fremdarbeiter.
> 5. Friede ohne Annexionen und Kontributionen. Anerkennung der deutschen Reparationspflicht. Ablehnung der Verwendung deutscher Arbeitskräfte zur Zwangsarbeit.
> 6. Verstaatlichung der Schwerindustrie. Ausreichende Ernährung. Einführung der 40=Stundenwoche. Einheit der Sozialgesetzgebung."[1114]

Zwar hatte die Plattform sicherlich nur „den Charakter eines Minimalprogramms"[1115], jedoch lassen sich an ihr bereits erste staatspolitische Vorstellungen der Unterzeichner und damit auch Hermann Brills für die Zeit nach dem Zweiten Weltkrieg ablesen. Bezeichnend war dabei „die Projektion der politischen Situation des Konzentrationslagers auf die [voraussichtliche] Lage in Deutschland nach dem Sturz der faschistischen Diktatur"[1116]. Zwar waren die Staatsvorstellungen mit dem Gedanken der „Errichtung einer deutschen Volksrepublik"[1117] nur sehr abstrakt vorhanden, ließen aber doch eine eindeutige Abkehr von den staatlichen Gegebenheiten des Dritten Reichs und der Struktur der Weimarer Republik erkennen.

Wie Hermann Brill 1946 beschrieb, konstituierte sich auf dieser inhaltlichen Vorarbeit das Volksfront-Komitee, dessen Vorsitzender er wurde und als dessen „geistiger Vater"[1118] er angesehen werden kann.[1119] Bereits am 18. August 1944 nahm das Komitee einen „Entwurf über die allgemeinen Grundlagen unserer Politik"[1120] an, dessen Grundgedanke es war, dass eine gegen den Nationalsozialismus gerichtete Politik nicht

---

[1112] Griepenburg, *Volksfront*, S. 107.
[1113] Brill, *Gegen den Strom*, S. 89.
[1114] Ebd., S. 94.
[1115] Griepenburg, *Volksfront*, S. 108.
[1116] Ebd. „Man erwartete und erhoffte ein von den Widerstandskämpfern und Konzentrationslagerhäftlingen bestimmtes europäisches Staatensystem, in dem ein – ebenfalls von den Widerstandskämpfern regiertes nachfaschistisches Deutschland den gleichen und völlig gleichberechtigten Status haben sollte, so wie auch die deutschen Konzentrationslagerhäftlinge innerhalb der politischen Gefangenen der faschistischen Konzentrationslager gleichberechtigt waren." Ebd., S. 108.
[1117] Brill, *Gegen den Strom*, S. 94.
[1118] Overesch, „Tagebuch", S. 635.
[1119] Vgl. auch Ehnert, „Parteien", S. 17.
[1120] Brill, *Gegen den Strom*, S. 90.

das Werk eines Einzelnen sondern „nur das Ergebnis[...] der breiten werktätigen Massen in Stadt und Land"[1121] sein konnte.[1122]

Während die Buchenwalder Plattform noch eine gemeinsame Forderung von Linkssozialisten und Kommunisten darstellte, kamen im „Manifest der demokratischen Sozialisten des ehemaligen Konzentrationslagers Buchenwald", dem „Buchenwalder Manifest", das als „Regierungsprogramm für eine deutsche Volksregierung"[1123] verstanden werden wollte und von Hermann Brill als Hauptautor am 13. April 1945 auf der Konferenz der Volksfront vorgetragen wurde, die Auffassungen der demokratischen Sozialisten zum Ausdruck.[1124] Da man „die Volksfront nur als eine Brücke zu nicht=kommunistischen Kreisen" habe nutzen wollen, so Brill, sah man sich dazu „gezwungen, die Auffassung der demokratischen Sozialisten klar auszusprechen."[1125]

Den versammelten Häftlingen von Buchenwald trug Brill das Manifest am 23. April 1945 in der Kinohalle des Konzentrationslagers vor.[1126] Inhaltlich folgten im „Buchenwalder Manifest" nach einer Präambel sieben Grundsatzpositionen, die die „Vertreter des demokratischen Sozialismus"[1127] durch „menschliche, moralische und geistige Erfahrungen"[1128] im Konzentrationslager Buchenwald ausgearbeitet hatten. Die sieben Programmpunkte des Grundsatzpapiers umfassten:

[1121] Ebd. „Das Mittel dazu müssten die aus allen antifaschistischen Gruppen zu bildenden Volksfront-Komitees sein. Sie sind im ganzen Reich auf allen Stufen seiner politischen Gliederung zu bilden und in einem deutschen Volkskongress zusammen[zu]fassen. Er hat Regierung und Volksvertretung einzusetzen." Brill, *Gegen den Strom*, S. 90.
[1122] Zur weiteren Arbeit des Volksfront-Komitees siehe Griepenburg, *Volksfront*, S. 110f.
[1123] Brill, *Gegen den Strom*, S. 96. Ernst Thape schreibt zu den Ereignissen des 13. April 1945: „Wir hatten eben unsere erste Parteiversammlung. Anwesend waren etwa zwanzig Deutsche und einige österreichische Genossen, außerdem als Gäste ein Franzose, ein Holländer und ein Belgier. Hermann Brill berichtete ausführlich über die Vorarbeiten, die gemacht wurden, um sich Klarheit zu schaffen über die zukünftige Arbeit. Es ist nicht meine Absicht, einen Bericht zu schreiben, vielleicht machen wir das an anderer Stelle. Wesentlich ist mir hier nur zu notieren, daß wir die Versammlung genau zur rechten Zeit machten. Früher konnten wir sie nicht abhalten und als wir fertig waren, erfuhren wir, daß eben der neue amerikanische Lagekommandant die Abhaltung aller Versammlungen verboten hat." Overesch, „Tagebuch", S. 652.
[1124] Am 16. April 1945 wurde es verabschiedet. Siehe Overesch, *Brill*, S. 302. Ernst Thape berichtet hierzu am 16. April 1945: „Nach zwei sehr ausgedehnten, sehr gründlichen Beratungen des Ausschusses einen Entwurf von Hermann Brill durchberaten und entsprechend ergänzt und verändert als Aufruf und Programm der demokratischen Sozialisten vom Buchenwald. Wir hoffen ihn morgen in einer Versammlung zu verabschieden und dann so bald als möglich hinausbringen zu können." Overesch, „Tagebuch", S. 656.
[1125] Brill, *Gegen den Strom*, S. 96. Zur Entwicklung und zum Niedergang der Volksfront vgl. Griepenburg, *Volksfront*, S. 112–120.
[1126] Overesch, „Hermann Brill und die Neuanfänge", S. 537f. Ein Vortrag Hermann Brills und Benedikt Kautskys vor einer das Konzentrationslager Buchenwald visitierenden Abordnung des britischen Unterhauses blieb jedoch offenbar wirkungslos. Vgl. Overesch, „Tagebuch", S. 659.
[1127] „Buchenwalder Manifest", in: Brill, *Gegen den Strom*, S. 97. Unterzeichnet wurde das Manifest indes nur von ehemaligen Sozialdemokraten, während die Plattform noch von Mitgliedern aus SPD und KPD unterzeichnet worden war. Siehe Overesch, „Hermann Brill und die Neuanfänge", S. 536, Anm. 50 und S. 537. Zur Spaltung der deutschen Arbeiterbewegung am Ende des Zweiten Weltkriegs vgl. ebd., S. 536–567.
[1128] „Buchenwalder Manifest", in: Brill, *Gegen den Strom*, S. 97.

1. Vernichtung des Faschismus
2. Aufbau der Volksrepublik
3. Befreiung der Arbeit
4. Sozialismus und Wirtschaft
5. Friede und Recht
6. Humanität
7. Sozialistische Einheit

Eine Vernichtung des Faschismus sollte durch Auflösung und Verbot von NSDAP und Wehrmacht erreicht werden. Beamte, die dem Regime gedient hatten, sollten entlassen und „Kriegsverbrecher und Kriegsverlängerer [...] nach den Geboten des internationalen Rechts von Deutschen Gerichten"[1129] verurteilt werden. Die Entschädigung der Opfer spielte hier ebenfalls bereits eine zentrale Rolle, war doch vorgesehen, dass das „Vermögen [der NSDAP] zugunsten der Opfer"[1130] eingezogen wurde.

Was den Aufbau der zukünftigen Volksrepublik betraf, blieb das „Buchenwalder Manifest" relativ vage. Es war die Rede von einem „neuen Typ der Demokratie", der das Volk an „Politik und Verwaltung" beteiligen und einem „leeren, formelhaften Parlamentarismus" entgegenwirken sollte.[1131] Wie Manfred Overesch bereits feststellte, entsprachen diese Darlegungen Hermann Brills früheren Aussagen und widersprachen damit „einer pluralistischen parlamentarischen Demokratie auf der Basis eines Mehrparteiensystems".[1132] Die Basis dieser neuen Demokratie waren nach Vorstellung der Unterzeichner des Manifests „antifaschistische Volksausschüsse", aus denen ein „Volkskongreß" berufen werden sollte.[1133] Aus Sicht von Hermann Brill fand hier also eine unmittelbare Anknüpfung an das von ihm bereits im Verfassungsentwurf vom 1. Juli 1919[1134] geforderte Rätesystem statt.[1135] Die Aufgabe sollte dann darin bestehen, „eine Volksregierung einzusetzen und eine Volksvertretung zu wählen".[1136] Über die Art und Weise der Bildung der Volksausschüsse, die Einsetzungsmechanismen der Regierung und das Wahlverfahren zur Volksvertretung finden sich allerdings keine weiteren Angaben. Folgt man diesen Ausführungen, liegt der Schluss nahe, dass hier von dem Grundgedanken, dass das Deutsche Reich nicht untergegangen war – ein Diskussionspunkt, der sich, ob mittelbar oder unmittelbar, auf Herrenchiemsee zeigen sollte –, ausgegangen wurde.[1137]

Wert legte das Manifest ausdrücklich auf die Wiederherstellung der „bürgerlichen Freiheiten der Person, des Glaubens, des Denkens, der Rede und der Schrift, der Frei-

---

[1129] Ebd., S. 98.
[1130] Ebd.
[1131] Ebd.
[1132] Overesch, *Brill*, S. 291.
[1133] „Buchenwalder Manifest", in: Brill, *Gegen den Strom*, S. 98.
[1134] Siehe Kapitel 2.2.1.
[1135] Siehe: Hesselbarth, Mario, „Zur Novemberrevolution 1918/1919 in Thüringen", in: *Die Novemberrevolution 1918/1919 in Deutschland. Für bürgerliche und sozialistische Demokratie. Allgemeine, regionale und biographische Aspekte. Beiträge zum 90. Jahrestag der Revolution*, hg. v. Ulla Plener, Berlin 2009, S. 147–162, hier S. 161.
[1136] „Buchenwalder Manifest", in: Brill, *Gegen den Strom*, S. 98.
[1137] Vgl. Kapitel 4.2.

zügigkeit und des Koalitionsrechts"[1138]. Anklänge an die Grundrechte, wie Hermann Brill sie später bei der Entstehung der Hessischen Verfassung[1139] und auch bei der Debatte über den Verfassungsentwurf in Herrenchiemsee[1140] formulieren und einfordern sollte, sind hier bereits erkennbar.

Noch wenig präzise blieb das „Buchenwalder Manifest" in seinen Festlegungen, dass das Deutsche Reich „unter Beseitigung des [...] Regierungsapparates der Länder nach wirtschaftlichen und sozialen Gesichtspunkten neu zu gliedern"[1141] und eine vereinfachte und verbilligte Verwaltung anzustreben sei. Herauszustellen sind an diesem Punkt indes die Vorstellungen der Buchenwalder und Hermann Brills, dass die Länder weitgehend entmachtet werden sollten. Anklänge an einen Unitarismus, wenn nicht gar Zentralismus sind erkennbar. Auch diese Ansicht sollte bei den Verfassungsberatungen auf Herrenchiemsee drei Jahre später zu einer grundsätzlichen Streitfrage zwischen den Delegierten werden.[1142]

Die Stabilität der neuen Volksrepublik sollte vor allem dadurch gewährleistet werden, dass das Volk bereitwillig für diesen Staat einstehe. Dies sei aber nur zu erreichen, wenn die arbeitenden Massen aus „Ausbeutung und Entrechtung"[1143] befreit würden. Weitere Sicherungsmechanismen waren im Manifest noch nicht vorgesehen. Nach Vorstellung der Autoren sollte Deutschland „auf sozialistischer Grundlage wieder aufgebaut werden."[1144] Die Leitung hierfür wollte man einem „Planwirtschaftsamt"[1145] übertragen, das weite Bereiche der Groß- und Verbrauchsgüterindustrie sozialisieren sollte. Was unter dem Grundsatzpunkt „Sozialisierung der Wirtschaft" an kommunistischen Anklängen zu finden war, wurde im fünften Abschnitt „Friede und Recht" wieder weitgehend nivelliert.[1146]

Obwohl die „deutsche Außenpolitik[...] im engsten Einvernehmen mit der Union der Sozialistischen Sowjetrepubliken geführt werden soll", wurde als „oberstes Ziel" die Kooperation aller „sozialistisch geführten Staaten" in „einer europäischen Staatsgemeinschaft" proklamiert. Dafür wurde als „erste Voraussetzung" eine „Verständigung und Zusammenarbeit" zwischen Deutschland und Frankreich sowie Deutschland und Polen gesehen, als zweite der „Eintritt Deutschlands in den angelsächsischen [nicht den sowjetrepublikanischen] Kulturkreis".[1147] Hermann Brills und die Vorstellungen seiner Mitstreiter von einer Wiederauferstehung Deutschlands waren also die eines Deutschlands in Europa, „verkörpert[...] durch den neuen Typ des deutschen Europäers".[1148]

Universitäten und Gymnasien sollten nach Auffassung der Buchenwalder Autoren ebenso wie „Landes- und Hochschulen für Politik" neu entstehen „und die Erwachse-

---

[1138] „Buchenwalder Manifest", in: Brill, *Gegen den Strom*, S. 98.
[1139] Siehe Kapitel 3.2.2.
[1140] Siehe Kapitel 4.3.3.
[1141] „Buchenwalder Manifest", in: Brill, *Gegen den Strom*, S. 98.
[1142] Vgl. Kapitel 4.2.
[1143] „Buchenwalder Manifest", in: Brill, *Gegen den Strom*, S. 99.
[1144] Ebd.
[1145] Ebd., S. 100.
[1146] Ebd., S. 99–101.
[1147] Ebd., S. 100.
[1148] Ebd.; vgl. Overesch, *Brill*, S. 292.

nenbildung" sollte gefördert werden.[1149] Dies war ein Punkt, der sicher insbesondere Hermann Brill am Herzen lag, hatte er doch in seiner Zeit als Volksschullehrer in Tinz hier einschlägige Erfahrungen sammeln können.[1150] Abschließend betont das Manifest, dass nur durch „die Einheit der sozialistischen Bewegung"[1151] die vorangegangenen Forderungen verwirklicht werden könnten.

Verfassungspolitisch gesehen war das „Buchenwalder Manifest" im Abschnitt über den „Aufbau der Volksrepublik" eher unpräzise. So blieb etwa die Art und Weise der Bildung der Volksausschüsse im Dunkeln. Auch nach welchem Wahlrecht die Volksvertretung gewählt werden sollte, wurde nicht erwähnt. Allerdings klangen in den wieder herzustellenden „bürgerlichen Freiheiten"[1152] bereits die Grundrechte an. Staatspolitisch zeigte sich in dem Manifest die Kontinuität des sozialdemokratischen Widerstands, der an der Bestimmung festhielt, dass „unter den Bedingungen einer faschistischen bzw. nachfaschistischen Gesellschaft demokratische und sozialistische Politik identisch sein müssten."[1153]

Insgesamt 42 Sozialisten unterzeichneten das Manifest, das auf ihren staats- und verfassungspolitischen Erfahrungen vor allem der Jahre 1933 bis 1945 basierte. Als zentrale Punkte können zum einen die Forderungen nach einer grundlegenden Entnazifizierung, zum anderen der Aufbau einer neuen Form der Demokratie auf der Grundlage basisdemokratischer Organisationen angesehen werden. Insgesamt bleibt jedoch festzuhalten, dass die Konturen einer möglichen neuen Staats- oder Verfassungsform eher vage blieben.

Obwohl das „Buchenwalder Manifest" zunächst das Fundament „zielbewusster demokratischer und sozialistischer Arbeit"[1154] vor allem der Thüringer Sozialdemokraten bildete, muss seine gesellschaftspolitische Funktion differenziert betrachtet werden. So konnte die Programmschrift trotz ihrer Vervielfältigung und Verbreitung in Thüringen nicht die Wirkung entfalten, die Hermann Brill sicher für erstrebenswert gehalten hätte. Wie Brill bereits 1946 bemerkte, lehnte die KPD eine Zusammenarbeit auf der Grundlage des Manifests ab.[1155] Infolgedessen und weil die sowjetische Militäradministration es ablehnte, den Bund demokratischer Sozialisten als Partei zuzulassen, nahm dieser vom „Buchenwalder Manifest" Abstand und wollte es nur noch als „historisches Dokument"[1156] verstanden wissen. Damit waren die Bemühungen, das Manifest in dessen wortwörtlicher Bedeutung als Grundstein für den Aufbau einer neuen demokratisch-sozialistischen Partei in Thüringen zu verwenden, an der Opposition von KPD und sowjetischer Besatzungsmacht gescheitert.[1157] Wie Wolfgang Röll bemerkt, bleibt jedoch noch genauer zu untersuchen, inwiefern die Vorstellungen des

---

[1149] „Buchenwalder Manifest", in: Brill, *Gegen den Strom*, S. 101.
[1150] Vgl. Overesch, *Brill*, S. 179–206; Reimers, „Brill", S. 39–50.
[1151] „Buchenwalder Manifest", in: Brill, *Gegen den Strom*, S. 101.
[1152] Ebd., S. 98.
[1153] Griepenburg, *Volksfront*, S. 119.
[1154] Brill, *Gegen den Strom*, S. 96.
[1155] „Buchenwalder Manifest", in: Brill, *Gegen den Strom*, S. 96. Vgl. hierzu auch Overesch, „Hermann Brill und die Neuanfänge", S. 537.
[1156] Zit. nach Overesch, *Brill*, S. 363.
[1157] Vgl. Röll, *Sozialdemokraten*, S. 259.

Manifests sich etwa in den Verfassungsberatungen der SPD nach 1945 oder insgesamt in der Entstehung des Grundgesetzes niedergeschlagen haben.[1158] Einen Beitrag zu dieser Fragestellung liefert die vorliegende Arbeit.

3.4.2 Die Verfassungsentwürfe im Deutschen Büro für Friedensfragen aus dem Jahr 1947

Hermann Brills ersten Vorstellungen vom Aufbau eines neuen deutschen Staates, die noch ganz unter dem Eindruck des im Konzentrationslager Buchenwald Erlebten standen, folgte, wie gezeigt, bereits im Jahr 1946 eine Mitarbeit an der Verfassung des Landes Hessens.[1159] Als die Hessische Verfassung am 1. Dezember 1946 per Volksentscheid angenommen wurde, begann für Brill eine Zeit intensiver Beschäftigung mit dem zukünftigen Staatsaufbau auf der Basis einer deutschen Verfassung. Bevor er im August 1948 als Vertreter der hessischen Regierung zum Verfassungskonvent nach Herrenchiemsee entsandt wurde, arbeitete er im Vorjahr mehrere Vorschläge für eine länderübergreifende Verfassung aus.[1160] Losgelöst von verfassungspolitischen Aktivitä-

---

[1158] Ebd., S. 253.
[1159] Siehe Kapitel 3.2.2.
[1160] Die Entwürfe lauteten im Einzelnen: 1) Hermann Brill, Bericht von einer Besprechung über Verfassungsfragen, 17. März 1947, in: BArch, NL Brill 10a, Blatt 1-9; IfZ, ED 94, Bestand: Walter Strauß, Bd. 38, Blatt 33–38; abgedruckt in: Benz, *Hoffnung*, S. 239–248; dazu Freiherr von Gumpenberg, Aktennotiz über die am 14. März 1947 unter dem Vorsitz des Herrn stellv. MinPräs Dr. Hoegner in der bayerischen Staatskanzlei stattgefundenen Sitzung, abgedruckt in: *Akten zur Vorgeschichte der BRD*, Bd. 2, Dok. Nr. 11, Besprechung über Verfassungsfragen in der bayerischen Staatskanzlei in München, 14. März 1947, S. 280–286. 2) Hermann Brill, Vorschläge für eine Verfassungspolitik des Länderrats, 14. April 1947, in: BArch, NL Brill 333; BArch, NL Brill 10a, Blatt 17–20; IfZ, ED 94, Bestand: Walter Strauß, Bd. 38, Blatt 39–42; IfZ, ED 120, Bestand: Wilhelm Hoegner, Bd. 130/I, Blatt 65–68; abgedruckt in: *Akten zur Vorgeschichte der BRD*, Bd. 2, Dok. Nr. 13, Besprechung über Verfassungsfrage im Deutschen Büro für Friedensfragen in Stuttgart, 14. April 1947, S. 298–300; auch abgedruckt in: Mühlhausen, *„Länder"*, Dok. 16, S. 206–208. 3) Hermann Brill, Entwurf eines Vertrages über die Bildung einer Deutschen Staatengemeinschaft, 23. April 1947, in: BArch, NL Brill 10a; BArch, NL Brill 101; abgedruckt in: *Akten zur Vorgeschichte der BRD*, Bd. 2, Dok. Nr. 23, Zweite Besprechung über Verfassungsfragen im Deutschen Büro für Friedensfragen in Ruit, 20. Mai 1947, S. 440–442; auch abgedruckt in: Mühlhausen, *„Länder"*, Dok. 17, S. 208–210. Der von Helmut Berding Hermann Brill zugeschriebene „Entwurf eines Vertrages über die Bildung eines Verbandes Deutscher Länder" vom 20. Mai 1947 stellt lediglich eine Überarbeitung des von Brill am 23. April 1947 ausgearbeiteten „Entwurfs eines Vertrages über die Bildung einer Deutschen Staatengemeinschaft" dar. Vgl. Berding, Helmut, „Hermann Brills Rolle beim Herrenchiemseer Verfassungskonvent", in: *Hermann Louis Brill 1895–1959. Widerstandskämpfer und unbeugsamer Demokrat*, hg. v. Renate Knigge-Tesche und Peter Reif-Spirek, Wiesbaden 2011, S. 173–189, hier S. 178; *Akten zur Vorgeschichte der BRD*, Bd. 2, Dok. Nr. 23, Zweite Besprechung über Verfassungsfragen im Deutschen Büro für Friedensfragen in Ruit, 20. Mai 1947, S. 437f. Ein „Entwurf zu einer Präambel zum Vertrag über die Bildung eines Verbandes deutscher Länder" vom 3. Juni 1947 befindet sich in: IfZ, ED 120, Bestand: Wilhelm Hoegner, Bd. 130/I, Blatt 182. Der von Manfred Overesch Hermann Brill zugeordnete „Entwurf einer Verfassung der Bundesrepublik Deutschland" stammt von Friedrich Glum und wurde von diesem als Zusammenfassung der bisherigen Ergebnisse der Besprechungen des Verfassungsausschusses des Deutschen Büros für Friedensfragen an die Teilnehmer am 15. Oktober 1947 versandt. Vgl. Overesch, Manfred, *Deutschland 1945–1949. Vorgeschichte und Gründung der Bundesrepublik.*

ten der sozialdemokratischen Partei, bot sich Hermann Brill mit der Einrichtung des Deutschen Büros für Friedensfragen hierfür der geeignete Rahmen. Anlass zur Gründung dieser Institution waren die zwischen den Außenministern der Siegermächte stattfindenden Gespräche über einen Frieden mit Deutschland, in denen die Ministerpräsidenten der britischen[1161] und der amerikanischen Zone Deutschland eine Stimme zu geben gedachten.[1162]

Schon während der Vorbesprechungen über die Einrichtung eines Deutschen Büros für Friedensfragen fand am 14. März 1947 auf die Anregung Brills[1163] hin ein Austausch zwischen Politikern der amerikanischen Besatzungszone über Verfassungsfragen in der Bayerischen Staatskanzlei in München statt.[1164] Als Gründe dafür, „daß die Länder der amerikanischen Besatzungszone, die gemäß ihrer Verfassungen Staaten sind, ihre Stellungnahme zur deutsche Verfassung präzisieren", nannte Brill unter anderem „die Diskussionen über den Verfassungsentwurf der S.E.D." sowie „die sowjetisierten Verfassungen in den Ländern der russischen Besatzungszone".[1165] Daher sei

---

Ein Leitfaden in Darstellung und Dokumenten, Düsseldorf 1979, S. 143; Otto Küster an Friedrich Glum, 4. November 1947, in: BArch, NL Brill 10a, Blatt 95–97 mit Anmerkungen zur „Verfassung der Bundesrepublik Deutschland"; o. A. [Friedrich Glum], Verfassung der Bundesrepublik Deutschland, September 1947 (?), in: BArch, NL Brill 10a, Blatt 121–153.

[1161] Zu den Vorgängen in der britischen Zone siehe Overesch, Manfred, *Gesamtdeutsche Illusion und westdeutsche Realität. Von den Vorbereitungen für einen deutschen Friedensvertrag zur Gründung des Auswärtigen Amts der Bundesrepublik Deutschland 1946–1949/51*, Düsseldorf 1978, S. 26–34 und 97–103.

[1162] Eine erste Besprechung der Ministerpräsidenten fand am 25. Januar 1947 statt, in der man über die „Einrichtung einer Leitstelle zur Vorbereitung eines Friedensvertrages" sprach. *Akten zur Vorgeschichte der BRD*, Bd. 2, Dok. Nr. 4, Ruhrreise der Ministerpräsidenten, Wirtschafts- und Arbeitsminister der amerikanischen und britischen Zone, 23.–25. Januar 1947, S. 139–142, 146f. Weitere Beratungen der Länderchefs fanden statt, bevor General Clay auf einer Sitzung des Länderrats am 11. März erklärte, dass es für besser halte, ein solches Büro nur auf zonaler Ebene einzurichten. *Akten zur Vorgeschichte der BRD*, Bd. 2, Dok. Nr. 10, Tagung des Länderrates des amerikanischen Besatzungsgebietes in Stuttgart, 10./11. März 1947, S. 274. Vgl. auch Piontkowitz, *Anfänge*, S. 39; Overesch, *Illusion*. S. 85f.

[1163] PR, Bd. 2, S. LII. Laut Piontkowitz fand das Treffen aufgrund einer Absprache zwischen Hermann Brill und Anton Pfeiffer statt. Piontkowitz, *Anfänge*, S. 39. In einem Schreiben vom 4. Februar 1947 erwähnte der bayerische Ministerialdirigent Friedrich Glum bereits, dass er sich Ende Januar in Stuttgart mit Hermann Brill unterhalten habe und dieser „beabsichtigt, in den nächsten Wochen nach München zu kommen, um über den staatsrechtlichen Aufbau des künftigen Deutschen Staates im föderalistischen Sinne sich zu unterhalten." Friedrich Glum, Vormerkung, 4. Februar 1947, in: IfZ, Bestand: Wilhelm Hoegner, Bd. 130/I, Blatt 111.

[1164] Das Protokoll Freiherr von Gumpenbergs der Besprechung vom 14. März findet sich in: *Akten zur Vorgeschichte der BRD*, Bd. 2, Dok. Nr. 11, Besprechung über Verfassungsfragen in der bayerischen Staatskanzlei in München, 14. März 1947, S. 280–285. Die Erinnerungen Brills sind wiedergegeben in: Hermann L. Brill, „Bericht von einer Besprechung über Verfassungsfragen, 17. März 1947", abgedruckt in: Benz, *Hoffnung*, S. 239–248. Teilnehmer waren unter anderen der stellvertretende bayerische Ministerpräsident Wilhelm Hoegner, Anton Pfeiffer sowie Friedrich Glum. Beim Vergleich der beiden Dokumente ist der politische Standpunkt des jeweiligen Autors deutlich zu erkennen.

[1165] Brill, „Bericht", S. 242. Der Verfassungsentwurf der SED ist abgedruckt in: Wegener, *Verfassungen*, S. 301–316. Zu den Verfassungsentwürfen der SED siehe auch: *Akten zur Vorgeschichte der BRD*, Bd. 2, Dok. Nr. 11, Besprechung über Verfassungsfragen in der bayerischen Staatskanzlei in München, 14. März 1947, S. 281, Anm. 8 und 8a; Overesch, *Deutschland 1945–1949*, S. 137–139. Nach dem Protokoll Freiherr von Gumpenbergs führte Brill auch an, dass man zu den „Vorschlägen der Siegermächte in London" nicht länger schweigen könne. *Akten zur Vorgeschichte der BRD*, Bd. 2, Dok.

„die Erarbeitung einer gemeinsamen Grundauffassung für die Organisation der Staatsgewalt (Volksvertretung und Regierung) und die Verteilung der Kompetenzen in einem gesamtdeutschen Staatswesen"[1166] dringend geboten.

Hermann Brill sprach sich deutlich für ein Zwei-Kammer-System aus, in dem die „Volksvertretung (Bundesrat)" aus „einem Volkshaus und einem Staatenhaus bestehen" sollte (siehe zu den Verfassungsorganen in diesem Entwurf Abbildung 3-6).[1167] Bemerkenswert an diesem Vorschlag war, dass Brill für die Wahl des Volkshauses zwar das gleiche Verfahren wie in Artikel 22 der Weimarer Verfassung[1168] vorsah, aber gleichzeitig auch das Staatenhaus zu einer wahrhaftigen Vertretung des Volkes machen wollte. Ein Staatenhaus nach dem Vorbild des Bundesrats der Verfassung von 1871 oder des Reichsrats in der Weimarer Verfassung kam für ihn nicht in Frage.[1169] Daher empfahl Brill, die Mitglieder des Staatenhauses „auf Grundlage der Länder als Wahlkreise"[1170], analog dem Zustandekommen des amerikanischen Senats, zu bestimmen. Den Einwänden der bayerischen Teilnehmer, dass hierdurch die Mitwirkung der Länder, insbesondere die der jeweiligen Regierungen und Ministerpräsidenten, geschmälert werde, hielt er entgegen, dass aufgrund der für das Staatenhaus anzustrebenden Verhältniswahl es zweifellos dazu kommen werde, „daß die Regierungsparteien in den Ländern, die über eine beherrschende Mehrheit im Volke verfügten, die Zusammensetzung des Staatenhauses durch Entsendung von Staatsministern im Sinne der Politik der Landesregierungen bestimmen würden."[1171] Beide Kammern sollten gemeinsam „durch inhaltlich übereinstimmende Beschlüsse"[1172] Gesetze erlassen können. Die außenpolitische Vertretung des neu zu schaffenden Deutschlands sah Brill hingegen eindeutig beim Staatenhaus.[1173]

Bei der Bildung einer Regierung kam es Hermann Brill vor allem darauf an, sie aus der „parlamentarischen Abhängigkeit"[1174], in der sie sich in der Weimarer Republik befunden hatte, zu befreien – eine Maßnahme, die aus heutiger Sicht durchaus als „fragwürdig"[1175] bezeichnet – werden kann. Der von „der Mehrheit der gesetzlichen Zahl der Mitglieder vom Bundesrat (Volkshaus und Staatenhaus)" gewählte Bundes-

---

Nr. 11, Besprechung über Verfassungsfragen in der bayerischen Staatskanzlei in München, 14. März 1947, S. 280f. Zum Treffen in London vgl. ebd., S. 281, Anm. 7.

[1166] Brill, „Bericht", S. 242.

[1167] Ebd. Im Protokoll v. Gumpenbergs finden sich hierfür die Ausdrücke „Unterhaus" und „Oberhaus". *Akten zur Vorgeschichte der BRD*, Bd. 2, Dok. Nr. 11, Besprechung über Verfassungsfragen in der bayerischen Staatskanzlei in München, 14. März 1947, S. 282.

[1168] Art. 22 WRV gab vor, dass die Reichstagsabgeordneten „in allgemeiner, gleicher, unmittelbarer und geheimer Wahl von den über 20 Jahre alten Männern und Frauen nach den Grundsätzen der Verhältniswahl" zu wählen waren.

[1169] Brill, „Bericht", S. 242.

[1170] Ebd., S. 245.

[1171] Ebd.

[1172] Ebd., S. 243. Siehe auch *Akten zur Vorgeschichte der BRD*, Bd. 2, Dok. Nr. 11, Besprechung über Verfassungsfragen in der bayerischen Staatskanzlei in München, 14. März 1947, S. 283.

[1173] Brill, „Bericht", S. 243.

[1174] Ebd. Vgl. Art. 54 WRV: „Der Reichskanzler und die Reichsminister bedürfen zu ihrer Amtsführung des Vertrauens des Reichstags. Jeder von ihnen muß zurücktreten, wenn ihm der Reichstag durch ausdrücklichen Beschluß sein Vertrauen entzieht."

[1175] Overesch, *Deutschland 1945–1949*, S. 143.

präsident sollte die Minister bestimmen, und „die Verantwortlichkeit der Bundesregierung sei allein durch das Mittel der Ministeranklage vor dem Staatsgerichtshof sicher zu stellen."[1176]

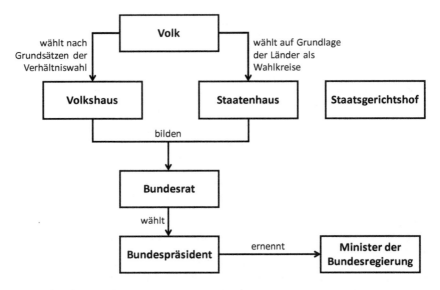

Abbildung 3-6: Verfassungsorgane und Gewaltenverschränkung von Hermann L. Brill in einer Besprechung über Verfassungsfragen in der bayerischen Staatskanzlei München (14. März 1947)
Quelle: Eigene Darstellung

Zwar hatte Brill noch keine Antwort auf die Frage nach dem Zustandekommen dieser neuen Verfassung, sprach sich aber hinsichtlich der zu wählenden Staatsform eindeutig für einen Bundesstaat aus und betonte, dass „die jetzt entstandenen Staaten [...] sich in einer neuen Position gegenüber dem Staatsfragment, das vom Reich übrig geblieben ist"[1177], befänden.[1178] Zudem legte er größten Wert darauf, eine „echte Volksvertretung"[1179] zu schaffen.

[1176] Brill, „Bericht", S. 243. Allerdings präzisiert Hermann Brill nicht, wer die Ministeranklage erheben können sollte. Im Protokoll v. Gumpenbergs findet sich noch der Hinweis, Brill habe „die Bundesregierung [...] aus der Versammlung beider Häuser" wählen lassen wollen. *Akten zur Vorgeschichte der BRD*, Bd. 2, Dok. Nr. 11, Besprechung über Verfassungsfragen in der bayerischen Staatskanzlei in München, 14. März 1947, S. 283.

[1177] *Akten zur Vorgeschichte der BRD*, Bd. 2, Dok. Nr. 11, Besprechung über Verfassungsfragen in der bayerischen Staatskanzlei in München, 14. März 1947, S. 285. Brill selbst protokollierte wörtlich, „daß die Länder der amerikanischen Besatzungszone, die gemäß ihrer Verfassung Staaten sind, ihre Stellungnahme zu deutschen Verfassungsfrage" darzulegen hätten. Brill, „Bericht", S. 242.

Man könnte auf den ersten Blick annehmen, dass Hermann Brill mit diesen Ausführungen, insbesondere der Betonung des Staatscharakters der Länder in der amerikanischen Besatzungszone, den bayerischen Vertretern sehr entgegenkam.[1180] Es regte sich jedoch Widerspruch, besonders von dem anwesenden Anton Pfeiffer, der die Rolle der Ministerpräsidenten stärker hervorzuheben gedachte und sich eine tatsächliche und somit gerade nicht vom Volk gewählte Länderkammer wünschte, damit „der bundesstaatliche Charakter des neuen Deutschlands noch stärker zum Ausdruck"[1181] komme.[1182] Pfeiffer, in seiner ihm eigenen vorausschauend-organisatorischen Art, regte eine rasche Bearbeitung des Themas von Seiten der bayerischen Staatskanzlei und von Seiten Hermann Brills an, ein Verfahren, dem alle Beteiligten zustimmten.[1183]

So legte Hermann Brill sein zweites gesamtstaatliches Verfassungskonzept, die „Vorschläge für eine Verfassungspolitik des Länderrats", bereits einen Monat später, am 14. April 1947, annähernd zwei Jahre nach dem „Buchenwalder Manifest", den Mitgliedern des Deutschen Büro für Friedensfragen[1184] im Anschluss an eine Sitzung des Länderrats in Stuttgart vor.[1185] Da er den „SED-Verfassungsentwurf […] als Versuch einer Sowjetintervention in deutsche innerpolitische Angelegenheiten"[1186] wertete,

---

[1178] Peter Bucher schreibt zusammenfassend, Hermann Brill habe sich für eine „Kompetenz-Kompetenz für den Bund" ausgesprochen. PR, Bd. 2, S. LIII. Nach dem Protokoll v. Gumpenbergs bemerkte Brill zur Frage der Kompetenz-Kompetenz jedoch lediglich, dass „seiner persönlichen Meinung nach […] keine politische Notwendigkeit" gegeben sei, „weshalb sie beim Bund ausgeschlossen werden solle." *Akten zur Vorgeschichte der BRD*, Bd. 2, Dok. Nr. 11, Besprechung über Verfassungsfragen in der bayerischen Staatskanzlei in München, 14. März 1947, S. 284. Brill selbst schrieb in seinem Bericht, dass „die Grundsatz- und Bedarfskompetenz der Weimarer Verfassung gänzlich zu beseitigen" sei. Brill, „Bericht", S. 243.
[1179] Brill, „Bericht", S. 242.
[1180] Vgl. ebd., S. 242f.
[1181] Ebd., S. 244. Die weiteren Ausführungen Anton Pfeiffers: „Man sei in Bayern der Auffassung, daß ein Bundesorgan geschaffen werden solle, das sich aus den Regierungen bzw. Ministerpräsidenten der deutsche Länder zusammensetze. Diesem Organ solle das Recht zukommen, den Bundespräsidenten turnusgemäß für je 1 Jahr zu bestimmen", finden sich ausschließlich im Protokoll Brills.
[1182] Diese Haltung, auch der übrigen bayerischen Vertreter, spiegelt sich in dem von Freiherr von Gumpenberg verfassten und hier zitierten Protokoll wider, das an einigen Stellen von den Aufzeichnungen Brills abweicht.
[1183] Ebd., S. 247f.; *Akten zur Vorgeschichte der BRD*, Bd. 2, Dok. Nr. 11, Besprechung über Verfassungsfragen in der bayerischen Staatskanzlei in München, 14. März 1947, S. 285f. Laut dem Protokoll von Gumpenbergs hatte Hermann Brill bereits darauf hingewiesen, „ein gemeinsames Memorandum für den Länderrat auszuarbeiten." Ebd., S. 286.
[1184] Das Deutsche Büro für Friedensfragen war noch nicht gegründet worden, wie Peter Bucher schreibt, sondern wurde offiziell einen Tag später, am 15. April 1947, bei einer Tagung des Länderrats der amerikanischen Besatzungszone gegründet. Vgl. PR Bd. 2, S. LIV; *Akten zur Vorgeschichte der BRD*, Bd. 2, Dok. Nr. 14, Tagung des Länderrates der amerikanischen Besatzungsgebietes in Stuttgart, 15. April 1947, S. 304–307. Vgl. auch Piontkowitz, *Anfänge*, S. 43–45; Overesch, *Illusion*, S. 86–90.
[1185] Teilnehmer waren neben Brill und Pfeiffer unter anderen die Ministerpräsidenten der amerikanischen Besatzungszone sowie der stellvertretende bayerisch Ministerpräsident Wilhelm Hoegner. Vgl. *Akten zur Vorgeschichte der BRD*, Bd. 2, Dok. Nr. 13, Besprechung über Verfassungsfragen im Deutschen Büro für Friedensfragen in Stuttgart, 14. April 1947, S. 294.
[1186] Ebd., S. 295. In der sowjetischen Zone schrieb die Zeitung *Neues Deutschland*, der die Arbeit des Deutschen Büros für Friedensfragen ein Dorn im Auge war: „Nach alldem kann der begründete Ver-

man sich „mitten in einer Verfassungsdiskussion"[1187] befinde und zudem die Alliierten auf der Moskauer Außenministerkonferenz ihre Haltung nur vage dargelegt hätten[1188], betonte Brill, dass es Aufgabe der „Länder der amerikanischen Zone" sei, „eine Einigung über zwei Hauptpunkte zu erzielen:

    a)   über die Grundlagen der künftigen Verfassung
    b)   über die praktischen Wege einer einzuschlagenden Verfassungspolitik."[1189]

Als Vorbild einer „künftigen Verfassung" schlug Brill die „Artikel der Länderverfassungen" vor und hob hervor, dass der folgenden Debatte „ein klares Bekenntnis zum gesamtdeutschen Staat und zwar einem echten Bundesstaat „unter Ablehnung von Partikularismus und Separatismus sowie des Hegemonieanspruches eine Landes" vorausgehen müsse.[1190] Anton Pfeiffer pflichtete Hermann Brill bei, wollte aber den Länderrat miteinbezogen wissen und betonte, Ziel der Besprechung sei es, „die in den Regierungen und im Länderrat vorhandenen politischen Kräfte zu einer einheitlichen Auffassung über den bundesstaatlichen Aufbau Deutschlands zu bringen, um damit ein größeres Gewicht nach außen zu schaffen."[1191]

Der von Hermann Brill skizzierte Entwurf wich nur geringfügig von dem bereits einen Monat zuvor vorgestellten Verfassungskonzept ab. Allerdings war das mit „Vorschläge für eine Verfassungspolitik des Länderrats" überschriebene Papier nun in zwei Abschnitte, „A Grundlage der künftigen deutschen Verfassung" und „B Verfassungspolitik", gegliedert und die einzelnen Abschnitte waren numerisch voneinander getrennt.[1192]

Bevor Brill auf die „Organe des Deutsche Bundesstaates" einging, stellte er einleitend fest, dass der „Staatscharakter der Einzelstaaten [...] vom Bundesstaat garantiert wird." Sowohl Einzelstaaten als auch „jeder Bürger" solle „das Recht haben", sich auf die „Menschenrechte zu berufen". „Eine Kompetenz-Kompetenz des Bundesstaates" lehnte Hermann Brill unmissverständlich ab und strebte stattdessen „eine klare Scheidung der Zuständigkeit zwischen Bund und Ländern" an.[1193]

---

dacht nicht von der Hand gewiesen werden, daß der Vorschlag auf Errichtung eines Friedensbüros und auf Materialbeschaffung über Friedensfragen weniger dem Frieden, sondern mehr der systematischen und noch ‚besseren' Hetze gegen die Sowjetunion, gegen die Volksdemokratien und die wahren Friedensfreunde dienen soll." „Friedensbüro ohne Friedenspolitik. Zur Tagung des außenpolitischen Ausschusses der SPD", in: *Neues Deutschland*, 28. August 1947.
[1187] *Akten zur Vorgeschichte der BRD*, Bd. 2, Dok. Nr. 13, Besprechung über Verfassungsfragen im Deutschen Büro für Friedensfragen in Stuttgart, 14. April 1947, S. 294. Siehe auch Besprechung über Verfassungsfrage auf Einladung des Deutschen Büros für Friedensfragen, Staatssekretär Dr. Eberhard, Stuttgart, den 14. April 1947, in: BArch, NL Brill 10a, Blatt 10–16.
[1188] *Akten zur Vorgeschichte der BRD*, Bd. 2, Dok. Nr. 13, Besprechung über Verfassungsfragen im Deutschen Büro für Friedensfragen in Stuttgart, 14. April 1947, S. 294. Zur Außenministerkonferenz in Moskau vgl. ebd., Anm. 4; *Dokumente zur Deutschlandpolitik*, S. 38–119.
[1189] *Akten zur Vorgeschichte der BRD*, Bd. 2, Dok. Nr. 13, Besprechung über Verfassungsfragen im Deutschen Büro für Friedensfragen in Stuttgart, 14. April 1947, S. 295.
[1190] Ebd.
[1191] Ebd., S. 296.
[1192] Ebd., S. 298–300. Abschnitt B wurde allerdings von Hermann Brill nicht weiter ausgeführt.
[1193] Ebd., S. 295 und 298.

Bundesorgane und Gewaltenverschränkung waren indes weitgehend dieselben geblieben. Das Wahlverfahren zur jetzt als Volksrat bezeichneten Ersten Kammer hatte sich geändert und sollte nun „nach den Grundsätzen des früheren Reichstagswahlrechtes"[1194] und nicht mehr nach dem Verhältniswahlrecht erfolgen, um so einen unmittelbareren Einfluss der Bevölkerung auf die zu wählenden Vertreter zu etablieren (siehe zu diesem Verfassungsentwurf und seinen Organen Abbildung 3-7).[1195] Zum Bundesgericht führte Brill weiter aus, dass „Streitigkeiten zwischen Bund und Ländern" von ihm zu regeln seien.[1196] Hervorzuheben ist indes die Ausgestaltung des Amts des Bundespräsidenten. Was sich bereits in der ersten Besprechung über Verfassungsfragen am 14. März angedeutet hatte, konkretisierte Hermann Brill nun mit der Aussage, dass „das Amt des Staats- und Regierungschefs […] in einer Hand vereinigt werden" solle, um damit einen „Hauptgrund des Versagens der Weimarer Republik, die das Schauspiel monatelanger Regierungskrisen geboten habe", zu vermeiden. Zwar sollte der Bundespräsident, wie bereits im vorherigen Entwurf, „nicht durch das Volk, sondern durch die Volksvertretung" gewählt werden, dafür „müsse ihm aber freie Hand zur Regierungsbildung ohne parlamentarische Abhängigkeit von der Volksvertretung gewährt werden."[1197] Aus heutiger Sicht ist eine solche Machtkonzentration in den Händen eines Bundespräsidenten durch die Ausübung der Ämter des Staats- und des Regierungschefs in Personalunion sicher mehr als fraglich. Anfang 1947 schien es für Hermann Brill jedoch ein erster Ansatz zu sein, Lehren aus dem Scheitern der Weimarer Republik zu ziehen.

Die provisorische Lösung, die Brill bereits auf der Besprechung am 14. März 1947 angedeutet hatte[1198], war nun auch Teil der „Vorschläge für eine Verfassungspolitik des Länderrats" geworden. „In der Übergangszeit" sollte „ein aus Vertretern der Bundesregierung und Vertretern der Länder bestehendes Organ", eine „deutsche Staatskommission", geschaffen werden, die „nach Maßgabe der Bundesverfassung und der Bundesgesetze den Übergang der jetzigen Regierungs- und Verwaltungsbefugnisse von den in den einzelnen Besatzungsgebieten bestehenden Behörden auf die Organe des Bundes und der Länder regelt."[1199]

[1194] Ebd., S. 299. Vgl. Art. 22 WRV.
[1195] So betonte Brill bereits in Abschnitt A 2., dass „die Organe des Bundesstaates aus dem unmittelbaren Staatswillen des Bundesvolkes hervortreten" sollten. *Akten zur Vorgeschichte der BRD*, Bd. 2, Dok. Nr. 13, Besprechung über Verfassungsfragen im Deutschen Büro für Friedensfragen in Stuttgart, 14. April 1947, S. 298. Während Hermann Brill dem Volksrat „die Feststellung des bündischen Staatshaushaltplanes" übertrug, sollte die nunmehr als Staatsrat bezeichnete Zweite Kammer „die Rechnungsprüfung" ausführen. Ebd., S. 299f. Somit sprach Brill dem Volksrat „ein Übergewicht in Fragen des Staatshaushalts, dem Staatsrat dagegen in den Fragen der auswärtigen Politik" zu. Ebd., S. 295.
[1196] Ebd. Dass Hermann Brill sich sprachlich und damit auch inhaltlich noch nicht eindeutig festlegte, zeigt die Tatsache, dass er abwechselnd von „Bundesgericht" und „Staatsgerichtshof" spricht. Vgl. ebd., S. 295 und 298f.
[1197] Ebd., S. 295. Gleichzeit sprach Herrmann Brill allerdings die Möglichkeit einer Wahl durch den Bundesrat an. Ebd., S.299.
[1198] Brill, „Bericht", S. 246.
[1199] *Akten zur Vorgeschichte der BRD*, Bd. 2, Dok. Nr. 13, Besprechung über Verfassungsfragen im Deutschen Büro für Friedensfragen in Stuttgart, 14. April 1947, S. 300.

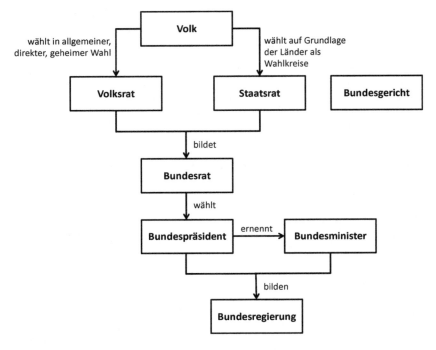

Abbildung 3-7: Verfassungsorgane und Gewaltenverschränkung in den Vorschlägen für eine Verfassungspolitik des Länderrats von Hermann L. Brill (14. April 1947)
Quelle: Eigene Darstellung

Hermann Brill konnte an diesem 14. April 1947 seine Ausführungen zwar zu einem Abschluss bringen, es kam jedoch zu keiner Diskussion über den „Entwurf Brill"[1200], da vor allem die Ministerpräsidenten mit großer Zurückhaltung reagierten und sich schließlich aus der weiteren Beratung zurückzogen.[1201] Was zunächst nach einer Niederlage für Brill aussah, wandelte sich mit dem Vorschlag des stellvertretenden bayerischen Ministerpräsidenten Hoegner, „die Frage der Verteilung der Zuständigkeiten und insbesondere die Ausarbeitung des Katalogs der dem Bund zur ausschließlichen Gesetzgebung zu überlassenden Gebiete einer Kommission zu übertragen"[1202], und mündete in der „Geburtsstunde des Verfassungsausschusses beim Friedensbüro"[1203].

[1200] Ebd., S. 296.
[1201] Auch die Argumentation Pfeiffers, es handle sich lediglich um „einen Gedankenaustausch von Personen, die anläßlich der Tagung des Länderrats z. Zt. in Stuttgart seien", änderte nichts an der Haltung der Ministerpräsidenten. Ebd., S. 297.
[1202] Ebd., S. 298f.
[1203] Piontkowitz, *Anfänge*, S. 143. Der Verfassungsausschuss des Deutschen Büros für Friedensfragen tagte im Jahr 1947 insgesamt sechsmal. Hermann Brill nahm an allen Besprechungen, außer an der

Die von Wilhelm Hoegner vorgeschlagene Verfassungskommission des Deutschen Büros für Friedensfragen tagte am 8. Mai 1947 und beriet über einen von Hoegner und dem bayerischen Ministerialdirigenten Friedrich Glum ausgearbeiteten Entwurf zur „Zuständigkeitsabgrenzung zwischen Bund und Ländern"[1204]. Man einigte sich auf eine Fortführung der Gespräche am 20. Mai.[1205]

Hier stellte Hermann Brill seinen aus acht Artikeln bestehenden „Entwurf eines Vertrages über die Bildung einer Deutschen Staatengemeinschaft", datiert auf den 23. April 1947, vor. Dabei war es ihm wichtig, wie er in einem Schreiben an den hessischen Ministerpräsidenten Stock erwähnte, dass diese Deutsche Staatengemeinschaft „keine Teilung Deutschlands" begründe, sondern sich auf die Regelung von lebensnotwendigen Aufgaben der nächsten Jahre beschränke. Daher solle „die Staatengemeinschaft keinen neuen Staat, insbesondere keinen Bundesstaat, sondern eine Realunion bilden."[1206] Diese Wendung im Vergleich zu Brills Ansätzen Anfang März und April desselben Jahres ist bemerkenswert. Sprach er sich damals noch eindeutig für einen Bundesstaat und somit eine Konföderation der Länder aus, so argumentierte er nun für eine Union auf Zeit zwischen voneinander unabhängigen Staaten bis zu dem

---

dritten Tagung am 14. Juni 1947 teil. Über die Ergebnisse dieser Besprechung informierte ihn der hessische Ministerialdirektor Troeger. Heinrich Troeger an Hermann Brill, 16. Juni 1946, in: BArch, NL Brill 10a, Blatt 74f. Zur Anwesenheit Brills im Verfassungsausschuss des Deutschen Büros für Friedensfragen siehe: *Akten zu Vorgeschichte der BRD*, Bd. 2, Dok. Nr. 21, Erste Besprechung über Verfassungsfragen im Deutschen Büro für Friedensfragen in Ruit, 8. Mai 1947, S. 428; ebd., Dok. Nr. 23, Zweite Besprechung über Verfassungsfragen im Deutschen Büro für Friedensfragen in Ruit, 20. Mai 1947, S. 437; ebd., Dok. Nr. 35, Dritte Besprechung über Verfassungsfragen im Deutschen Büro für Friedensfragen in Ruit, 14. Juni 1947, S. 623; *Akten zur Vorgeschichte der BRD*, Bd. 3, Dok. Nr. 119, Sechste Besprechung über Verfassungsfragen unter Teilnahme des Deutschen Büros für Friedensfragen in München, 17. Dezember 1947, S. 990. Ein Protokoll der vierten Sitzung des Verfassungsausschusses des Deutschen Büros für Friedensfragen am 14. Juli 1947, bei der das Thema „Rechtspflege" besprochen wurde, findet sich in: BArch, NL Brill 10a, Blatt 86f.; BArch, Z 35 (Deutsches Büro für Friedensfragen)/178, Blatt 71f.; IfZ, ED 120, Bestand: Wilhelm Hoegner, Bd. 130/I, Blatt 192–193. Ein Protokoll der fünften Sitzung am 28./29. Juli 1947 des Verfassungsausschusses des Deutschen Büros für Friedensfragen, bei der die Themen Rechtspflege, Beamtentum und Zwei-Kammer-System besprochen wurden, findet sich in: BArch, NL Brill 10a, Blatt 88–90; BArch, Z 35 (Deutsches Büro für Friedensfragen)/178, Blatt 65–67; IfZ, ED 120, Bestand: Wilhelm Hoegner, Bd. 130/I, Blatt 205–207. Siehe auch: *Akten zur Vorgeschichte der BRD*, Bd. 3, Dok. Nr. 119, Sechste Besprechung über Verfassungsfragen unter Teilnahme des Deutschen Büros für Friedensfragen in München, 17. Dezember 1947, S. 990, Anm. 6.

[1204] *Akten zur Vorgeschichte der BRD*, Bd. 2, Dok. Nr. 21, Erste Besprechungen über Verfassungsfragen im Deutschen Büro für Friedensfragen in Ruit, 8. Mai 1947, S. 428f. Vgl. auch den Bericht des bayerischen Ministerialdirigenten Friedrich Glum, in: IfZ, ED 120, Sammlung: Wilhelm Hoegner, Bd. 130/I, Blatt 147 und den Bericht Ministerialrats Theodor Eschenburg aus Württemberg-Hohenzollern in: BArch, NL Brill 10a, Blatt 23–25; IfZ, ED 120, Sammlung: Wilhelm Hoegner, Bd. 130/I, Blatt 154–156.

[1205] *Akten zur Vorgeschichte der BRD*, Bd. 2, Dok. Nr. 21, Erste Besprechungen über Verfassungsfragen im Deutschen Büro für Friedensfragen in Ruit, 8. Mai 1947, S. 431.

[1206] Hermann Brill an Christian Stock, 23. April 1947, in: BArch, NL Brill 101, S. 4.

Zeitpunkt, zu dem „die Bildung einer gesamtdeutschen Staatseinheit möglich"[1207] wäre. Diese „Unio Realis", genannt Deutsche Staatengemeinschaft, sollte sich durch Matrikularbeiträge wie zu Zeiten des Deutschen Kaiserreichs finanzieren und die einzelnen Staaten der amerikanischen, britischen und französischen Zone sowie die Stadt Berlin nach außen und damit auch gegenüber den Alliierten vertreten.[1208]

Als gemeinsame Organe sah Hermann Brill „die Gemeinschaftsvertretung (Volksrat)" und den „Verwaltungsrat (Staatenrat)" vor, deren Mitglieder aber auf völlig andere Art und Weise berufen werden sollten, wie noch in seinen beiden vorherigen Verfassungsentwürfen (vgl. mit Abbildung 3-6 und 3-7).[1209] Der Volksrat als „das oberste Organ der Deutschen Staatengemeinschaft" „setzt sich aus den Abgeordneten der Einzelstaaten zusammen, die von den Landtagen der Einzelstaaten gewählt werden", formulierte Brill in Artikel 4 seines Entwurfs.[1210] Während er die gesamte Legislative dem Volksrat zuschrieb, sollte der Staatenrat, bestehend „aus Vertretern der Regierungen der Einzelstaaten"[1211], die Exekutive vertreten.[1212]

Auf die in seinen beiden vorherigen Entwürfen offengelassene Frage nach der Ratifikation derselben gab Hermann Brill nun die Antwort, dass jeder der Deutschen Staatengemeinschaft zugehörige Staat „ein Stück des nach Maßgabe der Landesverfassung rechtsgültig ausgefertigten Gesetzes beim Generalsekretär des Länderrats des amerikanischen Besatzungsgebiets in Stuttgart" niederlegen solle. „Dieser Gemeinschaftsvertrag ist nach den Vorschriften der Landesverfassung als Gesetz zu erlassen."[1213]

Die bereits angesprochene und mit diesem „Entwurf eines Vertrages über die Bildung einer Deutschen Staatengemeinschaft" vollzogene Hinwendung Hermann Brills von einer Konföderation der deutschen Länder in einem Bundesstaat zu einer Union der deutschen Staaten in einer Realunion fand indes vor dem Hintergrund der Beibe-

---

[1207] *Akten zur Vorgeschichte der BRD*, Bd. 2, Dok. Nr. 23, Zweite Besprechung über Verfassungsfragen im Deutschen Büro für Friedensfragen in Ruit, 20. Mai 1947, Anlage 1, Entwurf über die Bildung einer Deutschen Staatengemeinschaft, 23. April 1947, S. 441, Art. 1.
[1208] Ebd., S. 440, Art. 1 und S. 441, Art. 3.
[1209] Ebd., S. 441, Art. 4. Nach Notizen des bayerischen Ministerpräsidenten Wilhelm Hoegner gab Hermann Brill zu Art. 4 an, dass „der Staatenrat nicht von einem Vertrauens- oder Misstrauensvotum des Volksrats abhängig" und „der Staatenrat und der Volksrat […] mit Mehrheit" entscheidungsfähig sein sollten. Wilhelm Hoegner, Zweite Besprechung über Verfassungsfragen im Deutschen Büro für Friedensfragen, Ruit, den 20. Mai 1947, in: IfZ, ED 120, Bestand: Dietbert: Wilhelm Hoegner, Bd. 130/I, Blatt 171. Weiter habe Brill ausgeführt: „Hauptamtliche Mitglieder des Staatsrates werden voraussichtlich Ministerpräsidenten sein, deren Stellvertreter Staatssekretäre. Der Staatenrat ist als eine permanente Regierungsinstitution gedacht." Ebd.
[1210] *Akten zur Vorgeschichte der BRD*, Bd. 2, Dok. Nr. 23, Zweite Besprechung über Verfassungsfragen im Deutschen Büro für Friedensfragen in Ruit, 20. Mai 1947, Anlage 1, Entwurf über die Bildung einer Deutschen Staatengemeinschaft, 23. April 1947, S. 441, Art. 4. An der Besprechung am 20. Mai 1947 nahm Anton Pfeiffer nicht teil. Zur Teilnehmerliste vgl. ebd., S. 437.
[1211] Ebd., S. 441, Art. 5.
[1212] Des Weiteren legte Hermann Brill in Art. 6 fest, dass „die Gemeinschaftsgesetze und Verordnungen […] den Landesgesetzen dieser Staaten" überzuordnen seien. Ebd. „Zur Wahrnehmung der Geschäfte" gedachte Brill „Gemeinschaftsämter" einzurichten, die von einem Büro des Staatsrats geführt werden sollten. Ebd., S. 441f., Art. 7.
[1213] Ebd., S. 442, Art. 8.

haltung des Provisoriumsgedankens[1214] statt.[1215] Wie Heribert Piontkowitz beschreibt, sah Brill „mit diesem Entwurf eine Möglichkeit, deutscherseits in die Diskussion zwischen den Besatzungsmächten über die Neugestaltung der bizonalen bzw. trizonalen Struktur einzugreifen, wobei er davon ausging, daß über diese Probleme jedenfalls vor Ende des Sommers keine Einigung zwischen den Alliierten herbeizuführen sein werde."[1216] Sicherlich stellte aber der „Entwurf eines Vertrages über die Bildung einer Deutschen Staatengemeinschaft" auch ein Entgegenkommen hinsichtlich der bayerischen Vorstellungen einer gesamtdeutschen Verfassung dar. So war Brill Pfeiffers Wunsch, „daß das Staatsvolk seine Vollmachten den Staaten überträgt und der Bund hier wiederum nur die Zuständigkeiten haben solle, die ihm von den Staaten übertragen würden"[1217], doch deutlich näher gekommen, und auch die Anmerkung Glums, dass „ein echter Föderalismus [...] einen unmittelbaren Einfluß der Einzelstaaten auf die Führung des Bundesstaates" [1218] bedeute, hatte in den Entwurf Eingang gefunden.[1219]

Einen letzten Versuch von Seiten des Deutschen Büros für Friedensfragen, sich über den organisatorischen Aufbau eines neuen gesamtdeutschen Staatswesens zu einigen, erfolgte am 17. Dezember 1947.[1220] Diskutiert wurde ein von Friedrich Glum konzi-

---

[1214] Den Gedanken, vorerst nur ein Provisorium zu schaffen, gab Hermann Brill auch an die Ministerpräsidenten der amerikanischen Besatzungszone weiter. Die von ihm vorbereiteten „Vorschläge für eine deutsche Stellungnahme zur Londoner Konferenz" hoben deutlich hervor, „daß für die Weststaaten ein neues staatsrechtliches Provisorium geschaffen werden muß." Brills Empfehlungen machen allerdings auch unmissverständlich deutlich, dass er an „die Durchsetzung einer gesamtdeutschen Politik" nicht mehr glaubte. Vorschläge für eine deutsche Stellungnahme zur Londoner Konferenz. Den Regierungschefs des amerikanischen Besatzungsgebietes vorgelegt vom Verwaltungsrat des Deutschen Büros für Friedensfragen, 4. November 1947, in: BArch, NL Brill 101, S. 4. Dem Verwaltungsrat des Deutschen Büros für Friedensfragen gehörten außer Hermann Brill noch Anton Pfeiffer, Fritz Eberhard als Leiter des Büros und Hermann G. Schütte an. Zu den „Vorschlägen" des Deutschen Büros für Friedensfragen anlässlich der Londoner Außenministerkonferenz vgl. auch Overesch, *Illusion*, S. 134f.
[1215] Gegenüber den ersten beiden Entwürfen Hermann Brills ist in der Hinwendung Brills zu einer Realunion – anders als Peter Bucher dies wertet; vgl. PR, Bd. 2, S. LV – eine wesentliche Änderung zu sehen.
[1216] Piontkowitz, *Anfänge*, S. 145. Zum „Entwurf eines Vertrages über die Bildung einer Deutschen Staatengemeinschaft" als einem möglichen Dokument für die Ministerpräsidentenkonferenz in München am 6. Juni 1947 vgl. ebd., S. 145f.
[1217] *Akten zur Vorgeschichte der BRD*, Bd. 2, Dok. Nr. 11, Besprechung über Verfassungsfragen in der bayerischen Staatskanzlei in München, 14. März 1947, S. 285.
[1218] Ebd., S. 283.
[1219] Zu der Abwandlung des Entwurfs von Hermann Brill in den „Entwurf eines Vertrages über die Bildung eines Verbandes deutscher Länder" vgl. *Akten zur Vorgeschichte der BRD*, Bd. 2, Dok. Nr. 23, Zweite Besprechung über Verfassungsfragen im Deutschen Büro für Friedensfragen in Ruit, 20. Mai 1947, S. 437f.
[1220] Zu den Teilnehmern der Besprechung siehe *Akten zur Vorgeschichte der BRD*, Bd. 3, Dok. Nr. 119, Sechste Besprechung über Verfassungsfragen unter Teilnahme des Deutschen Büros für Friedensfragen in München, 17. Dezember 1947, S. 990. Obwohl das Besprechungsprotokoll festhielt, dass die nächste Besprechung am 16. Januar 1948 in München stattfinden solle, fanden keine weiteren Sitzungen mehr statt. Siehe ebd., S. 994, Anm. 27.

pierter Gesamtentwurf mit dem Titel „Vorschläge für eine Bundesverfassung"[1221], der die bisherigen Konzeptionen und Diskussionsbeiträge zu konsolidieren versuchte und in den auch die Entwürfe Hermann Brills ihren Eingang gefunden hatten.

Vergleicht man die „Vorschläge für eine Bundesverfassung" mit den vorangegangenen Entwürfen Brills im Deutschen Büro für Friedensfragen, so fallen vor allem drei Sachverhalte auf. Erstens war der Provisoriumsgedanke, der Bestandteil aller vorangegangenen Konzeptionen Hermann Brills gewesen war, aus dem Gesamtentwurf verschwunden und zweitens erweiterten die „Vorschläge" die Kompetenzen des Bundesrats beträchtlich. Neben diesen beiden wesentlichen Modifikationen scheint die dritte, die einheitliche Benennung der Organe in Organe des Bundes, fast nebensächlich. Und doch unterstreicht gerade diese Veränderung den gemeinsamen Kern der Verfassungskonzeptionen – sieht man von Brills Vorschlag, eine Realunion zu gründen, ab –, die innerhalb des Verfassungsausschusses des Deutschen Büros für Friedensfragen debattiert wurden: Es sollte ein Staat auf bundesstaatlicher Grundlage geschaffen werden. Hierbei ist allerdings zu beachten, dass die Ausgestaltung eines solchen Bundesstaats im zuletzt besprochenen Gesamtentwurf deutliche Anlehnungen an die Staatsform eines Staatenbundes, nicht zuletzt durch die Bezeichnung der Länder als Freistaaten, erkennen ließ.

Es gelang dem Verfassungsausschuss des Deutschen Büros für Friedensfragen somit nicht, sich über einen einheitlichen Verfassungsentwurf zu einigen. Insofern ist die oben verwendete Bezeichnung „Gesamtentwurf" auch lediglich unter der Prämisse einer Zusammenfassung der bisherigen Ergebnisse als gesamtheitlich zu verstehen. Dennoch sind die Entwürfe Hermann Brills von einem großen Wert, wenn es darum geht, seine Vorstellungen von Staat und Verfassung herauszuarbeiten. Sie zeugen erkennbar von einer deutlich föderalistischeren Einstellung als die seiner sozialdemokratischen Parteigenossen.[1222]

[1221] Friedrich Glum hatte bereits am 15. Oktober 1947 „das Ergebnis der bisherigen Besprechungen über Verfassungsfragen im ‚Deutschen Büro für Friedensfragen'" mit dem Titel „Verfassung der Bundesrepublik Deutschlands" den Teilnehmern zugesandt. IfZ, ED 120, Bestand: Wilhelm Hoegner, Bd. 130/I, Blatt 225–259; IfZ, ED 94, Bestand: Walter Strauß, Bd. 38, Blatt 102–136. Die „Vorschläge für eine Bundesverfassung" sandte Friedrich Glum nach erhaltenen Änderungswünschen am 6. November 1947 den Teilnehmern zu. Zu den Änderungswünschen siehe: IfZ, ED 120, Bestand: Wilhelm Hoegner, Bd. 130/I, Blatt 260–274. Deutlich wird hier erwähnt, dass es sich um einen „neuen Gesamtentwurf einer deutschen Verfassung" handelt. Otto Küster an Friedrich Glum, 4. November 1947, in: IfZ, ED 120, Bestand: Wilhelm Hoegner, Bd. 130/I, Blatt 260.

[1222] Zum Widerspruch Hermann Brills gegen die Staats- und Verfassungsvorstellungen des Parteivorsitzenden Kurt Schumacher vgl. Overesch, *Illusion*, S. 136–138; Piontkowitz, *Anfänge*, S. 146; *Akten zur Vorgeschichte der BRD*, Bd. 2, Dok. Nr. 23, Zweite Besprechung über Verfassungsfragen im Deutschen Büro für Friedensfragen in Ruit, 20. Mai 1947, S. 438, Anm. 4. Mit Blick auf die ihm zugetragenen „Spannungen", die sich auf verschiedene Punkte der Verfassungspolitik beziehen sollen", schrieb Hermann Brill am 14. Juli 1947 an Schumacher eine eindeutige und detaillierte Stellungnahme „zu der Behauptung", er habe mit seinem „Memorandum vom 23. April d. Js. und dem diesem beigefügten Entwurf eines Staatsvertrags über die Bildung einer deutschen Staatengemeinschaft versucht, ‚die Partei' verfassungspolitisch festzulegen". Hermann Brill an Kurt Schumacher, 14. Juli 1947, in: IfZ, ED 117, Bestand: Fritz und Elisabeth Eberhard, Bd. 59. So verwahrte sich Brill auch dagegen, er habe den „Entwurf eines ‚Verbandes deutscher Länder" zu einem Beratungsgegenstand der Münchner Ministerpräsidentenkonferenz machen wollen, „es sei denn, daß es zur offenen Schlacht mit den Ministerpräsidenten der sowjetischen Besatzungszone komme und man ihrer Forderung eines ‚Ein-

3.4.3 Zusammenfassung

Hermann Brill vertrat im Februar 1948 die Auffassung, dass die Etablierung der Demokratie in Deutschland sowohl 1848 als auch 1918 gescheitert sei, da man geglaubt habe, „durch eine bloße Änderung der Verfassungsgesetze eine Veränderung des politischen Charakters des Staates herbeiführen zu können"[1223]. Die Vergangenheit habe jedoch bewiesen, dass „keine politische Verfassung, die eine demokratische sein will, […] Aussicht auf Bestand [hat], wenn nicht gleichzeitig eine Änderung der politischen Struktur stattfindet".[1224] Um die Schaffung eben dieser politischen Strukturen war Hermann Brill im Widerstand gegen das NS-Regime und in der Nachkriegszeit bemüht.

Von einem frühen Versuch zeugt die von Insassen aller politischen Richtungen verfasste Plattform im Konzentrationslager Buchenwald. Staats- und verfassungspolitisch stellte sie eine Abkehr von der Weimarer Republik und dem Faschismus des Dritten Reichs dar und plädierte für die Schaffung einer Volksrepublik auf demokratischer Basis. Das wenig später verfasste „Buchenwalder Manifest" unterschied sich zunächst von dem Vorgängerprogramm – es wurde ausschließlich von demokratischen Sozialisten ausgearbeitet und unterzeichnet. Die Autoren des Manifests vertraten die These, dass ein neues Deutschland „nur auf sozialistischer Grundlange wieder aufgebaut werden"[1225] könne. Hierzu, so Brill, bedürfe es einer neuen Art von Demokratie, die sich nicht durch einen geistlosen Parlamentarismus definiere, sondern dem deutschen Volk die Möglichkeit zur Mitgestaltung von Politik und Verwaltung ermögliche.[1226] Damit knüpfte Hermann Brill zunächst wieder an den Rätegedanken, den er bereits im Jahr 1919 in Thüringen zunächst vehement, dann in abgeschwächter Form vertreten hatte, an.[1227] Obwohl sowohl die Plattform als auch das „Buchenwalder Manifest" staats- und verfassungspolitisch lediglich als Minimalprogramme betrachtet werden können, legte Hermann Brill in ihnen sein staats- und verfassungspolitisches Motiv des ‚demokratischen Sozialismus' für die kommenden Jahre fest.

Nur zwei Jahre später war aus den eher den Charakter eines Bekenntnisses zu einer Weltanschauung aufweisenden als Vorstellungen von Staat und Verfassung konsolidierenden Widerstandschriften im Konzentrationslager Buchenwald ein erster, konkreter Verfassungsentwurf Hermann Brills im Rahmen der Arbeiten des Deutschen Büros

---

heitsstaates' einen anderen konkreten Vorschlag, nicht für die deutsche Verfassung, sondern für ein praktisches Teilziel entgegen stellen müsse." Ebd. Dass nicht nur Brill mit seiner Arbeit im Deutschen Büro für Friedensfragen Gegenwind von Seiten der SPD-Spitze erfuhr, zeigt ein Schreiben von sozialdemokratischen Mitarbeitern des Deutschen Büros für Friedensfragen an den Parteivorstand der SPD, in dem es hieß: „Wir sehen nicht ein, warum wir für unsere Arbeit, die wir bewusst immer auch als Sozialdemokraten getan haben, vom Vorstand unserer Partei diskreditiert werden." Die sozialdemokratischen Angehörigen des Deutschen Büros für Friedensfragen an die Sozialdemokratische Partei Deutschlands, Parteivorstand, 26. April 1949, in: IfZ, ED 117, Bestand: Fritz und Elisabeth Eberhard, Bd. 59.
[1223] o. A. [Hermann Brill], Freiheit ist die Summe der Freiheiten, Rede zum Gedenken an den 18. März 1848, gehalten am 24. Februar 1948, in: BArch, NL Brill 336.
[1224] Zit. nach Overesch, „Hermann Brill und die Neuanfänge", S. 567f.
[1225] „Buchenwalder Manifest", in: Brill, *Gegen den Strom*, S. 99.
[1226] Ebd., S. 98.
[1227] Siehe Kapitel 2.2.

für Friedensfragen geworden, der bis auf die direkte Beteiligung des Volkes bei der Wahl der Verfassungsorgane nichts mehr mit der Schrift von 1945 gemeinsam hatte. Dass Brill sich endgültig von jeglicher kommunistischen Argumentation gelöst hatte, zeigt der Satz: „Auf Marx und Engels für die Verfassungspolitik zurückzugreifen, ist schon deshalb antiquiert, weil zwischen beiden unlösbare Widersprüche klaffen."[1228] Die Ursachen für diesen tiefgreifenden Wandel und den „vorläufigen Abschluß einer politischen Mentalitätsänderung"[1229] sind sicher auch in seinen Erfahrungen mit der sowjetischen Militärregierung nach dem Besatzungswechsel in Thüringen und seiner daraufhin folgenden Nähe zu den Amerikanern zu suchen – nach seinem Weggang aus Thüringen arbeitete Brill zunächst als Berater der amerikanischen Militärregierung in Berlin, bevor er 1946 Staatssekretär und Chef der Hessischen Staatskanzlei in Wiesbaden wurde.[1230]

So begründete Hermann Brill bei der Vorstellung seiner Verfassungsentwürfe im Deutschen Büro für Friedensfragen seine Arbeiten auch damit, dass man den Verfassungskonzepten der SED etwas entgegensetzen und dem Versuch der sowjetischen Seite, sich in deutsche innerpolitische Angelegenheiten einzumischen, entgegentreten müsse. Insgesamt stellte Brill in diesem Gremium innerhalb weniger Wochen drei Verfassungsentwürfe vor. Staatsrechtlich gesehen setzte er sich in den ersten beiden für ein bundesstaatliches Deutschland ein, wobei er in seinem zweiten Entwurf die föderalistischen Elemente stärker hervorhob, um schließlich Ende April eine Realunion zu fordern, um damit das Provisorische des neuen deutschen Staatswesens zu betonen. Dabei setzte er sich in allen drei Entwürfen für ein Zwei-Kammer-System in Form eines Volks- und eines Staatenhauses ein, wobei er das Volkshaus als direkte Volksvertretung zu etablieren gedachte. Dies kontrastiert damit, dass er in den Debatten um die Länderverfassungen noch gegen ein solches System argumentiert hatte.[1231] Eine direktere Beteiligung des Volkes spiegelte sich ebenfalls in seinem zweiten Verfassungsentwurf wider, in dem er den Volksrat nun nicht mehr durch Verhältniswahl sondern direkt wählen lassen wollte. Aber nicht nur die Macht des Volkes, auch die des Staatspräsidenten nahm von seinem ersten zum zweiten Entwurf zu. So räumte Hermann Brill dem Staatsoberhaupt in seinem zweiten Entwurf freie Hand bei der Regierungsbildung ohne jegliche parlamentarische Abhängigkeit von der Volksvertretung ein und ernannte ihn gleichzeitig zum Regierungschef.

Insgesamt zeigte sich Hermann Brill in den Monaten März und April 1947 während seiner Arbeit im Deutschen Büro für Friedensfragen recht „experimentierfreudig" und geriet damit oftmals eher in die Nähe föderalistisch denkender Kreise als in die seiner sozialdemokratischen Parteigenossen.[1232] Motivisch gesehen hielt er zunächst, im „Buchenwalder Manifest", am Rätegedanken fest, ließ diesen dann aber zunehmend zugunsten eines demokratisch-föderalistischen Sozialismus in den Hintergrund treten.

[1228] Hermann Brill, Deutsche Verfassungsfragen, 31. Mai 1947, in: BArch, NL Brill 333, S. 2.
[1229] Overesch, *Illusion*, S. 136.
[1230] Vgl. ebd., S. 136f.
[1231] Siehe Kapitel 3.2.2 und Kapitel 3.2.5.
[1232] Vgl. Overesch, *Illusion*, S. 136.

3.5 Staats- und Verfassungsvorstellungen Anton Pfeiffers

Anton Pfeiffer, der seit 1945 das Amt des Leiters der Staatskanzlei in München bekleidete und die Gründung der bayerischen CSU mit vorantrieb[1233], war in den Jahren 1945 bis zur Organisation und Durchführung des Verfassungskonvents von Herrenchiemsee im August 1948 in verschiedenen zonalen, nationalen und internationalen Gremien aktiv, um seine Vorstellungen von Staat und Verfassung zu lancieren. So nahm er nicht nur an den Debatten im Stuttgarter Länderrat[1234] und Ellwanger Freundeskreis[1235], sondern auch an denen des Deutschen Büros für Friedensfragen[1236] und an der internationalen Regensburger Föderalistentagung[1237] teil. Dabei kamen ihm auch seine Kontakte zur amerikanischen Besatzungsmacht, die nicht zuletzt aus seiner Erfahrung und Arbeit am Amerikanischen Institut in München während des Zweiten Weltkriegs resultierten, zugute.[1238]

Anton Pfeiffer formulierte bereits im Januar 1945: „Die große Aufgabe des demokratischen Staates" sei die „Neuformung der Erziehung in christlichem und demokratischen Sinne." Denn „jene Volkskreise, die bewusst im Christentum verankert waren und bleiben wollen, erwiesen sich als der stärkste Widerpart des Nationalsozialismus und diese Kräfte zu überwinden, ist den Nazis nicht gelungen, auch wenn sie viele Menschen aus diesem Kreis äusserlich in ihre Parteiorganisation zu zwingen wussten." Daher sei nur in sozialem Geiste „in Gesetzgebung und Verwaltung" und mit „christlicher Hilfsbereitschaft [...] ein Zusammenwachsen der auseinander gerissenen Volksteile zu einem Volke" möglich.[1239] Ganz in bayerischem Sinne bedeutete dies für Anton Pfeiffer, dass „für die Neugestaltung der staatlichen Verhältnisse für die bei Deutschland bleibenden Gebiete eine gebietsmäßig und kräftemäßig ausgeglichene föderative Grundlage, auf der Bayern als geschlossener Staat in freier Entfaltung seiner kulturellen Kräfte sich auswirken kann"[1240], gefordert werden müsse.

Obwohl der bayerische Staatssekretär auch in diesen Jahren keine eigenen Verfassungsentwürfe präsentierte, kann doch anhand seiner Beiträge zu den Staats- und Verfassungsdiskussionen in jener Zeit seine Haltung zu und seine Vorstellung von Staat und Verfassung skizziert werden, wobei insgesamt festzustellen ist, dass seine Erfahrungen mit der Weimarer Republik und dem Nationalsozialismus ihn in seiner betont föderalistischen Haltung bestärkten.

[1233] Zu Anton Pfeiffer als Gründungsmitglied der CSU vgl. Reuter, *Eminenz*, S. 121–135.
[1234] Siehe Kapitel 3.5.2.
[1235] Siehe Kapitel 3.5.1.
[1236] Im Deutschen Büro für Friedensfragen versuchte Pfeiffer seine Meinung geltend zu machen und dem Föderalismus den Weg zu ebnen. Nachdem der amerikanische Militärgouverneur Lucius Clay die Bildung eine zonenübergreifenden Büros abgelehnt hatte, schlug Pfeiffer sogleich München als Tagungsort vor, um sich seine Einflussnahme zu sichern. *Akten zur Vorgeschichte der BRD*, Bd. 2, Dok. Nr. 10, 18. Tagung des Länderrates des amerikanischen Besatzungsgebietes in Stuttgart, 10./11. März 1947, S. 274f. Zur Arbeit Hermann Brills und Anton Pfeiffers im Deutschen Büro für Friedensfragen siehe die Verweise in Kapitel 3.4.2. Vgl. auch Reuter, *Eminenz*, S. 141–149.
[1237] Zur Regensburger Föderalistentagung vgl. Kock, *Bayerns Weg*, S. 274–277. Zur Mitarbeit Anton Pfeiffers an der Regensburger Föderalistentagung siehe Reuter, *Eminenz*, S. 163f.
[1238] Zum Amerikanischen Institut vgl. Reuter, *Eminenz*, S. 69–76.
[1239] o. A. [Anton Pfeiffer], Rede, Januar 1945, in: BayHStA, NL Pfeiffer 320, S. 32–34.
[1240] Ebd., S. 35.

3.5.1 Pfeiffers Wirken im Stuttgarter Länderrat in den Jahren 1945 bis 1948

Im Mai 1947 stellte Anton Pfeiffer mit Genugtuung fest: „Alle neuen Tendenzen grossräumiger Zusammenfassung wie insbesondere die zukunftsreiche Idee der Vereinigten Staaten von Europa, weisen in die föderative Richtung. Wir können daher, ohne Widerspruch befürchten zu müssen, sagen: Der Föderalismus ist nicht rückständig. Er ist hochmodern. Ihm gehört die Zukunft."[1241] An der Gestaltung einer Zukunft des Föderalismus, ja gar einem „Siegeszug"[1242] desselben war Pfeiffer nicht nur auf Länderebene, sondern auch auf zonaler, bizonaler und europäischer Ebene gelegen.

Eine Möglichkeit zur Verwirklichung seiner Vorstellungen zunächst auf zonaler, später auch auf bizonaler Ebene bot sich dem bayerischen Staatssekretär mit der Einrichtung des Länderrats in der amerikanischen Besatzungszone.[1243] Der sich am 17. Oktober 1945[1244] konstituierende Länderrat, der aus den Ministerpräsidenten der amerikanischen Besatzungszone und dem Senatspräsident Bremens bestand und auch nach seinem Tagungsort als Stuttgarter Länderrat bekannt war, „war die zentrale Koordinationsstelle für die Länder der amerikanischen Besatzungszone."[1245] Mit der Einrichtung dieses Gremiums verfolgte die amerikanische Militärregierung mehrere Ziele: Sie gab Verwaltungsaufgaben ab und konnte dadurch auf eigener Seite Kosten einsparen, und zugleich erreichte sie dadurch, dass „deutsche Politiker zu Vertrauten und

---

[1241] o. A. [Anton Pfeiffer], Der Siegeszug des Föderalismus – ein Rückblick auf 160 Jahre, 22. Mai 1947, in: BayHStA, NL Pfeiffer 605, S. 9. Zu der Idee der Vereinigten Staaten von Europa vgl. auch Schmid, „Das deutsch-französische Verhältnis", S. 795.

[1242] o. A. [Anton Pfeiffer], Der Siegeszug des Föderalismus – ein Rückblick auf 160 Jahre, 22. Mai 1947, in: BayHStA, NL Pfeiffer 605. Gleich eingangs betonte Anton Pfeiffer zudem die zukunftsweisende Richtung des Föderalismus: „Man hört immer noch, der Föderalismus sei, verglichen mit dem angeblich lebensfrischen Unitarismus, rückständig. Es ist dies ein Vorurteil, das vor den Tatsachen nicht standhält." Ebd., S. 1. Adolf Süsterhenn stimmte in dieser Auffassung mit Anton Pfeiffer überein. Er schrieb: „Ich bin überzeugt, dass der Föderalismus keineswegs einen Rückfall ins finstere Mittelalter bedeutet [...] sondern, dass im Gegenteil der Föderalismus wirklich der ‚neue' Stern ist". Adolf Süsterhenn an Hans Herchenbach, 23. März 1947, in: LHA 700, 177, Nr. 754.

[1243] Zur Geschichte des Stuttgarter Länderrats vgl. Härtel, *Länderrat*; Pfeiffer, Anton, *Der Länderrat der amerikanischen Zone. Seine Geschichte und staatsrechtliche Würdigung*, Diss., München 1948. Zur Organisation und Aufgaben des Länderrats vgl. auch Härtel, *Länderrat*, S. 8–12; o. A., Statut für den Länderrat des amerikanischen Besatzungsgebietes, o. D. [1946], in: BayHStA, NL Pfeiffer 77. Dieses im NL Pfeiffer erhaltene Statut findet sich auch in: IfZ, Bestand: Wilhelm Hoegner, ED 120, Bd. 131, Blatt 1–6 und ist abgedruckt in: Härtl, *Länderrat*, S. 187–191. Eine kurze Zusammenfassung zu Organisation und Aufgaben des Länderrats bietet: Benz, Wolfgang (Hg.), *Deutschland unter alliierter Besatzung: 1945–1949/55. Ein Handbuch*, Berlin 1999, S. 281–283.

[1244] *Akten zur Vorgeschichte der BRD*, Bd. 1, Dok. Nr. 2, Konstituierende Tagung des Länderrates des amerikanischen Besatzungsgebietes in Stuttgart, 17. Oktober 1945, S. 125–132. Die letzte Sitzung des Länderrats fand am 28. September 1948 statt. Siehe: *Akten zur Vorgeschichte der Bundesrepublik Deutschland. 1945–1949*, Bd. 4: *Januar–Dezember 1948*, bearb. v. Christoph Weisz, Hans-Dieter Kreikamp und Bernd Steger, hg. v. Bundesarchiv und Institut für Zeitgeschichte, München/Wien 1983, Dok. Nr. 87, 34. Tagung des Länderrates des amerikanischen Besatzungsgebietes in Stuttgart, 28. September 1948, S. 807–822. Zur Abwicklung des Länderrats und seiner Gremien vgl. ebd., S. 46–48.

[1245] Lamm, Sebastian, „Länderrat des amerikanischen Besatzungsgebietes", in: *Historisches Lexikon Bayerns*, online einsehbar unter: http://www.historisches-lexikon-bayerns.de/artikel/artikel_46322 (17.07.2012).

Ausführenden der eigenen Politik"[1246] wurden, wobei man von amerikanischer Seite darum bemüht war, die Einflussnahme nicht an die Öffentlichkeit dringen zu lassen, um die Akzeptanz des Länderrats in der Bevölkerung nicht negativ zu beeinflussen. Zu Beratungs- und Überwachungszwecken setzte Militärgouverneur Clay James Kerr Pollock als Leiter des Regional Government Coordinating Office (RGCO) ein.[1247]

Obwohl der von den Amerikanern ins Leben gerufene Länderrat lediglich beratende Funktion haben sollte, brachten es die drei am 6. November 1945 formulierten Aufgaben, „im Rahmen der politischen Richtlinien der Besatzungsmacht die über das Gebiet eines Landes hinausreichenden Fragen gemeinschaftlich zu lösen, Schwierigkeiten im Verkehr der Länder untereinander zu beseitigen und die wünschenswerte Angleichung der Entwicklung auf den Gebieten des politischen, sozialen, wirtschaftlichen und kulturellen Lebens sicherzustellen"[1248], mit sich, dass das Gremium auch immer mehr in „politische Entscheidungen"[1249] mit einbezogen wurde. Dies führte nicht nur zu einer schrittweisen Abkehr von den Vereinbarungen des Potsdamer Abkommens[1250], sondern begann auch die besonders von Bayern stets verteidigten föderalistischen Interessen zu bedrohen.[1251] Das war eine Entwicklung, die auch Anton Pfeiffer nicht verborgen blieb und der er entgegenzuwirken versuchte.

Vor allem die Einrichtung zweier Körperschaften innerhalb des Länderrats gaben dem bayerischen Föderalisten Pfeiffer Anlass zur Sorge: zum einen die des Generalsekretariats der Länder der US-Zone[1252], zum anderen die des Direktoriums[1253], dessen

---

[1246] *Akten zur Vorgeschichte der BRD*, Bd. 1, S. 61.
[1247] Ebd., S. 41f.
[1248] *Akten zur Vorgeschichte der BRD*, Bd. 1, Dok. Nr. 4, 2. Tagung des Länderrates des amerikanischen Besatzungsgebietes in Stuttgart, 6. November 1945, S. 140-150.
[1249] *Akten zur Vorgeschichte der BRD*, Bd. 1, S. 59.
[1250] „Potsdamer Abkommen vom 2. August 1945", in: Riedel, *documentArchiv.*
[1251] Zu den Überlegungen der amerikanischen Besatzungsmacht, aus dem Länderrat ein Zentralorgan der US-Zone zu machen, vgl. *Akten zur Vorgeschichte der BRD*, Bd. 1, S. 36.
[1252] Ebd., Dok. Nr. 2, Konstituierende Tagung des Länderrates des amerikanischen Besatzungsgebietes in Stuttgart, 17. Oktober 1945, S. 127–132. Laut Statut für den Länderrat des amerikanischen Besatzungsgebietes (SdL) bestand das Sekretariat aus dem von den Ministerpräsidenten zu ernennenden Generalsekretär und dem entsprechenden Personal (§ 8 (2) SdL). Zu den Aufgaben des Generalsekretärs gehörten die Vertretung des Sekretariats nach außen (§ 8 (4) SdL) und die Vorbereitung der Länderratstagungen (§ 8 (5) SdL). Zudem war er für den Haushaltplan verantwortlich (§12 (2) SdL). Härtel, *Länderrat*, S. 188f. Zur Arbeit des Generalsekretariats vgl. Pfeiffer, *Länderrat*, S. 13f. und 45f. Aufgelöst wurde das Generalsekretariat erst Ende September 1948. Siehe Härtel, *Länderrat*, S. 76–79.
[1253] *Akten zur Vorgeschichte der BRD*, Bd. 1, Dok. Nr. 21, Interne Sitzung des Länderrates des amerikanischen Besatzungsgebietes in Stuttgart, 27. Mai 1946, S. 507–515; ebd., Dok. Nr. 23, 9. Tagung des Länderrates des amerikanischen Besatzungsgebietes in Stuttgart, 4. Juni 1946, S. 551f. Das Direktorium des Länderrats bestand aus jeweils einem Sonderbeauftragten der drei Länder der US-Zone, weiteren drei Länderratsbevollmächtigten und dem Generalsekretär (§ 15 I. SdL). Zu seinen Aufgaben gehörten die Vorbereitung der Beschlüsse der Ausschüsse zur Vorlage an den Länderrat und die Entscheidung bei Themen, die keine „grundsätzliche oder wesentliche Bedeutung" hatten (§ 15 I. SdL). Härtel, *Länderrat*, S. 190. Der Generalsekretär war für die Geschäftsführung des Direktoriums verantwortlich (§ 15 III. SdL); vgl. ebd. Zur Arbeit des Direktoriums vgl. auch ebd., S. 24–27; Pfeiffer, *Länderrat*, S. 23–30, 46f.

Mitglied Anton Pfeiffer als Sonderbeauftragter Bayerns war.[1254] Seiner wachsenden Sorge – die gleichzeitig die Staats- und Verfassungsvorstellungen Anton Pfeiffers verdeutlicht –, die Einrichtung dieser beiden Gremien könne der Entwicklung eines Zentralorgans in Gestalt des Länderrats Vorschub leisten, verlieh er nicht nur in den Sitzungen des Länderrats, sondern auch in denen des bayerischen Ministerrats sowie des Bayerischen Beratenden Landesausschusses, in privaten Gesprächen sowie in einer von ihm verfassten Denkschrift Ausdruck.

Ziel des Länderrats, so Pfeiffer im Bayerischen Beratenden Landesausschuss am 26. Februar 1946, müsse es sein, dass die drei dort durch die Ministerpräsidenten vertretenen Länder „ohne Eingriffe in das ihnen zustehende Maß an Selbstständigkeit gemeinsame Fragen gemeinsam regeln könnten." Keineswegs dürfe dabei aber eine „Zentralregierung für die amerikanische Zone" entstehen. Zwar habe er gegen die Einrichtung eines Generalsekretariats an sich nichts einzuwenden, „aber die Entscheidung müßte immer bei den Ministerpräsidenten liegen." Das hieß für Anton Pfeiffer, dass das Sekretariat zwar administrative Aufgaben übernehmen, aber „nur so viel Autorität" zugesprochen bekommen dürfe, „als durch gemeinsame Zustimmung der Länderregierungen zugebilligt wird."[1255] Bereits in diesem Referats Pfeiffers, vier Monate nach Gründung des Länderrats, wurde deutlich, dass der bayerische Staatssekretär damit liebäugelte, mithilfe des Länderrats „eine bundesstaatliche, vielleicht sogar eine staatenbundliche Grundlage der US-Zone, vielleicht ein zweckmäßiges und wertvolles Vorbild für einen bundesstaatlichen und wahrhaft föderativen Aufbau eines neu zu schaffenden Reiches"[1256], zu verwirklichen.

In den Sitzungen des bayerischen Ministerrats meldete sich Anton Pfeiffer 1945 und 1946 mehrfach zu Wort, wenn es um Organisation und Aufgaben des Länderrats ging. Er betonte hier vor allem, dass man auch dort „streng föderalistisch eingestellt sei"[1257] – ganz im Gegensatz zu Hessen und Württemberg, wo „ein stark zentralistischer Wind"[1258] wehe. Um diesem Einfluss entgegenzuwirken, hätte es Pfeiffer überaus begrüßt, „den Posten des Generalsekretärs für Bayern in Anspruch zu nehmen"[1259], der

---

[1254] Vgl. o. A. [Anton Pfeiffer], Biographische Skizze von Dr. Anton Pfeiffer, Staatsminister, Leiter der Bayerischen Staatskanzlei, 15. Januar 1949, in: BayHStA, NL Pfeiffer 1; *Akten zur Vorgeschichte der BRD*, Bd. 1, Dok. Nr. 24, 10. Tagung des Länderrates des amerikanischen Besatzungsgebietes in Stuttgart, 2. Juli 1946, S. 574, Anm. 7; Härtel, *Länderrat*, S. 26.

[1255] Anton Pfeiffer, Die staatsrechtliche Entwicklung in Bayern seit dem Zusammenbruch des 3. Reiches, Referat von Staatssekretär Dr. Anton Pfeiffer, Leiter der bayerischen Staatskanzlei, gehalten in der 1. Sitzung des Bayerischen Beratenden Landesausschusses, 26. Februar 1946, in: BayHStA, NL Pfeiffer 320, S. 13–14.

[1256] Ebd.

[1257] Sitzung des Ministerrats, 14. November 1945, in: IfZ, Bestand: Wilhelm Hoegner, ED 120, Bd. 355, Blatt 27. Den föderalistischen Gedanken bei der Organisation und den Aufgaben des Stuttgarter Länderrats hatte Anton Pfeiffer bereits im Oktober 1945 betont. Siehe Sitzung des Ministerrats, 24. Oktober 1945, in: IfZ, Bestand: Wilhelm Hoegner, ED 120, Bd. 354, Blatt 128.

[1258] Sitzung des Ministerrats, 30. November 1945, in: IfZ, Bestand: Wilhelm Hoegner, ED 120, Bd. 355, Blatt 68.

[1259] Ebd.

allerdings an den württembergischen Generalsekretär der SPD, Erich Roßmann[1260] ging. „Der wichtigste Grundsatz sei" daher, so Pfeiffer, „dass dieses neue Generalsekretariat nur so viel Autorität über die mit ihm zusammenarbeitenden Staaten haben soll, als die Regierungen dieser Staaten ihm selbst zugestehen."[1261] Es müsse folglich „das Bestreben Bayerns sein, in das Statut [des Länderrats] solche Grundsätze einzubauen, welche verhindern, dass aus dem Generalsekretariat eine Zentralinstanz werde."[1262]

Daher versuchte der Leiter der bayerischen Staatskanzlei, wie er im Ministerrat betonte, „unter allen Umständen den stellvertretenden Generalsekretär"[1263] mit einem bayerischen Vertreter zu besetzen, einen Ausbau der „Stellung des Generalsekretärs" zu einem „Bundesminister der drei Länder"[1264] zu verhindern und eine personelle Vergrößerung des Sekretariats zu unterbinden[1265], da dieses sonst „automatisch zu einer Zentralbehörde werde"[1266]. Stattdessen kam es Pfeiffer darauf an, auch im Länderrat das Gewicht der einzelnen Länder zu erhalten und zu stärken, indem er den Ein-

---

[1260] *Akten zur Vorgeschichte der BRD*, Bd. 1, Dok. Nr. 6, 3. Tagung des Länderrates des amerikanischen Besatzungsgebietes in Stuttgart, 4. Dezember 1945, S. 176. Zu Erich Roßmann vgl. seine Autobiographie: Roßmann, Erich, *Ein Leben für Sozialismus und Demokratie*, Stuttgart 1946.
[1261] Sitzung des Ministerrats, 24. Oktober 1945 in: IfZ, Bestand: Wilhelm Hoegner, ED 120, Bd. 354, Blatt 128. „Heutzutage gebe es kaum eine Angelegenheit, die nur landesgebunden sei. So ziemlich alles gehe gemeinsam durch das ganze Reich und fast durch ganz Europa. Infolgedessen werde bei dem Generalsekretariat eigentlich jede Angelegenheit der Staatsverwaltung irgendwie zu behandeln sein, also müsse dieses auch die entsprechenden Einrichtungen haben. Es müsse gegliedert sein wie die bayerischen Ministerien oder wie die früheren Reichsministerien. Wenn man diesem natürlichen Zwang folge und ihm Kompetenzen zuteilen wolle, so bilde dies beinahe unwillkürlich die Grundlage für eine neue Reichsinstanz innerhalb der amerikanischen Zone", warnte Anton Pfeiffer. Ebd., Blatt 128f.
[1262] Ebd., Blatt 129.
[1263] Sitzung des Ministerrats, 30. November 1945, in: IfZ, Bestand: Wilhelm Hoegner, ED 120, Bd. 355, Blatt 76. „Bayern müsse jemand in der Maschine des Generalsekretariats drinnen haben, auch wenn die Besetzung uns noch schwer falle", so Anton Pfeiffer weiter. Ein gutes halbes Jahr später konnte Anton Pfeiffer im Ministerrat verkünden, dass „ein Vertreter Bayerns als Stellvertreter des Generalsekretärs seine Stelle beim Länderrat" angetreten habe. Sitzung des Ministerrats, 5. Juni 1946, in: IfZ, Bestand: Wilhelm Hoegner, ED 120, Bd. 358, Blatt 77. Pfeiffer liebäugelte auch damit, zur „Verbindung zwischen dem Generalsekretariat und der Bayerischen Staatsregierung" einen „Gesandten" nach Stuttgart, instruiert durch die bayerische Staatskanzlei, zu schicken. Sitzung des Ministerrats, 24. Oktober 1945 in: IfZ, Bestand: Wilhelm Hoegner, ED 120, Bd. 354, Blatt 132.
[1264] Sitzung des Ministerrats, 29. Mai 1946, in: IfZ, Bestand: Wilhelm Hoegner, ED 120, Bd. 358, Blatt 65.
[1265] „Deshalb müsse man verhindern, dass ein grosser Apparat entstehe. Es genüge ein solcher, der alles Wesentliche sammle, die Sitzungen gut vorbereite und dafür sorge, dass die Maschinerie der von den Landesregierungen abgestellten Sachverständigen gut funktioniere. Eine Anordnungsgewalt des Generalsekretariats dürfe auf keinen Fall entstehen", so Anton Pfeiffer. Sitzung des Ministerrats, 24. Oktober 1945 in: IfZ, Bestand: Wilhelm Hoegner, ED 120, Bd. 354, Blatt 130.
[1266] Sitzung des Ministerrats, 27. März 1946, in: IfZ, Bestand: Wilhelm Hoegner, ED 120, Bd. 357, Blatt 89. Der Entwicklung einer „Elefantiasis" im Generalsekretariat sei vorzubeugen, so Anton Pfeiffer. Sitzung des Ministerrats, 26. Juni 1946, in: IfZ, Bestand: Wilhelm Hoegner, ED 120, Bd. 358, Blatt 137.

fluss der Ministerpräsidenten im Länderrat möglichst groß halten[1267] und „die Beamten [...] durch Dienstverträge zu Beauftragten der Länder"[1268] machen wollte. Geschickt nutzte der Leiter der bayerischen Staatskanzlei dabei seine guten Kontakte zu amerikanischen Stellen, um seinen Bedenken bereits zu einem frühen Zeitpunkt Ausdruck zu verleihen. So führte er kurz nach der Gründung des Länderrats ein Gespräch mit Karl Loewenstein[1269], einem Mitglied der Legal Division bei OMGUS, den er bereits bei der Gründung des amerikanischen Instituts kennengelernt hatte.[1270] Auch in diesem inoffiziellen Gespräch betonte Pfeiffer wieder, das Generalsekretariat solle ein „technisches Organ" bleiben und sich nicht zu einer wenn auch „kleinen Zonenregierung auswachsen".[1271]

Auch mit James K. Pollock, den er ebenfalls durch seine Tätigkeit am amerikanischen Institut kennengelernt hatte, führte der bayerische Staatssekretär Gespräche, die die Organisation und die Aufgaben des Länderrats betrafen.[1272] Pollock bemühte sich im Januar 1946, die bayerischen Mitglieder des Stuttgarter Länderrats davon zu überzeugen, „that the Länderrat was not a sinister super-government, and that it had not only added to his and Bavaria's stature, but that it has made government on the zone more efficient"[1273], was ihm auch zu gelingen schien. So notierte er bereits im Mai desselben Jahres: „He [Anton Pfeiffer] will now be more closely associated with the Länderrat, coming here weekly, and I could ask for no better sign of Bavarian cooperation."[1274] Als Gesprächspartner schätzte Pollock Pfeiffer sehr und bezeichnete ihn als „the keenest politician in Bavaria."[1275]

Im Länderrat selbst verfolgte Anton Pfeiffer ausdrücklich das Ziel, einen „starken Zusammenschluss der Länder der amerikanischen Zone" herbeizuführen, ohne in de-

---

[1267] Vgl. Sitzung des Ministerrats, 30. November 1945, in: IfZ, Bestand: Wilhelm Hoegner, ED 120, Bd. 355, Blatt 68 und 74; Sitzung des Ministerrats, 29. Mai 1946, in: IfZ, Bestand: Wilhelm Hoegner, ED 120, Bd. 358, Blatt 66.
[1268] Sitzung des Ministerrats, 27. März 1946, in: IfZ, Bestand: Wilhelm Hoegner, ED 120, Bd. 357, Blatt 90.
[1269] Vgl. Lang, Markus, *Karl Loewenstein. Transatlantischer Denker der Politik*, Stuttgart 2007 (Transatlantische Studien, Bd. 28).
[1270] Reuter, *Eminenz*, S. 137.
[1271] o. A. [Anton Pfeiffer], Aufzeichnung über die Besprechung Dr. Löwenstein mit Staatssekretär Dr. Pfeiffer, 26. Oktober 1945, in: BayHStA, NL Pfeiffer 32, S. 3. Loewenstein stimmte Pfeiffer zu: „Es solle der Anschein vermieden werden, daß es [das Generalsekretariat] eine neue Reichsregierung werden kann." Ebd.
[1272] Für das Jahr 1946 sind in James K. Pollocks Aufzeichnungen sechs Treffen mit Anton Pfeiffer vermerkt; darunter erwähnt Pollock auch einen „Bierabend". Pollock, James K., *Besatzung und Staatsaufbau nach 1945. Occupation Diary and Private Correspondence 1945–1948*, hg. v. Ingrid Krüger-Bulcke, München 1994, S. 273.
[1273] Ebd., S. 148. So betonte James K. Pollock auch in einem offiziellen Papier des RGCO: „It [der Länderrat] is essentially a coordinating agency and not a zonal government." Ebd., S. 346.
[1274] Ebd., S. 219.
[1275] Ebd. Die Wertschätzung schien auf Gegenseitigkeit zu beruhen, da Anton Pfeiffer den Kontakt zu James K. Pollock aufrechterhielt und sich im Mai 1948 über Ideen eines zukünftigen Reichsaufbaus unterhielt. Der bayerische Staatssekretär sicherte Pollock sogar zu, ihm den Ellwanger Entwurf der CDU/CSU für eine deutsche Bundesverfassung zukommen zu lassen. Ebd., S. 314f. Zum Ellwanger Entwurf siehe Kapitel 3.1.2.

ren „Selbstständigkeit einzugreifen."[1276] So war ihm auch hier vor allem daran gelegen, den Einfluss des „General Secretary"[1277] und dessen Generalsekretärs Roßmann möglichst gering zu halten. Zu einer ernsthaften Auseinandersetzung kam es, als Roßmann versuchte, das Generalsekretariat auszubauen.[1278] Pfeiffer reagierte mit einem fünfseitigen Schreiben der bayerischen Staatskanzlei[1279], in dem er sich gegen eine „Aufblähung in personeller Hinsicht"[1280] wandte und das Roßmann daraufhin als „scharfe bayerische Demarche"[1281] bezeichnete. Der bayerische Staatssekretär verwahrte sich in diesem Schriftstück gegen die Übertragung jedweder „Hoheitsrechte" an das Generalsekretariat, aus denen eine „irgendwie geartete Zentralgewalt gegenüber den drei im Länderrat vertretenen Staaten" erwachsen könne.[1282] Die Aufgabe des Sekretariats, so Pfeiffer, bestehe lediglich darin, den Ministerpräsidenten „als technisches Hilfsorgan zu dienen", und zwar ohne jegliche „sachliche Gestaltung". Der „Charakter des Sekretariats" verlange es außerdem, „dass das Büro sich auf seine eigentlichen Aufgaben" begrenze; schließlich handle es sich bei dieser Institution „nicht um eine Dauereinrichtung".[1283]

Im Länderrat wandte sich Anton Pfeiffer vier Monate später auch gegen den Vorschlag, dem Generalsekretär ein Stimmrecht im Direktorium zu erteilen, da ja bereits „durch die sechs Ländervertreter die Hoheitsrechte der einzelnen Länder im Direktorium vertreten würden. Wenn darüber hinaus der Generalsekretär auch Stimmrecht habe, so würde damit zum erstenmal ein Stück der Hoheit der Länder auf den Generalsekretär übertragen."[1284] Stattdessen versuchte Pfeiffer die Rechte der Länder zu stärken, etwa dahingehend, dass auch Vertretern der Sonderbeauftragten im Direktorium ein Stimmrecht zugestanden werden sollte – ein Antrag, mit dem er sich nicht

---

[1276] Anton Pfeiffer, Denkschrift über das Problem des Länderrats, 1. März 1948, in: BayHStA, NL Pfeiffer 77, S. 2.
[1277] o. A., Charter for the establishment of a common Secretariat of the Lander of the U.S. Zone, 17. Oktober 1945, in: BayHStA, NL Pfeiffer 77.
[1278] *Akten zur Vorgeschichte der BRD*, Bd. 1, Dok. Nr. 17, 7. Tagung des Länderrates des amerikanischen Besatzungsgebietes in Stuttgart, 2. April 1946, S. 383, Anm. 23.
[1279] Ministeramt (Bayer. Staatskanzlei) an das Generalsekretariat des Länderrats des amerikanischen Besatzungsgebiets, gezeichnet von Staatssekretär Anton Pfeiffer, 7. Januar 1946, in: HHStA, NL Geiler, Abt. 1126, Nr. 4, Blatt 69–73.
[1280] Ebd., Blatt 72.
[1281] *Akten zur Vorgeschichte der BRD*, Bd. 1, Dok. Nr. 17, 7. Tagung des Länderrates des amerikanischen Besatzungsgebietes in Stuttgart, 2. April 1946, S. 383.
[1282] Ministeramt (Bayer. Staatskanzlei) an das Generalsekretariat des Länderrats des amerikanischen Besatzungsgebiets, gezeichnet von Staatssekretär Anton Pfeiffer, 7. Januar 1946, in: HHStA, NL Geiler, Abt. 1126, Nr. 4, Blatt 69. Auch hier nutzte Anton Pfeiffer geschickt die Möglichkeit, Bayern, aber auch die anderen Länder der amerikanischen Besatzungszone als „Staaten" zu deklarieren. Vgl. Kapitel 2.3.1, 2.3.2 und 3.5.2.
[1283] Ebd., Blatt 69, 71–72. Anton Pfeiffer verwies außerdem darauf, „dass die Schaffung von zentralen Einrichtungen für die Gebiete der Wirtschaft, des Verkehrs, der Finanzen usw. für alle deutschen Gebiete in Aussicht genommen ist. Sobald diese zentralen Einrichtungen geschaffen sind, wird wohl auch der Länderrat in seiner derzeitigen Gestalt verschwinden." Ebd., Blatt 72f.
[1284] *Akten zur Vorgeschichte der BRD*, Bd. 1, Dok. Nr. 21, Interne Sitzung des Länderrates des amerikanischen Besatzungsgebietes in Stuttgart, 27. Mai 1946, S. 514.

durchsetzen konnte.[1285] Generell war Anton Pfeiffer somit im Länderrat darauf bedacht, jeglichen Zentralisierungsbestrebungen und einer etwaigen „Kompetenzhamsterung"[1286] entgegenzuwirken.

Als sich die Zeit des Stuttgarter Länderrats im Jahr 1948 mit zunehmender Bedeutung des Wirtschaftsrats in Frankfurt bereits seinem Ende entgegenneigte[1287], verfasste Anton Pfeiffer eine „Denkschrift über das Problem des Länderrats"[1288], in der er zufrieden feststellte, der Länderrat habe zwar „zu einem starken Zusammenschluss der Länder der amerikanischen Zone geführt", allerdings „ohne in deren Selbstständigkeit einzugreifen". Dabei sei „das politische und staatsrechtliche Schwergewicht des Länderrats" stets in den Händen der Ministerpräsidenten verblieben.[1289] Pfeiffers Befürchtung, der Länderrat könne sich durch die Einrichtung von Generalsekretariat und Direktorium zu einem Zentralorgan entwickeln, trat nicht ein. Auch hier resümierte der bayerische Staatssekretär: „Die Vorbereitung der Gesetze erfolgt von unten nach oben. Die Länder liefern die Bausteine, die Ausschüsse und das Sekretariat des Länderrats fügen sie zu einer Einheit zusammen. [...] Der Entwicklung einer ungesunden Zentralbürokratie sind damit natürliche Schranken gesetzt."[1290] Aufschlussreich ist in Anton Pfeiffers Denkschrift seine Interpretation der demokratischen Basis des Länderrats, die auffallend einer Beschreibung des im Länderrat verwirklichten föderalistischen Gedankens glich; diese sei „dadurch gewährleistet, dass die Ministerpräsidenten der Länder des amerikanischen Besatzungsgebietes in ihrer Tätigkeit im Länderrat als Exponenten ihrer Landesregierungen handeln und ihren Landtagen verantwortlich sind".[1291]

[1285] Ebd., Dok. Nr. 24, 10. Tagung des Länderrates des amerikanischen Besatzungsgebietes in Stuttgart, 2. Juli 1946, S. 574, Anm. 7. Zur Kontroverse zwischen Anton Pfeiffer und Erich Roßmann vgl. auch ebd., S. 580, Anm. 30.

[1286] Ebd., Dok. Nr. 6, 3. Tagung des Länderrates des amerikanischen Besatzungsgebietes in Stuttgart, 4. Dezember 1945, S. 185. So war Anton Pfeiffer beispielsweise die Schaffung „einer Zentralstelle [für Ernährung und Landwirtschaft] beim Länderrat" ein Dorn im Auge; vgl. ebd. Bedenken gegen ebendiese „Zentralstelle für Ernährung und Landwirtschaft" äußerte der bayerische Staatssekretär auch im Ministerrat. Sitzung des Ministerrats, 30. November 1945, in: IfZ, Bestand: Wilhelm Hoegner, ED 120, Bd. 355, Blatt 69.

[1287] Bereits Ende 1947 hatte Anton Pfeiffer diese Entwicklung sich abzeichnen sehen; „nachdem die staatsrechtliche Entwicklung sich in der Zone zur Bizone fortsetze und in eine bundesstaatliche Form auf föderativer Grundlage hineinwachse, ergebe sich eine allmähliche Verminderung der Aufgaben" des Länderrats. Protokoll der internen Direktoriumssitzung, 30. Dezember 1947, in: BayHStA, NL Pfeiffer 80. Vgl. auch „Existenzfrage", in: Der Spiegel, 6. März 1948. Zum Einfluss bizonaler Gremien auf die Arbeit des Stuttgarter Länderrats vgl. Pfeiffer, Länderrat, S. 35–39. Eine erste Krise erlebte der Länderrat bereits Ende 1946, als die Verfassungsgebung in den Ländern der amerikanischen Besatzungszone zum Abschluss gekommen war. Vgl. Akten zur Vorgeschichte der BRD, Bd. 2, S. 18.

[1288] Anton Pfeiffer, Denkschrift über das Problem des Länderrats, 1. März 1948, in: BayHStA, NL Pfeiffer 77.

[1289] Ebd., S. 1.

[1290] Ebd., S. 2.

[1291] Ebd., S. 3. Eine Erweiterung des Länderrats zu einem bizonalen Gremium sah Anton Pfeiffer kritisch. Als größtes Hindernis sah er die rechtliche Ungleichheit in der amerikanischen und der britischen Besatzungszone an: „In der amerikanischen Zone auf demokratischer Basis ernannte und parlamentarisch verantwortliche Ministerpräsidenten, deren Befugnisse aus dem Verfassungsrecht ihrer Länder fliessen, in der britischen Zone keine parlamentarisch gebundenen Ministerpräsidenten, son-

Anton Pfeiffer hoffte, durch seine Einflussnahme auf Zusammensetzung und Aufgaben des Stuttgarter Länderrats, anders als in den Jahren 1919/20, einen Staatsaufbau von unten vorantreiben zu können und nicht wieder von einer Zentralgewalt im Nachhinein Rechte für Bayern einfordern zu müssen. Dies war besonders in der Anfangszeit des Länderrats von Bedeutung, als die Verfassungsgebung in den Ländern noch nicht vollzogen war. Unter staatsrechtlichem Gesichtspunkt versuchte er den Länderrat des amerikanischen Besatzungsgebiets dabei zunächst in bundesstaatlicher, wenn möglich auch in staatenbündischer Hinsicht zu interpretieren, gab den Gedanken an einen Staatenbund aber mit zunehmender Bedeutung der Bizone zugunsten einer bundesstaatlichen Form auf föderativer Grundlage auf.[1292] Zur Durchsetzung seiner Sichtweise setzte Pfeiffer auf die direkte Einflussnahme im Länderrat selbst, auf bayerischer Ebene zusätzlich im Ministerrat und im Beratenden Landesausschuss. Auch seine persönlichen Kontakte machte er sich zur Durchsetzung seiner Interessen zunutze.

3.5.2 Pfeiffer im Ellwanger Freundeskreis in den Jahren 1947/1948

Nach dem Ende des Zweiten Weltkriegs brachte Anton Pfeiffer seine staats- und verfassungspolitischen Vorstellungen und Konzeptionen nicht nur im Stuttgarter Länderrat, sondern auch, wiederum auf zonaler Ebene, im Ellwanger Freundeskreis ein. Dabei hatte er eine neue Ordnung für die Länder der westdeutschen Besatzungszone im Blick und beschäftigte sich auch mit dem Konstrukt einer Übergangslösung bis zur Bildung eines gesamtdeutschen Staatswesens. Vor allem Anton Pfeiffers Mitarbeit an den vom Ellwanger Freundeskreis im Jahr 1947 vorgelegten „Grundsätzen zur Schaffung einer deutschen Bundesverfassung"[1293] ist hierbei von Bedeutung, um die Vorstellungen des bayerischen Staatssekretärs von Staat und Verfassung aufzuzeigen. Die politischen Erfahrungen Pfeiffers und seine daraus entstandenen verfassungsrechtlichen Vorstellungen lassen sich anhand seiner Beiträge zur Verfassungsdiskussion innerhalb des Ellwanger Freundeskreises ablesen.

Der Ellwanger Freundeskreis[1294] war eine informelle Zusammenkunft von CDU- und CSU-Mitgliedern, die sich mit Verfassungsfragen nach dem Ende des Zweiten Weltkrieges befassten.[1295] Im Gegensatz zum offiziellen Verfassungsausschuss in der

---

dern letzthin die Militärregierung, bei der weithin Gesetzgebung und Verwaltung ruhen." Dennoch befürwortete es der bayerische Staatssekretär, „den Länderrat des amerikanischen Besatzungsgebietes auf bizonale Basis zu erweitern." Dazu, so Pfeiffer müsse zunächst eine „Zwischenlösung" geschaffen werden, bis bestimmte Voraussetzungen, wie etwa „die gleiche staatsrechtliche Struktur" in den Ländern der amerikanischen und britischen Besatzungszone, gegeben seien. Ebd., S. 3–5.

[1292] Die Interpretation Peter J. Kocks, Anton Pfeiffer habe den Stuttgarter Länderrat als „staatenbündischen Zusammenschluß" aufgefasst, greift hier daher etwas zu kurz. Kock, *Bayerns Weg*, S. 240.

[1293] „Grundsätze für eine deutsche Bundesverfassung, 13. April 1948", abgedruckt in: Sörgel, *Konsensus*, S. 297–307. Die „Grundsätze" sind auch erhalten im BayHStA, NL Pfeiffer 44.

[1294] Die Quellenlage zum Ellwanger Freundeskreis gestaltet sich als schwierig, da von den abgehaltenen Sitzungen meist keine Protokolle angefertigt wurden.

[1295] „Die Ursprünge dieser Gruppe führen in das Jahr 1946, als noch kein kontinuierlicher Kontakt der Landesverbände der politischen Parteien über die einzelnen Besatzungsgrenzen möglich war."

Arbeitsgemeinschaft der CDU/CSU erweckte der Ellwanger Kreis recht bald Misstrauen in der Öffentlichkeit. Die Presse informierte über eine „geheime und nur von [...]geladenen Teilnehmern besuchte Konferenz"[1296]. Zu dieser Wahrnehmung trug sicherlich bei, dass die Journalisten von den Sitzungen des Ellwanger Kreises stets ausgeschlossen blieben und „sich keine Stelle der CDU/CSU zum Inhalt der Besprechungen"[1297] offiziell äußerte. So stellte auch *Der Spiegel* am 3. April 1948 in einem Artikel über Anton Pfeiffer unter der Überschrift „Sein Lieblingsplan. Ellwanger Nachgeburt" fest: „Die Presse war, wie üblich, ausgeschlossen."[1298]

Pfeiffer hingegen war daran gelegen, derlei Gerüchte zu zerstreuen und gegen „Verleumdungen" und „Legenden"[1299] jedweder Art vorzugehen, während ihm indes insbesondere *Der Spiegel* vorwarf, „seine föderalistischen Lieblingspläne ein Stück weiterzutreiben" und sich dabei wie „der kleine Metternich Bayerns"[1300] aufzuführen. Dagegen gab der bayerische Staatssekretär an, im Grunde sei das Zustandekommen des Ellwanger Kreises „dem Bedürfnis der CDU- bzw. CSU-Mitglieder der süddeutschen Länderregierungen in der amerikanischen Zone, ihre Politik im Länderrat untereinander abzustimmen"[1301], geschuldet. Auch Adolf Süsterhenn, der ebenfalls an einigen Sitzungen des Ellwanger Kreises teilnahm[1302], kommentierte, wenn auch eher süffisant, die Auswüchse in der Presse mit den Worten: „Diese und ähnliche sich in mannigfachen Variationen wiederholenden Meldungen zeigen, daß die romantische Phan-

---

Ley, *Föderalismusdiskussion*, S. 54. Zum Bedeutungsverlust des Ellwanger Kreises vgl. Benz, „Politik", S. 818–820.

[1296] „Föderation süddeutscher Länder?", in: *Süddeutsche Zeitung*, 2. Dezember 1947, S. 2. „Es wird davon berichtet, daß die Beratungen streng geheimgehalten wurden und nur geladene Gäste Zutritt hatten", wusste der *Telegraf* zu berichten. „Ein gefährliches Spiel. Was wurde beim Ministertreffen im Karmeliterkloster Schönenberg beraten?", in: *Telegraf*, 3. Dezember 1947.

[1297] „Föderation süddeutscher Länder?", in: *Süddeutsche Zeitung*, 2. Dezember 1947, S. 2.

[1298] „Sein Lieblingsplan. Ellwanger Nachgeburt", in: *Der Spiegel*, 3. April.1948, S. 6.

[1299] Anton Pfeiffer, „Die Verfassungsarbeit des Ellwanger Kreises. Von Staatsminister Dr. Anton Pfeiffer", in: *Süddeutsche Zeitung*, 24. April 1948, S. 3. Hinsichtlich der in der Presse gestreuten Vermutungen, dass es sich bei den Arbeiten des Ellwanger Kreises um separatistische Bestrebungen vor allem Bayerns handeln könne, äußerte Pfeiffer: „Die erarbeiteten Grundsätze haben mit den Begriffen ‚Eiserner Vorhang', ‚Bizone und Trizone', ‚Weststaat' nichts zu tun. Sie zielen auf einen staatlichen Neubau Deutschlands ab, die ein echtes demokratisches Staatsleben ermöglichen und eine freie Entfaltung aller positiven und aufbauwilligen Kräfte fördern." Ebd. Dieser Aufsatz ist auch im BayHStA, NL Pfeiffer 320 erhalten.

[1300] „Sein Lieblingsplan. Ellwanger Nachgeburt", in: *Der Spiegel*, 3. April.1948, S. 5f.

[1301] Benz, „Politik", S. 785. Vgl. auch Ley, *Föderalismusdiskussion*, S. 54. So gab auch Anton Pfeiffer in der *Süddeutschen Zeitung* vom 24. April 1948 an, der Ellwanger Kreis habe seinen Ursprung in der Arbeit im Stuttgarter Länderrat, die „mit großer Regelmäßigkeit führende Männer aus allen politischen Parteien" zusammengeführt habe. „So ergaben sich auch zwischen Angehörigen der CSU in Bayern und der CDU in den anderen Ländern persönliche Beziehungen. So kamen ein paar Mitarbeiter aus den Ländern der amerikanischen Zone auf den Gedanken, die sämtlichen der CDU und CSU angehörenden Regierungsmitglieder aus der ganzen Zone gelegentlich für ein oder zwei Tage in freundschaftlicher Weise zu vereinen. Auf diese Weise entstanden die Ellwanger Zusammenkünften, zu denen mit Regelmäßigkeit ungefähr 30 Freunde sich einfanden." Anton Pfeiffer, „Die Verfassungsarbeit des Ellwanger Kreises. Von Staatsminister Dr. Anton Pfeiffer", in: *Süddeutsche Zeitung*, 24. April 1948, S. 3.

[1302] Vgl. Hehl, *Süsterhenn*, S. 354, Anm. 26. Zu Adolf Süsterhenns Arbeit innerhalb des Ellwanger Kreises vgl. ebd., S. 454–459.

tasie Karl May'scher Prägung in der politischen Publizistik unserer Tage fröhliche Urstände feiert, um die Sensationslust solcher Leser zu befriedigen, denen die rauhe Wirklichkeit des politischen Lebens der Gegenwart noch nicht interessant genug erscheint."[1303]

Im Rahmen der Verfassungsdiskussionen der Unionsparteien kann der Ellwanger Freundeskreis als Ausdruck der innerparteilichen konkurrierenden Interessen angesehen werden, fanden sich hier immerhin die entschiedensten Verfechter des Föderalismus zusammen.[1304] Den Anstoß zur Gründung dieses Diskussionszirkels gab Anton Pfeiffer gemeinsam mit dem stellvertretenden hessischen Ministerpräsidenten Werner Hilpert. Daher verwundert es nicht, dass Pfeiffer in der Literatur als „spiritus rector"[1305] des Ellwanger Kreises bezeichnet wird, ging doch von ihm die Initiative aus, die erste Sitzung am 1. und 2. März 1947 im Kloster auf dem Schönenberg nahe Ellwangen abzuhalten. Im Zentrum dieses ersten Treffens standen „Fragen um die Gestaltung Deutschlands"[1306], ein Referat, das vom bayerischen Ministerpräsidenten Hans Ehard gehalten wurde. Darin erhob er die Forderung nach einem föderalistischen Staat[1307], brachte einen gewissen Argwohn gegenüber dem Zentralismus, der in der britischen Zone herrsche, zum Ausdruck[1308] und warnte ausdrücklich vor den Gefahren des Bolschewismus.[1309]

Zwei weitere Tagungen fanden in Ellwangen statt, bevor am 22. und 23. November 1947 schließlich verfassungsrechtlich relevante Fragen erörtert wurden, die in einem

---

[1303] Adolf Süsterhenn, „Ellwanger Sensationen", in: *Der Westen*, 13. April 1948, abgedruckt in: Süsterhenn, *Schriften*, S. 191–194, hier S. 192.

[1304] Vgl. Benz, „Politik", S. 777–778.

[1305] Vogel, Rudolf, „Erinnerungen und Bemerkungen zum ‚Ellwanger Kreis'", in: *Ellwanger Jahrbuch 1979–1980*, hg. v. Geschichts- und Altertumsverein e. V., Bd. XXVII, S. 171–180, hier S. 171; Ley, *Föderalismusdiskussion*, S. 55. Peter Jakob Kock nennt als weiteren Intitiator des Ellwanger Kreises Hermann Gögler, den Staatssekretär des württemberg-badischen Staatsministeriums. Kock, *Bayerns Weg*, S. 263.

[1306] Hans Erhard, Fragen um die Gestaltung Deutschlands, München, 4. März 1947 (handschriftlich korrigiert auf den 1. März 1947), in: BayHStA NL Pfeiffer 395.

[1307] „Der Zentralismus hat uns 2mal in einen Weltkrieg geführt und er wird es wiederum tun. Hilfestellung dafür kommt von Osten. Demgegenüber muss das Gewicht der anderen (süddeutschen) Weltanschauung eingesetzt werden. Dies ist nur möglich, durch eine Stärkung der Staaten, besonders der süddeutschen. Wir müssen beim Aufbau des Bundesstaates kräftig mitwirken. Ein gesunder Föderalismus hätte vielleicht 1933 und 1939 vermieden." Ebd., S. 2.

[1308] „In der englischen Zone absolut schlechte zentralistische Methoden. In ihr geht es etwa nach dem Wort: ‚Führer befiehl, wir folgen dir.' Das ist nichts anderes als ein versteckter oder offener Militarismus." Ebd., S. 1. Siehe auch Benz, „Politik", S. 786. Ein weiterer Vortrag des württembergbadischen Justizministers Josef Beyerle hatte „das Christentum als Voraussetzung und Grundlage der gesamten Politik der CDU und CSU" zum Inhalt. Zur Biographie Josef Beyerles vgl. PR, Bd. 2, S. XX.

[1309] „Deutschland wird ein christlicher Staat sein oder keiner, desgleichen ist für den Bestand des Abendlandes entscheidend, ob es christlich sein wird oder nicht. Vom Osten her sehen wir politisch den Bolschewismus aufsteigen. Aber ist es nicht viel mehr das Aufsteigen einer neuen asiatischen Kultur?" Hans Erhard, Fragen um die Gestaltung Deutschlands, München, 4. März 1947 (handschriftlich korrigiert auf den 1. März 1947), in: BayHStA NL Pfeiffer 395, S. 3f.

klaren Bekenntnis zum Föderalismus mündeten.[1310] Beweggrund für die Beschäftigung mit diesem Thema war das dem Ellwanger Freundeskreis immanente Misstrauen gegenüber der divergenten Besatzungspolitik von Briten und Amerikanern sowie das Fehlen einer klaren Abgrenzung der Kompetenzen der Länder und die Furcht, durch die Gründung des Frankfurter Wirtschaftsrats Kompetenzen auf Landesebene einzubüßen.[1311]

Der bayerische Staatssekretär Anton Pfeiffer eröffnete diese Sitzung[1312], an deren Anfang das Referat über verfassungsrelevante Fragen Heinrich von Brentanos, Mitbegründer der hessischen CDU, stand. Im Zentrum dieses Vortrags standen die föderalistische Grundlage des neuen Deutschlands und die Beschaffenheit einer zu errichtenden Länderkammer. Brentano ging zunächst davon aus, dass es „aus politischen Gründen" angemessen sei, nicht davon auszugehen, dass das Deutsche Reich „zusammengebrochen sei". Die „staatliche Souveränität" würde lediglich „ruhen".[1313] Vordergründige Aufgabe sei es, „die Grundlagen einer deutschen Demokratie zu erarbeiten". Zur Ausgestaltung dieser Basis durch eine Verfassung stellte Brentano im Verlauf seines Vortags fest, dass diese Verfassung „auf einer klar föderativen Grundlage" stehen müsse. Seinem Verständnis nach bedeutete dies konkret, „dass der Wille der deutschen Länder in einem neuen Deutschland zum Ausdruck kommt".[1314] Voraussetzung hierzu sei die Bildung einer Länderkammer, in welche die Länder „ohne Rücksicht auf ihre Größe" die gleiche Anzahl an Stimmen haben sollten. Dabei solle die Unabhängigkeit der Landesvertreter gewahrt werden.[1315] „Die Länderkammer soll als gleichwertiges Element neben der Volkskammer stehen" und „bei dem Abschluss von Staatsverträgen" sowohl beteiligt sein als auch diesen zustimmen, formulierte Brentano. Ferner solle der „Präsident der Länderkammer der berufene Vertreter des Präsidenten der Republik sein".[1316]

[1310] Zu den Sitzungen zwei (31.5.–1.6.1947) und drei (20./21.9.1947) vgl. Benz, „Politik", S. 788–790 und Ley, *Föderalismusdiskussion*, S. 56. Die Teilnahme Anton Pfeiffers an beiden Sitzungen belegt Ley. Ein Protokoll über die Sitzung am 1. Juni 1947 ist im NL Schwend erhalten: Auszug aus den Referaten anlässlich der Tagung auf dem Schönenberg am 1. Juni 1947, in: StaBi München, NL Schwend, Ordner 37. Auch ein Programm zu der zweitägigen Veranstaltung ist hier zu finden. Ein Protokoll der Sitzung vom 20./21. September 1947 findet sich ebenfalls im NL Schwend: Niederschrift über die vierte Tagung im Kloster Schönenberg bei Ellwangen/I. am 22/23. November 1947, in: StaBi München, NL Schwend, Ordner 37.
[1311] Vgl. Benz, „Politik", S. 790; Sörgel, *Konsensus*, S. 84.
[1312] Protokoll der Sitzung abgedruckt bei Benz, „Politik", S. 791–810, erhalten in: StaBi München, NL Schwend, Ordner 37. Diese Mitschrift lag Richard Ley bei seinen Arbeiten zur Föderalismusdiskussion innerhalb der CDU/CSU offensichtlich noch nicht vor. Siehe Ley, *Föderalismusdiskussion*, S. 57. Eine Teilnehmerliste zur Tagung am 22./23. November 1947 ist erhalten in: StaBi München, NL Schwend, Ordner 37.
[1313] Benz, „Politik", S. 793. Adolf Süsterhenn argumentierte zwar nicht grundsätzlich gegen die von Brentano geäußerte Auffassung, wies jedoch darauf hin, dass „der Ausdruck ‚Reich' […] möglichst vermieden werden" solle, „da wir heute keine Begriffe prägen sollten, die inhaltlich leer geworden sind." Ebd., S. 801.
[1314] Ebd., S. 795f.
[1315] Ebd., S. 796. Gleichzeitig weißt Brentano auch darauf hin, „ob es nicht richtig ist, diese Länderkammern in einer anderen Form entstehen zu lassen, vielleicht in einer Form, die an den amerikanischen Senat erinnert". Ebd., S. 797.
[1316] Ebd.

Zum Erscheinungsbild einer Volkskammer referierte Heinrich von Brentano weitaus zurückhaltender und gestand ihr zunächst einzig die „Aufgabe der Regierungsbildung" ebenso wie der Landeskammer zu. Auch die Regierung schnitt er im Vergleich zur Ländervertretung nur kurz an. „Kontinuität" war hier das Stichwort, das die Verantwortung des Parlaments auch in Krisenzeit garantieren sollte.[1317] Einen Bundespräsidenten, dessen Wahl durch beide Kammern erfolgen sollte, und einen Staatsgerichtshof sah Brentano ebenfalls vor.[1318]

Im Verlauf der sich daran anschließenden Diskussion innerhalb des Ellwanger Kreises ergriff auch Anton Pfeiffer das Wort und versuchte einmal mehr, die theoretische Debatte in praktische Bahnen zu lenken. Er mahnte seine Mitstreiter „zu einer einheitlichen Auffassung" zu kommen, „10 oder 12 Punkte" aufzustellen und „Richtlinien" zu verfassen, „die die Auffassung der CDU in Verfassungsfragen darstellen und ihre politische Durchsetzbarkeit" anzugehen.[1319] Vorausschauend stellte Pfeiffer fest, „dass nach der Londoner Konferenz der Zeitpunkt kommt, wo wir wirklich gefragt werden", und dann die Zeit knapp werde, sich diesen komplexen Fragen zu widmen.[1320] Der bayerische Staatssekretär zeigte sich hier einmal mehr als Pragmatiker und Organisationstalent, indem er versuchte, die theoretische Debatte innerhalb des Ellwanger Freundeskreises in geordnete Bahnen zu lenken mit dem Ziel, einen Konsens herzustellen und zu einem vorzeigbaren Ergebnis zu gelangen.

Zur inhaltlichen Erörterung merkte Pfeiffer an, dass nicht nur der Konstitution der Länder, sondern auch der Verankerung des Föderalismus in einem neuen Bundesstaat Rechnung getragen werden müsse, damit dieser nicht von „den schwankenden Strömungen eines Reichstages"[1321] bedroht sei. Bei dem zuletzt genanntem Punkt dürften Anton Pfeiffer sicherlich die Zersetzungserscheinungen der Weimarer Reichsverfassung vor Augen gestanden haben. Für die Länder sah er eine angemessene Vertretung vor, da diese aus seiner Perspektive für einen Bundesstaat unerlässlich war: „Schon in der Maschine [dem Bundesstaat] muss das Element des gleichwertigen Staatseinflusses gegeben sein". „Kompetenzstreitigkeiten" sollten von einer neutralen „Stelle außerhalb des Parlaments" – hier liegt der Gedanke an den Vermittlungsausschuss nahe – getroffen werden.[1322]

Es zeigt sich an dieser Wortmeldung, dass Anton Pfeiffer neben der Niederschrift der Ansichten der CDU in Verfassungsfragen vor allem den föderalistischen Gedanken in den Diskussionen und Beschlussfassungen des Ellwanger Kreises verwirklicht sehen wollte. Als die Teilnehmer des Freundeskreises am 23. November auseinandergingen, hatten sie sich – im Sinne Pfeiffers – darauf geeinigt, „in Form von Thesen die

---

[1317] Ebd.
[1318] Ebd., S. 797f. Auch Adolf Süsterhenn sprach sich für die Schaffung eines Staatsgerichtshofes aus, der „außerordentlich stark entwickelt werden" und bei dessen „Zusammensetzung […] das föderative Element stark berücksichtigt werden" solle. Ebd., S. 801.
[1319] Ebd., S. 801. Mit Pfeiffer übereinstimmend, sprach sich auch Adolf Süsterhenn dafür aus, „Grundthesen" aufzustellen und sobald als möglich „ein vorläufiges Organisationsprogramm" zu konzipieren. Ebd., S. 804.
[1320] Ebd.
[1321] Ebd., S. 802.
[1322] Ebd.

Richtlinien für eine bundesstaatlich aufzubauende neue deutsche Verfassung"[1323] innerhalb eines Ausschusses zu beraten, der diese am 10. Dezember in Form eines Entwurfs zur Verfügung stellen sollte.

Die Reaktionen in der Presse auf dieses Treffen schürten indes die Gerüchte um „separatistische Ziele" und partikularistische Bestrebungen zur „Bildung einer süddeutschen Staatenföderation".[1324] So brachte etwa *Der Spiegel* folgende Meldung: „Führende süddeutsche Staatsmänner der CSU und CDU hatten sich zu einer ‚wichtigen, streng geheimen' Konferenz getroffen, die ohne Wissen der Militärregierung und anderer politischer Kreise abgehalten wurde."[1325] Ganz anderes berichtete indes der *Münchner Mittag* am 12. Dezember, der Anton Pfeiffer mit den Worten zitierte:

> „Es handelte sich um ein freundschaftliches Treffen, wie es schon seit ungefähr einem Jahr in größeren Zeitabständen immer wieder zustande kommt. Es werden CDU-Leute in Staatsstellungen eingeladen, die einen freundschaftlichen Gedankenaustausch in Sammlung und Ruhe pflegen wollen. Die Parteileitung hat damit nichts zu tun. Es werden keine Programme ausgearbeitet, es soll das christlich-politische Gedankengut fortentwickelt werden."[1326]

[1323] Ebd., S. 809. Die Beschlussniederschrift befindet sich auch im BayHStA, NL Pfeiffer 44.
[1324] „Münchner Konspirationen. Die ‚Ellwanger Gespräche' werden fortgesetzt", in: *Telegraf*, 11. Dezember 1947, S. 3. Der zitierte Artikel findet sich auch im BayHStA, NL Pfeiffer 44 und ist an folgender Textstelle mit Markierungen versehen: „Es scheint so, als sei der ehemaliger Generalsekretär der Bayerischen Volkspartei und jetzige Leiter der Staatskanzlei, Minister Dr. Anton Pfeiffer, der Inspirator [des Ellwanger Kreises]." Dies ist ein weiterer Beleg dafür, dass Anton Pfeiffer nicht nur die Presse hinsichtlich der Bewertung des Ellwanger Freundeskreises, sondern auch in Bezug auf seine eigene Person aufmerksam verfolgte.
[1325] „Es war in Schönenberg. Donaufreunde", in: *Der Spiegel*, 29. November 1947, S. 2.
[1326] „Konferenz der Föderalisten", in: *Münchner Mittag*, 12. Dezember 1947, S. 1. Schließlich erklärte auch die bayerische Staatsregierung: „Über eine am 22. und 23. November in Ellwangen abgehaltene Zusammenkunft von Mitgliedern der CDU/CSU aus mehreren Zonen und einen dort gebildeten Arbeitskreis zur Vorbehandlung von Verfassungsfragen sind in verschiedenen Organen der deutschen Presse teils falsche, teils entstellte oder geradezu unsinnige und frei erfundene Meldungen erschienen. Die Teilnehmer der Ellwanger Zusammenkunft nehmen für sich das Recht in Anspruch, sich um die kommende deutsche Verfassung ebenso zu bekümmern, wie es die SED in der Ostzone und die SPD in der Westzone, sowie andere Kreise in Deutschland bisher getan haben, zumal es sich um eine rein innerdeutsche Angelegenheit handelt." Ebd. Auch in einer Meldung „über das Informations- und Presseamt der Bayerischen Staatskanzlei", erhalten im BayHStA, NL Pfeiffer 44, verwahrte sich Pfeiffer am 12. April 1948 gegen diese „unsinnigen Gerüchte" und betonte den „privaten Charakter des Ellwanger Kreises". Was das Ergebnis der Besprechungen anging, so vermerkte Pfeiffer: „Der Entwurf, der zu gegebener Zeit der Öffentlichkeit nicht vorenthalten werden soll, stellt allgemeine Richtlinien für eine zukünftige deutsche Verfassung auf einwandfreier bundesstaatlicher Grundlage dar, die sich von der Weimarer Verfassung vor allem durch eine bessere Sicherung des föderalistischen Gefüges des zukünftigen deutschen Staatsorganismus und durch eine stärkere Gewährleistung einer föderalistischen Regierungsweise in diesem Staatsgebilde unterscheiden" solle. Siehe: Bekanntgabe von Staatsminister Dr. Anton Pfeiffer über das Informations- und Presseamt der Bayerischen Staatskanzlei, 12. April 1948, in: BayHStA, NL Pfeiffer 44. Welche hohen Wellen die Tagungen des Kreises in der Presse schlugen, lässt sich an folgender Zusammenstellung erkennen: „Klostergespräche in München fortgesetzt", in: *Die Zeitungsschau. Ausgabe Politik*, 8. Januar 1948. Auch auf der Tagung des Ellwanger Kreises am 20./21. September 1947 hatte Pfeiffer bereits betont, dass „Ellwangen [...] ein

Die erwähnte Besprechung der Ellwanger fand schließlich am 9. und 10. Dezember in der Münchner Staatskanzlei statt. Schon der Tagungsort legt nahe, dass Anton Pfeiffer nicht nur Teilnehmer, sondern auch Organisator dieser Zusammenkunft war.[1327] Nach einer Meldung des *Münchner Mittags* vom 15. Dezember 1947 wurde in der bayerischen Staatskanzlei „ein Entwurf zu einer deutschen Bundesverfassung ausgearbeitet, der auf die Initiative von Dr. Ehard und Dr. Pfeiffer zurückgeht".[1328] Hier handelt es sich vermutlich um den Entwurf Friedrich Glums, der bei diesem Treffen neben Konzeptionen Heinrich von Brentanos und Walter Strauß' besprochen wurde.[1329]

Erst bei einer weiteren Zusammenkunft des Freundeskreises am 22. und 23. März 1948 in der bayerischen Staatskanzlei[1330] – auch an dieser nahm Anton Pfeiffer teil –

Ort der Aussprache bleiben" werde. „Es kann sich nur um ein Mißverständnis handeln, wenn von Nebenregierungen gesprochen wird." Niederschrift über die dritte Tagung im Kloster Schönenberg bei Ellwangen/Jagst am 20./21. September 1947, in: StaBi München, NL Schwend, Ordner 37.
[1327] Zur Zusammensetzung der Teilnehmer vgl. Ley, *Föderalismusdiskussion*, S. 57. Wie Benz bereits feststellt, existiert zu dieser Sitzung kein Protokoll. Siehe Benz, „Politik", S. 811. Auch der *Münchner Mittag* berichtete am 12. Dezember 1947 darüber, dass „Staatsminister Dr. Anton Pfeiffer" an dem Treffen teilgenommen hatte. „Konferenz der Föderalisten", in: *Münchner Mittag*, 12. Dezember 1947, S. 1.
[1328] „Bayern und der Deutsche Bund. Ein Entwurf zur künftigen Staatsform Deutschlands", in: *Münchner Mittag*, 15. Dezember 1947, S. 2. Ähnliches war in der *Süddeutschen Zeitung* vom 13. Dezember 1947 unter der Überschrift „Plan eines Deutschen Bundes" auf Seite 1 zu lesen. Der *Münchner Mittag* war ferner über diverse Einzelheiten des Entwurfs informiert. So wusste er zu berichten, dass „der Deutsche Bund aus möglichst gleich großen Ländern bestehen soll." Der organisatorische Aufbau sollte einen „Bundesrat, der aus Vertretern der Landesregierung besteht, und einen aus allgemeinen direkten Wahlen" hervorgegangenen Bundestag umfassen. „Gesetze bedürfen des übereinstimmenden Beschlusses beider Organe. Als Repräsentative Spitze ist ein Bundespräsident vorgesehen. Eine Bundesregierung, die aus Bundeskanzler und Bundesministern besteht, soll die oberste Behörde darstellen. Die Minister werden auf Vorschlag des Kanzlers vom Bundesrat ernannt und entlassen." „Bayern und der Deutsche Bund. Ein Entwurf zur künftigen Staatsform Deutschlands", in: *Münchner Mittag*, 15. Dezember 1947, S. 2.
[1329] Vgl. Benz, „Politik", S. 811f. und Ley, *Föderalismusdiskussion*, S. 58f. Benz und Ley bewerten die Beeinflussung der Ellwanger Diskussionen durch den Entwurf Friedrich Glums sehr unterschiedlich. Während Benz darlegt, dass vor allem Glum selbst „seine Bedeutung überschätzt" habe, geht Ley davon aus, dass dessen Verfassungsvorlage „Diskussionsgrundlage für die Arbeit des Verfassungsausschusses des Ellwanger Kreises wurde." Da kein Protokoll zu dieser Sitzung des Freundeskreises existiert, ist eine eindeutige Einordnung des Glum-Entwurfs nur schwer möglich. Offenbar befasste man sich einige Tage später, am 17. Dezember 1947, in der bayerischen Staatskanzlei noch einmal mit den „Fragen eines künftigen deutschen Staatsaufbaus". „Außer dem hessischen Staatssekretär Brill nahm auch Professor Karl Schmid von Südwürttemberg-Hohenzollern an den Besprechungen teil" – eine Meldung, die offenbar wiederum von Anton Pfeiffer im *Münchner Mittag* am 19. Dezember 1947 in Umlauf gebracht wurde. „Neue ‚Ellwanger Gespräche'", in: *Münchner Mittag*, 19. Dezember 1947, S. 1.
[1330] So verkündete Anton Pfeiffer über das Informations- und Presseamt der Bayerischen Staatskanzlei", dass der Ellwanger Kreis beschlossen habe, „ein sachverständiges, kleines Komitee[...] mit der Ausarbeitung von Grundsätzen für eine deutsche Bundesverfassung zu beauftragen. In zwei, am 9. und 10. Dezember 1947 und dann am 22. und 23. März 1948 in München abgehaltenen Sitzungen entledigte sich der zu diesem Zweck gebildete Ausschuss dieser Aufgabe. Die fertiggestellte Ausarbeitung soll nunmehr in Bad Brückenau dem weiteren Kreise, der seinerzeit die Anregung hierzu gegeben hat, zur Kenntnisnahme und zur Begutachtung übergeben werden, um dann als Material der Arbeitsgemeinschaft der CDU-CSU zugeleitet zu werden". Bekanntgabe von Staatsminister Dr. Anton Pfeiffer über das Informations- und Presseamt der Bayerischen Staatskanzlei, 12. April 1948, in:

konnte man sich schließlich auf eine endgültige Konzeption einigen, die am 13. April 1948 in Form der „Grundsätze für eine deutsche Bundesverfassung"[1331] und einer dazugehörigen „Begründung"[1332] vorlag und in Bad Brückenau[1333] besprochen werden konnte. Der Entwurf war in fünf Abschnitte unterteilt und mit Begründungen zu den jeweiligen Passagen versehen.

Teil I beschäftigte sich mit den staatlichen Grundlagen. Angestrebt wurde ein Bundesstaat, dessen Gliedstaaten die einzelnen Länder sein sollten. Jedes Land wurde aufgefordert, sich eine Verfassung unter Berücksichtigung der Menschenrechte, allgemeiner, gleicher, unmittelbarer und geheimer Wahlen bei der Konstitution der Landtage

---

BayHStA, NL Pfeiffer 44. Eine Teilnehmerliste zu dieser Zusammenkunft des Ellwanger Freundeskreises existiert laut Ley, *Föderalismusdiskussion*, S. 59, nicht. Allerdings befindet sich im BayHStA, NL Pfeiffer 44 ein mit „Einladung" überschriebenes Schriftstück, datiert auf den 12. März 1948, zu besagtem Treffen am „Montag, den 22. März 1948, 10 Uhr" in „München, Bayerische Staatskanzlei, Büro von Staatsminister Dr. Pfeiffer", in dem Anton Pfeiffer „zur Fortsetzung der Besprechungen über Verfassungsfragen, bei denen im Auftrag des Ellwanger Freundeskreises Richtlinien über die verfassungsrechtliche Weiterentwicklung ausgearbeitet werden sollen", einlädt. Auf der Gästeliste dieses Schreibens befinden sich in nummerierter Reihenfolge folgende Namen: „1.) Dr. Süsterhenn – Koblenz, 2.) Hermans, Min. Rat, Koblenz, 3.) Dr. von Brentano – Darmstadt, 4.) Dr. Clemens von Brentano – Freiburg/Br., 5.) Dr. Eugen Kogon, Oberursel, 6.) Dr. Vogel, Stuttgart, 7.) Dr. Binder, Tübingen, 8.) Prof. Dr. Glum, München, 9.) Dr. Pfeiffer, München, 10.) Strauss Dr., Frankfurt, 11.) Dr-Schwalber, München, 12.) Dr. Lacherbauer, München, 13.) Karl Schwend, München, 14.) Prof. Dr. Nawiasky, z. Zt. München, 15.) ORR Strauss, M.d.L., Landrat von Schongau, 16.) Minister Dr. Strickrodt". Stichpunktartige Aufzeichnungen über das Treffen des Ellwanger Freundeskreises finden sich auch im Diensttagebuch des Staatsministers Dr. Anton Pfeiffer. So wurde für Montag, den 22. März 1948 unter anderem notiert: „9.45h Min. Süsterhenn. Besprechung der geplanten Arbeit." Für Dienstag, den 23. März 1948 findet sich der Eintrag: „9.30h Min. Süsterhenn, Beziehungen CDU/CSU und innere Lage in der bayer. CSU. Sein Vorschlag in der Presse aktiver zu werden. 11.30h Schlussbesprechung mit der Ellwanger Verfassungskommission". Interessant an diesem Eintrag ist vor allem, dass hier, in einem internen, nicht öffentlichen Schriftstück, sehr wohl von einer „Verfassungskommission" die Rede war, während Pfeiffer in Informationen, die für die Öffentlichkeit bestimmt waren, stets von „Richtlinien" sprach. Diensttagebuch des Staatsministers Dr. Anton Pfeiffer (1947–1950), in: BayHStA, NL Pfeiffer 72.

[1331] „Grundsätze für eine deutsche Bundesverfassung, 13. April 1948", abgedruckt in: Sörgel, *Konsensus*, S. 297–307; erhalten auch in BayHStA, NL Pfeiffer 44. Diverse Abschriften von Einladungsschreiben Pfeiffers und Antwort-Telegramme an Pfeiffer zur Bestätigung der Teilnahme finden sich in BayHStA, NL Pfeiffer 44.

[1332] „Begründung" abgedruckt bei: Sörgel, *Konsensus*, S. 301–307. Auch die „Begründung" ist in BayHStA, NL Pfeiffer 44 erhalten.

[1333] Auch zu dieser Zusammenkunft des Ellwanger Freundeskreises existiert laut Ley, *Föderalismusdiskussion*, S. 60 keine Teilnehmerliste. Ley stellt jedoch fest, dass zu der Sitzung „CDU- und CSU-Mitglieder aus allen westlichen Besatzungszonen und Berlin eingeladen worden" seien. Ebd., S. 59. Im BayHStA, NL Pfeiffer 44 ist allerdings eine „Teilnehmerliste", die mit „Tagung Bad Brückenau am 13.4.48" überschrieben wurde, vorhanden. Hier werden insgesamt 43 Personen, sortiert nach ihren Herkunftsländern, aufgelistet. Eine weitere Bestätigung für dieses Treffen und die Teilnahme Pfeiffers findet sich im Diensttagebuch von Staatsminister Dr. Anton Pfeiffer: „Montag 12.4. Nachm. Fahrt nach Bad Brückenau, Ellwanger Kreis, Bearbeitung Verfassungsentwurf. Dienstag, 13.4. Bad Brückenau, Ellwanger Kreis bearbeitet Verfassungsentwurf." Diensttagebuch des Staatsministers Dr. Anton Pfeiffer (1947–1950), in: BayHStA, NL Pfeiffer 72. Ein Kurzprotokoll zu dieser Sitzung befindet sich in: StaBi München, NL Schwend, Ordner 37.

und der Einführung eines Verfassungsgerichtshofs zu geben. Außenpolitik sollte Sache des Bundes sein.[1334]

Die „Zuständigkeiten zwischen Bund und Ländern" wurden in Teil II geregelt und klar voneinander abgegrenzt. So wurde Verwaltung und Rechtsprechung als Ländersache angesehen. Bundesrecht sollte Landesrecht brechen. Ein Bundesverfassungsgericht wurde zur Klärung von Verfassungsstreitigkeiten vorgesehen.

Teil III der „Grundsätze für eine deutsche Bundesverfassung" beschäftigte sich mit der „Organisation der Bundesgewalt"[1335]. Als Bundesorgane wurden Bundestag, Bundesrat, Bundesregierung, Bundespräsident und ein Bundesverfassungsgerichtshof vorgesehen (siehe Abbildung 3-9). Für den Bundestag waren allgemeine, gleiche, unmittelbare und geheime Wahlen vorgesehen. Der Bundesrat sollte „aus zwei Mitgliedern jeder Landesregierung" bestehen, „die an die Weisungen ihrer Landesregierung gebunden sind".[1336] Eindeutig wandte man sich in diesem Entwurf des Ellwanger Freundeskreises gegen eine Senatslösung, etwa nach amerikanischem Vorbild, fürchtete man doch einmal mehr, dass „die Länderinteressen [...] von den Parteiinteressen zurückgedrängt werden" könnten.[1337]

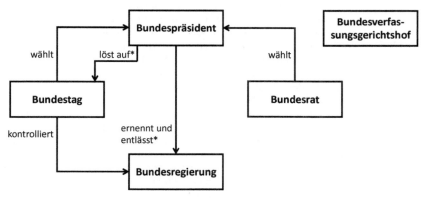

Abbildung 3-8: Verfassungsorgane und Gewaltenverschränkung in den Grundsätzen für eine deutsche Bundesverfassung des Ellwanger Freundeskreises (13. April 1947)

Quelle: Eigene Darstellung

[1334] Sörgel, *Konsensus*, S. 297.
[1335] Ebd., S. 299.
[1336] Ebd.
[1337] Ebd., S. 305. Des Weiteren nahm man Abstand von der Regelung, wie sie die WRV vorgesehen hatte, und billigte allen Ländern unabhängig von ihrer Bevölkerungszahl die gleiche Stimmenanzahl im Bundesrat zu. Dass man in der Frage des Bundesrats nicht unbedingt einer Meinung war, kommt in der dem Entwurf beigefügten „Begründung" zum Ausdruck. Ebd.

Ferner sollte ein Bundespräsident auf die Dauer von maximal vier Jahren von Bundesrat und Bundestag gewählt werden. Zu seinen Aufgaben zählten die Ellwanger die Vertretung des Bundes nach innen und außen sowie die Ernennung und Entlassung der Bundesbeamten.[1338] Zudem sollte er „auf Antrag des Bundesrats den Bundestag auflösen"[1339] können. Die „Begründung" des Entwurfs betonte – anders als noch die Weimarer Reichsverfassung – ausdrücklich die repräsentative Funktion dieses Amtes. So sollten „Notstandsmaßnahmen oder eine Bundesexekution gegen Länder"[1340] nur mit Zustimmung des Bundesrats angeordnet werden können.

Bundeskanzler und Bundesminister sollten die Bundesregierung bilden, die der Bundespräsident zu ernennen und zu entlassen hatte und die vom Vertrauen des Bundestags abhängig war. Für die Schlichtung von Streitigkeiten zwischen Bund und Ländern sowie zwischen einzelnen Ländern wurde ein Bundesverfassungsgericht vorgesehen. Zur Gesetzgebung vermerkte der Entwurf, dass diese nur durch „übereinstimmenden Beschluss von Bundesrat und Bundestag"[1341] erfolgen könne und Änderungen an bestehenden Gesetzen nur durch eine Zweidrittelmehrheit in Bundestag und Bundesrat vorgenommen werden könnten.

Das „Zustandekommen der Bundesverfassung" regelte Teil IV der „Grundsätze" dahingehend, dass „eine verfassungsgebende Körperschaft [...], die aus einem vom Volk gewählten Bundestag und einem aus Mitgliedern der Landesregierungen gebildeten Bundesrat" bestehe, zusammentreten solle.[1342] Als Übergangsbestimmung legte Teil V fest: „Die Vorbereitung der Bundesverfassung wird erst dann beginnen können, wenn mehr als zwei Besatzungszonen an ihr beteiligt sind".[1343]

Die „Grundsätze für eine deutsche Bundesverfassung" zeigen eingehend die föderalistische Einstellung der Mitglieder des Ellwanger Freundeskreises.[1344] Besonders deutlich wird diese Haltung bei näherer Betrachtung des Bundesrats, der sogar an der Gesetzgebung beteiligt werden sollte. Anton Pfeiffer dürfte diesen Grundsätzen eindeutig zugeneigt gewesen sein, betonte er doch, dass dies die „Richtlinien für eine zukünftige deutsche Verfassung auf einwandfreier bundesstaatlicher Grundlage" seien, „die sich von der Weimarer Verfassung vor allem durch eine bessere Sicherung des föderalistischen Gefüges des zukünftigen deutsche Staatsorganismus und durch eine stärkere Gewährleistung einer föderalistischen Regierungsweise in diesem Staatsgebilde" unterscheide.[1345] Auch in seinem Beitrag in der *Süddeutschen Zeitung* am 24. April

---

[1338] Sörgel, *Konsensus*, S. 299.
[1339] Ebd., S. 307.
[1340] Ebd. Dazu heißt es: „Hier soll vor allem dem Missbrauch mit Art. 48 der Weimarer Verfassung vorgebeugt werden."
[1341] Ebd., S. 299.
[1342] Ebd., S. 300. Süsterhenn gab hier allerdings zu bedenken, „daß die kommende Verfassung so aussehen wird, wie das verfassungsgebende Gremium aussehen wird." Ebd., S. 805. Damit betonte er, wenn auch indirekt, die Bedeutung der Länder bei der Verfassungsgebung.
[1343] Ebd.
[1344] Auch die *Süddeutsche Zeitung* berichtete am 17. April 1948 darüber, dass „Übereinstimmung [...], vor allem, was den föderalistischen Gehalt einer zukünftigen Bundesverfassung ausmacht", bestanden habe. „Vorbereitung einer deutschen Bundesverfassung. Der ‚Ellwanger Kreis' tagte in Bad Brückenau", in: *Süddeutsche Zeitung*, 17. April 1948, S. 2.
[1345] Bekanntgabe von Staatsminister Dr. Anton Pfeiffer über das Informations- und Presseamt der Bayerischen Staatskanzlei, 12. April 1948, in: BayHStA, NL Pfeiffer 44.

1948 betonte Pfeiffer – in Übereinstimmung mit den „Grundsätzen" –, dass es bei den Arbeiten an einer neuen Verfassung von besonderer Relevanz sei, dass der „föderalistische Grundsatz" beachtet werde und „die Länder, die Gliedstaaten des Bundes, aus eigenem Recht bestehen und [...] finanziell lebensfähig" seien.[1346] „Die Zuständigkeiten des Bundes", so Pfeiffer, „müssen aus der Vereinbarung der Länder erwachsen sein."[1347] Prinzipielle Zustimmung signalisierte auch Adolf Süsterhenn, der betonte, dass seine persönliche Sichtweise „über die zukünftige deutsche Bundesverfassung [...] in den wesentlichen Grundzügen mit der Auffassung des Verfassungsausschusses des Ellwanger Kreises" übereinstimme.[1348]

Betrachtet man rückblickend Anton Pfeiffers Beiträge in den Heften der *Politischen Zeitfragen* im Jahr 1920, zeigt sich eine eindeutige Kontinuität seiner föderalistischen Denkweise.[1349] So wird auch in einem undatierten Papier – innerhalb des dem Ellwanger Freundeskreis zugeordneten Nachlasses von Anton Pfeiffer – mit der Überschrift „Ideen zu einem Manifest über den Föderalismus" eindrücklich vor dem „Einheitswahn" gewarnt und darauf hingewiesen, dass „auch der Gesamtstaat[...] nicht auf Einheitsparteien [...] sondern [...] auf den Willensbildungen in den Ländern" begründet werden müsse.[1350] Pfeiffers dokumentierte Beiträge während der Sitzung des Ell-

---

[1346] Anton Pfeiffer, „Die Verfassungsarbeit des Ellwanger Kreises. Von Staatsminister Dr. Anton Pfeiffer", in: *Süddeutsche Zeitung*, 24. April 1948, S. 3. Eventuell kam Pfeiffer mit diesem Artikel der Bitte der Verlagsleitung des *Süddeutschen Verlages* nach, diese „ab und zu [zu] informieren", da „ueber die sogenannten Ellwanger Gespräche[...] jede Information" fehle. Alfred Schwingstein an Anton Pfeiffer, 2. Januar 1948, in: BayHStA, NL Pfeiffer 368. Die Debatte um die Finanzverfassung sollte später auf dem Verfassungskonvent von Herrenchiemsee großen Raum einnehmen. Bauer-Kirsch, *Herrenchiemsee*, S. 102f.
[1347] Anton Pfeiffer, „Die Verfassungsarbeit des Ellwanger Kreises. Von Staatsminister Dr. Anton Pfeiffer", in: *Süddeutsche Zeitung*, 24. April 1948, S. 3. Pfeiffer wies in diesem Artikel auch auf die Unvollkommenheit der Weimarer Verfassung hinsichtlich der Kompetenz-Kompetenz des Bundes hin.
[1348] Adolf Süsterhenn, „Ellwanger Sensationen", in: *Der Westen*, 13. April 1948, abgedruckt in: Süsterhenn, *Schriften*, S. 191–194, hier S. 193. Auch den Sozialdemokraten blieb die Arbeit des Ellwanger Freundeskreises nicht verborgen. So schrieb Carlo Schmid Ende des Jahres 1947 an seinen Parteivorsitzenden Kurt Schumacher, man sich habe in Ellwangen „bei der Diskussion der strukturellen Grundfragen der deutschen Verfassung [...] dafür entschieden, dem Doktrinären vor dem Praktischen [...] den Vorzug" zu geben, und „beschlossen, an der Institution des Bundesrats festzuhalten auf die Gefahr hin, dass dieser eine sozialdemokratische Mehrheit erhält, die man bei Hinzutreten der Länder der Ostzone für sicher annimmt." Carlo Schmid an Kurt Schumacher, 31. Dezember 1947, in: AdsD, NL Schmid 474.
[1349] Siehe Kapitel 2.3.2.
[1350] o. A. [Anton Pfeiffer], Ideen zu einem Manifest über den Föderalismus, o. D., BayHStA, NL Pfeiffer 44. Hier wurde eindeutig eine Lehre aus der Aushöhlung der Weimarer Verfassung gezogen. Nicht „Einheitsparteien" wie die NSDAP sollten den neuen Staat gestalten, sondern die einzelnen Länder. Interessant ist in dieser Schrift auch der Hinweis darauf, dass Staat und Verfassung nur dann von Dauer sein könnten, wenn die Bevölkerung sie annehme und für sie eintrete. „Der wahre Erfolg einer politischen Maßnahme liegt nicht darin, dass durch irgendwelche Abstimmungen eine Mehrheit für diese herbeigeführt wird und dass damit entgegenstehende Meinungen ausgeschaltet werden, sondern allein darin, dass alle politischen Entscheidungen gleichzeitig auch ein Mittel der Vertiefung des Zusammenlebens werden. Man soll solange um ein politisches Ziel, etwa auch ein Gesetz, miteinander ringen, dass es tatsächlich in seinem endgültigen Inhalt bestimmt wird von den besten Ideen und dem guten Willen aller, die das öffentliche Wirken als ein täglich sich erneuerndes Bündnis bejahen."

wanger Freundeskreises am 22. und 23. November 1947 bestätigen ebenfalls diese Grundhaltung. Und nicht zuletzt ging die Verschriftlichung der verfassungspolitischen Gedanken und Diskussionsbeiträge auf seine Initiative zurück. Einzig eine Beschränkung auf „10 oder 12 Punkte"[1351] kam nicht zustande, wobei betont werden muss, dass sich der Ellwanger Entwurf insgesamt auf die großen Linien der Verfassungspolitik beschränkte. Seine diplomatischen Fähigkeiten nutzte Anton Pfeiffer nicht nur während der Treffen des Ellwanger Kreises selbst, sondern auch in seiner Zusammenarbeit mit der Presse.[1352]

Was den Einfluss der „Grundsätze für eine deutsche Bundesverfassung" anbelangt, so diente die Konzeption als Vorlage für den offiziellen Verfassungsausschuss der CDU/CSU, den „Heppenheimer Kreis", wobei hier im Wesentlichen die föderalistischen Forderungen Gehör fanden, während sie im Parlamentarischen Rat, neben dem Verfassungsentwurf von Herrenchiemsee, den Abgeordneten als Beratungsgrundlage zur Verfügung standen.[1353] Der Wunsch Anton Pfeiffers, mit den Ellwanger Arbeiten „einen Entwurf zu schaffen, auf dem die ganze CDU und die ganze CSU sich zusammenfinden kann"[1354], ließ sich mit den „Grundsätzen" jedoch nicht realisieren.

3.5.3 Zusammenfassung

Anton Pfeiffer blieb seiner politischen Überzeugung und dem bereits in den Jahren vor dem Zweiten Weltkrieg ausgeprägten Motiv eines bayerischen Föderalismus treu. Entsprechend versuchte er, sowohl im Stuttgarter Länderrat als auch im Ellwanger Freundeskreis auf einen föderalistischen Staatsaufbau mit starken Ländern gegen zentralisierende Tendenzen hinzuwirken. Exemplarisch dafür steht die geradezu euphorische Äußerung des bayerischen Staatssekretärs in seinem föderalistischen Manifest:

> „Es war gewiss ein Siegeszug des Föderalismus, [...] ein Siegeszug, der sich gründete auf die Leistungen des Föderalismus, auf die Meisterung der Grossräumigkeit, der sprachlichen, rassischen und religiösen Gegensätze und der geschichtlich erwachsenen politischen und sonstigen Verschiedenheiten von Teilgebieten, die es zu einem grösseren Ganzen zusammenzufassen galt. Vergleicht man damit die organisatorischen Leistungen des Ein-

---

Bereits in seinem Beitrag in der *Süddeutschen Zeitung* vom 24. April 1948 sprach Pfeiffer davon, „dass eine Verfassung geschaffen wird, die von einer ganz grossen Mehrheit des deutschen Volkes gebilligt werden kann und die eine Zusammenfassung des ganzen deutschen Volkes ermöglicht, gleichgültig zu welchem Zeitpunkt einzelne Zonengrenzen fallen." Anton Pfeiffer, „Die Verfassungsarbeit des Ellwanger Kreises. Von Staatsminister Dr. Anton Pfeiffer", in: *Süddeutsche Zeitung*, 24. April 1948, S. 3.
[1351] Benz, „Politik", S. 801.
[1352] So etwa in seinem Bericht über die Verfassungsarbeiten des Ellwanger Freundeskreises in der *Süddeutschen Zeitung*. Anton Pfeiffer, „Die Verfassungsarbeit des Ellwanger Kreises. Von Staatsminister Dr. Anton Pfeiffer", in: *Süddeutsche Zeitung*, 24. April 1948, S. 3. Vgl. Vogel, „Erinnerungen", S. 171.
[1353] Vgl. Sörgel, *Konsensus*, S. 87f.; Buchstab, Günter, „Der Ellwanger Freundeskreis der CDU/CSU", in: *Ellwanger Jahrbuch*, 1995–1996, Bd. XXXVI, S. 174–184, hier S. 180; Benz, „Politik", S. 817f.
[1354] Anton Pfeiffer, „Die Verfassungsarbeit des Ellwanger Kreises. Von Staatsminister Dr. Anton Pfeiffer", in: *Süddeutsche Zeitung*, 24. April 1948, S. 3. Vgl. hierzu auch Sörgel, *Konsensus*, S. 84–88.

heitsstaates, so müssen wir feststellen, dass er vielfach die Anpassungsfähigkeit vermissen lässt, die für das Schicksal der Staaten als Lebewesen so entscheidend ist."[1355]

Während er im Stuttgarter Länderrat sich vor allem etwaigen zentralistischen Tendenzen entgegenstellte, traf er bei seiner Arbeit im Ellwanger Freundeskreis auf Gleichgesinnte. Dies führte dazu, dass Anton Pfeiffer zunächst wieder in die Rolle des pragmatischen Organisators schlüpfte und sich bemühte, die Mitglieder auf eine einheitliche politische Linie einzuschwören. In diesem Sinne empfahl er, sich bei der Abfassung einer Stellungnahme zu einer zukünftigen deutschen Verfassung auf wenige Punkte zu beschränken, um den eigenen verfassungsrechtlichen Standpunkt zum Ausdruck zu bringen. Inhaltlich betonte der bayerische Staatssekretär wie so oft, dass dem föderalistischen gegenüber dem zentralistischen Gedanken nur über eine starke Stellung der Länder innerhalb eines künftigen Deutschlands zum Durchbruch verholfen werden könne.

Wie schon in den 1920er Jahren legte Pfeiffer dabei keine eigenen Verfassungsentwürfe vor, regte aber die Ausarbeitung der „Grundsätze für eine deutsche Bundesverfassung" innerhalb des Ellwanger Freundeskreises an. Diese mahnten zwar die Einhaltung der Menschenrechte in den Ländern an, formulierten sie aber nicht weiter aus und enthielten auch keinerlei Erwähnung der Grundrechte. Der föderalistisch geprägte Entwurf, der sicher die Zustimmung seines Initiators fand, betonte vielmehr die Stellung der Ländervertretung und sprach ihr sogar das Recht zur Mitwirkung an der Gesetzgebung zu. Und obwohl die repräsentative Ausgestaltung des Amtes des Bundespräsidenten betont wurde, gestand man ihm in Ellwangen doch noch weitgehende Rechte zu, so etwa die Wahrnehmung der außenpolitischen Vertretung und die Auflösung des Parlaments, ohne weitere Sicherungsmaßnahmen vorzusehen. Allerdings sollte er nicht mehr, wie noch zu Weimarer Zeiten, vom Volk, sondern gemeinsam von Bundestag und Bundesrat gewählt werden.

Insgesamt blieb Anton Pfeiffer aber mit seinem Wirken auch nach Ende des Zweiten Weltkriegs der organisatorischen Ebene verhaftet, wo er über die Teilnahme an zonalen, zonenübergreifenden und europäisch-internationalen Gremien dem föderalistischen Gedanken im Sinne Bayerns zum Durchbruch zu verhelfen suchte. Dabei machte er sich auch geschickt seine Verbindungen zu den amerikanischen Alliierten zunutze, um für sein Motiv eines bayerischen Föderalismus zu werben, und blieb damit nicht nur seinem staats- und verfassungspolitischen Standpunkt, sondern auch seiner Handlungsweise treu, um seinen Vorstellungen Gehör zu verschaffen.

3.6 Staats- und Verfassungsvorstellungen Adolf Süsterhenns

Adolf Süsterhenn entwickelte ab dem Jahr 1946 eine außerordentliche publizistische Tätigkeit.[1356] Theoretische Grundlage hierfür war, wie Christoph von Hehl darlegt,

---

[1355] o. A. [Anton Pfeiffer], Der Siegeszug des Föderalismus – ein Rückblick auf 160 Jahre, 22. Mai 1947, in: BayHStA, NL Pfeiffer 605, S. 8.
[1356] Wie sein Biograph Christoph von Hehl feststellt, folgte daraus auch eine große Nachfrage nach Adolf Süsterhenn als Redner. Siehe Hehl, *Süsterhenn*, S. 119. „Insgesamt verfasste Süsterhenn als politischer Publizist ab dem Frühjahr 1946 mehrere hundert – zum Teil anonyme – Artikel zu staatsphi-

Süsterhenns Studium des Staatslexikons der Görres-Gesellschaft, welches er im November 1945 erwerben konnte.[1357] Praktische Einblicke in die politische Lage Nachkriegsdeutschlands konnte er durch eine mehrtägige Reise durch das amerikanische Besatzungsgebiet erlangen, die Süsterhenn auf den Wunsch Konrad Adenauers hin antrat.

Die Gelegenheit, dieses gesammelte Wissen in eigene verfassungsrechtliche Konzeptionen umzuwandeln, bot ihm der *Rheinische Merkur*, „ohne Frage das bedeutendste publizistische Organ der deutschen Föderalisten"[1358]. Hier veröffentlichte Adolf Süsterhenn nicht nur eine ganze Reihe von Artikeln über seine Staats- und Verfassungsvorstellungen, sondern er nutzte die Zeitung auch als Sprachrohr des von ihm wiedergegründeten Bundes Deutscher Föderalisten. Süsterhenns Publikationen in der unmittelbaren Nachkriegszeit bis zum Verfassungskonvent von Herrenchiemsee geben dabei einen dezidierten Einblick in seine Vorstellungen zum staatlichen und verfassungsrechtlichen Neuaufbau Deutschlands.

3.6.1 Die Artikelserie im *Rheinischen Merkur* in den Jahren 1946 bis 1948

Adolf Süsterhenn beschäftigte sich in der Nachkriegszeit intensiv nicht nur mit einem staats- und verfassungsrechtlichen Aufbau des Landes Rheinland-Pfalz, sondern auch mit der Beschaffenheit eines zukünftigen deutschen Staatswesens. Grundlage hierfür war nicht nur das Studium theoretischer Abhandlungen, sondern auch eine achttägige Reise durch die amerikanische Besatzungszone im August 1946, die er dem Umstand verdankte, dass Konrad Adenauer[1359], zu diesem Zeitpunkt Oberbürgermeister der Stadt Köln, eine Rede Süsterhenns auf einer Tagung der CDU in Bad Honnef im Frühjahr 1946 hörte.[1360] Die von Süsterhenn vorgestellten Themen einer künftigen Neuordnung der Politik sowie der zu schaffenden deutschen Verfassung prädestinierten ihn geradezu dafür, sich auf überzonalem Parkett mit Vertretern der Union über diese Angelegenheiten auszutauschen und das Wissen somit für Adenauer zu bündeln.

Die Reise Adolf Süsterhenns wird an dieser Stelle erwähnt, da sie eine innerhistorische Zusammenfassung zu Stand und Problemen der Verfassungsdiskussion vor dem Verfassungskonvent von Herrenchiemsee bietet und von daher wertvolle Ergänzungen zur heutigen Sichtweise liefert. So zählte Süsterhenn gleich am Anfang seines Reiseberichts „die Hauptprobleme, bei denen es um die Verfassung geht bzw. welche die größten Schwierigkeiten in den einzelnen Landesversammlungen machen", auf:

---

losophischen, staats- und staatskirchenrechtlichen Themen für den „Rheinischen Merkur [...]." Ebd., S. 125.
[1357] Ebd., S. 110.
[1358] Ebd., S. 124.
[1359] Zur Biographie Konrad Adenauers: Köhler, Henning, *Adenauer. Eine politische Biographie*, Berlin 1994.
[1360] Vgl. Baumgart, „Süsterhenn", S. 192; Hehl, *Süsterhenn*, S. 169; Brommer, „Kirche und Verfassung", S. 431.

„a) Formulierung der Grundrechte im christlichen oder a-religiösen Sinne,
b) Umschreibung der Rechtsstellung der Kirchen sowie die Garantierung der Staatsverpflichtungen gegenüber den Kirchen,
c) das Schulproblem,
d) Einkammer- oder Zweikammer-System,
e) das Amt des Staatspräsidenten,
f) die Umschreibung der Wirtschafts- und Sozialordnung und ihr Einbau in das Staatsgefüge".[1361]

Damit beschrieb er bereits einige der wesentlichen Punkte, die auch den Verfassungskonvent von Herrenchiemsee beschäftigen sollten.

Mit Blick auf die ersten drei Punkte betonte Süsterhenn zunächst, dass „unsere Parteifreunde [...] festgelegt" und „unsere Fraktionen durchweg kompromissfreudig" seien, wenn es darum gehe, „zu einer Übereinstimmung mit den a-christlichen Kräften zu gelangen." Ganz anders sei es hingegen um die Kompromissfreudigkeit in der amerikanischen Besatzungszone bestellt, wenn über die „politisch wichtigen Fragen" nach der Schaffung eines Ein- oder Zweikammersystems und das Amt des Staatspräsidenten debattiert werde. Hier, so Süsterhenn, denke man sogar darüber nach, ob man es auf eine „Volksabstimmung ankommen lassen" solle. Während nämlich in diesen „politisch wichtigen Fragen [...] unsere Parteifreunde grundsätzlich für ein Zweikammersystem sowie für die Einrichtung eines Staatspräsidiums" votierten, lehnten SPD und Demokratische Volkspartei beides ab.[1362] Ohne Frage spiegelte hier die Haltung der Parteigenossen auch Süsterhenns eigene Meinung wider, wie seine Äußerungen im *Rheinischen Merkur* belegen.[1363]

Geprägt von den Erfahrungen und Erkenntnissen seiner Reise verfasste Adolf Süsterhenn in seinem Lieblingsblatt eine Artikelserie, in der er sich zunächst mit einer zu schaffenden Länderverfassung für Rheinland-Pfalz und nach deren Verabschiedung am 18. Mai 1947 mit Fragen des deutschen Staatswesens auseinandersetzte. An seinen Bericht an Adenauer anknüpfend schrieb er hier noch im selben Jahr dezidiert über „die Hauptprobleme"[1364], die ihm während seiner Reise durch die amerikanische Besatzungszone besonders deutlich geworden waren.[1365]

[1361] Süsterhenn an Adenauer, 20. August 1946, in: StBKAH, Bestand I, 08.21, S. 3.
[1362] Ebd.
[1363] So publizierte Adolf Süsterhenn im Oktober 1946 einen Artikel zur Frage nach einem Ein- oder Zweikammersystem. Adolf Süsterhenn, „Ein- oder Zweikammersystem?", in: *Rheinischer Merkur*, 15. Oktober 1946, abgedruckt in: Süsterhenn, *Schriften*, S. 58–61. Wenig später erläuterte er seine Ansichten zur Frage nach der Schaffung des Amtes eines Staatspräsidenten. Adolf Süsterhenn, „Der Staatspräsident", in: *Rheinischer Merkur*, 22. Oktober 1946, abgedruckt in: Süsterhenn, *Schriften*, S. 61–65.
[1364] Süsterhenn an Adenauer, 20. August 1946, in: StBKAH, Bestand I, 08.21, S. 3.
[1365] Zusätzlich zu den in der vorangehenden Fußnote genannten beiden Schriften sind hier vor allem zu nennen: Adolf Süsterhenn, „Die Grundrechte", in: *Rheinischer Merkur*, 1. Oktober 1946, abgedruckt in: Süsterhenn, *Schriften*, S. 52–55; Adolf Süsterhenn, „Staat und Kirche", in: *Rheinischer Merkur*, 15. November 1946, abgedruckt in: Süsterhenn, *Schriften*, S. 71–74; Adolf Süsterhenn, „Demokratie und Schulrecht", in: *Rheinischer Merkur*, 26. November 1946, abgedruckt in: Süsterhenn, *Schriften*, S. 78–81; Adolf Süsterhenn, „Die soziale Problematik", in: *Rheinischer Merkur*, 8. November 1946, abgedruckt in: Süsterhenn, *Schriften*, S. 68–71.

Bereits im ersten Artikel der Serie, „Die Grundrechte"[1366], den er begleitend zur Entstehung der rheinland-pfälzischen Verfassung schrieb, lässt sich der für Süsterhenn typische Aufbau seiner Beiträge erkennen. So beginnt die Abhandlung mit einer einleitenden, breit aufgefächerten historischen Betrachtung, die nicht nur rechtliche, historisch-politische, christlich-religiöse und soziologische, sondern auch literarische Aspekte mit einbezieht, um seinen eigenen Vorstellungen Gewicht zu verleihen.[1367] Auch wenn die Verfassung von Weimar „den Grundrechten breitesten Raum" gegeben hatte, so wollte Adolf Süsterhenn dennoch nicht alle Bestimmungen kritiklos und unreflektiert in eine neu zu schaffende Verfassung übernehmen. Der Untergrabung der Grundrechte „durch den sogenannten Gesetzesvorbehalt"[1368] war er sich wohl bewusst, und er suchte nach Möglichkeiten, diesen in einer künftigen Verfassung einzuschränken. Der Vorschlag des Staats- und Völkerrechtlers Walter Jellinek[1369],

> „in die künftigen Verfassungen eine Bestimmung aufzunehmen, wonach verfassungsmäßig zugelassene gesetzliche Einschränkungen von Grundrechten das Grundrecht im Kern unangetastet lassen müssen und ferner derartige Einschränkungen nur durch vom Volk oder der Volksvertretung beschlossene allgemeine Gesetze [...] erfolgen dürfen und daß diese Gesetze ausdrückliche Vorschriften über Zulässigkeit und Voraussetzungen der Einschränkung des Grundrechts enthalten müssen"[1370],

ging Süsterhenn dabei nicht weit genug. Er bemerkte daher abschließend, „daß eine wirkliche Garantie der menschlichen Grundrechte mit oder ohne Gesetzesvorbehalt nicht erzielt werden kann, wenn man nicht die Bahnen des rechtspositivistischen Denkens verläßt" und dem Naturrecht den Vorzug gibt. Inhaltlich betonte Süsterhenn, dass „die Aufnahme von Grundrechten" in eine künftige Landesverfassung „zunächst einmal ein grundsätzliches politisches Bekenntnis eines Volkes zum Gedanken der Freiheit und Würde der menschlichen Person und der Ablehnung der Idee der Allmacht des Staates oder der Gesellschaft" darstelle.[1371] Durch Grundrechte und Grundpflichten wollte er zum einen die Würdigung des Menschen als Individuum, zum anderen auch dessen Einbindung in die Gesellschaft gesichert wissen.

[1366] Adolf Süsterhenn, „Die Grundrechte", in: *Rheinischer Merkur*, 1. Oktober 1946, abgedruckt in: Süsterhenn, *Schriften*, S. 52–55.
[1367] So zitiert Süsterhenn hier den Stauffacher aus Friedrich Schillers *Wilhelm Tell* mit den Worten: „Wenn der Gedrückte nirgends Recht kann finden, greift er getrosten Muts in die Gestirne und holt herunter sich die ewigen Rechte." Damit, so Süsterhenn, sei die „naturrechtliche Wurzel der Grundrechte" benannt. Ebd., S. 52. Nicht unerwähnt soll an dieser Stelle die Relevanz des Wilhelm Tells im Dritten Reich bleiben. Zunächst als „National- oder Führerdrama" von hohem Stellenwert, ließ Hitler es schließlich, vermutlich um seine eigene Sicherheit besorgt, verbieten. Vgl. Ruppelt, Georg, *Hitler gegen Tell. Die „Gleich- und Ausschaltung" Friedrich Schillers im nationalsozialistischen Deutschland*, Hameln 2005, S. 46–50. Eine historische Dimension, deren sich Adolf Süsterhenn bewusst sein musste.
[1368] Zum Gesetzesvorbehalt vgl. Anschütz, Gerhard, *Die Verfassung des Deutschen Reichs vom 11. August 1919. Ein Kommentar für Wissenschaft und Praxis*, Berlin 1933, S. 565–568.
[1369] Zur Biographie Walter Jellineks siehe Kempter, Klaus, *Die Jellineks 1820–1955. Eine familienbiographische Studie zum deutschjüdischen Bildungsbürgertum*, Düsseldorf 1998.
[1370] Adolf Süsterhenn, „Die Grundrechte", in: *Rheinischer Merkur*, 1. Oktober 1946, abgedruckt in: Süsterhenn, *Schriften*, hier S. 54.
[1371] Ebd., S. 53f.

Auch zu den unter den Abschnitten b), c) und f) an Adenauer adressierten Themen verfasste Adolf Süsterhenn je eigene Artikel unmittelbar nach seiner Heimkehr. In Anlehnung an Papst Leo XIII.[1372] argumentierte er im Sinne einer „Wesensverschiedenheit und naturrechtlich begründeten Unabhängigkeit" von geistlicher und weltlicher Macht und wies darauf hin, dass deshalb „keine der beiden Gemeinschaften in der Führung und Ordnung ihrer eigenen Angelegenheiten der anderen unterworfen sein" dürfe. Aus dieser Tatsache sei aber keinesfalls eine „Beziehungslosigkeit" abzuleiten. Vielmehr solle ein gemeinschaftliches Wirken durch den „Abschluß von Rechtsverträgen zwischen Staat und Kirche" begründet werden.[1373]

Hinsichtlich der Schulfrage stellte Süsterhenn – einmal mehr im Sinne der Kirchenoberen – fest, „daß die Schule weder ausschließlich noch primär eine Veranstaltung des Staates ist, sondern daß auch Elternhaus und Kirche an ihr interessiert sind."[1374] Dabei gestand er dem Naturrecht der Eltern auf die Kindeserziehung das größte Gewicht zu und warb gleichzeitig für das „Gebot der Toleranz und Parität, daß denjenigen Eltern, die für ihre Kinder keine kirchliche Beeinflussung der Erziehung und des Unterrichts wünschen, die Gelegenheit geboten wird, ihre Kinder in ihrem Sinne zu erziehen."[1375] Der Staat hingegen sollte nach Auffassung Süsterhenns nur eine „subsidiäre"[1376] Rolle spielen. Die Kirchen empfahl er „als Bildungsträger ausdrücklich anzuerkennen" und ihnen „das Recht zuzubilligen, an der Gestaltung des Lehrplanes und der Lehrbücher für den Religionsunterricht mitzuwirken und die Erteilung desselben gemeinsam mit dem Staate zu überwachen." Süsterhenns demokratischem Ideal entsprach es, dass „die Erziehungsmächte Elternhaus, Kirche und Staat unter Respektierung der wechselseitigen Rechte harmonisch zusammenwirken."[1377]

Die Kirche sollte aber in den Staats- und Verfassungsvorstellungen Adolf Süsterhenns nicht nur in Fragen der Bildung, sondern auch der Wirtschafts- und Sozialverfassung des Landes Einfluss nehmen. Die Enzykliken der Päpste Leo XIII. und Pius XI.[1378] sah er dabei als richtungweisend, vor allem für die zu schaffenden Länderverfassungen, an und forderte „soziale Gerechtigkeit" bei der „Neuordnung von Staat,

---

[1372] Abgedruckt ist das Rundschreiben „Rerum novarum" von 1891 in: Bundesverband der Katholischen Arbeitnehmer-Bewegung Deutschlands – KAB (Hg.), *Texte*, S. 1–38.
[1373] Adolf Süsterhenn, „Staat und Kirche", in: *Rheinischer Merkur*, 15. November 1946, abgedruckt in: Süsterhenn, *Schriften*, S. 73.
[1374] Adolf Süsterhenn, „Demokratie und Schulrecht", in: *Rheinischer Merkur*, 26. November 1946, abgedruckt in: Süsterhenn, *Schriften*, S. 79.
[1375] Ebd. Allerdings hielt Süsterhenn daran fest, „die Bekenntnisschule als die Regelschule anzuerkennen." Ebd., S. 80.
[1376] Als Rechte und Pflichten des Staates nannte Süsterhenn die Einführung einer allgemeinen Schulpflicht, die Errichtung und Unterhaltung von Schulen, Überwachung des Schulwesens und dessen Ordnung hin zu der „Erreichung des allgemeinen Bildungszieles". Ebd.
[1377] Ebd., S. 80f.
[1378] Abgedruckt ist das Rundschreiben „Quadragesimo anno" von 1931 in: Bundesverband der Katholischen Arbeitnehmer-Bewegung Deutschlands – KAB (Hg.), *Texte*, S. 61–132. Bereits in seinen frühen Jahren als Rechtsanwalt in Köln hatte Adolf Süsterhenn seine Ausführungen zu Staat und Gesellschaft mit Zitaten aus der Enzyklika Papst Pius XI. begründet. Siehe Kapitel 2.4.2.

Wirtschaft und Gesellschaft" sowie die Berücksichtigung des „Subsidiaritätsprinzips" als „Grundsatz der berufsständisch und territorial gegliederten Selbstverwaltung."[1379] Noch bevor Adolf Süsterhenn erste Artikel zu den zu schaffenden Verfassungsorganen und der damit einhergehenden Gewaltenverschränkung veröffentlichte, befasste er sich einleitend mit dem grundsätzlichen Aufbau eines zukünftigen Staatswesens und der Frage der Gewaltenteilung, für die er Montesquieus Lehre von der Gewaltenteilung als richtungsweisend ansah.[1380] So schrieb er am 7. Juni 1946 im *Rheinischen Merkur* zur Frage „Staatenbund oder Bundesstaat?", dass die „Unterscheidung zwischen dem völkerrechtlichen Gebilde des Staatenbundes und dem staatsrechtlichen Gebilde des Bundesstaates weithin ihren theoretischen und praktischen Wert eingebüßt" habe. Daraus folgerte Süsterhenn: „Die Gegenüberstellung und das Gegeneinanderausspielen der Begriffe des nach einer überwundenen Rechtstheorie angeblich nur völkerrechtlich gestalteten Staatenbundes gegenüber dem angeblich rein staatsrechtlich organisierten Bundesstaat bedeutet daher in der Diskussion über die zukünftige politische Gestaltung Deutschlands nur eine unnötige Belastung." Von Bedeutung seien vielmehr „die Aufgliederung des preußischen Territoriums" und damit die Zerschlagung der „Hegemonie Preußens", die „Beseitigung der zentralistischen Machtzusammenballung an der Staatsspitze durch Staatsaufbau von unten nach oben" sowie die „Wahrung des Subsidiaritätsprinzips". Was einen künftigen deutschen Gesamtstaat betraf, betrachtete Adolf Süsterhenn die Frage nach „Bundesstaat oder Staatenbund?" also eher als „ein Spiel mit juristischen Begriffen, das einer praktischen politischen Bedeutung entbehrt."[1381]

Es stellt sich nunmehr die Frage, wie ein solches Staatswesen aufgebaut werden, welche Verfassungsorgane ihm ein Gesicht geben und wie die Gewaltenteilung erfolgen sollte. Zwischen dem Abschluss seiner Reise im Auftrag Adenauers am 20. August 1946 und dem Beginn des Verfassungskonvents von Herrenchiemsee am 10. August 1948 verfasste Süsterhenn hierzu, wie bereits erwähnt, eine Serie von Artikeln, die er im *Rheinischen Merkur* publizierte und die uns eine Vorstellung davon vermitteln, welche Verflechtungen und Machtverhältnisse der künftigen Staatsorgane er zunächst auf Landesebene, später auf Ebene des gesamtdeutschen Staates für erstrebenswert erachtete; Adolf Süsterhenn begann die von ihm gewonnenen politischen Erfahrungen zu eigenen Verfassungskonstruktionen zu verdichten.

Als grundsätzlich sah Süsterhenn die Diskussion über die Frage nach der Schaffung eines Ein- oder Zweikammersystems zunächst auf Landesebene an.[1382] Für die Etablierung eines Zweikammersystems sprachen aus seiner Sicht vor allem zwei Argumente: Zum einen die Tatsache, dass in „fast allen modernen Demokratien" der damaligen Zeit eine Zweite Kammer zu finden war, zum anderen, „daß die meisten politischen

---

[1379] Adolf Süsterhenn, „Die soziale Problematik", in: *Rheinischer Merkur*, 8. November 1946, abgedruckt in: Süsterhenn, *Schriften*, S. 68.
[1380] Adolf Süsterhenn, „Die Gewaltenteilung", in: *Rheinischer Merkur*, 8. Oktober 1946, abgedruckt in: Süsterhenn, *Schriften*, S. 55–58.
[1381] Adolf Süsterhenn, „Zur Eigenstaatlichkeit des Rheinlandes", in: *Rheinischer Merkur*, 7. Juni 1946, abgedruckt in: Süsterhenn, *Schriften*, S. 18–21.
[1382] Vgl. Punkt d) in der Aufzählung im Brief an Konrad Adenauer. Süsterhenn an Adenauer, 20. August 1946, in: StBKAH, Bestand I, 08.21, S. 3.

und auch religiösen Gemeinschaften aller Zonen und Zeiten einen Ältestenrat, eine Gerusia, einen Senat ein Presbyterium oder ein sonstiges Kollegium von Personen kannten, die in besonderem Maße die Erfahrung des Alters, die Reife der Einsicht, die Ruhe der Überlegung oder sonstige für die Allgemeinheit wertvolle Eigenschaften oder Kräfte repräsentierten."[1383] Die Diktatur des Dritten Reichs vor Augen, war Süsterhenn der Ansicht, dass durch die Einrichtung einer zweiten Kammer der Entstehung von „Parlaments-Diktaturen"[1384] entgegengewirkt werden könne und nicht zuletzt dem von ihm vertretenen Naturrecht Genüge getan würde, wenn „durch Einrichtung einer zweiten Vertretungskörperschaft" den „innerhalb des Staates bestehenden natürlichen Sozialeinheiten" die Möglichkeit gegeben werde „bei der Bildung des politischen Willens im Staate" mitzuwirken.[1385] Bei der Diskussion über die Schaffung eines Ein- oder Zweikammersystems ging es Adolf Süsterhenn also um weit mehr als lediglich um die „Frage der politischen Zweckmäßigkeit". Für ihn waren damit „die Realisierung des christlichen Menschenbildes" und eines „echten Föderalismus" untrennbar verbunden.[1386] Dass er bei seinen Ausführungen bereits in Richtung einer deutschen Verfassung dachte, legen seine Vergleiche unter anderem mit den Verfassungen Frankreichs, Englands, der USA und der Niederlande, aber auch seine Verweise auf die Weimarer Reichsverfassung nahe.[1387] Auf gesamtdeutscher Ebene sollte eine Zweite Kammer als eine Art „Länderrat gleichberechtigt neben dem vom Volke gewählten Parlament" stehen, wobei „die Ländervertreter [...] an die Weisungen der Länderregierungen gebunden"[1388] sein sollten.[1389]

Zu Beginn des Jahres 1948 beschäftigte sich Adolf Süsterhenn noch einmal eingehender mit der Ausgestaltung einer zukünftigen Ländervertretung und wertete deren Stellung innerhalb einer zukünftigen deutschen Verfassung nochmals auf. Er ging sogar so weit, auf das Amt eines Staatspräsidenten zu verzichten und stattdessen einem Vorsitz des Länderrats dessen Aufgaben zu übertragen (siehe zu den Verfassungsorganen und ihren Beziehungen Abbildung 3-9). So sollte eine spätere Regierung sowohl

---

[1383] Adolf Süsterhenn, „Ein- oder Zweikammersystem?", in: *Rheinischer Merkur*, 15. Oktober 1946, abgedruckt in: Süsterhenn, *Schriften*, S. 60.
[1384] Dazu heißt es an derselben Stelle: „Hat doch auch die Geschichte der Parlamente, insbesondere auf dem Gebiet der Kirchen-, Schul- und Kulturgesetzgebung bewiesen, daß Parlaments-Diktaturen einen nicht geringeren Gewissenszwang auszuüben vermögen als Einmann-Diktaturen."
[1385] Ebd., S. 60f.
[1386] Ebd., S. 61.
[1387] Ebd., S. 59.
[1388] Als Richtlinie diente Süsterhenn hier der Bundesrat in der Verfassung des Deutschen Reichs von 1871 (Art. 6 RV: „Der Bundesrat besteht aus den Vertretern der Mitglieder des Bundes. Jedes Mitglied des Bundes kann so viel Bevollmächtigte zum Bundesrat ernennen, wie es Stimmen hat, doch kann die Gesamtheit der zuständigen Stimmen nur einheitlich abgegeben werden.") und der Reichsrat der Weimarer Verfassung von 1919 (Art. 63 Abs. 1 Satz 1: „Die Länder werden im Reichsrat durch die Mitglieder ihrer Regierung vertreten.").
[1389] Adolf Süsterhenn, „Eine deutsche Verfassung!", in: *Rheinischer Merkur*, 17. November 1947, abgedruckt in: Süsterhenn, *Schriften*, S. 172. Eine rechtliche Stärkung sollte die Vertretung der Länder dadurch erhalten, dass „das Recht der Kompetenzkompetenz [...] entweder dem Bunde ganz genommen oder aber, sofern man es ihm zuweisen will, an die Zustimmung des Länderrates mit einer über die sonstigen Verfassungsänderungen hinausgehenden besonders qualifizierte Mehrheit geknüpft werde."

vom Vertrauen des Parlaments als auch vom Vertrauen eines Länderrats abhängig sein. Als geeigneten Weg der Regierungsbildung sah es Süsterhenn an, ein „Präsidium des Länderrats" den Bundeskanzler berufen zu lassen, auf dessen Vorschlag dann die Bundesregierung von ebendiesem Präsidium ernannt werden sollte.[1390] „Ein etwaiges Notstandsrecht" und ein „weitgehender Einfluß auch auf die Bundesexekutive" sollten dem Länderrat selbst übertragen, allerdings nur eingeschränkt gewährt werden. Eine Anwendung des Notstandrechts war vorgesehen, „wenn Länder ihre Bundespflichten verletzen oder [...] die durch die Bundesverfassung zu garantierenden Menschen- und Bürgerrechte" gefährden würden.[1391]

Im April 1948 publizierte Süsterhenn den Artikel „Bundesrat oder Senat?"[1392], in dem er sich – wiederum im Sinne eines „echten Föderalismus"[1393] – für die Schaffung eines Bundesrates als Vertretung der Länder auf gesamtdeutscher Ebene aussprach. Grund seiner Entscheidung war, dass ein echter Föderalismus es seiner Ansicht nach verlange, „daß bei der Bildung des staatlichen Willens die Elemente der Einheit und der Gliederung, die zentripetalen und die zentrifugalen Kräfte in gleicher Weise und in wohl ausgewogener Harmonie zur Geltung kommen. Dieses Ziel kann am wirksamsten durch die Einrichtung eines aus weisungsgebundenen Vertretern der Landesregierung zusammengesetzten Bundesrates als gleichberechtigtem Faktor neben dem Volksparlament erreicht werden."[1394] Zusammenfassend stellte Süsterhenn fest,

> „daß ein aus weisungsgebundenen Vertretern der Landesregierungen gebildeter Bundesrat der deutschen verfassungsrechtlichen Tradition am meisten entspricht, eine Festigung der bundesstaatlichen Struktur Deutschlands bewirkt, eine andere Zusammensetzung der Zweiten Kammer gegenüber dem Volksparlament und damit ein System des politischen Gleichgewichts und der wechselseitigen Kontrolle zwischen beiden Häusern ermöglicht, die Parteipolitik zu Gunsten der Staatspolitik zurückdrängt und dadurch eine größere Sachlichkeit und Objektivität der gesetzgeberischen Arbeit gewährleistet."[1395]

Die Bedeutung, die Adolf Süsterhenn der Schaffung einer Zweiten Kammer beimaß, lässt sich zum einen anhand der Anzahl der Artikel, die sich mit diesem Thema befassten, zum anderen an der relativen Genauigkeit der Ausgestaltung dieses Verfassungsorgans ablesen. Auffallend ist dabei Süsterhenns Umgang mit den unterschiedlichen Begrifflichkeiten zur Benennung dieser Institution. Während er in seinem unmittelbar nach der Reise durch die amerikanische Besatzungszone verfassten Artikel noch relativ

---

[1390] Adolf Süsterhenn, „Föderalistische Exekutive", in: *Rheinischer Merkur*, 10. März 1948, abgedruckt in: Süsterhenn, *Schriften*, S. 188. Ferner sollte der Länderrat, wie es an derselben Stelle heißt, am „Erlaß allgemeiner Verwaltungsvorschriften durch die Bundesregierung" beteiligt werden, „der Erlaß von Rechtsvorschriften durch die Bundesregierung" sollte „nicht bloß an die Anhörung, sondern an die Zustimmung des Länderrats geknüpft werden".
[1391] Ebd., S. 187. Der Art. 48 WRV sollte also entschärft werden.
[1392] Adolf Süsterhenn, „Bundesrat oder Senat?", in: *Rheinischer Merkur*, 24. April 1948, abgedruckt in: Süsterhenn, *Schriften*, S. 194–198.
[1393] Adolf Süsterhenn, „Ein- oder Zweikammersystem?", in: *Rheinischer Merkur*, 15. Oktober 1946, abgedruckt in: Süsterhenn, *Schriften*, S. 61.
[1394] Adolf Süsterhenn, „Bundesrat oder Senat?", in: *Rheinischer Merkur*, 24. April 1948, abgedruckt in: Süsterhenn, *Schriften*, S. 197.
[1395] Ebd., S. 198.

allgemein von „einer zweiten Vertretungskörperschaft"[1396] auf Landesebene sprach, bezeichnete er diese im März 1948 auf gesamtdeutscher Ebene konkret als „Länderrat"[1397]. Die Schlussfolgerung, dass sich Süsterhenn hier der Vokabel des Länderrats der amerikanischen Besatzungszone[1398] bediente, liegt nahe.[1399] Nur einen Monat später, im April 1948, war aus der einstigen „zweiten Vertretungskörperschaft"[1400] ein „Bundesrat" geworden, der, „aus weisungsgebundenen Vertretern der Landesregierungen" bestehend, „eine Festigung der bundesstaatlichen Struktur Deutschlands" mit sich bringen und die Schaffung des Amtes eines Staatspräsidenten überflüssig machen sollte, indem er dessen Aufgaben zuerkannt bekam.[1401] Über eine allgemeine Formulierung und die Anlehnung an bereits bestehende Institutionen war Adolf Süsterhenn also zurückgekehrt zu einem Terminus des 19. Jahrhunderts, dem Bundesrat der Bismarck'schen Verfassung von 1871, in dessen Tradition er die zukünftige Vertretung der Länder nicht nur namentlich, sondern auch inhaltlich, nicht nur theoretisch formulieren, sondern auch praktisch handelnd sah.[1402] Dass er damit aber auch für ein als Bundesstaat konstituiertes Deutschland argumentierte, wird sich an dem Begriffswandel in Süsterhenns Publikationen zu anderen Verfassungsorganen zeigen.

Das Gegengewicht, unverzichtbar zur Wahrung des politischen Gleichgewichts, war für Adolf Süsterhenn die sogenannte Erste Kammer beziehungsweise auf Landesebene das (Volks-)Parlament. An seinem Zustandekommen hielt Süsterhenn stets fest. Im Oktober 1946 formulierte er: „Bei der Wahl zum allgemeinen Parlament" tritt „der Einzelne als Individuum losgelöst von seinem natürlichen Lebenskreis dem Staat" gegenüber.[1403] Gemeinsam mit der Zweiten Kammer sollte das Volksparlament den Staatspräsidenten wählen.[1404] Des Weiteren führte Adolf Süsterhenn aus, dass „ein

---

[1396] Adolf Süsterhenn, „Ein- oder Zweikammersystem?", in: *Rheinischer Merkur*, 15. Oktober 1946, abgedruckt in: Süsterhenn, *Schriften*, S. 60.

[1397] Adolf Süsterhenn, „Föderalistische Exekutive", in: *Rheinischer Merkur*, 10. März 1948, abgedruckt in: Süsterhenn, *Schriften*, S. 188.

[1398] Zu Organisation und Arbeitsweise des Länderrats vgl. Härtel, *Länderrat*, S. 8-12.

[1399] Dafür, dass Süsterhenn mit den Arbeiten des Stuttgarter Länderrats vertraut war, spricht seine Anmerkung gegenüber Adenauer, doch die Unionsparteien nach Vorbild des Länderrats zu organisieren. „Ich stellte mich – für meine Person – auf den Standpunkt, dass vielleicht das Beispiel des süddeutschen Länderrats auch auf die Union zweckmäßigerweise angewandt würde, indem man ein regelmäßiges Zusammentreffen der Leiter der CDU der verschiedenen Zonen festlege, woraus sich dann eine Art Direktoratskollegium entwickeln könne, welches sich dann für die Behandlung einzelner Fachfragen zweckmässigerweise interzonal besetzter Fachausschüsse bediene." Süsterhenn an Adenauer, 20. August 1946, in: StBKAH, Bestand I, 08.21, S. 5.

[1400] Adolf Süsterhenn, „Ein- oder Zweikammersystem?", in: *Rheinischer Merkur*, 15. Oktober 1946, abgedruckt in: Süsterhenn, *Schriften*, S. 60.

[1401] Adolf Süsterhenn, „Bundesrat oder Senat?", in: *Rheinischer Merkur*, 24. April 1948, abgedruckt in: Süsterhenn, *Schriften*, S. 198.

[1402] „Es ist daher nur konsequent, den Landesregierungen auch die Vertretung der Gliedstaaten bei der Mitwirkung an der Bildung des politischen Gesamtwillens im Bundesstaate zu überlassen, wie dies im Bismarckschen Bundesrat und im Weimarer Reichsrat der Fall war." Ebd., S. 197.

[1403] Adolf Süsterhenn, „Ein- oder Zweikammersystem?", in: *Rheinischer Merkur*, 15. Oktober 1946, abgedruckt in: Süsterhenn, *Schriften*, S. 60. Mit dem Prinzip der Lebenskreise hatte sich Adolf Süsterhenn bereits als 27-Jähriger im Jahr 1933 beschäftigt. Siehe Kapitel 2.4.2.

[1404] Adolf Süsterhenn, „Der Staatspräsident", in: *Rheinischer Merkur*, 22. Oktober 1946, abgedruckt in: Süsterhenn, *Schriften*, S. 64.

vom Parlament ausgebrachtes Misstrauensvotum nur dann Rechtsgültigkeit besitzt, wenn die das Misstrauensvotum aussprechende Parlamentsmehrheit binnen einer kurzen Frist dem Staatspräsidenten eine neue, vom Vertrauen der Mehrheit getragene Regierung zur Ernennung vorschlägt."[1405] Hatte sein „Vorentwurf einer Verfassung für Rheinland Pfalz" lediglich ein abgemildertes Misstrauensvotum enthalten[1406], so machte Süsterhenn jetzt klar den Vorschlag, ein konstruktives Misstrauensvotum zum Erhalt der Regierungsstabilität einzuführen; lediglich an einer Konkretisierung hinsichtlich des Zeitraums, in dem eine neue Regierung benannt werden sollte, mangelte es seinem Konzept noch. Auf gesamtdeutscher Ebene sollte das Parlament nach der Vorstellung Süsterhenns aus „allgemeinen Volkswahlen"[1407] hervorgehen und gleichberechtigt mit der Vertretung der Länder sein[1408].

Der Tatsache, dass das Amt eines Staatspräsidenten das kontroverseste unter den neu zu schaffenden Staatsorganen zunächst auf Landesebene war, dessen war sich Adolf Süsterhenn wohl bewusst.[1409] Kurz nach seiner Rückkehr von der Reise durch die amerikanische Besatzungszone, im Oktober 1946, widmete Süsterhenn dem Amt des Staatspräsidenten einen eigenen Artikel im *Rheinischen Merkur*.[1410] Dieser sollte den Parteien übergeordnet sein und „für eine bestimmte Anzahl von Jahren fest gewählt" werden. Die Wahl sollte durch die beiden Kammern erfolgen.[1411] Zu seinen Rechten und Pflichten zählte Süsterhenn die Ernennung und Abberufung der Regierung sowie die Vertretung des Staates in inneren und äußeren Angelegenheiten. Als „Repräsentant der Einheit des Volkswillens" sollte der Staatspräsident als der „oberste Hüter des Gemeinwohls" unter bestimmten Voraussetzungen weiterhin das Recht zur Auflösung des Parlaments besitzen.[1412] Dass Adolf Süsterhenn auch hier indirekt seine Vorstellungen von einem gesamtdeutschen Staatswesen äußerte, lassen seine Vergleiche mit den „in der Weimarer Zeit gesammelten Erfahrungen" und den „Präsidentenwahlen von 1925 und 1932" vermuten.[1413]

Im März 1948 hatte Adolf Süsterhenn seine Meinung allerdings grundlegend geändert, als es nun um das Amt eines Staatsoberhauptes auf gesamtdeutscher Ebene ging. Es sei „stärksten föderalistischen Bindungen zu unterwerfen", was „am besten" dadurch zu verwirklichen sei, „daß man auf ein besonderes Staatsoberhaupt überhaupt verzichtet, seine Funktionen durch das Präsidium des Länderrats ausüben läßt und ein

---

[1405] Ebd., S. 63.
[1406] Siehe Kapitel 3.2.4.
[1407] Adolf Süsterhenn, „Bundesrat oder Senat?", in: *Rheinischer Merkur*, 24. April 1948, abgedruckt in: Süsterhenn, *Schriften*, S. 195.
[1408] Adolf Süsterhenn, „Eine deutsche Verfassung!", in: *Rheinischer Merkur*, 17. November 1947, abgedruckt in: Süsterhenn, *Schriften*, S. 172.
[1409] „Die Institution des Staatspräsidenten ist in der Verfassungsdebatte der deutschen Länder stark umstritten." Adolf Süsterhenn, „Der Staatspräsident", in: *Rheinischer Merkur*, 22. Oktober 1946, abgedruckt in: Süsterhenn, *Schriften*, S. 61.
[1410] Vgl. Punkt e) in der Aufzählung im Brief an Konrad Adenauer. Süsterhenn an Adenauer, 20. August 1946, in: StBKAH, Bestand I, 08.21, S. 3.
[1411] Siehe WRV Art. 41. Abs. 1: „Der Reichspräsident wird vom ganzen deutschen Volke gewählt."
[1412] Adolf Süsterhenn, „Der Staatspräsident", in: *Rheinischer Merkur*, 22. Oktober 1946, abgedruckt in: Süsterhenn, *Schriften*, S. 63f.
[1413] Ebd.

etwaiges Notverordnungsrecht dem Länderrat als solchem überträgt"[1414] (siehe Abbildung 3-9). Die Absicht, kein Staatsoberhaupt in eine zukünftige Verfassung Deutschlands mit aufzunehmen, ging bei Adolf Süsterhenn also mit einem Machtzuwachs der Ländervertretung einher.

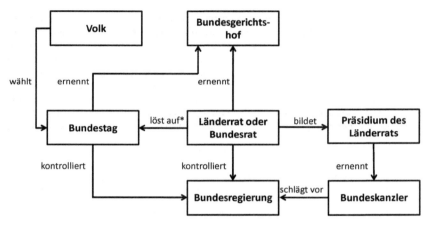

* unter bestimmten, nicht näher spezifizierten Bedingungen

Abbildung 3-9: **Verfassungsorgane und Gewaltenverschränkung auf gesamtdeutscher Ebene bei Adolf Süsterhenn (1948)**
Quelle: Eigene Darstellung

Zur Institution eines Bundeskanzlers machte Süsterhenn keine weiteren Ausführungen als die bereits erwähnten. Vom Präsidium des Länderrats ernannt, sollte er die Mitglieder der Regierung vorschlagen.[1415] Auch was die Ausgestaltung einer künftigen Regierung betraf, ging Adolf Süsterhenn wenig ins Detail. Kurz nach seiner Reise erwähnte er lediglich, dass sie zunächst in der rheinland-pfälzischen Verfassung vom Vertrauen des Parlaments abhängig zu sein habe[1416], und ergänzte dies im Jahr 1948 mit der Aussage, dass die Bundesregierung in einer künftigen deutschen Verfassung auch dem Vertrauen der Ländervertretung zu unterstellen sei[1417], was wiederum einen Machtzuwachs für die Länderkammer bedeutete.

[1414] Adolf Süsterhenn, „Föderalistische Exekutive", in: *Rheinischer Merkur*, 10. März 1948, abgedruckt in: Süsterhenn, *Schriften*, S. 187.
[1415] Ebd., S. 188.
[1416] Adolf Süsterhenn, „Der Staatspräsident", in: *Rheinischer Merkur*, 22. Oktober 1946, abgedruckt in: Süsterhenn, *Schriften*, S. 63.
[1417] Adolf Süsterhenn, „Föderalistische Exekutive", in: *Rheinischer Merkur*, 10. März 1948, abgedruckt in: Süsterhenn, *Schriften*, S. 187f. Des Weiteren bemerkte Süsterhenn, dass man darüber nachdenken

Ausführlicher beschäftigte sich Süsterhenn dafür mit der Einrichtung eines obersten Gerichtshofes, den er zunächst auf Landesebene vorsah. Unabhängige Richter sollten nach seinen Vorstellungen nicht nur die Grundrechte des Einzelnen „notfalls auch gegen mehrheitsabsolutistische Tendenzen in Parlament oder Volk"[1418] schützen, sondern auch in Form eines „Staats- oder Verfassungsgerichtshof"[1419] höchste Entscheidungsinstanz in allen „verfassungsrechtlichen Streitfragen"[1420] sein. „Dabei muß jedem an der politischen Willensbildung im Staate beteiligten Organ sowie allen wichtigen Trägern öffentlicher Funktionen die Möglichkeit gegeben werden, nicht nur im Falle der Verletzung ihres speziellen Interesses, sondern generell die behauptete Verfassungs- und Naturrechtswidrigkeit eines Gesetzes oder eines sonstigen Staatsaktes durch Klage beim Staatsgerichtshof nachprüfen zu lassen."[1421] „Auch dem einzelnen Staatsbürger" sei es zu ermöglichen, bei Verstößen gegen die Verfassung Klage beim Staatsgerichtshof zu erheben.[1422] Besonderen Wert legte Süsterhenn im Jahr 1947 dann auf die Trennung von richterlicher und politischer Gewalt und die Unabhängig-

---

solle, „ob der Erlaß von Rechtsvorschriften durch die Bundesregierung nicht bloß an die vorherige Anhörung, sondern an die Zustimmung des Länderrates geknüpft werden müßte." Ebd., S. 188.

[1418] Adolf Süsterhenn, „Die Grundrechte", in: *Rheinischer Merkur*, 1. Oktober 1946, abgedruckt in: Süsterhenn, *Schriften*, S. 53.

[1419] Adolf Süsterhenn, „Der Staatsgerichtshof", in: *Rheinischer Merkur*, 1. November 1946, abgedruckt in: Süsterhenn, *Schriften*, S. 66.

[1420] Ebd.

[1421] Ebd., S. 67. In der *Kölner Rundschau* schrieb Süsterhenn zur Ausgestaltung eines obersten Gerichtshofes: „Es ist einmal Sache des Verfassungsgesetzgebers, durch die entsprechende Formulierung das Bekenntnis zum Naturrecht als verbindliche Rechtsnorm für Gesetzgebung, Rechtsprechung und Verwaltung herauszustellen. Darüber hinaus bedarf es dann allerdings auch noch eines obersten Hüters des naturrechtlichen Geistes der Verfassung in Form eines Staats- oder Verfassungsgerichtshofes, der [...] das Recht erhalten muß, die gegen die naturrechtlichen Prinzipien der Verfassung verstoßenden Gesetze, selbst wenn sie mit verfassungsändernder Mehrheit beschlossen sein sollten, als dem naturrechtlichen Geist der Verfassung widersprechend für nichtig zu erklären." Adolf Süsterhenn, „Naturrecht und Verfassungsgesetzgebung", in: *Kölnische Rundschau*, 28. November 1947, abgedruckt in: Süsterhenn, *Schriften*, S. 176.

[1422] Adolf Süsterhenn, „Der Staatsgerichtshof", in: *Rheinischer Merkur*, 1. November 1946, abgedruckt in: Süsterhenn, *Schriften*, S. 67. Vorausschauend bemerkte Adolf Süsterhenn an dieser Stelle, dass „bei der Verwirklichung des letzten Vorschlags [Recht eines jeden Staatsbürgers, bei Verfassungsverletzungen Klage beim Staatsgerichtshof zu erheben] die Gefahr nicht aus dem Auge zu verlieren" sei, „daß dadurch der Staatsgerichtshof mit einer Fülle von Verfassungsklagen krankhafter Querulanten überschüttet werden könnte". „Dieser Gefahr könnte aber dadurch abgeholfen werden, daß in allen vor den ordentlichen oder Verwaltungsgerichten schwebenden Verfahren der von einem Staatsbürger erhobene Einwand der Verfassungswidrigkeit eines Gesetzes oder sonstigen Staatsaktes von dem mit dem Rechtsfall befaßten Richter zu prüfen, im Falle der Bejahung die Verfassungsverletzung die Sache an das letztinstanzlich zuständige Gericht des betreffenden Rechtszuges abzugeben wäre, welches dann seinerseits die Frage der Verfassungswidrigkeit zu prüfen und bejahendenfalls die Angelegenheit dem Staatsgerichtshof zur Entscheidung zu unterbreiten hätte." Des Weiteren stellte Süsterhenn in einem anderen Aufsatz fest, dass „bei Streitigkeiten zwischen dem Staat und den Selbstverwaltungskörperschaften über den Umfang ihres eigenen Wirkungskreises" diesen „der Rechtsweg zum Staatsgerichtshof als dem Hüter der naturrechtlichen Grundlagen der Verfassung zu eröffnen" sei. Adolf Süsterhenn, „Das Recht der Selbstverwaltung", in: *Rheinischer Merkur*, 6. Dezember 1946, abgedruckt in: Süsterhenn, *Schriften*, S. 77.

keit eines obersten Gerichts von Verwaltung und Gesetzgebung, „wenn sie [die Gesetzgebung] sich in Widerspruch stellt zu dem Gedanken der das Wohl des Einzelnen und der Gemeinschaft sichernden Gemeinwohlgerechtigkeit, wie er in den Grundnormen der Verfassung zum Ausdruck gebracht ist."[1423]

Auf gesamtdeutscher Ebene sollte nach Adolf Süsterhenns Auffassung auch die Rechtsprechung im Falle von Streitigkeiten zwischen Bund und Ländern der höchsten Gerichtsbarkeit unterliegen.[1424] Um den föderalistischen Gedanken auch bei der Gründung des Bundesgerichtshofes, wie Süsterhenn das oberste Gericht im Jahr 1948 benannte, klar zum Ausdruck zu bringen, sollte sich dieses entweder „aus den Präsidenten der Verfassungsgerichtshöfe der einzelnen Länder" zusammensetzen „oder die Richter [...] von Volksparlament und Länderrat gemeinsam bestimmt werden"[1425] (siehe Abbildung 3-9). Insgesamt wichen Rechte und Pflichten einer obersten Gerichtsbarkeit auf Landes- und gesamtdeutscher Ebene in Süsterhenns Ausführungen nicht wesentlich voneinander ab; einzig in der Begrifflichkeit lässt sich ein Wandel feststellen: Während Süsterhenn in den Jahren 1946 von einem „Staats- oder Verfassungsgerichtshof"[1426] in Anlehnung an die Weimarer Verfassung sprach, verwendete er ein Jahr später den Begriff „Bundesgerichtsbarkeit"[1427] und im Jahr 1948 schließlich die Bezeichnung „Bundesgerichtshof"[1428] und unterstrich damit einmal mehr den bundesstaatlichen Charakter des neuen Deutschlands.

Die Ausarbeitung der künftigen gesamtdeutschen Verfassung erkannte Süsterhenn den „Delegierten der Landtage als Volksvertretung" und „den Ministerpräsidenten als Ländervertretung" zu. Abschließend sei der Verfassungsentwurf „dann dem gesamten Volke zur Volksabstimmung zu unterbreiten."[1429]

Zusammenfassend lässt sich feststellen, dass Adolf Süsterhenn, basierend auf seinen staatstheoretischen und kirchenrechtlichen Kenntnissen sowie seinen politischen Erfahrungen, die er nicht zuletzt auf seiner Reise durch die amerikanische Besatzungszone gesammelt hatte, in den Jahren 1946 bis 1948 eine eigene Staats- und Verfassungsvorstellung sowohl auf Landes- als auch auf gesamtdeutscher Ebene entwickelte, die er

---

[1423] Adolf Süsterhenn, „Vom Geist der Verfassung", in: *Rheinischer Merkur*, 1. Februar 1947, abgedruckt in: Süsterhenn, *Schriften*, S. 93.

[1424] Adolf Süsterhenn, „Eine deutsche Verfassung!", in: *Rheinischer Merkur*, 17. November 1947, abgedruckt in: Süsterhenn, *Schriften*, S. 172.

[1425] Adolf Süsterhenn, „Föderalistische Exekutive", in: *Rheinischer Merkur*, 10. März 1948, abgedruckt in: Süsterhenn, *Schriften*, S. 188.

[1426] Adolf Süsterhenn, „Der Staatsgerichtshof", in: *Rheinischer Merkur*, 1. November 1946, abgedruckt in: Süsterhenn, *Schriften*, S. 66. Siehe WRV Art. 19 Abs. 1 Satz 1: „Über Verfassungsstreitigkeiten innerhalb eines Landes, in dem kein Gericht zu ihrer Erledigung besteht, sowie über Streitigkeiten nichtprivatrechtlicher Art zwischen verschiedenen Ländern oder zwischen dem Reiche und einem Lande entscheidet auf Antrag eines der streitenden Teile der Staatsgerichtshof für das Deutsche Reich, soweit nicht ein anderer Gerichtshof des Reichs zuständig ist."

[1427] Adolf Süsterhenn, „Eine deutsche Verfassung!", in: *Rheinischer Merkur*, 17. November 1947, abgedruckt in: Süsterhenn, *Schriften*, S. 172.

[1428] Adolf Süsterhenn, „Föderalistische Exekutive", in: *Rheinischer Merkur*, 10. März 1948, abgedruckt in: Süsterhenn, *Schriften*, S. 188.

[1429] Adolf Süsterhenn, „Eine deutsche Verfassung!", in: *Rheinischer Merkur*, 17. November 1947, abgedruckt in: Süsterhenn, *Schriften*, S. 173.

in Form von Artikeln veröffentlichte und über die Zeit hinweg ausgestaltete. So sind innerhalb seiner mehrmonatigen Publikationstätigkeit sowohl ein Wandel und eine Schärfung der Begrifflichkeiten, vor allem zugunsten einer Vertretung der Länder und zuungunsten des Amtes eines Staatspräsidenten, als auch eine inhaltliche Überarbeitung und Ergänzung seiner Staats- und Verfassungsvorstellungen festzustellen. Hinsichtlich der Staatsform hatte Adolf Süsterhenn zwar eine Abgrenzung zwischen Bundesstaat und Staatenbund im Jahr 1946 als Wortklauberei bezeichnet, tatsächlich argumentierte er aber deutlich mehr für die Schaffung eines Bundesstaats als für die eines Staatenbunds und sprach dann 1948 auch selbst von „der bundesstaatlichen Struktur des neuen Deutschlands"[1430]. Süsterhenn schuf zwar keinen eigenständigen gesamtdeutschen Verfassungsentwurf,[1431] schrieb seine Grundgedanken hierzu jedoch bereits vor dem Verfassungskonvent von Herrenchiemsee ausführlich nieder und wird heute nicht umsonst als Schöpfer der rheinland-pfälzischen Verfassung angesehen, für die er einen eigenen „Vorentwurf" lieferte.[1432]

3.6.2 Im Bund Deutscher Föderalisten in den Jahren 1946 bis 1948

Adolf Süsterhenn kam, wollte er sein Konzept des auf göttliches Naturrecht gegründeten Föderalismus verwirklichen, nicht umhin, einen Versuch zu unternehmen, diesen auch außerhalb seiner eignen Partei publik zu machen, da es, wie Christoph von Hehl darlegt, an einer parteiinternen „Hausmacht"[1433] mangelte. Wohl auch in Anknüpfung an seinen geistigen Lehrer Benedikt Schmittmann[1434] rief Süsterhenn im August 1947 zur Wiedergründung der „Arbeitsgemeinschaft deutscher Föderalisten" in Bad Ems auf.[1435] Zwei Artikel von Adolf Süsterhenn dienten offensichtlich der Ein-

---

[1430] Adolf Süsterhenn, „Bundesrat oder Senat?", in: *Rheinischer Merkur*, 24. April 1948, abgedruckt in: Süsterhenn, *Schriften*, S. 198.
[1431] Dass er jedoch nicht abgeneigt war, einen eigenen Verfassungsentwurf zu schaffen, geht aus folgender Äußerung Süsterhenns gegenüber Adenauer hervor: „Ich betone jedoch, dass ich gerne bereit bin, nach vorheriger Rücksprache mit Ihnen, einen Verfassungsentwurf anzufertigen." Süsterhenn an Adenauer, 20. August 1946, in: StBKAH, Bestand I, 08.21, S. 4.
[1432] Siehe Kapitel 3.2.4.
[1433] Hehl, *Süsterhenn*, S. 269.
[1434] Zur föderalistischen Arbeit Benedikt Schmittmanns vgl. Stehkämper, „Schmittmann", S. 43–45.
[1435] Bereits im März 1947 hatte Adolf Süsterhenn bemerkt: „Es erscheint notwendig zu sein, zur Vertiefung des föderalistischen Gedankens eine Arbeitsgemeinschaft deutscher Föderalisten nicht nur in unserem Lande, sondern zum mindesten in allen westlichen Besatzungszonen zu gründen." Adolf Süsterhenn an Huber Armbruster, 17. März 1947, in: LHA 700, 177, Nr. 754. Zur Ermittlung des Gründungsdatums des Bundes Deutscher Föderalisten vgl. Hehl, *Süsterhenn*, S. 360, Anm. 51. Schwend nennt in seinem Bericht an Pfeiffer den 9. und 10. August 1947 als Sitzungsdatum. Karl Schwend, Bund Deutscher Föderalisten. Aktennotiz für Herrn Staatsminister Dr. Pfeiffer, 12. August 1947, in: BayHStA NL Pfeiffer 598. Zudem befindet sich im Nachlass von Anton Pfeiffer ein „Programm" mit folgendem Inhalt: „9. August, 18 Uhr: Gemeinsames Abendessen mit Begrüßung und anschließendem geselligen Beisammensein, 10. August: 1. Referat: Die ideellen Grundlagen des Föderalismus, Frau Prof. Dr. Benedikt Schmittmann [hier handelt es sich um die Witwe Benedikt Schmittmanns, Frau Helene Schmittmann], 2. Referat: Deutscher und europäischer Föderalismus, Dr. F. A. Kramer, Herausgeber des „Rheinischen Merkur", 3. Aussprache, 4. Organisatorische Fragen. Alle Veranstaltungen finden im Hotel Prinz Karl in Bad Ems statt". Programm, o. D., in: BayHStA,

leitung dieser Zusammenkunft. Beide spiegeln die Haltung Süsterhenns zum deutschen, aber auch europäischen Föderalismus wider.

In seinem Lieblingsblatt, dem *Rheinischen Merkur*,[1436] veröffentlichte er am 12. Juli 1947 einen Aufsatz unter der Überschrift „Europäischer Föderalismus". Schon der erste Satz des Artikels ist zu diesem Zeitpunkt der Geschichte bemerkenswert: „Europa ist nicht nur ein geographischer Begriff, sondern zugleich geistige und politische Aufgabe."[1437] Eine Aussage, die bis heute ihre Bedeutsamkeit nicht verloren hat. Es mutet gerade in der heutigen Zeit fast mahnend an, wenn Süsterhenn schreibt, dass selbst „die enge Verflechtung der Weltwirtschaft, das Bestehen zahlreicher internationaler Abkommen und Organisationen auf dem Gebiete von Wirtschaft, Verkehr und Technik [...] weder den ersten noch den zweiten Weltkrieg zu verhindern" im Stande waren. „Auf Grund dieser Erfahrungen" forderte Adolf Süsterhenn „die geistige und politische Einheit Europas" und prangert als einen „der Hauptgründe nicht nur der deutschen Krise, die im Nationalsozialismus zum Ausdruck kam, sondern auch des europäischen Zerfalls" den „Geist des Etatismus, der im Staat die einzige Quelle des innerstaatlichen und zwischenstaatlichen Rechts erblickt", an, den es zu überwinden gelte. Dies konnte seiner Ansicht nach nur „durch die Auflockerung des Begriffs der staatlichen Souveränität nach innen und außen" geschehen. „Der Machtstaatstheorie muß der im Naturrecht verwurzelte Gedanke des Föderalismus als das gesellschaftspolitische Prinzip der Zukunft entgegengestellt werden", schloss Süsterhenn seinen Artikel.[1438]

Auf eben diesen föderalistischen Gedanken ging der zweite Aufsatz Adolf Süsterhenns vom 3. August 1947 ein, der als Einleitung zur Gründungstagung des Bundes Deutscher Föderalisten in Bad Ems diente, auch wenn es zu keiner Veröffentlichung kam.[1439] Süsterhenn argumentiert, „daß unser Schicksal nicht allein mit materiellen

---

NL Pfeiffer 51. Dasselbe „Programm" findet sich ebenfalls in: StaBi München, NL Schwend, Ordner 27. Die *Süddeutsche Zeitung* wusste zu berichten, dass „sich kürzlich auf einer Gründungstagung in Bad Ems einige führende Politiker, Publizisten und Hochschulprofessoren der westlichen Zonen" zusammengeschlossen hatten, „um den föderalistischen Gedanken neu zu aktivieren und vor der Verfälschung in konjunkturbedingten Splitterorganisationen zu bewahren." Heinz Flügel, „Bund deutscher Föderalisten", in: *Süddeutsche Zeitung*, 19. August 1947, S. 2.

[1436] Wie eng die Beziehung zwischen Süsterhenn, dem Bund Deutscher Föderalisten und dem *Rheinischen Merkur* war, zeigt sich beispielsweise daran, dass der Bund Deutscher Föderalisten die gleiche Anschrift wie die Redaktion des *Rheinischen Merkurs* hatte. So ist auf der Einladung der Arbeitsgemeinschaft deutscher Föderalisten im Briefkopf folgende Angabe zu finden: „Koblenz, den 14. Juli 1947, Firmungstraße 30–32 (Verlag des ,Rheinischen Merkurs'), Telefon 978". Einladung der Arbeitsgemeinschaft deutscher Föderalisten, 14. Juli 1947, in: BayHStA, NL Pfeiffer 51.

[1437] Adolf Süsterhenn, „Europäischer Föderalismus", in: *Rheinischer Merkur*, 12. Juli 1947, S. 1. Auch die Witwe Benedikt Schmittmanns unterstützte Adolf Süsterhenn in dieser Ansicht. Sie schrieb: „Es erhebt sich vor uns die Frage: In welchem Verhältnis zueinander stehen die Begriffe Abendland und Europäischer Staatenbund? Man möchte glaube, daß ein europäischer Staatenbund einfach die politische Organisation des Abendlandes darstellen würde. Doch das ist nur bedingt richtig. Das Abendland ist kein geographischer, sondern ein geistesgeschichtlicher Begriff." Helene Schmittmann, „Abendland und Europa", in: *Rheinischer Merkur*, 9. August 1947, S. 1.

[1438] Adolf Süsterhenn, „Europäischer Föderalismus", in: *Rheinischer Merkur*, 12. Juli 1947, S. 1.

[1439] Adolf Süsterhenn, „Föderalismus als Rechtsprinzip", 3. August 1947, abgedruckt in: Süsterhenn, *Schriften*, S. 156, Anm. 122. Süsterhenn erwähnt die Gründungstagung am Ende seines Artikels. Er schreibt: „Wenn heute im Lande Rheinland-Pfalz, welches geographisch, politisch und kulturell eine

Mitteln zu wenden ist", sondern, „daß die Wurzeln der gegenwärtigen Not letztlich im Bereich des Geistigen liegen".[1440] Er machte deutlich, dass der „Zustand chaotischer Zerrissenheit" sowohl in Deutschland als auch in Europa nur dann beendet werden könne, „wenn in den innerstaatlichen und zwischenstaatlichen Bereichen das sogenannte Recht der Gewalt durch die Gewalt des Rechts abgelöst wird." Als Recht bezeichnete Süsterhenn das „natürliche Recht des Menschen auf Wahrung seiner Freiheit und Würde", welches das „Ziel aller föderalen Organisation" sei. Daraus folgert er: „Das Rechtsprinzip des Föderalismus ist daher [...] das naturgegebene Ordnungselement für den deutschen und europäischen Wiederaufbau." Föderalismus definierte er dabei einmal mehr als eine „Hierarchie von Rechtskreisen", die „in einem rechtlichen Ordnungszusammenhang" stehen, „der seinerseits bestimmt ist durch das Rechtsprinzip der Subsidiarität." Rückblickend stellte er fest, dass „der Zusammenbruch des nationalsozialistischen Regimes [...] den zentralistischen Staatspanzer gesprengt" hat und so das deutsche Volk vor die Aufgabe gestellt habe, „eine neue politische Lebensform zu schaffen." Vorausschauend nannte Adolf Süsterhenn die Gründungstagung in Bad Ems eine Zusammenkunft, auf der er, „dem Geist der christlich-abendländischen Kultur verpflichtet [...,] das Rechtsprinzip des Föderalismus zur Grundlage der deutschen und europäischen Neuordnung zu machen" gedachte.[1441]

Auch der bayerische Staatssekretär Anton Pfeiffer war ursprünglich zur Teilnahme an dieser Gründungstagung durch eine „persönliche Einladung von den Veranstaltern der Tagung"[1442] aufgefordert worden, ließ sich dann allerdings durch Karl Schwend vertreten, der ihm im Anschluss an die Tagung darüber Bericht erstattete.[1443] Dieser

---

Mittelstellung zwischen den deutschen Ländern des Südens und des Nordwestens einnimmt und zugleich eine deutsche Mittlerfunktion in den westeuropäische Raum hinein auszuüben gewillt ist, föderalistisch gesinnte Männer und Frauen aus den westlichen Zonen Deutschlands zusammentreten, um in Anknüpfung an die Ideen eines Konstantin Frantz und Benedikt Schmittmann alle verantwortungsbewußten Deutschen zum Zusammenschluß in einer machtvollen föderalistischen Bewegung aufzurufen, und mag es ein gutes Omen für dieses Beginnen sein, daß die Zusammenkunft in Bad Ems, im nassauischen Lande unweit der Stammburg des Reichsfreiherrn vom und zum Stein stattfindet, der als der Wiedererwecker der deutschen Selbstverwaltung auf einem wichtigen Teilgebiet des politischen Lebens praktische föderalistische Pionierarbeit geleistet hat." Ebd., S. 158f.
[1440] Ebd., S. 156. In seinen *Erinnerungen* schreibt Carlo Schmid: „[...] wenn das Volk nicht in Stumpfheit und Trostlosigkeit versinken solle, sei die Schaffung von Zentren geistigen und musischen Lebens so wichtig wie die Beschaffung von Wohnung und Brot." Schmid, *Erinnerungen*, S. 235.
[1441] Adolf Süsterhenn, „Föderalismus als Rechtsprinzip", 3. August 1947, abgedruckt in: Süsterhenn, *Schriften*, S. 156–158.
[1442] Karl Schwend, Bund Deutscher Föderalisten. Aktennotiz für Herrn Staatsminister Dr. Pfeiffer, 12. August 1947, in: BayHStA, NL Pfeiffer 598, S. 1. Diese „persönliche Einladung", gezeichnet von Ludwig Alpers und Adolf Süsterhenn, wurde ausgesprochen, um bei dem sich „im Gange befindlichen Neubau Deutschlands und Europas [...] an die föderalistische Tradition, wie sie im 19. Jahrhundert in Konstantin Frantz ihren klassischen Vertreter und im 20. Jahrhundert in Benedikt Schmittmann ihren Blutzeugen gefunden hat, wiederanzuknüpfen, die Bewegung zu reaktivieren und neu zu organisieren. Die Unterzeichneten laden zu einer Gründungstagung am Samstag/Sonntag den 9. und 10. August 1947, nach Bad Ems (Hotel Prinz Karl) ein." Einladung der Arbeitsgemeinschaft deutscher Föderalisten, 14. Juli 1947, in: BayHStA, NL Pfeiffer 51.
[1443] Laut Karl-Ulrich Gelberg plante Pfeiffer zunächst Friedrich Glum nach Bad Ems zu entsenden. Gelberg, Karl-Ulrich, *Hans Ehard. Die föderalistische Politik des bayerischen Ministerpräsidenten 1946–1954*, Düsseldorf 1992, S. 81.

bemängelte, dass sich die gehaltenen Referate „gänzlich auf der Linie theoretischer Abhandlungen über den staatsphilosophischen und sozialphilosophischen Föderalismus, wie ihn Konstantin Frantz als Staats- und Gesellschaftslehre gegründet und Benedikt Schmittmann weiter entwickelt hat"[1444], bewegt hätten. Was diese Haltung betraf, so ging Schwend davon aus, dass sie auch in Zukunft der Weg des Bundes Deutscher Föderalisten sein werde.[1445] Bewertete der Vertreter Anton Pfeiffers also einerseits die gehaltenen Referate als zu theoretisch, konnte er doch nicht umhin zu bemerken, dass „doch eine Reihe praktischer politischer Fragen" erörtert worden sei – diese allerdings ganz und gar nicht im Sinne Bayerns. So notierte Schwend für Pfeiffer,

„dass, wie es schon vor 1933 der Fall war, für unseren bayerischen Staatsföderalismus wenig Verständnis vorhanden ist. Da sich dieser Föderalismus von jeher natürlicherweise auf reale partikulare territoriale Realitäten stützte und seinen Kampf um einen tatsächlich existierenden Staat führte, neigen diese westdeutschen Föderalisten, die ein Staatsgefühl in unserem bayerischen Sinne nicht kennen, in ihrer mehr theoretisierender föderalistischer Ideenwelt leicht dazu, den bayerischen Föderalismus nur als föderalistisch getarnten Partikularismus zu betrachten."[1446]

Einzig Adolf Süsterhenn und Eugen Kogon hätten an dieser Stelle versucht, ausgleichend zu wirken: „Dr. Süsterhenn bemühte sich sehr, den Eindruck zu verwischen, als ob es in den Kreisen der Arbeitsgemeinschaft an Verständnis für die bayerischen Dinge fehle."[1447] Der Bericht Schwends macht in seiner Gesamtheit deutlich, dass er den Bund Deutscher Föderalisten nicht als geeignetes Instrument ansah, um föderalisti-

---

[1444] Karl Schwend, Bund Deutscher Föderalisten. Aktennotiz für Herrn Staatsminister Dr. Pfeiffer, 12. August 1947, in: BayHStA NL, Pfeiffer 598, S. 2. Notizen zu den gehaltenen Referaten finden sich in: StaBi München, NL Schwend, Ordner 27.

[1445] „Die Ehrung, die der anwesenden Witwe Schmittmanns zuteil wurde, brachte gleichzeitig zum Ausdruck, dass die Arbeitsgemeinschaft auch in Zukunft ihre Hauptaufgabe darin erblicken will, das ideelle Erbe der föderalistischen Theorie zu pflegen und zur Grundlage einer organischen demokratischen Staatsauffassung zu machen, deren Prinzipien in der Achtung vor der Eigenständigkeit der natürlichen Persönlichkeit, in der Forderung der gegenseitigen hilfsweise wirkenden Ergänzung innerhalb der Gemeinschaft (Subsidiarität) und in der Idee der organischen Einordnung der natürlichen Personen und Gemeinschaften in immer höhere Lebenskreise in stufenweisen Aufbau von unten nach oben beruhen." Karl Schwend, Bund Deutscher Föderalisten. Aktennotiz für Herrn Staatsminister Dr. Pfeiffer, 12. August 1947, in: BayHStA, NL Pfeiffer 598, S. 2. Die „Aktennotiz" findet sich auch in mehrfacher Ausfertigung in: StaBi München, NL Schwend, Ordner 27.

[1446] Karl Schwend, Bund Deutscher Föderalisten. Aktennotiz für Herrn Staatsminister Dr. Pfeiffer, 12. August 1947, in: BayHStA, NL Pfeiffer 598, S. 3. Das Aufkommen der Diskussion ereignete sich laut Schwend wie folgt: „Die Bayern-Debatte wurde hervorgerufen durch eine von mir gemachte Bemerkung, in der ich eindringlich davor warnte, die Arbeitsgemeinschaft möge sich hüten, föderalistische Gliederungspläne seligen Angedenkens zu konstruieren, die aus irgend einer stammes-föderalistischen Ideologie darauf ausgehen, die historisch gewordene und fest zusammen gewachsene Gebietseinheit Bayerns zu sprengen. Ich hatte Anlass zu dieser Warnung, da Dr. Otto Färber, der Verleger einer der beiden Stuttgarter Zeitungen, in Gesprächen am Abend vorher sehr stark Stimmung für die sog. gross-schwäbische Bewegung gemacht hatte." Ebd., S. 4.

[1447] Ebd., S. 3. Anscheinend war Schwend aber der Ansicht, dass Süsterhenn hier lediglich weitere Diskussionen vermeiden wollte und daher versuchte, „den Eindruck zu verwischen". „Er wurde darin besonders unterstützt von Dr. Kogon, der zum Ausdruck brachte, dass es sinnlos wäre, über Föderalismus zu sprechen, ohne sich Bayerns bewusst zu sein, das heute den stärksten Staat in Deutschland darstellt." Ebd.

scher Politik im bayerischen Sinne eine Stimme zu verleihen. Das Misstrauen und die Distanz der Bayern gegenüber dem Bund Deutscher Föderalisten waren insgesamt jedoch wohl etwas weniger tiefgreifend als vielfach in der Literatur beschrieben.[1448]

[1448] Vgl. Hehl, *Süsterhenn*, S. 361f.; Gelberg, *Ehard*, S. 81f.; Kock, *Bayerns Weg*, S. 198-208. Die Haltung der Sozialisten gegenüber dem Bund Deutscher Föderalisten war mehr als zurückhaltend. So empfahl der Parteivorstand im Januar 1948: „Als unvereinbar mit den Zielen der Sozialdemokratischen Partei wird die Tätigkeit für den ‚Bund deutscher Föderalisten' angesehen." *Sozialistische Mitteilungen*, Nr. 107, Januar 1948, S. 2. Zur Auseinandersetzung zwischen Otto Färber und Wilhelm Hoegner vgl. Kock, *Bayerns Weg*, S. 203f. Aufschluss hierüber geben auch folgende Zeitungsartikel: „Der Bund Deutscher Föderalisten", in: *Rheinischer Merkur*, 6. September 1947, S. 2; „Umstrittener Föderalismus", in: *Süddeutsche Zeitung*, 30. August 1947, S. 1.
Zumindest im Falle Anton Pfeiffers verdient das Verhältnis zum Bund Deutscher Föderalisten kurz betrachtet zu werden. So lud Adolf Süsterhenn im Februar 1954 Anton Pfeiffer nochmals persönlich zu einem Treffen des Bundes Deutscher Föderalisten am 30. Mai 1954 in Konstanz ein, um dort „einen internationalen Föderalistenkongreß zu veranstalten." Er erbat Pfeiffers Unterstützung hinsichtlich der Übersendung einer Auflistung „von uns nahestehenden belgischen Persönlichkeiten [...] die wir zu dem Konstanzer Kongreß einladen können", und vergaß auch nicht zu erwähnen, dass es „eine besondere Freude" wäre, Pfeiffer persönlich am Bodensee begrüßen zu dürfen, um „nach längerer Zeit mit alten Freunden aus dem föderalistischen Lager zusammenzutreffen." Adolf Süsterhenn an Anton Pfeiffer, 6. Februar 1954, in: BayHStA, NL Pfeiffer 367. Pfeiffers Antwortschreiben einige Tage später lässt auch nicht unbedingt auf ein tiefsitzendes Misstrauen schließen. Außer der erbetenen Personenübersicht signalisierte er durchaus seine Bereitschaft, an besagtem Treffen teilzunehmen. Anton Pfeiffer an Adolf Süsterhenn, 25. Februar 1954, in: BayHStA, NL Pfeiffer 367. Selbst wenn also bei der Gründungstagung des Bundes Deutscher Föderalisten im August 1947 „theoretische Abhandlungen über den staats- und sozialphilosophischen Föderalismus" und nicht bayerische Überlegungen im Mittelpunkt standen, so führte dies doch nicht zu einem andauernden Zerwürfnis zwischen dem Bund und den Vertretern des bayerischen Föderalismus, wie etwa Anton Pfeiffer.
Nicht unerwähnt soll allerdings bleiben, dass es durchaus Bestrebungen für einen Bayerischen Föderalistenbund gegeben zu haben scheint. So findet sich in den Nachlässen Pfeiffers und Schwends ein „Programm für einen ‚Bayerischen Föderalistenbund'" aus dem Jahr 1947, in dem das Ziel formuliert wird, „Bayern vor dem Untergang in einem zentralistischen Einheitsstaat zu retten." Insgesamt acht Forderungen des Bundes, der sich nicht als „politische Partei" verstanden wissen, sondern „über alle Parteien und Bewegungen hinweg alle Männer und Frauen ohne Unterschied der Parteirichtung" ansprechen wollte, sind auf dem Schriftstück abgedruckt. Neben der „Erhaltung Bayerns als Staat" mit seinen „unverzichtbaren eigenstaatlichen Rechten" wird die Forderung nach „Widerstand gegen die Aufsaugung Bayerns durch eine totalitäre Zentralgewalt" gestellt. Die „Selbstverwaltung der Gemeinden" sei zu stärken, „Flüchtlinge für den bayerischen Heimatgedanken" seien zu gewinnen und die „Beteiligung Bayerns an einem europäischen Zusammenschluß auf föderalistischer Grundlage" sei anzustreben. Weiter forderte das Programm dazu auf, den „Nationalsozialismus" zu bekämpfen, die Bevölkerung zur „Ehrfurcht vor wertvoller einheimischer Überlieferung" zu erziehen, die „Wiederherstellung der Grundsätze der Moral im öffentlichen Leben" und, damit verbunden, die „Pflege der humanistisch-christlichen Kultur des Abendlandes." Programm für einen „Bayerischen Föderalistenbund", o. A., 29. November 1947, in: BayHStA, NL Pfeiffer 51 und StaBi München, NL Schwend, Ordner 27. Nach einem Brief, der sich ebenfalls im Nachlass Schwends befindet, wurde das „Programm für einen „Bayerischen Föderalistenbund" „von Dr. Hoegner, Dr. Weise, Dr. Baumgartner, Dr. Schlögl und noch einigen Herren entworfen." F. J. Berthold an [o. Adr.], 9. Dezember 1947, in: StaBi München, NL Schwend, Ordner 27. Wie Peter Jakob Kock treffend bemerkt, wäre dieses Programm, hätte man „jemals mit außerbayerischen Föderalisten diskutiert [...], [...] als Innbegriff des bayerischen Partikularismus rundweg abgelehnt" worden. Kock, *Bayerns Weg*, S. 205. Aus damaliger bayerischer Sicht wurde allerdings eine „Zusammenarbeit mit dem Bund deutscher Föderalisten" als weniger abwegig angesehen. F. J. Berthold an [o. Adr.], 6. November 1947, in: StaBi München, NL Schwend, Ordner 27. Auch Pfeiffer schien der Gründung eines solchen bayerischen Föderalisten-

Welche Vorstellungen von Staat und Gesellschaft vertrat nun aber der Bund Deutscher Föderalisten und mit ihm sein Initiator Adolf Süsterhenn und wie konkretisierten sich diese? Aufschluss darüber geben zwei im August 1947 im *Rheinischen Merkur* veröffentlichte Artikel[1449] sowie zwei weitere Dokumente[1450], ebenfalls aus dem Jahr 1947, in denen die Leitgedanken des Bundes Deutscher Föderalisten formuliert wurden.

Im *Rheinischen Merkur* erließ der Bund einen „Aufruf"[1451], in dem er sich selbst als Zusammenfassung aller Vereinigungen bezeichnete, „die nach dem ersten Weltkrieg entstanden waren, um im Geiste der föderalistischen Klassiker des 19. Jahrhunderts Deutschland bundesstaatlich zu formen". Neben einem bundesstaatlichen Aufbau wurde die Forderung nach „einer freiheitlichen Selbstverwaltung" erhoben, um das neue Deutschland „auf diese Weise wieder in die Gemeinschaft Europas einzugliedern." Als Grundrecht wurde die „Freiheit der Person" genannt und das Festhalten „an der christlich-humanen Bildungstradition" proklamiert. Dies sollte letztendlich dazu führen, „das bündisch-erneuerte Deutschland [...] einer dauernden Gesundung und Wohlfahrt im Rahmen der europäischen Völker zuzuführen."[1452]

Ganz ähnlich, wenn auch nicht konkreter, beschrieb Franz Albert Kramer, Chefredakteur des *Rheinischen Merkur*, in seiner Wiedergabe der „Ansprache [...] zur Wiederbegründung des ‚Bundes Deutscher Föderalisten' in Bad Ems" die Ziele ebendieser Gemeinschaft: „Der echte Föderalismus beginnt mit der Person und ihrer Beziehung zum ‚Nächsten' und er will in der Selbstverwaltung der Gemeinden und der Länder verwirklicht sein, bevor er den Boden der Außenpolitik betritt. Es kann keinen inner-

---

bundes nicht abgeneigt zu sein, war er doch bereit, bei einer Zusammenkunft zur Gründung eines solchen Bundes „die Honneurs zu machen." Karl Schwend an Dr. Lotz, 6. Oktober 1947, in: StaBi München, NL Schwend, Ordner 27. Weiter als bis zu besagtem Programmentwurf kam man jedoch in Bayern nicht. „Zu einer formellen Gründung kam es nie", so Kock, *Bayerns Weg*, S. 206. Zur Vorgeschichte des „Bayerischen Föderalistenbundes vgl. ebd., S. 204f.

[1449] Franz Albert Kramer, „Der deutsche Föderalismus", in: *Rheinischer Merkur*, 16. August 1947; „Der ‚Bund Deutscher Föderalisten'", in: *Rheinischer Merkur*, 23. August 1947.

[1450] o. A., Programm-Entwurf der Arbeitsgemeinschaft Deutscher Föderalisten (ADF), o. D. (1947), in: BayHStA, NL Pfeiffer 51; o. A., Leitsätze des Bundes Deutscher Föderalisten, o. D. [August/September 1947] in: BayHStA, NL Pfeiffer 598.

[1451] Unterzeichner des „Aufrufs" waren u. a. Wilhelm Hoegner als stellvertretender Ministerpräsident Bayerns, der bayerische Staatsminister Anton Pfeiffer, Franz Albert Kramer, Herausgeber des *Rheinischen Merkur*, Helene Schmittmann, die Witwe Benedikt Schmittmanns, und selbstverständlich der Justiz- und Kultusmister Adolf Süsterhenn. Mehrere Abschriften des „Aufrufs" befinden sich auch in: StaBi München, NL Schwend, Ordner 27. Zudem war der „Aufruf" Bestandteil der Mitteilung Nr. 1. des Bundes Deutscher Föderalisten. Ein Exemplar der Mitteilung Nr. 1. findet sich in: LHA 700, 177, Nr. 371.

[1452] „Der ‚Bund Deutscher Föderalisten'", in: *Rheinischer Merkur*, 23. August 1947, S. 1. Die Zeitung *Neues Deutschland*, Zentralorgan der SED, hetzte nach der Veröffentlichung des „Aufrufs": „Vor allem scheinen sich die neudeutschen föderalistischen Klassiker deshalb so zu beeilen, weil sie befürchten, die Londoner Konferenz könnte doch einen Strich durch ihre bereits addierte und subtrahierte Rechnung machen. Im November will man mit fertigen Tatsachen aufwarten. Bei diesem Bemühen ist dem Föderalistenbund eine besondere ehrenvolle Aufgabe zugedacht, das ideologische Kostüm zu stellen; denn die bereits jetzt schon gefährlich weit gediehene Zweiteilung Deutschlands muß doch irgendwie dem „dummen Volke" schmackhaft gemacht werden." „Die föderalistischen Klassiker", in: *Neues Deutschland. Zentralorgan der Sozialistischen Einheitspartei Deutschlands*, 23. August 1957, S. 2.

deutschen Zentralismus geben, der sich in einen europäischen Föderalismus einfügte." „Die innerdeutsche Föderation ist eine Voraussetzung des Eintritts Deutschlands in eine europäische Föderation." Die selbstgestellte Frage „Wie könnte ein deutscher Bund nun aussehen?" wurde beantwortet durch den Rückgriff auf den

> „Deutschen Bund (weshalb wollen wir nicht bei diesem schönen, einfachen und schlichten Wort bleiben, wie auch sein staatsrechtlicher Inhalt sich im einzelnen entwickeln mag?), dessen Hauptstadt Frankfurt ist und dem sich alle deutschen Länder anschließen können, die den übrigen konform bleiben, das heißt in ihrem Innern eine echte demokratische Ordnung verwirklichen und sich zur Weiterführung der abendländischen Tradition bekennen".

Die Vision des Bundes Deutscher Föderalisten, wie Kramer sie formulierte wurde beschrieben als „Die deutschen Länder in einem Bund, der Deutsche Bund in einem föderierten Europa, und dieses Europa in einer universalen Staatengesellschaft."[1453]

Alles in allem blieben sowohl der „Aufruf" als auch die „Ansprache" weitgehend unkonkret, was Staat und zukünftige Verfassung eines neuen Deutschlands anging. Wichtigste Kernaussage war, dass zuerst ein Bundesstaat entstehen und künftig seinen Platz in einer europäischen Gemeinschaft einnehmen sollte.

Wenig konkret blieb auch der „Programm-Entwurf" der Arbeitsgemeinschaft Deutscher Föderalisten.[1454] In insgesamt zehn Abschnitten umschrieb der Entwurf die Grundlagen des Föderalismus und endete in einer auszufüllenden „Beitritts-Erklärung"[1455]. Der Föderalismus wurde dabei als „christlich"[1456] und „deutsch"[1457] charakterisiert. Ausgehend von den zehn Geboten[1458] schilderte der „Programm-Entwurf" „das Ende des föderalistischen Reiches der Deutschen"[1459] durch den preußischen Machtstaatsgedanken. Ausgehend von diesem Rückblick forderte die Arbeitsgemeinschaft Deutscher Föderalisten, Deutschland in Form eines „Deutschen Bundesstaates"[1460] wieder aufzubauen: „Ein Bundesstaat, der auf Grundlage der Länder" entste-

---

[1453] Franz Albert Kramer, „Der deutsche Föderalismus", in: *Rheinischer Merkur*, 16. August 1947, S. 1f.
[1454] o. A., Programm-Entwurf der Arbeitsgemeinschaft Deutscher Föderalisten (ADF), o. D. (1947), in: BayHStA, NL Pfeiffer 51. In einer Art Vorwort wird der vertretene Gedanke des Föderalismus hier wie folgt definiert: „Föderalismus (von Födus – Bund –, Zusammenschluß) ist das System des organischen Aufbaus der staatlichen Gesellschaft in Deutschland und in Europa durch Zusammenschluß bei weitestgehender Freiheit." Jürgen Klöckler nennt als Autor des „Programm-Entwurfs" Ludwig Alpers, einen der Unterzeichner des Gründungsaufrufs des Bundes Deutscher Föderalisten, der den Entwurf „Anfang 1947" verfasst haben soll. Klöckler, Jürgen, *Abendland – Alpenland – Alemannien*, München 2009, S. 102. Das „Programm des Bundes Deutscher Föderalisten (BDF.) (Reichsarbeitsgemeinschaft Deutscher Föderalisten" ist erhalten in: LHA 700, 177, Nr. 371 und enthält nur wenige, vor allem formale Abweichungen von dem vorangegangenen Entwurf.
[1455] o. A., Programm-Entwurf der Arbeitsgemeinschaft Deutscher Föderalisten (ADF), o. D. (1947), in: BayHStA, NL Pfeiffer 51.
[1456] Ebd., Abschnitt I. Der Föderalismus ist christlich.
[1457] Ebd., Abschnitt III. Der Föderalismus ist deutsch, Absatz 1 „Er entspricht unserer deutschen Wesensart und unserer geschichtlichen Entwicklung (Stammesgliederung). Er ist daher ‚deutsch' im edelsten Sinne dieses Wortes."
[1458] Ebd., Abschnitt II. Der Föderalismus vertritt das Prinzip des Rechts, Absatz 1.
[1459] Ebd., Abschnitt IV. Föderalismus und Reichsgedanke, Absatz 2.
[1460] Ebd., Abschnitt V. Deutschland muß wieder deutsch werden, Absatz 2.

hen soll, die als „Zusammenschluß souveräner Gliedstaaten [...] einen Teil ihrer Souveränität auf Deutschland übertragen".[1461] Die Gedanken des Entwurfs gingen allerdings noch weiter und reichten über nationale Angelegenheiten hinaus. Das künftige Deutschland sollte „das Herzstück Europas mit europäischen Pflichten"[1462] sein.[1463] „Es hat deutsch zu sein und europäisch zu denken."[1464] Zur Ausgestaltung dieses Staatswesens und der „Leitung der gesamtdeutschen Belange"[1465] waren als Verfassungsorgane eine „Bundesregierung"[1466] sowie zwei Kammern, „deren eine (analog dem alten deutschen Bundesrat) von den Gliedstaaten (Einzelstaaten, Ländern), deren andere vom Gesamtvolke bestimmt wird"[1467], vorgesehen. Hinsichtlich „der obersten Leitung"[1468] des Staates, man denke hier an das Amt eines Staatspräsidenten, blieb der Programm-Entwurf sehr vage.[1469] Als Aufgaben einer zukünftigen Bundesregierung wurden „Auswärtige Politik, Privat-, Handels- und Strafrecht, Währung, Reichsbank, Zollwesen, Münz-, Maß- und Gerichtswesen, Reichsautobahnen, Aufstellung einheitlicher Tarife, Verkehrsordnungen und Gesetzgebung auf dem Gebiete der Post und Eisenbahn"[1470] aufgezählt. Nur Aufgaben, „zu deren Erfüllung die Staaten (Einzelstaaten, Gliedstaaten, Länder) für sich allein nicht genügend imstande sind"[1471], sollten an die Bundesregierung delegiert werden. Dabei wurde ausdrücklich betont, dass einer Bundesregierung „nicht das Recht der Kompetenz-Kompetenz" zuerkannt werde, um „einseitig ihre Befugnisse auf Kosten der Länder zu erweitern, wie dies im Bismarck-Reich, in der Weimarer Republik und erst recht im Hitler-Reich der Fall war."[1472]

[1461] Ebd., Abschnitt VI. Deutschland in föderalistischer Sicht, Absatz 2.
[1462] Ebd., Absatz 4.
[1463] „Der Föderalismus ermöglicht und fördert in Erfüllung der geschichtlichen deutschen Aufgabe und in Erinnerung an die große Idee des christlichen Abendlandes den Zusammenschluß des deutschen Vaterlandes mit den anderen Völkern Europas ohne Einbuße an Eigenart (Europäischer Föderalismus, abendländischer Universalismus)." Ebd., Abschnitt X. Der Föderalismus, die Idee des Zusammenschlusses, schlägt Brücken nach allen Richtungen, Absatz 4.
[1464] Ebd., Abschnitt VI. Deutschland in föderalistischer Sicht, Absatz 4. Die europäische Denkweise des Bundes spiegelte sich beispielsweise in der Teilnahme von zweien seiner Mitglieder, Eugen Kogon und Alfred Kramer, an der Tagung der Union Européenne des Fédéralistes in Rom wider. Siehe Mitteilung Nr. 1 des Bundes Deutscher Föderalisten, in: LHA 700, 177, Nr. 371 und Mitteilung an die Mitglieder des Bundes Deutscher Föderalisten, Dezember 1948, in: LHA 700, 177, Nr. 371. Die Mitteilungen vom Februar 1950 werden hier noch deutlicher und zeigen ein „Schema der europäischen Einigungsbewegung" auf. Mitteilungen an die Mitglieder des Bundes Deutscher Föderalisten, Februar 1950, in: LHA 700, 177, Nr. 371.
[1465] o. A., Programm-Entwurf der Arbeitsgemeinschaft Deutscher Föderalisten (ADF), o. D. (1947), in: BayHStA, NL Pfeiffer 51, Abschnitt VII. Der Föderalismus vertritt die organische Einheit Deutschlands in lebensvoller Gliederung, Absatz 4.
[1466] Ebd., Absatz 3 und 4.a.
[1467] Ebd., Absatz 4.b.
[1468] Ebd., Absatz 3.
[1469] „In der obersten Leitung wird der Grundsatz von der Teilung der Gewalten durchgeführt (Legislative und Exekutive.)". Ebd., Absatz 3.
[1470] Ebd., Abschnitt VIII. Der soziale Föderalismus, Absatz 5.
[1471] Ebd., Absatz 7.
[1472] Ebd., Absatz 5. In Abschnitt VIII liegt offensichtlich ein Fehler in der Nummerierung der Absätze vor, da auf Absatz 5 direkt Absatz 7 folgt.

Den Ländern verblieben nach dem „Programm-Entwurf der Arbeitsgemeinschaft Deutscher Föderalisten" vor allem das Recht der „Selbstverwaltung mit heimischer Beamtenschaft, die Selbstgesetzgebung durch gewählte Volksvertretungen (Landtage), Rechtspflege, Unterricht, Kultus, allgemeine Verwaltung, Polizei und andere festzulegende Rechte."[1473] Dabei wurden auch in diesem Entwurf, ganz im Sinne Süsterhenns und seines geistigen Lehrers Benedikt Schmittmann, das Prinzip der Subsidiarität und der Aufbau des Staatswesens in konzentrischen Kreisen hervorgehoben.[1474] Fast schon missionarisch mutete der abschließende Satz des Entwurfs an: „Der Föderalismus ist Voraussetzung des von allen ersehnten Weltfriedens, des Rechtes und der Ordnung."[1475]

Die „Leitsätze des Bundes Deutscher Föderalisten"[1476] wurden, obwohl vermutlich einige Monate nach dem „Programm-Entwurf" formuliert, in Bezug auf einen zukünftigen Staatsaufbau samt Verfassungsorganen und Gewaltenverschränkung keineswegs deutlicher. Als „Geistige Grundlagen" wurden der Föderalismus als „die natürliche Rechtsordnung des Aufbaues von Staat und Gesellschaft" sowie das „Prinzip der [...] Subsidiarität" erneut genannt. Während man „Kollektivismus", „Isolationismus" und „jede Erscheinung von Gewaltmäßigkeit" verwarf, erfolgte der Eintritt für „das Prinzip der Freiheit, Selbstbestimmung und Selbstverwaltung", „das Prinzip der Gliederung, Ordnung und Solidarität" und „das Prinzip des Rechts, der Verständigung und des Friedens".[1477] An praktischen Forderungen nannten die Leitsätze des Bundes Deutscher Föderalisten insgesamt acht Punkte.

Ausgehend von der „Person" „als Mittelpunkt des gesellschaftlichen Geschehens" sollten „Gemeinden und Gemeindeverbände, die Kreise und Landschaften" als „Selbstveraltungskörperschaften" „die Grundlage der deutschen Länder" bilden.[1478] Die Länder wiederum forderte man „als souveräne Gliedstaaten" auf, „einen ewigen Bund" zu formieren, „auf den sie einen Teil ihrer Souveränität übertragen." Konkret wurde hier die „Bundesregierung" genannt, an die die Länder bestimmte Kompetenzen abzutreten hätten.[1479] Als weitere staatliche Organe neben der Bundesregierung

---

[1473] Ebd., Absatz 8. „Insbesondere haben die Staaten steuerliche Selbstständigkeit zum Schutze der Wirtschaft vor der Zentralisierung des Geldwesens."

[1474] Ebd., Absätze 1–5 und Abschnitt IX. Der Föderalismus erstrebt durch rechte Selbstverwaltung Freiheit der Persönlichkeit und Abbau der Staatsallmacht, Absatz 4.

[1475] Ebd., Abschnitt X. Der Föderalismus, die Idee des Zusammenschlusses, schlägt Brücken nach allen Richtungen, Absatz 5.

[1476] o. A., Leitsätze des Bundes Deutscher Föderalisten, o. D. [August/September 1947] in: BayHStA, NL Pfeiffer 598. Diese „Leitsätze" wurden Anton Pfeiffer durch Albert Lotz – einen der Unterzeichner des Gründungsaufrufs und nunmehr Generalsekretär des Bundes Deutscher Föderalisten – übersandt mit der Bitte, „den Inhalt einer genauen Prüfung zu unterziehen." Mit den „Herren des Vorstandes" des Bundes Deutscher Föderalisten habe er die „Leitsätze durchgesprochen". Albert Lotz an Anton Pfeiffer, 12. September 1947, in: BayHStA, NL Pfeiffer 598.

[1477] o. A., Leitsätze des Bundes Deutscher Föderalisten, o. D. [August/September 1947] in: BayHStA, NL Pfeiffer 598.

[1478] Auch hier zeichnet der Bund Deutscher Föderalisten, ganz im Sinne Adolf Süsterhenns, wiederum das Bild der konzentrischen Kreise.

[1479] Als abzutretende Kompetenzen werden genannt: „auswärtige Politik, Privat-, Handels- und Strafrecht, Währung, Notenbank, Münz-, Maß- und Gewichtswesen, Zölle und Verkehr aller Art." Die Leitsätze betonen, dass kein „Recht zur Selbstverwaltung dieser Kompetenzen besteht."

nannten die Leitsätze „zwei gleichberechtigte Kammern, deren eine (ähnlich dem früheren Bundesrat) von den Vertretern der Länder und deren andere von den durch das Volk gewählten Vertretern dargestellt wird." „Gesetzgebung und Verwaltung" sollten „dem Subsidiaritätsprinzip" folgen, und an die „Sozialwirtschaft" erging die Aufforderung, „die berufsständische Ordnung" wieder herzustellen.[1480] Abschließend forderten die Leitsätze, wie auch bereits die oben genannten Zeitungsartikel, die „föderative Eingliederung in die europäische und Weltgemeinschaft der Völker". Selbstbewusst schlossen sie mit dem Satz: „Es [Deutschland] erwartet die Wiederanerkennung seiner Gleichberechtigung."[1481]

Somit gab der Bund Deutscher Föderalisten lediglich die großen Rahmenlinien eines zukünftigen Staats und seiner Verfassung vor; der „Programm-Entwurf der Arbeitsgemeinschaft Deutscher Föderalisten" und die „Leitsätze des Bundes Deutscher Föderalisten" erhoben dabei die greifbarsten Forderungen. Ein föderativer Bundesstaat mit einer nicht näher definierten Bundesregierung sollte entstehen, ein Zwei-Kammer-System mit einer der Volkskammer gleichberechtigten Länderkammer wurde präferiert, wobei lediglich das Zustandekommen der Volkskammer durch vom Volk gewählte Vertreter etwas genauer beschrieben wurde; Rechte und Pflichten der beiden Kammern wurden dagegen nicht formuliert. Ebenso wenig kam es von Seiten des Bundes Deutscher Föderalisten, abgesehen von einem Selbstverwaltungsrecht der Länder, zu einer Konkretisierung von Gesetzgebung und Verwaltung in einem zukünftigen deutschen Bundesstaat. Weitere greifbarere Handlungsanweisungen, Staats- oder Verfassungsvorschläge lieferte der Bund Deutscher Föderalisten nicht – sicherlich auch ein Grund dafür, dass bald der Terminus vom „Salonföderalismus"[1482] kursierte.[1483]

3.6.3 Zusammenfassung

Adolf Süsterhenns Leitgedanken zu Staat und Verfassung nach dem Zweiten Weltkrieg basierten auf der katholischen Naturrechtslehre, dem Subsidiaritätsprinzip und den Schriften Leos XIII. („Rerum novarum") und Pius' XI. („Quadragesimo anno").

[1480] Weiter heißt es: „Sie [die Sozialwirtschaft] schließt die volle Gleichberechtigung von selbständigen und unselbständigen Angehörigen der Berufsstände ein, die Klassenbildung dagegen aus. Es werden möglichst viele selbständige Klein- und Mittelbetriebe angestrebt. Die Vergenossenschaftung von Großbetrieben wird vorgenommen, wo und wann das Gemeinwohl es erfordert."
[1481] o. A., Leitsätze des Bundes Deutscher Föderalisten, o. D. [August/September 1947] in: BayHStA, NL Pfeiffer 598.
[1482] Kock, *Bayerns Weg*, S. 207. „Die Hauptwirkung des Bundes erfolgte über den Verfassungsausschuß der CDU in Ellwangen […] und dann über den Herrenchiemseer-Verfassungskonvent, indem 1948 das Grundgesetz der späteren Bundesrepublik vorentworfen wurde." Lipgens, *Anfänge*, S. 606.
[1483] Zur weiteren Geschichte und Entwicklung des Bundes Deutscher Föderalisten vgl. Hehl, *Süsterhenn*, S. 362f.; Kock, *Bayerns Weg*, S. 207f. „Wegen seiner primären Betonung der innenpolitischen Anwendung des föderalistischen Prinzips blieb der [Bund Deutsche Föderalisten] sinnvollerweise selbständig und schloß sich nicht den deutschen Europa-Verbänden an. Aber die UEF hat ihn auf der Sitzung ihres Zentralkomitees am 17. Januar 1948 als Mitglied aufgenommen." Lipgens, *Anfänge*, S. 606.

Er selbst fasste seine Vorstellung von einem föderalistischen Staats- und Verfassungswesen so zusammen:

> „Es kommt letzten Endes darauf an, welches Bild vom Menschen und seiner Stellung in der Gesellschaft zum Ausgangspunkt der politischen Arbeit gemacht wird. Die christliche Gesellschaftslehre betrachtet die Gesellschaft als einen Organismus, in dessen Mittelpunkt die Einzelperson steht, um welche sich in konzentrischen Kreisen die verschiedenen menschlichen Lebensgemeinschaften wie Familie, Gemeinde, Berufsstand, Heimatlandschaft, Staat und überstaatlicher Verband gruppieren. Also gesellschaftlicher Aufbau von unten nach oben unter Wahrung des Subsidiaritätsprinzips, d. h. der weitere Kreis darf nur soviel Recht und Aufgaben für sich in Anspruch nehmen, als der engere Kreis selbständig zu erfüllen nicht in der Lage ist. Damit ist eigentlich der Kernpunkt der föderalistischen Anschauung umrissen."[1484]

Dieses föderalistische Motiv zeichnete, eingebettet in eine subsidiär-naturrechtliche Auffassung, Adolf Süsterhenns Artikelserie im *Rheinischen Merkur* aus. Er plädierte für die Einrichtung eines Zwei-Kammer-Systems, in dem beide Kammern zunächst gleichberechtigt nebeneinander stehen sollten. Diese Ansicht korrigierte er dahingehend, dass er der Länderkammer die Rechte eines Präsidenten zu übertragen gedachte und damit deren Position eindeutig zuungunsten der Volksvertretung aufwertete. Gleichzeitig stärkte er die Stellung der Regierung, indem er die Schaffung eines konstruktiven Misstrauensvotums anregte, wobei er die genaue Frist, innerhalb der eine neue Regierung zustande kommen musste, noch nicht weitere konkretisierte und auch nicht festlegte, wie die entsprechende Übergangszeit zu regeln sei. Den Grundrechten widmete Adolf Süsterhenn einen eigenen Artikel. Deren Aufnahme in die Verfassung galt ihm als generelles Bekenntnis zur Freiheit und Würde des Menschen und damit verbunden zur Ablehnung jedweder Staatsallmacht.

Obwohl Süsterhenn in seiner Artikelserie im Jahr 1946 schon konkrete Züge einer zukünftigen deutschen Staatsverfassung erkennen ließ, fanden diese in die Leitgedanken des Bundes Deutscher Föderalisten offenbar keinen uneingeschränkten Eingang. Hier beschäftigte man sich eher mit der Formulierung allgemeiner Vorgaben als mit konkreten Verfassungsentwürfen. Man konnte sich lediglich auf ein verfassungsorganisches Minimalprogramm einigen, das für die Einhaltung der Prinzipien des Föderalismus, der Subsidiarität und des Naturrechts eintrat und damit eindeutige Züge der von Adolf Süsterhenn in seiner Artikelserie konzipierten künftigen deutschen Verfassung aufwies.

Damit blieb Adolf Süsterhenn nach Ende des Zweiten Weltkriegs seinem Motiv des katholisch-subsidiär geprägten Föderalismus treu, ging nun allerdings einen Schritt weiter, indem er in seiner Artikelserie konkrete Vorschläge für die Ausgestaltung einer zu schaffenden gesamtdeutschen Verfassung vorbrachte und im Bund Deutscher Föderalisten seiner Definition des Föderalismus, die letztlich auf dem Prinzip der Subsidiarität gründete, eine Diskussionsplattform schuf.

[1484] Adolf Süsterhenn an Hans Herchenbach, 23. März 1947, in: LHA 700, 177, Nr. 754.

3.7 Staats- und Verfassungsvorstellungen nach dem Zweiten Weltkrieg bei Carlo Schmid, Hermann Louis Brill, Anton Pfeiffer und Adolf Süsterhenn

Mit dem Ende des Zweiten Weltkriegs und dem Untergang der Staatsform des Dritten Reichs stellte sich für Carlo Schmid, Hermann Brill, Anton Pfeiffer und Adolf Süsterhenn die Frage, wie ein künftiges Deutschland staats- und verfassungsrechtlich neu zu organisieren sei. Erste Handlungsfelder ergaben sich bei den Beratungen zu den Landesverfassungen, die einem Staatsaufbau von unten nach oben den Weg bereiteten, und durch die Wiederzulassung der politischen Parteien, die ihrerseits versuchten, durch eigene Verfassungsentwürfe den staats- und verfassungsrechtlichen Neuaufbau Deutschlands in ihrem Sinne mit zu beeinflussen. Darüber hinaus waren die vier Politiker in zonalen und überzonalen Gremien, wie dem Stuttgarter Länderrat (Anton Pfeiffer, Carlo Schmid), dem Deutschen Büro für Friedensfragen (Hermann Brill, Anton Pfeiffer, Carlo Schmid), dem Bund Deutscher Föderalisten (Adolf Süsterhenn, Anton Pfeiffer), der Union Europäischer Föderalisten (Carlo Schmid, Adolf Süsterhenn) und dem Ellwanger Freundeskreis (Anton Pfeiffer, Adolf Süsterhenn) aktiv, um ihre eigenen Standpunkte, aber auch die ihrer Partei zu vertreten. Hierbei kam es bereits zu einem ersten Meinungsaustausch im Vorfeld des Verfassungskonvents von Herrenchiemsee. So trafen Anton Pfeiffer und Hermann Brill beispielsweise bei den Beratungen innerhalb des Deutschen Büros für Friedensfragen aufeinander, und Carlo Schmid begegnete Adolf Süsterhenn bei einer Tagung der Deutschland-Kommission der Union Européenne des Fédéralistes.

Betrachtet man die staats- und verfassungspolitischen Ideen und Konzeptionen in jener Zeit vor dem 10. August 1948, so ist allgemein eine Verdichtung der politischen Erfahrungen zu eigenen Entwürfen erkennbar, wobei wie schon vor Beginn des Zweiten Weltkriegs nicht jeder der vier Staatsmänner auch einen eigenen Verfassungsentwurf zu Papier brachte. Carlo Schmid etwa beschäftigte sich in jener Zeit vor dem Verfassungskonvent von Herrenchiemsee vor allem mit den Rahmen- und Vorbedingungen für das Zustandekommen einer neuen deutschen Verfassung und erhob die Forderung nach der Schaffung eines von den Alliierten vorzulegenden Besatzungsstatus. Gleichzeitig machte er darauf aufmerksam, dass Deutschland nur in einem als Bund organisierten Europa Bestand haben könne, und verknüpfte diesen Gedanken geschickt mit seinem Provisoriumskonzept. Stärker vielleicht als Carlo Schmid, Anton Pfeiffer und Adolf Süsterhenn versuchte Hermann Brill seinen eigenen Weg zu gehen, an dessen Anfang in den ersten Nachkriegsjahren die Wandlung vom radikalen Rätepolitiker zum demokratischen Sozialisten stand. Wie auch schon vor dem Zweiten Weltkrieg entwickelte Brill eigene Konzeptionen von Staat und Verfassung – unmittelbar am Ende des Zweiten Weltkriegs noch im Konzentrationslager Buchenwald und gerade einmal zwei Jahre später im Deutschen Büro für Friedensfragen. Anton Pfeiffer hingegen blieb seiner Arbeitsweise als graue Eminenz im Hintergrund treu und versuchte, seinen staats- und verfassungspolitischen Ansichten im Stuttgarter Länderrat und dem Ellwanger Freundeskreis zum Durchbruch zu verhelfen, allerdings ohne eigene Konzeptionen vorzulegen. Ganz anders hingegen Adolf Süsterhenn, der sich im Bund Deutscher Föderalisten engagierte und gleichzeitig eine eigene Artikelserie im *Rheinischen Merkur* lancierte, in der er in einzelnen Aufsätzen seine Vorstellungen von

Staat und Verfassung veröffentlichte und damit letztendlich einen nahezu vollständigen Verfassungsentwurf beschrieb.

Carlo Schmid, Hermann Brill, Anton Pfeiffer und Adolf Süsterhenn antworteten also wie schon vor dem Ausbruch des Zweiten Weltkriegs ganz unterschiedlich auf die politischen Gegebenheiten jener Zeit. Bei einer gesamtheitlichen Betrachtung der Staats- und Verfassungsvorstellungen überwiegen damit auf den ersten Blick die Unterschiede. Dennoch muss die Bewertung differenzierter ausfallen.

Auf staatspolitischer Ebene machte der Untergang des Dritten Reichs zunächst eine Debatte um die zukünftige *Staatsform* notwendig. Carlo Schmid trat nicht nur für eine Organisation Europas als Bund ein, sondern wollte auch das künftige Deutschland als eine bundesstaatliche Republik gestaltet wissen, während Hermann Brill in Buchenwald für eine sozialistisch-demokratische Volksrepublik und später im Deutschen Büro für Friedensfragen zunächst für einen Bundesstaat und in seinem letzten Entwurf für die Schaffung einer Realunion plädierte. Anton Pfeiffer betonte in seiner Arbeit im Länderrat, es müsse einen festen Zusammenschluss der Länder geben, man dürfe aber keinesfalls in deren Selbstständigkeit eingreifen. Auch wenn er entsprechend den Länderrat zunächst als staatenbündische Einrichtung interpretierte, gab er dieses Ansinnen jedoch mit zunehmender Bedeutung der Bizone zugunsten einer bundesstaatlichen Form auf föderativer Grundlage auf. Auch im Ellwanger Freundeskreis wurde bei der Abfassung der „Grundsätze für eine deutsche Bundesverfassung" allein schon dem Namen nach der Schaffung eines Bundesstaats der Vorzug gegeben. Wesentlich weniger differenziert zeigte sich Adolf Süsterhenn in dieser Debatte. Er gab vorerst an, die Unterscheidung zwischen einem Staatenbund und einem Bundesstaat sei für ihn bloße juristische Wortklauberei ohne jegliche politische und praktische Bedeutung. Allerdings wies seine folgende Argumentation sowohl im *Rheinischen Merkur* als auch innerhalb des Bundes Deutscher Föderalisten mehr auf einen Bundesstaat denn auf einen Staatenbund hin. Auch wenn Carlo Schmid, Hermann Brill, Anton Pfeiffer und Adolf Süsterhenn somit differenzierte Ansichten zum Ausdruck brachten und unterschiedliche Staatsformen diskutierten, schien sich die staatspolitische Waage vor dem Verfassungskonvent von Herrenchiemsee doch stärker in Richtung eines Bundesstaats als in die eines Staatenbunds zu neigen. In jedem Fall wollte man aber eine Abkehr von den staatsrechtlichen Strukturen des Dritten Reichs.

Neben der staatspolitischen dachte man auf verfassungspolitischer Ebene nicht nur über einen neuen organisatorischen Aufbau Deutschlands, sondern auch über die im Dritten Reich ausgehebelten *Grundrechten und Grundpflichten* der Weimarer Verfassung nach. So stand für Carlo Schmid vor allem die Durchsetzung einer Charta der Menschenrechte innerhalb seines europapolitischen Programms im Vordergrund, während Hermann Brill in seinem „Buchenwalder Manifest" zunächst Anklänge an die Grundrechte verschriftlichte, in seinen Ausarbeitungen für das Deutsche Büro für Friedensfragen hingegen die Aufnahme von Menschenrechten betonte. Die Vermutung, dass hier noch keine eindeutige Differenzierung stattfand, liegt nahe. Bei Anton Pfeiffer spielte die Durchsetzung von Grund- und Menschenrechten eine eher untergeordnete Rolle. Innerhalb seiner Arbeit im Ellwanger Freundeskreis enthielten die von ihm initiierten „Grundsätze für eine deutsche Bundesverfassung" lediglich die Aufforderung, in den Ländern Verfassungen unter Beachtung der Menschenrechte zu erlassen; Grund- oder Menschenrechte auf gesamtdeutscher Ebene fanden keine Erwähnung.

Adolf Süsterhenn hingegen widmete den Grundrechten einen eigenen Artikel, in dem er betonte, dass sowohl die Aufnahme als auch der Schutz der Grundrechte vor Einschränkung durch Gesetzesvorbehalt in einer Verfassung gegeben sein müssten, und auch im Bund Deutscher Föderalisten rief er zur Einhaltung bestimmter Grundrechte auf. Zu einer weiteren Differenzierung zwischen Grund- und Menschenrechten kam es bei Süsterhenn allerdings nicht.

Eine noch stärkere Differenzierung ist bei den Gedanken und Entwürfen zum organisatorischen Aufbau Deutschlands zu verzeichnen. So könnte man annehmen, dass nach den Erfahrungen mit dem Untergang der Weimarer Republik die erneute Einrichtung des Amts eines *Staatsoberhaupts* in Form eines Präsidenten höchst umstritten war. Während Carlo Schmid dieses Amt in seinen Überlegungen zu einer europäischen Verfassung ausklammerte – innerhalb der Beratungen zu den Landesverfassungen hatte er noch ein vom Volk gewähltes Staatsoberhaupt vorgeschlagen und bei den Verfassungsdiskussionen der SPD sich für einen Präsidenten als „pouvoir neutre" mit außenpolitischen Kompetenzen ausgesprochen –, widmete sich Hermann Brill diesem Amt in zweien seiner Verfassungsentwürfe innerhalb des Deutschen Büros für Friedensfragen ausführlich. Gewählt werden sollte der Bundespräsident in beiden Konzeptionen Brills von Volks- und Staatenhaus, was eine Abkehr vom Wahlverfahren der Weimarer Verfassung bedeutete. Allerdings gestand er ihm in seinem zweiten Entwurf weitreichende Rechte zu. So sollten in seiner Hand nicht nur die Ämter des Regierungs- und des Staatschefs vereinigt werden, sondern er bekam von Hermann Brill auch freie Hand bei der Regierungsbildung ohne jedwede parlamentarische Abhängigkeit von der Volksvertretung zugesprochen – eine Form der Machtkonzentration also, die nach den Erfahrungen mit der Weimarer Republik überrascht.

Auch in die von Anton Pfeiffer angeregten „Grundsätzen für eine deutsche Bundesverfassung" wurde das Amt des Bundespräsidenten aufgenommen. Dieser sollte wie in den Entwürfen Hermann Brills von Bundestag und Bundesrat gewählt werden und nicht nur die Vertretung in außen-, sondern auch in innenpolitischen Fragen übernehmen. Neben dem Recht zur Ernennung und Entlassung der Bundesbeamten und der Regierung auf Ersuchen des Bundesrats erhielt er, wenngleich auf Antrag des Bundesrats, immer noch die Berechtigung zur Auflösung des Bundestags. Auch die Instrumente zur Verhängung von Notstandsmaßnahmen und zur Bundesexekution sollten dem Amt erhalten bleiben, allerdings mit dem Unterschied, dass sie nun an die Zustimmung des Bundesrats geknüpft waren. Vor diesem Hintergrund mutete die Betonung der repräsentativen Funktion des Bundespräsidenten in den Grundsätzen des Ellwanger Kreises nahezu paradox an. Zwar bemühte man sich, Lehren aus Weimar zu ziehen, beschnitt die Rechte des Präsidentenamtes jedoch vor allem dadurch, dass man deren Ausübung an den Bundesrat und damit die Länder zu koppeln versuchte.

Für Adolf Süsterhenn schien es auf Landesebene ebenfalls keine Alternative zum Amt eines Präsidenten zu geben, auch wenn er einräumte, dass dessen Schaffung nicht unumstritten sei. Auch er lehnte die direkte Volkswahl ab und sah eine Wahl durch die beiden Kammern vor. Zu seinen Rechten sollte, wie auch in den „Grundsätzen für eine deutsche Bundesverfassung", die Vertretung des Staates nach innen und außen sowie die Ernennung und Entlassung der Regierung zählen. Die Auflösung des Parlaments gestand Süsterhenn dem Präsidenten unter bestimmten, allerdings nicht näher spezifizierten Voraussetzungen ebenfalls zu, allerdings ohne vorherigen Antrag der

Zweiten Kammer. Um nicht in die Verhältnisse von Weimar zurückzufallen regte er indes – wie auch schon Carlo Schmid bei den Beratungen zu den Landesverfassungen – die Konstruktion eines konstruktiven Misstrauensvotums an, ohne dabei aber auch schon eine genaue Frist für die Einberufung eines neuen Parlaments zu bestimmen oder eine Übergangsregelung zu entwerfen. Diese Ansichten änderte Adolf Süsterhenn jedoch noch vor der Einberufung des Verfassungskonvents von Herrenchiemsee im Hinblick auf eine gesamtdeutsche Verfassung dahingehend, dass er statt einem Präsidenten einem Präsidium des Länderrats die präsidialen Rechte zu übertragen gedachte, um das zukünftige deutsche Staatsoberhaupt föderalistischeren Bedingungen zu unterwerfen.

Mit Blick auf das Amt eines Präsidenten auf gesamtstaatlicher Ebene zeigen sich die unterschiedlichen Ansichten ebenso wie die Versuche, sich von den Vorgaben der Weimarer Verfassung, etwa durch eine Reformation des Wahlsystems, zu lösen. Dennoch muss festgehalten werden, dass keine völlige Abkehr von Weimar erfolgte, insbesondere was das Festhalten an der Notstandsgesetzgebung und dem Recht zur Auflösung der Regierung betraf. Nicht umsonst sollte auch auf Herrenchiemsee die Debatte um das Amt des Bundespräsidenten, neben der um das Zwei-Kammer-System, besonders kontrovers geführt werden.

Im Zentrum der Diskussion vor dem Verfassungskonvent von Herrenchiemsee stand neben dem Bundespräsidenten die Schaffung eines *Zwei-Kammer-Systems*. Für Carlo Schmid stand die Etablierung dieses Systems außer Frage. Er plädierte für ein vom Volk gewähltes Parlament und einen das Länderelement repräsentierenden Bundesrat. Mit der Vorstellung eines Senats als Zweiter Kammer war er jedoch bereits bei der Ausarbeitung der Landesverfassungen gescheitert. Hermann Brill hingegen hatte die Schaffung einer Zweiten Kammer bei den Verhandlungen zu den Länderverfassungen zunächst abgelehnt, nahm sie dann aber bei seinen Verfassungsentwürfen im Rahmen des Deutschen Büros für Friedensfragen mit in seine Konzeptionen auf. Dabei änderte sich vor allem der von ihm angedachte Wahlmodus: Während in seinem ersten und zweiten Verfassungsentwurf die Zweite Kammer auf der Grundlage der Länder als Wahlkreise bestimmt werden sollte, sah Brill für die Erste Kammer zuerst ein Verhältniswahlrecht, dann gleiche, geheime und direkte Wahlen vor, um diese Kammer zu einer echten Volksvertretung zu machen. Sein dritter Entwurf zeigte schließlich weitaus föderalistischere Züge und schlug vor, dass sich die Erste Kammer aus den Abgeordneten der Einzelstaaten, die von den Landtagen der Einzelstaaten gewählt werden sollten, zusammensetzte, während die Zweite Kammer mit Vertretern der Regierungen aus den Einzelstaaten beschickt werden sollte. Auch Anton Pfeiffer sprach sich für die Schaffung eines Zwei-Kammer-Systems aus, wobei es ihm, anders als Hermann Brill in seinem ersten und zweiten Entwurf, vor allem auf eine Stärkung der Länderkammer durch deren Beteiligung an der Gesetzgebung ankam. Ein Senat kam daher für Pfeiffer nicht mehr in Frage. Für ein Zwei-Kammer-System sprach sich ebenfalls Adolf Süsterhenn zunächst auf Landesebene aus, wobei die Erste Kammer vom Volk gewählt werden sollte. Innerhalb seiner Artikelserie plädierte er im Hinblick auf eine gesamtdeutsche Verfassung dafür, die Zweite Kammer mit weisungsgebundenen Vertretern der Landesregierungen zu beschicken, und betonte gleichzeitig, dass sie als gleichberechtigter Faktor neben dem Parlament stehen sollte. Dass sie tatsächlich mehr als gleichberechtigt konzipiert war, wird spätestens dann evident, wenn Süsterhenn dafür argumentierte, ein Präsidium der Zweiten Kammer zu etablieren, das er mit den Rechten des Staatsoberhaupts auszustatten gedachte. Hier verschob er das Machtgefüge eindeutig zugunsten der Zweiten Kammer und damit der Länder.

Fasst man die Positionen Carlo Schmids, Hermann Brills, Anton Pfeiffers und Adolf Süsterhenns zum Zwei-Kammer-System zusammen, zeigen sich auch bei diesen Verfassungsorganen divergierende Ansichten, die von der Gestaltung der Zweiten Kammer als Senat oder Ländervertretung bis hin zur der Verteilung der Machtbefugnisse zwischen den beiden Kammern reichen. Auch auf dem Verfassungskonvent von Herrenchiemsee sollte die Debatte um das Zwei-Kammer-System, vor allem hinsichtlich der Ausgestaltung der Zweiten Kammer, kontrovers geführt werden.

Über die Verfassungsorgane *Regierung* und *oberster Gerichtshof* wurde im Vergleich zum Staatsoberhaupt und den beiden Kammern weit weniger kontrovers diskutiert. Carlo Schmid kam es bereits auf Landesebene vor allem auf eine Absicherung der Regierung durch die Einrichtung eines konstruktiven Misstrauensvotums an, und die Schaffung eines obersten Gerichtshof stand für ihn sowohl bei der Diskussion der Landesverfassungen als auch den staats- und verfassungspolitischen Beratungen der SPD außer Frage. Hermann Brill sprach sich vor allem dafür aus, die Regierung aus ihrer parlamentarischen Abhängigkeit zu befreien, und befürwortete ebenfalls die Einsetzung eines obersten Gerichts. Anton Pfeiffer und Adolf Süsterhenn plädierten hingegen für eine vom Vertrauen der Ersten Kammer abhängige Regierung, wobei Süsterhenn auf gesamtdeutscher Ebene noch einen Schritt weiter ging und die Regierung zusätzlich noch dem Vertrauen der Zweiten Kammer unterstellen wollte. Beide setzten sich wie auch Carlo Schmid und Hermann Brill für die Bildung eines obersten Gerichtshofs ein, in dessen Zuständigkeitsbereich die Regelung von Streitigkeiten zwischen Bund und Ländern fallen sollte. Obwohl es also auch über die Ausgestaltung der beiden Verfassungsorgane Regierung und oberster Gerichtshof unterschiedliche Auffassungen gab, wurde hier weitaus gemäßigter diskutiert als über das Amt des Staatsoberhaupts und der beiden Kammern. Dies sollte sich auch auf dem Verfassungskonvent von Herrenchiemsee fortsetzen.

Sprachlich gesehen unterschieden sich die Vorstellungen von Staat und Verfassung vor allem in der *Benennung der Staatsorgane*. Während Carlo Schmid innerhalb der Verfassungsdiskussionen seiner Partei noch in der Tradition der Weimarer Verfassung von Organen des Reichs sprach, änderte sich dies mit der europapolitischen Debatte; Schmid wählte von da an die Bezeichnung Bundesorgane. Besonders unstet in der Bezeichnung der Verfassungsorgane war Hermann Brill. Betitelte er die beiden Kammern zunächst als Volks- und Staatenhaus beziehungsweise als Ober- und Unterhaus im Rückgriff auf die Paulskirchenverfassung von 1849 und das britische Verfassungsrecht, so nannte er sie in seinem zweiten und dritten Entwurf, vermutlich in Anlehnung an den Gemeinschaftsvertrag über den Zusammenschluss der thüringischen Staaten vom 4. Januar 1920, Volks- und Staatsrat. Präsident und Regierung hingegen beschrieb er als Bundesorgane. Und während Anton Pfeiffer stets die Vorsilbe „Bund-" wählte, ist bei Adolf Süsterhenn eine Begriffsschärfung zu beobachten: Versuchte er zunächst noch eindeutige Bezeichnungen zu vermeiden, so setzte sich auch bei ihm im Jahr des Verfassungskonvents von Herrenchiemsee die Benennung der Organe als Bundesorgane fest. Sprachlich gesehen begannen sich also alle vier Politiker von der Weimarer Verfassung zu lösen, griffen dabei aber auf unterschiedliche

Vorbilder zurück. Die Bezeichnung der Verfassungsorgane als Bundesorgane gewann in dem Maße an Bedeutung, indem man sich für die Staatsform eines Bundesstaates aussprach. Trotz der unterschiedlichen Äußerungsformen, Inhalte, Parteizugehörigkeiten und politischen Erfahrungen und Motivationen formierten sich die Staats- und Verfassungsvorstellungen Carlo Schmids, Hermann Brills, Anton Pfeiffers und Adolf Süsterhenns nach dem Ende des Zweiten Weltkriegs, sicher auch unter dem Einfluss der Alliierten, immer wieder um die zentralen Begriffe Demokratie und Föderalismus. Carlo Schmid gedachte gerade so viel Föderalismus zuzulassen, wie unter Berücksichtigung gesamtdeutscher Interessen verantwortet werden könne, und wollte den Frieden Europas nicht durch Föderalismus, sondern durch Demokratie sichern. Hermann Brill zeigte sich dem Föderalismusgedanken gegenüber weitaus aufgeschlossener, und für Anton Pfeiffer stand der bayerische Föderalismus ohnehin außer Frage, während Adolf Süsterhenn weiterhin für einen betont katholisch-naturrechtlich geprägten Föderalismusgedanken eintrat. Daher verwundert es nicht, wenn nicht nur der Föderalismusbegriff von Schmid, Brill, Pfeiffer und Süsterhenn unterschiedlich interpretiert wurde, sondern auch in der Definition von Demokratie ihre heterogenen Ansichten zum Ausdruck kamen. Carlo Schmid definierte letztendlich „Demokratie als Methode"[1485] und verwies darauf,

> „dass alles, was im Staate geschieht und durch den Staat geschieht, vom Volke auszugehen hat. Der Wille des Staates und der Wille des Volkes sollen identisch sein, und es soll nur das als Staatswille verwirklicht werden können, was die Zustimmung der überwiegenden Mehrheit der Staatsbürger gefunden hat. Demokratie als Methode heisst, dass man die notwendigen Lösungen der offenen Probleme in öffentlicher Diskussion durch Übereinkunft aller Gutwilligen und auch für das öffentliche Wohl verantwortlich Fühlenden findet. Sie ist nicht viel anderes als die nüchterne Erscheinungsform der Brüderlichkeit."[1486]

Hermann Brill hingegen argumentierte vor dem Hintergrund des demokratischen Sozialismus für einen neuen Demokratietypus, indem er dem Volk eine stärkere Beteiligung an Politik und Verwaltung verschaffen wollte. Bei Anton Pfeiffer zeigt sich eine Gleichsetzung von Föderalismus und Demokratie, während für Adolf Süsterhenn der naturrechtliche Gedanke, geprägt von einer katholischen Staats- und Gesellschaftslehre, die Demokratie lediglich noch als Randerscheinung dieses Weltbildes erscheinen ließ.

Bei einer Betrachtung der staats- und verfassungspolitischen Motive, deren beginnende Ausprägung bereits vor dem Zweiten Weltkrieg aufgezeigt wurde, lässt sich ein unterschiedlich starkes Maß an Konsistenz und Kontinuität feststellen. Während sich Carlo Schmid mit den Vorbedingungen zu einer künftigen deutschen Verfassung in einem provisorischen und wiederum europäischen Kontext beschäftigte und dabei eine durchgehend anthropologische Staatsauffassung vertrat, besann Hermann Brill sich

---

[1485] Rede von Carlo Schmid gehalten in Städten der nordamerikanischen Zone Württembergs anläßlich des Wahlkampfes für die Verfassungsgebende Landesversammlung in der Zeit vom 27.–29. Juni 1946, in: AdsD, NL Schmid 77, S. 13.
[1486] Ebd.

zunächst auf den Rätegedanken, der erst allmählich wieder dem Motiv des demokratischen Sozialismus wich, und rückte teilweise sogar mehr in die Nähe föderalistischer Kreise als in die der Sozialdemokratie. Anton Pfeiffer hingegen blieb seiner Idee eines bayerischen Föderalismus treu, und auch Adolf Süsterhenn knüpfte übergangslos an seine Auffassung von einem subsidiär geprägten, naturrechtlich-religiös motivierten Föderalismus an.

Für die Arbeit von Carlo Schmid, Hermann Brill, Anton Pfeiffer und Adolf Süsterhenn im Rahmen des Verfassungskonvents von Herrenchiemsee wird zu überprüfen sein, inwiefern sie an ihren staats- und verfassungspolitischen Motiven sowie ihren damit verbundenen Auffassungen der organisatorischen Ausgestaltung einer gesamtdeutschen Verfassung und ihrer Position im Hinblick auf Grund- und Menschenrechte festhielten und welche Elemente hiervon Eingang in den Verfassungsentwurf von Herrenchiemsee fanden. Auch ihr Verhältnis zu den zentralen Begriffen Demokratie und Föderalismus wird zu überprüfen sein.

4 Staats- und Verfassungsvorstellungen auf dem Verfassungskonvent von Herrenchiemsee vom 10. bis 23. August 1948

Anton Pfeiffer beschrieb noch während der laufenden Verhandlungen auf der Herreninsel im Chiemsee die Einsetzung des Konvents wie folgt:

„In dem sogenannten Dokument I wurde also in Frankfurt den Ministerpräsidenten die Vorbereitung einer Art von verfassungsgebender Versammlung übertragen. [...] Die Ministerpräsidenten-Konferenz hat daher am 24. Juli in Frankfurt beschlossen, eine umfassende Vorarbeit durchführen zu lassen. Es wurde ein Ausschuß von Sachverständigen für Verfassungsfragen eingesetzt und mit der Durchackerung des ganzen Arbeitsgebietes beauftragt. Diese Sachverständigen sind, einer Einladung der Bayerischen Staatsregierung folgend, am 10. August 1948 in dem alten Schloß auf der Herreninsel im Chiemsee zusammengetreten, nämlich elf Bevollmächtigte aus den Ländern der drei Westzonen, für jedes Land ein Delegierter und zwei Mitarbeiter. Zum Vorsitzenden und Leiter der ganzen Tagung wurde der Verfasser dieser Zeilen gewählt."[1487]

Dass sich Einsetzung und Aufgabenbeschreibung des Konvents nicht so einfach, wie bei Pfeiffer dargestellt, umsetzen ließen, versteht sich aufgrund der unterschiedlichen Ansichten von Alliierten auf der einen, Ministerpräsidenten, deren Vertretern und Parteipolitikern auf der anderen Seite fast von selbst.[1488] Aber auch die Abgeordneten, die auf Herrenchiemsee zusammentrafen, waren keineswegs einer Meinung über den grundsätzlichen staats- und verfassungsrechtlichen Aufbau des neuen Deutschlands.[1489] Über die Vorgeschichte und die Einberufung der Herrenchiemseer Konferenz, deren Organisation, Ablauf und Selbstverständnis sowie die Ergebnisse informieren die nachfolgenden Kapitel. Dabei spielen die staats- und verfassungspolitischen Vorstellungen Carlo Schmids, Hermann Brills, Anton Pfeiffers und Adolf Süsterhenns stets die zentrale Rolle.

4.1 Zur Vorgeschichte und Einberufung des Verfassungskonvents von Herrenchiemsee

In den ersten Nachkriegsjahren konzentrierten sich noch alle Konzeptionen zur Neugründung des deutschen Staatswesens auf eine gesamtdeutsche Lösung unter Einbeziehung aller vier Besatzungszonen. Der immer brisanter werdende Ost-West-Konflikt bewirkte jedoch schließlich ein Abdriften der sowjetischen Zone. Der Gedanke an eine Weststaatsgründung nahm immer konkretere Formen an. Hatten an der Konferenz der Ministerpräsidenten in München im Juni 1947 noch die Vertreter aller Länder teilgenommen[1490], so waren auf der Sechs-Mächte-Konferenz in London zu Beginn des

---

[1487] Anton Pfeiffer, Der Verfassungskonvent auf Herrenchiemsee von Staatsminister Dr. Anton Pfeiffer, o. D. [19./20. August 1948], in: BayHStA, NL Pfeiffer 320, S. 3.
[1488] Vgl. hierzu Kapitel 4.1.
[1489] Vgl. hierzu Kapitel 4.3.
[1490] Benz, Wolfgang, *Von der Besatzungsherrschaft zur Bundesrepublik. Stationen einer Staatsgründung. 1946–1949*, Frankfurt 1989, S. 59f.; Kistler, Helmut, *Bundesdeutsche Geschichte. Die Entwicklung der Bundesrepublik Deutschland seit 1948*, Stuttgart 1986, S. 80; Vogelsang, Thilo, *Das geteilte Deutschland*, München 1982,

Jahres 1948 nur noch Delegierte der drei westlichen Zonen anwesend. Mit Blick auf die personelle Besetzung dieser beiden Konferenzen wird evident, wovon die Gründung der Bundesrepublik bestimmt wurde – zum einen von den westlichen Alliierten, zum anderen von den deutschen Vertretern, also den Ministerpräsidenten und Parteiführern.[1491]

Die Sechs-Mächte-Konferenz der drei westlichen Alliierten und der Vertreter der Beneluxländer tagte in zwei Etappen, vom 23. Februar bis 6. März 1948 und vom 20. April bis 2. Juni 1948 in London.[1492] Eine Verschmelzung der drei Zonen sowie eine greifbare politische Lösung für Deutschland wurden beraten.[1493] Obwohl bei den Alliierten durchaus kontroverse Meinungen über die politische und wirtschaftliche Vereinigung (West)Deutschlands bestanden – vor allem Frankreich wies verstärkt auf die Gefahr, die von Deutschland ausgehe[1494], hin –, kam man in der Folge doch zu weitreichenden Einigungen.[1495] Die Konferenzergebnisse wurden am 7. Juni 1948 in Form eines Kommuniqués veröffentlicht.[1496] Staats- und verfassungsrechtlich gesehen, erging die wichtigste Anordnung an die Ministerpräsidenten, die die „Vollmacht erhalten, eine verfassungsgebende Versammlung zur Ausarbeitung einer Verfassung einzuberufen, die von den Ländern zu genehmigen sein wird." Ein föderatives Staatswesen sollte geschaffen werden, das „die Rechte der einzelnen Staaten angemessen schützt

---

S. 66–71 (dtv-Weltgeschichte des 20. Jahrhunderts, Bd. 11); Schmidt-Bleibtreu, Bruno/Klein, Franz, *Kommentar zum Grundgesetz für die Bundesrepublik Deutschland*, Darmstadt 1973, S. 109.

[1491] Zu der Bedeutung der Ministerpräsidenten und der Parteiführer bei der Gründung der Bundesrepublik vgl. PR, Bd. 1, S. XXX–XXXIII; Morsey, Rudolf, „Die Rolle der Ministerpräsidenten bei der Entstehung der Bundesrepublik Deutschland 1949/49", in: *50 Jahre Herrenchiemseer Verfassungskonvent – Zur Struktur des deutschen Föderalismus*, hg. v. Deutschen Bundesrat, Bonn 1999, S. 35–54.

[1492] Gronau, Hans-Albrecht von, *Der deutsche Föderalismus und der Verfassungskonvent auf Herrenchiemsee*, Diss., München 1949, S. 12f.; Wengst, „Herrenchiemsee", S. 41f.; Vogelsang, *Deutschland*, S. 83.

[1493] Zur Forschung über die Vorbereitungen und den Konferenzverlauf vgl. PR, Bd. 1, S. XIVf.; zu den Konferenzakten *Foreign Relations of the United States 1948. Volume II: Germany and Austria*, Washington 1973, S. 1–374.

[1494] Der amerikanische Militärgouverneur Clay schrieb rückblickend: „Agreements were reached on control of the Ruhr and security against Germany and are discussed elsewhere. The French representatives would not have accepted the establishment of any kind of western German government if these two points had not been settled concurrently." Clay, Lucius D., *Decision in Germany*, New York 1950, S. 401f.

[1495] Vgl. Görtemaker, Manfred, *Geschichte der Bundesrepublik Deutschland. Von der Gründung bis zur Gegenwart*, München 1999, S. 46–49; PR, Bd. 1, S. XV–XIX.

[1496] Abgedruckt in: PR, Bd. 1, Dok. Nr. 1, Schlußkommuniqué der Londoner Sechs-Mächte-Konferenz über Deutschland, Berlin, 7. Juni 1948, S. 1-17, Vgl. auch Kistler, *Geschichte*, S. 84f; Stammen, Theo/Maier, Gerold, „Der Prozeß der Verfassungsgebung", in: *Vorgeschichte der Bundesrepublik Deutschland. Zwischen Kapitulation und Grundgesetz*, hg. v. Josef Becker, Theo Stammen und Peter Waldmann, München 1979, S. 381–419, hier S. 383f. Harsche Kritik wurde an dem genannten Kommuniqué laut, da es dem Inhalt nach ganz auf die französischen Sicherheitsbedürfnisse abgestimmt war. Vgl. Benz, *Besatzungsherrschaft*, S. 157–159; Görtemaker, *Geschichte*, S. 49; PR, Bd. 1, S. XVIII–XX; Vogelsang, *Deutschland*, S. 85–87; Weber, *Schmid*, S. 330–332. Dies kam vor allem bei den Abschnitten über „Die Rolle der deutschen Wirtschaft in der Wirtschaft Europas und die Kontrolle der Ruhr", den Bestimmungen über die „Sicherheit" und der „Internationalen Kontrolle der Ruhr" zum Ausdruck. PR, Bd. 1, Dok. Nr. 1, Schlußkommuniqué der Londoner Sechs-Mächte-Konferenz über Deutschland, Berlin, 7. Juni 1948, S. 11–17.

und gleichzeitig eine angemessene zentrale Gewalt vorsieht und die Rechte und Freiheiten des Individuums garantiert."[1497]

Damit war den Ministerpräsidenten der Auftrag zur Gründung eines Weststaates erteilt worden. Sie wurden über die Ergebnisse offiziell am 1. Juli 1948 im Frankfurter IG-Farben-Haus informiert.[1498] Mit der Übergabe der sogenannten Frankfurter Dokumente durch die westlichen Alliierten an die Ministerpräsidenten und regierenden Bürgermeister der westlichen Besatzungszonen wurde die Grundlage zur Bildung eines neuen deutschen Staatswesens nach Beendigung des Zweiten Weltkriegs geschaffen.[1499] Mit Dokument Nr. I[1500] autorisierten „die Militärgouverneure der amerikanischen, britischen und französischen Besatzungszone in Deutschland die Ministerpräsidenten ihrer Zonen, eine Verfassungsgebende Versammlung einzuberufen"[1501].

„Die Verfassungsgebende Versammlung wird eine demokratische Verfassung ausarbeiten, die für die beteiligten Länder eine Regierungsform des föderalistischen Typs schafft, die am besten geeignet ist, die gegenwärtig zerrissene deutsche Einheit schließlich wieder herzustellen, und die Rechte der beteiligten Länder schützt, eine angemessene Zentralinstanz schafft und die Garantien der individuellen Rechte und Freiheiten enthält"[1502],

---

[1497] PR, Bd. 1, Dok. Nr. 1, Schlußkommuniqué der Londoner Sechs-Mächte-Konferenz über Deutschland, Berlin, 7. Juni 1948, S. 12.

[1498] Für Bayern war neben Ministerpräsident Ehard auch Anton Pfeiffer anwesend. Auch Carlo Schmid nahm als Vertreter von Lorenz Bock teil. Siehe PR, Bd. 1, Dok. Nr. 3, Konferenz der Militärgouverneure der westdeutschen Besatzungszonen, Frankfurt, 1. Juli 1948, S. 22.

[1499] Die Übergabe der Frankfurter Dokumente fand in einem nüchternen Rahmen statt und wurde von den Ministerpräsidenten fast als demütigend empfunden. Vgl. Benz, *Besatzungsherrschaft*, S. 160; Weber, *Schmid*, S. 332; PR Bd. 1, Dok. Nr. 4, Dokumente zur künftigen politischen Entwicklung Deutschlands („Frankfurter Dokumente"), Frankfurt, 1. Juli 1948, S. 33, Anm. 16. Die Bedeutung für den zukünftigen deutschen Staat war dessen ungeachtet enorm. Wolfgang Benz hat dieses Datum nicht zu Unrecht „als Wende vom alliierten Kriegsrecht zur deutschen Verantwortlichkeit oder doch als Chance, die genutzt werden mußte", bezeichnet. Benz, *Besatzungsherrschaft*, S. 160.

[1500] Das zweite Dokument traf Bestimmungen zur Länderneugliederung, die weitgehend in das Ermessen der Ministerpräsidenten gestellt wurde.[1500] PR, Bd. 1, Dok. Nr. 4, Dokumente zur künftigen politischen Entwicklung Deutschlands („Frankfurter Dokumente"), Frankfurt, 1. Juli 1948, S. 32f. Die Grundzüge eines Besatzungsstatuts waren im dritten Frankfurter Dokument formuliert. Diese waren insofern von Bedeutung, als in ihnen die alliierte Haltung gegenüber einer neuen deutschen Verfassung deutlich wurde. Sowohl der Spielraum bei der Ausarbeitung einer solchen als auch ihre Möglichkeiten zur Verwirklichung waren begrenzt. Während den Deutschen Rechte auf den Gebieten der Legislative, der Verwaltung und Judikative bewilligt wurden, blieben Außenbeziehungen, Außenhandel, Reparationen, der Stand der Industrie, Dekartellisierung, Abrüstung und Entmilitarisierung unter alliierter Kontrolle. Ebenso behielten sich die westlichen Besatzungsmächte das Recht vor, im Falle eines Notstandes bzw. eines Fehlverhaltens von deutscher Seite ihre Garantien zurück- und die Machtausübung wieder aufzunehmen. Ebd., S. 33–36. Vgl. Benz, *Besatzungsherrschaft*, S. 161f.; Vogelsang, *Deutschland*, S. 88–90; Wengst, „Herrenchiemsee", S. 42f.

[1501] PR, Bd. 1, Dok. Nr. 4, Dokumente zur künftigen politischen Entwicklung Deutschlands („Frankfurter Dokumente"), Frankfurt, 1. Juli 1948, S. 30.

[1502] Ebd., S. 31. Zur Annahme der Verfassung wurde Folgendes verfügt: „Wenn die Verfassung in der von der Verfassungsgebenden Versammlung ausgearbeiteten Form mit diesen allgemeinen Grundsätzen nicht in Widerspruch steht, werden die Militärgouverneure ihre Vorlage zur Ratifizierung genehmigen. Die Verfassungsgebende Versammlung wird daraufhin aufgelöst. Die Ratifizierung in jedem beteiligten Land erfolgt durch ein Referendum, das eine einfache Mehrheit der Abstimmenden in je-

so die verfassungsrechtlichen Bestimmungen weiter.[1503] Wie auch schon bei den Beratungen zu den Verfassungen der Länder gaben die Alliierten also den organisatorischen Rahmen für die Entstehung der künftigen demokratischen gesamtdeutschen Verfassung vor, die einen föderalistischen Staatsaufbau jedoch mit einer geeigneten Zentralgewalt beinhalten sollte.

Wie eindrucksvoll diese Übergabe gewesen sein muss, wird deutlich, wenn Anton Pfeiffer sie rückwirkend als „das wohl eindrucksvollste Erlebnis in meiner vielseitigen und bunten Laufbahn"[1504] bezeichnete. Dabei erkannte Pfeiffer auch schon im Juli 1948 in diesem Schritt der Alliierten „einen grundsätzlichen Wandel der Besatzungspolitik der Westmächte gegenüber Deutschland."[1505] Das Dokument Nr. I interpretierte er erfreut als „eine fast unerwartete Chance" für die „föderalistischen Länder", die „Fehlentwicklungen der letzten Jahre auszugleichen und unerfreuliche Erfahrungen zu berücksichtigen." „Der Wirtschaftsrat würde allem Anschein nach gänzlich verschwinden und damit die in Bayern oft als hemmend empfundenen zentralistischen Neigungen."[1506] Anton Pfeiffer konstatierte im ersten der drei Frankfurter Dokumente einen „beachtlichen Spielraum für die Durchsetzung föderalistischer Tendenzen"[1507],

---

dem Land erfordert, nach von jedem Land jeweils anzunehmenden Regeln und Verfahren. Sobald die Verfassung von zwei Dritteln der Länder ratifiziert ist, tritt sie in Kraft und ist für alle Länder bindend." Ebd., S. 32.

[1503] Die Idee, anstelle einer Verfassungsgebenden Versammlung, wie es das erste der Frankfurter Dokumente forderte, einen vorbereitenden „Ausschuß, bestehend aus Beamten, zur Ausarbeitung eines Verfassungsentwurfs, damit die Verfassungsgebende Versammlung bereits einen Entwurf als Grundlage ihrer Beratungen hätte", einzuberufen, wurde bereits bei der Übergabe der Frankfurter Dokumente vom hessischen Ministerpräsidenten Christian Stock eingebracht. Auch das Deutsche Büro für Friedensfragen äußerte sich in seiner Stellungnahme zu den Frankfurter Dokumenten in diese Sinne: „Eine Verpflichtung, die Verfassungsgebende Versammlung jetzt einzuberufen, wird nicht ausgesprochen. Daraus ist wohl a fortiori [sic!] der Schluß erlaubt, daß sowohl ein Sachverständigenausschuß zur Vorbereitung einer Verfassung wie auch eine Versammlung mit dem geringeren Anspruch, nur ein vorläufiges Organisationsstatut für die westlichen Gebiete Deutschlands auszuarbeiten, gestattet wäre." PR, Bd. 1, Dok. Nr. 5, Denkschrift des Deutschen Büros für Friedensfragen zu den Frankfurter Dokumenten, Stuttgart, 5. Juli 1948, S. 41. Auch SPD und CDU äußerten sich ähnlich. Vgl. ebd., S. 41, Anm. 41.

[1504] o. Abs. [Anton Pfeiffer] an Dir. Klecker (Banque de Bruxelles), 7. April 1951, in: BayHStA, NL Pfeiffer 35. Feierlich beschloss Pfeiffer die Beschreibung der Übergabe der Frankfurter Dokumente mit den Worten: „Was war geschehen? Als erster gemeinsamer Schritt zum Wiederaufbau eines gemeinsamen Vaterlandes hatten die drei Westzonen in die Hände der Deutschen die Verantwortung für eine neue Verfassung gelegt und beschlossen, daß hieraus wieder Deutschland werden solle."

[1505] o. A. [Anton Pfeiffer], Denkschrift der Bayer. Staatskanzlei, 4. Juli 1948, in: BayHStA, NL Pfeiffer 34, S. 1. Auf die mit „Denkschrift" überschriebenen Seiten folgen Stellungnahmen zu den Frankfurter Dokumenten. Christiane Reuter geht davon aus, dass der Verfasser des Gesamtdokuments „vermutlich Pfeiffer oder Schwend oder beide gemeinsam waren." Reuter, *Eminenz*, S. 167. Derselbe Text findet sich auch ohne Angabe der handschriftlich eingefügten Überschrift „Denkschrift der Bayer. Staatskanzlei" in: o. A. [Anton Pfeiffer], [Denkschrift der Bayer. Staatskanzlei], 4. Juli 1948, in: BayHStA, NL Pfeiffer 35 und im IfZ, Bestand: Maximilian Pfeiffer, Anton Pfeiffer, Peter Pfeiffer, ED 355, Bd. 63.

[1506] o. A. [Anton Pfeiffer], Denkschrift der Bayer. Staatskanzlei, 4. Juli 1948, in: BayHStA, NL Pfeiffer 34, S. 1f.

[1507] „Spielraum" erkannte Anton Pfeiffer zum Ersten in der „Auswahl der Abgeordneten für die Verfassungsgebende Versammlung", die nach „Verfahren und den Richtlinien" der Länder durchgeführt

den er in den kommenden Monaten zu nutzen gedachte. Hinsichtlich der strategischen Vorgehensweise schlug Pfeiffer daher vor: „Taktisch wird es empfehlenswert sein, bei der Diskussion nicht das Interesse des einzelnen Landes in den Vordergrund zu stellen, sondern nachdrücklich hervorzuheben, dass nur eine föderalistische Verfassung die spätere Wiederherstellung der gesamtdeutschen Einheit ermöglicht."[1508]

Die Aufbruchsstimmung, die Anton Pfeiffer angesichts des proföderalistischen ersten Frankfurter Dokuments ergriff, wurde angesichts des dritten Dokuments stark gedämpft, als er feststellen musste, dass „zwischen den alliierten und deutschen Regierungen [...] offenbar eine unterschiedliche Auffassung über den Begriffsinhalt des Wortes ‚Besatzungsstatut'"[1509] vorherrsche. Zwar erkannte Pfeiffer einen „Fortschritt" in der „von den Alliierten angebotenen Selbstbeschränkung" in Dokument Nr. 3, wertete „die vorgesehenen Grundsätze" aber als „zweifellos enttäuschend."[1510] „Enttäuschend" war es auch aufgrund der Tatsache, dass dieses Dokument „der politische Angelpunkt aller alliierten Vorschläge" war und „einen gewissen Widerspruch gegenüber dem Dokument Nr. 1" darstellte. So resümierte Anton Pfeiffer: „Die Beschränkungen sind so weitgehend, dass sie die Ausarbeitung einer Verfassung im eigentlichen Sinne kaum gestatten, sondern dass sie lediglich ein Statut für eine Art Selbstverwaltungskörper zulassen."[1511] Daher verwundert es nicht, wenn Pfeiffer statt des Ver-

---

werden sollte. „In Bayern können somit Regierung und Landtag bestimmen, wie die zwölf auf Bayern treffenden Delegierten <u>aus</u>gewählt, (nicht <u>ge</u>wählt!) werden.", so Pfeiffer weiter. Er plädierte dafür, die Verfassungsgebende Versammlung nicht zu einem „Parteisammelsurium" verkommen zu lassen, sondern für eine Zusammensetzung aus den „besten Köpfe eines demokratischen Deutschlands". o. A. [Anton Pfeiffer], Denkschrift der Bayer. Staatskanzlei. Zu Dokument Nr. 1. Verfassungsgebende Versammlung, o. D. [4. Juli 1948], in: BayHStA, NL Pfeiffer 34, S. 2. Zum Zweiten erkannte er „als logische Folgerung" der Berufung der Verfassungsgebenden Versammlung durch die Ministerpräsidenten, dass diese „einen Verfassungsentwurf vereinbaren, den sie der Versammlung vorlegen." „Auf diese Weise kommt dann wieder das Gewicht eines jeden Landes in föderalistischem Sinne zu Geltung. Die Einigung der Ministerpräsidenten über den Entwurf kann als eine Art pactum de contrahendo aufgefaßt werden, d. h. die Regierungen verpflichten sich, einem Bundesstaate beizutreten, falls dessen Verfassung in den Entwurf festgelegten Grundsätzen entspricht." Ebd., S. 3. Drittens, so Anton Pfeiffer, „würde das föderalistische Prinzip" auch dadurch gestärkt, dass „für die Abstimmung innerhalb der Verfassungsgebenden Versammlung ein Verfahren nach Ländern statt nach Parteien vorgesehen werde." Als „Vorbild hierfür" sah er den Länderrat in Stuttgart als geeignet an. Ebd., S. 3. Und schließlich erhielt der föderalistische Gedanke nach Meinung Anton Pfeiffers Unterstützung durch das Recht „jedes einzelnen Landes darüber zu bestimmen, ob es die Verfassung annehmen und damit dem Bundesstaat beitreten will." Ebd., S. 3. Seine Stellungnahme zum ersten der drei Frankfurter Dokumente schloss Anton Pfeiffer mit dem Hinweis: „Die Vertreter des Föderalismus auf der Ministerpräsidentenkonferenz müßten stets betonen, daß die föderalistische Lösung dem Gedanken der Einheit weit besser dient als eine notwendigerweise starre zentralistische Verfassung". Ebd., S. 5.
[1508] Ebd., S. 4.
[1509] o. A. [Anton Pfeiffer], Denkschrift der Bayer. Staatskanzlei. Zu Dokument Nr. 3. Besatzungsstatut, o. D. [4. Juli 1948], in: BayHStA, NL Pfeiffer 34, S. 1.
[1510] Ebd., S. 2, wo es weiter heißt: „Es ist anzunehmen, dass insbesondere auf französischer Seite starke Widerstände gegen eine solche Beschränkung vorhanden waren."
[1511] Ebd., S. 2f. Anton Pfeiffer führte hierzu aus: „Eine Staatsverfassung ist ihrem Wesen nach auf die lang dauernde Regelung der wichtigsten staatsrechtlichen Fragen abzustellen. Nach dem Dokument Nr. 3 aber soll die Verfassung gekoppelt werden mit Bestimmungen und Belastungen, die ihrem Wesen nach vorübergehender Art sind. Ja, diese Beschränkungen sollen sogar der Verfassungsgebenden Versammlung als Richtlinien für die Ausarbeitung der Verfassung mitgegeben werden." Ebd., S. 3.

suchs, „einzelne Verbesserungen zu erzielen", empfahl, „die Grundkonzeption selbst" in Frage zu stellen.[1512]

Staatsrat Carlo Schmid äußerte sich ebenfalls zu den Frankfurter Dokumenten. In der *Neuen Ruhr-Zeitung* schrieb er am 7. Juli 1948: „Politische Verantwortung setzt Entscheidungsfreiheit voraus".[1513] Eine Übernahme der politischen Verantwortung von Seiten des deutschen Volkes sei aber gerade deshalb in der jetzigen Situation unmöglich, da „die Besatzungsmächte auf ihre Entscheidungs- und Aufsichtsgewalt" nur teilweise verzichtet hätten. Daher, so bemängelte Schmid, könnten „die Deutschen" nur „im Rahmen der durch die politischen Entscheidungen der Besatzungsmächte gezogenen Grenzen administrative Verantwortung" wahrnehmen. Eindringlich plädierte er dafür, nicht auf eine „schrittweise Erweiterung der administrativen Kompetenzen" zu hoffen. Dieser „‚administrative Rabatt' auf die Unterwerfung unter den politischen Willen eines anderen schafft noch keine Souveränität, also keine Möglichkeit, politische Entscheidungen zu treffen", so Schmid.[1514]

Weniger differenziert als die Stellungnahmen Pfeiffers und Schmids erscheint auf den ersten Blick die Auslegung Adolf Süsterhenns im *Rheinischen Merkur*. So schrieb er einleitend:

> „Dieses Faktum [die Übergabe der Frankfurter Dokumente] muß von jedem Deutschen als ein Schritt auf dem Wege zur größeren Einheit begrüßt werden. Wenn auch die Ermächtigung des Rates der Ministerpräsidenten durch die Erklärungen der Militärbefehlshaber auf drei bestimmte Punkte begrenzt worden ist, so umfassen diese Punkte doch inhaltlich nahezu alle Probleme, die im gegenwärtigen Augenblick für das deutsche Schicksal von entscheidender Bedeutung sind."[1515]

Den Auftrag der Westmächte, „eine Verfassungsgebende Versammlung einzuberufen" bewertete Süsterhenn durchaus als positiv und verteidigte die damit einhergehende Bildung eines westdeutschen Staates, da eine „staatliche Neuordnung" „als sachlich

---

[1512] Ebd. Anton Pfeiffer ging sogar so weit, den Ministerpräsidenten der Länder Handlungsempfehlungen für etwaige „Gegenvorschläge" zum Frankfurter Dokument Nr. 3 an die Hand zu geben. Als Erstes regte er an, „mit der Verkündung der Verfassung […] den Kriegszustand" von Seiten der Alliierten zu beenden. Zweitens sollten die Besatzungsmächte „den Bundesstaat bei der Aufnahme und Entwicklung der auswärtigen Beziehungen beobachten, beraten und unterstützen." In die Ausarbeitung der „Kontrollen und Massnahmen zur Sicherung gegen einen deutschen Angriff" wollte Pfeiffer drittens „deutsche Vorschläge" mit einbezogen wissen. Zum Abschluss empfahl er den Ministerpräsidenten darauf zu dringen, dass „ein Besatzungsstatut im technischen Sinne erlassen" werde. Ebd., S. 6. Dieses sollte „die Festlegung der von den Besatzungstruppen beanspruchten Leistungen und die Art der Regelung" enthalten und damit „ein Statut von mehr technischem als politischem Charakter" sein. Ebd., S. 1.

[1513] Carlo Schmid, „Politische Verantwortung setzt Entscheidungsfreiheit voraus. Grundsätzliche Betrachtung über Abgrenzung der Kompetenzen zwischen der Besatzung und den Deutschen", in: *Neue Ruhr-Zeitung*, 7. Juli 1948, S. 2. Gleichzeitig initiierte Carlo Schmid eine Denkschrift des Deutschen Büros für Friedensfragen zu den Frankfurter Dokumenten. Vgl. Weber, *Schmid*, S. 333f. Die Denkschrift ist abgedruckt in: PR, Bd. 1, Dok. Nr. 5, Denkschrift des Deutschen Büros für Friedensfragen zu den Frankfurter Dokumenten, Stuttgart, 5. Juli 1948, S. 36–59.

[1514] Carlo Schmid, „Politische Verantwortung setzt Entscheidungsfreiheit voraus. Grundsätzliche Betrachtung über Abgrenzung der Kompetenzen zwischen der Besatzung und den Deutschen", in: *Neue Ruhr-Zeitung*, 7. Juli 1948, S. 2.

[1515] Adolf Süsterhenn, „Sprengung der Einheit", in: *Rheinischer Merkur*, 10. Juli 1948, S. 1.

richtig und notwendig" anzuerkennen sei. Allerdings mahnte auch er, sich nicht mit einer „Scheindemokratie und fiktiver Souveränität" zufriedenzugeben: „Jedoch setzt die Schaffung eines Staates voraus, daß derselbe auch eine wirkliche Staatshoheit aus eigenem Recht besitzt." Daher, so Süsterhenn, sei eine Mitwirkung an der Schaffung eines deutschen Bundesstaates unter den gegebenen Umständen abzulehnen, bis die Voraussetzungen geschaffen seien, einen Staat zu schaffen, „der diesen Namen auch politisch und juristisch verdient."[1516]

Interessant ist an dieser Stelle ein vergleichender Blick auf die Reaktionen von Schmid, Pfeiffer und Süsterhenn auf den Inhalt der Frankfurter Dokumente.[1517] Während Carlo Schmid entscheidend damit haderte, dass dem deutschen Volk keine wirkliche politische Entscheidungsfreiheit aufgrund eines fehlenden echten Besatzungsstatuts zugebilligt wurde, erkannten zwar auch Anton Pfeiffer und Adolf Süsterhenn diesen Mangel, werteten ihn aber unterschiedlich stark im Hinblick auf den Gesamtinhalt der Frankfurter Dokumente. So zeigte sich Pfeiffer durchaus begeistert von den föderalistischen Möglichkeiten, die sich durch das erste Frankfurter Dokument boten.[1518]

Die Regelungen, die die Frankfurter Dokumente vorgaben, waren indes weit weniger eindeutig, als auf den ersten Blick angenommen werden könnte. Nicht nur die Auffassungen Carlo Schmids, Hermann Brills, Anton Pfeiffers und Adolf Süsterhenns über die Verankerung des Föderalismusgedankens und die Frage einer zentralen Gewalt in der künftigen gesamtdeutschen Verfassung waren, wie bereits gezeigt wurde, unterschiedlich, auch die Alliierten waren sich hier keineswegs einig.

Bereits in das Schlusskommuniqué der Londoner Sechs-Mächte-Konferenz hatte auf Drängen der Amerikaner die Formulierung Eingang gefunden: „They [die Delegationen] recognize, taking into account the present situation, that it is necessary to give the German people the opportunity to achieve, on the basis of a free and democratic form of government, the eventual reestablishment of German unity, at present disrupted".[1519] Im Übrigen war man von amerikanischer Seite aus gewillt, den Deutschen relative Freiheiten bei der Gestaltung ihrer neuen Verfassung zu gestatten, solange diese demokratisch auf den Willen des Volkes zurückgehe.[1520] Man ging davon aus, dass diese auch ohne eindeutige Formulierungen und Weisungen nach amerikanischen Vorstellungen handeln würden[1521], und wollte den Eindruck vermeiden, dass dem

---

[1516] Ebd., S. 1f.
[1517] Von Hermann Brill konnte im Rahmen der Recherchen zu dieser Arbeit keine Stellungnahme zu den Frankfurter Dokumenten ermittelt werden.
[1518] Süsterhenn hingegen maß der Bedeutung des zweiten Frankfurter Dokuments zur Länderneugliederung das meiste Gewicht bei. Ihm widmete er sogar einen eigenen Artikel: Adolf Süsterhenn, „Die deutschen Ländergrenzen", in: *Rheinischer Merkur*, 31. Juli 1948, S. 1f, abgedruckt in: Süsterhenn, *Schriften*, S. 199–202.
[1519] PR, Bd. 1, Dok. Nr. 1, Schlußkommuniqué der Londoner Sechs-Mächte-Konferenz über Deutschland, Berlin, 7. Juni 1948, S. 3.
[1520] Rothstein, Siegmar, *Die Voraussetzungen der Gründung der Bundesrepublik Deutschland 1948/49*, hg. v. der Politischen Akademie Eichholz der Konrad-Adenauer-Stiftung für politische Bildung und Studienförderung e. V., Eichholz 1969, S. 26.
[1521] Gimbel, John, *Amerikanische Besatzungspolitik in Deutschland 1945–1949*, aus dem Amerikanischen übersetzt v. Hans J. Baron v. Koskull, Frankfurt a. M. 1971, S. 274.

deutschen Volk eine Verfassung von außen aufgedrängt werde, da in diesem Falle um deren Akzeptanz zu fürchten war.[1522]

Eindeutigere und auch gegensätzliche Vorstellungen hatten dagegen die Besatzungsmächte Frankreich und Großbritannien, vor allem hinsichtlich des in der künftigen gesamtdeutschen Verfassung zu verwirklichenden Föderalismus.[1523] Die französische Seite plädierte für einen ausgeprägten Föderalismus, verwirklicht in einem finanziell und exekutiv schwachen Zentralorgan und einem Einkammersystem, bestehend aus Vertretern der Länder.[1524] Erwähnt werden muss bei einer kurzen Betrachtung der Vorstellungen der Alliierten zu einer gesamtdeutschen Verfassung auch die Tatsache, dass Frankreich als einzige der drei westlichen Besatzungsmächte einen Vorschlag für einen verfassungspolitischen Gesamtentwurf Deutschlands vorlegte, mit dem es sich allerdings nicht durchsetzen konnte.[1525] Großbritannien machte sich schließlich für ein gemäßigt föderalistisch geprägtes Deutschland stark, was unter anderem in den britischen Forderungen nach einem Zweikammersystem zum Ausdruck kam.[1526] Man ei-

---

[1522] Ebd. Vgl. auch Rothstein, *Voraussetzungen*, S. 29; PR, Bd. 1, Dok. Nr. 4, Dokumente zur künftigen politischen Entwicklung Deutschlands („Frankfurter Dokumente"), Frankfurt, 1. Juli 1948, S. 31, Anm. 9.

[1523] Militärgouverneur Clay beschrieb die Haltung der drei Alliierten zwei Jahre später wie folgt: „In principle there was little difference in British and American viewpoints, though in degree there was much. We were both in favor of the central government's having a power of taxation limited to the raising of revenue required to carry out its tasks. We differed as to the powers to be entrusted to the central government, the British representatives supporting a wider range of functions than we believed necessary. We both favored giving the central government limited and clearly defined police powers. We desired a legislature in which the upper house was composed of members representing the several states and chosen as the stated might determine, and the lower house of members elected on a national basis." Clay, *Decision*, S. 402.

[1524] Rothstein, *Voraussetzungen*, S. 28. So versuchte man auch von französischer Seite die Zusammensetzung einer Verfassungsgebenden Versammlung dahingehend zu beeinflussen, dass man sich dafür einsetzte, die Vertreter diese Versammlung von den Ländern benennen zu lassen. Ebd., S. 30. Hintergrund dieses Vorgehens war, dass man von französischer Seite versuchte, Deutschland aus sicherheitspolitischen Erwägungen heraus „politisch und wirtschaftlich so schwach wie möglich" zu halten. Ebd., S. 23. Die Koblenzer Beschlüsse boten daher für die französischen Alliierten Grund zu der Sorge, „daß der Einfluß der Landtage zugunsten der Volksvertretung" beschränkt werden würde, da „die Ministerpräsidenten auf wirtschaftlichem Gebiet erweiterte Rechte verlangten, vor allem eine selbstständige Führung des Außenhandels, während sie die Verantwortung für politische Entscheidungen ablehnten." „Regierungschef treffen erneut Generale. Koblenzer Wortlaut bekanntgegeben – Franzosen unzufrieden", in: *Neue Ruhr-Zeitung*, 14. Juli 1948, S. 1. Lediglich den Ausführungen zur Schaffung eines Provisoriums stimmten die französischen Alliierten zu, allerdings nicht, um die Gründung eines westdeutschen Staates zu verhindern, sondern um die Gründung eines deutschen Staatswesens zu verzögern. Vgl. Wolfrum, *Besatzungspolitik*, S. 314. Zu den französischen Föderalismusvorstellungen im Nachkriegsdeutschland vgl. ebd., S. 274–309.

[1525] Vgl. hierzu: Pfetsch, *Ursprünge*, S. 228–230.

[1526] Nach britischen Vorstellungen sollte die erste Kammer „aus Mitgliedern bestehen, die auf einer nationalen Basis gewählt waren", die Zweite Kammer sich hingegen aus Delegierten der Länder zusammensetzen. Rothstein, *Voraussetzungen*, S. 29. So sollte auch eine Verfassungsgebende Versammlung nach Vorstellung der Briten durch eine „allgemeine Volkswahl" zustande kommen. Ebd., S. 30. Hintergrund der Haltung Großbritanniens war deren Auffassung, dass nur ein politisch und wirtschaftlich konsolidiertes Deutschland dazu in der Lage wäre, die Auflagen des Marshallplans zum Wiederaufbau der westeuropäischen Wirtschaft zu erfüllen. Ebd., S. 23.

nigte sich schließlich in den Frankfurter Dokumenten darauf, eine Verfassung „föderalistischen Typs" ausarbeiten zu lassen.[1527]

Der Inhalt der Dokumente war Diskussionsgegenstand der Ministerpräsidentenkonferenz auf dem Rittersturz in Koblenz vom 8. bis 10. Juli 1948, an der auch Schmid, Brill, Pfeiffer und Süsterhenn teilnahmen.[1528] Während das Protokoll der Sitzungen keine Wortmeldungen von Brill oder Pfeiffer verzeichnete, meldeten sich Schmid und Süsterhenn vor allem bei der Aussprache über das Dokument I zu Wort.[1529] Carlo Schmid war es wichtig zu betonen, dass „die drei Westzonen" lediglich „zu einer administrativen und wirtschaftlichen Einheit" verbunden werden, „aber kein Staat" sein sollten. Eindrücklich warnte er davor, „in die Gefahren zu verfallen, nun einen westdeutschen Staat oder ein Westdeutschland zu schaffen", zumal „die Legitimität für ein Vorgehen von deutscher Seite" so nicht vorhanden sei.[1530] Er hielt damit an seinem Provisoriumskonzept fest.

Auch Adolf Süsterhenn sprach von einer zu schaffenden „Ersatzverfassung", die er allerdings auf anderem Wege zu ratifizieren gedachte als Schmid.[1531] Bis zum Zustandekommen dieser „Ersatzverfassung" sollte nach Ansicht Süsterhenns die Ministerpräsidentenkonferenz in jedem Fall weiterbestehen. „Den Ministerpräsidenten müßte eine Fünfziger-Kommission an die Seite gesetzt werden mit der Aufgabe, zunächst in Zusammenarbeit mit der Konferenz der Ministerpräsidenten all das zu tun, was geeignet ist, um so schnell wie möglich die Angleichung, die Koordinierung oder die Unifizierung der Wirtschaft innerhalb der Trizone in die Wege zu leiten", so Süsterhenn weiter.[1532] Auch wenn er sich mit seinen Vorschlägen im Folgenden nicht durchsetzen konnte, so zeigen sie ein weiteres Mal Süsterhenns Föderalismusvorstellungen: Die

---

[1527] PR, Bd. 1, Dok. Nr. 4, Dokumente zur künftigen politischen Entwicklung Deutschlands („Frankfurter Dokumente"), Frankfurt, 1. Juli 1948, S. 31. Keine Einigung kam hinsichtlich der Wahl zur Verfassungsgebenden Versammlung zustande. Man überließ die Festlegung des Wahlverfahrens der jeweiligen gesetzgebenden Körperschaft der Länder.
[1528] PR, Bd. 1, Dok. Nr. 6, Konferenz der Ministerpräsidenten der westdeutschen Besatzungszonen, Koblenz (Rittersturz), 8.–10. Juli 1948, S. 60.
[1529] Von Carlo Schmid sind auf der dreitägigen Rittersturzkonferenz insgesamt 14 Wortmeldungen verzeichnet, allein neun davon zu den Aussprachen über Dokument I, zwei zu Dokument II und drei zu Dokument III. Von Adolf Süsterhenn sind insgesamt 12 Wortmeldungen verzeichnet, vier zu Dokument I, sechs zu Dokument II und zwei zu Dokument III. Siehe ebd., S. 60–142.
[1530] Ebd., S. 90
[1531] Während Carlo Schmid für ein von den Alliierten zu erlassendes „Wahlgesetz" plädierte, das zum einen die Wahl einer „Gesetzgebenden Versammlung", zum anderen „Beschluß und Genehmigung" des von der Versammlung zu schaffenden „Verwaltungsstatuts" „durch die Besatzungsmacht" regeln sollte. Ebd., S. 90. Adolf Süsterhenn hingegen wollte die auszuarbeitende „Ersatzverfassung" „zur Volksabstimmung stellen." Ebd., S. 92f. Letztlich einigte man sich darauf, dass „die Ministerpräsidenten nach Anhörung der Landtage das Grundgesetz mit ihrer Stellungnahme den Militärgouverneuren zuleiten, die gebeten werden, die Ministerpräsidenten zur Verkündung dieses Gesetzes zu ermächtigen." PR, Bd. 1, Dok. Nr. 7, Antwortnote der Ministerpräsidenten der westdeutschen Besatzungszonen an die Militärgouverneure mit Stellungnahme zu den Frankfurter Dokumenten, Koblenz, 10. Juli 1948, S. 147.
[1532] PR, Bd. 1, Dok. Nr. 6, Konferenz der Ministerpräsidenten der westdeutschen Besatzungszonen, Koblenz (Rittersturz), 8.–10. Juli 1948, S. 92.

Ministerpräsidenten, nicht die aufstrebenden Parteien sollten seiner Ansicht nach die weitere Entwicklung Deutschlands bestimmen.[1533]

Rückblickend beschrieb Carlo Schmid die Stimmung auf der Rittersturzkonferenz wie folgt:

> „Von Anfang an stand für die Beteiligten fest, daß den Ministerpräsidenten ihre Entscheidung nicht leichtfallen konnte. So wünschenswert ihnen die Erweiterung der deutschen Kompetenzen innerhalb der drei Zonen gegenüber denen des Vereinigten Wirtschaftsgebietes erscheinen mochte, so sehr scheuten sie doch das politische Risiko, das darin lag, daß nun unter der Herrschaft und auf Geheiß der Besatzungsmächte die Deutschen auf einem Teilstück des von ihnen bewohnten Gebietes einen Staat errichten sollten, den nach Form und Inhalt zu genehmigen sich die Westalliierten vorbehielten. Machten sie sich damit nicht zu Erfüllungsgehilfen für politische Absichten fremder Staaten, die vielleicht ein Interesse daran hatten, Deutschland in zwei Teile zu spalten, und uns die Möglichkeit nehmen wollten, die ungeteilte Nation in den *einen* gemeinsamen Staat aller Deutschen einzubringen?"[1534]

Die Antwortnote der Ministerpräsidenten an die Militärgouverneure[1535], die sogenannten Koblenzer Beschlüsse, spiegelte ebendiese Einstellung wider.[1536] Sie trug der von Berlins Oberbürgermeisterin Luise Schröder geforderten Solidarität mit Ostberlin Rechnung[1537] und plädierte für ein Provisoriumskonzept.[1538] Statt einer Verfassung,

---

[1533] Zur Rolle der Ministerpräsidenten und Parteien vgl. PR, Bd. 1, S. XXX–XXXIII.

[1534] Schmid, *Erinnerungen*, S. 328f. Leidenschaftlich plädierte Schmid dafür, „daß dieses Gebilde kein Staat" werden sollte. PR, Bd. 1, Dok. Nr. 6, Konferenz der Ministerpräsidenten der westdeutschen Besatzungszonen, Koblenz (Rittersturz), 8.–10. Juli 1948, S. 90. So stand es dann auch in der Antwortnote an die Militärgouverneure. Schmid, *Erinnerungen*, S. 330; PR, Bd. 1, Dok. Nr. 7, Antwortnote der Ministerpräsidenten der westdeutschen Besatzungszonen an die Militärgouverneure mit Stellungnahme zu den Frankfurter Dokumenten, Koblenz, 10. Juli 1948, S. 143f.

[1535] Die Antwortnote ist abgedruckt in: ebd., S. 143–150. Carlo Schmid selbst schreibt später, er habe die Antwortnote verfasst. Schmid, *Erinnerungen*, S. 330. Vgl. auch: PR Bd. 1, S. 133, Anm. 105. Christiane Reuter merkt allerdings an, dass „man die Formulierungen des einleitenden Teils der Note dem Philologen Anton Pfeiffer überlassen" habe. Reuter, *Eminenz*, S. 171. Im Nachlass Pfeiffer finden sich zwei Entwürfe zum Vorwort der Koblenzer Beschlüsse, die von Pfeiffer selbst handschriftlich datiert und signiert wurden. Anton Pfeiffer, Entwurf 1 [zum Vorwort der Koblenzer Beschlüsse], 9. Juli 1948, in: BayHStA, NL Pfeiffer 34; Anton Pfeiffer, Entwurf 2 [zum Vorwort der Koblenzer Beschlüsse], 9. Juli 1948, in: BayHStA, NL Pfeiffer 34. Die im zweiten Entwurf enthaltenen Formulierungen stimmen mit denen der oben zitierten Antwortnote nahezu vollständig überein. Des Weiteren befindet sich im Nachlass Anton Pfeiffers der Entwurf einer Stellungnahme zum ersten der Frankfurter Dokumente. Anton Pfeiffer, Entwurf [einer Stellungnahme zum Frankfurter Dokument Nr. 1 im Rahmen der Koblenzer Beschlüsse], 9. Juli 1948, in: BayHStA, NL Pfeiffer 34. Diese Stellungnahme weist jedoch weitaus größere Abweichungen zur oben zitierten Antwortnote auf. Von daher liegt die Vermutung einer Beteiligung Anton Pfeiffers an der Formulierung der Antwortnote der Ministerpräsidenten an die Militärgouverneure sehr nahe. Zumindest der einleitende Teil scheint im Wesentlichen aus der Feder Anton Pfeiffers zu stammen.

[1536] PR, Bd. 1, Dok. Nr. 7, Antwortnote der Ministerpräsidenten der westdeutschen Besatzungszonen an die Militärgouverneure mit Stellungnahme zu den Frankfurter Dokumenten, Koblenz, 10. Juli 1948, S. 143–150.

[1537] Zu den Ausführungen von Luise Schröder siehe PR, Bd. 1, Dok. Nr. 6, Konferenz der Ministerpräsidenten der westdeutschen Besatzungszonen, Koblenz (Rittersturz), 8.–10. Juli 1948, S. 62f., 106–108 und 115f.

wie es in den Frankfurter Dokumenten zu lesen war, hatte man für die Schaffung eines Grundgesetzes votiert.[1539] Eine Verfassung sollte erst dann geschaffen werden, wenn das ganze deutsche Volk über seine volle Souveränität verfügte.[1540] Insofern bestand eine gewisse Deckungsgleichheit der Koblenzer Beschlüsse mit den Ansichten der französischen Besatzungsmacht. Beide wollten die Bildung einer Trizone so lange wie möglich hinauszögern.[1541]

Harsche Kritik hagelte nicht nur von amerikanischer und britischer Seite[1542], auch die deutsche Presse zeigte sich ungehalten über die Koblenzer Beschlüsse[1543]. Anton

---

[1538] Zur Bedeutung Berlins für die westdeutsche Entwicklung vgl. PR, Bd. 1, S. XLVf.; Schmid, *Erinnerungen*, S. 327.

[1539] Wer genau den Begriff „Grundgesetz" in die Debatte einführte, lässt sich nicht mehr ermitteln. Siehe PR, Bd. 1, Dok. Nr. 6, Konferenz der Ministerpräsidenten der westdeutschen Besatzungszonen, Koblenz (Rittersturz), 8.–10. Juli 1948, S. 88, Anm. 46. Zur Wichtigkeit von Worten bei Verfassungen hat Petra Weber bemerkt, dass sie für Carlo Schmid von immenser Bedeutung waren. Mit dem Begriff „Grundgesetz" sollte der Provisoriumscharakter unterstrichen und damit gleichzeitig den Alliierten die Verantwortung für Gesamtdeutschland übergeben werden. Weber, *Schmid*, S. 337. Vgl. auch Bauer-Kirsch, Angela, „Zur Legitimation des Bonner Grundgesetzes. Das Selbstverständnis des Parlamentarischen Rates wider die Kritik", in: *Zeitschrift für Politik*, 2002, Heft 2, S. 171–197, hier S. 174–176.

[1540] PR, Bd. 1, Dok. Nr. 7, Antwortnote der Ministerpräsidenten der westdeutschen Besatzungszonen an die Militärgouverneure mit Stellungnahme zu den Frankfurter Dokumenten, Koblenz, 10. Juli 1948, S. 146. Carlo Schmid notierte hierzu in seinen *Erinnerungen*: „Ich warnte davor, sich so zu verhalten, als seien *wir* es, die zu verantworten haben, was die Alliierten in London über Deutschland beschlossen hatten. Ihre Entscheidung sei Ausdruck *ihrer* politischen Interessen, und diese seien nicht unbedingt mit den Interessen unseres Volkes identisch. [...] Werde im Westen Deutschlands ein Staat geschaffen, dann werde die östliche Besatzungsmacht als Gegenmaßnahme einen ostdeutschen Staat ins Leben rufen. [...] Je weniger die durch die widersprechenden Interessen der Besatzungsmächte geschaffenen Tatbestände konsolidiert werden, desto wahrscheinlicher sei, daß die Verhältnisse einen Zwang auf die Besatzungsmächte ausüben werden, in Viererverhandlungen über Deutschland einzutreten. Ob diese zu einem für uns erträglichen Erfolg führen werden, könne niemand sagen; sicher aber sei, daß es auf die uns aufgegebene Weise nie zu aussichtsreichen Verhandlungen kommen wird." Schmid, *Erinnerungen*, S. 327f.

[1541] Benz, *Besatzungsherrschaft*, S. 164–168; Görtemaker, *Geschichte*, S. 52f.; Weber, *Schmid*, S. 336.

[1542] Vgl. PR, Bd. 1, Dok. 8, Aufzeichnungen einer Besprechung der Ministerpräsidenten der amerikanischen Besatzungszone mit General Clay, Frankfurt, 14. Juli 1948, S. 151–156; ebd., Dok. 10, Konferenz der Militärgouverneure mit den Ministerpräsidenten der westdeutschen Besatzungszone, Frankfurt, 20. Juli 1948, S. 163–171. Schmid notierte: „ General Clay war erbittert". Schmid, *Erinnerungen*, S. 330. Der *Tagesspiegel* schrieb dazu: „Nach britischer Auffassung hätten die Ministerpräsidenten bei ihren Entschlüssen dem von den Alliierten in London gezeigten Entgegenkommen mehr Rechnung tragen müssen." „Britische Bedenken in Koblenz", in: *Der Tagesspiegel*, 14. Juli 1948, S. 1.

[1543] Der *Tagesspiegel* veröffentlichte die Koblenzer Beschlüsse am 14. Juli 1948 und warf in einem Kommentar den Ministerpräsidenten vor, als „Traumpolitiker" aus einem „Wolkenkuckucksheim" heraus zu agieren. „Wenn irgend etwas der deutschen Einheit für alle Zeit im Wege steht, so ist der ‚administrative Zweckverband', auf den sich die westdeutschen Politiker beschränken wollen". „Jagdschloß Niederwald. Koblenz und die Folgen", in: *Der Tagesspiegel*, 14. Juli 1948, S. 2. Der *Rheinische Merkur* fragte kritisch: „[...] weshalb soll nun schamhaft verschwiegen werden, daß hier ein deutscher Staat entsteht [...]?", und warf den Ministerpräsidenten vor, dass ihnen „der Mut zu sich selbst" fehle. Mahnend schloss der Artikel mit den Worten: „Es gibt in den Stunden der großen Entscheidungen nichts Gefährlicheres als Vorsicht und Taktik. Sie ist in den letzten Endes gewesen, an denen sich von die Weimarer Demokratie zugrundegegangen ist." Alfred Kramer, „Unsere Führer", in: *Rheinischer Merkur*, 17. Juli 1948, S. 2. Die *Zeit* titelte am 29. Juli 1948 „Deutsche Tabu-Politik" und führte dazu

Pfeiffer sah sich angesichts dieser Kritik genötigt, zu den Koblenzer Beschlüssen in den *Niederbayerischen Nachrichten* eine Erklärung abzugeben: „Ich glaube, daß die Stellungnahme, die die Ministerpräsidenten unter Abwägung aller Gesichtspunkte, die sich aus der gegenwärtigen realen deutschen Lage ergeben, in Koblenz erarbeitet haben, das Urteil verdient, daß sie eine durchaus positive Antwort auf die in Frankfurt übermittelten Erklärungen der drei Militärgouverneure darstellt."[1544]

Auch Carlo Schmid trat der Presse bereits am 15. Juli 1948 mit einer ausführlichen Stellungnahme in der Deutschland-Ausgabe des *Telegrafs* entgegen, in der er den „Sinn der Koblenzer Beschlüsse" darlegte.[1545] Zwei wesentliche Gründe gab Schmid dafür an, dass die Ministerpräsidenten sich „von Volksabstimmungen und von einer direkt gewählten Verfassungsgebenden Versammlung", wie von den Alliierten gefordert, distanziert hatten. Zum einen „steht [im Frankfurter Dokument Nr. I] deutlich geschrieben, daß diese Verfassung nur im Rahmen des Besatzungsstatuts gelten soll und daß das deutsche Volk sie anerkennen müsse, wie immer es seine Verfassung plebiszire. Also: die eigentliche Verfassung der Deutschen ist das Besatzungsstatut. Ihre ‚Verfassungen' sind demgegenüber sekundärer Art und abgeleitete Organisationsstatuten. Das ist die Wirklichkeit."[1546] Zum anderen, so Schmid, seien „Volksabstimmungen, Verfas-

---

folgenden Vergleich an: „Der Satz: ‚Es geschieht meinem Vater ganz recht, wenn mir die Finger erfrieren; warum kauft er mir keine Handschuhe' gilt nicht gerade als Inbegriff kindlicher Klugheit. Leider waren die Koblenzer Beschlüsse der deutschen Ministerpräsidenten ungefähr auf die Formel zu bringen: ‚Es geschieht unseren Besatzungsmächten ganz recht, wenn wir ohne Staat bleiben; warum geben sie uns keine Einheit?' Gereifte Politiker sollten eigentlich nicht in den Fehler verfallen, einen sehr persönlich erlittenen Schaden anderswo zu suchen, ganz wie der Junge ohne Handschuhe." Ernst Friedlaender, „Deutsche Tabu-Politik", in: *Die Zeit*, 29. Juli 1948, S. 1. Eine Ausnahme stellte die *Süddeutsche Zeitung* dar, die die Ministerpräsidenten gegen die Kritik, vor allem von Seiten des *Tagesspiegels*, verteidigte, die Einigkeit der Ministerpräsidenten lobte und beschwichtigend schrieb: „Immerhin es wird ja doch gemacht, was sein muß, um in Anbetracht der gegebenen Verhältnisse zur Bewältigung der gegenwärtigen Schwierigkeiten das tauglichste Instrument für die Verwaltung des den drei westlichen Besatzungsmächten unterstehenden Gebietes Deutschlands in der kürzesten Zeit zu schaffen. [...] Man ist noch nicht am Ziel, was auch niemand erwarten konnte, aber man ist auf dem Wege." „Zwischen Koblenz und Frankfurt", in: *Süddeutsche Zeitung*, 13. Juli 1948, S. 3.

[1544] Anton Pfeiffer, „Die Koblenzer Ministerpräsidenten-Konferenz", in: *Niederbayerische Nachrichten*, 16. Juli 1948, S. 2. Wieder einmal war seine Berichterstattung nicht aktiv, sondern fand als verteidigende Reaktion auf bereits erfolgte Meldungen statt.

[1545] Carlo Schmid, „Zwischen Koblenz und Frankfurt. Der Sinn der Koblenzer Beschlüsse der Ministerpräsidenten der drei westlichen Besatzungszonen", in: *Telegraf*, 15. Juli 1948, S. 3. Schmid verteidigte die Koblenzer Beschlüsse nicht nur in der Presse, sondern auch im Landtag Württemberg-Hohenzollerns: „Ich glaube, daß man die Empfehlungen von Koblenz mancher Kritik unterziehen kann. Sie sind alles andere als vollkommen. Aber ich glaube, daß sie brauchbare Möglichkeiten schaffen, unter anderem die Möglichkeit, vernünftige provisorische organisatorische Maßnahmen zu treffen, ohne dabei in die Gefahr verfallen zu müssen, im Westen einen Staat aufzurichten." 30. Sitzung des Landtags für Württemberg-Hohenzollern, in: *Verhandlungen des Landtags für Württemberg-Hohenzollern*, Bd. 2, S. 422.

[1546] Carlo Schmid, „Zwischen Koblenz und Frankfurt. Der Sinn der Koblenzer Beschlüsse der Ministerpräsidenten der drei westlichen Besatzungszonen", in: *Telegraf*, 15. Juli 1948, S. 3. Ergänzend fügte Carlo Schmid hinzu: „Darum glaubten die Ministerpräsidenten darauf hinweisen zu müssen, dass [...] alles vermieden werden sollte, was der zu schaffenden Organisation äußerlich den Anschein eines Staates verleihen würde. Es sollen in diesem Gebilde nicht auf Grund einer Scheinwirklichkeit Ent-

sungsgebende Versammlung usw. [...] Einrichtungen, die lediglich dort einen Sinn haben, wo ein Volk sich in freier selbstständiger Entscheidung als Staat konstituiert. Würde man sie bei der Schaffung der Organisation des Westgebietes anwenden, so würde dies die Gefahr mit sich bringen, daß sich – auch gegen den Willen der Deutschen – daraus ein westdeutscher Staat bilden könnte."[1547] Das von der Presse vorgebrachte Argument, man habe „ein Stück Volkssouveränität ausgeschlagen", ließ Carlo Schmid nicht gelten und stellte zusammenfassend fest: „So oder so, Verfassung oder Organisationsstatut: Die Alliierten haben sich das Recht der Genehmigung gewahrt. Es wird also nur rechtens werden, was ihnen gefällt und demnach ihrem Willen entspricht. Bei dieser Sachlage sollte man nicht Verfassunggebende Versammlung spielen wollen und den ganzen Apparat von Volksentscheidungen in Bewegung setzten, als habe man eben eine Bastille gestürmt."[1548]

Von Adolf Süsterhenn ist keine öffentliche Stellungnahme zu den Koblenzer Beschlüssen bekannt. Auch an den folgenden Konferenzen der Militärgouverneure mit den Ministerpräsidenten nahm er nicht teil. Mit dem Inhalt der Beschlüsse „zufrieden"[1549], drängte er sich offensichtlich auch nicht danach, an deren Ausarbeitung mitzuwirken, sondern schlug „für die Fertigung des Pressekommuniqués"[1550] Carlo Schmid vor.[1551]

Am 15. und 16. Juli 1948 kam es zu erneuten Beratungen der Ministerpräsidenten, diesmal auf dem Jagschloss Niederwald. Carlo Schmid, Hermann Brill und Anton Pfeiffer nahmen daran teil.[1552] Man kam zunächst darin überein, „bei der nächsten Zusammenkunft die elf Mitglieder des Verfassungsausschusses" zu bestimmen. Dieser sollte auf Einladung von Ministerpräsident Hans Ehard „nach einem ruhigen Orte in Bayern" eingeladen werden, „damit seinen Mitgliedern Gelegenheit gegeben wird, unbeeinflußt vom amtlichen Getriebe gründliche Arbeit zu leisten".[1553] Dies war die eigentliche Geburtsstunde des Verfassungskonvents von Herrenchiemsee, der vom 10. bis 23. August auf der Herreninsel im Chiemsee tagen sollte.

Die westlichen Alliierten stießen sich nach wie vor an dem „Ausdruck ‚Grundgesetz'", da er ihrer Meinung nach „eine Bedeutung hat, die von der, die unsere Regierungen mit dem von ihnen verwendeten Worte ‚Verfassung' ausdrücken wollten, zu

---

scheidungsmöglichkeiten vermutet und darum ihm Verantwortungen zugerechnet werden können, die zu treffen und zu tragen ihm die Wirklichkeit unmöglich macht."
[1547] Ebd. Wiederum fügte Carlo Schmid erklärend hinzu: „Dies meinten die Ministerpräsidenten unter allen Umständen vermeiden zu müssen, damit angesichts des bisherigen Unvermögens der vier Besatzungsmächte, sich über eine gemeinsame Deutschlandpolitik zu einigen, nicht ein Definitivum geschaffen würde, das diese Vereinigung wahrscheinlich für lange Zeit ausschließen und so die Spaltung zwischen Ost und West vielleicht unüberbrückbar machen würde."
[1548] Ebd.
[1549] Hehl, *Süsterhenn*, S. 373.
[1550] Außer Carlo Schmid schlug Süsterhenn noch den Pressechef der nordrhein-westfälischen Landesregierung, Geheimrat Katzenberger, als Verfasser vor. PR, Bd. 1, Dok. Nr. 6, Konferenz der Ministerpräsidenten der westdeutschen Besatzungszonen, Koblenz (Rittersturz), 8.–10. Juli 1948, S. 134.
[1551] Von Hermann Brill konnte keine Stellungnahme zu den Koblenzer Beschlüssen ermittelt werden.
[1552] PR, Bd. 1, Dok. Nr. 9, Konferenz der Ministerpräsidenten der westdeutschen Besatzungszonen, Jagdschloß Niederwald, 15.–16. Juli 1948, S. 157.
[1553] Ebd., S. 160.

sehr verschieden ist".[1554] Aus diesem Grund kam man erneut auf dem Jagdschloss Niederwald, diesmal zu einer dreitägigen Sitzung, vom 21. bis 22. Juli zusammen.[1555] Schmid, Brill, Pfeiffer und Süsterhenn gehörten zu den Anwesenden.[1556] Carlo Schmid kämpfte weiterhin leidenschaftlich dafür, den Provisoriumsgedanken aufrechtzuerhalten und von einer Weststaatsgründung Abstand zu nehmen. Die entscheidende Frage für ihn war: „Soll hier in Westdeutschland nunmehr zur Schaffung einer Verfassung gegangen werden, einer Verfassung, deren politische Gestalt doch im Grunde auf dem Willen der Besatzungsmächte basiert?" Schmids Antwort darauf war eindeutig. Zum einen war seiner Ansicht nach nur ein souveränes Volk dazu in der Lage, sich eine Verfassung zu geben, „es sei denn, daß man den Status der Fremdherrschaft zu einem konstitutiven Element machen will." Zum anderen müsse man, wenn man für einen Weststaat votiere, Folgendes bedenken: „Es wird jetzt im Westen die deutsche Republik errichtet. Wir errichten sie im Westen, weil wir zur Zeit über den Westen nicht hinausgreifen können. Diese Republik und ihr Parlament müßten dann für sich in Anspruch nehmen, die Vertretung für ganz Deutschland zu sein, legalisiert im Westen durch Wahlen und legalisiert im Osten durch communis consensus der Ostbevölkerung." Dieser vermeintliche „Erfolg im Hinblick auf das Gesamtschicksal Deutschlands" sei allerdings nicht ohne Risiko. Schmid war der Meinung, „daß man dadurch die kleine Chance, die in Bezug auf eine friedliche Erledigung des Gesamtproblems Deutschland noch besteht, nämlich die Einigung der vier Besatzungsmächte über ein einheitliches Deutschland, endgültig verschütten würde."[1557]

Die Mehrheit der Teilnehmer zeigte sich demgegenüber bereit, die Bestimmungen der Frankfurter Dokumente anzunehmen, versuchte aber an der Terminologie der Koblenzer Beschlüsse so weit wie möglich festzuhalten. Dies zeigte sich etwa in der Übersetzung des umstrittenen Begriffs „Grundgesetz" in „basic constitutional law" beziehungsweise „loi constitutionelle basique".[1558] Die Ratifizierung des neuen Regel-

---

[1554] PR, Bd. 1, Dok. Nr. 10, Konferenz der Militärgouverneure mit den Ministerpräsidenten der westdeutschen Besatzungszonen, Frankfurt, 20. Juli 1948, S. 167.
[1555] An der Konferenz auf dem Jagdschloss Niederwald vom 21. bis 22. Juli 1948 nahmen diesmal auch Parteipolitiker teil. Sie hatten ihre Einbeziehung bereits auf der Koblenzer Konferenz gefordert, waren damit jedoch gescheitert. Dass sie jetzt anwesend waren, deutete darauf hin, dass die Ministerpräsidenten an politischer Macht einbüßten. Vgl. Görtemaker, *Geschichte*, S. 54.
[1556] PR, Bd. 1, Dok. Nr. 11, Konferenz der Ministerpräsidenten der westdeutschen Besatzungszonen, Jagdschloß Niederwald, 21.–22. Juli 1948, S. 172. Hermann Brill beteiligte sich mit 13 Wortmeldungen und Anmerkungen am häufigsten an der Debatte, hatte aber im Wesentlichen redaktionelle Anmerkungen. Carlo Schmid, Anton Pfeiffer und Adolf Süsterhenn griffen weniger oft in die Besprechung ein. Für Schmid sind anhand des Protokolls vier, für Pfeiffer ebenfalls vier und für Süsterhenn sogar nur eine Wortmeldung festzustellen. Während Pfeiffers und Süsterhenns Beiträge sich ebenfalls auf die Wiedergabe der Debatte und der Länderneugliederung beschränkten, bezog Schmid aktiv Position.
[1557] Ebd., S. 199–201
[1558] Benz, *Besatzungsherrschaft*, S. 172; Görtemaker, *Geschichte*, S. 54. Dass man damit von den Koblenzer Beschlüssen Abstand nahm, erregte Carlo Schmids Gemüt besonders. Wenn man jetzt „Grundgesetz (Vorläufige Verfassung)" schreiben wolle, dann könne man sich „diesen Pleonasmus wohl sparen" und gleich von einer „Vorläufigen Verfassung" sprechen. PR, Bd. 1, Dok. Nr. 11, Konferenz der Ministerpräsidenten der westdeutschen Besatzungszonen, Jagdschloß Niederwald, 21.–22. Juli 1948, S. 220.

werks sollte dabei nicht, wie von den Alliierten gewünscht, von einem Referendum, sondern von den Landtagen vorgenommen werden.[1559] Das Votum für die Errichtung eines Weststaates wurde den Delegierten insofern erleichtert, als der stellvertretende Oberbürgermeister von Berlin, Ernst Reuter, einer provisorischen Verfassung Westdeutschlands unter der Berücksichtigung der damit real werdenden Teilung Deutschlands zustimmte.[1560] Außerdem wurde die endgültige Errichtung des Verfassungskonvents durch die Ernennung seiner Mitglieder manifest. So erging am 22. Juli der Beschluss, „diese Kommissionen [...] einen Verfassungsentwurf ausarbeiten" zu lassen, „der dem Parlamentarischen Rat als Unterlage" zur Verfügung gestellt werden sollte.[1561] Damit war die Entscheidung hinsichtlich der Gründung eines Weststaates gefallen, lediglich die Frage, ob es sich um einen verfassungsrechtlich begründeten Staat oder ein Provisorium mit der Möglichkeit einer Einbeziehung des Ostens handeln sollte, war nach wie vor offen. Die Ergebnisse der Beratungen fanden allgemeine Zustimmung, nur Carlo Schmid konnte sich immer noch nicht ganz von dem Gedanken an eine gesamtdeutsche Lösung trennen.[1562]

Zu einem Abschluss kamen die Verhandlungen über die Neugestaltung Deutschlands auf einer letzten Zusammenkunft der Ministerpräsidenten und der Militärgouverneure am 26. Juli in Frankfurt.[1563] Nachdem die Konferenz zunächst zu scheitern drohte,

---

[1559] PR, Bd. 1, Dok. Nr. 11, Konferenz der Ministerpräsidenten der westdeutschen Besatzungszonen, Jagdschloß Niederwald, 21.–22. Juli 1948, S. 220–237.
[1560] Ebd., 191–194; Benz, *Besatzungsherrschaft*, S. 172f.; Görtemaker, *Geschichte*, S. 55; Weber, *Schmid*, S. 339. Der *Spiegel* kommentierte die Entwicklungen eher süffisant: „Nach der dritten Frankfurter Konferenz war Süd-Württembergs Staats-Zweiter, Professor Carlo Schmid, auf einmal mit seiner Opposition gegen den Weststaat ganz allein. Der Anführer der Verfassungspartisanen hatte auf dem Koblenzer Rittersturz mit seinen theoretisch begründeten Staatsrechts-Gedanken keine Möglichkeit einer deutschen Verantwortung gesehen, wo doch eine deutsche Souveränität durch weitherzig umrissene Besatzungvollmachten praktisch nicht vorhanden sei. Nach der dritten Frankfurter Konferenz mimte Carlo Schmid den Unbeteiligten. Die deutschen Ministerpräsidenten waren nun auf einmal zur Verantwortung bereit. Zwei Dinge hatten diese Sinnesänderung bewirkt: Das alliierte Versprechen, ihnen in Sachen Besatzungsstatut entgegenzukommen, mehr noch aber die Furcht, den Omnibus zu verpassen, in den sie erst wegen des unbekannten Ziels nicht hatten einsteigen wollen. Sie sind bereit zur Verantwortung für Kompetenzen, die auf dem staatsrechtlichen Nichts des Reimser Kapitulations-Deutschland aus Besatzungs-Souveränität gewährt wurden. Sie hatten zugegriffen, als die Generale ganz klar gemacht hatten, was Verzicht auf die angebotene Kompetenz und Verantwortung, was Deuteln an der Staats-Rechtmäßigkeit der Souveränitätsquelle bedeute: eine Kolonialverwaltung für Deutschland nämlich. Um die Begriffsbestimmung ‚Grundgesetz vorläufige Verfassung' hatten die Deutschen am längsten gerechtet. Die Generale hatten von ‚Verfassung' und ‚Regierung' gesprochen, ließen aber den Deutschen schließlich die Trompete. Mit dem Erfolg, daß Stock dann vor die Presse platzte: ‚Grundgesetz und Verfassung sind ja doch dasselbe, meine Herren.'" „Doch dasselbe. Wenn die Russen", in: *Der Spiegel*, 31. Juli 1948, S. 8.
[1561] PR, Bd. 1, Dok. Nr. 11, Konferenz der Ministerpräsidenten der westdeutschen Besatzungszonen, Jagdschloß Niederwald, 21.–22. Juli 1948, S. 262. Auch Schmid bemerkte nun etwas resigniert: „Als ich Erich Ollenhauer beim Verlassen des Verhandlungsraumes fragend ansah, meinte er: Da könne man nichts machen, so sei nun einmal die Stimmung im Lande [...]. Vielleicht hatte er recht." Schmid, *Erinnerungen*, S. 333.
[1562] Benz, *Besatzungsherrschaft*, S. 172f.; Görtemaker, *Geschichte*, S. 55.
[1563] Benz, *Besatzungsherrschaft*, S. 173–175; Görtemaker, *Geschichte*, S. 55; Stammen/Maier, „Prozeß", S. 392f.; Vogelsang, *Deutschland*, S. 92f.; Weber, *Schmid*, S. 339.

kam man in der Folge doch zu einer Einigung. Davor erklärten die Militärgouverneure jedoch einige Punkte, die auf der dritten Niederwald-Konferenz ausgehandelt worden waren, für inakzeptabel. Dabei handelte es sich um die Art und Weise der Ratifizierung der neuen Verfassung – die Deutschen hatten ein Referendum abgelehnt – sowie um den Namen „Grundgesetz", den das neue Regelwerk erhalten sollte. Ferner waren die Alliierten mit dem Zeitpunkt der Länderneugliederung nicht einverstanden. Zwar beharrten die Militärgouverneure darauf, die letzten beiden Punkte nochmals den alliierten Regierungen zur Beratung vorzulegen, da sie doch erheblich von den Londoner Empfehlungen abwichen.[1564] Aber immerhin erklärten sie sich dazu bereit, den Begriff des Grundgesetzes anzuerkennen. Der französische General Koenig bemerkte am Ende der Konferenz: „Somit sind die drei Fragen aufgeklärt. Wenn sie akzeptieren, die volle Verantwortung zu übernehmen, können wir Ihnen sagen: En avant!"[1565]

Dieser Schritt nach vorne bedeutete für Carlo Schmid zwar, dass er auf den ersten Blick eine Niederlage einstecken musste – er konnte sich weder mit seinem „radikalen Provisoriumskonzept"[1566] noch mit seiner Forderung nach einer vollen Souveränität des deutschen Volkes durchsetzen. Zugleich sah er aber dadurch seine weiteren Anforderungen an eine künftige deutsche Verfassung legitimiert. Durch sein radikales Eintreten für ein Besatzungsstatut hatte Schmid vor allem die Amerikaner unter Druck gesetzt, denen – im Gegensatz zu den Franzosen, die er nicht unter Druck setzen konnte und wollte – an einer raschen Selbstverwaltung der Deutschen gelegen war. Schmids dialektischem Vorgehen war es zu verdanken, dass sich aus seiner These des westdeutschen Provisoriums und der Antithese der Franzosen als Synthese die Aufforderung zur Schaffung einer Verfassung ergab, die unter dem Namen „Grundgesetz" das provisorische Element berücksichtigen konnte und zudem dazu führte, dass die Ausfertigung eines Besatzungsstatuts weiterhin diskutiert wurde. Anton Pfeiffer wiederum konnte mit den Wendungen insofern zufrieden sein, als der Verfassungskonvent zur Vorbereitung des Grundgesetztes in Bayern auf Herrenchiemsee stattfinden würde. Hier sollte er noch die Gelegenheit erhalten, seinen Einfluss geltend zu machen. Adolf Süsterhenn stand der Gründung eines Weststaates weitgehend neutral gegenüber, die „staatsrechtliche Struktur" des neuen Deutschlands hatte für ihn oberste Priorität.[1567] Die Wahl der Mitglieder des Parlamentarischen Rates durch die Land-

---

[1564] PR, Bd. 1, Dok. Nr. 13, Schlußkonferenz der Militärgouverneure mit den Minitsterpräsidenten der westdeutschen Besatzungszonen, Frankfurt, 26. Juli 1948, S. 280f.
[1565] Ebd., S. 281.
[1566] Weber, *Schmid*, S. 340.
[1567] Adolf Süsterhenn, „Eine deutsche Verfassung!", in: *Rheinischer Merkur*, 17. November 1947, abgedruckt in: Süsterhenn, *Schriften*, S. 171. An der gleichen Stelle hatte er damit bereits Ende 1947 bemerkt: „[...] wenn die Westmächte sich dazu gezwungen sähen, zunächst für die drei Westzonen eine gemeinschaftliche Organisation zu schaffen, so erwartet jeder Deutsche, daß eine solche Organisation auf keinen Fall als endgültig betrachtet wird, sondern daß die Tür für den deutschen Osten unter allen Umständen offen bleibt. Aber gleichgültig, ob die zukünftige deutsche Organisation zunächst die drei Westzonen oder sofort alle vier Zonen umfaßt, auf jeden Fall ist es Recht und Pflicht des deutschen Volkes, sich Gedanken darüber zu machen, und auch konkrete Vorschläge zu ermitteln, wie das zukünftige Deutschland staatsrechtlich geformt werden soll. Hinsichtlich der zukünftigen staatsrechtlichen Struktur Deutschlands ist es zunächst die Entscheidung zwischen Zentralismus und Föderalismus zu treffen." Anfang Juli 1948 gab Süsterhenn laut einer Bemerkung von Otto Lenz an, dass er „die Einwände, daß man mit den Londoner Beschlüssen die Zerreißung Deutschlands anerkenne,

tage war allerdings sicher nicht im Sinne Süsterhenns. Gemäß seiner föderalistischen Einstellung hätte er eine Wahl durch die Landesregierungen[1568] oder die Ministerpräsidenten als Vertreter der Länder sicher bevorzugt.[1569]

Nur wenige Tage nach dem „En avant" General Königs bereitete man von bayerischer Seite die Eröffnung des Verfassungskonvents von Herrenchiemsee vor.

4.2 Die Eröffnung des Verfassungskonvents von Herrenchiemsee

Wie bereits von Bayerns Ministerpräsident Ehard Mitte Juli 1948 vorgeschlagen[1570], erging auf Betreiben Anton Pfeiffers, der mit der Organisation des Konvents betraut wurde[1571], am 4. August die Benachrichtigung an das Büro der Ministerpräsidenten in Wiesbaden, dass die Gründungstagung des „Expertenausschusses für Verfassungsfragen" am 10. August stattfinden sollte.[1572] Als Tagungsdauer wurden ungefähr zwei Wochen veranschlagt. Bereits einen Tag später ergingen die Weisungen an die zukünftigen Mitglieder des Ausschusses.[1573] Die Presse informierte Anton Pfeiffer darüber,

> „daß die auf Herrenchiemsee ausgearbeiteten Empfehlungen in Form einer Denkschrift den Ministerpräsidenten zur Billigung vorgelegt werden sollen. Die Hauptaufgabe bestünde darin, die finanziellen Zuständigkeiten der Länder gegenüber dem zu bildenden Bundesstaat festzulegen. Geklärt werden sollen ferner der Aufbau, die Kompetenzen und Funktionen der Bundesorgane, die Frage der Wählbarkeit des Bundesrates, seine Verantwortlichkeit gegenüber dem Bundesstaat sowie dessen Konstituierung."[1574]

Personell gesehen waren von den Teilnehmern des Konvents elf Abgesandte ihres jeweiligen Landes, so auch Hermann Brill für das Land Hessen, Adolf Süsterhenn für Rheinland-Pfalz und Carlo Schmid für Württemberg-Hohenzollern.[1575] Hinzu kamen neben dem Vertreter der Stadt Berlin, Otto Suhr, die Abgeordneten der anderen Län-

---

nicht für durchschlagend" erachte, „da die Trennung eine Tatsache sei und die Schuld hierfür klar bei den Alliierten läge." Der Vermerk von Otto Lenz ist abgedruckt in: Kaff, *Unionsparteien*, S. 224.

[1568] Vgl. Hehl, *Süsterhenn*, S. 374f.; Adolf Süsterhenn, „Eine deutsche Verfassung!", in: *Rheinischer Merkur*, 17. November 1947, abgedruckt in: Süsterhenn, *Schriften*, S. 172.

[1569] Siehe Kapitel 3.6.1. Einer Notiz Otto Lenz' zufolge äußerte Süsterhenn noch Anfang Juli 1948 zuversichtlich, „daß die Ministerpräsidentenkonferenz nun doch als ein vertretungsberechtigtes Gremium anerkannt werde." Der Vermerk von Otto Lenz ist abgedruckt in: Kaff, *Unionsparteien*, S. 224. Von Hermann Brill konnte keine Stellungnahme zur Konferenz der Ministerpräsidenten und der Militärgouverneure am 26. Juli 1948 ermittelt werden.

[1570] Siehe Kapitel 4.1.

[1571] PR, Bd. 2, S. X.

[1572] Ebd., S. LXV. Wie Angela Bauer-Kirsch bereits bemerkte, ist es nicht exakt nachvollziehbar, „wann genau die konkrete Planung für die Einberufung des Konvents begann". Bauer-Kirsch, *Herrenchiemsee*, S. 20.

[1573] PR, Bd. 2, S. LXV.

[1574] „Länderausschuß bereitet Grundgesetz vor. Konferenzbeginn auf Herrenchiemsee – Auch Berlin ist vertreten", in: *Die Neue Zeitung*, 10. August 1948.

[1575] Diese elf Bevollmächtigten waren allein stimmberechtigt. Bauer-Kirsch, *Herrenchiemsee*, S. 34. Zu den weiteren Länderbevollmächtigten siehe PR, Bd. 2, S. LXVI. Zur Zusammensetzung des Konvents vgl. auch die Teilnehmerliste in Bauer-Kirsch, *Herrenchiemsee*, S. 37f und S. LXXXVI–XC.

der, die Mitarbeiter der Landesbevollmächtigten sowie weitere Sachverständige.[1576] Carlo Schmid, Hermann Brill, Anton Pfeiffer und Adolf Süsterhenn kamen so – während es vorab schon diverse Aufeinandertreffen im Stuttgarter Länderrat, dem Deutschen Büro für Friedensfragen, dem Bund Deutscher Föderalisten, dem Ellwanger Freundeskreis und der Union Europäischer Föderalisten gegeben hatte – auf Herrenchiemsee zusammen, um gemeinsam über ihre staats- und verfassungspolitischen Vorstellungen im Hinblick auf eine deutsche Verfassung zu debattieren.

Während die föderaler gesinnten süddeutschen Delegierten, deren Stimmen aufgrund ihrer politischen Position von Bedeutung waren, Minister und Staatssekretäre entsandten und damit in der politischen Vorhand waren, nahmen aus Norddeutschland fast nur Beamte teil, die von den Vorverhandlungen wenig wussten und an die Weisungen ihrer Regierungen gebunden waren.[1577] Die Debatten wurden durch dieses Ungleichgewicht nicht unerheblich geprägt. Eine weitere Richtung erhielt der Konvent dadurch, dass die Abgesandten der französischen und amerikanischen Besatzungszone vor allem als „politische Vertreter ihrer Länder"[1578] nach Herrenchiemsee kamen, auch wenn sie durchaus Kenntnisse im Verfassungsrecht mitbrachten, bei der Ausarbeitung der jeweiligen Länderverfassungen beteiligt gewesen waren oder sogar bereits Vorschläge für eine künftige deutsche Verfassung vorgelegt hatten, wie dies bei Carlo Schmid, Hermann Brill, Anton Pfeiffer und Adolf Süsterhenn der Fall war. Die Delegierten der britischen Zone waren hingegen meist „Fachbeamte, die im politischen Leben ihres Landes wie auch über die Landesgrenzen hinaus keine Rolle gespielt haben."[1579] Hinzu kam die bereits angesprochene Sonderrolle Bayerns durch den vorgefertigten „Bayerischen Entwurf eines Grundgesetzes für den Verfassungskonvent"[1580] nebst „Leitgedanken" und die Tatsache, dass man, wohl aus Dankbarkeit gegenüber den Gastgebern, Anton Pfeiffer als Vorsitzenden des Konvents vorschlug.[1581] Zu

---

[1576] Vgl. Benz, *Besatzungsherrschaft*, S. 185–186; Gelberg, „Strategien", S. 58–60; PR, Bd. 2, S. VII–XXXV und LXVI; Bauer-Kirsch, *Herrenchiemsee*, S. 33f. Mehrere Listen von Teilnehmern und Mitarbeitern, Quartierlisten und die von den Teilnehmern auszufüllenden Erfassungsbögen zur Erstellung einer Teilnehmerliste befinden sich in: BayHStA, NL Pfeiffer 160. Carlo Schmid bemerkte zu der personellen Zusammensetzung des Herrenchiemseer Verfassungskonvents: „Der Verfassungskonvent stellte ein seltsames Gemisch verschiedenster politischer Richtungen, verfassungsrechtlicher Theorien und ‚Zugehörigkeiten' dar. Keines der Mitglieder war offizieller Vertreter einer politischen Partei; manche gehörten keiner Partei an, sondern waren als Beamte ihrer Landesregierungen, als Professoren oder als frühere Diplomaten ausgewählt worden, weil man ihnen Sachverstand zutraute." Schmid, *Erinnerungen*, S. 334.
[1577] Düwell, Kurt, *Entstehung und Entwicklung der Bundesrepublik Deutschland (1945–1961). Eine dokumentierte Einführung*, Köln 1981, S. 112; Wengst, „Herrenchiemsee", S. 47.
[1578] PR, Bd. 2, S. XXXII.
[1579] Ebd. Peter Bucher weist allerdings auch auf „einen gewissen Ausgleich" hin, der dadurch zustande kam, dass zusätzlich „zu den offiziellen Teilnehmern an dem Verfassungskonvent weitere Mitarbeiter benannt werden konnten". PR, Bd. 2, S. XXXIII.
[1580] Siehe Kapitel 3.1.2. Im Unterausschuss II brachte zudem der bayerische Abgeordnete und Leiter des Generalreferats für Gesetzgebungsangelegenheiten im bayerischen Innenministerium, Ottmar Kollmann, einen eigenen Entwurf „über die Ausscheidung der Zuständigkeit von Bund und Ländern zur Gesetzgebung" ein. PR, Bd. 2, Dok. Nr. 7, Entwurf des bayerischen Vertreters im Unterausschuß II, Ottmar Kollmann, S. 233–241. Vgl. auch ebd., S. LXXXII–LXXXVI.
[1581] Vgl. Düwell, *Entstehung*, S. 112; Görtemaker, *Geschichte*, S. 57; Wengst, „Herrenchiemsee", S. 47; PR, Bd. 2, S. LXVI.

Letzterem kam es jedoch nicht, da man der Empfehlung Brills folgte und ein Vorstandsmitglied aus jeder Besatzungszone wählte.[1582] Pfeiffer wurde indes zum geschäftsführenden Vorstand ernannt.[1583]

Betrachtet man die Einsetzung und die Rolle des Verfassungskonvents von Herrenchiemsee im Kontext der deutschen Verfassungsgeschichte, so wird nicht nur, wie bereits einleitend erwähnt, eine Dominanz der süddeutschen Vertreter offenbar, es finden sich auch Gemeinsamkeiten im äußeren und organisatorischen Ablauf der Verfassungsgebungsprozesse der Jahre 1848, 1918 und 1948.[1584] So kam es 1848 im sogenannten Siebzehnerausschuss ebenfalls zur Ausarbeitung eines Verfassungsentwurfs durch Delegierte der einzelnen Länder, obwohl bereits verschiedene Verfassungskonzeptionen, wie auch 1948, vorlagen; und 1918 wurde zunächst Hugo Preuß und danach ein Sachverständigenausschuss, der aus Vertretern der Länder und Mitgliedern der Arbeiter- und Soldatenräte bestand, mit verfassungsrechtlichen Vorarbeiten für die später tagende Nationalversammlung beauftragt.[1585] Wie Angela Bauer-Kirsch feststellt, ist heute nicht mehr nachzuvollziehen, „inwieweit die Ministerpräsidenten mit der Einberufung des Verfassungskonvents bewußt den ‚Vorbildern' aus vergangenen Zeiten folgten"[1586], jedoch ist eine gewisse historische Kontinuität hinsichtlich des äußeren und organisatorischen Ablaufs nicht von der Hand zu weisen. Inhaltlich gesehen kam man auf Herrenchiemsee indes gar nicht umhin, sich an den vorangegangenen Verfassungen der Paulskirche und der Weimarer Zeit zu orientieren, da sich das Verfassungsrecht zeitlich gesehen eben gerade dadurch (weiter-)entwickelt, „indem es auf sich selbst reagiert."[1587]

In seiner Eröffnungsrede am 10. August 1948 umriss Anton Pfeiffer die Bestimmung des Konvents folgendermaßen: Man habe die „gemeinsame Aufgabe übernommen", der Aufforderung im ersten der Frankfurter Dokumente Folge zu leisten und Deutschland „ein staatsrechtliches Gerippe und eine geordnete Verwaltung zu geben".[1588] Mit anderen Worten: Der auf Herrenchiemsee zusammengekommene „Ausschuß von Experten" sollte „den ersten Verfassungskonvent des neuen Deutschland" begründen und einen „Entwurf oder Richtlinien" als Vorlage für den Parlamentari-

---

[1582] Theodor Kordt wurde für die britische, Josef Schwalber für die amerikanische und Carlo Schmid für die französische Zone in den geschäftsführenden Vorstand gewählt. PR, Bd. 2, Dok. Nr. 2, Verfassungskonvent auf Herrenchiemsee. Plenarsitzungen. Erster Sitzungstag: Dienstag, 10. August 1948, S. 61; ebd., S. LXVI. Zur Rolle des Vorstands vgl. Bauer-Kirsch, *Herrenchiemsee*, S. 39f.
[1583] PR, Bd. 2, Dok. Nr. 2, Verfassungskonvent auf Herrenchiemsee. Plenarsitzungen. Erster Sitzungstag: Dienstag, 10. August 1948, S. 61; ebd., S. LXVI.
[1584] Angela Bauer-Kirsch verweist auch auf Parallelen zur Verfassungsgebung des Jahres 1871. Siehe Bauer-Kirsch, *Herrenchiemsee*, S. 23, Anm. 54.
[1585] Vgl. ebd., S. 23–27.
[1586] Ebd., S. 27.
[1587] Roellecke, Gerd, „Von Frankfurt über Weimar und Bonn nach Berlin. Demokratische Verfassungen in Deutschland und die gesellschaftliche Entwicklung in Europa", in: *Juristenzeitung*, 55. Jahrgang, Heft 3, 4. Februar 2000, S. 113–117, hier S. 113.
[1588] PR, Bd. 2, Dok. Nr. 2, Verfassungskonvent auf Herrenchiemsee. Plenarsitzungen. Erster Sitzungstag: Dienstag, 10. August 1948, S. 53.

schen Rat ausarbeiten, um die Zukunft Deutschlands, auch in Europa, zu sichern.[1589] Anton Pfeiffer betonte eindringlich die Bedeutung der Stunde, die „gemeinsame Aufgabe", die man zu lösen habe, und die „überwältigende Verantwortung", der man gerecht werden müsse. Inhaltlich seien die demokratische und föderalistische Ausgestaltung des Verfassungsentwurfs, die Schaffung einer angemessenen Zentralinstanz sowie die Garantie der Freiheiten und Rechte des Individuums durch die Alliierten vorgeschrieben, so Pfeiffer. Dies könne aber nicht darüber hinwegtäuschen, dass zwar „der Auftrag [...] aus fremder Hand" erteilt, seine „Erfüllung [...] aber [...] aus gemeinsamer deutscher Gesinnung erfolgen" werde, man sich also keineswegs als Erfüllungspolitiker zu sehen habe.[1590] Zum Abschluss seiner Eingangsrede machte Anton Pfeiffer darauf aufmerksam, das auf Herrenchiemsee vorzubereitende Verfassungswerk müsse das Fundament „nicht nur für die künftige materielle, sondern auch für die geistige Wohlfahrt des deutschen Volkes" bilden und „daher [...] von der Führung des heiligen Geistes überschattet sein".[1591] Auch wenn er noch anfügte, jedermann möge „sich vom heiligen Geist das Bild machen, das seiner Weltanschauung"[1592] gerecht werde, trugen ihm diese Worte dennoch den Spott der Presse ein.[1593]

An Anton Pfeiffers Rede wurde bereits evident, dass die Aufgaben des Konvents zu Beginn alles andere als eindeutig waren, da die Ministerpräsidenten keine direkten Anweisungen gegeben hatten.[1594] Carlo Schmid brachte die Problematik auf den Punkt, indem er bemängelte, dass man, wäre man „richtig vorgegangen", dem Konvent „eine ganz bestimmte Aufgabe gestellt" hätte, „nicht nur in dem vagen Sinn, wie sie tatsächlich gestellt wurde, sondern in einem präziseren Sinn". Dann wäre man in die Lage versetzt gewesen, „ein juristisch einwandfreies Instrument zur Verwirklichung der politischen Absichten unserer Auftraggeber zu schaffen." So aber, bemerkte Schmid vorausschauend, sei es mehr als wahrscheinlich, dass man „zu einem mit Varianten reich dotierten Gesamtentwurf kommen" werde.[1595]

Die von Pfeiffer ebenfalls zur Eröffnung des Verfassungskonvents aufgeworfene Frage, „ob irgend jemand Richtlinien oder sonstiges schriftliches Material" einreichen wolle, war eher rhetorischer Natur, da er, noch bevor ein anderer Teilnehmer antwor-

---

[1589] Ebd., S. 56. Hermann Brill merkte in seinen Tagebuchaufzeichnungen an, dass Anton Pfeiffer in seiner Eröffnungsrede „den Namen eines Verfassungskonvents" gegeben und bewusst gewählt habe, um „die Bedeutung des verfassungsrechtlichen Sachverständigengremiums zu erhöhen." Griepenburg, Rüdiger, „Hermann Louis Brill: Herrenchiemseer Tagebuch 1948", in: *Vierteljahrshefte für Zeitgeschichte*, 34. Jahrgang, 1986, S. 585–622, hier S. 585.
[1590] PR, Bd. 2, Dok. Nr. 2, Verfassungskonvent auf Herrenchiemsee. Plenarsitzungen. Erster Sitzungstag: Dienstag, 10. August 1948, S. 56f.
[1591] Ebd., S. 59.
[1592] Ebd.
[1593] „Der Geist des Grafen Montgelas", in: *Der Tagesspiegel*, 4. September 1948. Was Carlo Schmid, der den Satz „Politik ist keine Religion, und Parteien sind keine Kirchen, der Staat ist nichts Heiliges" prägte, angesichts dieses Ausspruchs Anton Pfeiffers gedacht haben dürfte, ist offensichtlich. Rede Carlo Schmids anlässlich der SPD-Gründung in Süd-Württemberg Reutlingen, 3. Februar 1946, in: AdsD, NL Schmid 76.
[1594] Benz, *Besatzungsherrschaft*, S. 67; PR, Bd. 2, S. LXVII.
[1595] PR, Bd. 2, Dok. Nr. 3, Verfassungskonvent auf Herrenchiemsee. Plenarsitzungen. Zweiter Sitzungstag: Mittwoch, 11. August 1948, S. 67.

ten konnte, zwei bayerische Verfassungskonzeptionen[1596] vorlegte. Diese wollte er aber als „eine von der Regierung in Auftrag gegebene Arbeit", nicht als „Entwurf der bayerischen Staatsregierung" verstanden wissen.[1597] Zudem verlangte er von den Teilnehmern, der Presse gegenüber Stillschweigen zu bewahren, schien sich also der Tatsache bewusst gewesen zu sein, dass er die anderen Teilnehmer damit überfuhr und durchaus negative Kritik zu erwarten hatte.

So würdigte Carlo Schmid denn auch die bayerischen Konzeptionen als „hervorragende Arbeiten", wandte sich aber vehement gegen deren Einbeziehung in die folgenden Debatten, da dies „einer politischen Vorentscheidung" gleichkäme.[1598] Das veranlasste Hermann Brill dazu, in seinem Tagebuch zu notieren: „Don Carlos bewegt sich dabei in seinen Massen wie Moby Dick, der gern Kapitän Ahab morden möchte."[1599] Rückblickend erinnerte sich Schmid, dass es sich zwar um „solide staatsrechtliche Ausarbeitungen" gehandelt habe, in denen aber das Ansinnen zu erkennen gewesen sei, „den ‚Bund' als ein Produkt der auf dem Gebiet des vergangenen Deutschen Reiches allein noch über Souveränitätsrechte verfügenden Länder dazustellen und ihm nur eine numerativ beschränkte Anzahl an Kompetenzen zu geben".[1600] Adolf Süsterhenn hingegen sprach sich dafür aus, „den durch Vermittlung der bayerischen Staatskanzlei aufgestellten Entwurf zur unverbindlichen Grundlage" zu definieren, „ohne damit eine politische Entscheidung" zu treffen, und damit die Arbeit des Verfassungskonvents „zu entkomplizieren und zu beschleunigen".[1601] Hermann Brill hingegen sprach sich weder eindeutig für noch gegen die bayerischen Vorarbeiten aus. Er lobte den Entwurf als „wertvolles, zum Teil sehr wertvolles Material"[1602], an dem es aber durchaus konstruktive Kritik zu üben gebe, und wies gleichzeitig darauf hin, man möge sich „die im Frankfurter Länderrat, Verwaltungsrat und Wirtschaftsrat"[1603] gewonnenen Erkenntnisse zunutze mache. Der „Stil" Pfeiffers stellte sich ihm dabei als „eine Mischung von naturwüchsiger bajuwarischer Vitalität, einem politischen Barock und einer fleißigen, exakten, aber etwas trockenen bürokratischen Manier" dar.[1604]

Schließlich einigte man sich, ganz im Sinne Anton Pfeiffers, darauf, die bayerischen Entwürfe als äußeren Leitfaden des Verfassungskonvents zu benutzen.[1605]

Im Gegensatz zu all den Mühen, die eigentliche Aufgabe des Konvents zu umreißen und die Grundlage der Beratungen festzulegen, kam man in organisatorischer Hinsicht

---

[1596] Dabei handelte es sich um den „Bayerischen Entwurf eines Grundgesetzes" sowie die „Leitgedanken für die Schaffung eines Grundgesetzes". Siehe Kapitel 3.1.2.
[1597] PR, Bd. 2, Dok. Nr. 2, Verfassungskonvent auf Herrenchiemsee. Plenarsitzungen. Erster Sitzungstag: Dienstag, 10. August 1948, S. 64.
[1598] PR, Bd. 2, Dok. Nr. 3, Verfassungskonvent auf Herrenchiemsee. Plenarsitzungen. Zweiter Sitzungstag: Mittwoch, 11. August 1948, S. 67.
[1599] Griepenburg, „Brill", S. 599f.
[1600] Schmid, *Erinnerungen*, S. 335.
[1601] PR, Bd. 2, Dok. Nr. 3, Verfassungskonvent auf Herrenchiemsee. Plenarsitzungen. Zweiter Sitzungstag: Mittwoch, 11. August 1948, S. 89.
[1602] Ebd., S. 73.
[1603] PR, Bd. 2, Dok. Nr. 2, Verfassungskonvent auf Herrenchiemsee. Plenarsitzungen. Erster Sitzungstag: Dienstag, 10. August 1948, S. 64.
[1604] Griepenburg, „Brill", S. 600.
[1605] PR, Bd. 2, S. LXIX.

recht rasch zu einer Einigung.[1606] Auf eine Anregung Anton Pfeiffers hin stimmte man bereits in der ersten Plenarsitzung darin überein, Ausschüsse zu bilden, die sich mit den Detailfragen beschäftigen sollten. Zu Diskussionen kam es allerdings, als es deren Anzahl zu bestimmen galt. Während Pfeiffer lediglich „einen für finanzielle Fragen und einen für die Funktionen und die Zuständigkeit der Bundesorgane" einzurichten gedachte, machte ihn Hermann Brill darauf aufmerksam, dass man zusätzlich einen „Ausschuß für die Fragen der bürgerlichen Freiheiten und des Obersten Gerichtshofes bilden solle".[1607] Unterstützung erhielt er hierbei von Carlo Schmid, der ebenfalls einen „Ausschuß für die Beratung der prinzipiellen Fragen"[1608] forderte. Adolf Süsterhenn hingegen plädierte dafür, eine „mehr praktische Kommission [...] den Kompetenzkatalog, die Grundrechte und den Verfassungsgerichtshof" bearbeiten zu lassen und eine zweite Kommission mit der „Regelung der staatlichen Organisation" zu betrauen.[1609] Eine dritte, „mehr prinzipielle Kommission" solle sich schließlich mit dem Namen des zukünftigen Staatsgebildes sowie Fragen des Staatsgebiets und „des Anschlusses der anderen Länder" beschäftigen.[1610]

Man einigte sich schließlich auf die Bildung von drei Kommissionen: Der erste Unterausschuss (UA I) sollte sich, wie Schmid es gefordert hatte, mit „Grundsatzfragen"[1611] beschäftigen, der zweite (UA II) mit „Zuständigkeitsfragen auf dem Gebiete der Gesetzgebung, Rechtsprechung und der Verwaltung, insbesondere Fragen der Finanzverfassung"[1612]; der dritte (UA III) bekam den Aufgabenbereich „Organisationsfragen"[1613] zugewiesen und hatte damit über „Aufbau, Gestaltung und Funktion der

---

[1606] Zu der Führung von Teilnehmerlisten und den Abstimmungsmodalitäten vgl. PR, Bd. 2, Dok. Nr. 2, Verfassungskonvent auf Herrenchiemsee. Plenarsitzungen. Erster Sitzungstag: Dienstag, 10. August 1948, S. 61–66; Bauer-Kirsch, *Herrenchiemsee*, S. 40f.
[1607] PR, Bd. 2, Dok. Nr. 2, Verfassungskonvent auf Herrenchiemsee. Plenarsitzungen. Erster Sitzungstag: Dienstag, 10. August 1948, S. 65.
[1608] PR, Bd. 2, Dok. Nr. 4, Verfassungskonvent auf Herrenchiemsee. Plenarsitzungen. Dritter Sitzungstag: Donnerstag, 12. August 1948, S. 175.
[1609] Ebd., S. 176.
[1610] Ebd.
[1611] Hierzu gehörten folgende Aufgabengebiete: „Präambel, Namensgebung, gebietliche Ausdehnung und Gliederung, Quelle der Staatsgewalt, Grundrechte, Gerichtshof zur Sicherung der verfassungsmäßig gewährleisteten Rechte". Ebd., S. 177. Die Protokolle der Sitzungen des Unterausschusses I sind erhalten in: BayHStA, NL Pfeiffer 165.
[1612] PR, Bd. 2, Dok. Nr. 4, Verfassungskonvent auf Herrenchiemsee. Plenarsitzungen. Dritter Sitzungstag: Donnerstag, 12. August 1948, S. 177. Die Protokolle der Sitzungen des Unterausschusses II sind erhalten in: BayHStA, NL Pfeiffer 166/1 (1. bis 7. Sitzung) und NL Pfeiffer 166/2 (8. bis 15. Sitzung). Die Verhandlungen dieses Unterausschusses bleiben hier weitgehend ausgeklammert, da sie sich vornehmlich mit Fragen des Bundeshaushaltes und der Finanzverfassung beschäftigten. Lediglich Carlo Schmid war offizielles Mitglied dieses Ausschusses, aber auch Hermann Brill meldete sich dort zu Wort. Zur Arbeit des Unterausschusses II vgl. PR, Bd. 2, S. LXXXII–XCIV; Bauer-Kirsch, *Herrenchiemsee*, S. 102f.
[1613] Hierunter fielen Fragen über „Aufbau, Gestaltung und Funktion der Organe". PR, Bd. 2, Dok. Nr. 4, Verfassungskonvent auf Herrenchiemsee. Plenarsitzungen. Dritter Sitzungstag: Donnerstag, 12. August 1948, S. 177. Die Protokolle der Sitzungen des Unterausschusses III sind erhalten in: BayHStA, NL Pfeiffer 167.

Bundesorgane"[1614] zu beraten. Der hohe Stellenwert, den die Delegierten den grundsätzlichen Fragen zumaßen, wird an der Zusammensetzung der Ausschüsse deutlich. Während die letzten beiden lediglich von Mitarbeitern besetzt wurden, versammelten sich die meisten Delegierten in dem Gremium für Grundsatzfragen.[1615] So hatte auch Carlo Schmid ausdrücklich darum gebeten, „dieser Kommission oder einem besonders zu bestimmenden Ausschuß die Beratung der prinzipiellen Fragen zuzuweisen"[1616]. Jeder Unterausschuss legte im Verlauf des Verfassungskonvents dem Plenum einen Bericht über seine Arbeiten vor.[1617]

Der abschließende Tätigkeitsbericht nannte Carlo Schmid lediglich als Mitglied der Unterausschüsse I und II. Allerdings geht aus den Protokollen hervor, dass Schmid sich durchaus auch im Unterausschuss III zu Wort meldete. Zudem übernahm er das Amt des Berichterstatters für die Grundsatzfragen.[1618] Auch Hermann Brill wurde im offiziellen Bericht nur als Teilnehmer an den Beratungen des ersten und dritten Ausschusses genannt, äußerte sich aber durchaus auch im Unterausschuss II. Bei Anton Pfeiffer, der schließlich mit der „Gesamtleitung der Arbeiten" betraut wurde, war, wie zu erwarten, keine Mitgliedschaft in einem der Ausschüsse verzeichnet, laut Protokoll war er allerdings an den Debatten des Unterausschusses I beteiligt. Adolf Süsterhenn indes wurde offiziell als Mitarbeiter des Unterausschusses I genannt, nahm aber offensichtlich auch an den Beratungen der beiden anderen Ausschüsse teil.[1619] Während Anton Pfeiffer mit der Anzahl seiner Wortmeldungen das Plenum eindeutig dominierte und dadurch den Konvent maßgeblich leitete, hatten Carlo Schmid und Hermann Brill im Unterausschuss I die tragenden Rollen.[1620]

[1614] „Tätigkeitsbericht des Sachverständigen-Ausschusses für Verfassungsfragen. Eingesetzt von der Ministerpräsidenten-Konferenz der drei Westzonen am 25. Juli 1948", in: *Verfassungsausschuss der Ministerpräsidenten-Konferenz der westlichen Besatzungszonen. Bericht über den Verfassungskonvent auf Herrenchiemsee vom 10. bis 23. August 1948*, München 1948, S. 3–9, hier S. 5.
[1615] Zur Zusammensetzung der Ausschüsse vgl. PR, Bd. 2, S. LXXIII–LXXV; Bauer-Kirsch, *Herrenchiemsee*, S. 47–50.
[1616] PR, Bd. 2, Dok. Nr. 4, Verfassungskonvent auf Herrenchiemsee. Plenarsitzungen. Dritter Sitzungstag: Donnerstag, 12. August 1948, S. 175.
[1617] PR, Bd. 2, Dok. Nr. 6, Verfassungskonvent auf Herrenchiemsee. Bericht des Unterausschusses I, S. 189–232; ebd., Dok. Nr. 9, Verfassungskonvent auf Herrenchiemsee. Bericht des Unterausschusses III, S. 243–278; ebd. Dok. Nr. 10, Verfassungskonvent auf Herrenchiemsee. Bericht des Unterausschusses III, S. 279–343.
[1618] Laut Tätigkeitsbericht zählten dazu folgende Gebiete: „A. Die Aufgabe des Unterausschusses. Ihre äußere und innere Begrenzung. Die Präambel des Grundgesetzes, B. Territoriale Bestimmungen, C. Die Gliederung des Bundesgebiets, D. Abtretung von Teilen des Bundesgebiets, E. Die Hoheitssymbole, F. Völkerrecht und Bundesrecht, G. Demokratische und rechtsstaatliche Grundsätze in den Ländern." „Tätigkeitsbericht des Sachverständigen-Ausschusses für Verfassungsfragen", S. 5. Siehe auch PR, Bd. 2, Dok. Nr. 11, Verfassungskonvent auf Herrenchiemsee. Plenarsitzungen. Fünfter Sitzungstag: Samstag, 21. August 1948, S. 350.
[1619] Vgl. zur offiziellen Teilnahme der vier den „Tätigkeitsbericht des Sachverständigen-Ausschusses für Verfassungsfragen", S. 4 und 8f. und zur Beteiligung auch an den jeweils anderen Unterausschüssen den tabellarischen Anhang 6 „Beteiligung der Teilnehmer in den Unterausschüssen", in: Bauer-Kirsch, *Herrenchiemsee*, S. XCIV.
[1620] Vgl. hierzu den tabellarischen Anhang 4 „Beteiligung der Teilnehmer", in: Bauer-Kirsch, *Herrenchiemsee*, S. XCIf. Peter Bucher nennt im Vergleich hierzu leicht abweichende Zahlen, die aber dennoch das Gesamtbild bestätigen. PR, Bd. 2, S. LXXXVI.

Während man in den Unterausschüssen die Detailfragen diskutierte und somit die eigentliche inhaltliche Arbeit leistete, stellte das Plenum „das zentrale, rahmengebende und konstituierende Organ" des Verfassungskonvents dar.[1621] In den Plenarsitzungen wurde über die Einsetzung der Unterausschüsse debattiert und deren Berichte wurden beraten und gegebenenfalls angepasst.[1622]

Anton Pfeiffer, der sich wieder einmal vor allem im Organisatorischen hervortat, übernahm alsbald den Vorsitz in den Plenarversammlungen.[1623] Geschickt nutzte er diese Position, um eine Redaktionskommission einzusetzen, die die Unterausschussberichte als Ergebnisse des Verfassungskonvents verschriftlichen sollte und ihrer Arbeit in Absprache mit der Bayerischen Staatskanzlei nachging.[1624] Schon bei der Berufung der Redaktionskommission versuchte Anton Pfeiffer deren Tätigkeit zu beeinflussen, indem er nicht nur die Mitglieder „auf Anregung von Staatsminister Dr. Süsterhenn" bestimmte, sondern auch „den Aufbau" des zu schaffenden Berichts vorzugeben versuchte. Er schlug vor, der Darstellung des Inhalts einen „Sachbericht", den „Entwurf einer Verfassung" und als Abschluss „die Darstellung der Ausschußberichte" folgen zu lassen, um es anschließend in „zwei Lesungen" in seine endgültige Form zu bringen.[1625] Einzig Hermann Brill widersprach der Absicht, „den Ausschußberichten einen ausgearbeiteten Verfassungsentwurf beizufügen", da dies voraussetze, dass man „bei allen Lösungsmöglichkeiten zu einer Entscheidung gelangen" müsse, was aber nicht der Fall gewesen sei.[1626] Stattdessen habe sich gezeigt, „daß solche Entscheidungen meist nur im Wege des Kompromisses möglich" und damit der Arbeit des Parlamentarischen Rats eher hinderlich seien. Daher plädierte Brill dafür, lediglich „eine Beratungsgrundlage" von der Redaktionskommission erarbeiten und „nur diejenigen [...] die Formulierungen" vornehmen zu lassen, „die sie vor ihren Ministerpräsidenten und Kabinetten, vielleicht auch vor dem Parlamentarischen Rat selbst zu vertreten ha-

---

[1621] Bauer-Kirsch, *Herrenchiemsee*, S. 34. Allerdings muss an dieser Stelle auch darauf hingewiesen werden, dass nicht alle Debatten auf Herrenchiemsee in den Unterausschüssen oder den Plenarsitzungen stattfanden. Neben diesen „öffentlichen" Debatten bestanden zahlreiche „informelle" Diskussionsrunden, in denen man sich zu den Fragestellungen des Konvents austauschte. Vgl. ebd., S. 31–33.

[1622] Vgl. ebd., S. 52f.

[1623] PR, Bd. 2, Dok. Nr. 11, Verfassungskonvent auf Herrenchiemsee. Plenarsitzungen. Fünfter Sitzungstag: Samstag, 21. August 1948, S. 344. Siehe auch PR, Bd. 2, S. CVIII.

[1624] PR, Bd. 2, S. CVIII–CX. Zum Vergleich bzw. zur teilweisen Über- und Umarbeitung der Unterausschussberichte durch die Redaktionskommission vgl. ebd., S. CX–CXIV.

[1625] PR, Bd. 2, Dok. Nr. 11, Verfassungskonvent auf Herrenchiemsee. Plenarsitzungen. Fünfter Sitzungstag: Samstag, 21. August 1948, S. 344f.

[1626] Ebd., S. 345. Hermann Brill hatte bereits am zweiten Sitzungstag die Sprache im Plenum auf einen zu erstellenden Bericht an die Ministerpräsidenten gebracht und dafür plädiert, „eine Art Denkschrift, eine Beratungsgrundlage zu schaffen", in die alles an vorgebrachten „Erwägungen, Gründen und Formulierungen" Aufnahme finden sollte. Die einzelnen Unterausschüsse müssten dazu „Teilentwürfe" ihres jeweiligen Fachgebiets ausarbeiten, und nach eingehender Diskussion in den Plenarsitzungen seien diese „einem Redaktionskomitee zur Gesamtfassung" zu übergeben. So könne man es vermeiden, sich völlig festzulegen, und würde den Ministerpräsidenten eine „Stellungnahme" ihrerseits ermöglichen. PR, Bd. 2, Dok. Nr. 3, Verfassungskonvent auf Herrenchiemsee. Plenarsitzungen. Zweiter Sitzungstag: Mittwoch, 11. August 1948, S. 86.

ben".[1627] Adolf Süsterhenn widersprach und hielt es „für geradezu unverantwortlich", das Arbeitsergebnis in Form eines vollständigen Verfassungsentwurfs „mit einer Reihe von Varianten zu einzelnen Punkten [...] dem Parlamentarischen Rat vorzuenthalten".[1628]

In der sich anschließenden Diskussion kam man zu keinem Ergebnis über die Form, die die Arbeit der Redaktionskommission annehmen sollte, während ihr eigentlicher Einsatz allerdings nicht in Frage gestellt wurde. Anton Pfeiffer brach die Debatte schließlich recht barsch ab und verkündete, man werde im weiteren Verlauf der Plenarsitzung schon sehen, „daß sachliche Erwägungen für meinen Entwurf sprechen!"[1629] Eine abschließende Abstimmung über die Form des Berichts an den Parlamentarischen Rat erfolgte indes nicht mehr. Dafür lehnte sich die Dokumentation über den Verfassungskonvent von Herrenchiemsee[1630] indes stark an die von Anton Pfeiffer propagierte Form an.[1631] Der „Bericht über den Verfassungskonvent auf Herrenchiemsee vom 10. bis 23. August 1948"[1632] wurde in einer Auflage von 10.000 Exemplaren vom Richard Pflaum Verlag in München vertrieben[1633] und bestand aus einem Tätigkeitsbericht, einem Vorbericht, einem Darstellenden Teil, dem „Entwurf eines Grundgesetzes" (HChE) sowie einem abschließenden kommentierenden Teil.[1634] Anton Pfeiffer ließ ihn am 30. August dem Vorsitzenden der Ministerpräsidentenkonferenz als Grundlage für die Arbeiten des Parlamentarischen Rats zukommen.[1635]

4.3 Themen und Ergebnisse des Verfassungskonvents

Bereits in der Frühphase des Konvents wurden grundlegende Meinungsverschiedenheiten über Form, Funktion und Charakter der neuen Verfassung offenbar. Diese setzten sich in der Erörterung erster Grundsatzfragen – wie der nach dem Charakter der neu zu schaffenden Verfassung und der Frage nach dem Rechtsstatus des Deutschen Reiches – und den Debatten über die Grundrechte, den organisatorischen Aufbau des Staates sowie die Rolle dieses Staates in Europa in den Sitzungen der Unterausschüsse und des Plenums fort. Im Detail hieß dies, dass im Unterausschuss I „Grundsatzfragen" über die Themen „Präambel, Namensgebung, gebietliche Ausdeh-

---

[1627] PR, Bd. 2, Dok. Nr. 11, Verfassungskonvent auf Herrenchiemsee. Plenarsitzungen. Fünfter Sitzungstag: Samstag, 21. August 1948, S. 345f.
[1628] Ebd., S. 346.
[1629] Ebd., S. 349.
[1630] Siehe Kapitel 4.4.
[1631] PR, Bd. 2, S. CIX.
[1632] Abgedruckt in: PR, Bd. 2, Dok. Nr. 14, S. 504–630. Allerdings wurde von Peter Bucher der einleitende „Tätigkeitsbericht des Sachverständigen-Ausschusses für Verfassungsfragen" nicht mit abgedruckt. Er ist jedoch Teil der vom Richard Pflaum Verlag publizierten Schrift mit dem Titel *Verfassungsausschuss der Ministerpräsidenten-Konferenz der westlichen Besatzungszonen. Bericht über den Verfassungskonvent auf Herrenchiemsee vom 10. bis 23. August 1948*, München 1948.
[1633] Karl Schwend an Anton Pfeiffer, 17. November 1948, in: BayHStA, NL Pfeiffer 161.
[1634] Wie die Schreiben zahlreicher Buchhandlungen an den Richard Pflaum Verlag im Nachlass Anton Pfeiffers belegen, ließ der Absatz des Berichts über den Verfassungskonvent von Herrenchiemsee jedoch zu wünschen übrig. Siehe: BayHStA, NL Pfeiffer 161.
[1635] Anton Pfeiffer an Christian Stock, 30. August 1948, in: BayHStA, NL Pfeiffer 161.

nung und Gliederung, Quelle der Staatsgewalt, Grundrechte, Gerichtshof zur Sicherung der verfassungsmäßig gewährleisteten Rechte" debattiert wurde. Der Unterausschuss II hatte die Aufgabe, „Zuständigkeitsfragen auf dem Gebiete der Gesetzgebung, Rechtsprechung und der Verwaltung, insbesondere der Finanzverfassung" zu klären, und im Unterausschuss III wurden „Organisationsfragen" wie „Aufbau, Gestaltung und Funktion der Organe" des zukünftigen Staatswesens besprochen.[1636] Damit oblag den Kommissionen die Aufgabe, „alle für die Ausarbeitung einer Verfassung wichtigen Fragen zu klären und Lösungsmöglichkeiten auszuarbeiten."[1637]

In ihrer Mitarbeit in den Plenarsitzungen und den Unterausschüssen brachten Carlo Schmid, Hermann Brill, Anton Pfeiffer und Adolf Süsterhenn ihre aufgrund politischer Erfahrungen gewonnenen Vorstellungen von Staat und Verfassung ein, die dabei nicht immer mit den Ansichten ihrer jeweiligen Partei korrelierten. Inwieweit man dazu berechtigt sei, nicht nur seine politischen Erfahrungen einzubringen, sondern auch politische Entscheidungen zu treffen, darüber gingen die Meinungen allerdings auseinander. Während Pfeiffer die „politische Funktion"[1638] der Anwesenden betonte, äußerte sich Süsterhenn zurückhaltender.[1639]

Schmid wies darauf hin, dass man als Expertenkonvent von den Ministerpräsidenten keine konkrete Aufgabe bekommen habe und daher nicht dazu befähigt sei, „politische Entscheidungen zu treffen". Gleichzeitig betonte er aber, man müsse „wenigstens erkennen und feststellen, wo politische Entscheidungen getroffen werden müssen und welcher Art sie etwa sein könnten."[1640] Überhaupt käme es auch auf die „Definition des Politischen" an – so könne man beispielsweise anführen, „politisch handeln heisst, das Notwendige möglich machen."[1641] Brill stimmte mit Schmid darin überein, dass es die Aufgabe des Konvents übersteige, in die Besprechung von „hochpolitischen Fragen" einzutreten.[1642]

Letztlich spiegelten sich diese unterschiedlichen Auffassungen auch im Bericht über den Verfassungskonvent von Herrenchiemsee wider, der aus einem in Artikel gefassten Verfassungsentwurf – allerdings teilweise unter der Berücksichtigung von Mehrheits- und Minderheitsvoten – sowie einem Tätigkeitsbericht, einem Vorbericht und kommentierenden Erläuterungen bestand.[1643] Im Folgenden wird näher untersucht, auf welche politischen Erfahrungswerte Schmid, Brill, Pfeiffer und Süsterhenn auf

---

[1636] PR, Bd. 2, Dok. Nr. 4, Verfassungskonvent auf Herrenchiemsee. Plenarsitzungen. Dritter Sitzungstag: Donnerstag, 12. August 1948, S. 177.
[1637] „Tätigkeitsbericht des Sachverständigen-Ausschusses für Verfassungsfragen", S. 5.
[1638] PR, Bd. 2, Dok. Nr. 2, Verfassungskonvent auf Herrenchiemsee. Plenarsitzungen. Erster Sitzungstag: Dienstag, 10. August 1948, S. 63.
[1639] Zwar sprach sich Adolf Süsterhenn dafür aus, „einen bereits akzentuierten und ausgearbeiteten Entwurf vorzulegen", was das Treffen gewisser politischer Entscheidungen zwangsläufig beinhaltete, allerdings „ohne die Ministerpräsidenten zu binden". PR, Bd. 2, Dok. Nr. 3, Verfassungskonvent auf Herrenchiemsee. Plenarsitzungen. Zweiter Sitzungstag: Mittwoch, 11. August 1948, S. 89.
[1640] Ebd., S. 67.
[1641] Protokolle der Sitzungen des Unterausschusses I. 1. Sitzung. Dienstag, 17. August 1948, 15 Uhr, in: BayHStA, NL Pfeiffer 165, S. 6.
[1642] PR, Bd. 2, Dok. Nr. 4, Verfassungskonvent auf Herrenchiemsee. Plenarsitzungen. Dritter Sitzungstag: Donnerstag, 12. August 1948, S. 159.
[1643] Zur Frage, ob es den Teilnehmern des Verfassungskonvent auf Herrenchiemsee zustand, politische Entscheidungen zu treffen, vgl. auch Bauer-Kirsch, *Herrenchiemsee*, S. 85–90.

dem Verfassungskonvent von Herrenchiemsee zurückgriffen und welche staats- und verfassungspolitischen Vorstellungen sie bei den zentralen Fragen vertraten.

4.3.1 Der Charakter der neu zu schaffenden staatlichen Ordnung – Verfassung oder Grundgesetz?

Die grundsätzliche Frage, die sich den Delegierten auf dem Konvent von Herrenchiemsee stellte, war die nach dem Charakter der neu zu schaffenden staatlichen Ordnung. Konnte unter den gegebenen Voraussetzungen eine Vollverfassung geschaffen werden oder hatte man sich doch auf ein Provisorium zu beschränken? Schuf man diese Struktur für einen Staat oder ein Staatsfragment?[1644]

Anton Pfeiffer sprach diese Obliegenheit bereits auf der ersten Plenarsitzung am 10. August 1948 an, indem er sich auf die Vorüberlegungen der Ministerpräsidenten stützte. Er machte darauf aufmerksam, dass „sich die Ministerpräsidenten nicht dazu entschließen" konnten, „für das von dieser Versammlung zu schaffende Werk schlechthin die Bezeichnung ‚Verfassung' zu akzeptieren". Zwei Faktoren, so die Ausführungen Pfeiffers, verhinderten, dem zu schaffenden Werk den Namen „Verfassung" zu geben. Zum einen seien „nicht sämtliche Länder Deutschlands" in der Lage, „an der Beratung einer solchen Verfassung teilnehmen zu können", zum anderen verwies er auf die Tatsache, dass, „so lange die Besatzung dauert und kein Friedensvertrag geschlossen ist", die Souveränität des deutschen Volkes „allzu sehr eingeengt" sei. Daher hätten die Ministerpräsidenten beschlossen, „das zu schaffende Werk als Grundgesetz für die Verwaltung der drei vereinigten Westzonen anzusprechen". Es solle also maximal eine „vorläufige Verfassung in Betracht kommen".[1645] Pfeiffer selbst führte aus, dass es geboten sei, „dass die Tür weit offen bleibt für jene deutschen Länder, die heute bei unseren Verhandlungen nicht vertreten sein können".[1646]

Pfeiffer unterstrich diese Haltung in einer von ihm verfassten Denkschrift abermals, indem er angab, man habe „große Bedenken", das zu schaffende Werk „Verfassung" zu nennen, da „auch in der nächsten Zukunft bedeutende Einengungen der Souveränität des deutschen Volkes" bestünden und eine „echte Verfassung [...] nur unter dem Gesichtspunkt uneingeschränkter Souveränität geformt werden" dürfe. Bei diesen Überlegungen, so Pfeiffer, müsse auch „der sehr schmerzliche Umstand, daß bei dem bevorstehenden Zusammenschluß nur drei Zonen vereinigt werden können", berücksichtigt werden. Daher, schloss der bayerische Politiker seine Überlegungen, könne

---

[1644] Angela Bauer-Kirsch benennt die beiden Aspekte, unter denen der Konvent auf Herrenchiemsee tagte, zum einen die Aufgabe, „lediglich eine Beratungsgrundlage für den Parlamentarischen Rat zu erarbeiten", zum anderen, dass dieser selbst „nur ein provisorisches Grundgesetz und keine endgültige Verfassung zu verabschieden hatte", treffend mit „zweifachem Vorläufigkeitsvorbehalt". Ebd., S. 81.
[1645] PR, Bd. 2, Dok. Nr. 2, Verfassungskonvent auf Herrenchiemsee. Plenarsitzungen: Erster Sitzungstag, 10. August 1948, S. 55.
[1646] Ebd., S. 59. Siehe auch PR, Bd. 2, Dok. Nr. 3, Verfassungskonvent auf Herrenchiemsee. Plenarsitzungen. Zweiter Sitzungstag: Mittwoch, 11. August 1948, S. 104.

„man den Standpunkt vertreten, daß unser aller Ziel die Schaffung einer gemeinsamen deutschen Verfassung sein muß; daß man also einem Staatsgrundgesetz für ein Teilgebiet nicht diese feierliche Bezeichnung verleihen sollte. Man will und kann ja unter diesen Umständen auch keinen wirklichen Weststaat bauen, sondern will den Ländern der zusammengeschlossenen drei Zonen jenes Gerippe für Gesetzgebung und Verwaltung geben, das eine Wiederherstellung gemeinsamer staatlicher Ordnungen ermöglicht, ohne das Tor nach dem Osten zu verschließen."[1647]

Gleichwohl betonte der bayerischen Staatssekretär aber auch, dass trotz aller Vorläufigkeit das zu schaffende Konstrukt „wohl auch für das folgende von Bedeutung"[1648] und selbst dann, wenn es nur für einen kurzen Zeitraum Gültigkeit besäße, doch entscheidend sei.

Deutlicher wurde der Abgesandte von Rheinland-Pfalz, Adolf Süsterhenn, der bereits vor Beginn des Verfassungskonvents zwar betont hatte, es komme niemandem darauf an, „den deutschen Osten ‚abzuschreiben'", gleich darauf aber einschränkend konstatierte, für Deutschland seien zunächst eher „geistige Entscheidungen" als „formale staatsrechtliche Einheitskonstruktionen" relevant. Man habe vielmehr „zu wählen, zwischen östlichem Staatskollektivismus und Zentralismus einerseits und dem Bekenntnis zur Freiheit des Christenmenschen andererseits." [1649] Die Entscheidung könne jedoch weder in noch durch Deutschland selbst getroffen werden, vielmehr liege es im gesamtchristlichen Ermessen, eine Hinwendung Deutschlands zum Kommunismus zu verhindern.[1650] Damit hatte sich Adolf Süsterhenn klar für einen Weststaat ausgesprochen – was ihm schon vor Herrenchiemsee die Kritik seiner Parteigenossen eingetragen hatte.[1651] Etwas gemäßigter trat er vor dem Verfassungskonvent auf und tat kund, dass, wenn die westlichen Alliierten „sich dazu gezwungen sähen, zunächst für die drei Westzonen eine gemeinschaftliche Organisation zu schaffen", diese „auf keinen Fall als endgültig" angesehen werden dürfe, „sondern daß die Tür zum deutschen Osten unter allen Umständen offen" zu halten sei. Dabei müsse man, „hinsichtlich der staatsrechtlichen Struktur Deutschlands […] die Entscheidung zwischen Zentralismus und Föderalismus treffen".[1652] Süsterhenn ließ keinen Zweifel daran, dass man sich seiner Ansicht nach von deutscher Seite eindeutig und mehrheitlich zum Föderalismus bekennen werde. Dieser föderalistische Grundgedanke solle das Fundament für den „Weg zu einem deutschen Provisorium" bilden, „das dann in einen endgültigen verfassungsrechtlichen Status für ein demokratisches Deutschland einmünden könnte".[1653]

[1647] Anton Pfeiffer, Der Verfassungskonvent auf Herrenchiemsee von Staatsminister Dr. Anton Pfeiffer, o. D. [19./20. August 1948], in: BayHStA, NL Pfeiffer 320, S. 2f.
[1648] PR, Bd. 2, Dok. Nr. 2, Verfassungskonvent auf Herrenchiemsee. Plenarsitzungen: Erster Sitzungstag, 10. August 1948, S. 65.
[1649] Adolf Süsterhenn, „Ost und West", in: *Der Westen*, 26. September 1947, abgedruckt in: Süsterhenn, *Schriften*, S. 165.
[1650] Ebd., S. 165f.
[1651] Vgl. Hehl, *Süsterhenn*, S. 353.
[1652] Adolf Süsterhenn, „Eine deutsche Verfassung!", in: *Rheinischer Merkur*, 17. November 1947, abgedruckt in: Süsterhenn, *Schriften*, S. 171.
[1653] Ebd., S. 173.

Hermann Brill, der bereits auf der Konferenz der Ministerpräsidenten der westdeutschen Besatzungszonen auf dem Jagdschloss Niederwald im Juli 1948 den Begriff „Staatsfragment"[1654] verwendet hatte, hielt an diesem Konzept auch auf Herrenchiemsee fest und bekräftigte bereits in der ersten Plenumssitzung, dass die „hier zu lösende Aufgabe [...] wohl nur für einen Zeitraum von höchstens zwei bis drei Jahren" gelten würde und deshalb „vorwiegend auf die praktischen Bedürfnisse der Wirtschafts- und Finanzpolitik"[1655] zuzuschneiden sei. Daher schlug er sowohl in einer Besprechung mit Carlo Schmid als auch am folgenden Tag in der Plenarsitzung folgende Formulierung für die „Präambel oder als den begründenden Artikel 1"[1656] vor: „Die Länder Baden, Bayern, Württemberg usw. schließen sich zu einer deutschen Staatengemeinschaft mit dem Zwecke zusammen, auf ihrem Gebiet die Aufgaben der Übergangszeit in einer neuen staatlichen Ordnung zu lösen und die Vereinigung aller Deutschen zu einem Gesamtstaat (Bundesstaat) vorzubereiten."[1657] Damit komme sowohl „das Provisorische und das Partielle des Staates zum Ausdruck", so Hermann Brill. Das nächstgrößere Ziel sei es dann, „eine endgültige Vereinigung der Deutschen zu einem Bundesstaat vorzubereiten." Dies sei nicht nur gegenüber der sowjetischen Besatzungsmacht richtungsweisend, sondern stelle auch den wesentlichen Unterschied „gegenüber dem bayerischen Entwurf" dar.[1658] Nicht nur in den Plenarsitzungen, auch in den Beratungen des Unterausschusses III betonte Brill gleich zu Beginn, „die wichtigste verfassungspolitische Aufgabe" des Verfassungskonvents bestehe „in der Wirkung der jetzigen Verfassungsarbeit auf die sowjetische Besatzungszone und die Stadt Berlin." Daher müsse unter allen Umständen „der Anschein vermieden werden, als ob im Westen von Agenten eines fremden Imperialismus mit reaktionär-romantischen Vorstellungen eine totale Verfassung geschaffen und den anderen Ländern dann aufgezwungen werden sollte".[1659] Eine „Übergangslösung" solle geschaffen werden.[1660]

[1654] Griepenburg, „Brill", S. 601. Siehe auch Kapitel 4.1.

[1655] PR, Bd. 2, Dok. Nr. 2, Verfassungskonvent auf Herrenchiemsee. Plenarsitzungen: Erster Sitzungstag, 10. August 1948, S. 64.

[1656] PR, Bd. 2, Dok. Nr. 3, Verfassungskonvent auf Herrenchiemsee. Plenarsitzungen. Zweiter Sitzungstag: Mittwoch, 11. August 1948, S. 79.

[1657] Griepenburg, „Brill", S. 601. Die auf der Plenarsitzung am 11. August vorgetragene Variante wich nur geringfügig von der im Tagebuch genannten Formulierung ab. Hier formulierte Brill, der Zusammenschluss der westlichen Länder erfolge, um eine „endgültige Vereinigung der Deutschen zu einem Gesamtstaat (oder Bundesstaat oder Gesamtbundesstaat)" in die Wege zu leiten. PR, Bd. 2, Dok. Nr. 3, Verfassungskonvent auf Herrenchiemsee. Plenarsitzungen. Zweiter Sitzungstag: Mittwoch, 11. August 1948, S. 79.

[1658] PR, Bd. 2, Dok. Nr. 3, Verfassungskonvent auf Herrenchiemsee. Plenarsitzungen. Zweiter Sitzungstag: Mittwoch, 11. August 1948, S. 79. In Art. 10 BEGG hieß es dazu: „Der Bund besteht aus den deutschen Ländern in den drei westlichen Besatzungszonen. Durch Bundesgesetz kann jedes andere deutsche Land auf seinen Wunsch in den Bund aufgenommen werden." Hermann Brills Kommentar zu dem vorliegenden bayerischen Verfassungsentwurf veranlasste Anton Pfeiffer einmal mehr zu betonen, dass dieser Entwurf „kein Regierungsentwurf" sei. Ebd., S. 87.

[1659] Protokolle der Sitzungen des Unterausschusses III. 1. Sitzung. Freitag, 13. August 1948, 9.30 Uhr, in: BayHStA, NL Pfeiffer 167, S. 2.

[1660] Ebd., S. 4. Dies hatte Hermann Brill bereits im Mai 1947 betont, als er schrieb: „Schließlich aber hat diese ganze neue Staatsmaschine etwas Unwirkliches an sich. Denn über den Verfassungen stehen die Militärregierungen. Ihre Einwirkung mag graduell verschieden sein; sie ist in der amerikanischen Besatzungszone gewiß nicht so lähmend wie bei der Berliner Kommandantur. Aber Demokratie ohne

Carlo Schmid indes konnte bei diesem Thema auf die größten politischen Erfahrungen zurückgreifen, hatte er sich doch bereits vor dem Verfassungskonvent von Herrenchiemsee eingehend mit dieser Problematik auseinandergesetzt.[1661] Zwar hatte er bereits vor dem Herrenchiemseer Verfassungskonvent von seinem „radikalen Provisoriumskonzept" Abstand nehmen müssen, hielt aber an der Vorläufigkeit des zu Schaffenden fest.[1662] In einer Beratung mit Hermann Brill trat er dafür ein, die „Bezeichnung ‚Staatsfragment'"[1663] zu wählen, und machte im Plenum daraufhin deutlich, man könne „das Gebilde, das hier entstehen soll, nur als Staatsfragment bezeichnen und nicht als Staat im vollen Sinne des Wortes." Er räumte jedoch ein, dass „ein prägnantes, suggestives Wort, mit dem man kurz ausdrücken könnte, was hier als Staatsfragment gemeint ist", fehle.[1664] Daher sei nur eine Umschreibung dessen, was auf Herrenchiemsee geschaffen werden solle, möglich, wobei es sich bei der „Entscheidung darüber, ob man einen Staat oder ein Staatsfragment will", um „eine echt politische Entscheidung" handle, die man hier genau aus diesem Grund nicht treffen könne.[1665] Unzweifelhaft sei aber, „daß man keinen Weststaat wolle, sondern lediglich ein Grundgesetz", um damit zum Ausdruck zu bringen, „daß kein Staat geschaffen werden soll"[1666] – eine Formulierung, der Anton Pfeiffer zustimmte und die dazu führte,

---

selbstständige Verfügungsgewalt ist unmöglich. Der Gedanke der Volksherrschaft schließt aus, daß da noch irgendwer außerhalb des Volkes sein könnte, der mitherrscht. Und deshalb sind die deutschen Verfassungen und Verfassungsgesetze der Jahre 1946/47 mehr oder weniger nur eine Scheindemokratie. Das wird besonders klar bei dem Problem einer deutschen Gesamtverfassung. Alle Landesverfassungen des amerikanischen Besatzungsgebietes sehen dafür Übergänge vor." Hermann Brill, Deutsche Verfassungsfragen, 31. Mai 1947, in: BArch, NL Brill 333, S. 4.

[1661] Siehe Kapitel 3.3.2.

[1662] Vgl. PR, Bd. 2, Dok. Nr. 3, Verfassungskonvent auf Herrenchiemsee. Plenarsitzungen. Zweiter Sitzungstag: Mittwoch, 11. August 1948, S. 68.

[1663] Griepenburg, „Brill", S. 601. Auch in seinen Erinnerungen schrieb Carlo Schmid: „Bei unseren Beratungen durfte nicht übersehen werden, daß – was auch immer der Parlamentarische Rat beschließen würde – für das Gebilde der Bundesrepublik erhebliche, für jeden Staatsbegriff notwendige Attribute fehlen würden: das Recht auf eigene Außenpolitik; das Recht auf Ausübung der Fülle der Gewalt im Inneren; ohne deren Beschränkung durch den hoheitlichen Willen fremder Mächte; das Recht, sich durch eigene Streitkräfte zu verteidigen. Der Parlamentarische Rat konnte also nicht mehr ins Leben rufen als ein Staatsfragment." Schmid, *Erinnerungen*, S. 338.

[1664] PR, Bd. 2, Dok. Nr. 3, Verfassungskonvent auf Herrenchiemsee. Plenarsitzungen. Zweiter Sitzungstag: Mittwoch, 11. August 1948, S. 104. Als die Beratungen des Unterausschusses I einsetzten, definierte Carlo Schmid den Begriff des Staatsfragments folgendermaßen: „ein Gebilde, das irgendwo steht zwischen dem Nullpunkt und dem Kulminationspunkt in Bezug auf die plenitudo potestatis." Protokolle der Sitzungen des Unterausschusses I. 1. Sitzung. Dienstag, 17. August 1948, 15 Uhr, in: BayHStA, NL Pfeiffer 165, S. 2.

[1665] Protokolle der Sitzungen des Unterausschusses I. 1. Sitzung. Dienstag, 17. August 1948, 15 Uhr, in: BayHStA, NL Pfeiffer 165, S. 2.

[1666] PR, Bd. 2, Dok. Nr. 3, Verfassungskonvent auf Herrenchiemsee. Plenarsitzungen. Zweiter Sitzungstag: Mittwoch, 11. August 1948, S. 104. In den Beratungen des Unterausschusses I führte Carlo Schmid hierzu aus, wenn man einen Staat wolle, habe man prinzipiell zwei Möglichkeiten: „Die eine ist ein Weststaat [...] die andere Möglichkeit geht sehr weit: Das deutsche Volk, verkörpert in den deutschen Ländern des Weststaatsgebiets, erklärt, dass es in der Zeit, in der Mittel- und Ostdeutschland ausserstande sind, sich auch nur relativ frei zu entscheiden, treuhänderisch für das gesamte deutsche Volk die Aufgabe übernimmt, die deutsche Bundesrepublik zunächst im Westen aufzurichten, dies aber ausdrücklich mit dem Anspruch auf Repräsentanz Gesamtdeutschlands." Protokolle der Sit-

dass man die Debatte um den Namen des zukünftigen Staatsgebildes „an den Schluß"[1667] setzte. Carlo Schmid machte damit einmal mehr deutlich, dass er treuhänderisch für das gesamte deutsche Volk zu handeln gedachte, und trat damit zum einen dem „kommunistischen Spalterruf"[1668] entgegen, zum anderen versuchte er, die Schumacher'sche Linie für ein Gesamtdeutschland durchzuhalten.

Schließlich griff der Bericht des Unterausschusses I[1669] das Thema nochmals auf. Die dem Konvent von den Ministerpräsidenten übertragene Aufgabe, ein „Grundgesetz" zu schaffen, wurde im Bericht des Unterausschusses für Grundsatzfragen dahingehend interpretiert, dass man keine „rechtliche Ordnung für einen Staat im vollen und strengen Sinne des Wortes schaffen" solle, „sondern für ein hoheitliches Gebilde, dem gewisse Merkmale fehlen, die nur Staaten im vollen Sinne des Wortes eigentümlich" seien.[1670] Mit anderen Worten, es sollte nach dem Dafürhalten der Konventsteilnehmer auf dem Gebiet der drei westlichen Besatzungszonen „kein Staat im vollen Sinne des Wortes zur Entstehung kommen"[1671]. Das stattdessen zu schaffende „Provisorium" sollte nur so lange von Bestand sein, „bis die endgültige Konstituierung der Deutschen Bundesrepublik aus freiem Willen des deutschen Volkes erfolgen kann".[1672] Carlo Schmid hatte ähnliche Formulierungen bereits bei seiner Forderung nach einem Besatzungsstatut als Voraussetzung einer deutschen Verfassung gebraucht und betonte auch in den Beratungen zum Bericht des Unterausschusses I, dass man sich „als Staat [...] nur konstituieren" könne, „wenn man in der unbeschränkten Freiheit der Selbstentscheidung steht, d. h. wenn einem nicht die Grenzen des konstitutiven Willens von einem anderen vorgegeben sind, wenn einem das Mass der Staatlichkeit nicht durch einen fremden Willen vorgegeben worden ist."[1673] Demzufolge hieß es auch im Bericht des Unterausschusses für Grundsatzfragen, es müsse ein Artikel im künftigen Grundgesetz enthalten sein, der dessen Gültigkeit bis zum Tag des Zusammenschlusses festlege.[1674] Gleich auf der ersten Sitzung des Unterausschusses I hatte

---

zungen des Unterausschusses I. 1. Sitzung. Dienstag, 17. August 1948, 15 Uhr, in: BayHStA, NL Pfeiffer 165, S. 2f.
[1667] PR, Bd. 2, Dok. Nr. 3, Verfassungskonvent auf Herrenchiemsee. Plenarsitzungen. Zweiter Sitzungstag: Mittwoch, 11. August 1948, S. 105.
[1668] „Zur Geschäftsordnung. Rotes Tuch für Russen-Bären", in: Der Spiegel, 4. September 1948, S. 3.
[1669] PR, Bd. 2, Dok. Nr. 6, Verfassungskonvent auf Herrenchiemsee. Bericht des Unterausschusses I, S. 189–196.
[1670] Ebd., S. 190. Vgl. hierzu auch die fast wörtliche Übernahme in den Darstellenden Teil des Berichts über den Verfassungskonvent auf Herrenchiemsee, in: ebd., Dok. Nr. 14. Verfassungsausschuß der Ministerpräsidentenkonferenz der westlichen Besatzungszonen. Bericht über den Verfassungskonvent auf Herrenchiemsee vom 10. bis 23. August 1948, S. 506.
[1671] Ebd., Dok. Nr. 6, Verfassungskonvent auf Herrenchiemsee. Bericht des Unterausschusses I, S. 190. Vgl. hierzu auch die fast wörtliche Übernahme in den Darstellenden Teil des Berichts über den Verfassungskonvent auf Herrenchiemsee, in: ebd., Dok. Nr. 14. Verfassungsausschuß der Ministerpräsidentenkonferenz der westlichen Besatzungszonen. Bericht über den Verfassungskonvent auf Herrenchiemsee vom 10. bis 23. August 1948, S. 507.
[1672] Ebd., Dok. Nr. 6, Verfassungskonvent auf Herrenchiemsee. Bericht des Unterausschusses I, S. 190.
[1673] Protokolle der Sitzungen des Unterausschusses I. 1. Sitzung. Dienstag, 17. August 1948, 15 Uhr, in: BayHStA, NL Pfeiffer 165, S. 4.
[1674] PR, Bd. 2, Dok. Nr. 6, Verfassungskonvent auf Herrenchiemsee. Bericht des Unterausschusses I, S. 190f. und 232.

Carlo Schmid bereits „die Fragen des räumlichen Geltungsbereichs und der zeitlichen Befristung" aufgeworfen und eine „Befristungsklausel" angeregt.[1675]

Da „wesentliche Merkmale echter Staatlichkeit", wie etwa das Recht auf außenpolitische Beziehungen, nicht gegeben seien, könne das zu „zu organisierende Gebilde […] nicht mehr sein als ein Staatsfragment".[1676] Dabei komme das fragmentarische Gepräge „weniger in der Gestaltung der einzelnen Institutionen zum Ausdruck als in deren innerer Begrenzung", und von daher solle und müsse die „zu schaffende Ordnung […] so ausgestaltet werden, daß bei Ausweitung der heute gewährten Freiheitssphäre die geschaffene Organisation fähig ist, sie voll auszufüllen und gegebenenfalls diese Ausweitung in Fluß zu bringen und durchzusetzen".[1677]

In den „Entwurf eines Grundgesetzes" wurden schließlich zwei unterschiedliche Formulierungen aufgenommen, die zusammen mit Artikel 149 HChE die Vorläufigkeit der zu schaffenden Ordnung unterstrichen. Während die Mehrheit der Delegierten auf Herrnchiemsee für die im Wesentlichen von Carlo Schmid formulierte Präambel stimmte[1678], die den Zusammenschluss der deutsche Länder „in einer Bundesrepublik" propagierte[1679], „der allen anderen Teilen Deutschlands" offenstehe und „eine den Aufgaben der Übergangszeit dienende Ordnung der Hoheitsbefugnissen" einleiten sollte, optierte eine Minderheit dafür, dass die Länder „eine bundesstaatliche Ge-

---

[1675] Protokolle der Sitzungen des Unterausschusses I. 1. Sitzung. Dienstag, 17. August 1948, 15 Uhr, in: BayHStA, NL Pfeiffer 165, S. 1. Vgl. hierzu auch die fast wörtliche Übernahme in den Darstellenden Teil des Berichts über den Verfassungskonvent auf Herrenchiemsee, in: PR, Bd. 2, Dok. Nr. 14. Verfassungsausschuß der Ministerpräsidentenkonferenz der westlichen Besatzungszonen. Bericht über den Verfassungskonvent auf Herrenchiemsee vom 10. bis 23. August 1948, S. 507. Siehe auch Art. 149 HChE.

[1676] PR, Bd. 2, Dok. Nr. 6, Verfassungskonvent auf Herrenchiemsee. Bericht des Unterausschusses I, S. 191. Auch hier findet sich eine fast wörtliche Übernahme in den Darstellenden Teil des Berichts über den Verfassungskonvent auf Herrenchiemsee, in: PR, Bd. 2, Dok. Nr. 14. Verfassungsausschuß der Ministerpräsidentenkonferenz der westlichen Besatzungszonen. Bericht über den Verfassungskonvent auf Herrenchiemsee vom 10. bis 23. August 1948, S. 508.

[1677] PR, Bd. 2, Dok. Nr. 6, Verfassungskonvent auf Herrenchiemsee. Bericht des Unterausschusses I, S. 192. Die hier gewählten Formulierungen erinnern zweifellos an die Wortwahl Carlo Schmid im Verfassungsausschuss der Vorläufigen Volksvertretung in Württemberg Baden, wo er bereits zwei Jahre vor dem Verfassungskonvent von Herrenchiemsee erklärte, dass dann, wenn man sich jetzt dazu entschließe, ein Provisorium zu schaffen, dieses vermutlich die nächsten zwanzig Jahre Bestand habe. „Aus diesem Grunde müssen wir und können wir, nachdem wir uns schon damit abgefunden haben, daß wir aktiv mitarbeiten, unseren Staat voll ausbauen, voll einrichten." „3. Sitzung des Verfassungsausschusses der Vorläufigen Volksvertretung am 5. April 1946", in: *Quellen zur Entstehung der Verfassung von Württemberg-Baden. Erster Teil,* S. 51f. Vgl. hierzu auch die fast wörtliche Übernahme in den Darstellenden Teil des Berichts über den Verfassungskonvent auf Herrenchiemsee, in: PR, Bd. 2, Dok. Nr. 14. Verfassungsausschuß der Ministerpräsidentenkonferenz der westlichen Besatzungszonen. Bericht über den Verfassungskonvent auf Herrenchiemsee vom 10. bis 23. August 1948, S. 509.

[1678] Zur ursprünglichen Formulierung der Präambel durch Carlo Schmid siehe Protokolle der Sitzungen des Unterausschusses I. 1. Sitzung. Dienstag, 17. August 1948, 15 Uhr, in: BayHStA, NL Pfeiffer 165, S. 14.

[1679] Hermann Brill hatte noch in den Beratungen des Unterausschusses I die Bezeichnungen „Deutsche Staatengemeinschaft", „Deutsche Staatsgemeinschaft", „Union deutscher Länder" und „Verband deutscher Länder" vorgeschlagen. Protokolle der Sitzungen des Unterausschusses I. 1. Sitzung. Dienstag, 17. August 1948, 15 Uhr, in: BayHStA, NL Pfeiffer 165, S. 32. Gegen diese Vorschläge hatte Carlo Schmid allerdings protestiert. Ebd., S. 35.

meinschaft" mit dem „Namen ‚Bund deutscher Länder'" bilden sollten, „der beizutreten allen übrigen deutschen Ländern offensteht" und deren Aufgabe es sei, „bis zur Wiederherstellung der deutschen Einheit die Bundesgewalt auszuüben".[1680] Während Carlo Schmid und Hermann Brill im Unterausschuss I für die erste Variante der zu verfassenden Präambel votierten[1681], ist anzunehmen, dass die bayerischen Vertreter für den zweiten Entwurf stimmten[1682] und damit den föderalistischen Gedanken als „Vehikel der deutschen Einheit"[1683] definierten. Wie der Bericht des Unterausschusses I bemerkte, stimmten vor allem Mitglieder, die die Ansicht vertraten, „daß Deutschland auf Grund der 1945 erfolgten Debellation aufgehört habe, als staatliche Wirklichkeit zu bestehen"[1684], für die zweite Version.

Das fortdauernde Eintreten für eine provisorische Lösung, gerade von Carlo Schmid und Hermann Brill – von Schmid nicht nur auf Herrenchiemsee, sondern auch im Parlamentarischen Rat –, „erleichterte in den siebziger Jahren die innerdeutschen Verhandlungen ganz entscheidend."[1685] Durch die von Carlo Schmid durchgesetzte Übergangslösung konnten der west- und der ostdeutsche Staat „miteinander verkehren, ohne daß damit der gesamtdeutsche Anspruch aufgegeben werden mußte."[1686]

[1680] PR, Bd. 2, Dok. Nr. 6, Verfassungskonvent auf Herrenchiemsee. Bericht des Unterausschusses I, S. 194f. Der Mehrheits- und der Minderheitsstandpunkt fanden beide Eingang in die Präambel des HChE. Zur ursprünglichen Formulierung der von der Minorität der Teilnehmer des Verfassungskonvents angenommenen Präambel des bayerischen Staatsrechtlers Hans Nawiasky siehe Protokolle der Sitzungen des Unterausschusses I. 1. Sitzung. Dienstag, 17. August 1948, 15 Uhr, in: BayHStA, NL Pfeiffer 165, S. 22.
[1681] Allerdings meldete Hermann Brill „ausdrücklich [...] einen Vorbehalt gegen den Ausdruck ‚Bund deutscher Länder'" an, der auch im Bericht des Unterausschusses I vermerkt wurde. Protokolle der Sitzungen des Unterausschusses I. 6. Sitzung. Donnerstag, 19. August 1948, 21.10 Uhr, in: BayHStA, NL Pfeiffer 165, S. 169; PR, Bd. 2, Dok. Nr. 6, Verfassungskonvent auf Herrenchiemsee. Bericht des Unterausschusses I, S. 194.
[1682] Da die Protokolle des Unterausschusses I keine An- und Abwesenheitslisten beinhalten und bei der Abstimmung über die Präambel lediglich vermerkt wurde, dass eine Mehrheit von „sieben Kommissionsmitgliedern" für die von Carlo Schmid im Wesentlichen vorgeschlagene Variante stimmte, während für die andere Ausführung eine Minderheit von „vier Kommissionsmitgliedern" votierte. Protokolle der Sitzungen des Unterausschusses I. 6. Sitzung. Donnerstag, 19. August 1948, 21.10 Uhr, in: BayHStA, NL Pfeiffer 165, S. 169. Da weder von Anton Pfeiffer noch Adolf Süsterhenn in der 6. Sitzung des Unterschusses I Wortmeldung im Protokoll enthalten sind, ist ihre Anwesenheit fraglich. Adolf Süsterhenn war an diesem Tag vermutlich nicht auf Herrenchiemsee. Vgl. Hehl, *Süsterhenn*, S. 382. Anton Pfeiffer war allerdings, folgt man den Aufzeichnungen in seinem Diensttagebuch, zumindest auf Herrenchiemsee anwesend. Diensttagebuch des Staatsministers Dr. Anton Pfeiffer (1947–1950), in: BayHStA, NL Pfeiffer 72.
[1683] Weber, *Schmid*, S. 343. Vgl. auch Schmid, *Erinnerungen*, S. 339f.
[1684] PR, Bd. 2, Dok. Nr. 6, Verfassungskonvent auf Herrenchiemsee. Bericht des Unterausschusses I, S. 195.
[1685] Weber, Petra, „Carlo Schmid, die SPD und der Verfassungskonvent von Herrenchiemsee", in: *Weichenstellung für Deutschland. Der Verfassungskonvent von Herrenchiemsee*, hg. v. Peter März und Heinrich Oberreuter, München 1999, S. 71–81, hier S. 73.
[1686] Ebd. Siehe auch Weber, *Schmid*, S. 726–730.

4.3.2 Die Quelle der Staatsgewalt – Das Verhältnis von Bund und Ländern

Eine der komplexesten Fragen, die man auf der Herreninsel im Chiemsee zu beantworten suchte, war sicher die nach der Quelle der Staatsgewalt. Ausgangspunkt der Diskussion waren die divergierenden Ansichten zu der Frage, ob das Deutsche Reich infolge der Kapitulation am Ende des Zweiten Weltkriegs und der Übernahme der Geschäfte durch die Militärregierungen untergegangen sei oder nicht. Eng damit zusammen hing auch die Frage nach der zukünftigen staatsrechtlichen Form Deutschlands.

Während Carlo Schmid, Hermann Brill sowie die Mehrheit der übrigen Konventsteilnehmer lediglich eine Neuorganisation der alten Strukturen für notwendig hielten, erklärten die bayerischen Vertreter das Deutsche Reich auf der Grundlage ihrer Landesverfassung für untergegangen. Aus diesem Grund verwahrte sich Schmid bereits am ersten Tag auf Herrenchiemsee in einer Besprechung mit Hermann Brill gegen den Standpunkt, „daß die neue Staatsgewalt von den Ländern abgeleitet werden soll, weil diese souverän seien."[1687] Deutlich vertrat er diesen Standpunkt einen Tag darauf in der Plenarsitzung, wo er unmissverständlich feststellte: „Es kann kein Zweifel daran bestehen, daß das Deutsche Reich seiner Substanz nach weiter besteht." Dessen „organisatorische Struktur" sei allerdings nicht mehr die der Weimarer Zeit, und daher müsse man zwar nicht den Staat an sich neu schaffen, wohl aber „das als Staat weiter bestehende Deutschland neu [...] organisieren".[1688] Deutschland sei „nach wie vor rechtsfähig im völkerrechtlichen Sinne", habe „aber seine Geschäftsfähigkeit verloren".[1689] Die Neuorganisation könne indes nur durch einen „gesamtdeutschen Akt, also nicht durch einen Akt der Länder, die sich zusammenschließen", sondern von einem „gesamtdeutschen Organ", dem Parlamentarischen Rat, geleistet werden.[1690] Im Grunde sei der Parlamentarische Rat also die „Volksvertretung, für das Gebiet, dessen hoheitliche Organisation im Grundgesetz vorzunehmen ist."[1691] Genauso wie Deutschland im Kern weiterbestehe, verhalte es sich auch mit der Volkssouveränität,

---

[1687] Griepenburg, „Brill", S. 601.
[1688] PR, Bd. 2, Dok. Nr. 3, Verfassungskonvent auf Herrenchiemsee. Plenarsitzungen. Zweiter Sitzungstag: Mittwoch, 11. August 1948, S. 102.
[1689] „Es ist etwa in der Rolle eines nach bürgerlichem Recht wegen Trunksucht unter vorläufige Vormundschaft Gestellten", so Carlo Schmid weiter. Protokolle der Sitzungen des Unterausschusses I. 1. Sitzung. Dienstag, 17. August 1948, 15 Uhr, in: BayHStA, NL Pfeiffer 165, S. 9.
[1690] PR, Bd. 2, Dok. Nr. 3, Verfassungskonvent auf Herrenchiemsee. Plenarsitzungen. Zweiter Sitzungstag: Mittwoch, 11. August 1948, S. 102. In Richtung der bayerischen Delegation bemerkte Schmid, dies schließe auch aus, dass man sich bei den Arbeiten auf Herrenchiemsee auf die Bayerische Verfassung berufe. Ebd., S. 103. In den Beratungen des Unterausschusses I erinnerte Carlo Schmid daran, dass „die meisten dieser Länder [...] kaum drei Jahre alt" seien und es ihm daher „nicht in den Sinn" wolle, „dass solche Gebilde Staatsbaumeister sein sollten". Protokolle der Sitzungen des Unterausschusses I. 1. Sitzung. Dienstag, 17. August 1948, 15 Uhr, in: BayHStA, NL Pfeiffer 165, S. 9. Zudem, so Carlo Schmid, seien „die Beschlüsse des Parlamentarischen Rats", der von den Alliierten im Frankfurter Dokument Nr. 1 vorgesehen sei, „keine Vereinbarungen von Ländervertretern, sondern ein Gesamtakt". Ebd., S. 11.
[1691] Protokolle der Sitzungen des Unterausschusses I. 1. Sitzung. Dienstag, 17. August 1948, 15 Uhr, in: BayHStA, NL Pfeiffer 165, S. 11. Diese Formulierung sollte Carlo Schmid wenig später die Kritik Hermann Brills eintragen.

so Schmid; lediglich „ihre Ausübung, die Möglichkeit, sie geltend zu machen", sei eingeschränkt. Zwar erlange man diese Souveränität stückweise wieder, es reiche aber mitnichten aus, um einen „Staat zu konstituieren, aber es reicht durchaus [...,] um ein Gebilde zu schaffen, das zum mindesten nach innen alles tun kann, was normalerweise ein Staat tut."[1692] In den Beratungen des Unterausschusses I stellte Schmid demgemäß fest, dass die Volkssouveränität zwar prinzipiell „unvergänglich und unverzichtbar", der jetzige „Zustand" aber „unnormal" sei, da die Volkssouveränität sich nicht vollumfänglich auswirken könne. Die Einschränkung käme unter anderem durch die Frankfurter Dokumente zustande, da man bei den Alliierten um „die Genehmigung unserer Verfassung nachsuchen" müsse und die Besatzungsmächte sich zudem „auch das Recht vorbehalten" hätten, „uns bestimmte essentialia staatlichen Seins noch vorzuenthalten" und „im Fall von Notständen die plenitudo potestatum wieder an sich zu nehmen". Daher könne man zum jetzigen Zeitpunkt nur von einem „Fragment unserer Volkssouveränität" sprechen.[1693] In den Beratungen des Unterausschusses für Grundsatzfragen lenkte Schmid letztlich ein, da sich die Frage stelle, ob es überhaupt notwendig sei, sich hier „über diese Dinge Klarheit zu schaffen", da es sich zwar „um interessante staatsrechtliche Untersuchungen" handle, diese aber „für die praktische Arbeit" des Verfassungskonvents „unwesentlich" seien.[1694]

Später erinnerte sich Carlo Schmid: „Von Anfang an widersetzte ich mich der These, Deutschland sei mit der bedingungslosen Kapitulation als Staat untergegangen. Meine These war: Deutschland hat durch die Vernichtung seiner staatlichen Apparatur aufgrund der auf die Kapitulation folgenden Eingriffe der Sieger die Handlungsfähigkeit verloren."[1695]

Von Hermann Brill erhielt Schmid, was die These vom Fortbestand des Deutschen Reichs betraf, beinahe uneingeschränkte Unterstützung.[1696] Er kritisierte lediglich dessen Formulierung von der „Ordnung hoheitlicher Befugnisse", da eine solche nichts anderes sei als „eine staatliche Ordnung"[1697] und da „die Ausübung von Hoheitsbe-

---

[1692] PR, Bd. 2, Dok. Nr. 3, Verfassungskonvent auf Herrenchiemsee. Plenarsitzungen. Zweiter Sitzungstag: Mittwoch, 11. August 1948, S. 103f. Vgl. auch Protokolle der Sitzungen des Unterausschusses I. 1. Sitzung. Dienstag, 17. August 1948, 15 Uhr, in: BayHStA, NL Pfeiffer 165, S. 6. In seinen Erinnerungen schlug Schmid den Bogen zu dem von ihm geforderten Organisationsstatut (siehe Kapitel 3.3.1) und stellte fest, dass das Prinzip der vollen Ausgestaltung auch für ein Organisationsstatut hätte gelten müssen, „denn auch dieses hätte eine Administration vorsehen müssen, die allen deutschen Bedürfnissen gerecht werden kann; es hätte aber deutlicher in Erscheinung treten lassen, daß die letzte Entscheidungsgewalt und damit die letzte Verantwortung für die Stellung Deutschlands in der politischen Welt bei den Besatzungsmächten lag." Schmid, *Erinnerungen*, S. 340.
[1693] Protokolle der Sitzungen des Unterausschusses I. 1. Sitzung. Dienstag, 17. August 1948, 15 Uhr, in: BayHStA, NL Pfeiffer 165, S. 5f.
[1694] Ebd., S. 12f.
[1695] Schmid, *Erinnerungen*, S. 246.
[1696] Allerdings sah Hermann Brill einen Unterschied darin, ob man die These vom Fortbestand des Deutschen Reichs vertrat und damit einer Ableitung der Staatsgewalt von der Souveränität der Länder widersprach, wie Carlo Schmid dies offensichtlich getan hatte, oder ob man wie Brill selbst die lediglich treuhänderische Verwaltung gesamtdeutscher Befugnisse durch die Landesregierungen als Untermauerung der These anführte. Griepenburg, „Brill", S. 601.
[1697] Protokolle der Sitzungen des Unterausschusses I. 1. Sitzung. Dienstag, 17. August 1948, 15 Uhr, in: BayHStA, NL Pfeiffer 165, S. 32.

fugnissen notwendig einen juristischen Träger voraussetzt, der nur Staat sein kann."[1698] Ungleich heftiger fiel Hermann Brills Reaktion auf die Vorschläge des bayerischen Vertreters Hans Nawiasky aus.[1699] Schon in der Verfassungsberatenden Landesversammlung des Landes Hessen hatte Brill darauf hingewiesen, dass von einem Untergang des Deutschen Reichs keine Rede sein könne.[1700] Auch wandte er sich „ernstlich" gegen die bayerische Auffassung und den von Bayern eingereichten Verfassungsentwurf, da dort die Feststellung „der Fortexistenz des deutschen Gesamtstaates [...] in einer unzulässigen [...] gefährlichen Weise vernachlässigt" werde. Untergegangen sei nicht das Deutsche Reich, sondern „die Diktaturgewalt im Deutschen Reich; das Reich als Gebietskörperschaft, als juristische Person des öffentlichen Rechts aber besteht weiter."[1701] In Übereinstimmung mit der Argumentation Carlo Schmids führte Brill aus: „Wir organisieren nur neu, aber die Substanz ist erhalten."[1702] Für ihn hatte Deutschland also nur seine Handlungsfähigkeit im Sinne der Geschäftsfähigkeit verloren. Folglich, so Brill, müsse es in der auf Herrenchiemsee zu leistenden Arbeit darum gehen, die „treuhänderische Verwaltung" durch die Landesregierungen „in einem gewissen Umfang zu beenden und die Befugnisse der Reichsgewalt, die von den Landesbehörden wahrgenommen wird, an neue Organe zu übergeben, um nicht zu sagen zurückzugeben". Damit, so unterstrich Hermann Brill, sei die neu zu schaffende Staatsgewalt, „also von allem Anfang an, originär, gesamtdeutsch, und nicht ein Verzicht auf Landesbefugnisse."[1703]

Eine gänzlich andere Ansicht vertrat in dieser Hinsicht der bayerische Staatssekretär Anton Pfeiffer. Bereits ein Jahr vor der Zusammenkunft auf Herrenchiemsee hatte er angesichts der Separatismusvorwürfe gegen Bayern kundgetan: „Das Wort ‚Separatismus' kommt von dem Verbum separare = trennen. Wenn etwas abgetrennt werden soll, ist das Vorhandensein eines Ganzen Voraussetzung. Das grossdeutsche Reich Hitlers ist aber am 8. Mai 1945 untergegangen. Ein Viermächtekondominium füllt die Regierungsfunktionen in diesem staatlichen Vakuum aus." Damit sei „ein bayerischer Separatismus unmöglich, weil das Reich, von dem es sich trennen könnte, nicht mehr besteht."[1704] Auf Herrenchiemsee stellten die „Bayerischen Leitgedanken für die Schaffung des Grundgesetzes" dementsprechend fest, dass die Länder „von den Staatsaufgaben [...] diejenigen, die die Einheit Deutschlands sichern und das Lebensrecht und die Lebensnotwendigkeiten des deutschen Gesamtvolkes verwirklichen",

---

[1698] Griepenburg, „Brill", S. 618. Vgl. auch PR, Bd. 2, S. LXXVIII.
[1699] Siehe Protokolle der Sitzungen des Unterausschusses I. 1. Sitzung. Dienstag, 17. August 1948, 15 Uhr, in: BayHStA, NL Pfeiffer 165, S. 32; Griepenburg, „Brill", S. 618.
[1700] Siehe Kapitel 3.2.2. Vgl. auch Kapitel 3.4.1.
[1701] PR, Bd. 2, Dok. Nr. 3, Verfassungskonvent auf Herrenchiemsee. Plenarsitzungen. Zweiter Sitzungstag: Mittwoch, 11. August 1948, S. 77. Ebenso argumentierte Hermann Brill auch in den Beratungen des Unterausschusses I. Vgl. Protokolle der Sitzungen des Unterausschusses I. 1. Sitzung. Dienstag, 17. August 1948, 15 Uhr, in: BayHStA, NL Pfeiffer 165, S. 30.
[1702] Protokolle der Sitzungen des Unterausschusses I. 1. Sitzung. Dienstag, 17. August 1948, 15 Uhr, in: BayHStA, NL Pfeiffer 165, S. 31.
[1703] PR, Bd. 2, Dok. Nr. 3, Verfassungskonvent auf Herrenchiemsee. Plenarsitzungen. Zweiter Sitzungstag: Mittwoch, 11. August 1948, S. 78.
[1704] o. A. [Anton Pfeiffer], Der bayerische Separatismus, o. D. [Ende 1946/Anfang 1947], in: BayHStA, NL Pfeiffer 51, S. 2 und 4.

wieder „auf den Bund übertragen" sollten, und zwar „teils zur ausschließlichen Erfüllung, teils zur gemeinsamen Erfüllung durch Bund und Länder". Dabei müssten, „die Länder [...] kraft ihrer Staatshoheit alle Rechte" ausüben, „die nicht durch das Grundgesetz auf den Bunde übertragen sind".[1705] Damit knüpfte Anton Pfeiffer nahtlos an seine Argumentationslinie als Generalsekretär der BVP im Jahre 1920 an, als er den Föderalismusbegriff dahingehend definierte, „daß zunächst die deutschen Einzelländer an und für sich mit allen Souveränitätsrechten ausgestattet" seien und nur „durch einen freiwilligen Bündnisvertrag" und die Übertragung von Hoheitsrechten der Länder an den Bund überhaupt ein Gesamtstaat entstehen könne.[1706] Pfeiffer argumentierte weiter, in dem von den Ministerpräsidenten erteilten Auftrag sei nicht davon die Rede, „daß der deutsche Gesamtstaat noch besteht", man habe lediglich den Auftrag, „eine neue Verfassung" föderalistischen und demokratischen Typs zu schaffen, da diese „am besten geeignet" sei, „die gegenwärtige zerrissene deutsche Einheit wieder herzustellen". Dagegen sei man nicht dazu beauftragt, „den deutschen Gesamtstaat wiederherzustellen."[1707]

Adolf Süsterhenn der vor dem Verfassungskonvent die Auffassung vertreten hatte, Deutschland sei „infolge des Zusammenbruchs und der bedingungslosen Kapitulation tatsächlich und rechtlich nicht mehr Subjekt, sondern Objekt der Politik"[1708], merkte auf der zweiten Plenarsitzung an, es sei zwar „interessant und auch prinzipiell wichtig, die Frage der Fortexistenz des deutschen Gesamtstaates zu erörtern", jedoch sei dies „mehr eine staatsrechtliche Untersuchung", und man sei schließlich zusammengekommen, um „eine praktische Aufgabe" zu klären. Daher solle man sich darum „bemühen [...] dieses neue Gebilde zu schaffen und rechtlich zu institutionalisieren, es aber den Staatsrechtswissenschaftlern überlassen [...], dieses Gebilde später juristisch zu qualifizieren."[1709] Wie schon bei der Debatte um die zukünftige Staatsform wollte sich Süsterhenn nicht mit sprachlichen Feinheiten aufhalten[1710] und betonte, wichtig sei im Grunde, „möglichst schnell zu einem praktischen Ergebnis zu kommen." Daher empfahl Süsterhenn, sich möglichst kurz zu fassen und „Formulierungen zu finden", die aus deutscher Sicht „keine unerwünschte negative Festlegung enthalten", allerdings „ohne danach zu trachten, die feinste und letzte staatsrechtliche Formulierung herauszuarbeiten".[1711] Er bekundete damit „sein Desinteresse an der Erörterung staatsrechtlicher Fragen"[1712].

[1705] PR, Bd. 2, Dok. Nr. 1, Bayerischer Entwurf eines Grundgesetzes für den Verfassungskonvent, S. 35.
[1706] Pfeiffer, „Einheitsstaat" (Heft 6/7), S. 88. Siehe auch Kapitel 2.3.2.
[1707] PR, Bd. 2, Dok. Nr. 3, Verfassungskonvent auf Herrenchiemsee. Plenarsitzungen. Zweiter Sitzungstag: Mittwoch, 11. August 1948, S. 95.
[1708] Adolf Süsterhenn, „Ost und West", in: *Der Westen*, 26. September 1947, abgedruckt in: Süsterhenn, *Schriften*, S. 163.
[1709] PR, Bd. 2, Dok. Nr. 3, Verfassungskonvent auf Herrenchiemsee. Plenarsitzungen. Zweiter Sitzungstag: Mittwoch, 11. August 1948, S. 92f.
[1710] Siehe Kapitel 3.6.1.
[1711] PR, Bd. 2, Dok. Nr. 3, Verfassungskonvent auf Herrenchiemsee. Plenarsitzungen. Zweiter Sitzungstag: Mittwoch, 11. August 1948, S. 93.
[1712] PR, Bd. 2, S. LXXVI. Für diese Gleichgültigkeit sprach auch, dass sich Adolf Süsterhenn in den Besprechungen des UA I lediglich zweimal zu Wort meldete. Vgl. hierzu den tabellarischen Anhang 6 „Beteiligung der Teilnehmer in den Unterausschüssen", in: Bauer-Kirsch, *Herrenchiemsee*, S. XCIV.

Berücksichtigt man die unterschiedlichen Auslegungen allein dieser vier Konventsteilnehmer, verwundert es nicht, dass schließlich auch der Bericht des Unterausschusses I „grundsätzliche Meinungsverschiedenheiten [...] bei der Beantwortung der Frage [...,] ob die Quelle der konstitutiven Gewalt beim Staat liegt oder bei den Ländern", vermerkte. Zwar war man in der Kommission mehrheitlich zu der Auffassung gelangt, dass „Deutschland als staatliches Gebilde und Rechtssubjekt nicht untergegangen, sondern lediglich desorganisiert und seiner Geschäftsfähigkeit beraubt worden sei", eine Minderheit vertrat jedoch nach wie vor den Standpunkt, „daß Deutschland aufgrund der 1945 erfolgten Debellation aufgehört habe, als staatliche Wirklichkeit zu bestehen [...,] und daß es also nicht nur neu organisiert, sondern neu konstituiert werden müsse."[1713] Beide Ansichten fanden auch Eingang in den Darstellenden Teil des Berichts über den Verfassungskonvent von Herrenchiemsee.[1714]

4.3.3 Die Grundrechtsdebatte – Individualrechte oder Ordnung der menschlichen Gemeinschaft?

Die Grundrechte wurden von den Konventsteilnehmern bei ihrer Arbeit als außerordentlich bedeutsam angesehen. Darüber, dass sie einen festen Platz in der neuen Ordnung haben sollten, bestand schon früh Konsens.[1715] Zudem hatten die Alliierten bereits im ersten der Frankfurter Dokumente als Orientierungspunkt festgelegt, dass die neue Ordnung „Garantien der individuellen Rechte und Freiheiten"[1716] enthalten müsse.

In seiner Eröffnungsrede erinnerte Anton Pfeiffer an ebendiese Vorgabe, bei den folgenden Arbeiten Garantien „für die Rechte und Freiheiten des Einzelmenschen"[1717] zu berücksichtigen. Gleichwohl enthielt der „Bayerische Entwurf eines Grundgesetzes" keinen eigenen Grundrechtsteil.[1718] Lediglich die Ergänzungen zu dem „Bayeri-

---

Christoph von Hehl äußert die Vermutung, dass Adolf Süsterhenn sich vom 17. bis 20. August in Koblenz aufhielt, um bei den Wahlen zum Parlamentarischen Rat teilzunehmen und seinen landespolitischen Aufgaben nachzukommen. Hehl, *Süsterhenn*, S. 377 und 382.

[1713] PR, Bd. 2, Dok. Nr. 6, Verfassungskonvent auf Herrenchiemsee. Bericht des Unterausschusses I, S. 192 und 195.

[1714] PR, Bd. 2, Dok. Nr. 14. Verfassungsausschuß der Ministerpräsidentenkonferenz der westlichen Besatzungszonen. Bericht über den Verfassungskonvent auf Herrenchiemsee vom 10. bis 23. August 1948, S. 509–511.

[1715] Düwell, *Entstehung*, S. 113; Gallwas, „Standort", S. 90f.; PR, Bd. 2, Dok. Nr. 4, Verfassungskonvent auf Herrenchiemsee. Plenarsitzungen. Dritter Sitzungstag: Donnerstag, 12. August 1948, S. 177.

[1716] PR, Bd. 1, Dok. Nr. 4, Dokumente zur künftigen politischen Entwicklung Deutschlands („Frankfurter Dokumente"), Frankfurt, 1. Juli 1948, S. 31. Siehe auch Kapitel 4.1. Auch Hermann Brill wies in den Beratungen des Unterausschusses I darauf hin, dass „die Frage nach dem Umfang der Grundrechte [...] in gewissem Sinne durch das Dokument Nr. I vorgezeichnet" sei. Protokolle der Sitzungen des Unterausschusses I. 4. Sitzung. Mittwoch, 18. August 1948, 21Uhr, in: BayHStA, NL Pfeiffer 165, S. 112.

[1717] PR, Bd. 2, Dok. Nr. 2, Verfassungskonvent auf Herrenchiemsee. Plenarsitzungen: Erster Sitzungstag, 10. August 1948, S. 56.

[1718] Siehe Kapitel 3.1.2.

schen Entwurf" warteten mit einem Abschnitt über „Die Grundrechte selbst", die sich in „Grundrechte", „Freiheitsrechte" und „Bürgerrechte" aufteilten,[1719] und einem Abschnitt über „Die Sicherung der Grundrechte"[1720] auf. Die weitgehende Zurückhaltung beim Thema Grund- und Menschenrechte stand dabei in Kontinuität zu Pfeiffers bisherigen staats- und verfassungspolitischen Äußerungen: Sie waren für ihn stets nur ein Randthema gewesen, auch wenn er sich grundsätzlich für die Berücksichtigung und Achtung der Menschenrechte aussprach.[1721] Zudem stand der „Bayerische Entwurf" für Herrenchiemsee hinsichtlich der Stellung der Grundrechte ganz in der Tradition der Bayerischen Verfassung, in der der Grundrechtsteil erst als Zweiter Hauptteil, nach dem Aufbau und den Aufgaben des Staates, folgte.

Die Debatte über die Grundrechte wurde auf Herrenchiemsee von Carlo Schmid auf der zweiten Sitzung des Plenums eröffnet, indem er die Frage stellte, ob in die zu schaffende Ordnung ein „Grundrechte-Katalog" aufgenommen werden solle. Gehe man davon aus, dass dies der Fall sei, müsse man entscheiden, ob man „diese Grundrechte mehr im Sinne von Rechtsgrundsätzen oder von gerichtsfähigen Rechtssätzen fassen" wolle, um „Klagen vor dem Verfassungsgerichtshof" zu ermöglichen.[1722] Im Gegensatz zur Weimarer Verfassung regte Schmid an, den Grundrechten nicht nur deklaratorische Züge zu verleihen, sondern bereits im Grundrechtskatalog „etwas über die Lebensordnung der menschlichen Gemeinschaft", über die Werteordnung, nach der man das Zusammenleben gestalten wolle, zu vermitteln.[1723] In der Grundrechtsdebatte im Unterausschuss I sprach sich Schmid daher auch dafür aus, die Grundrechte als „Hauptsache", die „den ganzen technischen Teil der Verfassung" beherrsche, „an die Spitze" zu setzen, „und zwar umgekehrt als in der Weimarer Verfassung, bei der unter anderem auch durch die verschämte Placierung der Grundrechte am Schluss der Eindruck entstehen musste, dass die Grundrechte nur soweit gelten sollten, als der normale Staatsapparat sie brauchen konnte". Schließlich besäßen die Grundrechte „vorstaatlichen Charakter" – ein Vorschlag, dem der Ausschuss zustimmte.[1724]
Zudem unterstützte Schmid in den Beratungen des Unterausschusses I zunächst die von Hermann Brill geforderte Unantastbarkeit der Grundrechte.[1725] Er sprach „sich dagegen aus, dass man Grundrechte auch nur abändern kann", und konkretisierte:

[1719] PR, Bd. 2, Dok. Nr. 1, Bayerischer Entwurf eines Grundgesetzes für den Verfassungskonvent, S. 44f.
[1720] Ebd., S. 47.
[1721] Vgl. Kapitel 3.1.2 und Kapitel 2.5.3.
[1722] PR, Bd. 2, Dok. Nr. 3, Verfassungskonvent auf Herrenchiemsee. Plenarsitzungen. Zweiter Sitzungstag: Mittwoch, 11. August 1948, S. 68f. Zu diesem Punkt hielt der Bericht des Unterausschusses III fest: „Durch die Verfassungsbeschwerde erhalten die Grundrechte erst ihren vollen Charakter als subjektive Rechte." PR, Bd. 2, Dok. Nr. 10, Verfassungskonvent auf Herrenchiemsee. Bericht des Unterausschusses III, S. 324.
[1723] PR, Bd. 2, Dok. Nr. 3, Verfassungskonvent auf Herrenchiemsee. Plenarsitzungen. Zweiter Sitzungstag: Mittwoch, 11. August 1948, S. 68f.
[1724] Protokolle der Sitzungen des Unterausschusses I. 7. Sitzung. Samstag, 21. August 1948, 10.30 Uhr, in: BayHStA, NL Pfeiffer 165, S. 184.
[1725] „Die von Dr. Brill vorgebrachten Gründe seien so beherzigenswert, dass sich die Kommission die Entscheidung nicht leicht mache sollte." Protokolle der Sitzungen des Unterausschusses I. 6. Sitzung. Donnerstag, 19. August 1948, 21.10 Uhr, in: BayHStA, NL Pfeiffer 165, S. 152.

„Entweder seien es Grundrechte: dann seien es Dinge, die wir für mögliche Grundlagen des individuellen und des Gemeinschaftslebens halten. Wenn man sie aber nicht dafür halte, solle man sie gar nicht in die Verfassung hineinschreiben". Im Rückblick auf Weimar kritisierte Schmid, nichts habe die „Republik so diskreditiert, als dass auf der einen Seite die Verfassung geschrieben stand, als wäre sie in Bronze für die Ewigkeit gegossen, während man sie andererseits mit Zweidrittelmehrheit ohne weiteres ändern konnte."[1726] Diese Argumentation Carlo Schmids stellte eine einschneidende Änderung im Gegensatz zum Grundrechtsverständnis in der Weimarer Zeit dar. Erstmals sollte auch die gesetzgebende Gewalt an die Grundrechte gebunden und die Grundrechte damit als unmittelbar geltendes Recht deklariert werden.

Damit blieb Carlo Schmid seiner bisherigen Haltung treu. Die Grund- und Menschenrechte hatten bereits zu Beginn seiner staats- und verfassungspolitischen Überlegungen eine bedeutende Rolle gespielt.[1727] Im Gegensatz zu den bayerischen Vorstellungen hatte Schmid dann auch bei den Beratungen der Landesverfassungen und den Verfassungsdiskussionen innerhalb der SPD dafür plädiert, die Grundrechte, im Gegensatz zur Weimarer Tradition, an den Anfang der Verfassung zu stellen.[1728] Zwar erkannte er, im Gegensatz zu Adolf Süsterhenn, das Risiko einer Einschränkbarkeit der Grundrechte durch das Staatsoberhaupt schon vor dem Verfassungskonvent auf Herrenchiemsee, zog aber in seinem Entwurf für eine Verfassung Nordwürttembergs und Nordbadens noch keine weiter gehenden Konsequenzen daraus.[1729]

Hermann Brill griff die Ausführungen von Carlo Schmid auf, bemängelte aber zunächst das Fehlen jeglicher Grundrechte im bayerischen Verfassungsentwurf und mutmaßte, die bayerischen Vertreter hätten ihre Verankerung für überflüssig gehalten, da sie bereits Bestandteil der meisten Länderverfassungen seien.[1730] Brill selbst hatte bei den Beratungen zur Hessischen Verfassung den Grundrechten in seiner Rede im Sommer 1946 bereits breiten Raum eingeräumt[1731] und wollte im Entwurf von Herrenchiemsee in jedem Fall die Menschrechte den Grundrechten voranstellen – dies sei „praktisch und politisch notwendig".[1732] Als praktische Begründungen führte er an, dass ohne Grund- und Menschenrechte dem zu schaffenden Staatswesen schlicht die Rechtsgrundlage fehle und dann ebenso gut „frisch, fromm, fröhlich, frei nach den Vorschriften des Dritten Reichs weiterregiert" werden könne. Politisch gesehen würde eine Nichtaufnahme dieser grundlegenden Rechte zum einen Deutschland den Zugang zu Europa verschließen, zum anderen dem Freiheits- und Gerechtigkeitsstreben in der deutschen Arbeiterklasse entgegenstehen, so Brill. Deshalb plädierte er dafür, „die Idee der menschlichen Freiheit allen anderen Staatszwecken" überzuordnen und deutlich zu machen, dass dies „nicht eine leere Deklamation, sondern ein Gebot prak-

---

[1726] Ebd.
[1727] Vgl. Kapitel 2.1.1.
[1728] Vgl. Kapitel 3.1 und Kapitel 3.2.1.
[1729] Vgl. Kapitel 3.2.1.
[1730] Energisch notierte er in sein Tagebuch: „Trotzdem sind sie notwendig!" Griepenburg, „Brill", S. 604.
[1731] Siehe Kapitel 3.2.2.
[1732] PR, Bd. 2, Dok. Nr. 3, Verfassungskonvent auf Herrenchiemsee. Plenarsitzungen. Zweiter Sitzungstag: Mittwoch, 11. August 1948, S. 73f. Vgl. auch Griepenburg, „Brill", S. 604.

tischer Politik" sei.[1733] Gleichwohl war er sich des Problems „der sozialen Verwirklichung von Grundrechten" bewusst, was jedoch nichts an seiner „Forderung nach der realen Garantie der Grundrechte" änderte.[1734] In Übereinstimmung mit Carlo Schmid warb er daher dafür, den Grundrechten „unmittelbare Rechtskraft" zu verleihen, damit ihre Einhaltung „der eigentliche Staatszweck für Regierung, Gesetzgebung, Verwaltung und Rechtsprechung" sei. Aufgabe des Verfassungskonvents müsse es daher sein, „Mittel und Wege zu finden, die dies auch sicherstellen und nicht nur zum Ausdruck bringen", wie dies in der Weimarer Verfassung der Fall gewesen war. Dabei könne man durchaus die Verfassungstexte der Länder heranziehen.[1735]

In den Diskussionen des Unterausschusses I ergriff Hermann Brill vor allem das Wort, als es darum ging, durch ein Notverordnungsrecht eine etwaige Suspension der Grundrechte zu ermöglichen. In seinem Tagebuch notierte er: „Ein heftiger Kampf entbrennt [...] um die Frage des Notverordnungsrechts." Und weiter: „ Es gibt eine lange Auseinandersetzung über delegierte Gesetzgebung und Notstand. Ich habe selbst vor diesem Kollegium Mühe, diese beiden Themen voneinander zu trennen, so stark sind die Nachwirkungen der mißbräuchlichen Anwendung des Artikel 48 der Weimarer Verfassung!"[1736] So betonte Brill bereits in seinem ersten Beitrag, „dass die Grundrechte unabänderlich sind und dass sie für die Regierung, den Gesetzgeber und den Richter bindend sind damit im Falle des Streites materiell über die Rechtswirksamkeit des Grundrechts entschieden wird." Deutlich sprach sich Hermann Brill „gegen eine zeitweilige Aufhebung der Grundrechte aus", sie dürfe „auch bei sogenannten Notständen nicht stattfinden".[1737] Der von der Grundrechtskommission erarbeitete Artikel U, in dem es hieß: „Eine Einschränkung der Grundrechte ist nur durch Gesetz und unter der Voraussetzung zulässig, dass es die öffentliche Sicherheit, Sittlichkeit oder Gesundheit erfordert"[1738], konnte und wollte Brill daher so nicht stehenlassen. Er empfahl mehrfach, sich an der Hessischen Verfassung zu orientieren und den letzten Satz des Artikels U – „Darüber hinaus kann bei erheblicher Bedrohung der öffentlichen Sicherheit und Ordnung von dem in Art. 95 vorgesehenen Notverordnungsrecht Gebrauch gemacht werden"[1739] – zu streichen, da man sich damit „von

---

[1733] PR, Bd. 2, Dok. Nr. 3, Verfassungskonvent auf Herrenchiemsee. Plenarsitzungen. Zweiter Sitzungstag: Mittwoch, 11. August 1948, S. 74f.
[1734] Protokolle der Sitzungen des Unterausschusses I. 4. Sitzung. Mittwoch, 18. August 1948, 21 Uhr, in: BayHStA, NL Pfeiffer 165, S. 112.
[1735] PR, Bd. 2, Dok. Nr. 3, Verfassungskonvent auf Herrenchiemsee. Plenarsitzungen. Zweiter Sitzungstag: Mittwoch, 11. August 1948, S. 76.
[1736] Griepenburg, „Brill", S. 620.
[1737] Protokolle der Sitzungen des Unterausschusses I. 4. Sitzung. Mittwoch, 18. August 1948, 21 Uhr, in: BayHStA, NL Pfeiffer 165, S. 114.
[1738] Protokolle der Sitzungen des Unterausschusses I. 5. Sitzung. Donnerstag, 19. August 1948, 16 Uhr. Anlage zur 5. Sitzung, in: BayHStA, NL Pfeiffer 165, S. 144.
[1739] Ebd. Artikel 95 im Bericht des Unterausschusses III, den den Mitglieder des Unterausschusses I vorlag, bestimmte im zweiten Absatz: „Soweit erforderlich können durch eine Notverordnung nach Abs. 1 die in Art. [...] gewährleisteten Grundrechte der Vereins- und Versammlungsfreiheit, der Freiheit der Meinungsäußerung und Meinungsbildung und des Postgeheimnisses befristet außer Kraft gesetzt werden. In der Notverordnung müssen die außer Kraft gesetzten Grundrechte sowohl namentlich wie mit ihrer Artikelzahl bezeichnet sein." PR, Bd. 2, Dok. Nr. 10, Verfassungskonvent auf Herrenchiemsee. Bericht des Unterausschusses III, S. 328.

dem Rechtszustand der Hessischen Verfassung grundlegend entfernen" würde. „Man müsse einmal in Deutschland den politischen und juristischen Mut aufbringen, es mit diesem Rechtsgedanken zu versuchen."[1740] Schließlich habe sich aus dem Artikel 48 der Weimarer Verfassung nicht nur eine gewisse „Unklarheit durch Lässigkeit ergeben", sondern es seien auch die „unheilvollsten politischen Entwicklungen" daraus entstanden.[1741] Der Furcht vor dem „Wiedererstehen einer faschistischen Bewegung" oder einer von den Kommunisten ausgehenden „Diktaturgefahr" müsse man „durch ein besonderes Gesetz begegnen".[1742] Schließlich hätte man sich gerade von deutscher Seite „bei der Beseitigung der Grundrechte in einem erschrecklichen Ausmass als Sklavenhalternation betätigt".[1743] Daher müsse bei einer Verfassungsänderung „das Grundrecht als solches unangetastet bleiben."[1744]

Hierin war Brill sogar mit Carlo Schmid, der ihm bis dahin beigepflichtet hatte, uneins, hatte Schmid doch angeboten, solange man die „Substanz" der Grundrechte unangetastet lasse, könne man „bei den einzelnen Grundrechten jeweils die Abänderungsmöglichkeit" hinzufügen.[1745] Trotz Hermann Brills energischem Eintreten blieb der Artikel U im Bericht des Unterausschusses I unverändert, und auch in der Abschlussarbeit des Ausschusses für Organisationsfragen fand in Artikel 95 die Auffassung Eingang, dass „durch eine Notverordnung [...] Grundrechte der Vereins- und Versammlungsfreiheit, der Pressefreiheit, der Freiheit der Meinungsäußerung und Meinungsbildung und des Postgeheimnisses befristet außer Kraft gesetzt werden"[1746] könnten. Selbst nach Ende des Herrenchiemseer Konvents, als der Parlamentarische Rat längst seine Beratungen aufgenommen hatte, bezeichnete Hermann Brill die „Verfassungsbestimmungen über die unmittelbare Rechtsgültigkeit der Grundrechte sowie die Vorschrift, daß die Grundrechte nicht Gegenstand einer Verfassungsänderung sein

---

[1740] Protokolle der Sitzungen des Unterausschusses I. 6. Sitzung. Donnerstag, 19. August 1948, 21.10 Uhr, in: BayHStA, NL Pfeiffer 165, S. 148–150. Zur Argumentation der Gegenseite notierte Hermann Bill in seinem Tagebuch: „Es ist wirklich traurig, wie wenig juristisches Ethos in diesen Menschen vorhanden ist. Die erbarmungslose Rechtlosigkeit ist fast spurlos an ihnen vorübergegangen. Sie sehen die Dinge in erster Linie von den schon einmal diskutierten ‚Bedürfnissen der Verwaltung'. Sie wollen einen gut funktionierenden Staatsapparat, aber sie wollen nicht, daß der Staat nur eine Funktion des Volkes sein soll." Griepenburg, „Brill", S. 620.
[1741] Protokolle der Sitzungen des Unterausschusses I. 6. Sitzung. Donnerstag, 19. August 1948, 21.10 Uhr, in: BayHStA, NL Pfeiffer 165, S. 150.
[1742] Ebd., S. 160.
[1743] Protokolle der Sitzungen des Unterausschusses I. 4. Sitzung. Mittwoch, 18. August 1948, 21 Uhr, in: BayHStA, NL Pfeiffer 165, S. 112. Wie bereits Angela Bauer-Kirsch herausgestellt hat, war Hermann Brill damit der einzige Konventsteilnehmer, der die Verbrechen der Nationalsozialisten offen aussprach. Bauer-Kirsch, *Herrenchiemsee*, S. 162.
[1744] Protokolle der Sitzungen des Unterausschusses I. 6. Sitzung. Donnerstag, 19. August 1948, 21.10Uhr, in: BayHStA, NL Pfeiffer 158.
[1745] Ebd., S. 159. In seinen Tagbuchaufzeichnungen schrieb Hermann Brill: „In meiner Ablehnung des Notverordnungsrechts und jeder zeitweiligen Aufhebung der Grundrechte blieb ich so unbeirrt, daß ich sicher manchem als starrköpfig erschienen." Griepenburg, „Brill", S. 620.
[1746] PR, Bd. 2, Dok. Nr. 10, Verfassungskonvent auf Herrenchiemsee. Bericht des Unterausschusses III, S. 328.

können, wie sie [...] der Herrenchiemseer Entwurf eines Grundgesetzes [...] enthält, [...] als unzureichend."[1747]
Während die Grund- und Menschenrechte in den frühen Staats- und Verfassungsvorstellungen Hermann Brills keine Rolle gespielt hatte, nahm ihre Bedeutung bis zum Verfassungskonvent von Herrenchiemsee kontinuierlich zu. Ersten Anklängen im „Buchenwalder Manifest"[1748] folgte die konkrete Benennung während der Debatten um die Länderverfassungen[1749] und im Deutschen Büro für Friedensfragen[1750]. Nie zuvor allerdings hatte sich Hermann Brill in dieser Ausführlichkeit und Beharrlichkeit zur Bedeutung und Durchsetzung der Grundrechte geäußert wie auf dem Verfassungskonvent selbst.

Adolf Süsterhenn, der, wie bereits erwähnt, den Beratungen des Unterausschusses I weitgehend fernblieb, beteiligte sich auch im Plenum nicht an der Debatte zu den Grund- und Menschenrechten. Vor dem Verfassungskonvent von Herrenchiemsee hatte Süsterhenn sich zum Thema „Menschenrechte" innerhalb seiner Artikelserie im *Rheinischen Merkur* dahingehend geäußert, dass „die Idee allgemeiner natürlicher Menschenrechte" keineswegs „eine Erfindung des 18. Jahrhunderts" sei, sondern „die gesamte Kulturgeschichte der Menschheit seit den Tagen der Antike" durchdringe. Er regte an, die „Kodifizierung" der Menschenrechte innerhalb der Vereinten Nationen zu regeln und Staats- und Verfassungsgerichtshöfe mit der „effektiven Durchsetzung" des Rechts zu betrauen, wobei er darüber nachdachte, die obersten Staatsgerichthöfe „international" zu besetzen.[1751]
In den Beratungen der Kommission für Grundsatzfragen ergriff Süsterhenn, der offensichtlich erst auf der achten Sitzung anwesend war[1752], ebenfalls in die Debatte um Grundrechte und Notverordnungsrecht ein und äußerte, wie schon Carlo Schmid und Hermann Brill vor ihm, „Bedenken gegen die [...] allgemein zugelassene Einschränkbarkeit der Grundrechte."[1753] Die Grundrechte müssten unantastbar sein, „denn die Wahrung der Menschenwürde sei oberste Norm und selbst für den Verfassungsgesetzgeber unabdingbar."[1754] Erst auf der letzten Sitzung des Unterausschusses I einigte man sich schließlich, den von Nawiasky vorgeschlagenen, umstrittenen Artikel U geringfügig abzuändern.[1755]

[1747] Brill, Hermann, „Die Grundrechte als Rechtsproblem", in: *Die öffentliche Verwaltung*, 1. Jahrgang, Heft 2, November 1948, S. 54–57, hier S. 55.
[1748] Vgl. Kapitel 3.4.1.
[1749] Vgl. Kapitel 3.2.2.
[1750] Vgl. Kapitel 3.4.2.
[1751] Adolf Süsterhenn, „Die Menschenrechte", 17. November 1947, abgedruckt in: Süsterhenn, *Schriften*, S. 167 und 169–170. „Schließlich müßte auch noch die Frage internationaler Sanktionen für Menschenrechtsverletzungen geregelt werden", so Adolf Süsterhenn. Ebd., S. 170.
[1752] Zur Anwesenheit Adolf Süsterhenns vgl. Hehl, *Süsterhenn*, S. 382.
[1753] Protokolle der Sitzungen des Unterausschusses I. 8. Sitzung. Samstag, 21. August 1948, 18 Uhr, in: BayHStA, NL Pfeiffer 165, S. 224.
[1754] Hehl, *Süsterhenn*, S. 383.
[1755] Protokolle der Sitzungen des Unterausschusses I. 8. Sitzung. Samstag, 21. August 1948, 18 Uhr, in: BayHStA, NL Pfeiffer 165, S. 224. Der dritte Absatz des Artikels U lautete nun: „Eine Einschränkung der Grundrechte ist nur durch Gesetz und unter der Voraussetzung zulässig, daß es die öffentliche Sicherheit, Sittlichkeit oder Gesundheit zwingend erfordert. Die Einschränkung eines Grundrech-

Während die Grund- und Menschenrechte in den frühen staats- und verfassungspolitischen Überlegungen Adolf Süsterhenns noch keine Rolle gespielt hatten, widmete er sich nach dem Zweiten Weltkrieg deren Bedeutung und Stellung ausführlich und stellte sie in seinem Verfassungsentwurf für Rheinland-Pfalz, anders als seine bayerischen Parteikollegen, dem Aufbau des Staatswesen sogar voran.[1756] Allerdings hatte er sich dort noch für eine Einschränkbarkeit der Grundrechte und ein Notverordnungsrecht von Seiten des Staatsoberhaupts ausgesprochen[1757], gegen das er nun vehement Einspruch erhob.[1758]

Im Unterausschuss I übernahm Hans Nawiasky die Rolle des Berichterstatters beim Thema Grundrechte[1759], was in einer gehäuften Erwähnung der Bayerischen Verfassung in Abschnitt A. Allgemeine Gesichtspunkte, ihren Niederschlag fand.[1760] Deutlich wurde indes die Einigkeit der Delegierten auf Herrenchiemsee darüber, dass eine Beschränkung der Grundrechte auf die Länderverfassungen nicht ausreichend war und „die aufzunehmenden Grundrechte" zwar „im wesentlichen auf die klassischen Individualrechte zu beschränken seien [...,] ihnen aber eine den Erfahrungen der Vergangenheit und den Erfordernissen der Gegenwart entsprechende Fassung zu geben sei".[1761] Insgesamt umfasste der Bericht des Unterausschusses I 22 Artikel zu den Grundrechten[1762], die im abschließenden „Entwurf eines Grundgesetzes" auf 21 Artikel reduziert wurden[1763]. Der Abschnitt über die Grundrechte wurde hier zwar „ergänzt, aber inhaltlich nur unwesentlich verändert".[1764]

Anders als noch in der Weimarer Verfassung waren die Grundrechte nun kein bloßes Anhängsel mehr, sondern standen am Anfang des Grundgesetzentwurfs. Aber nicht nur darin unterschied sich die Herrenchiemseer Konzeption von ihrer Vorgängerin aus Weimar. Ein weiterer wichtiger Unterschied lag in der Vorstaatlichkeit der Grundrechte. Nicht mehr der Staat, sondern die grundsätzlichen Rechte des Individuums standen jetzt am Anfang des Grundgesetzes.[1765] Der Gedanke, „daß der Staat

---

tes oder die nähere Ausgestaltung durch Gesetz muß das Grundrecht als solches unangetastet lassen." PR, Bd. 2, Dok. Nr. 6, Verfassungskonvent auf Herrenchiemsee. Bericht des Unterausschusses I, S. 227.

[1756] Vgl. Kapitel 3.2.4.

[1757] Vgl. Kapitel 3.2.4.

[1758] Auch innerhalb seiner Arbeit im Bund Deutscher Föderalisten und seiner Artikelserie im *Rheinischen Merkur* betonte Adolf Süsterhenn die Bedeutung der Grund- und Menschenrechte. Vgl. Kapitel 3.6.2.

[1759] „Tätigkeitsbericht des Sachverständigen-Ausschusses für Verfassungsfragen", S. 5.

[1760] PR, Bd. 2, Dok. Nr. 6, Verfassungskonvent auf Herrenchiemsee. Bericht des Unterausschusses I, S. 214–216.

[1761] Ebd., S. 216.

[1762] Ebd., S. 217–231.

[1763] PR, Bd. 2, Dok. Nr. 14. Verfassungsausschuß der Ministerpräsidentenkonferenz der westlichen Besatzungszonen. Bericht über den Verfassungskonvent auf Herrenchiemsee vom 10. bis 23. August 1948, S. 580–582.

[1764] PR, Bd. 2, S. CX.

[1765] „Der Konvent entschied sich dafür, das Grundgesetz solle selbst Grundrechte und nicht nur Grundrechtsanforderungen an die Landesverfassungen enthalten." PR, Bd. 2, Dok. Nr. 14. Verfassungsausschuß der Ministerpräsidentenkonferenz der westlichen Besatzungszonen. Bericht über den

dem Menschen zu dienen hat und die Würde des Menschen überall zu wahren ist"[1766], wie Carlo Schmid ihn bereits in seinen Kritiken an den Staatsvorstellungen der Nationalsozialisten formuliert hatte[1767], war dabei ausschlaggebend. Daraus ergab sich auch die Reihenfolge der Grundrechte. Eingeleitet wurde der Grundrechtsteil mit dem Satz: „Der Staat ist um des Menschen willen da, nicht der Mensch um des Staates Willen" (Art. 1, Satz 1 HChE); gefolgt von der Unantastbarkeit der Würde des Menschen (Art. 1, Satz 2 HChE). Die Frage danach, auf welchen Abgeordneten auf Herrenchiemsee der erste Satz des Artikels 1 HChE zurückgeht, wurde unterschiedlich beantwortet. Während Petra Weber davon ausgeht, Carlo Schmid habe diesen Satz formuliert[1768], schreibt Christoph von Hehl ihn Adolf Süsterhenn zu, wobei die Begründung von Hehls, Süsterhenn habe ihn in „Anlehnung an das Markus-Evangelium" verkündet und er sei „als Synonym für das von ihm vertretene Subsidiaritätsprinzip der katholischen Soziallehre" und „gewissermaßen als Veranschaulichung für die zentrale Stellungen, die Süsterhenn der Menschenwürde in der Verfassung garantieren wollte", in den Herrenchiemseer Entwurf aufgenommen worden,[1769] doch etwas weit hergeholt erscheint. Zwar trifft es zu, dass die Delegierten auf Herrenchiemsee einer Unantastbarkeit eines Grundrechts „als solches"[1770] erst zustimmten, nachdem auch Adolf Süsterhenn hierfür eingetreten war, die Vorarbeit jedoch hatten Hermann Brill und Carlo Schmid geleistet. Auf den ersten Artikel folgten dann die allgemeinen Freiheitsrechte (Art. 2–6 HChE), die politischen Grundrechte (Art. 7–13 HChE), das Gleichheitsrecht (Art. 14 HChE), das Eigentumsrecht (Art. 17 HChE) und weitere Individualrechte. Am Ende des Grundrechtskataloges waren Grundrechtsverwirkungen und Einschränkungen festgesetzt (Art. 19–21 HChE).

Bei dem die Grundrechtsdebatte beherrschenden Streitpunkt über die Notverordnungsrechte konnte sich Hermann Brill mit seinem leidenschaftlichen Plädoyer gegen eine Aufhebbarkeit der Grundrechte nicht durchsetzen. Das Notverordnungsrecht wurde in Artikel 111 und die Möglichkeit einer Suspendierung der Grundrechte in Artikel 21 des Entwurfs von Herrenchiemsee festgeschrieben. Zwar war eine grundsätz-

---

Verfassungskonvent auf Herrenchiemsee vom 10. bis 23. August 1948, S. 512. Man orientierte sich also nicht an dem „Bayerischen Entwurf eines Grundgesetzes", wie es im Bericht des Unterausschusses I zunächst vorgeschlagen worden war. PR, Bd. 2, Dok. Nr. 6, Verfassungskonvent auf Herrenchiemsee. Bericht des Unterausschusses I, S. 214.

[1766] PR, Bd. 2, Dok. Nr. 14. Verfassungsausschuß der Ministerpräsidentenkonferenz der westlichen Besatzungszonen. Bericht über den Verfassungskonvent auf Herrenchiemsee vom 10. bis 23. August 1948, S. 513.

[1767] Vgl. Kapitel 2.1.2.

[1768] Weber, *Schmid*, S. 343; Weber, „Schmid, die SPD und der Verfassungskonvent", S. 77. Carlo Schmid formulierte auf der 5. Sitzung des Unterausschusses I: „Der Staat ist das Werk des Menschen, darum ist der Mensch nicht um des Staates willen da, sondern […]." Protokolle der Sitzungen des Unterausschusses I. 5. Sitzung. Donnerstag, 19. August 1948, 16 Uhr, in: BayHStA, NL Pfeiffer 165, S. 121. Dies könne „wohl jeder verantworten, wenn auch vielleicht einige Leute der Ansicht sind, dass auch der Staat von Gott gesetzt ist", so Schmid weiter. Ebd., S. 121f. Schmid begründete seine Formulierung: „Es ist das nicht Lehrsatz, sondern die Kundgebung einer Entscheidung unsererseits, dass der Staat unser Diener sein soll und wir nicht seine Knechte." Ebd., S. 123.

[1769] Hehl, *Süsterhenn*, S. 383.

[1770] PR, Bd. 2, Dok. Nr. 6, Verfassungskonvent auf Herrenchiemsee. Bericht des Unterausschusses I, S. 227.

liche Beseitigung der Grundrechte nicht möglich (Art. 21, Abs. 1 HChE), eine Einschränkung hingegen konnte vorgenommen werden, wenn durch „drohende Gefahr der Bestand des Bundes oder seiner freiheitlichen Grundordnung in Frage gestellt" (Art. 111, Abs. 3 HChE) werden würde.[1771] Der Vorbericht hielt aber Brills Argumentation, „daß eine Suspension der Grundrechte nicht vorgesehen werden dürfe, weil die normalen polizeilichen Mittel zur Bekämpfung aller Gefahren ausreichend seien"[1772], als Minderheitsvotum fest. Dass man sich des Risikos, das eine Aufnahme von Notverordnungsrechten mit sich brachte, bewusst war, wird im kommentierenden Teil des Herrenchiemseer Entwurfs deutlich.[1773] Die strukturelle Lücke, mit anderen Worten das Fehlen einer Ewigkeitsklausel, das Adolf Süsterhenn angemahnt hatte, wurde dennoch nicht geschlossen[1774], wohl aber erkannt, indem vermerkt wurde: „Die Einschränkung eines Grundrechtes oder die nähere Ausgestaltung durch Gesetz muß das Grundrecht als solches unangetastet lassen." (Art. 21, Abs. 4, Satz 2 HChE). Ein kleiner Satz im kommentierenden Teil ließ das ebenso bei der Mehrheit der Konventsteilnehmer real existierende Sicherheitsbedürfnis deutlich werden, auch wenn man sich gegen die Einwürfe Hermann Brills und Adolf Süsterhenns entschieden hatte: „Änderungen des Grundgesetzes durch Notverordnungen kommen nicht in Betracht."[1775]

4.3.4 Die Verfassungsorgane – Bundespräsident oder Bundespräsidium?

Die Entscheidung über die Kompetenzen eines künftigen Bundespräsidenten war mit Blick auf die Entwicklung dieses Amtes in der Weimarer Republik alles andere als einfach.[1776] Auch die Bestimmungen der Frankfurter Dokumente waren in dieser Hinsicht wenig hilfreich, da in ihnen lediglich die Aufforderung ergangen war, eine „an-

---

[1771] Siehe auch Art. 21 Abs. 4, Satz 1 HChE.
[1772] PR, Bd. 2, Dok. Nr. 14. Verfassungsausschuß der Ministerpräsidentenkonferenz der westlichen Besatzungszonen. Bericht über den Verfassungskonvent auf Herrenchiemsee vom 10. bis 23. August 1948, S. 516.
[1773] Hier war zu lesen, man habe sich erst „nach gründlicher Diskussion [...] für die Beibehaltung eines Notverordnungsrechts und für die Suspendierbarkeit der politischen Grundrechte [...] ausgesprochen. [...,] aber die Notstandbefugnisse an enge Voraussetzungen" gebunden, „die Mitwirkung der demokratischen Organe" gesichert und versucht, „Mißständen" vorzubeugen. PR, Bd. 2, Dok. Nr. 14. Verfassungsausschuß der Ministerpräsidentenkonferenz der westlichen Besatzungszonen. Bericht über den Verfassungskonvent auf Herrenchiemsee vom 10. bis 23. August 1948, S. 559.
[1774] Zu möglichen Gründen vgl. Bauer-Kirsch, *Herrenchiemsee*, S. 174f.
[1775] PR, Bd. 2, Dok. Nr. 14. Verfassungsausschuß der Ministerpräsidentenkonferenz der westlichen Besatzungszonen. Bericht über den Verfassungskonvent auf Herrenchiemsee vom 10. bis 23. August 1948, S. 625.
[1776] Vgl. hierzu die Äußerung von Fritz Baade, Direktor des Instituts für Weltwirtschaft an der Universität Kiel, in der Sitzung vom 11. August 1948: „Ich habe das Gefühl, wir alle befinden uns in dieser Frage in einer gewissen Unsicherheit. Ich bekenne das offen." PR, Bd. 2, Dok. Nr. 3, Verfassungskonvent auf Herrenchiemsee. Plenarsitzungen: Zweiter Sitzungstag, 11. August 1948, S. 12. Vgl. auch Gallwas, „Standort", S. 93; Gronau, *Föderalismus*, S. 54f.

gemessene Zentralgewalt" zu schaffen.[1777] Auf Herrenchiemsee, aber auch schon vorher[1778], gab es Ansätze, ein solches Amt komplett aus der Verfassung zu streichen.[1779] Carlo Schmid stellte in der Plenumsdebatte am 11. August 1948 die „Grundsatzfrage", ob es überhaupt „ein Oberhaupt im Sinne eines Staatsoberhauptes geben" solle beziehungsweise ob man zum gegenwärtigen Stand der politischen Entwicklungen diese Frage überhaupt klären wolle[1780], und gab wenig später die Antwort, dass für ihn „ein pouvoir neutre [...] eine absolute Notwendigkeit" darstelle[1781]. In den Verfassungsdiskussionen seiner Partei[1782] und auch in dem von ihm verfassten vorläufigen „Entwurf einer Verfassung für Nordwürttemberg und Nordbaden"[1783] hatte er sich ebenfalls für die Schaffung eines Präsidentenamtes ausgesprochen. Gleichzeitig stellte Schmid jetzt aber auch fest, dass die im Bundespräsidenten verkörperte Gewalt „mehr durch ihr Dasein als durch ihr Tun", also vor allem repräsentativ wirken müsse und damit vom Amt des Ministerpräsidenten grundverschieden sei.[1784] Der Bundespräsident sollte dafür nach Schmids Empfinden „mit einer spezifisch anderen Dignität umkleidet sein". Aufgrund der derzeitigen „Fremdherrschaft" durch die Alliierten riet er schließlich von der Schaffung des Präsidentenamtes ab, da dieser in der jetzigen Situation „in die demütigende Situation kommen könnte, von den Besatzungsmächten Anweisungen oder Tadel entgegennehmen zu müssen"[1785], „ganz abgesehen davon, daß gerade ein Bundespräsident in erheblichem Maße staatlich integrierend wirken müßte."[1786]

In den Beratungen des Unterausschusses I argumentierte Schmid ebenfalls: Die Vorläufigkeit der zu schaffenden organisatorischen Ordnung zeige sich auch darin, „dass man auf Institutionen verzichten wird, die man bei voller Staatlichkeit schaffen würde, die man aber zu schaffen gegenwärtig für nicht möglich" halte, wie zum Bei-

---

[1777] PR, Bd. 1, Dok. Nr. 4, Dokumente zur künftigen politischen Entwicklung Deutschlands („Frankfurter Dokumente"), Frankfurt, 1. Juli 1948, S. 31.
[1778] Düwell, *Entstehung*, S. 116.
[1779] So etwa von Hermann Brill und dem Abgeordneten von Hamburg, Walter Drexelius. PR, Bd. 2, Dok. Nr. 3, Verfassungskonvent auf Herrenchiemsee. Plenarsitzungen: Zweiter Sitzungstag, 11. August 1948, S. 123f. Zur Biographie von Walter Drexelius: PR, Bd. 2, S. XXIV. Vgl. auch Fromme, Friedrich Karl, *Von der Weimarer Verfassung zum Bonner Grundgesetz. Die verfassungspolitischen Folgerungen des Parlamentarischen Rates aus Weimarer Republik und nationalsozialistischer Diktatur*, 3., erg. Aufl., Berlin 1999, S. 46f. (Tübinger Schriften zum Staats- und Verwaltungsrecht, Bd. 50).
[1780] PR, Bd. 2, Dok. Nr. 3, Verfassungskonvent auf Herrenchiemsee. Plenarsitzungen: Zweiter Sitzungstag, 11. August 1948, S. 70.
[1781] Ebd., S. 125.
[1782] Siehe Kapitel 3.1.1.
[1783] Siehe Kapitel 3.2.1.
[1784] PR, Bd. 2, Dok. Nr. 3, Verfassungskonvent auf Herrenchiemsee. Plenarsitzungen: Zweiter Sitzungstag, 11. August 1948, S. 125. Auch diese Haltung hatte Carlo Schmid bereits in den Debatten um die Verfassungskonzeption der SPD vertreten (siehe Kapitel 3.1.1).
[1785] Carlo Schmid regte daher an, „von der Wahl eines Bundespräsidenten so lange" Abstand zu nehmen, bis „die Beziehungen Deutschlands zu den Besatzungsmächten aus der hierarchischen Stufe in die kontraktuelle Stufe übergeleitet sind". Ebd., S. 126. Zu der Forderung Carlo Schmid nach einem Besatzungsstatut als Voraussetzung einer gesamtdeutschen Verfassung siehe Kapitel 3.3.1.
[1786] Ebd., S. 125.

spiel „die Institution eines Staatspräsidenten".[1787] Daher war Schmid einer der Abgeordneten, die dafür eintraten, „die Bezeichnung ‚Der Deutsche Staatsrat'"[1788] zu wählen.[1789]

Im Rückblick zeigt sich, dass Carlo Schmid bereits in seiner Kritik an der Staatsauffassung der Nationalsozialisten erste Überlegungen zum Amt eines Staatsoberhaupts anstellte[1790], die er nach dem Ende des Zweiten Weltkriegs in seinem Verfassungsentwurf für Nordwürttemberg und Nordbaden konkretisierte[1791]. Während Schmid sich das Staatsoberhaupt dort noch als vom Volk gewählten Staatspräsidenten vorstellte und auch innerhalb der Verfassungsberatungen der SPD noch für dieses Amt sogar mit außenpolitischen Vertretungsrechten plädierte[1792], änderte er diese Vorstellungen während des Verfassungskonvents von Herrenchiemsee und riet sogar davon ab, ein solches Organ überhaupt in die Verfassung aufzunehmen, da er erkannte, dass dies im Widerspruch zu der für ihn bei den Alliierten liegenden Souveränität stand.

Hermann Brill griff ebenfalls bereits in der zweiten Plenarsitzung in die Debatte um das Amt des Bundespräsidenten ein und erklärte, er halte dieses Organ „schlechterdings für entbehrlich", da die zu schaffende Ordnung ohnehin nur für einige wenige Jahre gemacht werde und man sie daher nicht „mit einem solchen Requisit versehen" solle.[1793] Stattdessen müsse ein Dreierkollegium als „besonderes Organ [...,] bestehend aus dem Ministerpräsidenten, dem Präsidenten der Volksvertretung und dem Präsidenten des Länderrats", geschaffen werden. Gänzlich wollte Brill dann doch nicht auf dieses Verfassungsorgan verzichten und stellte fest: „Ohne pouvoir neutre geht es nicht."[1794]

In den Beratungen des Unterausschuss für Organisationsfragen brachte Hermann Brill ebenfalls seine Ablehnung gegen „die Institution des Bundespräsidenten" zum Ausdruck und bezeichnete es dabei als die „wichtigste Aufgabe" des Konvents, „aus

---

[1787] Protokolle der Sitzungen des Unterausschusses I. 1. Sitzung. Dienstag, 17. August 1948, 15 Uhr, in: BayHStA, NL Pfeiffer 165, S. 8.

[1788] „Insbesondere das Adjektiv ‚deutsch' verdiene alle Beachtung", so Carlo Schmid. Das Protokoll hielt weiterhin fest, Carlo Schmid „hält die Bezeichnung ‚Der Deutsche Staatsrat' für das Exekutivorgan für nicht zu übertreffen." Protokolle der Sitzungen des Unterausschusses I. 2. Sitzung, Mittwoch, 18. August 1948, 8.50 Uhr, in: BayHStA, NL Pfeiffer 165, S. 46.

[1789] In seinen Erinnerungen schrieb Carlo Schmid zur Debatte über das Staatsoberhaupt: „Die einen meinten, die Staatsspitze solle durch übereinstimmenden Beschluß von Bundestag und Bundesrat gewählt werden und ausschließlich als neutrale Gewalt funktionieren; andere waren der Meinung, dem provisorischen Charakter des Grundgesetzes werde es eher entsprechen, wenn die Spitze des Staates durch einen Staatsrat dargestellt werde, dessen Mitglieder der Präsident des Bundestages, der Präsident des Bundesrates oder des Senats und der Bundeskanzler sein könnten. Es wurde beschlossen, dem Parlamentarischen Rat zwei Alternativen vorzulegen." Schmid, *Erinnerungen*, S. 344f.

[1790] Vgl. Kapitel 2.1.1.

[1791] Vgl. Kapitel 3.2.1.

[1792] Vgl. Kapitel 3.1.1.

[1793] PR, Bd. 2, Dok. Nr. 3, Verfassungskonvent auf Herrenchiemsee. Plenarsitzungen: Zweiter Sitzungstag, 11. August 1948, S. 85. In sein Tagebuch notierte Hermann Brill: „Präsident – für die Übergangszeit entbehrlich." Griepenburg, „Brill", S. 606.

[1794] PR, Bd. 2, Dok. Nr. 3, Verfassungskonvent auf Herrenchiemsee. Plenarsitzungen: Zweiter Sitzungstag, 11. August 1948, S. 124.

der Vergangenheit zu lernen" – schließlich sei die Weimarer Republik durch den „Treuebruch ihres Präsidenten" zu Fall gekommen.[1795] Dennoch war auch er sich darüber im Klaren, „dass es staatsoberhauptliche Funktionen" gab, „die wahrgenommen werden müssen". Wolle man eine endgültige Verfassung und keine Übergangslösung schaffen, sei er dafür, „die Funktion des Staatsoberhaupts und des Regierungschefs in der Person des Staatspräsidenten" zu verbinden und „im Bundesstaat von der Nationalversammlung auf Zeit" wählen zu lassen. Allein der Übergangcharakter der zu schaffenden Ordnung führe dazu, dass man die Vertretung des Staats nach innen der Regierung, den Ministerien und den Behörden und die Vertretung nach außen, den „Abschluss von Staatsverträgen" sowie „die Funktion der Ausübung des Begnadigungsrechts auf ein aus dem Ministerpräsidenten, dem Präsidenten der Volksvertretung und dem Präsidenten des Bundesrats bestehendes Kollegium zu übertragen" habe.[1796]

Die Gegner eines Dreierkollegiums im Unterausschuss III monierten vor allem, „dass die Möglichkeit von Regierungskrisen" gegen dessen Bildung spreche und „dass ein Kollegium im Gegensatz zu einem Präsidenten an die Legislaturperiode gebunden" sei. Dieser Kritik setzte Hermann Brill zum einen das „württembergische System" entgegen, in dem „der Rücktritt der Regierung erst dann rechtswirksam" wurde, „wenn die Obstruktionsmehrheit sich in eine Arbeitsmehrheit verwandelt" habe.[1797] Genauso könne man auch im Falle eines Dreierkollegiums verfahren, so Brill. Hinsichtlich der Amtsdauer schlug er vor, den „ständigen Ausschuss des Bundestags" als Vorbild zu nehmen, dessen „Funktionen bis zur Neuwahl" Gültigkeit besäßen.[1798] Zur Wahl merkte er an, man solle diese Aufgabe dem „Senat und einem doppelt so grossen Ausschuss des Bundestags" übertragen, zudem müsse „Dreifünftelmehrheit erforderlich" sein.[1799]

Die Erfahrungen, die Hermann Brill mit den sowjetischen Besatzungsmächten in seinem Heimatland Thüringen hatte machen müssen, führten dazu, dass er anregte, das Wort „deutsch" so oft wie möglich zu verwenden, um der Inanspruchnahme der

---

[1795] Protokolle der Sitzungen des Unterausschusses III. 1. Sitzung. Freitag, 13. August 1948, 9.30 Uhr, in: BayHStA, NL Pfeiffer 167, S. 4. Den Gedanken, den Bundesratspräsidenten als Bundespräsidenten einzusetzen, verwarf Hermann Brill ebenfalls: „Dadurch erhielte der Bundesrat eine Funktion, die ihm im streng durchdachten Bundesstaat nicht zukommen darf, und es würde die Gleichberechtigung zwischen den beiden Organen aufgehoben werden." Ebd., S. 6. Ebenso sprach sich Hermann Brill dagegen aus, „staatsoberhauptliche Funktionen auf das Kabinett in seiner Gesamtheit zu übertragen." Ebd., S. 7. Wie Angela Bauer-Kirsch anmerkt, war Hermann Brill „der einzige Teilnehmer des Konvents, der immer wieder auf die Verbrechen der Deutschen zu sprechen kam". Bauer-Kirsch, *Herrenchiemsee*, S. 163.
[1796] Protokolle der Sitzungen des Unterausschusses III. 1. Sitzung. Freitag, 13. August 1948, 9.30 Uhr, in: BayHStA, NL Pfeiffer 167, S. 4f.
[1797] Das hier von Hermann Brill angesprochene System eines konstruktiven Misstrauensvotums in Württemberg fand sich bereits in dem vorläufigen „Entwurf einer Verfassung für Nordwürttemberg und Nordbaden" von Carlo Schmid. Siehe Kapitel 3.2.1.
[1798] Protokolle der Sitzungen des Unterausschusses III. 1. Sitzung. Freitag, 13. August 1948, 9.30 Uhr, in: BayHStA, NL Pfeiffer 167, S. 7.
[1799] Protokolle der Sitzungen des Unterausschusses III. 3. Sitzung. Samstag, 14. August 1948, 15 Uhr, in: BayHStA, NL Pfeiffer 167, S. 54. Zur Frage der Zweiten Kammer siehe Kapitel 4.3.5.

Bezeichnung durch die sowjetische Militärregierung entgegenzutreten[1800] – ein Vorschlag, den man vor allem aus bayerischer Sicht, wenn auch anders motiviert, sicher begrüßte.

Die Argumentation Hermann Brills ist vor allem vor dem Hintergrund interessant, dass er vor dem Zweiten Weltkrieg noch für ein – später abgemildertes – Rätesystem eingetreten war, in dem die oberste Gewalt in den Händen des Volkes liegen sollte.[1801] Erst nach dem Zweiten Weltkrieg, wenn auch noch nicht im „Buchenwalder Manifest", spielte das Amt eines Staatspräsidenten daher überhaupt eine Rolle in den staats- und verfassungspolitischen Vorstellungen Hermann Brills. Allerdings argumentierte er im Deutschen Büro für Friedensfragen noch nicht für die Schaffung eines Kollegiums, sondern die Einsetzung einer Einzelperson, die er zunächst durch das Volk, später durch die beiden Kammern wählen lassen wollte.[1802] Erst auf dem Verfassungskonvent von Herrenchiemsee schlug Hermann Brill vor, ein Dreierkollegium einzusetzen, und zeigte damit, was dieses Verfassungsorgan betraf, im Vergleich zu Carlo Schmid, Anton Pfeiffer und Adolf Süsterhenn die größten Abweichungen innerhalb seiner staats- und verfassungspolitischen Vorstellungen.

Von Adolf Süsterhenn sind keine Äußerungen zur Schaffung eines Staatsoberhaupts zu verzeichnen, weder in den Plenarsitzungen noch in den Debatten der Unterausschüsse. In seinen bisherigen Äußerungen hatte er sich zunächst auf Landesebene für die Schaffung des Amtes eines Staatspräsidenten mit weitreichenden Rechten ausgesprochen[1803], war dann aber dazu übergegangen, auf gesamtdeutscher Ebene ein Präsidium des Länderrats als Spitze des Staates zu fordern[1804], und vertrat damit hinsichtlich dieses Verfassungsorgans ausgesprochen föderalistische Vorstellungen.

Auch Anton Pfeiffer leistete nur spärliche Beiträge zu den entsprechenden Diskussionen im Plenum, erinnerte aber an die von den Besatzungsmächten übertragene Aufgabe „eine angemessene Zentralinstanz zu schaffen."[1805] Nachdem sich bereits in der ersten Plenarsitzung unterschiedliche Positionen in dieser Frage abgezeichnet hatten, wies Pfeiffer darauf hin, man möge dieses Kapitel „mit besonderer Sorgfalt nach allen Richtungen hin" betrachten.[1806] Dass Anton Pfeiffer einem Bundespräsidenten den Vorzug gab, wurde indirekt an seinem Einwurf deutlich, dieser könne „unter Umständen als Protest gegen Dinge, die von Besatzungsmächten zugemutet werden"[1807], zurücktreten. In seinen bisherigen Staats- und Verfassungsvorstellungen hatte sich Anton Pfeiffer auf Landesebene auch nur sehr zurückhaltend in Bezug auf das Amt eines

---

[1800] Protokolle der Sitzungen des Unterausschusses I. 1. Sitzung. Dienstag, 17. August 1948, 15 Uhr, in: BayHStA, NL Pfeiffer 165, S. 34.
[1801] Vgl. Kapitel 2.2.1.
[1802] Vgl. Kapitel 3.4.2.
[1803] Vgl. Kapitel 3.2.4.
[1804] Vgl. Kapitel 3.6.1.
[1805] PR, Bd. 2, Dok. Nr. 3, Verfassungskonvent auf Herrenchiemsee. Plenarsitzungen: Zweiter Sitzungstag, 11. August 1948, S. 95.
[1806] Ebd., S. 126.
[1807] PR, Bd. 2, Dok. Nr. 12, Verfassungskonvent auf Herrenchiemsee. Plenarsitzungen: Sechster Sitzungstag, 22. August 1948, S. 382.

Präsidenten geäußert[1808] und in der von ihm initiierten Bundesverfassung des Ellwanger Freundeskreises zum Ausdruck gebracht, dass er die Machtbefugnisse eines Präsidenten durch die Länderkammer einzuschränken gedachte, um dadurch das föderalistische Element zu stärken und jeder Form von Zentralisierung entgegenzuwirken.[1809]

Der Unterausschuss III kam schließlich zu dem mehrheitlichen Ergebnis, dass es ein zukünftiges deutsches Staatsoberhaupt in Form eines Bundespräsidenten geben solle. Eine Minderheit vertrat die Ansicht, stattdessen ein Dreierkollegium, bestehend aus den Präsidenten des Bundesrates und des Bundestages sowie dem Bundeskanzler, einzusetzen.[1810] Dieser Antrag fand in Form eines Minderheitsvotums seinen Niederschlag im Entwurf von Herrenchiemsee.

Darüber, dass es bei der Einsetzung eines Präsidenten auf keinen Fall eine plebiszitäre Wahl geben sollte, war man sich sowohl im Unterausschuss III als auch im Plenum einig.[1811] Man sah darin einen der Hauptfehler der Weimarer Verfassung.[1812] Gewählt werden sollte der Bundespräsident auf fünf Jahre, wobei eine einmalige Wiederwahl vorgesehen war (Art. 76 HChE). In der Weimarer Reichsverfassung dauerte eine Amtsperiode hingegen sieben Jahre und eine Wiederwahl war unbeschränkt möglich (Art. 43 Abs. 1 WRV).[1813]

Auch den Einfluss auf die Regierungsbildung minimierte man[1814] und beschränkte das Recht zur Auflösung des Bundestages auf einen einzigen Fall (Art. 88 Abs. 3 HChE), nämlich dann, wenn dieser sich „als unfähig zur Regierungsbildung erwiesen"[1815] hatte.[1816] Diese Einschränkung hatte in der Weimarer Verfassung ebenfalls nur unzureichend bestanden (Art. 25 WRV).[1817] Weder Notverordnungsrechte wie in Artikel 48 der Weimarer Reichsverfassung[1818] noch die Bundesexekution wurden für das künftige Staatsoberhaupt nach den Beratungen im Unterausschuss für Organisa-

---

[1808] Vgl. Kapitel 3.2.3.
[1809] Vgl. Kapitel 3.5.2.
[1810] PR, Bd. 2, Dok. Nr. 10, Verfassungskonvent auf Herrenchiemsee. Bericht des Unterausschusses III, S. 292f. und S. 296.
[1811] Ebd., S. 293; PR, Bd. 2, Dok. Nr. 12, Verfassungskonvent auf Herrenchiemsee. Plenarsitzungen: Sechster Sitzungstag, 22. August 1948, S. 372. Vgl. Art. 75, Abs. 1 HChE: „Der Bundespräsident wird durch übereinstimmenden Beschluß des Bundestages und des Bundesrats gewählt. Es wird zunächst im Bundesrat, sodann im Bundestag abgestimmt. Gewählt ist, wer in jedem der beiden Häuser die Mehrheit der gesetzlichen Stimmenzahl erhält."
[1812] Vgl. Fromme, *Weimarer Verfassung*, S. 49–58. Damit war der erste Schritt hin zu einem reinen Parlamentarismus getan, der durch einen Abbau der Kompetenzen des Staatsoberhauptes vollendet wurde. Vgl. ebd., S. 165f.
[1813] Vgl. ebd., S. 58–60.
[1814] Ebd., S. 71–92. Vgl. Art. 87 HChE und Art. 52 WRV.
[1815] PR, Bd. 2, Dok. Nr. 14. Verfassungsausschuß der Ministerpräsidentenkonferenz der westlichen Besatzungszonen. Bericht über den Verfassungskonvent auf Herrenchiemsee vom 10. bis 23. August 1948, S. 548. Vgl. Fromme, *Weimarer Verfassung*, S. 48f.
[1816] Man wandte sich von dem Gegengewichtsgedanken der Weimarer Reichsverfassung ab.
[1817] Vgl. Fromme, *Weimarer Verfassung*, S. 61–70.
[1818] Ebd., S. 125–151. Dennoch war im Herrenchiemseer Entwurf ein Notstandsrecht vorhanden (Art. 111 HChE), das noch direkt an Art. 48 der Weimarer Verfassung erinnerte.

tionsfragen und in der Vollversammlung vorgesehen.[1819] An einen Oberbefehl über das Heer, wie noch in Artikel 47 der Weimarer Verfassung, war nicht mehr zu denken.

Als Rechte verblieben dem Bundespräsidenten die völkerrechtliche Vertretung des Bundes (Art. 45 WRV; Art. 81 HChE) und die Ausübung des Begnadigungsrechts (Art. 49 WRV; Art. 83 HChE). Anklagbar war das Staatsoberhaupt jetzt sowohl vom Bundestag als auch vom Bundesrat vor dem Bundesverfassungsgericht (Art. 59 WRV; Art. 85 HChE). Im Falle seiner Verhinderung sollte der Bundespräsident durch den Vorsitzenden des Bundesverfassungsgerichts (Art. 79, Abs. 1 HChE) und nicht mehr wie in der Weimarer Verfassung durch den Reichskanzler (Art. 51 WRV) vertreten werden.[1820]

Dass das Amt des Bundespräsidenten dennoch nicht rein repräsentativ war, lässt sich anhand mehrerer Artikel belegen.[1821] Nach Artikel 87 des Herrenchiemseer Entwurfs hatte der Bundespräsident das Recht, ein suspensives Veto bei der Ernennung des Bundeskanzlers durch den Bundestag geltend zu machen. Und gemäß Artikel 88 Absatz 2 stand dem Staatsoberhaupt das Recht zu, nach der Ernennung des Bundeskanzlers auf Vorschlag des Bundesrates (Senats) den Bundestag während der gesamten Wahlperiode aufzulösen. Außerdem konnte er durch sein Recht zur Einberufung des Bundestages Einfluss auf das politische Leben nehmen (Art. 56, Abs. 2 HChE). An der Legislative war der Bundespräsident formal durch die Ausfertigung der Gesetze beteiligt (Art. 109 HChE). Außerdem bezog er eine Vermittlerposition bei Gesetzeskonflikten zwischen Bundestag und Bundesrat (Art. 104 Abs. 2 HChE).

An den Debatten um dieses Amt sind die Spuren, die die Erfahrungen mit der Weimarer Republik und dem nationalsozialistischen Staat hinterlassen hatten, deutlich zu erkennen. Man war darum bemüht, Kompetenzen einzuschränken, aber gleichzeitig ein repräsentatives und am politischen Leben beteiligtes Organ zu kreieren.

Carlo Schmid konnte sich mit seiner Auffassung, unter den gegebenen politischen Umständen von der Schaffung eines solchen Amtes Abstand zu nehmen, nicht durchsetzen. Hermann Brill hingegen gelang es, seinen Vorschlag für ein Präsidium an der Spitze des zukünftigen deutschen Gesamtstaats, zumindest als Minderheitsvotum in den Herrenchiemseer Entwurf zu integrieren. Anton Pfeiffer dürfte mit dem Ausgang der Debatte um das Präsidentenamt zufrieden gewesen sein, während das von Adolf Süsterhenn angedachte Präsidium des Länderrats keine Zustimmung fand.

[1819] PR, Bd. 2, Dok. Nr. 10, Verfassungskonvent auf Herrenchiemsee. Bericht des Unterausschusses III, S. 293; ebd., Dok. Nr. 13, Verfassungskonvent auf Herrenchiemsee. Plenarsitzungen. Siebenter Sitzungstag, Montag, 23. August 1948, S. 404; Fromme, *Weimarer Verfassung*, S. 48f. Eine Bundesexekution wurde jedoch für die Regierung vorgesehen (Art. 115 HChE).
[1820] Es wurde auch der Vorschlag gemacht, die Vertretung dem Bundesratspräsidenten zu übertragen. PR, Bd. 2, Dok. Nr. 14. Verfassungsausschuß der Ministerpräsidentenkonferenz der westlichen Besatzungszonen. Bericht über den Verfassungskonvent auf Herrenchiemsee vom 10. bis 23. August 1948, S. 549.
[1821] Düwell, *Entstehung*, S. 116.

4.3.5 Die Verfassungsorgane – Bundesrat oder Senat?

Eine der am heftigsten und kontroversesten geführten Debatten auf Herrenchiemsee war sicherlich die um die Frage nach der Schaffung eines Bundesrats oder eines Senats als Zweiter Kammer.[1822] In welchem Maße dieses Thema die Gemüter erregte und die Konventsteilnehmer beschäftigte, zeigt sich schon alleine daran, dass es bereits in zwei Plenarsitzungen, vor der Arbeitsaufnahme durch die Unterausschüsse, Teil der Tagesordnung war[1823] und insgesamt auf vier Tagungen des Plenums zum Diskussionsgegenstand wurde.[1824] Wie kontrovers die Meinungen waren, wird im Entwurf des Verfassungskonvents deutlich, in den gleich drei unterschiedliche Vorschläge zur Ausgestaltung des Organs ihre Aufnahme fanden.[1825]

Carlo Schmid warf am zweiten Sitzungstag des Plenums die brisante Frage auf, „ob und wie das Element Land seine Repräsentanz finden soll".[1826] Man müsse sich darüber klar werden, „ob das dafür zu schaffende Organ eine Art von Gesandtenverein etwa im Sinne des Bismarckschen Bundesrats[1827] oder des Reichrats der Weimarer Verfassung[1828] [...] darstellen soll" und „ob diese Vertretung der Länder als reine Regierungsvertretung instruierter Delegierter oder als echte Kammer im Sinne eines Senats fungieren soll."[1829] Den Senatsgedanken hatte Schmid schon bei den Beratungen der Landesverfassungen ins Spiel gebracht, aber bereits damals selbst Zweifel an der Umsetzbarkeit dieses Modells gehegt.[1830] Letztendlich komme es „bei der Lösung dieses Dilemmas darauf an, die Entscheidung in einer Stilfrage zu treffen", so Schmid. Entscheide man sich für das System des Bundesrats, stimme man „für das Stilelement

---

[1822] So vermerkte auch ein vermutlich von Anton Pfeiffer verfasster Zwischenbericht über den Verfassungskonvent auf Herrenchiemsee: „In der Kommission für Organisationsfragen spielte die Hauptrolle der Gegensatz zwischen Senatsidee und Bundesratsmodell." o. A. [Anton Pfeiffer], Verfassungskonvent auf Herrenchiemsee. Stand: am Sonntag, den 15. August 1948, in: BayHStA, NL Pfeiffer 168.
[1823] Die Frage „Bundesrat oder Senat?" wurde in den Plenarsitzungen vom 11. und 12. August 1948 erörtert. PR, Bd. 2, Dok. Nr. 3, Verfassungskonvent auf Herrenchiemsee . Plenarsitzungen: Zweiter Sitzungstag, 11. August 1948, S. 83–85 und 128–156.
[1824] PR, Bd. 2, S. CXXXIII–CXXXIV). Vgl. auch Gronau, *Föderalismus*, S. 49–54.
[1825] Siehe Art. 105 HChE.
[1826] PR, Bd. 2, Dok. Nr. 3, Verfassungskonvent auf Herrenchiemsee . Plenarsitzungen: Zweiter Sitzungstag, 11. August 1948, S. 69 und 83–85. Carlo Schmid war laut Tätigkeitsbericht kein Mitglied des Unterausschusses III, in dem die Fragen zum organisatorischen Aufbau des Staates diskutiert wurden. Folgt man den Wortmeldungen in den Protokollen des Unterausschusses III, meldete sich Carlo Schmid hier dennoch zweimal zu Fragen der Bundesgerichte und des Bundesgerichtshofs zu Wort. Siehe Protokolle der Sitzungen des Unterausschusses III. 4. Sitzung. Montag, 16. August 1948, 8.30 Uhr, in: BayHStA, NL Pfeiffer 167, S. 64f. und S. 68.
[1827] Vgl. Art. 6–9 RV.
[1828] Vgl. Art. 60–67 WRV.
[1829] PR, Bd. 2, Dok. Nr. 3, Verfassungskonvent auf Herrenchiemsee . Plenarsitzungen: Zweiter Sitzungstag, 11. August 1948, S. 69. Außerdem, so Schmid, bestehe Klärungsbedarf in der Frage, „ob die Länder in diesem Organ grundsätzlich in gleicher Stärke vertreten sein sollen". Ebd. Ferner müsse man sich auch Gedanken darüber machen, ob man „eine echtes Zweikammer-System" wolle und ob man dem Länderorgan „gewisse Exekutivaufgaben" zuerkennen wolle. Ebd., S. 70.
[1830] Siehe Kapitel 3.2.1.

‚Bürokratie'", wähle man hingegen die Senatsform, votiere man „für das demokratische Element", so Schmid. Zwar habe die Bürokratie „von der administrativen Seite ausgesehen" einige Vorzüge, aber genau darin liege auch der wesentliche Nachteil dieses Systems, „nämlich daß in unser demokratisches System wieder ein bürokratisches Element mit hineinkommt, das bisher die freie Entfaltung und Konstituierung eines echten demokratischen Weltgefühls in Deutschland weithin verhindert hat". Während also im Bundesrat der „Sachverstand des gelernten Beamten" zum Ausdruck käme, würde der Senat „den freien Bürger und dessen innere Unabhängigkeit [...] gepaart mit den im öffentlichen Leben erworbenen Erfahrungen um die Dinge des Staates" an dessen Stelle setzen.[1831] Außerdem sah Schmid in dem Bundesratssystem die Gefahr einer parteipolitischen Überlagerung, die zu einer Schwächung des Prinzips der Gewaltenteilung führen könnte.[1832]

Ein Senat würde im Hinblick auf die Kontrolle der Regierung „eine sehr viel gewichtigere Rolle" einnehmen, argumentierte Carlo Schmid. Im Gegensatz zum Bundesrat sei es von den Mitgliedern des Senats eher zu erwarten, dass sie ihre Bedenken gegen ein Gesetz zum Ausdruck bringen würden, da sie weniger auf den „praktischen Gang der Geschäfte" bedacht seien.[1833] Noch in seinen Erinnerungen schrieb Schmid, der Senat sei „in seinen Entscheidungen und seiner Argumentation freier als ein Kollegium von Regierungsvertretern", hätte dieses doch eher das Selbstverständnis einer „Diplomatenkonferenz, in der nicht so sehr vom Bundesinteresse aus argumentiert" würde, sondern „nach dem Prinzip des ‚do ut des' ein Ausgleich von Länderinteressen" im Vordergrund stünde.[1834] Während man mit dem Bundesratssystem „eine Repräsentation der Teile gegen das Ganze" schaffe, komme im Senatsprinzip „eine Repräsentation des Ganzen vom Teil her" zum Ausdruck, was bei einem „echten Konfliktfall" entscheidend sei.[1835] Auch rückblickend vertrat Schmid den Standpunkt, ein Bundesrat würde eher „als desintegrierendes Element wirken", während die Ausbildung „,senatorischer' Persönlichkeiten [...] dem Staat im ständigen Wechsel der politischen Stimmungen Kontinuität und Stabilität" verleihe, „ohne die Wege, die zur Anpassung an die sich verändernden gesellschaftlichen und machtpolitischen Faktoren führen, zu blockieren".[1836]

Personell wollte Carlo Schmid den Senat mit „um das öffentliche Wohl verdienten Männern, die sich schon durch öffentliche Leistungen ausgewiesen haben", besetzt sehen, um so „einen Personentyp auszubilden, der, ohne die Parteien zu negieren, ohne das Dasein der Parteien aufheben zu wollen, einen dialektischen oder polaren Gegensatz zur Parteibürokratie" bilde. Damit erreiche man eine Personalisierung des Politischen und mache „mehr die Person zum Träger unseres öffentlichen Lebens und

---

[1831] PR, Bd. 2, Dok. Nr. 4, Verfassungskonvent auf Herrenchiemsee. Plenarsitzungen. Dritter Sitzungstag: Donnerstag, 11. August 1948, S. 149–151.
[1832] Weber, *Schmid*, S. 344.
[1833] PR, Bd. 2, Dok. Nr. 4, Verfassungskonvent auf Herrenchiemsee. Plenarsitzungen. Dritter Sitzungstag: Donnerstag, 11. August 1948, S. 151.
[1834] Schmid, *Erinnerungen*, S. 344.
[1835] PR, Bd. 2, Dok. Nr. 4, Verfassungskonvent auf Herrenchiemsee. Plenarsitzungen. Dritter Sitzungstag: Donnerstag, 11. August 1948, S. 151.
[1836] Schmid, *Erinnerungen*, S. 344.

[...] weniger die Institution".[1837] Der Senat war von Schmid dennoch als ein Korrektiv gegen die Parteien gedacht. Die Vorstellung eines elitären Ideals auch und gerade in einer Demokratie, die sich von der Vergangenheit abheben sollte, war ihm zu eigen und lässt die Vermutung zu, dass er sich durchaus gerne selbst in der Rolle des Senators gesehen hätte.[1838] Wie auch schon bei den Beratungen zu den Landesverfassungen wollte es Carlo Schmid auch auf Herrenchiemsee jedoch nicht gelingen, den Schwachpunkt aufzulösen, der in der Frage nach dem Zustandekommen des Senats bestand.[1839] Direkt darauf angesprochen, schlug er schließlich Folgendes vor: Die Senatoren sollten von den Landtagen gewählt werden[1840], also nicht der Landesregierung angehören, wie noch in der Weimarer Republik[1841], und damit unabhängige Einzelpersonen sein.

Das Senatsprinzip klang bereits in Carlo Schmids Kritik an den Staatsvorstellungen der Nationalsozialisten an[1842], und nach Ende des Zweiten Weltkriegs führte er es schließlich in seinem „Entwurf einer Verfassung für Nordwürttemberg und Nordbaden" aus. Wie schon auf Landesebene gelang es Carlo Schmid allerdings auch auf Herrenchiemsee nicht, die Frage nach dem Wahlverfahren zu einem solchen Senat innerhalb eines demokratischen Verfassungssystems befriedigend zu beantworten.

Hermann Brill leitete seine Stellungnahme zu einem Zweikammersystem im Plenum zunächst wieder mit einer Kritik an der bayerischen Verfassungsvorlage ein und bemängelte, dass man in diesem Entwurf „historisierend hinter der Entwicklung" zurückbleibe. Die Länderkammern der Vergangenheit seien stets „instruierte Gesandtenversammlungen" gewesen, und im Reichsrat der Weimarer Verfassung[1843] spüre man „eine gewisse Nachwirkung des monarchischen Prinzips [...], die gar nicht demokratisch" sei.[1844] Zudem würden die Mitglieder der Länderkammer, folge man dem „Bayerischen Entwurf", einen großen „Teil ihrer Zeit und Arbeitskraft den Bundesaufgaben widmen müssen." Um seinen Aufgaben gerecht zu werden, müsse daher jeder Abgeordnete der Länderkammer „ein ganzes Büro haben, das ihm von Bundes wegen zu stellen ist", ansonsten könne „er seine Pflichten nicht wirklich erfüllen". Auf

---

[1837] PR, Bd. 2, Dok. Nr. 4, Verfassungskonvent auf Herrenchiemsee. Plenarsitzungen. Dritter Sitzungstag: Donnerstag, 11. August 1948, S. 151f.
[1838] Vgl. Weber, *Schmid*, S. 345; PR, Bd. 2, Dok. Nr. 4, Verfassungskonvent auf Herrenchiemsee. Plenarsitzungen. Dritter Sitzungstag: Donnerstag, 11. August 1948, S. 152. Die Befürworter eines Bundesratssystems argumentierten jedoch gerade mit der geschichtlichen Bewährung des Bundesratssystems. Vgl. ebd., Dok. Nr. 10, Verfassungskonvent auf Herrenchiemsee. Bericht des Unterausschusses III, S. 288f.
[1839] Vgl. Kapitel 3.2.1.
[1840] PR, Bd. 2, Dok. Nr. 4, Verfassungskonvent auf Herrenchiemsee. Plenarsitzungen. Dritter Sitzungstag: Donnerstag, 11. August 1948, S. 154. In seinem vorläufigen „Entwurf einer Verfassung für Nordwürttemberg und Nordbaden" hatte Carlo Schmid im April 1946 vorgesehen, die Mitglieder des Senats zu je einem Drittel durch den Landtag wählen, den Staatspräsidenten berufen und den Rest hinzuwählen zu lassen (Art. 45 VESch).
[1841] Vgl. Art. 63 WRV.
[1842] Vgl. Kapitel 2.1.2.
[1843] Vgl. Art. 60–67 WRV.
[1844] PR, Bd. 2, Dok. Nr. 3, Verfassungskonvent auf Herrenchiemsee. Plenarsitzungen: Zweiter Sitzungstag, 11. August 1948, S. 83.

keinen Fall dürften von der Länderkammer Ausschüsse eingesetzt werden, deren Mitglieder nicht der Ländervertretung angehörten, wie dies im „Bayerischen Entwurf"[1845] zulässig sei, so Brill. Damit sei es „physisch und moralisch unmöglich [...] es so zu machen, wie es von Bayern vorgeschlagen wird."[1846]
Daher trat Brill dafür ein, aus dem „Länderrat eine echte Wahlkammer" zu machen und „das demokratische Element im Gesetzgebungsverfahren" dadurch zu stärken, dass der Länderrat „unmittelbar oder mittelbar vom Volk gewählt" werde.[1847] Er beabsichtigte, so „zwei Elemente der Vertretung des Volks" zu schaffen.[1848] Es spräche schließlich für echtes „bundesstaatliches Denken, daß das Volk auf zwei Stufen seines politischen Lebens im Bund vertreten" sei, „nicht das Land, sondern das Volk auf der Stufe des Landes".[1849]

Genauso hatte Hermann Brill bereits bei seinen Ausführungen zu einer Verfassung im Deutschen Büro für Friedensfragen argumentiert, als er das Staatenhaus in Anlehnung an den amerikanischen Senat zu einer zweiten Volksvertretung aufbauen wollte.[1850] Auf Herrenchiemsee ging er noch einen Schritt weiter und stimmte mit Carlo Schmid darin überein, dass man in Deutschland und vor allem „im deutschen Parteiwesen den Typ des senatorialen Politikers, [...] den älteren Staatsmann, der auf lange Erfahrungen im Parteiwesen und in der parlamentarischen Regierungsmaschine zurückblickt und deshalb imstande ist, die politischen Probleme auf einer höheren Ebene miteinander zu verbinden"[1851], brauche – Persönlichkeiten, die nach Brills Ermessen „eine ganz andere demokratische Legitimation"[1852] genießen würden.[1853]

In der zweiten Sitzung des Unterausschusses III, dessen Mitglied Hermann Brill war, sprach er sich nach seinen Ausführungen im Plenum eindeutig „für die Senats-

---

[1845] Siehe Art. 38, Abs. 1 BEGG.
[1846] PR, Bd. 2, Dok. Nr. 4, Verfassungskonvent auf Herrenchiemsee. Plenarsitzungen. Dritter Sitzungstag: Donnerstag, 11. August 1948, S. 141–143.
[1847] PR, Bd. 2, Dok. Nr. 3, Verfassungskonvent auf Herrenchiemsee. Plenarsitzungen: Zweiter Sitzungstag, 11. August 1948, S. 83.
[1848] Griepenburg, „Brill", S. 606.
[1849] PR, Bd. 2, Dok. Nr. 3, Verfassungskonvent auf Herrenchiemsee. Plenarsitzungen: Zweiter Sitzungstag, 11. August 1948, S. 134.
[1850] Siehe Kapitel 3.4.2.
[1851] PR, Bd. 2, Dok. Nr. 3, Verfassungskonvent auf Herrenchiemsee. Plenarsitzungen: Zweiter Sitzungstag, 11. August 1948, S. 133. Das „Erfordernis eines höheren Lebensalters" für Senatoren unterstrich Hermann Brill auch in den Beratungen des Unterausschusses III. Protokolle der Sitzungen des Unterausschusses III. 2. Sitzung. Samstag, 14. August 1948, 9 Uhr, in: BayHStA, NL Pfeiffer 167, S. 29. Neben dem Alter könne man auch „folgende Voraussetzungen aufstellen", so Hermann Brill: „Der Kandidat soll mindestens eine Legislaturperiode lang einem Landtag angehört haben, mindestens eine Amtsperiode Mitglied eines Gemeindeparlaments oder eines Kreistages, mindestens einmal Staatsminister, mindestens sechs Jahre Schöffe oder Geschworener, mindestens sechs Jahre Handelsrichter gewesen sein, mindestens sechs Jahre einem Betriebsrat angehört haben usw.". Protokolle der Sitzungen des Unterausschusses III. 3. Sitzung. Samstag, 14. August 1948, 15 Uhr, in: BayHStA, NL Pfeiffer 167, S. 38.
[1852] PR, Bd. 2, Dok. Nr. 3, Verfassungskonvent auf Herrenchiemsee. Plenarsitzungen: Zweiter Sitzungstag, 11. August 1948, S. 133.
[1853] Wie auch schon bei der näheren Betrachtung der Argumentation Carlo Schmids lässt die Rede Hermann Brills für die Einrichtung eines Senats die Vermutung zu, dass auch er sich gerne in der Rolle eines Senators gesehen hätte.

form" aus – „eine von den Landesregierungen errichtete Vertretung [...], die keine bestimmte Wahldauer besitzt", komme nicht in Frage, und „bezüglich der Gesetzgebung der Gleichberechtigung beider Häuser" sei „zum mindesten" eine Annäherung erforderlich. Der Senat sollte nach dem Dafürhalten Brills „zunächst durch die Landtage, später durch das Volk auf Zeit gewählt" werden, wobei jedes Land zunächst „ein Mitglied auf 1 ½ Millionen Einwohner, jedoch höchstens fünf Vertreter" zu unterhalten habe. In der von ihm als „Übergangszeit"[1854] bezeichneten Phase sollte dem Senat „ein nicht aufschiebendes Vetorecht eingeräumt werden, das bezüglich Einlegung und Begründung befristet ist und nur mit Zweidrittelmehrheit des Abgeordnetenhauses überwunden werden kann." Das Zustimmungsrecht „zum Erlass von Rechts- und Ausführungsverordnungen" sei dem Senat zuzuerkennen, aber keine „Mitwirkung [...] bei der Regierungsbildung". Für die Kontrolle der Regierung sah Brill vor, dass diese den Senat über ihre Geschäfte „ständig auf dem laufenden zu halten" habe.[1855] Außerdem sollte der Senat die Bundesaufsicht ausüben, den alleinigen Beschluss über die Bundesexekution[1856] fällen können und das „alleinige Recht der Rechnungskontrolle" ausüben. Nachzudenken sei über die Rolle der Senatoren „bei der Ernennung der Richter des Reichsverwaltungsgerichts und des Reichsgerichts" sowie über ein Aufsichtsrecht „bei der Besetzung der Bundesministerien", so Brill.[1857]

Schließlich legte Brill noch am selben Tag einen eigenen Entwurf „über Aufbau und Funktionen des Senats"[1858] im Unterausschuss III vor, in dem er seine am Vormittag gemachten Äußerungen verschriftlichte und im Anschluss erläuterte. Der in seinem Entwurf enthaltene Abschnitt über den Aufbau des Senats umfasste die von ihm bereits in der Vormittagssitzung skizzierten Punkte:

„1) Errichtung des Senats[1859];
2) Zahl der zu wählenden Senatoren[1860];
[...].

[1854] Als „Übergangszeit" definierte Hermann Brill die Zeit, in der „das Problem der Gliederung Deutschlands in Länder" noch offen sei.
[1855] Bei der „Informationspflicht der Bundesregierung" orientierte sich Hermann Brill an der Weimarer Verfassung und bemerkte in der dritten Sitzung am Nachmittag desselben Tages, „man habe es für richtig gehalten, die Vorschrift aus dem Weimarer Staatsrecht ausdrücklich zu übernehmen". Protokolle der Sitzungen des Unterausschusses III. 3. Sitzung. Samstag, 14. August 1948, 15 Uhr, in: BayHStA, NL Pfeiffer 167, S. 41. Vgl. Art. 67 WRV.
[1856] Zur Bundesexekution bemerkte Hermann Brill ebenfalls in der Nachmittagssitzung desselben Tages: „Diese Bundesexekution ist zur Zeit suspendiert durch die Wahrnehmung der Notstandsrechte durch Organe der Militärregierung." Protokolle der Sitzungen des Unterausschusses III. 3. Sitzung. Samstag, 14. August 1948, 15 Uhr, in: BayHStA, NL Pfeiffer 167, S. 36.
[1857] Protokolle der Sitzungen des Unterausschusses III. 2. Sitzung. Samstag, 14. August 1948, 9 Uhr, in: BayHStA, NL Pfeiffer 167, S. 27–32.
[1858] Protokolle der Sitzungen des Unterausschusses III. 3. Sitzung. Samstag, 14. August 1948, 15 Uhr, in: BayHStA, NL Pfeiffer 167, S. 34. Dem Entwurf Brills stand im Unterausschuss III der des Delegierten von Württemberg-Baden, Otto Küster, entgegen, der für eine Bundesratslösung eintrat. Ebd., S. 42–47.
[1859] „Der Senat setzt sich aus Senatoren zusammen, die von den Länderparlamenten auf die Dauer der Wahlperiode des Bundestags (etwa vier Jahre) gewählt werden." Ebd., S. 34.
[1860] „Auf 1 ½ Millionen Landeseinwohner entfällt ein Senator. Die Gesamtzahl beträgt mindestens 1, höchstens 5." Ebd.

4) Verkehr zwischen Senatoren und Ländern[1861].«[1862]

Neu hinzu kam der der Punkt „3) Rechtsstellung der Senatoren"[1863]. Zur Funktion des Senats formulierte Hermann Brill insgesamt sieben Punkte über die

„1. Mitwirkung bei der Gesetzgebung,
2. Mitwirkung bei dem Erlass von Verordnungen,
3. Mitwirkung bei der Regierungsbildung,
4. Mitwirkung bei der Wahl des Bundespräsidenten,
5. Mitwirkung bei der Bundesverwaltung,
6. Vertretung der Länder beim Bund,
7. Mitwirkung bei der Bundesaufsicht und der Bundesexekution"[1864],

die er alle bis auf die Punkte vier und sechs bereits auf der Vormittagssitzung des Unterausschusses III angesprochen hatte und nun ausformuliert und strukturiert präsentierte.

In Fragen der Gesetzgebung sollte nach der Vorstellung Brills grundsätzlich „die alte Reichsratsregelung aufrecht erhalten bleiben" und Gesetze durch übereinstimmenden Beschluss von Bundestag und Senat zustande kommen, wobei „alle Regierungsvorlagen zunächst im Senat einzubringen und dann mit der Stellungnahme des Senats im Bundestag vorzulegen" seien. Das Vetorecht des Senats sollte dabei nicht suspensiver Natur sein, womit dem Bundestag das Recht zugestanden wurde, Gesetze „innerhalb von vier Wochen mit qualifizierter Mehrheit" zu beschließen.[1865] Zwar wollte Brill kein zeitlich suspensives Veto, „andererseits aber auch, dass Gesetze nicht versacken." „Es dürfe nicht so sein, dass entweder durch Auflösung des Bundestags oder durch Vorlage eines neuen Gesetzentwurfs eine Vorlage als erledigt gilt." Grundsätzlich sollten Gesetze „nur durch übereinstimmenden Beschluss von Bundestag und Senat zustande" kommen.[1866]

Bei der Wahl des Bundespräsidenten schlug Brill vor, einen eigenen „Wahlkörper" zu bilden, „der sich aus den Senatoren und aus vom Bundestag zu entsendenden Bun-

---

[1861] „Die Länder haben gegenüber den Senatoren eine Informationspflicht. Im übrigen wird der Verkehr der Senatoren mit den Landesregierungen und ihre besondere Qualifikation (Alter, Zugehörigkeit zu Landtagen, Kreistag usw.) durch Landesgesetz geregelt." Ebd., S. 34f.
[1862] Ebd., S. 37. Unter Punkt drei sah Hermann Brill das Immunitätsrecht der Senatoren vor. Ebd., S. 34. Zu Punkt 4 bemerkte Hermann Brill, „man habe es für notwendig gehalten, eine Informationspflicht der Staatsregierung gegenüber den Senatoren festzusetzen. Die Senatoren sollten aus den Materialien der Staatsregierungen Nutzen ziehen können und auch sonst von diesen informiert werden müssen. Wie sich das umgekehrt auswirke, müsse man der praktischen Entwicklung überlassen." Ebd., S. 38.
[1863] Ebd., S. 37. „Der Senator genießt dieselben Privilegien (Immunitätsrechte) wie die Bundestagsabgeordneten." Ebd., S. 34.
[1864] Ebd., S. 35f. Zur Vertretung der Länder beim Bund vermerkte Hermann Brill: „Eine solche Vertretung entfällt beim Senatsprinzip, könnte aber für die Übergangszeit zugelassen werden." Ebd., S. 36.
[1865] Zum Zustandekommen einer qualifizierten Mehrheit war in Hermann Brills Entwurf vermerkt, diese müsse „auf jeden Fall [...] mehr als die Hälfte der gesetzlichen Zahl der Abgeordneten betragen." Ebd., S. 40.
[1866] Ebd., S. 35 und 39.

destagsabgeordneten" zusammensetzen sollte.[1867] Eine „Vertretung der Länder beim Bund" könne bei Anwendung des Senatsprinzips entfallen, „aber für die Übergangszeit zugelassen werden".[1868]

Der Entwurf Hermann Brills über den Senat ist in zweifacher Hinsicht bemerkenswert. Zum einen hatte Brill sich diesem Verfassungsorgan bis dahin noch nie in dieser Ausführlichkeit gewidmet, zum anderen legte kein anderes Mitglied des Verfassungsausschusses von Herrenchiemsee einen auch nur annähernd so ausformulierten Vorschlag zu diesem oder einem anderen Verfassungsorgan vor. Während eine Zweite Kammer in den staats- und verfassungspolitischen Vorstellungen Hermann Brills vor dem Zweiten Weltkrieg und auch in den Widerstandsschriften in Buchenwald noch keine Rolle gespielt hatte, widmete er sich diesem Verfassungsorgan im Deutschen Büro für Friedensfragen. Er sprach zwar in dieser Zeit noch nicht von einem Senat als solchem, setzte sich aber bereits dafür ein, auch die Zweite Kammer zu einer Vertretung des Volkes zu machen.

In den Bericht des Unterausschusses III fand der Vorschlag Hermann Brills als „Generalvariante"[1869] Eingang, wenn auch, wie bereits in einem Bericht der bayerischen Staatskanzlei an die Ministerpräsidenten vermerkt, in der Kommission für Organisationsfragen „ein Mehrheitsbeschluß zugunsten des Bundesrates gefasst" wurde, „während sich eine geringe Minorität für einen Senat aussprach".[1870]

Adolf Süsterhenn ergriff ebenfalls im Plenum das Wort, als es um die Ausgestaltung der Zweiten Kammer ging, und lobte zunächst die im „Bayerischen Entwurf" vorgesehene „Gleichberechtigung" von Volks- und Ländervertretung. Zwar gebe es bei der Ausgestaltung der Länderkammer diverse Möglichkeiten, er empfehle aber, „im Rahmen der deutschen verfassungsgeschichtlichen Entwicklung zu bleiben." Daher solle es den Ländern „als Einheiten innerhalb des Bundesstaates" ermöglicht werden, „ihren Willen durch ihre Spitze mitzuteilen". „Sinn und Zweck des Zweikammersystems" sei keine Parallelität der beiden Kammern, und keinesfalls dürfe „die eine Kammer der Abklatsch der anderen" sein. Genau dies sei aber der Fall, wandte Süsterhenn in Richtung Hermann Brills ein, wenn man „die Ländervertreter durch die Landtagsabgeordneten oder gar durch das Volk wählen" lasse. Dann habe man den Effekt, dass die Zweite Kammer „ebenso eine parteipolitisch zusammengesetzte Körperschaft wie das Parlament" werde, und dies rüttle an dem „Grundsatz der gegenseitigen Kontrolle und Balance".[1871] Diese Theorie des Gleichgewichts zwischen beiden Kammern hatte Süsterhenn bereits innerhalb der Verfassungsdiskussionen seiner Partei vertreten.[1872] Um

---

[1867] Ebd., S. 35, wo es weiter heißt: „Die Zahl der Bundestagsabgeordneten verhält sich zu der Zahl der Senatoren 2 : 1."
[1868] Ebd., S. 36.
[1869] PR, Bd. 2, Dok. Nr. 10, Verfassungskonvent auf Herrenchiemsee. Bericht des Unterausschusses III, S. 337.
[1870] Bayerisches Staatsministerium – Staatskanzlei München an das Büro der Ministerpräsidenten des amerikanischen, britischen und des französischen Besatzungsgebietes, 20. August 1948, in: BayHStA, NL Pfeiffer 161, S. 2.
[1871] PR, Bd. 2, Dok. Nr. 3, Verfassungskonvent auf Herrenchiemsee. Plenarsitzungen: Zweiter Sitzungstag, 11. August 1948, S. 128f.
[1872] Vgl. Kapitel 3.1.2.

„ein gesundes Gegengewicht gegen allzu starke parteipolitische Tendenzen in der Volkskammer" zu schaffen, empfahl er daher, sich an dem eingebrachten „Bayerischen Entwurf" – den er in diesem Punkt als „sehr glücklich" bezeichnete – zu orientieren und „als reiferes Organ" eine aus „Regierungsvertretern oder Regierungsmitgliedern" zusammengesetzte Länderkammer zu bilden.[1873]

Unmissverständlich wandte sich Süsterhenn gegen das Senatsprinzip, das er selbst in seinem „Vorentwurf einer Verfassung für Rheinland-Pfalz" noch im Ansatz vertreten hatte[1874]. Personell gesehen, könne man von einem Senator, der ja schließlich noch einen Hauptberuf ausübe, kaum erwarten, daß er, „ohne die Möglichkeiten zur Seite zu haben, die rein organisatorisch-technisch dem Mitglied eines Landeskabinetts" zu Verfügung stünden, die anfallende Arbeit bewältigen könne. Hier sei die Wahl eines Kabinettsmitgliedes eindeutig von Vorteil. Was den von Carlo Schmid und Hermann Brill propagierten „senatorialen Typ" betraf, wandte Süsterhenn ein, er könne diesen „in der gegenwärtigen Politik" nicht erkennen, daher müsse man bei „der Struktur des Bundesrats [...] zunächst von den gegenwärtigen politischen Verhältnissen ausgehen." In der Summe bedeutete dies für Adolf Süsterhenn angesichts der „Entwicklung sowohl des Bundesrats wie auch des Reichsrats", dem „Bayerischen Entwurf" zu folgen.[1875]

In seinen Staats- und Verfassungsvorstellungen auf Landesebene hatte Adolf Süsterhenn sich noch für eine Zweite Kammer ausgesprochen, die sich aus den verschiedenen Bezirken innerhalb des Landes sowie aus Interessenvertretern von Kirche, Kultur und Arbeitnehmern zusammensetzen sollte[1876], war aber in seiner im *Rheinischen Merkur* publizierten Artikelserie auf gesamtdeutscher Ebene deutlich von dieser Vorstellung abgewichen. Hier trat er nun, wie auch auf Herrenchiemsee, für eine aus weisungsgebundenen Vertretern der Landesregierungen gebildete Zweite Kammer ein.[1877]

Diese Argumentation war natürlich ganz im Sinne Anton Pfeiffers, der der Frage der Zweiten Kammer große Bedeutung zumaß. Wie hoch er deren Wichtigkeit einschätzte, zeigte sich auf der dritten Sitzung des Plenums, als er eigens Josef Schwalber[1878], den Staatssekretär des bayerischen Innenministeriums, mit dem Vorsitz betraute, um sich inhaltlich zur Sache äußern zu können. Er stimmte zunächst Carlo Schmids Ausführungen zum Senatssystem zu[1879], obwohl er selbst „von der Neigung zum Bundesratssystem ausgegangen" sei, dann aber durchaus „interessante Erfahrungen mit dem Länderrat in Frankfurt [...] gesammelt" habe.[1880] Bei seinen bisherigen Staats- und

---

[1873] PR, Bd. 2, Dok. Nr. 3, Verfassungskonvent auf Herrenchiemsee. Plenarsitzungen: Zweiter Sitzungstag, 11. August 1948, S. 129. Vgl. Art. 32 BEGG.
[1874] Siehe Kapitel 3.2.4.
[1875] PR, Bd. 2, Dok. Nr. 4, Verfassungskonvent auf Herrenchiemsee. Plenarsitzungen. Dritter Sitzungstag: Donnerstag, 11. August 1948, S. 148f.
[1876] Vgl. Kapitel 3.2.4.
[1877] Vgl. Kapitel 3.6.1.
[1878] Zur Biographie Josef Schwalbers siehe PR, Bd. 2, S. XVIf.
[1879] Bereits bei den Debatten um die Entstehung der Bayerischen Verfassung hatte sich Anton Pfeiffer einem Senatssystem gegenüber nicht abgeneigt gezeigt. Siehe Kapitel 3.2.3.
[1880] PR, Bd. 2, Dok. Nr. 4, Verfassungskonvent auf Herrenchiemsee. Plenarsitzungen. Dritter Sitzungstag: Donnerstag, 12. August 1948, S. 136. Hermann Brill schrieb dazu in seinem Tagebuch:

Verfassungsvorstellungen hatte sich Anton Pfeiffer bereits auf Landesebene einem Senat gegenüber aufgeschlossen gezeigt[1881], sich im Ellwanger Freundeskreis allerdings für die Schaffung eines Bundesrats ausgesprochen[1882].
Der Vorteil der Zusammensetzung des Länderrats bestehe darin, so Pfeiffer, dass die Mitglieder „aus ihrer eigenen Tätigkeit in der heimatlichen Regierung mit allen Angelegenheiten eng verwachsen sind und sie intim kennen, [...] aber keine gebundene Instruktion brauchen." Vom System her habe man hier „einen Typ mit den Vorteilen des alten Bundesratssystems, wobei aber immer noch das Individuum, die Person, das Ausschlagegebende" bleibe. Daher habe man aus bayerischer Sicht auch das Bundesratssystem vorgeschlagen.[1883] Im Gegensatz zu Schmid wollte Pfeiffer in die Zweite Kammer keine „Minister ohne Portefeuille" entsenden, sondern Mitglieder der Landesregierungen, die „mit allem Anfallenden aus ihrer Arbeit in den Ländern vertraut sind". Damit würde man zwar eine „Vertretung" schaffen, aber keine „Gesandtenvertretung", „sondern das, was man den Beobachter nennt". Freilich ging es Anton Pfeiffer hier in erster Linie darum, den Anspruch und die Teilhabe der Länder im Bund zu untermauern. So bezeichnete er denn auch die Mitglieder der Zweiten Kammer als „Repräsentanten ihres Landes", deren Aufgabe es sei, „die territorialen mit den gesamtdeutschen Erfordernissen in Einklang zu bringen".[1884]
Dem Einwand Hermann Brills, dass der bayerische Vorschlag nur mit einem großen Personalaufgebot zu bewältigen sei[1885], entgegnete Pfeiffer lapidar: „Jeder Typ der Vertretung der Länderinteressen benötigt einen doppelten ausgezeichneten Apparat: Einen Apparat in Form einer Länderdienststelle am Sitz der Bundesorgane und einen Apparat am Sitz der Regierung." Es sei schlicht egal, ob man von einem Senator oder einem Regierungsabgeordneten ausgehe, beide würden „Zeit [...] und einen sehr guten technischen Apparat brauchen."[1886] Carlo Schmid hielt Pfeiffer entgegen, er könne keine „Gefährdung des Bundesratstyps" erkennen; auch im Länderrat in Stuttgart sei bei den Mitgliedern ein „bedeutender Persönlichkeitswert" zu erkennen, und man könne keineswegs davon sprechen, dass sie „von der höheren Bürokratie abhängig" seien.[1887] Wieder mehr in seiner Rolle als Plenumsvorsitzender und weniger als Vertreter Bayerns regte Anton Pfeiffer schließlich an, „eine zusammenfassende Darlegung" sowohl des Bundesrats- als auch des Senatssystems für den abschließenden Bericht von Herrenchiemsee auszuarbeiten.[1888]

„Pfeiffer idealisiert die Tätigkeit so, daß sie zu einem Beweis für die Richtigkeit des bayerischen Vorschlags wird. Ich zeige dagegen die Hilfskonstruktionen und die Illegalitäten, sowie die Brüche der Vereinbarungen über den Geschäftsverkehr zwischen den einzelnen Frankfurter Räten." Griepenburg, „Brill", S. 607.
[1881] Vgl. Kapitel 3.2.3.
[1882] Vgl. Kapitel 3.5.2.
[1883] Vgl. Art. 32 BEGG.
[1884] PR, Bd. 2, Dok. Nr. 4, Verfassungskonvent auf Herrenchiemsee. Plenarsitzungen. Dritter Sitzungstag: Donnerstag, 12. August 1948, S. 138f.
[1885] Ebd., S. 142.
[1886] Ebd., S. 154.
[1887] Ebd., S. 155. Zu Anton Pfeiffers Arbeit im Stuttgarter Länderrat siehe Kapitel 3.5.1.
[1888] PR, Bd. 2, Dok. Nr. 4, Verfassungskonvent auf Herrenchiemsee. Plenarsitzungen. Dritter Sitzungstag: Donnerstag, 12. August 1948, S. 155.

Im Bericht über den Verfassungskonvent auf Herrenchiemsee nahm man in Anlehnung an den Bericht des Unterausschusses III eine abgeschwächte Bundesratslösung als dritten Vorschlag mit auf. So kam es, dass in der Endfassung des Entwurfs von Herrenchiemsee drei Vorschläge für eine zukünftige Zweite Kammer nebeneinander standen: Ein echter Bundesrat (Variante I), ein Senat (Variante II) und die abgeschwächte Bundesratslösung (Variante III).

Für den echten Bundesrat, wie auch den Senat, stand an erster Stelle die Aufgabe zur Einbeziehung der Länder in die Willensbildung des Bundes (Art. 65 HChE). Der Bundesrat sollte jedoch im Gegensatz zum Senat „keine bloße parteigespaltene Parallele zum Parlament" sein. Als Sachverständigengremium hatte der Bundesrat die Aufgabe der föderativen Vermittlung zu übernehmen.[1889] Die Entscheidung für einen Senat hingegen sollte, im Sinne Carlo Schmids, die „Entscheidung für den echten demokratischen Lebensstil, für die Regierung des Volkes durch das Volk" sein.[1890] Qualifizieren konnte sich als Senator, wer „das 40. Lebensjahr vollendet hat und die landesgesetzlich vorgeschriebenen sonstigen Voraussetzungen erfüllt" (Art. 67 Abs. 2 HChE). Parteipolitisch freier als die Vertreter eines Bundesrates sollten die Senatoren nicht die Länder, sondern – im Sinne Anton Pfeiffers – „das Element Land"[1891] vertreten.

Die abgeschwächte Bundesratslösung kam neben den anderen beiden Entwürfen zur Bundesgesetzgebung in den Artikeln 103, 104 und 105 des Herrenchiemseer Entwurfs zum Tragen. Hier sollte übereinstimmend mit den beiden anderen Varianten des Organs dieses das Recht zur Gesetzesinitiative besitzen (Art. 103 HChE). Allerdings wurde dem Senat in der zweiten Variante im Zuge der Gesetzgebung das Vorrecht eingeräumt, Regierungsvorlagen als Erstes zu beraten (Art. 103 Abs. 2 HChE), während bei beiden Bundesratslösungen die Regierung über den Ort der Erstberatung zu bestimmen hatte (Art. 103 Abs. 2 HChE). Nach der abgeschwächten Bundesratslösung sollte das Organ mit einfacher Mehrheit beschließen (Art. 103 Abs. 3 HChE).

In Variante I und II kam ein Gesetz dann zustande, wenn ein übereinstimmender Mehrheitsbeschluss beider Häuser vorlag (Art. 104 Abs. 1 HChE), nach der abgeschwächten Bundesratslösung hingegen, „wenn es vom Bundestag durch Mehrheitsbeschluß angenommen ist und entweder der Bundesrat schon zugestimmt hat oder von dem Recht des Einspruchs keinen Gebrauch macht oder sein Einspruch vom Bundestag überstimmt ist" (Art. 104 Abs. 1 HChE). Falls kein konformer Beschluss zustande kommen sollte, war der Bundespräsident nach der Variante I dazu befugt, eine beratende Versammlung einzuberufen, auf deren Basis eine weitere Abstimmung in beiden Kammern erfolgen musste (Art. 104 Abs. 2 HChE). Die zweite Variante sah eine nochmalige Abstimmung im Bundestag nach vier Wochen vor. Bei einer Annahme mit Zweidrittelmehrheit sollte das Gesetz Rechtsgültigkeit erlangen (Art. 104 Abs. 2 HChE). Der abgeschwächte Bundesrat hatte hingegen nur die Möglichkeit,

---

[1889] PR, Bd. 2, Dok. Nr. 14. Verfassungsausschuß der Ministerpräsidentenkonferenz der westlichen Besatzungszonen. Bericht über den Verfassungskonvent auf Herrenchiemsee vom 10. bis 23. August 1948, S. 540f.
[1890] Ebd., S. 542.
[1891] Ebd., S. 543.

binnen eines Monats sein Veto im Bundestag geltend zu machen (Art. 104 Abs. 2 HChE). Der Einspruch konnte jedoch überstimmt werden, „wenn im Bundestag die Mehrheit der gesetzlichen Mitgliederzahl dem Gesetz zustimmt" (Art. 104 Abs. 3 HChE). Bei einer echten Bundesratslösung war eine Zustimmung zu einem Gesetz innerhalb des Bundesrats von zwei Dritteln der Mitglieder, bei der abgeschwächten Variante von der Mehrheit der gesetzlichen Mitgliederzahl des Gremiums in drei Fällen notwendig (Art. 105 Abs. 1 HChE).[1892] Bei der Senatslösung entfiel Artikel 105 des Herrenchiemseer Entwurfs. Aus bayerischer Sicht garantierten die dem Bundesrat verbliebenen Rechte jedoch immer noch einen großen Einfluss.[1893]

Die Delegierten auf Herrenchiemsee waren sich insgesamt am Ende des Konvents also alles andere als einig darüber, wie eine zukünftige Zweite Kammer auszusehen hatte; und auch Carlo Schmid und Hermann Brill, Anton Pfeiffer und Adolf Süsterhenn hatten hier unterschiedliche Ansichten, die sich vor allem in der Senats- und in der Bundesratsvariante widerspiegelten. Vergleicht man den Senatsentwurf Hermann Brills im Unterausschuss III mit der Senatsvariante im Verfassungsentwurf von Herrenchiemsee, ist festzustellen, dass sich dort große Teile von Brills Konzeption wiederfinden. So wurde der von Hermann Brill vorgeschlagene Aufbau des Senats fast wortwörtlich in die Artikel 66 und 67 des Herrenchiemseer Entwurfs übernommen[1894], und auch die von Brill vorgesehen Mitwirkung des Senat bei der Gesetzgebung zeigte sich in den Artikeln 103 und 104 des Verfassungsentwurfs von Herrenchiemsee. Ebenso wurde die von Hermann Brill vorgeschlagene Mitwirkung des Senats bei der Wahl des Staatsoberhaupts in Artikel 75 Absatz 1 des Herrenchiemseer Entwurfs aufgenommen.[1895] Nicht übernommen wurde hingegen die Forderung Brills, die Ernennung der Beamten der Bundesregierung an die Zustimmung des Senats zu koppeln und die Bundesexekution allein auf Senatsbeschluss hin zu verhängen.

Bei allen unterschiedlichen Ansätzen herrschte auf Herrenchiemsee Einigkeit darüber, dass es eine Zweite Kammer geben sollte. Allerdings wurde sowohl in Anleh-

---

[1892] Die Zustimmung des Organs war notwendig, „wenn dadurch 1. eine neue Bundesbehörde oder eine neue bundesunmittelbare Selbstverwaltung geschaffen wird oder 2. ein neues Weisungsrecht des Bundes gegenüber Landesbehörden eingeführt wird oder 3. Ausgaben für Zwecke auf den Bundeshaushalt übernommen werden" (Art. 105 Abs. 1 HChE).
[1893] Gelberg, „Strategien", S. 67.
[1894] Eine Abweichung im Verfassungsentwurf von Herrenchiemsee gegenüber der Senatskonzeption Hermann Brills im Unterausschuss III bestand jedoch darin, dass nicht allein die Länder festlegen konnten, wer als Senator wählbar war, sondern auf gesamtdeutscher Ebene geregelt war, dass jeder „Staatsbürger, der das 40. Lebensjahr vollendet hat", wählbar war, wobei nach wie vor die von Brill vorgesehenen „landesgesetzlich vorgeschriebenen sonstigen Voraussetzungen" zu erfüllen waren (Art. 67, Abs. 1 HChE). Zudem wurde verfügt, dass im Falle einer Senatslösung Groß-Berlin „bis zu seiner Aufnahme in den Bund das Recht" habe, „zwei Senatoren zu entsenden" (Art. 66, Abs. 3 HChE).
[1895] Allerdings hatte Hermann Brill in seinem Senatsentwurf ein Verhältnis von zwei zu eins von Bundestagsabgeordneten zu Senatoren bei der Wahl des Staatsoberhaupts gefordert, der Herrenchiemseer Entwurf aber legte fest, dass derjenige gewählt sein sollte, der „in jedem der beiden Häuser die Mehrheit der gesetzlichen Stimmenzahl erhält" (Art. 75 Abs. 1 Satz 3 HChE).

nung an die bisherigen Leistungen von Bundes- und Reichsrat als auch gerade in deren Ablehnung argumentiert, ohne zu einem Konsens zu kommen.

4.3.6 Die Verfassungsorgane – Bundestag

Über den Aufbau der Ersten Kammer war man sich bereits zu Beginn der Plenarsitzungen im Wesentlichen einig. So vermerkte auch Carlo Schmid in seinen *Erinnerungen*: „Bei der Beratung über die Ausgestaltung des Bundestags kam es kaum zu Kontroversen. Die Vorschläge entsprachen den Traditionen der parlamentarisch und demokratisch verfaßten europäischen Staaten."[1896]

Carlo Schmid sprach die Frage, ob „das Element Gesamtvolk seine Vertretung finden soll etwa in einem allgemein direkt gewählten Volkstag"[1897], auf der zweiten Sitzung des Plenums an und gab der Hoffnung Ausdruck, dass in diesem Punkt wohl Einigkeit unter den Abgeordneten auf Herrenchiemsee bestehe[1898]. Die Frage nach dem Wahlsystem - „Mehrheitswahl oder Verhältniswahl?" – bezeichnete er als ein „wichtigeres Problem als viele andere Dinge, die in den Verfassungen stehen". Er plädierte dafür, in der Beantwortung „elastisch" zu bleiben, „damit nicht dann, wenn die Regelung nicht mehr paßt, der ganze Apparat der Verfassungsänderungen in Gang gesetzt" werden müsse.[1899] Bereits bei den Verfassungsberatungen auf Landesebene und auf der Tagung der Deutschland-Kommission der Union Européenne des Fédéralistes hatte sich Carlo Schmid für eine vom ganzen Volk gewählte Volksvertretung eingesetzt.[1900] Zur Größe des Parlaments stellte Schmid fest, man müsse „zu einer vernünftigen Zahl kommen", denn nur dann sei das Organ handlungsfähig. Im Grundgesetz solle diese Forderung „entweder durch eine absolute Zahl oder durch eine relative im Verhältnis zur Bevölkerung stehende Zahl" verschriftlicht werden.[1901]

Hermann Brill gab im Plenum mit Blick auf die Volksvertretung an, erstmals „vollständig mit den bayerischen Vorschlägen" konform zu gehen, und begrüßte, „daß gerade von bayerischer Seite allgemeine Wahlen auf der Grundlage eines Bundesgesetzes" vorgesehen seien, denn nur so könne „die Einheit des deutschen Volkes" wieder hergestellt werden. Es sei „ideell [...] ein außerordentlich hohes Rechtsgut", das Parlament „aus allgemeinen Wahlen auf der Grundlage eines Bundesgesetzes hervorge-

---

[1896] Schmid, *Erinnerungen*, S. 343.
[1897] PR, Bd. 2, Dok. Nr. 3, Verfassungskonvent auf Herrenchiemsee. Plenarsitzungen: Zweiter Sitzungstag, 11. August 1948, S. 69.
[1898] Ebd., S. 126.
[1899] Ebd., S. 127. Adolf Süsterhenn sah zwar auch die Notwendigkeit, „der politischen Wirklichkeit einen gewissen Spielraum" zu gewähren, betonte aber, die Verfassung solle „ein hohes Gut sein und der ganzen Staatsentwicklung eine gewisse Stabilität verleihen". PR, Bd. 2, Dok. Nr. 13, Verfassungskonvent auf Herrenchiemsee. Plenarsitzungen. Siebenter Sitzungstag, Montag, 23. August 1948, S. 448.
[1900] Vgl. Kapitel 3.2.1 und Kapitel 3.3.1.
[1901] PR, Bd. 2, Dok. Nr. 3, Verfassungskonvent auf Herrenchiemsee. Plenarsitzungen: Zweiter Sitzungstag, 11. August 1948, S. 127. In den Beratungen des zuständigen Unterausschusses für Organisationsfrage sind keine weiteren Äußerungen Carlo Schmids zum Verfassungsorgan des Bundestags verzeichnet.

hen" zu lassen.[1902] Allerdings musste Brill feststellen, dass der „Bayerische Entwurf" die „Art des Wahlrechts" ausgespart hatte, was aber durchaus in seinem Sinne war. In einer Festlegung des Wahlrechts vermutete er „die Gefahr [...], daß es im Parlamentarischen Rat dann an der nötigen Gründlichkeit der Erörterungen" mangeln könnte.[1903] Bereits in den Beratungen des Unterausschusses I hatte sich Hermann Brill gegen eine mögliche Suspendierung der Grundrechte eingesetzt, sich aber mit dieser Forderung nicht endgültig durchsetzen können. Daher regte er in der Plenumsdiskussion an, wenigstens den ständigen Ausschuss des Bundestags an dem Erlass von Notverordnungen zu beteiligen[1904], wogegen sich vor allem Adolf Süsterhenn aussprach[1905], und Brill musste auch hier eine Niederlage hinnehmen.[1906] Im Unterausschuss III wandte sich Hermann Brill zudem ausdrücklich und letztendlich auch erfolgreich gegen „das Recht der Selbstauflösung" des Bundestags. Eine solche Möglichkeit stellte für ihn „eine Flucht in die Verantwortungslosigkeit" dar.[1907]

In dem Bericht des Unterausschusses für Grundsatzfragen wurde auf Anregung Brills die „allgemeine, gleiche und geheime Wahl der Abgeordneten" des Bundestags vorgesehen, wobei betont wurde, dass man damit „die Entscheidung der Frage des Wahlsystems" nicht vorwegnehmen wolle. Zudem wurde auf Initiative Hermann Brills „in einem besonderen Artikel die Abgeordnetenzahl durch eine fixe Höchstgrenze" festgelegt, wobei bemerkt werden muss, dass Brill „für die Bildung eines grossen Parlaments" eintrat und „vor allem die Soziologie der Parlamente, die grosse Bedeutung der Mitte bei der Meinungsbildung innerhalb einer Partei und die Notwendigkeit unmittelbarer Verbindung zwischen Gewählten und Wählern" betonte.[1908] Bereits in seinen früheren Staats- und Verfassungsvorstellungen hatte Hermann Brill stets Wert darauf gelegt, eine echte Volksvertretung zu schaffen, und im Rahmen seiner Arbeit im Deutschen Büro für Friedensfragen deshalb auch in seinem zweiten Entwurf das Wahlrecht von einer Verhältniswahl in eine unmittelbare Wahl abgeändert.[1909] Zwar hatte er sich damit weit von der einst geforderten Machtkonzentration in den Händen des Volks entfernt, hielt aber an seinem Grundprinzip, dem Volk die Chance zur möglichst direkten Mitgestaltung von Politik und Verwaltung zu eröffnen, fest.

Anton Pfeiffer brachte mit Blick auf das Wahlsystem für den Bundestag zum Ausdruck, dass er zwar grundsätzlich dem von Carlo Schmid unterbreiteten Vorschlag einer allgemeinen, gleichen und geheimen Wahl zustimme, allerdings nur, „wenn umge-

---

[1902] PR, Bd. 2, Dok. Nr. 3, Verfassungskonvent auf Herrenchiemsee. Plenarsitzungen: Zweiter Sitzungstag, 11. August 1948, S. 82f.
[1903] Ebd., S. 126
[1904] PR, Bd. 2, Dok. Nr. 13, Verfassungskonvent auf Herrenchiemsee. Plenarsitzungen. Siebenter Sitzungstag, Montag, 23. August 1948, S. 424 und 429f.
[1905] Adolf Süsterhenn wies darauf hin, dass „im Falle eines obstruktionsmäßigen Versagens des Bundestags [...] diese Obstruktion auch vom Ständigen Ausschuß geübt" werde und gerade in diesem „Fall [...] unter Umständen Notverordnungsrecht angewandt werden" müsse. Ebd., S. 428.
[1906] Vgl. Art. 111, Abs. 1 HChE.
[1907] Protokolle der Sitzungen des Unterausschusses III. 1. Sitzung. Freitag, 13. August 1948, 9.30 Uhr, in: BayHStA, NL Pfeiffer 167, S. 12.
[1908] Ebd., S. 11. Siehe Art.31, Abs. 2 im Bericht des Unterausschusses III, abgedruckt in: PR, Bd. 2, Dok. Nr. 10, Verfassungskonvent auf Herrenchiemsee. Bericht des Unterausschusses III, S. 311. Siehe auch: Art.45, Abs. 2 HChE.
[1909] Vgl. Kapitel 3.4.2.

kehrt die Vertretung der Länder als ausgeprägtes und gleichberechtigtes Organ das volle Recht des Gegenspiels" bekomme.[1910] Ansonsten äußerte er sich weiter nicht in der Sache. In seinen bisherigen Betrachtungen zu Staat und Verfassung hatte bei dem bayerischen Staatssekretär auch stets das Länderelement die bedeutendere Rolle gespielt, das er als mindestens gleichberechtigt mit der Volksvertretung ansah, während er eine parlamentarische Übermacht eher fürchtete.[1911] Insofern verwundert es nicht, dass er diese Haltung auch auf Herrenchiemsee weiterhin vertrat.

Adolf Süsterhenn setzte sich, in Anlehnung an den „Bayerischen Entwurf", für eine „grundsätzliche Gleichberechtigung" der beiden Kammern ein – dies hatte er bereits in seiner Artikelserie im *Rheinischen Merkur* angemahnt[1912] – und gedachte gleichzeitig, „gegen allzu starke parteipolitische Tendenzen" in der Volksvertretung ein Gegengewicht zu bilden. Überhaupt betrachtete er die Länderkammer als ein wesentlich „reiferes Organ" als das Parlament.[1913] Das entsprach sicher auch Anton Pfeiffers Vorstellungen, allerdings zog er sich mit dieser Ansicht vor allem die Kritik Hermann Brills zu, der sich dagegen verwahrte, die Erste Kammer als den „Sammelplatz aller Bösewichte des Parteiwesens" und die Länderkammer „als die Inkarnation aller Weisheit und Güte" darzustellen.[1914] Wie auch Anton Pfeiffer hatte bei Adolf Süsterhenn die Ausgestaltung der Zweiten Kammer, etwa bei den Beratungen der Landesverfassungen[1915], stets eine größere Rolle gespielt als die der Ersten, war es doch sein Ziel, das föderalistische Element innerhalb der Verfassung zu stärken.

Aufgrund der relativen Einigkeit unter den Delegierten gab es auch im Bericht des Unterausschusses III – im Gegensatz zur Diskussion um die Zweite Kammer – keinerlei Varianten bei der Ausgestaltung des Bundestags, da „keine Meinungsverschiedenheit darüber" bestanden hatte, „daß in Form des Bundestags wieder ein echtes Parlament zu schaffen sei, welches unmittelbar vom deutschen Volk und nicht etwa von den Landtagen gewählt wird". Zu den Rechten und Pflichten des Bundestags sollte der „Hauptanteil an der Gesetzgebung", gehören und die Regierung sollte „von ihm abhängig sein". Zudem war vorgesehen, den Bundestag an der Wahl des Bundespräsidenten zu beteiligen.[1916] Der so oft kritisierten Arbeitsunfähigkeit des Parlaments in der Weimarer Zeit begegnete man mit einer Reihe von Sicherungsmaßnahmen und betonte den stärkeren „Einfluß des Parlaments auf die Bildung der Regierung" und den geringeren „Einfluß auf den Sturz der Regierung, verglichen mit der Weimarer Verfassung".[1917] Die von Hermann Brill angemahnte „Beschränkung des Auflösungsrechtes"

[1910] PR, Bd. 2, Dok. Nr. 3, Verfassungskonvent auf Herrenchiemsee. Plenarsitzungen: Zweiter Sitzungstag, 11. August 1948, S. 126.
[1911] Vgl. Kapitel 3.2.1.
[1912] Vgl. dazu Kapitel 3.6.1.
[1913] PR, Bd. 2, Dok. Nr. 3, Verfassungskonvent auf Herrenchiemsee. Plenarsitzungen: Zweiter Sitzungstag, 11. August 1948, S. 128f.
[1914] Ebd., S. 132.
[1915] Vgl. Kapitel 3.2.4.
[1916] PR, Bd. 2, Dok. Nr. 10, Verfassungskonvent auf Herrenchiemsee. Bericht des Unterausschusses III, S. 280.
[1917] Ebd., S. 283. Der Bericht des Unterausschusses III führte zu den „Sicherungen gegen arbeitsunfähige Parlamente" fünf Punkte auf: „Wahlreform", „Parteiengesetz", „Notverordnungen", „Zeitliche

wurde ebenfalls in den Bericht aufgenommen.[1918] In den Verfassungsentwurf von Herrenchiemsee wurden teilweise Änderungen aus den sich im Plenum ergebenden Debatten eingearbeitet, wodurch sich allerdings meist „nur stilistische Abweichungen"[1919] ergaben.

Insgesamt konnten Carlo Schmid, Hermann Brill, Anton Pfeiffer und Adolf Süsterhenn mit der Ausgestaltung des Bundestags zufrieden sein. Sowohl der Forderung Schmids und Brills nach einer echten Volksvertretung als auch den Bedenken Pfeiffers und Süsterhenns vor einer Übermacht des Parlaments, die letztlich zu einer Instabilität führen könnte, wurde Rechnung getragen.

4.3.7 Die Verfassungsorgane – Bundesregierung und Bundeskanzler

Im Vergleich zu den sehr kontrovers geführten Diskussionen über die Schaffung der Organe Bundesrat oder Senat sowie Bundespräsident oder Bundespräsidium verliefen die Besprechungen zu den übrigen Institutionen weitaus gemäßigter. Dies war auch bei der Konzipierung der künftigen Bundesregierung und des Bundeskanzlers der Fall, bei der es den Konventsteilnehmern vor allem darum ging, Kontinuität und Stabilität zu schaffen – ein Gedankengang, der eindeutig auf die politischen Erfahrungen mit der Weimarer Republik zurückging.[1920]

Wieder war es Carlo Schmid, der die grundsätzlichen Fragen aufwarf. Zu bedenken sei, ob „man eine Regierung [...] auf Zeit und inamovibel für diese Zeit, nicht verantwortlich einem Parlament" haben wolle. Sollte man eine reine Gewaltenteilung anstreben oder „eine parlamentarische Regierungsform", und wie müsste Konstitution und Einsetzung der Regierung geschehen?[1921] Wie auch immer man letzten Endes die Regierungsbildung konzipiere, sie müsse „grundsätzlich auf der Wahl durch das Volk beruhen [...], natürlich nicht der unmittelbaren Wahl, aber doch der Wahl durch vom Volk gewählte Vertreter", so Schmid im Plenum.[1922] Es sei notwendig, vom „Verhältniswahlrecht weg zu einem Wahlrecht [zu] kommen [...], das klare Mehrheiten, klare Verantwortlichkeiten" hervorbringe und „die Menschen, die sich am politischen Leben beteiligen wollen", dazu führe, eine eindeutige Entscheidung zu treffen.[1923] Darüber hinaus empfahl er eine engere Verknüpfung zwischen Regierung und Parlament, da die Regierung vor allem regieren und nicht verwalten solle. Die viel diskutierte zu erzielende Stabilität der Regierung war für Carlo Schmid „nicht der letzte Wert". Zwar

---

Begrenzung des Rechts zur Regierungsbildung" und „Nur konstruktive, keine obstruktiven Mißtrauensvoten". Ebd., S. 280–283.
[1918] Ebd., S. 283.
[1919] PR, Bd. 2, S. CX.
[1920] Vgl. Gronau, *Föderalismus*, S. 55f.
[1921] PR, Bd. 2, Dok. Nr. 3, Verfassungskonvent auf Herrenchiemsee. Plenarsitzungen: Zweiter Sitzungstag, 11. August 1948, S. 70.
[1922] PR, Bd. 2, Dok. Nr. 4, Verfassungskonvent auf Herrenchiemsee. Plenarsitzungen. Dritter Sitzungstag: Donnerstag, 12. August 1948, S. 164.
[1923] Ebd., S. 168.

sei sie fraglos „ein sehr hohes Gut", aber es gebe noch andere Inhalte, die man in eine bestimmte „Rangordnung" bringen und gegeneinander abwägen müsse.[1924]

Zu der Möglichkeit einer für einen festen Zeitraum gewählten Regierung etwa nach Vorbild des schweizerischen Bundesrats[1925] oder dem System der USA[1926] führte Schmid zwei wesentliche Gegenargumente an. Zum einen würde man mit einem solchen System Gefahr laufen, „das Gewicht der Bürokratie" zu erhöhen, und zwar „entsprechend der zunehmenden Beteiligung des Volkes an den Geschäften des Staates". Zum anderen, und dies war für Schmid das Hauptargument, würde einer Regierung auf Zeit „das Ventil [...], das echte Konflikte zwischen Regierung und Volk zu lösen vermag", schlicht fehlen. Zu erwartende Folge dieses fehlenden Ventils, gepaart mit der Unersetzbarkeit der Institution, seien revolutionäre Spannungen, gab Schmid zu bedenken.[1927]

Aus diesen Gründen sprach sich Carlo Schmid für das parlamentarische System aus. Der Vorteil bestehe darin, „daß es der politischen Dynamik größeren Spielraum" lasse und „die Exekutive, also die Regierung, in einem engeren Kontakt mit den Kräften [den Parteien]" binde, „die unser öffentliches Leben, unser öffentliches Bewußtsein in Fluß und Bewegung halten". Zwar sei auch dieses System nicht frei von Fehlern, aber der Sturz der Regierung ohne deren Ersatz könne man sehr wohl durch entsprechende Verfassungsbestimmungen korrigieren. Die Verfassungen von Württemberg-Baden und Württemberg-Hohenzollern böten hier das beste Beispiel. In ihnen sei die Stabilität der Regierung dadurch gewährleistet und gleichzeitig „der Vorteil des parlamentarischen Systems aufrecht erhalten", dass „eine Regierung im Rechtssinne erst dann gestürzt ist, wenn eine neue Regierung eine Mehrheit von 51 Prozent der Abgeordneten gefunden hat".[1928] Diese Art der Regierungssicherung durch ein konstruktives Misstrauensvotum hatte Carlo Schmid bereits in seinem vorläufigen „Entwurf einer Verfassung für Nordwürttemberg und Nordbaden" vorgesehen.[1929] Zusätzlich regte er nun an, „als weitere Sicherung gegen chaotische Mißtrauensvoten" die Ergänzung aufzunehmen, „daß zwischen einem Mißtrauensantrag oder dem Verlangen der Regierung, ihr das Vertrauen auszusprechen, und der Abstimmung darüber ein voller Tag liegen" solle.[1930] Im Nachhinein konnte Schmid zufrieden feststellen, es sei ihm gelungen, seine „Kollegen von den Vorzügen eines konstruktiven Mißtrauensvotums" ebenso zu überzeugen wie schon bei den Beratungen der „Verfassungen Württemberg-Hohenzollerns und Württemberg-Badens".[1931]

Bei den Debatten im Unterausschuss III nahm Carlo Schmid keine Stellung zu den Verfassungsorganen Bundesregierung und Bundeskanzler. Später erinnerte er sich, dass auf Herrenchiemsee in erster Linie „die schlimmen Folgen verzögerter Regie-

---

[1924] Ebd., S. 165.
[1925] Vgl.: Ebd., S. 165, Anm.39.
[1926] Vgl.: Ebd., S. 165, Anm.40.
[1927] Ebd., S. 167.
[1928] Ebd., S. 167f.
[1929] Siehe Kapitel 3.2.1.
[1930] PR, Bd. 2, Dok. Nr. 13, Verfassungskonvent auf Herrenchiemsee. Plenarsitzungen. Siebenter Sitzungstag, Montag, 23. August 1948, S. 406.
[1931] Schmid, *Erinnerungen*, S. 346.

rungsbildung in der Zeit der Weimarer Republik" die Arbeit zu diesem Verfassungsorgan bestimmt habe.[1932]

Hermann Brill argumentierte in Bezug auf die Regierung „für ein gemischtes System (Richtlinien der Politik durch den Ministerpräsidenten und Kabinettsregierung)" und mahnte an, „die [...] Sicherungen hinsichtlich des Rücktritts und der Neubildung" festzulegen, die man bereits „von den Länderverfassungen her" kenne.[1933] Im Gegensatz zu Carlo Schmid sprach sich Brill „für die Bestellung einer Regierung auf Zeit" aus, und zwar, „wenn Bundestag und Bundesrat gleichberechtigt sind und durch gemeinsame Wahl ermittelt werden, auf die Dauer der Tätigkeit dieser beiden Kammern". Die Erfahrungen mit Weimar hätten gezeigt, dass „die Unsicherheit in der politischen Führung der Nation" beseitigt werden müsse.[1934] Auch wenn „die Zusammensetzung der Volksvertretung starken Schwankungen unterworfen" sei, benötige man „eine Regierung, die aus der Umwandlungsperiode eine Rekonstruktionsperiode machen" könne.[1935] Dies sei aber nur dann der Fall, wenn „die Regierung nicht parlamentarisch abhängig [...], sondern auf Zeit gewählt" werde, so Hermann Brill.[1936] Gegen eine parlamentarische Abhängigkeit und Kontrolle der Regierung und damit gegen eine parlamentarische Regierungsweise hatte sich Brill bereits in seinen Entwürfen innerhalb des Deutschen Büros für Friedensfragen gewandt[1937] – eine Auffassung, die Manfred Overesch zu Recht als „fragwürdig" bezeichnet[1938].

Das Protokoll des Unterausschusses III vermerkte, dass Hermann Brill zum Thema Bundesregierung „in ausführlichen Darlegungen Stellung" nahm,[1939] allerdings sind die Details seiner Wortmeldungen nicht protokolliert. Im Unterausschuss I unterbreitete Brill folgenden Vorschlag: „Um den Charakter des Vorläufigen hervorzuheben, würde ich vorschlagen, die Regierung ‚Staatsrat' zu nennen, der aus einem Präsidenten und den Staatsministern besteht."[1940] Insgesamt zeigte sich bei Brill ein deutlicher Wandel: In den Anfängen seiner staats- und verfassungspolitischen Vorstellungen hatte er sich für das Rätesystem und damit für die Beteiligung aller an der Regierungsarbeit ausgesprochen[1941], hatte seither aber erkennen müssen, dass eine effiziente und effektive Regierungsarbeit so nicht möglich war.

[1932] Ebd., S. 345.
[1933] PR, Bd. 2, Dok. Nr. 3, Verfassungskonvent auf Herrenchiemsee. Plenarsitzungen: Zweiter Sitzungstag, 11. August 1948, S. 85.
[1934] PR, Bd. 2, Dok. Nr. 4, Verfassungskonvent auf Herrenchiemsee. Plenarsitzungen. Dritter Sitzungstag: Donnerstag, 12. August 1948, S. 159.
[1935] Griepenburg, „Brill", S. 611.
[1936] Ebd.
[1937] Siehe Kapitel 3.4.2.
[1938] Overesch, *Deutschland 1945–1949*, S. 143.
[1939] Protokolle der Sitzungen des Unterausschusses III. 1. Sitzung. Freitag, 13. August 1948, 9.30 Uhr, in: BayHStA, NL Pfeiffer 167, S. 8.
[1940] Protokolle der Sitzungen des Unterausschusses I. 1. Sitzung. Dienstag, 17. August 1948, 15 Uhr, in: BayHStA, NL Pfeiffer 165, S. 33f.
[1941] Vgl. Kapitel 2.2.1 und Kapitel 2.2.2.

Anton Pfeiffer äußerte sich zu den Organen Regierung und Kanzler nicht in der Sache und bemerkte zu den beiden unterschiedlichen Ansichten – parlamentarisches System oder Regierung auf Zeit – lediglich, dass „praktische Erfahrungen [...] mit beiden Systemen nur in geringem Umfang" vorlägen und es daher eine reine „Ermessensfrage" sei, welchem man den Vorzug gebe.[1942] In seinen früheren Verfassungsvorstellungen hatte Anton Pfeiffer indes vor allem auf Landesebene die Notwendigkeit einer Stabilität der Regierung betont.[1943] Allerdings darf nicht vergessen werden, dass seine Aufgabe auf Herrenchiemsee in der Organisation der Diskussion und nicht in der inhaltlichen Teilnahme daran lag. Adolf Süsterhenn wiederum regte – ebenfalls ohne sich fachlich zu äußern – an, man solle die „verschiedenen Auffassungen in einer Art Modellschrift entwickeln."[1944] Auch er hatte bei den Beratungen zur rheinland-pfälzischen Verfassung bereits Wert auf eine beständige Regierung gelegt und schließlich in seiner Artikelserie im *Rheinischen Merkur* die Einführung eines konstruktiven Misstrauensvotums empfohlen.[1945]

Die Konzeption einer stabilen Regierung war bereits im Bericht des Unterausschusses III zu erkennen.[1946] Bei der Stellung des Organs orientierte man sich dennoch an dessen Vorbild in der Weimarer Reichsverfassung, lehnte aber eine Regierung auf Zeit strikt ab.[1947] Hermann Brill konnte sich also hier mit seinen Vorstellungen nicht durchsetzen, wohl aber Carlo Schmid. Zu sichern galt es vor allem die parlamentarische Regierungsbildung und die Regierungsexistenz. Die Regierungsbildung oblag alleine dem Bundeskanzler (Art. 89 Abs. 1 HChE). Dass die Berufung einer Regierung zustande kam, dafür sollte Artikel 88 des Herrenchiemseer Entwurfs sorgen.[1948] Hier war nur eine zeitlich begrenzte Chance für den Bundestag zur Bildung einer Regierung vorgesehen (Art. 88 Abs. 1 und 2 HChE); nutzte er sie nicht, so war auf die „Legalitätsreserve" des Bundesrates zurückzugreifen.[1949]

[1942] PR, Bd. 2, Dok. Nr. 13, Verfassungskonvent auf Herrenchiemsee. Plenarsitzungen. Siebenter Sitzungstag, Montag, 23. August 1948, S. 412.
[1943] Vgl. Kapitel 3.2.3.
[1944] PR, Bd. 2, Dok. Nr. 4, Verfassungskonvent auf Herrenchiemsee. Plenarsitzungen. Dritter Sitzungstag: Donnerstag, 12. August 1948, S. 161.
[1945] Vgl. Kapitel 3.2.4 und Kapitel 3.6.1.
[1946] PR, Bd. 2, Dok. Nr. 10, Verfassungskonvent auf Herrenchiemsee. Bericht des Unterausschusses III, S. 296–301 und 319–321.
[1947] PR, Bd. 2, Dok. Nr. 13, Verfassungskonvent auf Herrenchiemsee. Plenarsitzungen. Siebenter Sitzungstag, Montag, 23. August 1948, S. 405; ebd., Dok. Nr. 14. Verfassungsausschuß der Ministerpräsidentenkonferenz der westlichen Besatzungszonen. Bericht über den Verfassungskonvent auf Herrenchiemsee vom 10. bis 23. August 1948, S. 550f.; Gallwas, „Standort", S. 92.
[1948] „Macht der Bundestag von dem Recht der Benennung des Bundeskanzlers nicht binnen eines Monats seit Erledigung des Amtes Gebrauch, so kann der Bundespräsident den Bundeskanzler auf Vorschlag des Bundesrats ernennen. Die Frist beginnt mit dem ersten Zusammentreten eines Bundestages, mit dem Rücktritt des Bundeskanzlers oder mit seinem Tod" (Art. 88 Abs. 1 HChE). „Die gleiche Befugnis steht dem Bundespräsidenten zu, wenn er gegen den vom Bundestag benannten Bundeskanzler Bedenken erhoben und der Bundestag nicht innerhalb der Frist von sieben Tagen Beschluß gefasst hat (Art. 87, Absatz 2 Satz 1)." (Art. 88 Abs. 2 HChE).
[1949] PR, Bd. 2, Dok. Nr. 14. Verfassungsausschuß der Ministerpräsidentenkonferenz der westlichen Besatzungszonen. Bericht über den Verfassungskonvent auf Herrenchiemsee vom 10. bis 23. August 1948, S. 551. Vgl. Meyn, Karl-Ulrich, „Destruktives und konstruktives Misstrauensvotum – von der

Bei der Sicherung der Regierungsexistenz orientierte man sich an den Regelungen der Länderverfassungen, unter anderen an der Württemberg-Badens.[1950] Die Kritik an den Formulierungen der Länderverfassungen bestand darin, dass diese auch einer gestürzten Regierung die Geschäftsführung so lange überließen, bis eine neue im Amt war. Eine negative Mehrheit im Parlament konnte, so die Meinung der Konventsteilnehmer, also immer noch als Waffe gegen die Bundesregierung gebraucht werden. Damit wäre aber eine geschäftsführende Regierung wie in der Weimarer Zeit geschaffen. Dem galt es entgegenzuwirken.[1951] Man kam darin überein, dass nur eine positive Majorität, die einen neuen Bundeskanzler benennen konnte, dazu berechtigt sein sollte, dem amtierenden Bundeskanzler das Misstrauen auszusprechen (Art. 90 HChE).[1952] Das konstruktive Misstrauensvotum wurde wie folgt formuliert: „Der Bundestag kann dem Bundeskanzler sein Misstrauen nur dadurch aussprechen, daß er den Bundespräsidenten unter Benennung eines Nachfolgers ersucht, den Bundeskanzler zu entlassen"(Art. 90 Abs. 1 HChE).[1953] Hinter dieser Entscheidung stand man geschlossen, es gab keine zweite Variante im Verfassungsentwurf von Herrenchiemsee.[1954]

Ein weiteres Ziel des Verfassungskonvents war die Stärkung der Stellung des Bundeskanzlers.[1955] Sie kam darin zum Ausdruck, dass er Minister zwar mit Zustimmung des Bundestages, aber ohne das Einverständnis des Bundespräsidenten entlassen konnte (Art. 89 Abs. 2 HChE). Verantwortlich war der Bundeskanzler allein dem Parlament, was in seiner Wahl durch dieses Organ begründet lag (Art. 87 Abs. 1 HChE). Des Weiteren wurde die Regierung dadurch gestärkt, dass das Parlament nicht mehr dazu befugt war, einzelne Ressortminister durch ein Misstrauensvotum abzusetzen, wie dies noch in Artikel 54 der Weimarer Verfassung möglich gewesen war.[1956] Die

---

schwachen Reichsregierung zum starken Bundeskanzler?", in: *80 Jahre Weimarer Reichsverfassung – was ist geblieben?*, hg. v. Eberhard Eichenhofer, Tübingen 1999, S. 71–94, hier S. 91.
[1950] PR, Bd. 2, Dok. Nr. 13, Verfassungskonvent auf Herrenchiemsee. Plenarsitzungen. Siebenter Sitzungstag, Montag, 23. August 1948, S. 405f.; ebd., Dok. Nr. 14. Verfassungsausschuß der Ministerpräsidentenkonferenz der westlichen Besatzungszonen. Bericht über den Verfassungskonvent auf Herrenchiemsee vom 10. bis 23. August 1948, S. 551f. Vgl. Art. 73 Abs. 1 VWB: „Die Regierung bedarf zu ihrer Amtsführung des Vertrauens des Landtags. Entzieht ihr der Landtag mit mehr als der Hälfte der gesetzlichen Zahl seiner Mitglieder sein Vertrauen, so muß sie ihren Rücktritt erklären. Der Rücktritt wird erst rechtswirksam, wenn der Landtag einer neuen Regierung das Vertrauen ausspricht." Vgl. Meyn, „Misstrauensvotum", S. 85.
[1951] PR, Bd. 2, Dok. Nr. 14. Verfassungsausschuß der Ministerpräsidentenkonferenz der westlichen Besatzungszonen. Bericht über den Verfassungskonvent auf Herrenchiemsee vom 10. bis 23. August 1948, S. 552f.
[1952] Vgl. Fromme, *Weimarer Verfassung*, S. 94 und 170; Düwell, *Entstehung*, S. 117. Carlo Schmid hatte bereits bei der Entstehung der württembergisch-badischen Verfassung auf die Verantwortung des Bundestages bezüglich einer Ab- bzw. Wiederwahl des Kanzlers hingewiesen. Vgl. Meyn, „Misstrauensvotum", S. 85.
[1953] Karl-Ulrich Meyn bemerkte hierzu: „Art. 90 HChE enthielt zwar noch nicht die stringente Formulierung des späteren Art. 67 GG, zielte der Sache nach aber schon auf mehr Stabilität einer einmal gewählten Bundesregierung." Ebd., S. 84.
[1954] Zum konstruktiven und destruktiven Misstrauensvotum vgl. ebd., S. 84–94. Erörterungen über eine Stärkung des Kanzlers durch eine Kombination seiner Abwahl und einer Wiederwahl gab es schon in der Weimarer Republik. Vgl. ebd., S. 85.
[1955] Fromme, *Weimarer Verfassung*, S. 168.
[1956] Vgl. Düwell, *Entstehung*, S. 117.

Berechtigung zur Gesetzesinitiative (Art. 102 und 103 HChE) bedeutete eine weitere Stärkung dieses Organs.[1957]

Am beachtenswertesten ist aber die Übertragung zweier Rechte des Reichspräsidenten aus der Weimarer Reichsverfassung (Art. 48 Abs. 1 und Abs. 2 WRV) auf die Bundesregierung. Dieser sollte nach dem Entwurf von Herrenchiemsee sowohl das Recht der Bundesexekution (Art. 115 HChE) wie auch der Notstandsgesetzgebung zustehen (Art. 111 HChE). Gebunden war die Bundesregierung beim Gebrauch der Notstandsbefugnisse jedoch an die Zustimmung des Bundesrates (Art. 111 Abs. 1 Satz 1 HChE). Auch waren die Voraussetzungen und die Reichweite enger begrenzt als noch in Artikel 48 der Weimarer Verfassung. Lediglich einige wenige Grundrechte waren suspendierbar[1958], und diese auch nur bei Gefahr für den „Bestand des Bundes oder seiner freiheitlichen und demokratischen Grundordnung"[1959]. Des Weiteren konnten diese Notverordnungen nur „bei Verhinderung der gesetzgebenden Organe" erlassen werden.[1960] Änderungen des Grundgesetzes, „durch die die freiheitliche und demokratische Grundordnung" beseitigt würde, wurde in Artikel 108 des Herrenchiemseer Entwurfs entgegengewirkt.[1961] Außerdem kam jetzt das Parlament als zusätzlicher legitimierender Faktor hinzu: Auf seinen Beschluss hin konnten die nach Artikel 111 Absatz 1 Satz 3 des Herrenchiemseer Entwurfs bereits bestätigten Notverordnungen außer Kraft gesetzt werden (Art. 111 Abs. 3 Satz 3 HChE). Artikel 48 der Weimarer Verfassung hatte hingegen nur ein Einspruchsrecht des Reichstags, nicht wie hier ein Zustimmungsrecht des Parlaments beinhaltet.[1962] Da der Bundespräsident nicht mehr an der Notstandsgesetzgebung beteiligt war, keinen Oberbefehl mehr über das Heer hatte und auch an der Regelung von Wehrfragen nicht mehr beteiligt war, ging die Kompetenz der Bundesexekution ebenfalls an die Bundesregierung über.[1963]

Insgesamt erfuhr die Bundesregierung durch den Verfassungskonvent von Herrenchiemsee gegenüber der Reichsregierung der Weimarer Zeit eine enorme Aufwertung. Durch eine verminderte Abhängigkeit des Organs vom Bundestag und eine Loslösung vom Bundespräsidenten erhöhte sich die Entscheidungsfreiheit der Bundesregierung. Hinzu kam die alleinige parlamentarische Verantwortlichkeit des Bundeskanzlers.[1964] Nicht zuletzt das konstruktive Misstrauensvotum erhöhte die Stabilität der Bundesregierung. Carlo Schmid, Hermann Brill, Anton Pfeiffer und Adolf Süsterhenn konnten also mit der Ausgestaltung der Regierung konform gehen; einzig Brill musste sich mit seiner Forderung nach einer Regierung auf Zeit der Mehrheitsmeinung beugen.

[1957] Ebd., S. 118.
[1958] So die Grundrechte der Art. 7 Abs. 1, 2, Art. 8, Art.9, Art. 11 HChE. Vgl. auch Art. 111, Abs. 3 HChE.
[1959] Art. 111, Abs. 3 Satz 1 HChE.
[1960] Ebd.
[1961] „Anträge auf Änderung des Grundgesetzes, durch die die freiheitliche und demokratische Grundordnung beseitigt würde, sind unzulässig." Art. 108 HChE.
[1962] Der Parlamentarische Rat behielt die Bestimmungen des Art. 111 HChE bei und gestaltete sie zum technischen Notstand aus. Zu Art. 111 HChE vgl. Fromme, *Weimarer Verfassung*, S. 135–143.
[1963] Vgl. ebd., S. 152–156.
[1964] Ebd., S. 167.

4.3.8 Die Verfassungsorgane – Bundesverfassungsgericht

Das Bundesverfassungsgericht wurde auf Herrenchiemsee als „Teil der dritten Gewalt"[1965] konzipiert. Hatte man in der Weimarer Zeit noch den Reichspräsidenten als den „Hüter der Verfassung" angesehen, so versuchte der Verfassungskonvent jetzt einen neuen „Hüter der Verfassung" zu etablieren.[1966] Die Erfahrungen hatten gezeigt, dass die enorme Kompetenzfülle des Reichspräsidenten der Ausübung dieser ihm angedachten Funktion entgegenstand.[1967] Dass ein solches Gericht etabliert werden sollte, darüber gab es auf Herrenchiemsee keinen Dissens. Man stritt lediglich darüber, ob es sich bei dem Organ um ein besonderes Verfassungsgericht oder ein einheitliches oberstes Gericht handeln sollte.

Carlo Schmid, der, wie bereits erwähnt, kein offizielles Mitglied des Unterausschusses für Organisationsfragen war, äußerte sich dennoch zur Schaffung der Institution eines Bundesgerichtshofs und regte an, „die oberste Bundesgerichtsbarkeit [...] in einem einzigen Gerichtshof zusammenzufassen, also das alte Reichsgericht, Reichsarbeitsgerichtshof und den Staatsgerichtshof zusammen als ein Gericht." Dieses solle „neben Fachrichtern [...] auch Richter aufweisen [...], die von parlamentarischen Gremien" ernannt seien, „aber keinem Parlament angehören" dürften, so Schmid. Zur Begründung führte er an, dass man „ohne ein bestimmtes politisches Element" nicht auskomme und man in dieser Institution „politische Menschen und Menschen, die ein qualifiziertes politisches Vertrauen geniessen", brauche. „Dies sei für die Autorität der Rechtsprechung dieses obersten Gerichts von äusserster Wichtigkeit."[1968] Zwar erntete Carlo Schmid für seine Ausführungen einigen Widerspruch von Hermann Brill, hielt aber trotzdem an seinen Darlegungen fest.[1969]

So setzte sich Schmid auch wenige Tage später im Plenum dafür ein, „das Nichtfachrichterelement beim Bundesverfassungsgericht" zu berücksichtigen, wobei er „in erster Linie politische Menschen" einzusetzen gedachte. Er sah nicht ein, warum „die Mitgliedschaft beim Verfassungsgericht auf Personen" begrenzt werden sollte, „die die Fähigkeiten zum Richteramt erworben haben". Bei seiner Argumentation konnte Carlo Schmid auf seine eigenen Erfahrungen im Richteramt verweisen, und er merkte an, dass, wolle man Laien vom Bundesverfassungsgericht ausschließen, man damit jeden, „der zufällig einmal seinen Assessor gemacht hat", für geeigneter erachte als denjenigen, „der sich ohne das Assessorexamen ein ganzes langes Leben mit Verfassungsfragen sehr praktisch und auch theoretisch beschäftigt" habe.[1970]

[1965] PR, Bd. 2, Dok. Nr. 14. Verfassungsausschuß der Ministerpräsidentenkonferenz der westlichen Besatzungszonen. Bericht über den Verfassungskonvent auf Herrenchiemsee vom 10. bis 23. August 1948, S. 554.
[1966] Vgl. Gronau, *Föderalismus*, S. 56.
[1967] Vgl. Fromme, *Weimarer Verfassung*, S. 169; Gallwas, „Standort", S. 93.
[1968] Protokolle der Sitzungen des Unterausschusses III. 4. Sitzung. Montag, 16. August 1948, 8.30 Uhr, in: BayHStA, NL Pfeiffer 167, S. 64f.
[1969] Ebd., S. 65 und 68.
[1970] PR, Bd. 2, Dok. Nr. 13, Verfassungskonvent auf Herrenchiemsee. Plenarsitzungen. Siebenter Sitzungstag, Montag, 23. August 1948, S. 432f. Siehe auch ebd., S. 437.

Bereits in den 1930er Jahren hatte Carlo Schmid erste Überlegungen zur Gerichtsbarkeit angestellt[1971], die er nach Ende des Zweiten Weltkriegs innerhalb der Verfassungsdiskussionen der SPD konkretisiert und in deren Zuge er die Bildung eines Reichsgerichts zur Wahrung der Einheit des Rechts durch die Einheit der Rechtsprechung angeregt hatte[1972]. Diesen Erhalt der Einheit der Rechtsprechung verfolgte er auch auf Herrenchiemsee, und rückblickend konnte er – obwohl man in der Frage, ob man ein „besonderes Verfassungsgericht oder ein einheitliches oberstes Gericht" schaffen sollte,[1973] zu keiner Einigung kam – zufrieden feststellen, dass das Bundesverfassungsgericht „als Krönung der Dritten Gewalt", als „der eigentliche, nur sich selbst und der Verfassung verantwortliche Hüter der Verfassung" konzipiert worden sei.[1974] Auch dem Einsatz von Laienrichtern wurde mit der Festschreibung „bestimmter Qualifikationen für den Vorsitzenden und mindestens die Hälfte der Richter"[1975] eine Tür geöffnet.

Das Protokoll des Unterausschusses III vermerkte, dass Hermann Brill auch zum Thema Bundesgerichtshof „in ausführlichen Darlegungen Stellung"[1976] nahm. „Ein Verfassungsgerichtshof müsste unbedingt in der Verfassung vorgesehen werden, dagegen sollte die Frage der Errichtung eines Bundesgerichts als Rechtsnachfolger des Reichsgerichts offen bleiben."[1977] Statt dem Reichsgericht der Weimarer Verfassung ein Bundesgericht nachfolgen zu lassen, schlug Brill vor, „die Errichtung oberster Gerichtshöfe auf dem Gebiet der Rechtsprechung in Zivil-, Straf- und Verwaltungsstreitsachen der künftigen Gesetzgebung zu überlassen."[1978] An den Auffassungen Carlo Schmids hinsichtlich eines zusammengefassten obersten Gerichtshofs, die dieser auf der vierten Sitzung des Unterausschusses für Organisationsfragen darlegte, kritisierte Hermann Brill, dies sei lediglich „eine Moderichtung unserer Zeit, die sachlich und logisch nicht begründet werden könne."[1979] Vor allem aber spreche „gegen die Einheit eines obersten Bundesgerichts", dass man nur eine „Übergangsverfassung" schaffe

---

[1971] Vgl. Kapitel 2.1.1.
[1972] Vgl. Kapitel 3.1.1.
[1973] PR, Bd. 2, Dok. Nr. 14. Verfassungsausschuß der Ministerpräsidentenkonferenz der westlichen Besatzungszonen. Bericht über den Verfassungskonvent auf Herrenchiemsee vom 10. bis 23. August 1948, S. 554.
[1974] Schmid, *Erinnerungen*, S. 346.
[1975] PR, Bd. 2, Dok. Nr. 14. Verfassungsausschuß der Ministerpräsidentenkonferenz der westlichen Besatzungszonen. Bericht über den Verfassungskonvent auf Herrenchiemsee vom 10. bis 23. August 1948, S. 555.
[1976] Protokolle der Sitzungen des Unterausschusses III. 1. Sitzung. Freitag, 13. August 1948, 9.30 Uhr, in: BayHStA, NL Pfeiffer 167, S. 8.
[1977] Ebd. Aufgrund der momentan „bestehenden Gerichtshöfe der britischen Zone" seien hier zunächst „Übergangsvorschriften" notwendig, so Hermann Brill. Ebd.
[1978] Ebd., S. 9.
[1979] Protokolle der Sitzungen des Unterausschusses III. 4. Sitzung. Montag, 16. August 1948, 8.30 Uhr, in: BayHStA, NL Pfeiffer 167, S. 65. Zudem führte Hermann Brill an dieser Stelle an, dass, „wolle man […] ein einziges oberstes Gericht einrichten, so käme man zu einem Mammutgericht von 150–200 obersten Richtern. Wie hier die Einheit der Rechtsprechung gewahrt werden wolle, sei ihm unerfindlich".

und daher „nur einen Verfassungsgerichtshof und die Vorschrift, dass ein oberstes Bundesgericht in Zivil- und Strafsachen errichtet werden" könne, benötige.[1980]

Im Plenum kritisierte Brill auch in dieser Frage zunächst den „Bayerischen Entwurf", der ihm in seinen Formulierungen zu weit ging.[1981] Wieder betonte er den Übergangscharakter der zu schaffenden Ordnung, bei dem es ausreiche, „wenn der oberste Gerichtshof zu entscheiden hat über Popularklagen wegen Grundrechtsverletzung, über Streitigkeiten zwischen den Organen der vorläufigen Verfassung untereinander und zwischen diesen Organen und den Länderorganen, ferner über die Verfassungsmäßigkeit der Gesetze."[1982] Wie schon in den Beratungen des Unterausschusses III kritisierte Hermann Brill die von Carlo Schmid vorgetragene Auffassung, „daß ein Verfassungsgerichtshof irgendeine Entscheidung aus politischen Zweckmäßigkeitsrücksichten zu treffen hätte", wichtig sei jedoch das vorherrschende Bewusstsein über den „geschichtlichen und politischen" Kontext.[1983] Daher erwies sich Brill der – wie auch schon Carlo Schmid vor ihm – auf seine juristischen Erfahrungen als Mitglied des Staatsgerichtshofs von Thüringen verwies, als „entschiedener Gegner der Vorschrift, daß auch der Vorsitzende Berufsrichter sein" müsse.[1984] Allerdings blieb er die Erklärung, wie eben diese historisch-politisch gebildeten Persönlichkeiten von ihren Erfahrungen unbeeinflusst urteilen sollten, schuldig und konnte sich mit seinem Ansinnen in der Folge auch nicht eindeutig durchsetzen.[1985]

In Hermann Brills frühen verfassungspolitischen Überlegungen hatte eine oberste Gerichtsbarkeit keine Rolle gespielt. Erst in den „Richtlinien für eine Landesverwaltungsordnung" für Thüringen begann er sich mit einer Gerichtsbarkeit zu beschäftigen und führte diese Gedanken dann im Rahmen seiner Arbeit im Deutschen Büro für Friedensfragen weiter aus.[1986] Auch hier trat er nicht, wie Carlo Schmid, für ein einheitliches oberstes Bundesgericht ein, sondern sprach zunächst von einem Staatsgerichtshof, vor dem es zur Ministeranklage kommen sollte, dann von einem Bundesgericht, das lediglich Streitigkeiten zwischen Bund und Ländern schlichten sollte.[1987] Diese Auffassung, ergänzt um die Möglichkeit der Einreichung von Popularklagen wegen Grundrechtsverletzungen, vertrat er schließlich auch auf Herrenchiemsee.

Anton Pfeiffer war es, der auf den Vorschlag Hermann Brills, der Vorsitzende des obersten Gerichtshofs solle kein Berufsrichter sein, die Frage aufwarf, „ob er nicht

---

[1980] Ebd., S. 67. Hermann Brill führte aus: „Zur Errichtung von Verwaltungsgerichten allgemeiner Art bestehe im Augenblick gar keine Möglichkeit. Die Ausgestaltung des Bundesgerichts in Zivil- und Strafsachen könne dem Erlass eines neuen Gerichtsverfassungsgesetzes und einer neuen Strafprozessordnung überlassen bleiben." Ebd., S. 68.
[1981] PR, Bd. 2, Dok. Nr. 3, Verfassungskonvent auf Herrenchiemsee. Plenarsitzungen: Zweiter Sitzungstag, 11. August 1948, S. 76. Vgl. I. Teil, 7. Abschnitt BEGG.
[1982] PR, Bd. 2, Dok. Nr. 3, Verfassungskonvent auf Herrenchiemsee. Plenarsitzungen: Zweiter Sitzungstag, 11. August 1948, S. 76.
[1983] PR, Bd. 2, Dok. Nr. 13, Verfassungskonvent auf Herrenchiemsee. Plenarsitzungen. Siebenter Sitzungstag, Montag, 23. August 1948, S. 435.
[1984] Ebd.
[1985] In dem Verfassungsentwurf von Herrenchiemsee fand die Formulierung Eingang: „Der Vorsitzende muß die Befähigung zum Richteramt haben" (Art. 100 Abs. 4 Satz 2 HChE).
[1986] Vgl. Kapitel 3.2.2 und Kapitel 3.4.2.
[1987] Vgl. Kapitel 3.4.2.

wenigstens die Befähigung zum Richteramt" nachweisen müsse.[1988] Schließlich sei „die Gefahr der Politisierung viel größer, wenn nicht diese fachliche Berufsvorbildung" zur Bedingung gemacht werde.[1989] In der Endabstimmung fand ebendiese Formulierung von Anton Pfeiffer Eingang in den Entwurf des Verfassungskonvents von Herrenchiemsee.[1990]

Wie auch bei Hermann Brill fanden sich in den frühen Staats- und Verfassungsvorstellungen Anton Pfeiffers keine Überlegungen zu einer obersten Gerichtsbarkeit. Erst im Ellwanger Freundeskreis enthielt der von ihm initiierte Entwurf einer Bundesverfassung einen Bundesgerichtshof, der aber lediglich für Unstimmigkeiten zwischen Bund und Ländern zuständig sein sollte.[1991]

Von Adolf Süsterhenn sind in den Arbeiten des Unterausschusses für Organisationsfragen lediglich zwei knappe Äußerungen zur obersten Gerichtsbarkeit verzeichnet[1992], was nicht weiter verwundert, da er kein offizielles Mitglied dieses Gremiums war. Im Plenum setzte er sich allgemein dafür ein, dass Richter nicht nur unabhängig und dem Gesetz[1993], sondern auch „ihrem Gewissen unterworfen" sein sollten – nur so könne „dem Rechtspositivismus des Dritten Reiches" Einhalt geboten werden.[1994] Vor allem Carlo Schmid verwahrte sich gegen diesen Zusatz: Selbst wenn man „durch diese Formel zum Ausdruck bringen" wolle, „daß der Richter das Gesetz so anzuwenden hat, wie es ihm von dem Lichte erleuchtet wird, das aus seinem Gewissen strahlt", so habe er doch die Befürchtung, dass man den „Gegensatz herauslesen" werde: „Hie Gesetz, hie Gewissen".[1995] Hermann Brill hingegen stimmte für Süsterhenns Antrag, ebenso wie die Mehrheit der Delegierten.[1996]

Auf Landesebene hatte Süsterhenn bereits die Schaffung eines Staatsgerichtshofes als Hüter der Verfassung und des Rechts vorgesehen und danach sich in seiner Artikelserie im *Rheinischen Merkur* nochmals eingehend mit einer obersten Gerichtsbarkeit auseinandergesetzt.[1997] Den Gedanken, die Richter nicht nur dem Gesetz, sondern auch ihrem Gewissen zu unterwerfen, äußerte er allerdings erst auf Herrenchiemsee.

[1988] PR, Bd. 2, Dok. Nr. 13, Verfassungskonvent auf Herrenchiemsee. Plenarsitzungen. Siebenter Sitzungstag, Montag, 23. August 1948, S. 437. Der „Bayerische Entwurf eines Grundgesetzes für den Verfassungskonvent von Herrenchiemsee" enthielt keinerlei Formulierungen über die Zusammensetzung des obersten Gerichtshofs. Vgl. I. Teil, 7. Abschnitt BEGG.
[1989] PR, Bd. 2, Dok. Nr. 13, Verfassungskonvent auf Herrenchiemsee. Plenarsitzungen. Siebenter Sitzungstag, Montag, 23. August 1948, S. 437.
[1990] Ebd. Vgl. Art. 100 Abs. 4 Satz 2 HChE.
[1991] Vgl. Kapitel 3.5.2.
[1992] Vgl. Protokolle der Sitzungen des Unterausschusses III. 4. Sitzung. Montag, 16. August 1948, 8.30 Uhr, in: BayHStA, NL Pfeiffer 167, S. 72f.
[1993] Vgl. Art. 102 WRV.
[1994] PR, Bd. 2, Dok. Nr. 13, Verfassungskonvent auf Herrenchiemsee. Plenarsitzungen. Siebenter Sitzungstag, Montag, 23. August 1948, S. 433f.
[1995] Ebd., S. 438.
[1996] „Die Richter sind unabhängig und nur dem Gesetz und ihrem Gewissen unterworfen" (Art. 132 HChE).
[1997] Vgl. Kapitel 3.2.4 und Kapitel 3.6.1.

Dass eine oberste Gerichtsbarkeit etabliert werden sollte, darüber herrschte auf Herrenchiemsee Einigkeit.[1998] Man stritt lediglich darüber, ob es sich bei dem Organ um ein besonderes Verfassungsgericht oder ein einheitliches oberstes Gericht handeln sollte. Da in diesem Punkt keine Einigung erzielt werden konnte, ließ man ihn ausdrücklich offen (Art. 97 HChE).[1999]

Für ein einheitliches oberstes Bundesgericht sprachen nach Ansicht des Verfassungskonvents vor allem eine schärfere Gewaltenteilung und somit eine Konzentration der Macht der dritten Gewalt. Außerdem sah man dementsprechend eine einheitliche Rechtsprechung garantiert. Als Gegenargument wurde vorgebracht, dass, um der Entstehung eines Übergewichts vorzubeugen, die Bundesgerichtsbarkeit auf mehrere Gerichte zu verteilen sei. Eine dritte Meinung wollte im zukünftigen Grundgesetz nur das Bundesverfassungsgericht geregelt sehen und die Schaffung weiterer oberer Bundesgerichte ermöglichen.[2000] Hinsichtlich der Qualifikation der Richter des künftigen Bundesverfassungsgerichts bestimmte Artikel 100 Absatz 4 des Herrenchiemseer Entwurfs, dass „die Hälfte der Richter [...] Richter der obersten Bundesgerichte und höchsten Gerichtshöfe der Länder sein" und „der Vorsitzende [...] die Befähigung zum Richteramt haben" müsse. Damit wurde – im Sinne Carlo Schmids – die Qualifikation für die andere Hälfte der Richter des Bundesverfassungsgerichts zunächst offengelassen.

Eine Funktionserweiterung gegenüber dem Staatsgerichtshof der Weimarer Verfassung war obligatorisch. So sollte das Bundesverfassungsgericht nach Artikel 98 des Herrenchiemseer Entwurfs unter anderem folgende Zuständigkeitsbereiche haben: Entscheidung über die Anklage des Bundespräsidenten, Streitigkeiten zwischen Bund und Ländern oder zwischen Ländern, die Unvereinbarkeit von Bundes- und Landesgesetzen und Beschwerden aufgrund von Grundrechtsverletzungen. Was das Bundesverfassungsgericht jedoch am deutlichsten vom Staatsgerichtshof der Weimarer Verfassung abhob, war seine Zuständigkeit als „Kompetenzschlichtungsorgan"[2001] zwischen den obersten Bundesorganen (Art. 98 Abs. 2 HChE) und seine Entscheidungskompetenz in der Frage nach der Verfassungswidrigkeit einer politischen Partei (Art. 98 Abs. 6 HChE).

Alle übrigen Gerichte waren an die Entscheidungen des Bundesverfassungsgerichts gebunden (Art. 99 Abs. 1 HChE) und seine Urteile hatten Gesetzeskraft (Art. 99 Abs. 2 HChE). Die Regelungen des Entwurfs von Herrenchiemsee gingen damit weit über die der Weimarer Reichsverfassung hinaus. Mit dem Bundesverfassungsgericht hatte man ein absolut gleichberechtigtes oberstes Bundesorgan geschaffen, dessen Verfassungsgerichtsbarkeit normative Wirkung hatte – eine solche hatte der Staatsgerichtshof der Weimarer Verfassung noch nicht gehabt (Art. 13, 19, 108 WRV).[2002] Die

---

[1998] Protokolle der Sitzungen des Unterausschusses III. 1. Sitzung. Freitag, 13. August 1948, 9.30 Uhr, in: BayHStA, NL Pfeiffer 167, S. 9.
[1999] PR, Bd. 2, Dok. Nr. 14. Verfassungsausschuß der Ministerpräsidentenkonferenz der westlichen Besatzungszonen. Bericht über den Verfassungskonvent auf Herrenchiemsee vom 10. bis 23. August 1948, S. 554.
[2000] Ebd., S. 573.
[2001] Fromme, *Weimarer Verfassung*, S. 169.
[2002] Düwell, *Entstehung*, S. 119.

eindeutige Aufwertung des obersten Gerichtshofes war aber auch schon darin zu erkennen, dass man ihm auf Herrenchiemsee einen eigenen Abschnitt widmete.

So konnte Carlo Schmid rückblickend zufrieden feststellen, dass sich die „integralen Föderalisten", die sich lediglich „für einen Verfassungsgerichtshof" ausgesprochen hatten, der „für Rechtsstreitigkeiten zwischen Bund und Ländern und zwischen einzelnen Ländern zuständig sein sollte", nicht hätten durchsetzen können, sondern die Mehrheit habe „eine richterliche Instanz [...] schaffen" wollen, „die mit letzter Autorität entscheidet, ob ein formal korrekt zustande gekommenes Gesetz dem Wortlaut und dem Geist der Verfassung entspricht".[2003] Mit seiner Forderung nach einer allumfassenden obersten Gerichtsbarkeit konnte er sich allerdings nicht durchsetzen, und auch eine Besetzung des Bundesverfassungsgerichts mit Mitgliedern anderer parlamentarischer Gremien wurde sowohl im Bericht des Unterausschusses III als auch im Verfassungsentwurf von Herrenchiemsee eindeutig ausgeschlossen. Hermann Brill hingegen musste, auch wenn es nicht zu einer zusammengefassten obersten Gerichtsbarkeit kam, erweiterte Zuständigkeiten des Bundesverfassungsgerichts hinnehmen. Anton Pfeiffer konnte erreichen, dass zumindest die Hälfte der Richter am Bundesverfassungsgericht eine Befähigung zum Richteramt innehaben musste, und Adolf Süsterhenn musste sich damit abfinden, dass sein Zusatz, die Richter nicht nur dem Gesetz, sondern auch ihrem Gewissen zu unterwerfen, keinen Eingang in den Verfassungsentwurf von Herrenchiemsee fand.

4.3.9 Exkurs: Europapolitisches Programm und völkerrechtliche Bestimmungen

Die Themen Völkerrecht und Europa spielten in den staats- und verfassungspolitischen Vorstellungen Carlo Schmids schon in den 1920er Jahren eine Rolle[2004] – wer wäre daher auf Herrenchiemsee besser geeignet gewesen, die Aufgabe des Berichterstatters für den Abschnitt „Völkerrechtliche Verhältnisse des Bundes"[2005] zu übernehmen? Die Tatsache, dass dieser Teil des Herrenchiemseer Entwurfs, mit Ausnahme des zum Bundesrecht zu zählenden Artikels 23[2006], ausschließlich von Carlo Schmid verfasst wurde, rechtfertigt einen kurzen Exkurs zu diesem Thema.

Bereits bei den ersten Verfassungskonzeptionen der Sozialdemokratischen Partei hatte Carlo Schmid die wesentlichen Elemente seines europapolitischen Programms und der Bestimmungen zum Völkerrecht zusammengefasst.[2007] Er konnte nicht zuletzt aus diesem Grund in den Beratungen des Unterausschusses I in dessen zweiter Sitzung „einen formulierten Vorschlag" unterbreiten, der lautete: „Die allgemein anerkannten Regeln des Völkerrechts sind Bestandteile des Bundesrechts und erzeugen Rechte und Pflichten unmittelbar für alle Bewohner des Bundesgebiets."[2008] Dieser Grundsatz er-

---

[2003] Schmid, *Erinnerungen*, S. 346.
[2004] Siehe Kapitel 2.1.1 und 3.3.2.
[2005] „Tätigkeitsbericht des Sachverständigen-Ausschusses für Verfassungsfragen", S. 5.
[2006] Weber, „Schmid, die SPD und der Verfassungskonvent", S. 78.
[2007] Siehe Kapitel 3.1.1.
[2008] Protokolle der Sitzungen des Unterausschusses I. 2. Sitzung. Mittwoch, 18. August 1948, 8.50 Uhr, in: BayHStA, NL Pfeiffer 165, S. 55.

fuhr im Herrenchiemseer Entwurf lediglich eine stilistische Abwandlung.[2009] Des Weiteren führte er aus, dass „das Völkerrecht [...] Bestandteil des Bundesrechts" sein solle, und musste auch in diesem Punkt nur geringfügige Abänderungen hinnehmen. Auf die Frage, was er denn genau darunter verstehe, dass das Völkerrecht Teil des Bundesrechts sein solle, erklärte Carlo Schmid: „Das deutsche Recht müsse ausser den im Reichsgesetzblatt veröffentlichten Rechtsquellen auch noch zusätzlich Völkerrecht anwenden. Bisher sei dies äusserst streitig gewesen. Ein Novum sei, dass wir nunmehr erklären: Wir betrachten das Völkerrecht nicht als Recht, das nur den Staat, aber nicht den einzelnen im Staat verpflichtet, sondern als universelles Recht, das durch die Staatskruste hindurch bis zum einzelnen geht. Es verleiht ihm unmittelbar Recht und legt ihm unmittelbar Pflichten auf."[2010]

Schmid war es auch, der ein ausformuliertes Konzept für die Abtretung von „Souveränitätsrechten an übernationale Einrichtungen, etwa an die UNO"[2011], vorschlug. Den Bedenken seiner Kollegen, man würde unter „einen Druck des Auslandes" geraten,[2012] trat Schmid entschieden entgegen: Er könne „sich nicht an den Gedanken der Unteilbarkeit der Souveränität gewöhnen. Die Souveränität sei durchaus pluralistisch denkbar."[2013] Die Beibehaltung der staatlichen Souveränitätsansprüche hatte Schmid schon zur Zeit des Völkerbunds kritisiert.[2014] Nun bot sich ihm endlich die Chance, seiner Vorstellung zum Durchbruch zu verhelfen. Zudem wollte er „diese Bestimmung nicht durch die Aufnahme zu vieler Kautelen verwischt" sehen.[2015] Schließlich sei es doch absolut „wünschenswert [...], dass solche internationalen Einrichtungen, also letzten Endes ein einiges Europa", entstünden, und zudem läge die letztendliche Entscheidung über die Abgabe von Hoheitsrechten in der Hand „der Mehrheit im Bundesrat und Bundestag".[2016] Beide Vorgaben Schmids fanden nahezu unverändert Eingang in den Verfassungsentwurf von Herrenchiemsee.[2017]

Schließlich verwies Carlo Schmid noch darauf, dass seiner Meinung nach „in der Zukunft derjenige stärker ist, der bewusst auf Gewalt verzichtet". Er schlug daher vor, „Handlungen, die mit der Absicht vorgenommen werden, das friedliche Zusammenleben der Völker zu stören, insbesondere die Führung eines Krieges vorzubereiten [...,]

[2009] Siehe Art. 22 HChE.
[2010] Ebd., S. 56. Protokolle der Sitzungen des Unterausschusses I. 2. Sitzung. Mittwoch, 18. August 1948, 8.50 Uhr, in: BayHStA, NL Pfeiffer 165, S. 55–57
[2011] Ebd., S. 57. Dabei dachte Carlo Schmid „etwa an den Fall, dass die grossen Vorkommen an Bodenschätzen in Europa entnationalisiert und einer Art von Gemeinschaftsverwaltung unterstellt werden sollen, die völlig aus dem Staatlichen herausgehoben wird und neben dem Staate steht." Ebd., S. 61.
[2012] Ebd., S. 61.
[2013] Ebd.
[2014] Siehe Kapitel 2.1.1.
[2015] Genau dieselbe Kritik hatte Carlo Schmid bereits in den 1930er Jahren an der Völkerbundakte geübt; die strenge Begrifflichkeit, in der sie abgefasst war, verhindere jedwede Lebendigkeit und Zukunftsfähigkeit, so seine damalige Argumentation. Siehe dazu Kapitel 2.1.1.
[2016] Protokolle der Sitzungen des Unterausschusses I. 2. Sitzung. Mittwoch, 18. August 1948, 8.50 Uhr, in: BayHStA, NL Pfeiffer 165, S. 57.
[2017] Siehe Art. 24 HChE.

unter Strafe zu stellen."[2018] Auch in dieser Formulierung folgte man seinen Ausführungen.[2019]

In der Plenarsitzung vom 21. August stellte Josef Beyerle – der Delegierte Württemberg-Badens – als Generalberichterstatter des Unterausschusses I[2020] den Abschnitt „Völkerrecht und Bundesrecht" vor.[2021] Carlo Schmid hatte hierzu keine weiteren Ergänzungen vorzutragen.[2022] Die vom Unterausschuss für Grundsatzfragen und damit letztlich von Carlo Schmid erarbeiteten Artikel C[2023], D[2024] und E[2025] fanden ihren Eingang in den Bericht über den Verfassungskonvent von Herrenchiemsee als Artikel 22, 24 und 26. Es wurde, wie von Schmid vorgeschlagen, festgelegt, dass „die allgemeinen Regeln des Völkerrechts" als „Bestandteil des Bundesrecht" zu gelten hatten und damit „Rechte und Pflichten" für jeden Einzelnen bedeuteten (Art. 22 HChE). „Ein absolutes ‚Novum'"[2026] stellte Artikel 24 dar, der in Absatz 1 die Übertragung von Hoheitsrechten des Bundes „auf zwischenstaatliche Einrichtungen" (Art. 24 Abs. 1 HChE) gestattete. Im Hinblick auf ein geeintes Europa sollte es ermöglicht werden, „im Interesse der Aufrechterhaltung des Friedens sein Gebiet in ein System kollektiver Sicherheit" einzugliedern, um „eine friedliche und dauerhafte Ordnung der europäischen Verhältnisse" zu gewährleisten (Art. 24 Abs. 2 HChE).[2027] Daher wurden sämtliche „Handlungen", die „das friedliche Zusammenleben" vorsätzlich beeinträchtigten, „unter Strafe gestellt" (Art. 26 HChE).

Es ist nicht zuletzt der Expertise Schmids anzurechnen, dass seine Formulierungen aus dem Bericht des Unterausschusses für Grundsatzfragen wortwörtlich in den Bericht des Verfassungskonvents von Herrenchiemsee übernommen wurden.[2028] Auch im Parlamentarischen Rat hielt er an seinen Überzeugungen zur Ordnung der europäischen politischen Verhältnisse fest und plädierte in einer Grundsatzrede dafür, dass

---

[2018] Protokolle der Sitzungen des Unterausschusses I. 2. Sitzung. Mittwoch, 18. August 1948, 8.50 Uhr, in: BayHStA, NL Pfeiffer 165, S. 60.
[2019] Siehe Art. 26 HChE.
[2020] „Tätigkeitsbericht des Sachverständigen-Ausschusses für Verfassungsfragen", S. 5.
[2021] PR, Bd. 2, Dok. Nr. 11, Verfassungskonvent auf Herrenchiemsee. Plenarsitzungen: Fünfter Sitzungstag, 21. August 1948, S. 353.
[2022] Ebd., S. 355.
[2023] PR, Bd. 2, Dok. Nr. 6, Verfassungskonvent auf Herrenchiemsee. Bericht des Unterausschusses I, S. 206.
[2024] Ebd., S. 207.
[2025] Ebd., S. 208.
[2026] Schroeder, Klaus-Peter, „Carlo Schmid (1896–1979) – Ein deutscher Europäer", in: *Eine Verfassung für Europa*, hg. v. Klaus Beckmann, Jürgen Dieringer und Ulrich Hufeld, 2., akt. u. erw. Aufl., Tübingen 2005, S. 21–35, hier S. 21.
[2027] „Ein solches Gesetz bedarf im Bundestag und Bundesrat (Senat) einer Mehrheit der gesetzlichen Mitgliederzahl" (Art. 24, Abs. 3, HChE).
[2028] Eine stilistische Abweichung, die lediglich zur Konkretisierung beitrug, ist im Vergleich des Artikels E des Unterausschusses I mit Artikel 26 HChE zu erkennen. Artikel E lautet: „Handlungen, die mit der Absicht vorgenommen werden, das friedliche Zusammenleben der Völker zu stören, insbesondere die Führung eines Krieges vorzubereiten, sind unter Strafe zu stellen." PR, Bd. 2, Dok. Nr. 6, Verfassungskonvent auf Herrenchiemsee. Bericht des Unterausschusses I, S. 208. In Artikel 26 HChE war dagegen zu lesen: „Handlungen, die mit der Absicht vorgenommen werden, das friedliche Zusammenleben der Völker zu stören, insbesondere die Führung eines Krieges vorzubereiten, werden unter Strafe gestellt."

„das Grundgesetz eine Bestimmung enthalten sollte, die besagt, daß die allgemeinen Regeln des Völkerrechtes unmittelbar geltendes Recht in diesem Lande sind, daß also das Völkerrecht von uns nicht ausschließlich als eine Rechtsordnung, die sich an die Staaten wendet, betrachtet wird, sondern auch als eine Rechtsordnung, die unmittelbar für das Individuum Rechte und Pflichten begründet." Es sei an der Zeit, „aus der nationalstaatlichen Phase [...] in die übernationalstaatliche Phase einzutreten" und daher „Hoheitsbefugnisse auf internationale Organisationen" zu erlauben, so Schmid. Um ein System „kollektiver Sicherheit" aufrechtzuerhalten, empfahl er auch im Parlamentarischen Rat gleich zu Beginn der Plenarsitzungen, jede Handlung unter Strafe zu stellen, die „das friedliche Zusammenleben der Völker stört".[2029]

Carlo Schmids unermüdlichem Eintreten für sein europapolitisches Programm auf nationaler und internationaler Ebene, seinem theoretischen Wissen und seinen praktischen Erfahrungen auf diesem Gebiet ist es zu verdanken, dass dieses Konzept nicht auf Herrenchiemsee beschränkt blieb, sondern auch im Grundgesetz für die Bundesrepublik Deutschland seinen Niederschlag fand.[2030]

4.4 Das staats- und verfassungsrechtliche Denken Carlo Schmids, Hermann Louis Brills, Anton Pfeiffers und Adolfs Süsterhenns auf dem Verfassungskonvent von Herrenchiemsee

Eine Gesamteinschätzung der auf Herrenchiemsee geleisteten Arbeit muss zwangsläufig mehrere Aspekte umfassen. Als Erstes ist ein Blick auf die Vorbedingungen zu werfen, die dem Verfassungsgebungsprozess im Jahr 1948 vorausgingen. Des Weiteren ist danach zu fragen, ob die Wahl des Ortes Herrenchiemsee von Bedeutung war. Die Zusammensetzung der jeweiligen Beratungsgremien spielt ebenso eine Rolle wie die Vorarbeiten, die geleistet wurden. Abschließend ist ein Blick auf die Elemente, die den Verfassungsentwurf von Herrenchiemsee ausmachten, zu werfen und die Frage zu stellen, welche ihrer staats- und verfassungspolitischen Vorstellungen Carlo Schmid, Hermann Brill, Anton Pfeiffer und Adolf Süsterhenn hier einzubringen vermochten.

Grundvoraussetzung für das Zustandekommen einerseits und den verfassungsrechtlichen Spielraum andererseits waren die von den Alliierten am 1. Juli 1948 an die Ministerpräsidenten der Länder übergebenen Frankfurter Dokumente, die den handelnden Personen einen großen Spielraum bei der Ausgestaltung einer zukünftigen Verfassung boten – ein Umstand, der von Vor- und Nachteilen gleichermaßen geprägt war. Dennoch war mit den Frankfurter Dokumenten und der bereits in den Ländern erfolgten Verfassungsgebung die zukünftige Staatsform in weiten Teilen vorbestimmt. Erschwert wurde die Arbeit auf Herrenchiemsee durch das von Carlo Schmid immer wieder angemahnte fehlende Besatzungsstatut von Seiten der Alliierten, das das Verhältnis Deutschlands und der Besatzungsmächte auf eine gesicherte rechtliche Basis gestellt hätte. Hinzu kam eine nicht eindeutige Aufgabenstellung, die von den Kon-

---

[2029] *Der Parlamentarische Rat 1948–1949, Akten und Protokolle*, hg. v. Deutschen Bundestag u. v. Bundesarchiv unter Leitung v. Rupert Schick u. Friedrich P. Kahlenberg, bearb. v. Wolfram Werner, Bd. 9, München 1996, Dok. Nr. 2, Zweite Sitzung des Plenums, 8. September 1948, S. 40f.
[2030] Siehe hierzu Kapitel 6.

ventsteilnehmern immer wieder thematisiert wurde. Der Ort Herrenchiemsee in Bayern wurde dabei nicht ganz uneigennützig von dem bayerischen Ministerpräsidenten vorgeschlagen. Zum einen wollte man sicher, wie auch als Begründung angeführt wurde, die Verhandlungen an einem ruhigen und sicheren Ort stattfinden lassen, zum anderen erhoffte sich so die bayerische Seite einen größeren Einfluss auf die anstehende Verfassungsdiskussion.

Carlo Schmid, Hermann Brill, Anton Pfeiffer und Adolf Süsterhenn nahmen im August 1948 als Abgesandte ihrer Länder am Verfassungskonvent von Herrenchiemsee teil und stellten sich damit der Vorgabe der Frankfurter Dokumente, Vorarbeiten für den Parlamentarische Rat zu leisten, wobei man stets betonte, damit keine politischen Vorentscheidungen treffen zu wollen. Dieses Dilemma, einerseits konkrete Ausarbeitungen und Vorschläge zu machen, andererseits aber keine echten Entscheidungen treffen zu wollen, fasste Carlo Schmid in seinen Erinnerungen treffend zusammen, indem er schrieb, man sei sich der Tatsache wohl bewusst gewesen, dass das Ergebnis von Herrenchiemsee keinen bindenden Charakter habe und höchstens als eine Art Wegweiser dienen könne – wobei ein guter Wegweiser selbstverständlich die Richtung der Arbeiten beeinflussen würde.[2031]

Schmid, Brill, Pfeiffer und Süsterhenn nahmen nicht als Vertreter der Parteien am Verfassungskonvent von Herrenchiemsee teil, was dazu führte, dass sie weniger parteipolitische Interessen vertraten und es auch durchaus zu überparteilichen Einigungen kam. Die Delegierten waren aber nicht nur Vertreter ihrer Länder, die auf die Erfahrungen im jeweiligen Verfassungsprozess auf Länderebene zurückgreifen konnten, sondern sie hatten sich vor allem im Falle Schmids, Brills, Pfeiffers und Süsterhenns bereits eingehend mit dem Komplex Staat und Verfassung beschäftigt. Auf diese Erfahrungen konnten sie nun auf dem Verfassungskonvent von Herrenchiemsee zurückgreifen. Dabei ist zunächst insgesamt festzustellen, dass alle vier Politiker ihren in den vorangehenden Jahren entwickelten staats- und verfassungspolitischen Motiven auch auf Herrenchiemsee im Grundsatz treu blieben. Nicht immer konnten sie sich jedoch mit ihren staats- und verfassungsrechtlichen Vorstellungen auch durchsetzen.

Carlo Schmid musste sich in weiten Teilen von seiner radikalen Provisoriumstheorie lösen, konnte aber erreichen, dass eine den Übergangscharakter des deutschen Staatswesens propagierende Präambel als Mehrheitsvorschlag in den Entwurf von Herrenchiemsee Eingang fand. Gleiches galt für seine Argumentation mit Blick auf den Fortbestand des Deutschen Reichs, die in den Darstellenden Teil des Berichts über den Verfassungskonvent aufgenommen wurde.

Was den formalen Aufbau des auf Herrenchiemsee entworfenen Grundgesetzentwurfs betraf, so glich dieser unübersehbar dem der von Carlo Schmid wesentlich mitgestalteten württemberg-badischen Verfassung. Dementsprechend standen die Grundrechte an exponierter Stelle, gleich nach der Präambel, und auch die bereits in den 1930er Jahren von Schmid vertretene anthropologische Staatsauffassung fand sich hier wieder. Der organische Aufbau des Grundgesetzes hingegen verlief, zumindest was das Amt eines künftigen Bundespräsidenten betraf, nicht nach Carlo Schmids Vorstel-

---

[2031] Schmid, *Erinnerungen*, S. 335.

lungen. Er hatte letztendlich von der Schaffung dieses Amtes abgeraten, um die Vorläufigkeit des Grundgesetzentwurfs zu unterstreichen, konnte sich damit aber nicht durchsetzen. Sein Vorschlag, die Zweite Kammer durch einen Senat abzubilden, fand hingegen, anders als in der Landesverfassung Württemberg-Badens, ebenso Eingang in den Herrenchiemseer Entwurf wie das durch das konstruktive Misstrauensvotum korrigierte parlamentarische System. Was die Schaffung eines einheitlichen obersten Gerichtshofes oder eines besonderen Verfassungsgerichts betraf, so kam man in Herrenchiemsee zu keiner eindeutigen Antwort, jedoch wurden, ganz im Sinne Carlo Schmids, besondere Qualifikationen nur für den Vorsitzenden und die Hälfte der Richter zwingend vorgeschrieben. Zudem entsprang der Abschnitt zur Regelung der völkerrechtlichen Verhältnisse des Bundes bis auf einen Artikel ausschließlich der Feder Carlo Schmids, der damit seinem staats- und verfassungspolitischen Motiv eines demokratischen Deutschland innerhalb eines europäischen Bundes ein Denkmal setzte.

Hermann Brill betonte wie auch Carlo Schmid den Vorläufigkeitscharakter des zu schaffenden Grundgesetzes und konnte erreichen, dass seine Formulierung einer „Übergangzeit" in den Mehrheitsvorschlag der Präambel Eingang fand. Auch in der Debatte um den Fortbestand des Deutschen Reichs unterstützte Brill die Sichtweise Schmids fast uneingeschränkt. Vergeblich argumentierte er aber gegen eine mögliche Einschränkung oder Aufhebung der Grundrechte durch ein Notstandsgesetz; dass eine Suspension der Grundrechte nicht vorgesehen werden dürfe, weil die normalen polizeilichen Mittel zur Bekämpfung aller Gefahren ausreichend seien, fand lediglich als Minderheitsvotum Eingang in den Vorbericht. Zum organisatorischen Aufbau brachte Brill einen neuen Vorschlag in die Debatte ein, der anschließend auch seinen Niederschlag im Herrenchiemseer Entwurf fand. Er argumentierte für die Schaffung eines Bundespräsidiums anstelle eines Bundespräsidenten. Wie schon Carlo Schmid setzte er sich innerhalb der Debatte um das Zwei-Kammer-System für die Bildung eines Senats ein und reichte seinen Vorschlag als Einziger der Delegierten in schriftlicher Form ein. Seine Anregung, den Senat zunächst durch die Landtage, später durch das Volk auf Zeit zu wählen, um so ein zweites Element zur Vertretung des Volks zu schaffen, wurde im Entwurf des Grundgesetzes von Herrenchiemsee jedoch nicht berücksichtigt. Auch eine Beteiligung des Bundestags an dem Erlass von Notverordnungen konnte er nicht durchsetzen, ebenso wenig eine Regierung auf Zeit. Zudem betrachtete er die erweiterten Zuständigkeiten eines Bundesverfassungsgerichts mit gemischten Gefühlen. Das Hermann Brill leitende staats- und verfassungspolitische Motiv eines demokratischen Sozialismus fand sich dagegen nur noch in zwei Grundgesetzartikeln[2032] und in einem direkt und nicht durch Verhältniswahl zu bestimmenden Bundestag wieder.

Brills Verfassungsverständnis zeigte dabei immer wieder Anklänge an die Staatslehre Hermann Hellers. Wie auch Heller verstand Brill noch vor Ausbruch des Zweiten Weltkriegs Sozialismus als „ein neues Prinzip, eine neue Haltung"[2033], die es zu etablie-

---

[2032] Siehe Kapitel 6.
[2033] Zit. nach Blau, Joachim, *Sozialdemokratische Staatslehre in der Weimarer Republik: Darstellung und Untersuchung der staatstheoretischen Konzeptionen von Hermann Heller, Ernst Fraenkel und Otto Kirchheimer*, Marburg 1980, S. 200 (Schriftenreihe für Sozialgeschichte und Arbeiterbewegung, Bd. 21).

ren galt. Beiden gemein war die Auffassung, dass dies nur mit Hilfe der Integration der Arbeiterklasse durch aktive Mitarbeit an einer zukünftigen Staatsordnung gelingen könne.[2034] Der von Hermann Heller „als Synonym für eine allmähliche Verbesserung der materiellen Lage der Arbeiterschaft, für Reformen innerhalb des bestehenden ökonomischen Systems und für die Ausweitung der staatlichen und genossenschaftlichen Wirtschaftsbeteiligung"[2035] verstandene Sozialismusbegriff greift zum Verständnis des demokratischen Sozialismus allerdings sowohl bei Heller als auch bei Brill zu kurz. Sowohl Hellers als auch Brills Überlegungen standen in der Nähe der „Strategie der radikalen Demokratisierung"[2036], die sich bei Hermann Brill in der Forderung nach einer Teilhabe am staats- und verfassungspolitischen System und der Möglichkeit einer direkten Beteiligung an diesem manifestierte und damit nichts von ihrer Aktualität eingebüßt hat. Auch wenn man Hermann Brill sicher keine Übernahme der Heller'schen Staatslehre zuerkennen kann, so mutet es dennoch zunächst als ein Kuriosum an, dass er sich zwar immer wieder an die Theorie Hellers anlehnte, aber ebendiese Anlehnung nicht – wie etwa Adolf Süsterhenn, der sich in der Nachfolge Benedikt Schmittmanns sah – erwähnte. Ein Grund hierfür könnte die zumindest teilweise Relativierung durch Hermann Heller selbst sein, etwa in Fragen einer gerechten Verteilung der vorhandenen Güter und „der Herrschaft der Gemeinschaftsautorität über die Wirtschaft"[2037].

Anton Pfeiffer konnte zunächst einmal vor allem damit zufrieden sein, dass der Verfassungskonvent in Bayern stattfand und ihm nicht nur die Organisation der Veranstaltung, sondern auch der geschäftsführende Vorsitz in diesem Gremium zuerkannt wurde. Zudem erhielt er aufgrund der Tatsache, dass die Redaktionskommission ebenfalls in Bayern ihrer Arbeit nachging, die Gelegenheit, das Gesamtergebnis des Verfassungskonvents in bayerischem Sinne zu beeinflussen. Hinsichtlich des Charakters der neu zu schaffenden staatlichen Ordnung stimmte Anton Pfeiffer mit Carlo Schmid und Hermann Brill überein und betonte, diese könne höchstens vorläufig sein. Gleichzeitig hob er aber die Bedeutung und den Einfluss hervor, die diese Ordnung auf die kommende zweifelsohne haben werde. Ganz anders als Schmid und Brill argumentierte Pfeiffer hingegen in der Frage nach dem Fortbestand des Deutschen Reichs und damit verbunden nach der Quelle der Staatsgewalt. Für ihn bestand die gegenwärtige Aufgabe darin, die Einheit des deutschen Staates wiederherzustellen, da der deutsche Gesamtstaat seiner Ansicht nach nicht mehr existierte. Ziel dieser Argumentation war es, die Stellung der einzelnen Länder, allen voran natürlich Bayerns, zu stärken.

In den inhaltlichen Debatten um den Aufbau des zukünftigen Staatswesens hielt sich Anton Pfeiffer, wie so oft, zurück. Dies muss nicht zuletzt auch auf seine Wahl zum geschäftsführenden Vorsitzenden zurückgeführt werden. In der Grundrechtsdebatte machte sich dies besonders bemerkbar; lediglich in seiner Eröffnungsrede betonte der bayerische Staatssekretär, man möge in den Verhandlungen der kommenden

---

[2034] Zur Theorie des sozialen Rechtsstaats bei Hermann Heller vgl. ebd., S. 204–208.
[2035] Ebd., S. 194.
[2036] Waser, Ruedi, „Nationaler Kultursozialismus oder Aufhebung der bürgerlichen Gesellschaft?", in: Müller, Christoph/Staff, Ilse, *Der soziale Rechtsstaat. Gedächtnisschrift für Hermann Heller 1891–1933*, Baden-Baden 1984, S. 521–552, hier S. 527.
[2037] Blau, *Staatslehre*, S. 194. Ein dezidierterer Vergleich der Staats- und Verfassungsvorstellungen Hermann Brills und Hermann Hellers wäre sicher aufschlussreich, kann in dieser Arbeit aber nicht geleistet werden.

Tage Garantien für Rechte und Freiheiten der Einzelperson berücksichtigen. Im bayerischen Verfassungsentwurf für Herrenchiemsee wurden die Grundrechte gleich ganz ausgespart. Auch in der Frage nach einem zukünftigen Staatsoberhaupt argumentierte Anton Pfeiffer lediglich im Wortlaut der Frankfurter Dokumente, man möge eine angemessene Zentralgewalt schaffen, gab aber zu erkennen, dass er einem Bundespräsidenten vor einem Bundespräsidium dem Vorzug gäbe. Einzig bei den Beratungen der Zweiten Kammer zeigte Pfeiffer ein gesteigertes Interesse. Aufgrund seiner Erfahrungen im Stuttgarter Länderrat sprach er sich für die Schaffung eines Bundesrats aus und wollte dessen Mitglieder eindeutig als Repräsentanten ihres jeweiligen Landes verstanden wissen – ein Zusatz, der sich im Darstellenden Teil des Berichts über den Verfassungskonvent wiederfand. Der Ersten Kammer zollte Pfeiffer weniger Aufmerksamkeit; er legte lediglich Wert darauf, dass ein Gleichgewicht zwischen beiden Kammern herzustellen sei. Zu Bundesregierung und Bundeskanzler bezog er keine eindeutige Stellung. Sein Vorschlag, die Befähigung des Vorsitzenden des Bundesverfassungsgerichts zum Richteramt festzuschreiben, fand hingegen Eingang in den Herrenchiemseer Bericht. Anton Pfeiffers staats- und verfassungspolitisches Leitmotiv eines bayerischen Föderalismus stand auf Herrenchiemsee vor allem bei der Debatte um die Quelle der Staatsgewalt und der Zweiten Kammer im Vordergrund, durchzog aber auch seine wenigen inhaltlichen Beiträge zu den Verhandlungen über den Staatsaufbau und kam indirekt in der Wahl des Ortes Herrenchiemsee und der Arbeit der Redaktionskommission in Bayern zum Tragen.

Adolf Süsterhenn schließlich, der sich zunächst für die Gründung eines Weststaats ausgesprochen, dann aber gemäßigtere Töne angeschlagen und die Gemeinschaft der drei Westzonen als vorläufig bezeichnet hatte, äußerte sich auf Herrenchiemsee nicht zu diesem Themenkomplex. Zum Fortbestand des Deutschen Reichs bemerkte er lediglich, dass es sich hierbei nur um eine theoretische Fragestellung handle, und plädierte dafür, sich den praktischen Aufgabenstellungen zuzuwenden. Nicht zuletzt infolge seines Einspruchs gegen eine allgemeine Einschränkbarkeit der Grundrechte wurde die Ewigkeitsklausel der Menschenwürde in den Bericht des Verfassungskonvents aufgenommen. In den Fragen des Staatsaufbaus äußerte sich Süsterhenn nicht zur Schaffung eines Staatsoberhaupts. Angesichts seiner Argumentation vor dem Verfassungskonvent von Herrenchiemsee kann aber davon ausgegangen werden, dass ihm in den beiden Varianten Bundespräsident und Bundespräsidium das föderalistische Element nicht ausreichend berücksichtigt erschien. Eindeutig begrüßte Süsterhenn die im „Bayerischen Entwurf" propagierte Gleichberechtigung der beiden Kammern und die Schaffung eines Bundesrats, musste jedoch hinnehmen, dass man sich auf Herrenchiemsee weder zwischen Bundesrat und Senat noch hinsichtlich einer Gleichberechtigung beider Vertretungen entscheiden konnte. Zu Bundesregierung und Bundekanzler sind indes keine Stellungnahmen Süsterhenns in diesem Kreis dokumentiert. Allerdings konnte er erreichen, dass die Richter des Bundesverfassungsgerichts nicht nur dem Gesetz, sondern auch ihrem Gewissen verpflichtet sein sollten. Adolf Süsterhenn schaffte es damit insgesamt nicht, sich auf Herrenchiemsee mit seinem Anliegen eines katholisch-subsidiär geprägten Föderalismus durchzusetzen. Die von ihm vorgeschlagene Anrufung Gottes in der Präambel wurde zunächst ebenso wenig festgeschrieben wie eine eindeutige Bundesratslösung. Zwar fand er in der bayerischen Delegation Unterstützer des föderalistischen Gedankens, jedoch waren diese mehr auf die Durchsetzung eines bayerischen als eines katholisch-subsidiär geprägten Föderalismus bedacht.

5 Zeitgenössische und rückblickende Bewertung der Ergebnisse des Verfassungskonvents von Herrenchiemsee

Die zeitgenössische Bewertung der Ergebnisse des Verfassungskonvents auf Herrenchiemsee umfasst an erster Stelle das Urteil der hier vorgestellten Konventsteilnehmer selbst, verbunden mit der Frage, welches Selbstverständnis Carlo Schmid, Hermann Brill, Anton Pfeiffer und Adolf Süsterhenn in Bezug auf die dort geleistete Arbeit entwickelten. Ferner sind die Einschätzungen der Ministerpräsidenten der Länder als Initiatoren des Verfassungskonvents, der Parteien mit ihren Vorentwürfen und schließlich der Besatzungsmächte, die durch die Frankfurter Dokumente die Basis für die Arbeit geschaffen hatten, zu betrachten.

In der rückblickenden Sichtweise erfolgt eine Beurteilung der Ergebnisse des Herrenchiemseer Konvents unter zwei Aspekten. Zum einen wird eine gesamtheitliche Darstellung des Staatsverständnisses der Konventsteilnehmer und ihrer Auffassung vom Aufbau der neuen Republik erfolgen, zum anderen muss auch nach der staatsrechtlichen Stellung des Verfassungskonvents gefragt werden, um eine umfassende Bewertung der Arbeiten von Herrenchiemsee aus heutiger Sicht vornehmen zu können.

5.1 Die Bewertung des Verfassungskonvents durch Carlo Schmid, Hermann Louis Brill, Anton Pfeiffer und Adolf Süsterhenn

Wird nach der Bewertung des Verfassungskonvents durch die hier vier betrachteten verfassungspolitischen Denker gefragt, erscheint es konsequent, dass sie als Teilnehmer ihre eigene Arbeit nicht grundsätzlich in Frage stellten. Eine weitere Gemeinsamkeit bestand bei Carlo Schmid und Hermann Brill darin, dass beide betonten, man sei auf Herrenchiemsee nicht dazu befugt, politische Entscheidungen jedweder Art zu treffen.[2038] Adolf Süsterhenn äußerte sich hier zurückhaltender[2039], und Anton Pfeiffer sprach offen davon, dass es darum gehe, „politische Aufgaben zu lösen"[2040]. Letztlich war dies eine Auflage, die man schon aufgrund der ständigen Vergleiche mit der Weimarer Reichsverfassung kaum einzuhalten imstande war.[2041]

Eine jedoch insgesamt differenzierte Sichtweise dieser vier Konventsteilnehmer ist auf zwei wesentliche Einflussfaktoren zurückzuführen: Zum einen wies der Abschlussbericht von Herrenchiemsee eindeutige Spuren des „Bayerischen Entwurfs für ein Grundgesetz" auf, was vom Plenum so nicht vorgesehen war, zum anderen zählten lediglich Carlo Schmid, Anton Pfeiffer und Adolf Süsterhenn zu den Mitgliedern

---

[2038] Carlo Schmid betonte, man sei nicht befugt, „politische Entscheidungen zu treffen". PR, Bd. 2, Dok. Nr. 3, Verfassungskonvent auf Herrenchiemsee. Plenarsitzungen: Zweiter Sitzungstag, 11. August 1948, S. 67. Hermann Brill war ebenfalls der Ansicht, es sei nicht Aufgabe des Konvents, in die Diskussion jedweder „hochpolitischen Frage" einzutreten. Ebd., Dok. Nr. 4, Verfassungskonvent auf Herrenchiemsee. Plenarsitzungen. Dritter Sitzungstag: Donnerstag, 12. August 1948, S. 159.
[2039] Siehe ebd., Dok. Nr. 3, Verfassungskonvent auf Herrenchiemsee. Plenarsitzungen. Zweiter Sitzungstag: Mittwoch, 11. August 1948, S. 89.
[2040] Ebd., S. 67.
[2041] Vgl. Gallwas, „Standort", S. 93f.

des nachfolgenden Parlamentarischen Rates. Während Adolf Süsterhenn dem Parlamentarischen Rat nur bis zu einem folgenschweren Autounfall im Mai 1949 angehörte[2042], befand sich Hermann Brill nicht unter den Mitgliedern[2043]. Die Zugehörigkeit zum Parlamentarischen Rat als der eigentlichen Verfassungsgebenden Versammlung, die das Grundgesetz schließlich am 23. Mai 1949 verabschiedete, ließ die Vorarbeiten, die auf Herrenchiemsee geleistet wurden, vermehrt in den Hintergrund treten. Zu berücksichtigen ist auch, dass Carlo Schmid, Hermann Brill, Anton Pfeiffer und Adolf Süsterhenn als Mitglieder der Sozialdemokratischen beziehungsweise der Unionspartei nicht völlig frei von der vorgegebenen Parteilinie agieren konnten, und die Parteien distanzierten sich von den Verfassungsarbeiten auf Herrenchiemsee.[2044]

Von Carlo Schmid sind mit Abstand die meisten Stellungnahmen zum Verfassungskonvent von Herrenchiemsee erhalten. Bereits wenige Tage nach Ende der Herrenchiemseer Versammlung erschienen in unterschiedlichen Zeitungen Kommentare Schmids zur Arbeit des Konvents, die alle dieselbe Grundtendenz aufwiesen und teilweise sogar bis in den Wortlaut hinein identisch waren.

Zur Einordnung der Arbeiten von Herrenchiemsee gab Schmid zu bedenken, man sei nicht befugt gewesen, „politische Entscheidungen zu treffen"[2045] oder „politische Streitfragen nach parlamentarischer Art zu entscheiden"[2046], sondern als „Techniker des Verfassungsrechts"[2047] herauszuarbeiten, „durch welche Grundvorstellung die politische Auseinandersetzung in Deutschland heute bestimmt wird"[2048]. Daher wolle man das erarbeitete „Grundgesetz" auch nicht als eine Verfassung im eigentlichen Sinne des Wortes verstanden wissen, sondern als „Grundnorm für ein Staatsfragment

---

[2042] Vgl. Hehl, *Süsterhenn*, S. 425–434.
[2043] Die Anmerkung Christoph von Hehls, Hermann Brill habe im Parlamentarischen Rat gesessen, ist daher nicht korrekt. Siehe ebd., S. 388f. Wie Helmut Berding richtig feststellt, wurde Hermann Brill vom Hessischen Landtag nicht in den Parlamentarischen Rat gewählt. Berding, „Brills Rolle", S. 186. Er wurde sogar nicht nur nicht gewählt, sondern gar nicht erst von seiner Fraktion zur Wahl gestellt. Siehe Stenographischer Bericht über die 45. Sitzung des Hessischen Landtags, Wiesbaden, 11. August 1948, S. 1601. Die Stenographischen Berichte des Hessischen Landtags sind online einsehbar unter: http://starweb.hessen.de (22. Dezember 2015).
[2044] Zur Bewertung der Ergebnisse von Herrenchiemsee durch die Parteien siehe Kapitel 5.3.
[2045] Carlo Schmid, „Herrenchiemsee", in: *Der Württemberger*, 26. August 1948; Karl Schmid, „Zwischen Herrenchiemsee und Bonn", in: *Schwäbisches Tagblatt*, 31. August 1948.
[2046] Carlo Schmid, „Herrenchiemsee", in: *Stuttgarter Zeitung*, 28. August 1948; Carlo Schmid, „Material für Bonn", in: *Die Freiheit. Organ der sozialdemokratischen Partei*, 30. August 1948; Carlo Schmid, „Der Vorschlag von Herrenchiemsee", in: *Südkurier. Überparteiliche Informationszeitung für das Land Baden*, 2. September 1948; Carlo Schmid, „Grundform für ein Staatsfragment. Gedanken zum ‚Bund Deutscher Länder'", in: *Telegraf*, 4. September 1948.
[2047] Carlo Schmid, „Herrenchiemsee", in: *Stuttgarter Zeitung*, 28. August 1948; Carlo Schmid, „Der Vorschlag von Herrenchiemsee", in: *Südkurier. Überparteiliche Informationszeitung für das Land Baden*, 2. September 1948; Carlo Schmid, „Grundform für ein Staatsfragment. Gedanken zum ‚Bund Deutscher Länder'", in: *Telegraf*, 4. September 1948. Die Artikel vom 28. August 1948 in der *Stuttgarter Zeitung*, vom 2. September im *Südkurier* und vom 4. September im *Telegraf* waren identisch.
[2048] Carlo Schmid, „Herrenchiemsee", in: *Stuttgarter Zeitung*, 28. August 1948; Carlo Schmid, „Grundform für ein Staatsfragment. Gedanken zum ‚Bund Deutscher Länder'", in: *Telegraf*, 4. September 1948; Carlo Schmid, „Der Vorschlag von Herrenchiemsee", in: *Südkurier. Überparteiliche Informationszeitung für das Land Baden*, 2. September 1948.

[…] dessen Organe so gestaltet sind, daß sie zwar die völlige Ausübung deutscher Gebietshoheitsrechte gewährleisten, daß aber deutlich zum Ausdruck kommt: es handelt sich bei dem Grundgesetz lediglich um den Plan für einen Notbau, der sofort bei jeder Gelegenheit der deutschen Freiheitssphäre entsprechend ergänzt werden kann".[2049] Allerdings war sich Carlo Schmid darüber im Klaren, dass auch „technischen Vorarbeiten […] eine wesentliche politische Bedeutung zukommen"[2050] konnte; schließlich dürfe auch „nicht übersehen werden, daß diese ‚Sachverständigen' zum großen Teil ausgesprochene politische Persönlichkeiten waren"[2051]. So sei es von „größter politischer Bedeutung" gewesen, dass man sich auch „auf Herrenchiemsee" – „mit Ausnahme der Vertreter Bayerns" – darin einig gewesen sei, dass Deutschland als Staat „nicht untergegangen" sei und „daher nicht neu konstituiert […], sondern lediglich neu organisiert werden" müsse.[2052] Mit dieser Feststellung sei es nun weitaus schwieriger, partikulare Interessen geltend zu machen, so Schmid. Das erarbeitete Grundgesetz von Herrenchiemsee wollte er „als Mittel zur Vorbereitung der Einheit Gesamtdeutschlands" verstanden wissen, wobei man sich selbstverständlich bewusst gewesen sei, dass die Ausarbeitungen des Verfassungskonvents keinerlei „bindende Wirkung" für den Parlamentarischen Rat darstellen würden.[2053] Im Vergleich, stellte Carlo Schmid fest, würde daher „im Gegensatz zu Herrenchiemsee […] in Bonn dem Willenselement ein weit größeres Gewicht zukommen als dem Streben nach objektiver Erkenntnis".[2054]

Auch nach Abschluss der Arbeiten des Parlamentarischen Rats blieb er dem Ausgangspunkt seiner Argumentationen, „die Einheit der Staatsgewalt" sei trotz des Zusammenbruchs des Dritten Reichs im Frühjahr 1945 gewahrt worden, treu, betonte nun aber noch stärker die Rolle des Parlamentarischen Rats, indem er schrieb, dieser habe zu Beginn ohne „offizielle Vorlage" auskommen müssen. Auf Herrenchiemsee sei lediglich „eine Art von Entwurf (mit Varianten) fertiggestellt" worden, die dem Parlamentarischen Rat „nur als Diskussionsmaterial gedient" habe, während die eigentliche Arbeit „erst in den Fachausschüssen" geleistet worden sei.[2055] Auch räumte

---

[2049] Carlo Schmid, „Herrenchiemsee", in: *Stuttgarter Zeitung*, 28. August 1948; Carlo Schmid, „Grundform für ein Staatsfragment. Gedanken zum ‚Bund Deutscher Länder'", in: *Telegraf*, 4. September 1948; Carlo Schmid, „Der Vorschlag von Herrenchiemsee", in: *Südkurier. Überparteiliche Informationszeitung für das Land Baden*, 2. September 1948.
[2050] Karl Schmid, „Zwischen Herrenchiemsee und Bonn", in: *Schwäbisches Tagblatt*, 31. August 1948.
[2051] Carlo Schmid, „Der Entwurf von Herrenchiemsee", in: *Die Welt*, 31. August 1948.
[2052] Ebd. Zur Debatte um den Untergang des Deutschen Reichs auf dem Verfassungskonvent von Herrenchiemsee siehe Kapitel 4.3.2.
[2053] Carlo Schmid, „Herrenchiemsee", in: *Stuttgarter Zeitung*, 28. August 1948; Carlo Schmid, „Grundform für ein Staatsfragment. Gedanken zum ‚Bund Deutscher Länder'", in: *Telegraf*, 4. September 1948; Carlo Schmid, „Der Vorschlag von Herrenchiemsee", in: *Südkurier. Überparteiliche Informationszeitung für das Land Baden*, 2. September 1948.
[2054] Karl Schmid, „Zwischen Herrenchiemsee und Bonn", in: *Schwäbisches Tagblatt*, 31. August 1948.
[2055] Schmid, Karl, „Die politische und staatsrechtliche Ordnung der Bundesrepublik Deutschland", in: *Die öffentliche Verwaltung*, 2. Jahrgang, Heft 11, Juni 1949, S. 201–207, hier S. 201f. Zur Fortwirkung der Arbeit des Verfassungskonvents von Herrenchiemsee im Parlamentarischen Rat siehe Kapitel 6. Vgl. hierzu auch Bauer-Kirsch, *Herrenchiemsee*, S. 195–261. Dieselbe Formulierung benutzte Carlo Schmid auch auf der neunten Sitzung des Plenums im Parlamentarischen Rat. Vgl. PR, Bd. 9, Dok. Nr. 9, Neunte Sitzung des Plenums, 6. Mai 1949, S. 436f.

Schmid nun ein, dass „eine Reihe politisch grundlegender Dinge schon vor Bonn entschieden worden" sei[2056], nämlich auf Herrenchiemsee. In seinen *Erinnerungen* schrieb Carlo Schmid schließlich rückblickend, man sei sich sowohl der Grenzen als auch der Bedeutung des Auftrags bewusst gewesen:

> „Wir wußten, daß das Ergebnis unserer Arbeiten niemanden verpflichten konnte und daß wir nicht mehr als eine Art von Denkschrift für die Gemeinschaft der Ministerpräsidenten und nicht mehr als ein Arbeitspapier für den Parlamentarischen Rat schaffen konnten; ob unsere Ausarbeitung als Vorlage akzeptiert werden würde, lag allein bei den Ministerpräsidenten und dem Parlamentarischen Rat. Wir wußten jedoch auch, daß unsere Vorschläge die Richtung der Beratungen des Parlamentarischen Rates und die Natur der dabei zutage tretenden Argumente in bedeutendem Maße bestimmen werden, wie dies jeder Leitfaden und jede Denkschrift tun."[2057]

Hermann Brill sah in den Ausarbeitungen von Herrenchiemsee die „Vorbereitende Verfassungsarbeiten der Länderexperten" für den Parlamentarischen Rat. Das Ergebnis der Arbeit der „Verfassungsexperten" bezeichnete Brill als „artikulierte Plattform" – wohl in Anknüpfung an seine eigenen verfassungspolitischen Schriften –, nicht aber als „Gesetzentwurf". Obwohl selbst Mitglied der SPD, nannte er die Verfassungsentwürfe – auch die der Unionsparteien – „mehr oder weniger unbrauchbar." In Herrenchiemsee hingegen habe man sich weder der grauen Theorie noch der parteipolitischen Vorstellungen bedient, sondern als Vertreter der „praktischen Bedürfnisse des deutschen Volkes" gefühlt. Dies allein sei „der Sinn" der Arbeit auf Herrenchiemsee gewesen, aus dem heraus man „das deutsche Volk aus einem schlechten Verfassungszustand von heute in eine bessere Verfassungsordnung für morgen und übermorgen zu leiten" gedachte, so Brill.[2058]

Zwar sollten die Beratungen auf Herrenchiemsee, als die Presse seinen Artikel veröffentlichte, noch zwei weitere Tage andauern, aber Hermann Brill wusste bereits, dass er von seiner Fraktion im Hessischen Landtag nicht in den Parlamentarischen Rat entsandt werden würde. Daher verwundert es nicht, wenn er den Parlamentarischen Rat im Vergleich zum Verfassungskonvent von Herrenchiemsee als eine bloße „Delegiertenversammlung der Landtage"[2059] abwertete.

Rückblickend schrieb Anton Pfeiffer über den Verfassungskonvent von Herrenchiemsee:

[2056] Schmid, Carl, „Rückblick auf die Verhandlungen", in: *Die Wandlung*, Sommerheft 1949, Heidelberg 1949, S. 652–669, hier S. 653.
[2057] Schmid, *Erinnerungen*, S. 335. Was seine Mitstreiter anbelangte so beschrieb Carlo Schmid Hermann Brill als einen Sozialdemokraten, der „Wert darauf" gelegt habe, „dem Bund gesetzgeberische und exekutive Kompetenzen zu geben, die für das gesamte Bundesgebiet Änderungen des Wirtschaftssystems möglich machen sollten". Ebd., S. 336. An Adolf Süsterhenn erinnerte sich Schmid als „einen auf starke Länderrechte bedachten bundesfreundlichen" Föderalisten, der „vor allem auf die Stärkung der richterlichen Gewalt" bedacht war, „in der er ein konservatives Element sag, das einer reformationswütigen Neuerungssucht wehren könnte". Ebd., S. 336.
[2058] Hermann Brill, „Gesamtdeutscher Wille ist ausschlaggebend'. Das Werk von Herrenchiemsee – Vorbereitende Verfassungsarbeit der Länderexperten", in: *Neue Ruhr-Zeitung*, 21. August 1948, S. 2. Der Artikel Hermann Brills ist auch erhalten in: BArch, NL Brill 326.
[2059] Ebd.

„Die Delegierten der einzelnen Länder werden das Ergebnis ihren Regierungen unterbreiten. Auf jenen Gebieten, auf denen mehrere gesetzestechnische Lösungen möglich sind, werden zwei Formulierungen vorgelegt werden. Der parteipolitische Einschlag in den Beratungen ist nicht sehr stark. Die Ministerpräsidenten-Konferenz wird sich dann Ende August darüber schlüssig werden, in welcher Form sie das hier erarbeitete Material dem Parlamentarischen Rat zur Verfügung stellen will. Auf alle Fälle ist die Arbeit des Verfassungskonvents auf Herrenchiemsee die erste planmäßige und wohl vollkommene Durchforstung des ungeheuren Gebietes moderner Verfassungsfragen, und die schriftliche Festhaltung der Ergebnisse ist eine bedeutende Förderung für die ganze künftige Verfassungsentwicklung in Deutschland, gleichgültig ob nun in Bonn ein Grundgesetz für die vereinigten Westzonen oder eine vorläufige Verfassung aus der Taufe gehoben wird."[2060]

Auch in der Presse lobte der bayerische Staatssekretär die Arbeit der Herrenchiemseer „Verfassungsexperten" als eine Grundlage, „die aus der deutschen Verfassungsgeschichte nicht mehr hinwegzudenken ist". Zwar musste auch Pfeiffer eingestehen, dass der Parlamentarische Rat an „keine Vorarbeit gebunden" war, sah „die Kontinuität zwischen Herrenchiemsee und Bonn" aber dadurch gewahrt, dass nicht nur er, sondern auch Adolf Süsterhenn, Carlo Schmid und Hermann Brill Mitglieder des Parlamentarischen Rats sein würden.[2061] Inhaltlich betonte Anton Pfeiffer vor allem die Sicherung der „föderalistischen Grundsatzforderungen" im Herrenchiemseer Entwurf, den er dennoch als „Material" und „Richtlinien" für die Arbeit des Parlamentarischen Rats bezeichnete.[2062]

Auch angesichts der Arbeit im Parlamentarischen Rat wurde Anton Pfeiffer nicht müde, die Bedeutung des Verfassungskonvents von Herrenchiemsee hervorzuheben. Dies verwundert nicht weiter, da Pfeiffer, obwohl selbst Mitglied des Parlamentarischen Rates, auf dem Verfassungskonvent im heimischen Herrenchiemsee eine tragende Rolle gespielt hatte. So lobte er den Verfassungsentwurf von Herrenchiemsee als die „bedeutungsvollste Unterlage", die dem Parlamentarischen Rat zur Verfügung gestanden habe, denn schließlich sei dieser Entwurf „das Ergebnis einer wissenschaftlichen Durcharbeitung des ganzen Verfassungsproblems". Daher sei es nur folgerichtig, „daß der Herrenchiemsee-Entwurf in den Beratungen in Bonn von der ersten Stunde an eine beherrschende Stellung" eingenommen habe.[2063] Überhaupt habe sich die Arbeit in den Fachausschüssen des Parlamentarischen Rats an der rationalen „Neutralität" und der Zusammenstellung der „verschiedenartigen Lösungsmöglichkeiten" des Verfassungsentwurfs von Herrenchiemsee orientiert, der in weiser Voraus-

---

[2060] Anton Pfeiffer, „Der Verfassungskonvent auf Herrenchiemsee von Staatsminister Dr. Anton Pfeiffer, o. D. [19./20. August 1948], in: BayHStA, NL Pfeiffer 320.
[2061] Zum Zeitpunkt des Erscheinens des Artikels hatte der Hessische Landtag bereits seine Mitglieder für den Parlamentarischen Rat gewählt – Hermann Brill war nicht darunter.
[2062] Anton Pfeiffer, „Der Verfassungskonvent von Herrenchiemsee", in: *Niederbayerische Nachrichten*, 27. August 1948, S. 1f.
[2063] Pfeiffer, Anton, „Vom Werden einer Verfassung", in: *Die öffentliche Verwaltung. Zeitschrift für Verwaltungsrecht und Verwaltungspolitik*, 1. Jahrgang, Heft 2, November 1948, S. 49–51, hier S. 50.

sicht „die politische Entscheidung zwischen den verschiedenen Entwürfen dem Parlamentarischen Rat vorbehalten" habe, so Pfeiffer.[2064]
Auch wenn sich Anton Pfeiffers hohe Erwartungen an die Bedeutung des Verfassungsentwurfs von Herrenchiemsee nicht in Gänze erfüllten – der Entwurf wurde weder von den Ministerpräsidenten ausführlich besprochen noch mit den jeweiligen Landesregierungen abgestimmt –, so war doch nicht von der Hand zu weisen, dass man auf Herrenchiemsee zum ersten Mal eine partei- und länderübergreifende planmäßige Verfassungsarbeit geleistet hatte, deren Ergebnisse durch die personale Kontinuität im Parlamentarischen Rat fortwirkten.

Auch Adolf Süsterhenn bewertete die auf Herrenchiemsee geleistete Arbeit positiv, konnte doch der Parlamentarische Rat dadurch „seine Tätigkeit auf wertvolle Vorarbeiten gründen, die im Auftrage der Ministerpräsidenten von dem sogenannten Verfassungskonvent in Herrenchiemsee geleistet worden sind." „Die staatsrechtlichen Sachverständigen" hatten nach Süsterhenns Meinung „in zweiwöchentlicher intensiver Arbeit" Material für den Parlamentarischen Rat erarbeitet und dabei wesentliche Fragen des Staatsrechts geklärt, wodurch der Parlamentarische Rat in die Lage versetzt worden sei, seinerseits die Arbeit umgehend aufzunehmen. Zufrieden konnte er feststellen, dass die „Vorarbeiten des Verfassungskonvents [...] föderalistischen Charakter" besaßen.[2065] Artikel 1 des Herrenchiemseer Entwurfs[2066] deutete Süsterhenn ganz in seinem Sinne; in ihm komme „der vorstaatliche und naturrechtliche Charakter der menschlichen Freiheitsrechte" zur Geltung, und er enthalte „ein Bekenntnis zum überragenden Wert der menschlichen Persönlichkeit im Sinne der abendländischen Kulturtradition".[2067]
Als Mitglied des Parlamentarischen Rats und Vertreter seiner Fraktion hob Adolf Süsterhenn nach Carlo Schmid in der zweiten Sitzung des Plenums zu seiner Grundsatzrede an und betonte, „daß der Parlamentarische Rat in seinen Entscheidungen völlig frei" sei, „aber andererseits [...] in Herrenchiemsee im Auftrag der Ministerpräsidenten wertvolle Vorarbeiten geleistet worden" sei, „die die Arbeit des Parlamentarischen Rates allein schon dadurch wesentlich erleichtern" könnten, „daß die Problemstellungen klar aufgerissen wurden und im übrigen auch zum Teil bereits gesetzestechnisch einwandfreie Formulierungen gefunden worden" seien. Daher vertrat Adolf Süsterhenn die Ansicht, man solle die „Arbeitsergebnisse" von Herrenchiemsee, ohne

---

[2064] Pfeiffer, Anton, „Vom Werden einer Verfassung II", in: *Die öffentliche Verwaltung. Zeitschrift für Verwaltungsrecht und Verwaltungspolitik*, 1. Jahrgang, Heft 3, Dezember 1948, S. 89–93, hier S. 89. Der Artikel Anton Pfeiffers ist auch erhalten, in: BayHStA, NL Pfeiffer 321.
[2065] Adolf Süsterhenn, „Der Neubau Deutschlands", 2. September 1948, abgedruckt in: Süsterhenn, *Schriften*, S. 209.
[2066] „Der Staat ist um des Menschen willen da, nicht der Mensch um des Staates willen." (Art. 1 Abs. 1 HChE). „Die Würde der menschlichen Persönlichkeit ist unantastbar. Die öffentliche Gewalt in allen ihren Erscheinungsformen ist verpflichtet, die Menschenwürde zu achten und zu schützen." (Art. 1 Abs. 2 HChE).
[2067] Adolf Süsterhenn, „Der Neubau Deutschlands", 2. September 1948, abgedruckt in: Süsterhenn, *Schriften*, S. 210.

sich direkt daran gebunden zu fühlen, „zur Grundlage" der Arbeit im Parlamentarischen Rat erklären.[2068]

Zwar waren sich Carlo Schmid, Hermann Brill, Anton Pfeiffer und Adolf Süsterhenn der Tatsache bewusst, dass die Arbeiten auf Herrenchiemsee für den Parlamentarischen Rat in keinem Fall bindend waren, dass sie aber die inhaltliche Arbeit und den Wert der Aufarbeitung des damals gültigen Verfassungskonsenses immer wieder betonten, war nur folgerichtig und lag in ihrem Selbstverständnis begründet: Sie waren von den Ministerpräsidenten beauftragt worden, auf Herrenchiemsee den Entwurf einer Verfassung zu schaffen. Sicher ist, dass der Verfassungsentwurf von Herrenchiemsee rechtlich-normativ betrachtet nur eine Empfehlung für den Parlamentarischen Rat sein konnte. Dass er dennoch als Vorlage diente, war zwei Einflussfaktoren zu verdanken, die Carlo Schmid, Hermann Brill, Anton Pfeiffer und Adolf Süsterhenn bereits erkannt hatten: Zum einen lag mit dem Verfassungsentwurf von Herrenchiemsee ein vollständig ausgearbeiteter Entwurf in 149 Artikeln nebst Erläuterungen vor, der in strittigen Fragen sogar Varianten bereithielt. Aber nicht nur die Vorlage dieses umfangreichen Kompendiums führte dazu, dass man sich im Parlamentarischen Rat an den Ausarbeitungen von Herrenchiemsee orientierte, sondern auch die relative personelle Kontinuität zwischen Herrenchiemsee und Bonn sicherte die Einbeziehung des Herrenchiemseer Entwurfs in die Arbeiten des Parlamentarischen Rats.[2069]

5.2 Die Bewertung durch die Ministerpräsidenten

Die Ministerpräsidenten der Länder schätzten die Bedeutung des Verfassungskonvents von Herrenchiemsee relativ gering ein. Dies kam vor allem auf der Ministerpräsidentenkonferenz am 31. August 1948 in Niederwald zum Ausdruck. So bezeichnete der hessische Ministerpräsident Stock als Vorsitzender der Konferenz die Arbeiten auf Herrenchiemsee lediglich als „Material"[2070], das er dem Parlamentarischen Rat zu übergeben gedachte. Einspruch erhob sich hierauf nicht. Und so hieß es dann auch in dem Übersendungsschreiben an den Parlamentarischen Rat: „Der Bericht stellt weder in seinem artikulierenden Teil ‚Entwurf eines Grundgesetzes' noch in seinem darstellenden und kommentierenden Teil eine Regierungsvorlage dar. Er wird deshalb auch nicht von Beauftragten der Ministerpräsidenten in der Art einer Regierungsvorlage vor dem Parlamentarischen Rat vertreten werden."[2071]

Diese formlose Übergabe hatte man auf Herrenchiemsee vermeiden wollen. So bemerkte etwa Hermann Brill schon auf der zweiten Plenarsitzung am 11. August 1948, er halte die Einstellung, dass der auf Herrenchiemsee zu erarbeitende Entwurf „vom Standpunkt des Parlamentarischen Rats aus nur eine Petition von elf x-belie-

---

[2068] PR, Bd. 9, Dok. Nr. 2, Zweite Sitzung des Plenums, 8. September 1948, S. 58f.
[2069] Zu einem Ausblick auf die Einbeziehung und Fortführung der Arbeiten von Herrenchiemsee im Parlamentarischen Rat in Bonn siehe Kapitel 6.
[2070] PR, Bd. 1, Dok. Nr. 24, Konferenz der Ministerpräsidenten der westdeutschen Besatzungszonen, Jagdschloß Niederwald, 31. August 1948, S. 399.
[2071] Ebd., S. 380f., Anm. 61.

bigen Staatsbürgern der amerikanischen, britischen und französischen Besatzungszone" sei, „für falsch". Vielmehr betonte er, „daß zwischen den Ministerpräsidenten und dem Parlamentarischen Rat eine Absprache über die Bewertung unserer Arbeit und die Art der Beteiligung von Vertretern der Ministerpräsidenten an den Arbeiten des Parlamentarischen Rats" stattfinden müsse.[2072] Er befand sogar eine Beratung des Entwurfs von Herrenchiemsee zwischen den Ministerpräsidenten und ihren Landesregierungen für notwendig.[2073]

Auch Anton Pfeiffer sprach sich dafür aus, den Ministerpräsidenten ausreichend Zeit zur Einsicht in die Arbeiten von Herrenchiemsee zur Verfügung zu stellen, gab aber zu bedenken, dass es letzten Endes die Entscheidung der Ministerpräsidenten sei, „ob sie einfach das von uns ausgearbeitete Werk an den Parlamentarischen Rat weiterleiten mit der Kennzeichnung ‚von einem Sachverständigenausschuß ausgearbeitet' oder ob sie es vorziehen, auf Grund unserer Vorarbeiten eine Paragraphierung vornehmen zu lassen."[2074] Adolf Süsterhenn dämpfte hingegen vor allem Hermann Brills optimistische Erwartungen, da „das hier erarbeitete Material ohne eigene Stellungnahme der Ministerpräsidenten dem Parlamentarischen Rat als Arbeitsgrundlage zur Verfügung gestellt wird, da die Ministerpräsidenten keine Zeit haben, um sich überhaupt in dieses Material einzuarbeiten."[2075]

In der Realität zeigte sich, dass Hermann Brill den Einfluss der Ministerpräsidenten, auch noch am Ende des Herrenchiemseer Konvents[2076], deutlich überbewertet hatte, obwohl dies bereits im Juli 1948 zu erkennen gewesen war.[2077] Wenngleich es vereinzelte Beschwerden darüber gab, dass die Ministerpräsidenten zu wenig über den Verlauf des Verfassungskonvents informiert seien, waren sie dennoch nicht von jeglichen Informationen abgeschnitten.[2078] Die Erkenntnis, dass die Länderchefs bei den Debatten des Parlamentarischen Rats nicht von Bedeutung sein würden, setzte sich nach und nach durch. Und so war es nicht verwunderlich, dass die Ministerpräsidenten die Bedeutung des Verfassungskonvents von Herrenchiemsee degradierten.[2079]

5.3 Die Bewertung durch die Parteien

Die politischen Parteien vermieden ebenso wie die Ministerpräsidenten der Länder Äußerungen zu den Inhalten des Verfassungsentwurfs von Herrenchiemsee. So erklärte der Pressechef der SPD, Fritz Heine, unmittelbar nach dem Ende des Verfassungs-

---

[2072] PR, Bd. 2, Dok. Nr. 3, Verfassungskonvent auf Herrenchiemsee. Plenarsitzungen: Zweiter Sitzungstag, 11. August 1948, S. 85f.
[2073] Ebd., Dok. Nr. 5, Verfassungskonvent auf Herrenchiemsee. Plenarsitzungen: Vierter Sitzungstag, 16. August 1948, S. 181.
[2074] Ebd., S. 183.
[2075] Ebd., Dok. Nr. 11, Verfassungskonvent auf Herrenchiemsee. Plenarsitzungen: Fünfter Sitzungstag, 21. August 1948, S. 348.
[2076] Ebd., S. 346.
[2077] PR, Bd. 1, S. XXX–XXXIII.
[2078] PR, Bd. 2, S. CXVIIf.
[2079] Ebd., S. CXVIIIf. Einzig in Bayern beschäftigte man sich ausführlicher mit dem Verfassungsentwurf von Herrenchiemsee und ging sogar so weit, „auf der Grundlage des Herrenchiemsee-Entwurfes einen neuen Entwurf für ein Grundgesetz auszuarbeiten". PR, Bd. 2, S. CXIX.

konvents, dass es sich bei dem vorgelegten Entwurf höchstens um Vorarbeiten handele, die der Parlamentarische Rat entweder gar nicht zu beachten brauche oder zur Anregung verwenden könne.[2080] Auch Carlo Schmid folgte der Linie seiner Partei vorsichtig und erklärte zunächst, der Konvent habe nur die Basis für die Arbeiten des Parlamentarischen Rats geschaffen, die dieser aber keineswegs zwingend befolgen müsse.[2081] Auf der Tagung des Parteivorstandes Ende August 1948 warf man den sozialdemokratischen Teilnehmern des Verfassungskonvents gar Verrat an den Beschlüssen der Partei vor, die die Entwürfe Walter Menzels zur Parteirichtlinie erklärt hatten. Die SPD ging sogar so weit, die Menzel-Entwürfe dem Parlamentarischen Rat zuzuleiten. Sie spielten bei dessen Beratungen jedoch keine Rolle mehr.[2082] Vor dem Hintergrund der Parteilinie, der Tatsache, dass auf Herrenchiemsee Vertreter der Länder und nicht der Parteien debattiert hatten, und der zusätzlichen Korrekturen durch die von Anton Pfeiffer eingesetzte Redaktionskommission war diese Distanzierung verständlich.

Die Stellungnahmen aus den Reihen der Unionsparteien waren denen der Sozialdemokraten recht ähnlich. Der Pressedienst der CDU/CSU wies darauf hin, dass dem Verfassungskonvent jede Form der Legitimation gefehlt habe und der Parlamentarische Rat somit nicht daran gebunden sei.[2083] Von den anfänglich positiven Erwartungen war nicht mehr viel übrig geblieben – zum einen, weil der Versuch, sich mit der SPD auf den Herrenchiemseer Entwurf zu einigen, erfolglos geblieben war[2084], zum anderen, weil auch bei den Unionsparteien die Tatsache, dass der Verfassungskonvent ein von den Ministerpräsidenten eingesetztes und mit Landes- und nicht mit Parteivertretern besetztes Gremium war, sicher eine nicht zu unterschätzende Rolle spielte.

5.4 Die Bewertung durch die westlichen Besatzungsmächte

Der Verfassungskonvent von Herrenchiemsee kam zwar, wie bereits erläutert, auf der Grundlage der Bestimmungen der Frankfurter Dokumente zustande, aber ohne eine wesentliche Beteiligung der Alliierten. Außerdem bestimmten die Frankfurter Dokumente wörtlich, eine „Verfassungsgebende Versammlung"[2085] einzuberufen, nicht jedoch ein Gremium, das sich mit Vorarbeiten beschäftigte.

Der Bericht des Verfassungskonvents von Herrenchiemsee wurde den westlichen Besatzungsmächten am 10. September 1948 übersandt.[2086] Die Aufnahme durch die französischen und britischen Alliierten ist nicht mehr im Detail nachzuvollziehen.[2087] Ausführliche Stellungnahmen finden sich dafür aber auf Seiten der Amerikaner. Sie

---

[2080] Ebd. 2, S. CXX; Weber, „Schmid, die SPD und der Verfassungskonvent", S. 80; Weber, *Schmid*, S. 348; Wengst, „Herrenchiemsee", S. 48.
[2081] PR, Bd. 2, S. CXXf.
[2082] Weber, „Schmid, die SPD und der Verfassungskonvent", S. 80; Weber, *Schmid*, S. 349f.
[2083] PR, Bd. 2, S. CXXII. Anders sah dies nur die Süddeutsche Union. Siehe Wengst, „Herrenchiemsee", S. 49.
[2084] Ebd., S. CXXIII–CXXIV; Wengst, „Herrenchiemsee", S. 49.
[2085] PR, Bd. 1, Dok. Nr. 4, Dokumente zur künftigen politischen Entwicklung Deutschlands („Frankfurter Dokumente"), Frankfurt, 1. Juli 1948, S. 31.
[2086] PR, Bd. 2, S. CXXVI.
[2087] Ebd.

schätzten die verfassungspolitische Lage sachlich ein, wie aus einem Bericht des Vertreters des US-State Departments in Deutschland, Robert D. Murphy, an das Secretary of State hervorging:

> „Preparatory Constitutional Committee appointed by 11 Ministers President and including Suhr from Berlin has met this week at Herrenchiemsee, Bavaria. [...] Only scattered indications yet available as to course of committee's thinking. Military Government maintaining hands-off attitude. Responsible authorities here feel importance of committee's work should not be overemphasized. SPD, CDU and others will likewise have draft constitutions ready for consideration by Parliamentary Council. Civil administration division, OMGUS, believes Ministers President committee draft will not have much influences as CDU draft, since CDU will have largest single representation in Council meeting." [2088]

Der amerikanische Abgesandte Carl J. Friedrich, der als Beobachter nach Herrenchiemsee entsandt worden war, stellte fest, dass die Ergebnisse vollständig den Forderungen der Frankfurter Dokumente entsprächen.[2089]

Eine offizielle Stellungnahme der westlichen Alliierten oder auch nur der amerikanischen Besatzungsmacht liegt nicht vor. Aus den zitierten Äußerungen kann man aber schließen, dass die USA mit den Entwürfen des Verfassungskonvents konform gingen und die Vorberatungen auf Herrenchiemsee nicht als einen Verstoß gegen die in den Frankfurter Dokumenten geforderte „Verfassungsgebende Versammlung"[2090] werteten.

5.5 Rückblickende Bewertung der Ergebnisse des Verfassungskonvents

Eine überwiegend zurückhaltende bis negative Beurteilung der Herrenchiemseer Ergebnisse in der zeitgenössischen Betrachtung relativiert sich in der rückblickenden Untersuchung. Dazu sind mehrere Gesichtspunkte relevant. Um eine umfassende Bewertung der Arbeiten von Herrenchiemsee aus heutiger Sicht vornehmen zu können, müssen das Staatsverständnis der Konventsteilnehmer und ihre Auffassung vom Aufbau der neuen Republik ebenso berücksichtigt werden wie die staatsrechtliche Stellung des Verfassungskonvents.

Die Arbeit des Expertenkonvents wurde von den Parteien beeinflusst, die ihren Platz im politischen Leben forderten. Aber auch die Verfassungsdiskussionen und die Verfassungsgebung in den Ländern hatten dazu geführt, dass sich hier verfassungspolitische Positionen verfestigt hatten, die sich bei der Konstruktion des neuen Staates Geltung zu verschaffen suchten. Bestimmt war die Arbeit auf Herrenchiemsee von der

---

[2088] *Foreign Relations, Volume II*, S. 414f.
[2089] PR, Bd. 2, S. CXXVII; „In a report dated August 31, not printed, Carl J. Friedrich, Government Affairs Expert of OMGUS, reviewed the work of the Preparatory Constitutional Committee and observed that the result of the Committee's work was gratifying from the standpoint of American policy. The Chiemsee proposals were clearly those of a federal type providing for eventual German unity, the rights of the states were protected, adequate central authority was provided, and individual rights and freedoms were effectively guaranteed." *Foreign Relations, Volume II*, S. 419.
[2090] PR, Bd. 1, Dok. Nr. 4, Dokumente zur künftigen politischen Entwicklung Deutschlands („Frankfurter Dokumente"), Frankfurt, 1. Juli 1948, S. 31.

Orientierung an der Vergangenheit und ihren Traditionen, die sie weder verwarf noch kommentarlos übernahm, sondern um- und verarbeitete. Das Staatsverständnis, wie es sich auf dem Verfassungskonvent von Herrenchiemsee darstellte, war durch die Regelungen der Frankfurter Dokumente, also durch die Ansichten der Alliierten, ebenso vorstrukturiert wie durch die Länderverfassungen, die als erste die deutsche Staatlichkeit wiederbelebt hatten.[2091] Herrenchiemsee vollzog damit „einen politisch-kulturellen Bruch"[2092]: Es kehrte dem alten Macht- und Obrigkeitsstaat den Rücken und etablierte eine neue Staatlichkeit, die sich auf Friedensstaatlichkeit, internationale Orientierung und eine wertgebundene Ordnung gründete.[2093] Die entschiedene Abkehr vom nationalsozialistischen Staat fand ihren Niederschlag in der Garantie der politischen Freiheit des Individuums und des aktiv an der Demokratie beteiligten Bürgers. Diese Demokratie sollte nicht länger zum Spielball politischer Interessen oder politischen Unvermögens werden. Zu ihrem Schutz und ihrer Wehrhaftigkeit band der Verfassungsentwurf von Herrenchiemsee alle staatliche Gewalt an die Grundrechte (Art. 21 Abs. 1 HChE). Zu deren Schutz wiederum schuf er das Bundesverfassungsgericht. Die freiheitlich-demokratische Grundordnung sollte abgesichert sein (Art. 106–108 HChE).[2094] Eng verbunden waren im Herrenchiemseer Entwurf Staat und Recht aber nicht nur in Bezug auf die Grundrechte. Auch den Eingriffen von staatlicher Seite konnte mit rechtlichen Maßnahmen begegnet werden. Heinrich Oberreuter sieht darin zu Recht eine Wiedergewinnung der Rechtsstaatsidee gegenüber dem NS-Regime und die Weichenstellung zur Entstehung eines Rechtsstaates.[2095]

Der Bauplan der neuen Republik sollte dabei zunächst provisorisch sein.[2096] Diese Einstellung ermöglichte zwar zum einen die Berücksichtigung von aktuellen Problemen, führte aber auch dazu, dass grundlegende Probleme ausgegrenzt wurden. Die Absicht, mit dem Grundgesetz eine Magnetwirkung auf die Bevölkerung der sowjetischen Zone ausüben zu wollen, wurde betont; insofern sollte der Verfassungsentwurf von Herrenchiemsee sowohl ein zeitliches als auch ein räumliches Provisorium darstellen. Man schuf allerdings einen „Bauplan"[2097] nicht nur für das geteilte Deutschland, sondern auch für das wiedervereinte, insofern wesentliche Elemente über ein Provisorium hinauswiesen. Dass dieser Entwurf für ein Staatsfragment doch sehr umfassend ausgefallen war, kann nicht darüber hinwegtäuschen, dass der Begriffsunterschied zwischen einem Staatsfragment und einem Staat bei der Wiedervereinigung eine große Rolle spielte.[2098]

Der Vorwurf, die Konventsteilnehmer hätten auf einer gesamtdeutschen Lösung beharren müssen, ist nicht gerechtfertigt. Wenn überhaupt, dann wäre diese Aufgabe

---

[2091] Oberreuter, Heinrich, „Weichenstellungen – Ideen und Intentionen der Neuschöpfung im Spiegel der Republik von heute", in: *Weichenstellung für Deutschland. Der Verfassungskonvent von Herrenchiemsee*, hg. v. Peter März und Heinrich Oberreuter, München 1999, S. 11–22, hier S. 12.
[2092] Ebd.
[2093] Ebd., S. 12f.
[2094] Zur Umsetzung dieser Vorstellung in der heutigen Zeit vgl. ebd., S. 14.
[2095] Ebd., dort auch zu den Auswirkungen auf das heutige Rechtssystem.
[2096] Vgl. Präambel des HChE.
[2097] Oberreuter, „Weichenstellungen", S. 16.
[2098] Weber, *Schmid*, S. 343 und 347.

schon den Ministerpräsidenten auf der Rittersturzkonferenz am 8. Juli 1948 zugefallen, oder man hätte bereits nach der Veröffentlichung der Frankfurter Dokumente am 1. Juli desselben Jahres darauf bestehen müssen. Spätestens jedoch nach der Übermittlung der Stellungnahme der Ministerpräsidenten zu den Frankfurter Dokumenten – am 10. Juli 1948 – war die Möglichkeit einer gesamtdeutschen Lösung nicht mehr denkbar.[2099] Die Frage aber, ob der Provisoriumsgedanke nicht zu gutgläubig, unkritisch und unreflektiert gefasst wurde, ist ebenso zu stellen wie die nach einer Unterschätzung der sowjetischen Machtpolitik. Beide sind insofern zu verneinen, als es zur Zeit des Verfassungskonvents keine realpolitischen Alternativen gab.

Der Entwurf von Herrenchiemsee legte die Grundzüge des politischen Systems fest. Dabei handelte es sich häufig um Erkenntnisse, die aus den Konstruktionsmängeln der Weimarer Reichsverfassung resultierten.[2100] Föderalismus, Zweikammersystem und eine parlamentarische Regierung bildeten die Säulen des politischen Systems zum Aufbau einer wehrhaften Demokratie, die sich bis heute bewährt haben.[2101] Dass bei der Gestaltung des Parlamentarismus das Verhältnis von Parlament und Regierung und politischem Führungsstil gestaltungsfähig blieben, darin besteht der Unterschied zwischen Theorie und Praxis. Jedes politische System erhält zwangsläufig personelle Prägungen, die nur zum Teil durch Verfassungsrichtlinien vorstrukturiert werden können.[2102]

Fragwürdig könnten sowohl der Verfassungsentwurf von Herrenchiemsee als auch der gesamte Konvent werden, wenn man den Provisoriumscharakter, die Legitimation der Sachverständigenkonferenz und den Einfluss Bayerns auf die Föderalismusdebatte und den letztendlichen Entwurf des Konvents genauer untersucht.

Der Provisoriumsgedanke widersprach den Anweisungen der Militärgouverneure, eine „Verfassunggebende Versammlung"[2103] einzuberufen, deren ausgearbeiteter Entwurf schließlich vom Volk ratifiziert werden sollte. Die Ministerpräsidenten hingegen bestanden darauf, nur eine gemeinsame Verwaltung der Westzonen unter dem Dach eines Organisations- oder Verwaltungsstatuts zu schaffen. Auf keinen Fall wollten sie eine verfassungsgebende Versammlung mit dessen Ausarbeitung beauftragen, sondern einen von den Landtagen bestellten Parlamentarischen Rat, dessen Entwurf durch die Landtage bestätigt werden sollte.[2104] Nur damit ließ sich ihr Gedanke an ein Provisorium aufrechterhalten.

[2099] Zu den Ereignissen siehe Kapitel 4.1.
[2100] Vgl. hierzu auch Bauer-Kirsch, *Herrenchiemsee*, S. 183–186.
[2101] Bei der Ausgestaltung des Institutionensystems stand dessen Stabilisierung im Vordergrund. Vgl. Oberreuter, „Weichenstellungen", S. 16–19.
[2102] Ebd., S. 19f.
[2103] PR, Bd. 1, Dok. Nr. 4, Dokumente zur künftigen politischen Entwicklung Deutschlands („Frankfurter Dokumente"), Frankfurt, 1. Juli 1948, S. 31.
[2104] Vgl. PR, Bd. 1, Dok. Nr. 6, Konferenz der Ministerpräsidenten der westdeutschen Besatzungszonen, Koblenz (Rittersturz), 8.–10. Juli 1948, S. 60–142; ebd., Dok. Nr. 9, Konferenz der Ministerpräsidenten der westdeutschen Besatzungszonen, Jagdschloß Niederwald, 15.–16. Juli 1948, S. 157–162; ebd., Dok. Nr. 11, Konferenz der Ministerpräsidenten der westdeutschen Besatzungszonen, Jagdschloß Niederwald, 21.-22. Juli 1948, S. 172–269.

Mit dieser Auffassung setzten sich die Ministerpräsidenten in der Folge durch.[2105] Aber gerade deshalb war der Weg zum Grundgesetz im staatsrechtlichen Sinne kein regulärer Weg der Verfassungsgebung. Der Provisoriumscharakter ging im Grunde erst durch die deutsche Wiedervereinigung verloren, indem das Grundgesetz zu einer Verfassung für Gesamtdeutschland wurde. Insofern ist der Vorwurf, dass sich der Expertenkonvent eine Rolle anmaßte, die nicht gerechtfertigt war, durchaus zulässig,[2106] sprach doch Anton Pfeiffer in seiner Eröffnungsrede von dem Auftrag, eine Verfassung zu schaffen.[2107] Herrenchiemsee wurde daher eigentlich erst durch die Wiedervereinigung zum „Verfassungskonvent" im staatsrechtlichen Sinne, der Entwurf von Herrenchiemsee erst dadurch zum „Verfassungsentwurf".[2108]

Die Legitimation des Konvents ist in Zweifel zu ziehen, wenn man wiederum die Anweisungen der Alliierten betrachtet. Nach den Frankfurter Dokumenten war die Weisung an die Ministerpräsidenten ergangen, eine „Verfassunggebende Versammlung"[2109] zur Ausarbeitung einer demokratischen Verfassung einzuberufen. Von einem vorbereitenden Gremium war an dieser Stelle nicht die Rede; allerdings wurden Vorarbeiten durch einen solchen Ausschuss auch nicht explizit ausgeschlossen. Autorisiert wurde der Verfassungskonvent wohl auf der Konferenz der Ministerpräsidenten und Militärgouverneure in Frankfurt am 1. Juli 1948.[2110] Die Konsequenz daraus hätte aber sein müssen, dass die Länderchefs den Herrenchiemseer Entwurf auf ihrer Konferenz am 31. August 1948 auch ernsthaft hätten diskutierten müssen, was, wie bereits erwähnt, nicht geschah, um ihn dann dem Parlamentarischen Rat vorzulegen.[2111]

Durch die Ankerkennung der Arbeit auf Herrenchiemsee – zumindest durch die amerikanischen Alliierten – war der Konvent jedoch über die Funktion eines nichtöffentlichen Expertengremiums hinausgewachsen. Insofern war der Vorwurf der CDU/CSU 1948 – dem Verfassungskonvent habe jedwede Form der Legitimation gefehlt – nicht ganz gerechtfertigt. Lediglich die Art und Weise der Verfassungsgebung stimmte mit der „Normalität demokratischer Verfassungsgebung"[2112] nicht absolut überein. Durch den Auftrag der Ministerpräsidentenkonferenz und schließlich die Anerkennung durch die amerikanischen Alliierten waren jedoch der Konvent von Herrenchiemsee als Organ der Verfassungsgebung und somit auch das Ergebnis seiner Arbeit, der Verfassungsentwurf von Herrenchiemsee, zumindest teilweise legitimiert.

[2105] Ebd., Dok. Nr. 13, Schlußkonferenz der Militärgouverneure mit den Ministerpräsidenten der westdeutschen Besatzungszonen, Frankfurt, 26. Juli 1948, S. 273–282.
[2106] Siehe Gallwas, „Standort", S. 83f.; Oberreuter, „Weichenstellungen", S. 22.
[2107] „Sie [die Ministerpräsidenten der drei westlichen Besatzungszonen] sind beauftragt worden, eine Verfassung für die vereinigte Trizone zu schaffen und damit einem Gebiet von Deutschland [...] ein staatsrechtliches Gerippe und eine geordnete Verwaltung zu geben, die gewaltige wirtschaftliche, soziale und politische Aufgaben zu lösen hat. Der Entwurf einer Verfassung [...]." PR, Bd. 2, Dok. Nr. 2, Verfassungskonvent auf Herrenchiemsee. Plenarsitzungen: Erster Sitzungstag, 10. August 1948, S. 53.
[2108] Gallwas, „Standort", S. 84.
[2109] PR, Bd. 1, Dok. Nr. 4, Dokumente zur künftigen politischen Entwicklung Deutschlands („Frankfurter Dokumente"), Frankfurt, 1. Juli 1948, S. 31.
[2110] Ebd., Dok. Nr. 3, Konferenz der Militärgouverneure mit den Ministerpräsidenten der westdeutschen Besatzungszonen, Frankfurt, 1. Juli 1948, S. 26.
[2111] Zu den Beweggründen der Ministerpräsidenten vgl. Gallwas, „Standort", S. 86f.
[2112] Gallwas, „Standort", S. 87.

Von dem „Zwielicht des bayerischen Einflusses"[2113] lässt sich die Arbeit des Konvents und vor allem die Schlussredaktion des Herrenchiemseer Entwurfs jedoch nicht ganz befreien. Dass die Tagungen in Bayern stattfanden, brachte einen klaren Standortvorteil, denn Arbeitsmaterialien lagen ebenfalls nur aus Bayern vor.[2114] Nicht zuletzt aus „Dankbarkeit gegenüber der Einladung"[2115] nach Herrenchiemsee überließ man den geschäftsführenden Vorsitz des Verfassungskonvents einem bayerischen Vertreter, Anton Pfeiffer; Sekretär wurde ein Mitarbeiter der bayerischen Staatskanzlei, der von diesem bestellt wurde.[2116] Man kann nicht umhin zu behaupten, dass die Delegierten Bayerns darauf aus waren, den Verfassungskonvent nach dem verfassungspolitischen Interesse ihres Landes zu leiten, wie sich besonders bei der Föderalismusdebatte zeigte.[2117] Dennoch war man auch von bayerischer Seite her bemüht, einen Länderseparatismus zu vermeiden, was bereits in dem „Bayerischen Entwurf eines Grundgesetzes" zum Ausdruck kam, in dem es hieß, Aufgabe sei es, „zu Lösungen zu kommen, die dem Bund geben, was des Bundes, und den Ländern, was der Länder ist, Lösungen, bei denen die Anziehungskraft des Bundes die Fliehkraft der Länder überwindet, Lösungen, denen zufolge an die Stelle des bösen Wortes von der Reichsmüdigkeit das neue schönere Wort der Bundesfreudigkeit treten kann."[2118]

Die „staatsrechtliche Funktion des Verfassungsentwurfs"[2119] von Herrenchiemsee ist in der rückblickenden Betrachtung eher gering einzuordnen. Es handelte sich dabei weder um eine „förmliche Beschlußvorlage"[2120] noch um eine bindende „Richtlinie oder Direktive"[2121] für den Parlamentarischen Rat. Dass dennoch einiges davon geltendes Recht wurde, hing damit zusammen, dass der Herrenchiemseer Entwurf in wichtigen verfassungspolitischen Angelegenheiten einen Konsens erarbeitet hatte. Allerdings trug nicht nur „der in Herrenchiemsee sachverständig artikulierte Konsens"[2122] hierzu bei; auch die relative personelle Kontinuität in der Zusammensetzung der beiden Gremien bewirkte einen indirekten Einfluss der Arbeitsergebnisse von Herrenchiemsee auf die Arbeit des Parlamentarischen Rats.

Dem Inhalt nach zu urteilen handelte es sich bei dem Entwurf um eine vollständige Verfassung, die allerdings Varianten in den Punkten beinhaltete, in denen man sich nicht einig werden konnte.[2123] Retrospektiv wurden die Erfahrungen mit der Weimarer Republik und dem NS-Staat verarbeitet. Dass damit auch Zukunftsvisionen verbunden waren, brachte Hermann Brill zum Ausdruck, der auf der Plenardebatte vom 11. August 1948 forderte, der neue Staat solle „von der großen Masse der jugendlichen

---

[2113] Ebd.
[2114] PR, Bd. 2, Dok. Nr. 2, Verfassungskonvent auf Herrenchiemsee. Plenarsitzungen: Erster Sitzungstag, 10. August 1948, S. 63f.
[2115] Ebd., S. 60.
[2116] PR, Bd. 2, S. LXV.
[2117] Ebd., S. LI; Oberreuter, „Weichenstellungen", S. 20–22.
[2118] PR, Bd. 1, Dok. Nr. 1, Bayerischer Entwurf eines Grundgesetzes für den Verfassungskonvent, S. 44.
[2119] Gallwas, „Standort", S. 89.
[2120] Ebd.
[2121] Ebd.
[2122] Ebd.
[2123] Siehe vor allem Kapitel 4.3.4 und 4.3.5.

jungen Menschen mit Begeisterung bejaht und fortgebildet werden"[2124]. Nach Meinung von Hans-Ullrich Gallwas machte der Verfassungskonvent aus seiner unbestimmten staatsrechtlichen Funktion eine Tugend, indem er sich auf die kleinste gemeinsame Funktionsvorstellung beschränkte: ein Sachverständigengremium zu sein, das das vorhandene Material für den Parlamentarischen Rat sichtete und zusammenstellte.[2125] Dabei darf allerdings nicht übersehen werden, dass gerade zu Beginn des Konvents weitaus mehr Hoffnungen mit der zu leistenden Arbeit verbunden waren.

Erfolg ist dem Verfassungskonvent dennoch in vielfältiger Hinsicht zu attestieren. Nicht zuletzt übten auf die Arbeit des Parlamentarischen Rates oft dieselben Verfassungsexperten ihren Einfluss aus wie schon auf den Verfassungskonvent: Carlo Schmid, Anton Pfeiffer und Adolf Süsterhenn. Eine Prägung des Grundgesetzes vom verfassungsrechtlichen Gedanken des Verfassungskonvents her ist daher nicht von der Hand zu weisen.[2126] Das überwiegend relativierende bis negative Echo der Zeitgenossen unterschätzte somit die Bedeutung des Verfassungsentwurfs von Herrenchiemsee.[2127]

So ambivalent die Bewertung des Verfassungskonvents von Herrenchiemsee nach diesen Erörterungen auch ausfallen mag – Carlo Schmid selbst bezeichnete ihn als „ein seltsames Gemisch verschiedenster politischer Richtungen, verfassungsrechtlicher Theorien und ‚Zugehörigkeiten'"[2128] –, die zukunftsweisende Bedeutung des Inhalts des Herrenchiemseer Verfassungsentwurfs ist in keinem Fall zu verkennen.

[2124] PR, Bd. 2, Dok. Nr. 3, Verfassungskonvent auf Herrenchiemsee. Plenarsitzungen: Zweiter Sitzungstag, 11. August 1948, S. 72.
[2125] Gallwas, „Standort", S. 94.
[2126] Ebd., S. 95.
[2127] Görtemaker, *Geschichte*, S. 59.
[2128] Schmid, *Erinnerungen*, S. 334.

6 Zusammenfassung und Ausblick auf den Einfluss im Parlamentarischen Rat

Heißt es, wie eingangs dieser Arbeit bereits zitiert, im zweiten Band zu den *Akten und Protokollen* des Parlamentarischen Rats, dass „[n]eben Anton Pfeiffer und Carlo Schmid [...] von den Teilnehmern am Verfassungskonvent auf Herrenchiemsee wohl der hessische Vertreter, Hermann L. Brill [...], die Diskussion um eine gesamtstaatliche Verfassung am nachhaltigsten beeinflusst"[2129] habe, so kann diese Feststellung, wie die vorliegende Untersuchung gezeigt hat, getrost um den Namen von Adolf Süsterhenn erweitert werden. Zur Beantwortung der Frage nach den Erfahrungen und Erkenntnissen, die Carlo Schmid, Hermann Brill, Anton Pfeiffer und Adolf Süsterhenn im Vorfeld des Verfassungskonvents sammelten und die sie zu den Überzeugungen führten, für die sie auf Herrenchiemsee eintraten, wurden ihre staats- und verfassungspolitischen Äußerungen vor und nach dem Zweiten Weltkrieg herangezogen und ausgewertet. Damit bedient sich die vorliegende Arbeit allerdings keineswegs nur der Retrospektive, sondern liefert einen prospektivischen Beitrag zum Verständnis für das Zustandekommen nicht nur des Herrenchiemseer Entwurfs, sondern auch des heutigen Grundgesetzes. Sie stellt damit eine Ergänzung zu bisherigen wissenschaftlichen Untersuchungen, die die Arbeit des Verfassungskonvents von Herrenchiemsee vor allem in seiner Bedeutung für die Arbeit des Parlamentarischen Rats hervorheben, dar, indem sie die inhaltliche Ausgestaltung – der Verfassungsorgane und deren Gewaltenverschränkung, aber auch der Grund- und Menschenrechte – auf die staats- und verfassungspolitischen Erfahrungen ihrer Gestalter bezieht.

Die Ursprünge der sie leitenden staats- und verfassungspolitischen Motive lagen für Carlo Schmid, Hermann Brill, Anton Pfeiffer und Adolf Süsterhenn zum einen in ihren jeweiligen Elternhäusern sowie Einflüssen privater und politischer Wegbegleiter, zum anderen in ersten politischen Erfahrungen aufgrund des Ersten Weltkriegs, der darauf folgenden Novemberrevolution, des Versailler Vertrags, der am 11. August 1919 verabschiedeten Weimarer Verfassung und des aufkommenden Nationalsozialismus begründet.

Für Carlo Schmid gab der Versailler Vertrag in den frühen 1930er Jahren den Anstoß dazu, sich mit der Völkerbundsakte und damit dem Völkerbund als europäischem politischem System auseinanderzusetzen. Gleichzeitig führte der zunehmende Einfluss des Nationalsozialismus auch auf Schmids persönliche Situation als Universitätsdozent dazu, dass er zunehmende Kritik an den Staatsvorstellungen der Nationalsozialisten übte. Die Auseinandersetzung mit dem Völkerbund auf der einen und dem Nationalsozialismus auf der anderen Seite führte zur Ausprägung des ihn leitenden staats- und verfassungspolitischen Motivs eines vom Menschen ausgehenden demokratischen deutschen Staatswesens in einer europäischen Gemeinschaft.

Hermann Brill wurde hingegen bereits unmittelbar nach Ende des Ersten Weltkriegs staats- und verfassungspolitisch aktiv. Aus dem Krieg heimgekehrt und von den Forderungen der Novemberrevolution beeinflusst, arbeitete er bereits im Jahr 1919 an einem Verfassungsentwurf für die Räterepublik Gotha mit und ein Gesetz für die vor-

---

[2129] PR, Bd. 2, S. XXVI.

läufige Staatsgewalt in Gotha aus. Dabei begannen die ihn fortan leitenden staats- und verfassungspolitischen Themenkomplexe Demokratie und Sozialismus vermehrt eine Rolle zu spielen.

Auch auf Anton Pfeiffer wirkte das unmittelbare Erleben der Auswirkungen der Novemberrevolution in Bayern und die folgende Annahme der Weimarer Reichsverfassung politisierend. So referierte er zu Beginn des Jahres 1920 nicht nur ausführlich über die Weimarer Verfassung, sondern äußerte sich auch erstmals über die ihn von nun an beschäftigende Antithese von „Einheitsstaat und Föderalismus", die gleichzeitig den Ausgangspunkt für das seine Argumentation prägende staats- und verfassungspolitische Motiv eines bayerischen Föderalismus bildete.

Adolf Süsterhenn hingegen hatte aufgrund seiner noch jungen Jahre den Ersten Weltkrieg nicht aktiv miterlebt, begann aber dennoch seine ersten politischen Erfahrungen, die er nicht zuletzt in der katholischen Studentenverbindung der Hohenstaufen gesammelt hatte, in einem ersten Aufsatz zu verarbeiten. Der aufkommende Nationalsozialismus veranlasste Süsterhenn in den 1930er Jahren dazu, weitere Artikel in der *Kölnischen Volkszeitung* zu publizieren, in denen sich das ihn zeit seines Lebens leitende staats- und verfassungspolitische Motiv eines katholisch-subsidiär geprägten Föderalismus bereits deutlich abzeichnete

Während die ersten staats- und verfassungspolitischen Darlegungen Carlo Schmids, Anton Pfeiffers und Adolf Süsterhenns sich vor allem auf den Staat als solchen bezogen, schrieb Hermann Brill bereits kurz nach Ende des Ersten Weltkriegs eigene Verfassungsentwürfe. Erst nach Ende des Zweiten Weltkriegs war auch bei Carlo Schmid, Anton Pfeiffer und Adolf Süsterhenn ein Übergang vornehmlich staatspolitischer Vorstellungen hin zu verfassungspolitischen und verfassungsrechtlichen Konzeptionen zu verzeichnen. Vor allem die durch die Alliierten eingeleitete Neu- und Wiedergründung der politischen Parteien und die Aufforderung zur Schaffung von Landesverfassungen führten bei den vier Politikern, wenn auch in unterschiedlichem Ausmaß, zur Ausarbeitung und Ausformulierung von staats- und verfassungsrechtlichen Entwürfen. Allerdings bestimmte keiner die Verfassungsdiskussionen innerhalb seiner Partei maßgeblich mit oder brachte einen eigenen Verfassungsentwurf ein. Carlo Schmid fand seine politische Heimat gar erst im Jahr 1946 in der SPD, während Hermann Brill, als ehemaliges Mitglied der USPD, bereits 1922 der Sozialdemokratischen Partei beigetreten war. Herauszuheben ist innerhalb der Staats- und Verfassungsdiskussion der politischen Parteien indes Brills Versuch, seinen Auffassungen von Staat und Verfassung mit der Gründung des Bundes demokratischer Föderalisten – kurz nach seiner Befreiung aus dem Konzentrationslager Buchenwald durch die amerikanischen Alliierten – zum Durchbruch zu verhelfen – ein Versuch, der mit dem Besatzungswechsel in Thüringen jedoch jäh sein Ende fand. Anton Pfeiffer, der ebenso wie Hermann Brill bereits vor Beginn des Zweiten Weltkriegs Mitglied einer politischen Partei, der BVP, gewesen war, trat im Jahr 1945 als Gründungsmitglied und Programmatiker der CSU hervor, und Adolf Süsterhenn schloss sich als ehemaliges Zentrumsmitglied im selben Jahr wie Pfeiffer der CDP an. Auch wenn die staats- und verfassungspolitischen Konzeptionen in SPD und Unionsparteien nicht von Carlo Schmid, Hermann Brill, Anton Pfeiffer oder Adolf Süsterhenn stammten – die erste offizielle Ausarbeitung eines von der SPD beauftragten Verfassungsausschusses kam von Walter Menzel, und in den Unionsparteien war zumindest innerhalb der bayerischen CSU der „Bayerische Entwurf eines Grundgesetzes" von Friedrich Glum, Hans Nawiasky, Josef Schwalber, Claus Leusser und Heinrich Kneur, in der übergreifenden Arbeitsgemeinschaft hingegen Heinrich von Brentano meinungsbildend – brachten sie dennoch ihre jeweiligen Leitmotive in die Diskussion ein und hinterließen so ihre Spuren.

Statt in den Verfassungsdiskussionen ihrer Parteien lag der Schwerpunkt der staats- und verfassungspolitischen Arbeit – vor allem Carlo Schmids und Adolf Süsterhenns – zunächst vor allem auf der Schaffung der jeweiligen Landesverfassungen. Carlo Schmid und Adolf Süsterhenn erarbeiteten jeweils eigene Verfassungsentwürfe für Nordwürttemberg und Nordbaden beziehungsweise Rheinland-Pfalz und gelten auch heute noch als Verfassungsväter der jeweiligen Landesverfassungen. Hermann Brill legte hingegen zunächst eine „Landesverwaltungsordnung" für Thüringen vor, bevor er, bedingt durch den dortigen Besatzungswechsel, nach Hessen ging und an der dortigen Verfassungsdiskussion, allerdings ohne ein eigenes Verfassungskonzept einzubringen, teilnahm. Auch Anton Pfeiffer erarbeitete keinen eigenständigen Verfassungsentwurf auf Landesebene, nahm aber als Mitglied des bayerischen Verfassungsausschusses an dessen Beratungen teil.

In der Verfassungsgebung der Länder zeigte sich deutlich, wie die zentralen Begriffe Demokratie und Föderalismus die Diskussionen zunehmend bestimmten. Dazu trug nicht zuletzt die Haltung der Alliierten bei. Durch die Formulierung der Rahmenbedingungen brachten sie ihr Demokratie- und Föderalismusverständnis in den Verfassungsgebungsprozess mit ein.

Abseits der staats- und verfassungspolitischen Diskussionen in Parteien und Ländern beschäftigten sich Carlo Schmid, Hermann Brill, Anton Pfeiffer und Adolf Süsterhenn in den verschiedensten Gremien mit einem zukünftigen deutschen Staats- und Verfassungswesen. So trat vor allem Carlo Schmid wie kein anderer Politiker seiner Zeit leidenschaftlich für die Schaffung eines Besatzungsstatuts von Seiten der Alliierten ein, das er als die eigentliche Verfassung bezeichnete und auf dessen Existenz er nicht zuletzt seine Provisoriumstheorie begründete. Zwar schien seine Initiative zunächst erfolglos zu sein, sie sicherte Schmid aber aufgrund seines dialektischen Vorgehens die Möglichkeit, sowohl Grundgesetz als auch Besatzungsstatut durchzusetzen. Mit der Einberufung des Parlamentarischen Rats erfuhr die Forderung nach einem Besatzungsstatut eine neue Dynamik. Bis zu diesem Zeitpunkt wurden zwar noch Diskussionen um geringfügige Modifikationen der Ausgestaltung geführt – mittlerweile hatten sich mit Ausnahme der KPD alle politischen Parteien des Themas angenommen –, insgesamt blieb man jedoch inhaltlich bei den von Carlo Schmid formulierten Elementen. Schmid blieb in diesem Zusammenhang „prominentester Interpret und eloquentester Propagandist"[2130], und somit verwundert es auch nicht, dass die Gründung eines Ausschusses, der sich mit ebendiesem Themenkomplex innerhalb des Parlamentarischen Rats befasste, ebenfalls auf seine Initiative zurückzuführen sein dürfte.[2131] Die

---

[2130] PR, Bd. 4, S. VIII.
[2131] Ebd., S. XI. Bereits in seiner Grundsatzrede im Plenum des Parlamentarischen Rats hatte Carlo Schmid abermals eindringlich betont: „Die eigentliche Verfassung, die wir haben, ist auch heute noch

Tatsache, dass Carlo Schmid am 15. September 1948 auf der konstituierenden Sitzung zum Vorsitzenden des Ausschusses gewählt und dort zur zentralen Figur wurde, erscheint aufgrund seiner geleisteten Vorarbeiten und Kenntnisse nur folgerichtig.[2132] Auch wenn man diesen Sachverhalt seitens der Unionsparteien eher kritisch betrachtete und ein Machtkonglomerat zugunsten der Sozialdemokraten befürchtete, war man sich dennoch über die zu vertretende Linie hinsichtlich der Schaffung eines Besatzungsstatus einig – es galt, die Souveränitätsrechte eines zukünftigen westdeutschen Staates gegenüber den Alliierten festzulegen.[2133] Es kam jedoch zu einem zähen interfraktionellen und interalliierten Ringen[2134], bis schließlich am 12. Mai 1949 das Besatzungsstatut von den westlichen Besatzungsmächten verkündet wurde.

Neben seinem Eintreten für ein Besatzungsstatut und der damit verbundenen Provisoriumstheorie, der zufolge mangels Souveränität des deutschen Volkes und mangels staatlicher Einheit Deutschlands nur ein Staatsfragment organisiert werden könne, machte Carlo Schmid immer wieder darauf aufmerksam, dass die anlaufenden Arbeiten an einer deutschen Verfassung nur unter Berücksichtigung der staatsrechtlichen Strukturen Europas von Bestand sein konnten. Deutschland sah er dabei als Teil eines auf demokratischer und föderativer Grundlage zusammengeschlossenen europäischen Bundes und scheute auch nicht davor zurück, zu dessen Erreichen die Aufgabe nationaler Souveränitätsrechte zu fordern. Dass ein künftiger deutscher Staat auf ebendiesen Prinzipien errichtet werden musste, verstand sich für Schmid dabei von selbst. Allerdings betonte er dabei stets auch, man möge nur so viel Föderalistisches, wie im Hinblick auf die gesamtdeutschen Interessen vertretbar sei, in die auszuarbeitende Form des deutschen Staatswesens einbringen. Somit entsprang Carlo Schmids staats- und verfassungspolitisches Handeln auch weiterhin seinem Motiv eines geeinten Europas und Deutschlands Stellung in diesem Europa.

Hermann Brill, der während der nationalsozialistischen Diktatur die unmittelbarsten persönlichen Folgen seines Widerstandes erleiden musste, befasste sich bereits während seiner Zeit als Inhaftierter des Konzentrationslagers Buchenwald mit den möglichen Ausprägungen einer Staatsgestaltung und war Mitverfasser mehrerer Widerstandsschriften, unter anderem des „Buchenwalder Manifests", das für einen Neuaufbau Deutschlands auf sozialistischer Grundlage und einen neuen Typ der Demokratie warb. Nach seiner Befreiung und dem Umzug nach Hessen war Brill im Deutschen Büro für Friedensfragen aktiv, wo er insgesamt drei eigene Verfassungsentwürfe vorlegte, die sich zwar deutlich von den Forderungen seiner Widerstandsschriften und noch deutlicher von seiner Forderung nach einem Rätesystem knapp 30 Jahre zuvor unterschieden, aber dennoch sein Motiv eines demokratischen Sozialismus erkennen ließen. Die Aufgeschlossenheit Brills gegenüber den föderalistischen Einflüssen der Mitglieder des Deutschen Büros für Friedensfragen lief dabei zwar den Vorstellungen der Sozialdemokratischen Partei und ihres Vorsitzenden Kurt Schumacher zuwider,

---

das geschriebene oder ungeschriebene Besatzungsstatut." PR, Bd. 9, Dok. Nr. 2, Zweite Sitzung des Plenums, 8. September 1948, S. 30.

[2132] PR, Bd. 4, Dok. Nr. 1, Erste konstituierende Sitzung des Ausschusses für das Besatzungsstatut, 15. September 1948, S. 1.

[2133] Ebd., S. XIII.

[2134] Vgl. ebd., S. XIV–XII.

führte aber dennoch dazu, dass Brill das ihn leitende staats- und verfassungspolitische Motiv um ein föderalistisches Element erweiterte.

Im Gegensatz zu Hermann Brill schrieb Anton Pfeiffer auch nach Ende des Zweiten Weltkriegs keine eigenen Verfassungsentwürfe für einen künftigen gesamtdeutschen Staat. Als aktives Mitglied im Stuttgarter Länderrat bemüht er sich jedoch weiterhin, jegliche Zentralisierung, die von diesem Gremium auszugehen drohte, zu vermeiden, und nahm zudem an den Verfassungsdiskussionen des Ellwanger Freundeskreises teil, wo der von ihm initiierte Verfassungsentwurf sein Motiv des bayerischen Föderalismus deutlich erkennen ließ.

Auch Adolf Süsterhenn brachte in der Nachkriegszeit keinen in sich abgeschlossenen Verfassungsentwurf für ein künftiges deutsches Staatswesen zu Papier, äußerte sich jedoch in mehreren Artikeln, die er im *Rheinischen Merkur* publizierte, ausführlich zu diesem Themenkomplex und schuf mit seiner Artikelserie die Grundlage für ein eigenständiges Verfassungsmodell. Um seinem Motiv eines katholisch-subsidiär geprägten Föderalismus zum Durchbruch zu verhelfen, gründete er in Anlehnung an seinen geistigen Lehrer Benedikt Schmittmann den Bund Deutscher Föderalisten, der allerdings nicht über den Status einer Diskussionsplattform hinauskam.

Mit der Einberufung des Verfassungskonvents von Herrenchiemsee trafen Carlo Schmid, Hermann Brill, Anton Pfeiffer und Adolf Süsterhenn schließlich als Abgeordnete ihrer jeweiligen Länder am 10. August 1948 zusammen, um innerhalb von nur zwei Wochen über ein erstes offizielles gesamtdeutsches Verfassungskonzept zu beraten. Am Ende der Beratungen stand ein vollständiger Entwurf eines Grundgesetzes mit 149 Artikeln sowie Mehr- und Minderheitsvoten, die sich aus den staats- und verfassungspolitischen Erfahrungen der Konventsteilnehmer, deren Bewertungen der vorangegangenen Verfassungen der Weimarer Republik und der Paulskirche und nicht zuletzt aus den von den Alliierten vorgegebenen Rahmenbedingungen ableiteten.

Darin fand sich Carlo Schmids Leitmotiv eines geeinten Europas und Deutschlands Stellung in diesem Europa in einem eigenen Abschnitt über die völkerrechtlichen Verhältnisse des Bundes wieder, und seine anthropologisch ausgerichtete Staatsauffassung fand im ersten Artikel des „Entwurfs eines Grundgesetzes" von Herrenchiemsee – „Der Staat ist um des Menschen willen da, nicht der Mensch um des Staates willen" – ihre Entsprechung. Das Provisorium, für das Schmid so energisch und nicht immer in Übereinstimmung mit der politischen Linie seiner Partei eingetreten war, kam in der Bezeichnung des Entwurfs als „Grundgesetz" und der Präambel zum Ausdruck. Seinem Anraten, aufgrund der fehlenden Souveränität des deutschen Volkes auf ein Staatsoberhaupt gänzlich zu verzichten, wurde allerdings nicht entsprochen. Was den weiteren organisatorischen Aufbau dieses Grundgesetzes betraf, so konnte Schmid sich gemeinsam mit Hermann Brill erfolgreich für eine Vorstaatlichkeit und Unantastbarkeit der Grundrechte und die Aufnahme einer Senatsvariante als Zweiter Kammer einsetzen. Einen hohen Stellenwert maß Carlo Schmid dabei der Durchsetzung eines parlamentarischen Regierungssystems und dem Schutz der Regierung durch ein konstruktives Misstrauensvotum bei.

Abbildung 6-1: Urkunde vom 24. August 1948 zum Gedenken an den Verfassungskonvent von Herrenchiemsee[2135]

[2135] BayHStA, NL Pfeiffer 173. Die Unterschriften sind von Paul Zürcher, Josef Schwalber, Otto Suhr, Theodor Spitta, Wilhelm Drexelius, Hermann Louis Brill (linke Spalte); Justus Danckwerts,

Hierin unterschied sich Schmids Auffassung wesentlich von der seines Parteigenossen Hermann Brill, der sich allerdings mit seiner Forderung nach einer Regierung auf Zeit nicht durchzusetzen vermochte. Dessen staats- und verfassungspolitisches Motiv eines demokratischen Sozialismus hatte sich im Laufe der Zeit leicht verändert und vor allem um eine föderalistische Komponente erweitert. Seinen Niederschlag fand Brills ursprüngliches Motiv dabei vor allem in einem direkt zu wählenden Bundestag und damit einer direkten Beteiligung des Volkes am demokratischen politischen Prozess sowie in der Aufnahme der Variante eines Dreierkollegiums anstatt eines Bundespräsidenten als oberstes staatliches Organ.

Anton Pfeiffer, der den Vorsitz im Plenum innehatte, beteiligte sich nur selten inhaltlich an den geführten Debatten. Der von ihm vertretene bayerische Föderalismus war zunächst deutlich in dem „Bayerischen Entwurf eines Grundgesetzes für den Verfassungskonvent" sichtbar und zeigte sich vor allem, als er sich von seinem Vorsitz befreien ließ, um in die Debatte um die Ausgestaltung der Zweiten Kammer einzugreifen. Sein staats- und verfassungspolitisches Motiv kam vor allem in der Variante der echten Bundesratslösung zur Geltung.

Adolf Süsterhenn musste hingegen erkennen, dass sein katholisch-subsidiär geprägter Föderalismus auf gesamtdeutscher Ebene nicht durchsetzbar war. Zwar fand er in den bayerischen Delegierten Verbündete im gemeinsamen Kampf gegen den Zentralismus, jedoch waren die jeweiligen föderalistischen Ausrichtungen zu unterschiedlich akzentuiert. Einen Erfolg konnte Süsterhenn jedoch für sich beanspruchen: Nicht zuletzt durch seinen Einspruch gegen eine allgemeine Einschränkbarkeit der Grundrechte wurde die Ewigkeitsklausel der Menschenwürde in den Bericht des Verfassungskonvents von Herrenchiemsee aufgenommen.

Zwar soll hier nicht im Einzelnen auf die Arbeit des Parlamentarischen Rats und die Entstehung einzelner Artikel des Grundgesetzes eingegangen werden[2136], jedoch vermag ein kurzer Ausblick auf die Auseinandersetzung mit dem Herrenchiemseer Entwurf und die Fortführung der Tätigkeiten von Carlo Schmid, Anton Pfeiffer und Adolf Süsterhenn im Parlamentarischen Rat deren Bedeutung für die Verfassungsgeschichte der Nachkriegszeit noch einmal deutlich zu machen.

In den Parlamentarischen Rat, der sich am 1. September 1948 in Bonn konstituierte, wurden von den vier hier betrachteten Länderdelegierten von Herrenchiemsee alle außer Hermann Brill als Vertreter ihrer jeweiligen Partei entsandt. Diese relative personelle Kontinuität mündete allerdings nicht ohne weiteres in eine Rezeption des „Entwurfs eines Grundgesetzes". So hatte man von Seiten der Ministerpräsidenten bei der Dreingabe des Entwurfs bereits betont, dass es sich hierbei mitnichten um eine „Regierungsvorlage"[2137] handle und sich der Parlamentarische Rat daher bei seinen

---

Theo Kordt, Adolf Süsterhenn, Fritz Baade, Josef Beyerle, Karl Schmid (rechte Spalte) und Anton Pfeiffer.

[2136] Zur Arbeit des Parlamentarischen Rats vgl. u.a. Fromme, *Weimarer Verfassung*; Feldkamp, Michael F., *Der Parlamentarische Rat 1948–1949: Die Entstehung des Grundgesetzes*, Göttingen 2008. Heranzuziehen ist ebenfalls der Edition der *Akten und Protokolle* des Parlamentarischen Rats.

[2137] PR, Bd. 1, Dok. Nr. 24, Konferenz der Ministerpräsidenten der westdeutschen Besatzungszonen, Jagdschloß Niederwald, 31. August 1948, S. 380f., Anm. 61.

Beratungen auch nicht daran gebunden fühlen müsse. Die auch in der rückblickenden Betrachtung durchaus noch ambivalente rechtliche Stellung des Herrenchiemseer Entwurfs – nur die amerikanische Militärregierung hatte sich anerkennend geäußert – führte dazu, dass dieser nur eine Empfehlung, aber kein bindendes Konzept sein konnte.

Dessen ungeachtet übte der „Entwurf eines Grundgesetzes" einen nicht zu unterschätzenden Einfluss auf die Arbeit im Parlamentarischen Rat – schlicht aufgrund seiner bloßen Existenz – aus. Gründe hierfür waren zum einen die Anwesenheit von insgesamt sechs Delegierten von Herrenchiemsee im nordrhein-westfälischen Bonn[2138], zum anderen die Tatsache, dass es sich bei dem Entwurf um eine vollständige und ausführliche Verfassungsschrift mit insgesamt 149 Artikeln handelte, die man systematisch abarbeiten konnte. Bereits nach der ersten konstituierenden Sitzung wurde am 8. September 1948 im Plenum des Parlamentarischen Rats von Carlo Schmid als Fraktionsvorsitzendem der SPD[2139] und von Adolf Süsterhenn über die geleisteten „Vorarbeiten"[2140] berichtet.

Inhaltlich an seine Grundsatzrede auf dem Verfassungskonvent anknüpfend, verwahrte sich Carlo Schmid abermals gegen die These vom Untergang des Deutschen Reichs und machte einmal mehr deutlich, „daß die Existenz Deutschlands als Staat nicht vernichtet und daß es als Rechtssubjekt erhalten worden ist"[2141]. Wie bereits auf dem Verfassungskonvent mahnte er die Unterbreitung eines Besatzungsstatus an, da die „Ausübung der deutschen Volkssouveränität blockiert" sei, und verband dies ganz auf der Linie seiner bisherigen Ausführungen mit der Forderung nach einem Provisorium. „Eine gesamtdeutsche konstitutionelle Lösung", so Schmid, sei erst dann möglich, „wenn eines Tages eine deutsche Nationalversammlung in voller Freiheit gewählt" würde. Folglich könne „nur ein Staatsfragment organisiert werden", das „zeitlich" und „räumlich" offenbleiben und eine „innere Begrenzung der Organe" enthalten müsse.[2142]

Der Provisoriumsgedanke Carlo Schmids spiegelte sich nicht nur im Titel der Herrenchiemseer Arbeiten („Entwurf eines Grundgesetzes") wider, auch im Parlamentarischen Rat blieb er – zumindest teilweise – erhalten. Diesem Provisoriumsgedanken widerspricht freilich rückblickend, dass der Name „Grundgesetz" auch heute noch Bestand hat, da man sich mit der Wiedervereinigung im Jahr 1990 nicht zu einer erneuten Verfassungsdiskussion entschloss, sondern das Grundgesetz aus dem Jahr 1949 zur Verfassung des wiedervereinigten Deutschland erhob, womit aus dem Provisorium, wenn auch spät, ein Definitivum wurde.

[2138] Außer Carlo Schmid, Anton Pfeiffer und Adolf Süsterhenn waren noch der aus Bayern stammende Josef Schwalber, der Vertreter Berlins, Otto Suhr, und der Delegierte Badens, Hermann Fecht, jene Mitglieder des Parlamentarischen Rats, die bereits am Verfassungskonvent von Herrenchiemsee beteiligt waren. Vgl. Bauer-Kirsch, *Herrenchiemsee*, S. 197.
[2139] Zudem hatte Carlo Schmid noch den Vorsitz im Hauptausschuss und im Ausschuss für das Besatzungsstatut inne.
[2140] PR, Bd. 9, Dok. Nr. 2, Zweite Sitzung des Plenums, 8. September 1948, S. 20.
[2141] Ebd., S. 25. Zur Arbeit Carlo Schmids im Parlamentarischen Rat vgl. Weber, *Schmid*, S. 351–390.
[2142] PR, Bd. 9, Dok. Nr. 2, Zweite Sitzung des Plenums, 8. September 1948, S. 28–32.

Wie schon auf dem Verfassungskonvent so engagierte sich Carlo Schmid auch im Parlamentarischen Rat vor allem im Ausschuss für Grundsatzfragen, der sich mit der Ausarbeitung der Präambel, den Grundrechten und den völkerrechtlichen Bestimmungen befasste.[2143] Mit seinem vorgelegten Präambelentwurf, der die Vorläufigkeit des Grundgesetzes weiter untermauern sollte und damit in Kontinuität zu seinen bisherigen Staats- und Verfassungsvorstellungen stand, konnte sich Schmid allerdings nicht in Gänze durchsetzen.[2144] In Anknüpfung an seiner Forderungen auf Herrenchiemsee setzte Schmid sich auch in Bonn bereits in seiner Grundsatzrede für die exponierte Stellung der Grundrechte und deren Unantastbarkeit auch im Falle eines Staatsnotstandes ein[2145] und konnte am Ende zufrieden zur Kenntnis nehmen, dass der auf Herrenchiemsee so umstrittene Artikel 111 endgültig aus dem Grundgesetz gestrichen wurde[2146].[2147]

Schmids Leitmotiv eines geeinten Europas und Deutschlands Stellung in diesem Europa kam in seiner Grundsatzrede, in der er abermals für die Übertragung von „Hoheitsrechten auf internationale Organisationen" und ein „System kollektiver Si-

---

[2143] Weber, *Schmid*, S. 355. Darüber hinaus war Carlo Schmid Mitglied des Ausschusses für das Besatzungsstatut und gehörte dem Ausschuss für Organisation des Bundes sowie Verfassungsgerichtshof und Rechtspflege an.
[2144] Ebd., S. 356f. Der im Ausschuss für Grundsatzfragen angenommene und von Carlo Schmid maßgeblich beeinflusste Entwurf der Präambel lautete: „Die nationalsozialistische Zwingerherrschaft hat das Deutsche Volk seiner Freiheit beraubt; Krieg und Gewalt haben die Menschheit in Not und Elend gestürzt. Das staatliche Gefüge der in Weimar geschaffenen Republik ist zerstört. Dem deutschen Volk aber ist das unverzichtbare Recht auf freie Gestaltung seines nationalen Lebens geblieben. Die Besetzung Deutschlands durch fremde Mächte hat die Ausübung dieses Recht schweren Einschränkungen unterworfen. Erfüllt von dem Willen, seine Freiheitsrechte zu schützen und die Einheit der Nation zu erhalten, hat das Deutsche Volk aus den Ländern [...] Abgeordnete zu dem auf den 1. September 1948 nach Bonn zusammengerufenen Parlamentarischen Rat entsandt, um eine den Aufgaben der Übergangzeit dienende Ordnung der Hoheitsbefugnisse zu schaffen und so eine neue staatliche Ordnung für die Bundesrepublik Deutschland vorzubereiten. Diese haben unter Mitwirkung der Abgeordneten Groß-Berlins, getragen von dem Vertrauen und bewegt von der Hoffnung aller Deutschen, für das Gebiet, das sie entsandt hat, dieses Grundgesetz beschlossen. Das Deutsche Volk in seiner Gesamtheit bleibt aufgefordert, in gemeinsamer Entscheidung und Verantwortung die Ordnung seiner nationalen Einheit und Freiheit in der Bundesrepublik Deutschland zu vollenden." Zit. nach Weber, *Schmid*, S. 356. Im Gegensatz dazu lautete die Präambel des Grundgesetzes vom Mai 1949 schließlich: „Im Bewußtsein seiner Verantwortung vor Gott und den Menschen, von dem Willen beseelt, seine nationale Einheit zu wahren und als gleichberechtigtes Glied in einem vereinten Europa dem Frieden der Welt zu dienen, hat sich das Deutsche Volk in den Ländern [...] um dem staatlichen Leben für eine Übergangszeit eine neue Ordnung zu geben, kraft seiner verfassungsgebenden Gewalt dieses Grundgesetz der Bundesrepublik Deutschland beschlossen. Es hat auch für jene Deutschen gehandelt, deren mitzuwirken versagt war. Das gesamte Deutsche Volk bleibt aufgefordert, in freier Selbstbestimmung die Einheit und Freiheit Deutschlands zu vollenden."
[2145] Vgl. hierzu Carlo Schmid, „Grundsatzrede im Plenum des Parlamentarischen Rats", in: PR, Bd. 9, Dok. Nr. 2, Zweite Sitzung des Plenums, 8. September 1948, S. 38f. Siehe auch PR, Bd. 5, Teil 1, Dok. Nr. 9, Achte Sitzung des Ausschusses für Grundsatzfragen, 7. Oktober 1948, S. 187f. und ebd., Dok. Nr. 11, Neunte Sitzung des Ausschusses für Grundsatzfragen, 12. Oktober 1948, S. 226–228.
[2146] Zur Debatte um den Artikel 111 HChE vgl. Bauer-Kirsch, *Herrenchiemsee*, S. 238–258.
[2147] Entschieden wandte sich Schmid „gegen eine naturrechtliche Begründung der Menschenrechte", wie sie etwa von Adolf Süsterhenn vertreten wurde. Weber, *Schmid*, S. 357.

cherheit" plädierte[2148], sowie der anschließenden Debatte über die völkerrechtlichen Grundsätze erneut zum Tragen, konnte man hier doch auf die von Schmid bereits auf dem Verfassungskonvent formulierten völkerrechtlichen Verhältnisse des Bundes zurückgreifen.[2149] Zwar musste Carlo Schmid eine Niederlage hinnehmen, was die von ihm vorgesehene strafbare Handlung einer Kriegsvorbereitung (Art. 26 HChE) anging[2150], er konnte sich aber mit der von ihm immer wieder postulierten Forderung nach einem System „kollektiver Sicherheit"[2151] (Art. 24 Abs. 2 HChE und Art. 24 Abs. 2 GG) und einer Übertragung von Hoheitsrechten der Bundesrepublik, etwa auf europäische Institutionen, anhand eines einfachen Gesetzes (Art. 24 Abs. 1 HChE und Art. 24 Abs. 2 GG) durchsetzen.[2152] Zwar widmete das Grundgesetz den völkerrechtlichen Verhältnissen des Bundes keinen eigenen Abschnitt mehr, jedoch wurde Carlo Schmids auf dem Verfassungskonvent von Herrenchiemsee ausgearbeitetes europapolitisches Programm und die damit verbundenen völkerrechtlichen Bestimmungen in die Artikel 24[2153], 25 und 26 des Grundgesetzes nahezu wortwörtlich übernommen. Keinen Eingang in das Grundgesetz fand hingegen die von Schmid in Artikel 1 Absatz 1 des Herrenchiemseer Entwurfs formulierte anthropologische Staatsauffassung.

Wie bereits auf dem Verfassungskonvent, so setzte sich Carlo Schmid auch in Bonn mit Blick auf die zu schaffenden Verfassungsorgane dafür ein, auf das Amt des Bundespräsidenten zu verzichten, um den provisorischen Charakter des Grundgesetzes zu betonen, fand aber mit seinem „Vorschlag, die normalen Befugnisse eines repräsentativen obersten Staatsorgans dem Präsidenten des Bundestages zu übertragen"[2154], keine Mehrheit.[2155] Seinen leidenschaftlichen Einsatz für die Schaffung eines Senats als Zweite Kammer beschrieb Schmid noch in seinen Erinnerungen:

> „Ich war der Meinung, daß man sich von dem traditionellen Bundesratsmodell absetzen und zu einem Senatsmodell übergehen sollte. In einem Bundesrat traditioneller Prägung würde die Abstimmung der Minister in den meisten Sachfragen die Meinung ihrer beamteten Berater wiedergeben. Damit werde eine für die Exekutive typische Denkungsart – also ein wesentlich technokratisches Denken – in die Legislative einziehen, was mir nicht besonders empfehlenswert erscheine. [...] Mir schiene es demokratischer, die Länderkammer mit von den Landtagen oder auf andere Weise zu wählenden Senatoren zu besetzen".[2156]

[2148] PR, Bd. 9, Dok. Nr. 2, Zweite Sitzung des Plenums, 8. September 1948, S. 40f.
[2149] Weber, *Schmid*, S. 358.
[2150] In seiner Grundsatzrede noch hatte Carlo Schmid angemahnt, „daß das Grundgesetz [...] eine Bestimmung enthalten sollte, die jeden unter Strafe stellt, der das friedliche Zusammenleben der Völker stört und Handlungen in der Absicht vornimmt, die Führung eines Krieges vorzubereiten." PR, Bd. 9, Dok. Nr. 2, Zweite Sitzung des Plenums, 8. September 1948, S. 41.
[2151] Ebd., S. 41.
[2152] Weber, *Schmid*, S. 359f.
[2153] Zur „offenen Staatlichkeit" des Art. 24 GG vgl. Schroeder, „Schmid", S. 21–26.
[2154] Schmid, *Erinnerungen*, S. 382.
[2155] „Nach und nach nahm man dem Grundgesetz immer mehr seinen provisorischen Charakter, den Schmid jedoch weiterhin hervorzuheben suchte." Weber, *Schmid*, S. 357.
[2156] Schmid, *Erinnerungen*, S. 385.

Dies war jedoch ein Vorschlag, der vom Parteivorstand der SPD letztendlich nicht mitgetragen und schließlich auch nicht in das Grundgesetz aufgenommen wurde.[2157] Nicht in Frage gestellt wurde indes das von Carlo Schmid bereits auf Herrenchiemsee von einer Mehrheit getragene konstruktive Misstrauensvotum, durch das künftig verhindert werden konnte, „daß heterogene Mehrheiten eine Regierung stürzen können, ohne selbst willens oder imstande zu sein, ihre Nachfolge anzutreten und ihrerseits verantwortlich zu regieren"[2158]. Allerdings kam es in Bonn nicht, wie von Schmid gewünscht, zur Schaffung eines zusammengefassten obersten Gerichtshofs; der eigene Abschnitt für das Bundesverfassungsgericht im Verfassungsentwurf von Herrenchiemsee entfiel im Grundgesetz. Carlo Schmids Ansinnen, auch Laienrichter zuzulassen, fand sich hingegen in Artikel 94 Absatz 1 des Grundgesetzes wieder.

Die Frage nach dem, was von Carlo Schmids Staats- und Verfassungsvorstellungen und seinem staats- und verfassungspolitischen Motiv ins Grundgesetz aufgenommen wurde, muss daher differenziert beantwortet werden. Während die Artikel 24, 25, und 26 des Bonner Grundgesetzes die originären Forderungen Schmids zur Regelung der völkerrechtlichen Verhältnisse des Bundes – bis auf die Strafbewehrung der Vorbereitung einer Kriegsführung – widerspiegeln und auch das konstruktive Misstrauensvotum seine Handschrift trug, musste er in den Debatten über die Zweite Kammer endgültig Abschied von seinen Senatsvorstellungen nehmen und konnte die Delegierten auch nicht zum Verzicht auf das Amt des Bundespräsidenten bewegen. Einen Anlass zur Zufriedenheit stellten jedoch sicher die in das Grundgesetz aufgenommene Vorstaatlichkeit der Grundrechte sowie in diesem Zusammenhang die Streichung des Artikels 111 des Herrenchiemseer Entwurfs dar, nicht zu vergessen aber auch das von den Alliierten am 10. April 1949 bekanntgegebene Besatzungsstatut, für das sich Carlo Schmid so unermüdlich eingesetzt hatte. Von seinem staats- und verfassungspolitischen Leitmotiv eines geeinten Europas und der Stellung Deutschlands in diesem Europa finden sich also deutliche Spuren auch im Grundgesetz der Bundesrepublik Deutschland wieder; einzig der Aspekt des anthropologisch ausgerichteten Staates wurde nicht wörtlich übernommen.

Hermann Brill wurde vom Hessischen Landtag nicht in den Parlamentarischen Rat entsandt. Dennoch stellt sich die Frage, ob und inwiefern die von ihm vertretenen Staats- und Verfassungsvorstellungen sowie das ihn leitende Motiv in den Arbeiten des Parlamentarischen Rats und im Grundgesetz zu finden sind.

Schon auf Herrenchiemsee hatte Hermann Brill mit Carlo Schmid darin übereingestimmt, dass es entscheidend sei, in der Präambel auf das Provisorische und das Ziel eines Zusammenschlusses aller Deutschen zu einem Gesamtstaat hinzuweisen. Entsprechend enttäuscht dürfte er, ähnlich wie auch Schmid, über die Aufweichung dieses Gedankens in der letztendlichen Präambel des Grundgesetzes gewesen sein. Brills Zustimmung fand hingegen sicher die Tatsache, dass der unliebsame Artikel 111 des „Entwurfs eines Grundgesetzes" ersatzlos aus dem Grundgesetz gestrichen wurde und

---

[2157] Vgl. Weber, *Schmid*, S. 361–363. Man einigte sich schließlich auf einen Bundesrat, der „bei fast allen wichtigen Gesetzesmaterien ein Mitspracherecht" besaß, dessen Einspruchsrecht aber „auf ein einfaches suspensives Vetorecht reduziert" wurde. Ebd., S. 372f.
[2158] Schmid, *Erinnerungen*, S. 384.

es damit nicht mehr möglich war, Grundrechte aufgrund von Notverordnungen außer Kraft zu setzen.

Was den organisatorischen Aufbau betraf, musste Hermann Brill zur Kenntnis nehmen, dass sein bereits auf Herrenchiemsee nur als Minderheitsvotum aufgenommener Vorschlag zur Schaffung eines Bundespräsidiums anstelle eines Bundespräsidenten und seine Ausarbeitungen eines Senats als Zweite Kammer ebenso wie seine Idee einer Regierung auf Zeit keinen Eingang in das Grundgesetz fanden. Der von Brill schon auf Verfassungskonvent monierte Antrag Carlo Schmids, die oberste Gerichtsbarkeit zusammenzufassen, wurde in Bonn verworfen; stattdessen entschied man sich im Sinne Brills, für Fragen der Verwaltungs-, Finanz-, Arbeits- und Sozialgerichtsbarkeit obere Bundesgerichte einzusetzen (Art. 96 Abs. 1 GG). Das Hermann Brill leitende staats- und verfassungspolitische Motiv eines demokratischen Sozialismus blieb somit im Bonner Grundgesetz in der direkten Wahl des Bundestags in Artikel 38 Absatz 1 des Grundgesetzes bestehen und findet sich im Sozialstaatsprinzip der Artikel 20 und 28 wieder.

Anton Pfeiffer wurde nicht nur vom Bayerischen Landtag als Mitglied in den Parlamentarischen Rat gewählt, sondern auch zum Fraktionsvorsitzenden der Unionsparteien bestimmt – ein Amt, für das zunächst Adolf Süsterhenn vorgesehen war.[2159] Welche Bedeutung Pfeiffer seiner Arbeit in Bonn zumaß, lässt sich daran erkennen, dass er sich sogar zeitweise von seinem Amt als Leiter der bayerischen Staatskanzlei in München freistellen ließ. Dabei bewegte er sich stets im Spannungsfeld von bayerischer Regierungspolitik und seiner Aufgabe, als Fraktionsvorsitzender der Unionsparteien integrierend im Sinne der Mehrheitsmeinung zu wirken. In Kontinuität zu seiner bisherigen Beteiligung an den Beratungen zu Staat und Verfassung tat er sich auch im Parlamentarischen Rat mehr durch sein diplomatisches Geschick und weniger durch seine inhaltlichen Beiträge hervor. Einzig im Hauptausschuss äußerte sich Pfeiffer zur Frage des Bundespräsidenten dahingehend, dass er Schmids Auffassung, man solle aufgrund des Provisoriumsvorbehalts kein Staatsoberhaupt in die Reihe der Verfassungsorgane aufnehmen, nicht nachvollziehen könne – dadurch, so Pfeiffer, würde „ein außerordentlich großer politischer Schaden entstehen"[2160].

Anton Pfeiffers staats- und verfassungspolitisches Leitmotiv eines bayerischen Föderalismus kam in Bonn hinsichtlich der organisatorischen Ausgestaltung des Grundgesetzes in der wiederholten Forderung nach der Schaffung eines mit dem Parlament gleichberechtigten Bundesrats zum Ausdruck. Zwar sah es zunächst so aus, als ob der bayerische Staatssekretär eine Einigung zwischen SPD und den Unionsparteien erzielen könne – Pfeiffer selbst war durchaus kompromissbereit –, aber letztlich führte das Festhalten der CSU an einem gleichberechtigten Bundesrat dazu, dass sich Anton

---

[2159] Reuter, *Eminenz*, S. 182–184. Zu Anton Pfeiffers Arbeit im Parlamentarischen Rat vgl. ebd., S. 182–206.
[2160] Ebd., S. 204. Man einigte sich schließlich dahingehend, dass die SPD auf den Provisoriumsgedanken und die Unionsparteien auf eine Beteiligung des Bundesrats an der Wahl des Bundespräsidenten verzichteten.

Pfeiffer letzten Endes doch als Diener seiner Partei erwies und am 8. Mai 1949 gegen die Annahme des Grundgesetzes stimmte.[2161]

Adolf Süsterhenn wurde vom Rheinland-pfälzischen Landtag in den Parlamentarischen Rat und dort zum stellvertretenden Fraktionsvorsitzenden gewählt.[2162] Aufgrund eines Unfalls musste er aber bereits am 5. Mai 1949 vorzeitig aus den Verhandlungen ausscheiden. Im Plenum des Parlamentarischen Rats folgte seine Grundsatzrede auf die Carlo Schmids, und Süsterhenn ließ es sich nicht nehmen, wie schon auf Herrenchiemsee Schmids Auffassung, die Zusammenkunft in Bonn sei ebenfalls nicht „Ausdruck deutscher Volkssouveränität", auf das Schärfste zu kritisieren und stattdessen auf den seiner Ansicht nach „von Gott gegebenen Anspruch auf politische Selbstorganisation und eigene politische Repräsentation" zu beharren.[2163] Zustimmung äußerte er hingegen – anders als noch auf dem Verfassungskonvent, wo er die Debatte über diesen Aspekt für unnötig erachtet hatte – in dem Punkt, dass die „deutsche Staatsgewalt [...] potentiell beim deutschen Volk verblieben" sei.[2164]

Das Süsterhenn leitende katholisch-subsidiäre Föderalismusmotiv wurde in der Debatte um die Präambel und den Artikel 1 des zukünftigen Grundgesetzes offenbar, als er die Vorlage Carlo Schmids dahingehend erweitert sehen wollte,

> „daß wir auch in der Präambel dieses Grundgesetz bereits so sichern, den zentralen Gedanken dieses Grundgesetzes zu unterbauen, daß er nicht einfach durch einen Mehrheitsentscheid wieder weggefegt werden kann, sondern daß er seine fundamentalen Wurzeln letzten Endes auch im Metaphysischen findet. Deshalb sind wir der Meinung, daß sowohl in der Präambel wie auch in dem wesentlich mit der Präambel zusammengehörigen Artikel 1 eine solche metaphysische Verankerung der ewigen menschlichen Freiheitsrechte erfolgen müßte, eine Verankerung, die etwa in der Weise geschehen könnte, daß zu dem Artikel 1 der Grundrechte, wo es heißt: ‚Sie – die Würde des Menschen – ist begründet in ewigen Rechten' etwa der Zusatz hinzugefügt wird: Die Würde des Menschen ist begründet in ewigen, von Gott gegebenen Rechten."[2165]

Mit dieser theologischen Begründung konnte er sich zwar nicht gänzlich durchsetzen, es darf jedoch nicht verkannt werden, dass die Präambel in ihrer endgültigen Fassung[2166] und durch ihre „naturrechtliche Konzeption der Menschenwürde" das Grundgesetz mit prägte, jedoch in „modifizierter, d. h. personalistischer Weise".[2167] Adolf Süsterhenns Argumentation stand damit auch im Oktober 1948 in Kontinuität zu seinen Darlegungen auf dem Verfassungskonvent von Herrenchiemsee und fand

---

[2161] Vgl. Reuter, *Eminenz*, S. 189–202. Zur Debatte um die Zweite Kammer vgl. auch Kock, *Bayerns Weg*, S. 298–326. Einen weiteren unüberbrückbaren Streitpunkt stellte die Finanzverfassung dar, die auch den Widerspruch der Alliierten hervorrief. Vgl. hierzu Reuter, *Eminenz*, S. 193–201; Weber, *Schmid*, S. 374–390.
[2162] Zu Adolf Süsterhenns Arbeit im Parlamentarischen Rat vgl. Hehl, *Süsterhenn*, S. 391–438.
[2163] PR, Bd. 9, Dok. Nr. 2, Zweite Sitzung des Plenums, 8. September 1948, S. 47.
[2164] Ebd., S. 48.
[2165] Zitiert nach Uertz, „Süsterhenn", S. 361.
[2166] „Im Bewußtsein seiner Verantwortung vor Gott und den Menschen, [...] hat das deutsche Volk [...] kraft seiner verfassungsgebenden Gewalt dieses Grundgesetz der Bundesrepublik Deutschland beschlossen" (Präambel, Satz 1, GG).
[2167] Uertz, „Süsterhenn", S. 361.

hinsichtlich der Ewigkeitsklausel der Menschenwürde in Gänze, in Bezug auf den Gottesbezug in der Präambel teilweise Bestätigung.

Das subsidiäre Element seines Leitmotivs lieferte ihm zudem die Grundlage für seine Forderung nach einer betont föderalistischen Ausgestaltung der Beziehung zwischen Bund und Ländern. Mit Blick auf die organisatorische Ausgestaltung des künftigen Staatswesens plädierte Süsterhenn bereits in seiner Grundsatzrede „für das parlamentarische Regierungssystem", zu dessen Absicherung er nun im Parlamentarischen Rat wie zuvor auf Herrenchiemsee ein konstruktives Misstrauensvotum vorsah.[2168] Im Besonderen lag ihm das „reine Bundesratsprinzip" am Herzen, in dem „die Länder […] durch Mitglieder ihrer Regierungen vertreten werden" sollten.[2169] Das Amt des Bundespräsidenten, zu dem sich Adolf Süsterhenn auf dem Verfassungskonvent nicht geäußert hatte, sollte nach seiner Ansicht „neben den politischen auch die sogenannten dekorativen Funktionen" enthalten.[2170] Eine direkte Volkswahl, wie noch zu Weimarer Zeiten, lehnte Süsterhenn dabei strikt ab.[2171] Als Letztes ging Adolf Süsterhenn in seiner Grundsatzrede auf die Schaffung eines, wie er es nannte, „Staats- und Verfassungsgerichtshofs"[2172] ein. Auch zu diesem Organ hatte er sich auf Herrenchiemsee nur zurückhaltend mitgeteilt und dort vor allem seinen Zusatz, die Richter auch ihrem Gewissen zu unterwerfen, in den Entwurf mit eingebracht. Dieser Zusatz entfiel im Grundgesetz der Bundesrepublik Deutschland jedoch ebenso wie die von ihm geforderte Zweiteilung von Staats- und Verfassungsgericht.

Wie dieser kurze Ausblick zeigt, wurden im Parlamentarischen Rat – vor allem durch die teilweise gegebene personelle Kontinuität zum Verfassungskonvent und die Vorlage des „Entwurfs eines Grundgesetzes" – die Überlegungen zu Staat und Verfassung, wie sie sich auf dem bayerischen Herrenchiemsee herausgebildet hatten, im nordrheinwestfälischen Bonn fortgeführt. Die staats- und verfassungspolitischen Motive Carlo Schmids, Hermann Brills, Anton Pfeiffers und Adolf Süsterhenns gingen dabei teilweise direkt ins Grundgesetz ein und sind damit auch heute noch gültig. Nach Abschluss der Arbeiten des Parlamentarischen Rats teilten die vier Politiker jedoch ein gemeinsames Schicksal mit den meisten anderen Verfassungsvätern: Sie blieben nach der Verabschiedung des Grundgesetzes Politiker der zweiten Reihe und konnten sich, abgesehen von Carlo Schmid, nicht im kollektiven Geschichtsgedächtnis der Bevölkerung festsetzen. Der Beitrag, den sie durch die Verarbeitung ihrer politischen Erfahrungen zu den staats- und verfassungspolitischen Vorstellungen und Konzeptionen – vor allem bis zum Verfassungskonvent von Herrenchiemsee – leisteten, soll hier ausdrücklich gewürdigt werden. Dabei ist nicht zuletzt der Fortbestand des Grundgesetzes Beweis für die vorausschauende Arbeit dieser vier Politiker. Ihrer unermüdlichen

---

[2168] PR, Bd. 9, Dok. Nr. 2, Zweite Sitzung des Plenums, 8. September 1948, S. 59f.
[2169] Ebd., S. 61. Eine Kompromisslösung stellte für Adolf Süsterhenn eine Kombination aus Senat und Bundesrat dar, wie er in seiner Grundsatzrede darstellte, wobei er dem Bundesratsprinzip eindeutig den Vorzug gab. Ebd., S. 60. Zur Kompromissbereitschaft Adolf Süsterhenns hinsichtlich der Ausgestaltung der Zweiten Kammer vgl. Hehl, *Süsterhenn*, S. 399–403.
[2170] PR, Bd. 9, Dok. Nr. 2, Zweite Sitzung des Plenums, 8. September 1948, S. 66.
[2171] Von der noch in seiner Artikelserie im *Rheinischen Merkur* geäußerten Vorstellung eines Präsidiums des Länderrats als oberstes Staatsorgan war er damit abgekommen. Siehe Kapitel 3.6.1.
[2172] PR, Bd. 9, Dok. Nr. 2, Zweite Sitzung des Plenums, 8. September 1948, S. 66.

Initiative ist es zu verdanken, dass das heutige Grundgesetz immer noch ihre Handschrift trägt.

Quellen- und Literaturverzeichnis

Gedruckte Quellen

Akten zur Vorgeschichte der Bundesrepublik Deutschland. September 1945–Dezember 1946, Sonderausgabe Bd. 1, bearb. v. Walter Vogel und Christoph Weisz, hg. v. Bundesarchiv und Institut für Zeitgeschichte, München 1976.
Akten zur Vorgeschichte der Bundesrepublik Deutschland. 1945–1949, Sonderausgabe Bd. 2: *Januar–Juni 1947*, bearb. v. Wolfram Werner, hg. v. Bundesarchiv und Institut für Zeitgeschichte, München 1989.
Akten zur Vorgeschichte der Bundesrepublik Deutschland. 1945–1949, Bd. 3: *Juni–Dezember 1947*, bearb. v. Günter Plum, hg. v. Bundesarchiv und Institut für Zeitgeschichte, München/Wien 1982.
Akten zur Vorgeschichte der Bundesrepublik Deutschland. 1945–1949, Bd. 4: *Januar–Dezember 1948*, bearb. v. Christoph Weisz, Hans-Dieter Kreikamp und Bernd Steger, hg. v. Bundesarchiv und Institut für Zeitgeschichte, München/Wien 1983.
Berding, Helmut (Hg.), *Die Entstehung der Hessischen Verfassung von 1946. Eine Dokumentation*, bearb. v. Helmut Berding und Katrin Lange, Wiesbaden 1996.
Brommer, Peter, *Quellen zur Geschichte von Rheinland-Pfalz während der französischen Besatzung. März 1945 bis August 1949*, Mainz 1985.
Bundesverband der Katholischen Arbeitnehmer-Bewegung Deutschlands – KAB (Hg.), *Texte zur katholischen Soziallehre. Die sozialen Rundschreiben der Päpste und andere kirchliche Dokumente*, Bornheim/Kevelaer 1992.
Der Parlamentarische Rat 1948–1949. Akten und Protokolle, hg. für den Deutschen Bundestag v. Kurt Georg Wernicke, für das Bundesarchiv v. Hans Booms unter Mitwirkung v. Walter Vogel, bearb. v. Johannes Volker Wagner, Bd. 1, Boppard am Rhein 1975. [zit. PR, Bd. 1]
Der Parlamentarische Rat 1948–1949. Akten und Protokolle, hg. v. Deutschen Bundestag u. v. Bundesarchiv unter Leitung v. Kurt G. Wernicke u. Hans Booms, bearb. v. Peter Bucher, Bd. 2, Boppard am Rhein 1981. [zit. PR, Bd. 2]
Der Parlamentarische Rat 1948–1949. Akten und Protokolle, hg. v. Deutschen Bundestag u. v. Bundesarchiv unter Leitung v. Kurt G. Wernicke u. Hans Booms, bearb. v. Wolfram Werner, Bd. 4, Boppard am Rhein 1989. [zit. PR, Bd. 4]
Der Parlamentarische Rat 1948–1949, Akten und Protokolle, hg. v. Deutschen Bundestag u. v. Bundesarchiv unter Leitung v. Rupert Schick u. Friedrich P. Kahlenberg, bearb. v. Wolfram Werner, Bd. 9, München 1996. [zit. PR, Bd. 9]
Die Reden Woodrow Wilsons. Englisch und deutsch., hg. v. Committee on Public Information of the United States of America, Bern 1919.
Dokumente zur Deutschlandpolitik der Sowjetunion. Vom Potsdamer Abkommen am 2. August 1945 bis zur Erklärung der Souveränität der Deutschen Demokratischen Republik am 25. März 1945, Bd. 1, hg. v. Deutschen Institut für Zeitgeschichte, Berlin 1957.
Foreign Relations of the United States 1948. Volume II: Germany and Austria, Washington 1973.
Hess, Ulrich (Bearb.), *Die Vorbereitung und Durchführung der Novemberrevolution 1918 im Lande Gotha. Eine Aktenpublikation*, Gotha 1960.

Kaff, Brigitte, *Die Unionsparteien 1946–1950. Protokolle der Arbeitsgemeinschaft der CDU/CSU Deutschlands und der Konferenzen der Landesvorsitzenden*, Droste 1989 (Forschungen und Quellen zur Zeitgeschichte, Bd. 17).

Klaas, Helmut (Bearb.), *Die Entstehung der Verfassung für Rheinland-Pfalz. Eine Dokumentation*, Boppard am Rhein 1978.

Kotulla, Michael, *Thüringische Verfassungsurkunden. Vom Beginn des 19. Jahrhunderts bis heute*, Berlin/Heidelberg 2015.

Militärregierung des französischen Besatzungsgebietes in Deutschland. Generaljustizdirektion, *Der Konstanzer Juristentag (2.–5. Juni 1947). Ansprachen. Vorträge. Diskussionsreden*, Tübingen 1947.

Pfetsch, Frank R. (Hg.), *Verfassungsreden und Verfassungsentwürfe. Länderverfassungen 1946–1953*, Frankfurt a. M. 1986 (Verfassungspolitik. Heidelberger Studien zur Entstehung von Verfassungen nach 1945, Bd. 1).

Quellen zur Entstehung der Verfassung von Württemberg-Baden. Erster Teil: Februar bis Juni 1946, hg. v. der Kommission für geschichtliche Landeskunde in Baden-Württemberg, bearb. v. Paul Sauer, Stuttgart 1995.

Quellen zur Entstehung der Verfassung von Württemberg-Hohenzollern. Erster Teil, hg. v. der Kommission für geschichtliche Landeskunde in Baden-Württemberg, bearb. v. Thomas Rösslein, Stuttgart 2006.

Süsterhenn, Adolf, *Schriften zum Natur-, Staats- und Verfassungsrecht*, hg. v. Peter Bucher, Mainz 1991 (Veröffentlichungen der Kommission des Landtages für die Geschichte des Landes Rheinland-Pfalz, Bd. 16).

Tables chronologique et alphabétique des matières continues dans le Journal officiel du Commandement en Chef Français en Allemagne, Numéros 1 à 25 et ses suppléments.

„Tätigkeitsbericht des Sachverständigen-Ausschusses für Verfassungsfragen. Eingesetzt von der Ministerpräsidenten-Konferenz der drei Westzonen am 25. Juli 1948", in: *Verfassungsausschuss der Ministerpräsidenten-Konferenz der westlichen Besatzungszonen. Bericht über den Verfassungskonvent auf Herrenchiemsee vom 10. bis 23. August 1948*, München 1948, S. 3–9.

Verhandlungen des Landtags für Württemberg-Hohenzollern. Protokoll-Bd. 2. 26.–50. Sitzung vom 11. Juni bis 17. Dezember 1948, amtlich hg. in Bebenhausen, Tuttlingen 1948.

Verfassungstexte und Verfassungskonzeptionen (chronologisch)

„Die Verfassung des Deutschen Reiches vom 28. März 1849", in: *Die deutschen Verfassungen des 19. und 20. Jahrhunderts*, hg. v. Horst Hildebrandt, Paderborn 1971, S. 42–54. [zit. PKV]

„Die Verfassung des Deutschen Reiches vom 16. April 1871", in: *Die deutschen Verfassungen des 19. und 20. Jahrhunderts*, hg. v. Horst Hildebrandt, Paderborn 1971, S. 54–68. [zit. RV]

„Die Verfassung des Deutschen Reiches (Weimarer Verfassung) vom 11. August 1919", in: *Die deutschen Verfassungen des 19. und 20. Jahrhunderts*, hg. v. Horst Hildebrandt, Paderborn 1971, S. 69–111. [zit. WRV]

„Entwurf einer vorläufigen Verfassung für den Freistaat Gotha, 24. April 1919", in: *Gothaer Volksblatt. Sozialdemokratisches Organ für das nördliche Thüringen. Offizielles Organ des Gothaer Arbeiter- und Soldatenrates*, 24. April 1919. [zit. EvVFG]

„Verfassung des Freistaates Bayern (Bamberger Verfassung) vom 14. August 1919", in: Ruthenberg, Otto, *Verfassungsgesetze des Deutschen Reichs und der deutschen Länder nach dem Stande vom 1. Februar 1926*, Berlin 1926, S. 63–83. [zit. Bamberger Verfassung]

Brill, Hermann, „Gesetz für die vorläufige Regierungsgewalt in der Republik Gotha", in: *Protokoll der Landesversammlung für den Staat Gotha*, 29. Sitzung, Gotha, den 23. Dezember 1919, S. 309f, online einsehbar unter: http://zs.thulb.uni-jena.de/rsc/viewer/jportal_derivate_00223993/Film-423_1755.tif (15.04.2015). [zit. EvRRG]

„Das Buchenwalder Manifest, 16. April 1945", abgedruckt in: Brill, Hermann, *Gegen den Strom*, Offenbach a. M. 1946 (Wege zum Sozialismus, Heft 1), S. 96–102.

o. A. [Hermann Brill], „Richtlinien für eine Landesverwaltungsordnung", o. D. [Mai/Juni 1945], in: BArch, NL Brill 95, Blatt 39–41.

o. A. [Rudolf Knauth], „Landesverwaltungsordnung für die Provinz Thüringen vom Juli 1945", in: BArch, NL Brill 95, Blatt 42–63.

Menzel, Walter, „Richtlinien für den Aufbau der Deutschen Republik, 2. Juli 1947", in: *Protokoll der Verhandlungen des Parteitags der Sozialdemokratischen Partei Deutschlands vom 29. Juni bis 2. Juli 1947 in Nürnberg*, S. 225–227, online einsehbar unter: http://library.fes.de/parteitage/index-pt-1946.html (01.07.2015). [zit. RfAdDR]

Hoegner, Wilhelm, „Vorentwurf zur Verfassung des Volksstaates Bayern, Februar 1946", abgedruckt in: Pfetsch, Frank R. (Hg.), *Verfassungsreden und Verfassungsentwürfe. Länderverfassungen 1946–1953*, Frankfurt a. M. 1986 (Verfassungspolitik. Heidelberger Studien zur Entstehung von Verfassungen nach 1945, Bd. 1), S. 333–352.

o. A. [Adolf Süsterhenn, Ernst Biesten], „Entwurf einer Verfassung für Rheinland-Pfalz", o. D. [4. Oktober 1946], in: LHA 700, 177 Nr. 721. [zit. VES]

Brill, Hermann, „Bericht von einer Besprechung über Verfassungsfragen, 17. März 1947", abgedruckt in: Benz, Wolfgang (Hg.), *Bewegt von der Hoffnung aller Deutschen. Zur Geschichte des Grundgesetzes. Entwürfe und Diskussionen 1941–1949*, München 1979, S. 239–248.

Brill, Hermann, „Vorschläge für eine Verfassungspolitik des Länderrats, 14. April 1947", abgedruckt in: *Akten zur Vorgeschichte der BRD*, Bd. 2, S. 298–300 (Dok. Nr. 13, Besprechung über Verfassungsfrage im Deutschen Büro für Friedensfragen in Stuttgart, 14. April 1947).

„Grundsätze für eine deutsche Bundesverfassung, 13. April 1948", abgedruckt in: Sörgel, Werner, *Konsensus und Interessen. Eine Studie zur Entstehung des Grundgesetzes für die Bundesrepublik Deutschland*, Stuttgart 1969 (Frankfurter Studien. Zur Wissenschaft von der Politik, hg. v. Iring Fetscher und Carlo Schmid, Bd. V), S. 297–307.

Brill, Hermann, „Entwurf über die Bildung einer Deutschen Staatengemeinschaft, 23. April 1947", abgedruckt in: *Akten zur Vorgeschichte der BRD*, Bd. 2, S. 440–442 (Dok. Nr. 23, Zweite Besprechung über Verfassungsfragen im Deutschen Büro für Friedensfragen in Ruit, 20. Mai 1947).

Schmid, Karl, „Vorläufiger Entwurf einer Verfassung für Nordwürttemberg und Nordbaden, 24. April 1946", abgedruckt in: Pfetsch, Frank R. (Hg.), *Verfassungsreden und Verfassungsentwürfe. Länderverfassungen 1946–1953*, Frankfurt a. M. 1986 (Verfassungspolitik. Heidelberger Studien zur Entstehung von Verfassungen nach 1945, Bd. 1), S. 353–363. [zit. VESch]

„Verfassung für Rheinland-Pfalz vom 18. Mai 1947", in: Süsterhenn, Adolf/Schäfer, Hans, *Kommentar der Verfassung für Rheinland-Pfalz mit Berücksichtigung des Grundgesetzes für die Bundesrepublik Deutschland*, Koblenz 1950, S. 27–61. [zit. VRP]

o. A. [Friedrich Glum], „Verfassung der Bundesrepublik Deutschland", September 1947 (?), in: BArch, NL Brill 10a, Blatt 121–153.

Glum, Friedrich, „Vorschläge für eine Bundesverfassung", 6. November 1947, in: BArch, NL Brill 10a, Blatt 99–102.

Glum, Friedrich, „Verfassung der Vereinigten Staaten von Deutschland", o. D., in: BArch, NL Brill 10a, Blatt 154–180.

Glum, Friedrich/Hoegner, Wilhelm, „Vorschläge für eine Regelung der Zuständigkeitsverteilung zwischen Bund und Staaten, 8. Mai 1947", in: BArch, NL Brill 10a, Blatt 26–28.

Eschenburg, Theodor, „Entwurf über die Zuständigkeitsabgrenzung in einer künftigen deutschen Verfassung", o. D., in: BArch, NL Brill 10a, Blatt 72f.

Küster, Otto, „Richtlinien für eine künftige deutsche Verfassung", 21. April 1947, in: BArch, NL Brill 10a, Blatt 21f.

„Bayerischer Entwurf eines Grundgesetzes für den Verfassungskonvent und Bayerische Leitgedanken für die Schaffung des Grundgesetzes, August 1948", abgedruckt in: *Der Parlamentarische Rat 1948–1949. Akten und Protokolle*, hg. für den Deutschen Bundestag v. Kurt Georg Wernicke, für das Bundesarchiv v. Hans Booms unter Mitwirkung v. Walter Vogel, bearb. v. Johannes Volker Wagner, Bd. 1, Boppard am Rhein 1975, Dok. Nr. 1, S. 1–52. [zit. BEGG]

„Bericht über den Verfassungskonvent auf Herrenchiemsee vom 10.–23. August 1948, bestehend aus: A) Vorbericht, B) Darstellender Teil, C) Entwurf eines Grundgesetzes, D) Kommentierender Teil", abgedruckt in: *Der Parlamentarische Rat 1948–1949. Akten und Protokolle*, hg. für den Deutschen Bundestag v. Kurt Georg Wernicke, für das Bundesarchiv v. Hans Booms unter Mitwirkung v. Walter Vogel, bearb. v. Johannes Volker Wagner, Bd. 1, Boppard am Rhein 1975, Dok. Nr. 14, S. 504–630. [zit. HChE]

„Das Bonner Grundgesetz vom 23. Mai 1949", in: *Die deutschen Verfassungen des 19. und 20. Jahrhunderts*, hg. v. Horst Hildebrandt, Paderborn 1971, S. 116–194. [zit. GG]

Archivarische Quellen

Archiv der Sozialen Demokratie, Bonn [zit. AdsD]
- Nachlass Hermann Louis Brill
- Nachlass Carlo Schmid
- Privatnachlass Carlo Schmid

Bayerisches Hauptstaatsarchiv, München [zit. BayHStA]
- Nachlass Anton Pfeiffer

- Nachlass Hans Ehard

Bayerische Staatsbibliothek München, Handschriftensammlung [zit. StaBi]
- Nachlass Karl Schwend

Bundesarchiv, Koblenz [zit. BArch]
- Nachlass Hermann Louis Brill
- Bestände:
  - Z 2 (Zonenbeirat der britischen Besatzungszone)
  - Z 35 (Deutsches Büro für Friedensfragen)

Hessisches Hauptstaatsarchiv, Wiesbaden [zit. HHStA]
- Nachlass Geiler

Institut für Zeitgeschichte, München [zit. IfZ]
- ED 94, Bestand: Walter Strauß
- ED 117, Bestand: Fritz und Elisabeth Eberhard
- ED 120, Bestand: Wilhelm Hoegner
- ED 355, Bestand: Maximilian Pfeiffer, Anton Pfeiffer, Peter Pfeiffer

Stiftung Bundeskanzler-Adenauer-Haus, Bad Honnef-Rhöndorf [zit. StBKAH]
- Nachlass Konrad Adenauer

Thüringisches Hauptstaatsarchiv Weimar [zit. ThHStAW]
- Büro des Ministerpräsidenten

Thüringisches Staatsarchiv Gotha [zit. ThStA Gotha]
- Verhandlungen der Landesversammlung für den Staat Gotha 1919–1920, online einsehbar unter: http://zs.thulb.uni-jena.de/receive/jportal_jpvolume_00159037 (13. April 2015)
- Gesetzessammlung für den Staat Gotha 1919–1921, online einsehbar unter: http://zs.thulb.uni-jena.de/receive/jportal_jpjournal_00000815 (15. April 2015)
- Nachlass Otto Liebetrau

Quellen im Internet

- *Haager Landkriegsordnung von 1907*, online einsehbar unter: http://1000dok.digitale-sammlungen.de/dok_0201_haa.pdf (22.07.2015)

- „Potsdamer Abkommen vom 2. August 1945", in: Riedel, Kai, (Hg.), *document-Archiv*, Stichwort: Potsdamer Abkommen, online einsehbar unter: http://www.documentarchiv.de/ (26.02.2013)
- *Protokolle über die Verhandlungen der Parteitage der Sozialdemokratischen Partei Deutschlands (1946–1959)*, online einsehbar unter: http://library.fes.de/parteitage/index.html (01.07.2015)
- *Stenographische Berichte über die Sitzungen der Hessischen Landtage*, online einsehbar unter: http://starweb.hessen.de (22.12.2015)

Zeitungen und Zeitschriften

Bayerischer Staatsanzeiger
Das Volk. Organ der Sozialdemokratischen Partei Badens
Der Ruf. Unabhängige Blätter der jungen Generation
Der Spiegel
Der Tagesspiegel
Der Westen
Der Württemberger
Die Freiheit. Organ der sozialdemokratischen Partei
Die Neue Zeitung. Eine amerikanische Zeitung für die deutsche Bevölkerung
Die Welt
Die Zeit
Frankfurter Rundschau
Hohenstaufen-Blätter
Münchner Merkur
Münchner Mittag
Neues Deutschland
Neue Ruhr-Zeitung
Niederbayerische Nachrichten
Kölnische Rundschau
Kölnische Volkszeitung
Rheinischer Merkur
Rhein-Zeitung
Staats-Zeitung und Staatsanzeiger für Rheinland-Pfalz
Stuttgarter Rundschau
Süddeutsche Zeitung
Südkurier. Überparteiliche Informationszeitung für das Land Baden
Schwäbisches Tagblatt
Sozialistische Mitteilungen
Telegraf
Thüringer Allgemeine Zeitung und Erfurter allgemeiner Anzeiger
Tribüne. Sozialdemokratische Landeszeitung für Thüringen
Westdeutsche Allgemeine Zeitung

Literatur

Alemann, Ulrich von, *Das Parteiensystem der Bundesrepublik Deutschland*, Bonn 2001.

Anschütz, Gerhard, *Die Verfassung des Deutschen Reichs vom 11. August 1919. Ein Kommentar für Wissenschaft und Praxis*, Berlin 1933.

Auerbach, Hellmuth, „Die politischen Anfänge Carlo Schmids", in: *Vierteljahrshefte für Zeitgeschichte*, 36. Jahrgang, 1988, S. 595–694.

Backer, John H., *Die deutschen Jahre des Generals Clay. Der Weg zur Bundesrepublik 1945–1949*, München 1983.

Bauer-Kirsch, Angela, „Zur Legitimation des Bonner Grundgesetzes. Das Selbstverständnis des Parlamentarischen Rates wider die Kritik", in: *Zeitschrift für Politik*, 2002, Heft 2, S. 171–197.

Bauer-Kirsch, Angela, *Herrenchiemsee. Der Verfassungskonvent von Herrenchiemsee – Wegbereiter des Parlamentarischen Rates*, Dissertation elektronisch publ. auf dem Hochschulschriftenserver der ULB Bonn (http:/hss.ulb.uni-bonn.de/diss_online), Bonn 2005.

Baumgart, Winfried, „Voraussetzungen und Wesen der rheinland-pfälzischen Verfassung", in: Klaas, Helmut (Bearb.), *Die Entstehung der Verfassung für Rheinland-Pfalz. Eine Dokumentation*, Boppard am Rhein 1978, S. 1–32.

Baumgart, Winfried, „Adolf Süsterhenn (1905–1974)", in: *Zeitgeschichte in Lebensbildern*, hg. v. Jürgen Aretz, Rudolf Morsey und Anton Rauscher, Bd. 6, Mainz 1984, S. 189–199.

Benz, Wolfgang, „Föderalistische Politik in der CDU/CSU. Die Verfassungsdiskussion im ‚Ellwanger Kreis' 1947/48", in: *Vierteljahrshefte für Zeitgeschichte*, 25. Jahrgang, 1977, S. 776–820.

Benz, Wolfgang (Hg.), *Bewegt von der Hoffnung aller Deutschen. Zur Geschichte des Grundgesetzes. Entwürfe und Diskussionen 1941–1949*, München 1979.

Benz, Wolfgang, *Von der Besatzungsherrschaft zur Bundesrepublik. Stationen einer Staatsgründung. 1946–1949*, Frankfurt 1989.

Benz, Wolfgang (Hg.), *Deutschland unter alliierter Besatzung: 1945–1949/55. Ein Handbuch*, Berlin 1999.

Berding, Helmut, „Hermann Brills Rolle beim Herrenchiemseer Verfassungskonvent", in: *Hermann Louis Brill 1895–1959. Widerstandskämpfer und unbeugsamer Demokrat*, hg v. Renate Knigge-Tesche und Peter Reif-Spirek, Wiesbaden 2011, S. 173–189.

Bergmann, Joachim, *Die innenpolitische Entwicklung Thüringens von 1918 bis 1932*, hg. v. Dietrich Grille und Herbert Hömig, Mainz/Gotha 2001.

Bergstrasser, Ludwig, *Geschichte der politischen Parteien in Deutschland*, München 1960.

Blau, Joachim, *Sozialdemokratische Staatslehre in der Weimarer Republik: Darstellung und Untersuchung der staatstheoretischen Konzeptionen von Hermann Heller, Ernst Fraenkel und Otto Kirchheimer*, Marburg 1980 (Schriftenreihe für Sozialgeschichte und Arbeiterbewegung, Bd. 21).

Braas, Gerhard, *Die Entstehung der Länderverfassungen in der Sowjetischen Besatzungszone Deutschlands 1946/47*, Köln 1987 (Mannheimer Untersuchungen zu Politik und Geschichte der DDR, Bd. 4, hg. v. Hermann Weber und Dietrich Staritz).

Brill, Hermann, *Gegen den Strom*, Offenbach a. M. 1946 (Wege zum Sozialismus, Heft 1).

Brill, Hermann, „Die Grundrechte als Rechtsproblem", in: *Die öffentliche Verwaltung*, 1. Jahrgang, Heft 2, November 1948, S. 54–57.

Brommer, Peter, „Die Entstehung der Verfassung", in: *Rheinland-Pfalz entsteht. Beiträge zu den Anfängen des Landes Rheinland-Pfalz in Koblenz 1945–1951*, hg. v. Franz-Josef Heyen, Boppard 1984, S. 59–78.

Brommer, Peter, „Kirche und Verfassung. Zum rheinlandpfälzischen Verfassungsentwurf Süsterhenns aus dem Jahr 1946", in: *Jahrbuch für westdeutsche Landesgeschichte*, Bd. 16, 1990, S. 429–519.

Buchheim, Karl, „Kölnische Volkszeitung", in: *Staatslexikon. Recht, Wirtschaft, Gesellschaft*, hg. v. d. Görres-Gesellschaft, Bd. 4, Freiburg 1959, Sp. 1127–1129.

Buchstab, Günter, „Der Ellwanger Freundeskreis der CDU/CSU", in: *Ellwanger Jahrbuch*, 1995–1996, Bd. XXXVI, S. 174–184.

Clay, Lucius D., *Decision in Germany*, New York 1950.

Cornides, Wilhelm (Hg.), „Die Anfänge des europäischen föderalistischen Gedankens in Deutschland 1945–1949. Ein historisch-politischer Bericht, 5. September 1951", in: *Europa-Archiv. Zeitgeschichte, Zeitkritik, Verwaltung, Wirtschaftsaufbau. Halbmonatsschrift der Deutschen Gesellschaft für Auswärtige Politik*, Sechstes Jahr, Juli–Dezember 1951, S. 4243–4258.

Der Große Herder, Nachschlagewerk für Wissen und Leben, 5., neubearbeitete Aufl., Bd. 4, Freiburg 1954.

Der Völkerbund. Seine Verfassung und Organisation, hg. v. Sekretariat des Völkerbundes, Genf 1926.

Dorendor, Annelies, *Der Zonenbeirat der britisch besetzten Zone. Ein Rückblick auf seine Tätigkeit*, hg. auf Beschluss des Zonenbeirats, eingel. v. Gerhard Weisser, Göttingen 1953.

Dülffer, Jost, *Regeln gegen den Krieg? Die Haager Friedenskonferenzen von 1899 und 1907 in der internationalen Politik*, Berlin/Frankfurt a. M./Wien 1981.

Düwell, Kurt, *Entstehung und Entwicklung der Bundesrepublik Deutschland (1945–1961). Eine dokumentierte Einführung*, Köln 1981.

Ehnert, Gunter, „Alte Parteien in der ‚neuen Zeit'. Vom Bund demokratischer Sozialisten zum SPD-Bezirksverband in Thüringen 1945", in: *Von der SBZ zur DDR. Studien zum Herrschaftssystem in der Sowjetischen Besatzungszone und in der Deutschen Demokratischen Republik*, hg. v. Hartmut Mehringer, München 1995, S. 13–42.

Fait, Barbara, „‚In einer Atmosphäre von Freiheit'. Die Rolle der Amerikaner bei der Verfassungsgebung in den Ländern der US-Zone 1946", in: *Vierteljahrshefte für Zeitgeschichte*, 33. Jahrgang, 1985, S. 420–455.

Fait, Barbara, *Die Anfänge der CSU 1945–1948. Der holprige Weg zur Erfolgspartei*, München/Landsberg 1995.

Fait, Barbara, *Demokratische Erneuerung unter dem Sternenbanner. Amerikanische Kontrolle und Verfassungsgebung in Bayern 1946*, Düsseldorf 1998.

Fait, Barbara, „Für eine föderalistische Ordnung: Bayerische ‚Bundespolitik' 1945/46", in: *Weichenstellung für Deutschland. Der Verfassungskonvent von Herrenchiemsee*, hg. v. Peter März und Heinrich Oberreuter, München 1999, S. 23–39.

Feldkamp, Michael F., *Der Parlamentarische Rat 1948–1949: Die Entstehung des Grundgesetzes*, Göttingen 2008.

Feuchte, Paul, *Verfassungsgeschichte von Baden-Württemberg*, Stuttgart 1983.

Fromme, Friedrich Karl, *Von der Weimarer Verfassung zum Bonner Grundgesetz. Die verfassungspolitischen Folgerungen des Parlamentarischen Rates aus Weimarer Republik und nationalsozialistischer Diktatur*, 3., erg. Aufl., Berlin 1999 (Tübinger Schriften zum Staats- und Verwaltungsrecht, Bd. 50).

Frommel, Wolfgang (Pseud. Helbing, Wolfgang), *Der dritte Humanismus*, Berlin 1932.

Frommel, Wolfgang (Pseud. Helbing, Lothar), „Der dritte Humanismus als Aufgabe unserer Zeit", in: *Vom Schicksal des deutschen Geistes. Erste Folge: Die Begegnung mit der Antike. Reden um Mitternacht*, hg. v. Wolfgang Frommel, Berlin 1934, S. 125–140.

Gallwas, Hans-Ullrich, „Der staatsrechtliche Standort des Verfassungskonvents von Herrenchiemsee", in: *Weichenstellung für Deutschland. Der Verfassungskonvent von Herrenchiemsee*, hg. v. Peter März und Heinrich Oberreuter, München 1999, S. 83–99.

Gelberg, Karl-Ulrich, *Hans Ehard. Die föderalistische Politik des bayerischen Ministerpräsidenten 1946–1954*, Düsseldorf 1992.

Gelberg, Karl-Ulrich, „Bayerische Strategien für den Konvent", in: *Weichenstellung für Deutschland. Der Verfassungskonvent von Herrenchiemsee*, hg. v. Peter März und Heinrich Oberreuter, München 1999, S. 53–70.

Gimbel, John, *Amerikanische Besatzungspolitik in Deutschland 1945–1949*, aus dem Amerikanischen übersetzt v. Hans J. Baron v. Koskull, Frankfurt a. M. 1971.

Gornig, Gilbert H., *Territoriale Entwicklung und Untergang Preußens. Eine historisch-völkerrechtliche Untersuchung*, Köln 2000.

Görtemaker, Manfred, *Geschichte der Bundesrepublik Deutschland. Von der Gründung bis zur Gegenwart*, München 1999.

Grewe, Wilhelm, *Ein Besatzungsstatut für Deutschland. Die Rechtsformen der Besetzung*, Stuttgart 1948.

Griepenburg, Rüdiger, *Volksfront und deutsche Sozialdemokratie. Zur Auswirkung der Volksfronttaktik im sozialistischen Widerstand gegen den Nationalsozialismus*, Marburg 1971.

Griepenburg, Rüdiger, „Hermann Louis Brill: Herrenchiemseer Tagebuch 1948", in: *Vierteljahrshefte für Zeitgeschichte*, 34. Jahrgang, 1986, S. 585–622.

Gromoll, Bernhard, „Klassische und soziale Grundrechte", in: *Die Entstehung des Grundgesetzes. Beiträge und Dokumente*, hg. v. Udo Mayer und Gerhard Stuby, Köln 1976, S. 112–144.

Gronau, Hans-Albrecht von, *Der deutsche Föderalismus und der Verfassungskonvent auf Herrenchiemsee*, Diss., München 1949.

Hahn, Karl-Eckhard, „Von der Novemberrevolution 1918 bis zum endgültigen Erlöschen der Thüringer Staaten und Gebiete zum 1. April 1923. Notizen zu reichs- und landesgeschichtlichen Rahmenbedingungen", in: *Die vergessenen Parlamente. Landtage und Gebietsvertretungen in den Thüringer Staaten und Gebieten 1919–1923*, hg. v. Thüringer Landtag, Erfurt 2002, S. 11–52 (Schriften zur Geschichte des Parlamentarismus in Thüringen, Bd. 19).

Härtel, Lia, *Der Länderrat des amerikanischen Besatzungsgebietes*, hg. i. A. der Ministerpräsidenten von Bayern, Hessen, Württemberg-Baden und des Präsidenten des Senats der Freien Hansestadt Bremen vom Direktorium des Länderrats, Stuttgart/Köln 1951.

Häupel, Beate, „Die Gründung des Landes Thüringen. Staatsbildung und Reformpolitik 1918–1923", in: *Demokratische Bewegungen in Mitteldeutschland*, Bd. 2, hg. v. Helga Grebing, Hans Mommsen und Karsten Rudolph, Weimar/Köln/Wien 1995.

Hehl, Christoph von, *Adolf Süsterhenn (1905–1974). Verfassungsvater, Weltanschauungspolitiker, Föderalist*, Düsseldorf 2012 (Forschungen und Quellen zur Zeitgeschichte, Bd. 62).

Heil, Thomas, *Die Verwaltungsgerichtsbarkeit in Thüringen 1945–1952: ein Kampf um den Rechtsstaat*, Tübingen 1996 (Beiträge zur Rechtsgeschichte des 20. Jahrhunderts, Bd. 18).

Hennis, Wilhelm, „Carlo Schmid und die SPD", in: *Europa und die Macht des Geistes. Gedanken über Carlo Schmid (1896–1979)*, hg. v. der Friedrich-Ebert-Stiftung, Bonn 1997, S. 108–120.

Hense, Ansgar, „Der Hohenstaufe Adolf Süsterhenn. Ein Leben für das Naturrecht!", in: *Hohenstaufen-Blätter*, Nr. 126, 1992, S. 3.

Hess, Ulrich, „Das Sachsen-Coburg und Gothaische Staatsministerium 1858–1918", in: *Jahrbuch der Coburger Landesstiftung*, 1962, S. 13–92.

Hesselbarth, Mario, „Der Großvater des Sozialismus in Thüringen: Wilhelm Bock", in: *Gelebte Ideen. Sozialisten in Thüringen. Biographische Skizzen*, hg. v. Mario Hesselbarth, Eberhart Schulz und Manfred Weißbecker, Jena 2006, S. 53–62.

Hesselbarth, Mario, „Zur Novemberrevolution 1918/1919 in Thüringen", in: *Die Novemberrevolution 1918/1919 in Deutschland. Für bürgerliche und sozialistische Demokratie. Allgemeine, regionale und biographische Aspekte. Beiträge zum 90. Jahrestag der Revolution*, hg. v. Ulla Plener, Berlin 2009, S. 147–162.

Heyen, Franz-Josef (Bearb.), *Der Vorentwurf einer Verfassung von Adolf Süsterhenn und dessen Beratung in der Gemischten Kommission sowie in deren Unterausschuß für Verfassungsfragen. Die Entstehung der Verfassung für Rheinland-Pfalz. Eine Dokumentation*, bearb. v. Helmut Klaas, Boppard am Rhein 1978.

Hirscher, Gerhard, *Carlo Schmid und die Gründung der Bundesrepublik. Eine politische Biographie*, Bochum 1986.

Hoegner, Wilhelm, *Der schwierige Außenseiter*, München 1959.

Hollerbach, Alexander, „Über Godehard Josef Ebers (1880–1958). Zur Rolle katholischer Gelehrter in der neueren publizistischen Wissenschaftsgeschichte", in: *Festschrift für Ulrich Scheuner zum 70. Geburtstag*, hg. v. Horst Ehmke, Berlin 1973, S. 143–162.

Ihle, Wolfgang/Böhrig, Dirk (Hg.), *90 Jahre Hohenstaufen. Festschrift anläßlich des 90. Stiftungsfestes der KDStV Hohenstaufen zu Freiburg/Br. im CV*, Freiburg i. Br. 1995.

Jahrbuch der Sozialdemokratischen Partei Deutschlands 1947, Berlin u. a. 1976 (Jahrbücher der Sozialdemokratischen Partei Deutschlands 1946–1949, hg. v. Vorstand der Sozialdemokratischen Partei Deutschlands).

Jellinek, Georg, *Allgemeine Staatslehre*, 3. Aufl. unter Verwendung des handschriftlichen Nachlasses, durchgesehen und ergänzt durch Walter Jellinek, Berlin 1914.

Kachel, Steffen, *Ein rot-roter Sonderweg? Sozialdemokraten und Kommunisten in Thüringen 1919 bis 1949*, Köln/Weimar/Wien 2011 (Veröffentlichungen der Historischen Kommission für Thüringen. Kleine Reihe, Bd. 29).

Keil, Wilhelm, *Erlebnisse eines Sozialdemokraten*, Bd. 2, Stuttgart 1948.

Kempter, Klaus, *Die Jellineks 1820–1955. Eine familienbiographische Studie zum deutschjüdischen Bildungsbürgertum*, Düsseldorf 1998.

Kimmel, Elke, *Besatzungspolitische Ausgangsposition*, 31.10.2005, S. 1, online einsehbar unter: http://www.bpb.de/geschichte/deutsche-geschichte/marshallplan/39984/besatzung (04.01.2016).

Kindt, Werner (Hg.), *Die deutsche Jugendbewegung 1920 bis 1933. Die bündische Zeit. Quellenschriften*, Düsseldorf u. a. 1974.

Kistler, Helmut, *Bundesdeutsche Geschichte. Die Entwicklung der Bundesrepublik Deutschland seit 1948*, Stuttgart 1986.

Klöckler, Jürgen, *Abendland – Alpenland – Alemannien*, München 2009.

Kock, Peter Jakob, *Bayerns Weg in die Bundesrepublik*, München 1988 (Studien zur Zeitgeschichte, Bd. 22).

Köhler, Henning, *Adenauer. Eine politische Biographie*, Berlin 1994.

Krabbe, Wolfgang R., „Parteijugend in der Weimarer Republik. Ein typologischer Vergleich am Beispiel der Zentrums- und der DVP-Jugend", in: *Politische Jugend in der Weimarer Republik*, hg. v. Wolfgang R. Krabbe, Bochum 1993.

Kraus, Andreas, *Geschichte Bayerns. Von den Anfängen bis zur Gegenwart*, München 2013.

Küppers, Heinrich, *Staatsaufbau zwischen Bruch und Tradition. Geschichte des Landes Rheinland-Pfalz 1946–1955*, Mainz 1990.

Lachmann, Vera, „Wolfgang Frommel", in: *Figuren um Stefan George. Zehn Porträts*, hg. v. Michael Landmann, Amsterdam 1982, S. 115–146.

Lamm, Sebastian, „Länderrat des amerikanischen Besatzungsgebietes", in: *Historisches Lexikon Bayerns*, online einsehbar unter: http://www.historisches-lexikon-bayerns.de/artikel/artikel_46322 (17.07.2012).

Lang, Markus, *Karl Loewenstein. Transatlantischer Denker der Politik*, Stuttgart 2007 (Transatlantische Studien, Bd. 28).

Lange, Erhard H. M., *Wegbereiter der Bundesrepublik. Die Abgeordneten des Parlamentarischen Rates. Neunzehn historische Biografien. 50 Jahre Grundgesetz und Bundesrepublik Deutschland*, 2., überarb. und erw. Aufl., Brühl 1999.

Ley, Richard, *Föderalismusdiskussion innerhalb der CDU/CSU*, Mainz 1978.

Lipgens, Walter, *Die Anfänge der europäischen Einigungspolitik 1945–1950. Erster Teil: 1945–1947*, Stuttgart 1977.

Loth, Wilfried, „Die Europa-Bewegung in den Anfangsjahren der Bundesrepublik", in: *Vom Marshallplan zur EWG: die Eingliederung der Bundesrepublik Deutschland in die westliche Welt*, hg. v. Ludolf Herbst, Werner Bührer und Hanno Sowade, München 1990, S. 63–77.

Lotz, Albert, *Benedikt Schmittmann. Sein Leben und Werk*, Frankfurt a. M. 1949.

Maier, Reinhold, *Ende und Wende. Das schwäbische Schicksal 1944–1946. Briefe und Tagebuchaufzeichnungen*, Stuttgart 1948.

Malycha, Andreas, „Die Neugründung der SPD im Land Thüringen und der Weg zur SED", in: *Zwangsvereinigung von SPD und KPD in Thüringen*, Erfurt 1996, S. 6–27.

Marx, Karl/Engels, Friedrich/Emel, Alexander (Hg.), *Die Klassenkämpfe in Frankreich. 1848–1850*, Berlin 1930.

Mathy, Helmut, „„Die Freiheit und Würde des Menschen zu sichern …'. Adolf Süsterhenn (1905–1974), der ‚Vater' der rheinland-pfälzischen Verfassung", in: *Mainzer Zeitschrift. Mittelrheinisches Jahrbuch für Archäologie, Kunst und Geschichte*, hg. v. Altertumsverein, dem Landesmuseum der archäologischen Denkmalpflege, dem Stadtarchiv und der Stadtbibliothek Mainz, Jahrgang 83, 1988, S. 193–232.

Matzerath, Horst, „Köln in der Zeit des Nationalsozialismus 1933–1945", in: *Geschichte der Stadt Köln*, i. A. der Historischen Gesellschaft Köln e. V., hg .v. Werner Eck, Bd. 12, Köln 2009, S. 73–85.

Mayer, Udo, „Vom Potsdamer Abkommen zum Grundgesetz", in: *Die Entstehung des Grundgesetzes. Beiträge und Dokumente*, hg. v. Udo Mayer und Gerhard Stuby, Köln 1976, S. 75–110.

Meyer, Karl-Friedrich, „Dr. Adolf Süsterhenn (1905–1974) – Verfassungsjurist der ersten Stunde, Politiker und Richter". Vortrag gehalten am 20. September 2005 im Historischen Rathaussaal der Stadt Koblenz auf Einladung des rheinland-pfälzischen Landtags und der Peter-Altmeier-Gesellschaft.

Meyn, Karl-Ulrich, „Destruktives und konstruktives Misstrauensvotum – von der schwachen Reichsregierung zum starken Bundeskanzler?", in: *80 Jahre Weimarer Reichsverfassung – was ist geblieben?*, hg. v. Eberhard Eichenhofer, Tübingen 1999, S. 71–94.

Moltke, Freya von/Balfour Michael/Frisby Julian, *Helmuth James von Moltke, 1907–1945. Anwalt der Zukunft*, Stuttgart 1975.

Moraw, Frank, *Die Parole der „Einheit" und die Sozialdemokratie*, 2. Aufl., Bonn 1990.

Morsey, Rudolf, „Die Deutsche Zentrumspartei", in: *Das Ende der Parteien 1933*, hg. v. Erich Matthias und Rudolf Morsey, Düsseldorf 1960, S. 281–453.

Morsey, Rudolf, „Die Rolle der Ministerpräsidenten bei der Entstehung der Bundesrepublik Deutschland 1949/49", in: *50 Jahre Herrenchiemseer Verfassungskonvent – Zur Struktur des deutschen Föderalismus*, hg. v. Deutschen Bundesrat, Bonn 1999, S. 35–54.

Morsey, Rudolf, „1918–1933", in: *Lexikon der Christlichen Demokratie in Deutschland*, hg. v. Winfried Becker, Paderborn u. a. 2002, S. 35–43.

Mühlhausen, Walter, *Hessen 1945–1950. Zur politischen Geschichte eines Landes in der Besatzungszeit*, Frankfurt a. M. 1985.

Mühlhausen, Walter, „... die Länder zu Pfeilern machen ...". *Hessens Weg in die Bundesrepublik Deutschland 1945–1949*, Wiesbaden 1989.

o. A. [Anton Pfeiffer], „Die Länder und der deutsche Staat. Die Stellung der CDU und CSU zum Verfassungsproblem", in: *Die Gegenwart. Eine Halbmonatsschrift*, hg. v. Bernhard Guttman u. a., Freiburg, 5. August 1948, S. 9–11.

Oberreuter, Heinrich, „Weichenstellungen – Ideen und Intentionen der Neuschöpfung im Spiegel der Republik von heute", in: *Weichenstellung für Deutschland. Der Verfassungskonvent von Herrenchiemsee*, hg. v. Peter März und Heinrich Oberreuter, München 1999, S. 11–22.

Ortwein, Friedrich J. (Hg.), *Rappoltstein 1905–2005*, Köln 2005.

Overesch, Manfred, *Gesamtdeutsche Illusion und westdeutsche Realität. Von den Vorbereitungen für einen deutschen Friedensvertrag zur Gründung des Auswärtigen Amts der Bundesrepublik Deutschland 1946–1949/51*, Düsseldorf 1978.

Overesch, Manfred, *Deutschland 1945–1949. Vorgeschichte und Gründung der Bundesrepublik. Ein Leitfaden in Darstellung und Dokumenten*, Düsseldorf 1979.

Overesch, Manfred, „Hermann Brill und die Neuanfänge deutscher Politik in Thüringen 1945", in: *Vierteljahrshefte für Zeitgeschichte*, 27. Jahrgang, 1979, S. 524–569.

Overesch, Manfred, „Ernst Thapes Buchenwalder Tagebuch von 1945", in: *Vierteljahrshefte für Zeigeschichte*, 29. Jahrgang, 1981, S. 631–672.

Overesch, Manfred, *Hermann Brill. Ein Kämpfer gegen Hitler und Ulbricht*, Bonn 1992 (Politik und Gesellschaftsgeschichte, Bd. 29).

Overesch, Manfred, *Machtergreifung von links. Thüringen 1945/46*, Hildesheim/Zürich/New York 1993.

Overesch, Manfred, „Hermann Brill und die SPD in Thüringen 1945/1946", in: *Arbeiterbewegung und Sozialdemokratie in Thüringen. Dokumentation des Kolloquiums der Friedrich-Ebert-Stiftung, Landesbüro Thüringen und Arbeit und Leben in Thüringen e. V., am 30.10.2001 im Kaisersaal, Erfurt, anlässlich des 110jährigen Jubiläums des Erfurter Parteitages*, Erfurt [2002], S. 35–48.

Pfeiffer, Anton, „Einheitsstaat und Föderalismus", in: *Politische Zeitfragen. Halbmonatsschrift über alle Gebiete des öffentlichen Lebens*, 2. Jahrgang, Heft 5, 1. März 1920, S. 65–80.

Pfeiffer, Anton, „Einheitsstaat und Föderalismus", in: *Politische Zeitfragen. Halbmonatsschrift über alle Gebiete des öffentlichen Lebens*, 2. Jahrgang, Heft 6/7, 1. April 1920, S. 81–111.

Pfeiffer, Anton, „Vom Werden einer Verfassung", in: *Die öffentliche Verwaltung. Zeitschrift für Verwaltungsrecht und Verwaltungspolitik*, 1. Jahrgang, Heft 2, November 1948, S. 49–51.

Pfeiffer, Anton, „Vom Werden einer Verfassung II", in: *Die öffentliche Verwaltung. Zeitschrift für Verwaltungsrecht und Verwaltungspolitik*, 1. Jahrgang, Heft 3, Dezember 1948, S. 89–93.

Pfeiffer, Anton, *Der Länderrat der amerikanischen Zone. Seine Geschichte und staatsrechtliche Würdigung*, Diss., München 1948.

Pfetsch, Frank R., *Ursprünge der Zweiten Republik. Prozesse der Verfassungsgebung in den Westzonen und in der Bundesrepublik*, Opladen 1990.

Philipp, Michael, *„Vom Schicksal des deutschen Geistes". Wolfgang Frommels Rundfunkarbeit an den Sendern Frankfurt und Berlin 1933–1935 und ihre oppositionelle Tendenz*, Potsdam 1995 (Potsdamer Studien, Bd. 1).

Piontkowitz, Heribert, *Anfänge westdeutscher Außenpolitik 1946–1949. Das Deutsche Büro für Friedensfragen*, Stuttgart 1978 (Studien zur Zeitgeschichte, Bd. 12).

Pollock, James K., *Besatzung und Staatsaufbau nach 1945. Occupation Diary and Private Correspondence 1945–1948*, hg. v. Ingrid Krüger-Bulcke, München 1994.

Post, Bernhard/Wahl, Volker (Hg.), *Thüringen-Handbuch. Territorium, Verfassung, Parlament, Regierung und Verwaltung in Thüringen 1920 bis 1995*, Weimar 1999.

Raberg, Frank, „Einleitung. Zur Entstehung der Verfassung des Landes Württemberg-Hohenzollern", in: *Quellen zur Entstehung der Verfassung von Württemberg-Hohenzollern. Erster Teil*, hg. v. der Kommission für geschichtliche Landeskunde in Baden-Württemberg, bearb. v. Thomas Rösslein, Stuttgart 2006, S. XIII–XXVIII.

Raschke, Helga, „,In contumaciam' aus der KPD geworfen: Ernst Geithner", in: *Gelebte Ideen. Sozialisten in Thüringen. Biographische Skizzen*, hg. v. Mario Hesselbarth, Eberhart Schulz und Manfred Weißbecker, Jena 2006, S. 177–183.

Reimers, Bettina Irina, „Hermann Brill als Wegbereiter des Fachs Rechtskunde in der Thüringer Volksbildungsarbeit der Weimarer Zeit", in: *Hermann Louis Brill 1895–1959. Widerstandskämpfer und unbeugsamer Demokrat*, hg v. Renate Knigge-Tesche und Peter Reif-Spirek, Wiesbaden 2011, S. 37–55.

Reuter, Christiane, *Graue Eminenz der bayerischen Politik. Eine politische Biographie Anton Pfeiffers (1888–1957)*, München 1987 (Miscellanea Bavarica Monacensia. Dissertationen zur Bayerischen Landes- und Münchner Stadtgeschichte, Heft 117).

Roellecke, Gerd, „Von Frankfurt über Weimar und Bonn nach Berlin. Demokratische Verfassungen in Deutschland und die gesellschaftliche Entwicklung in Europa", in: *Juristenzeitung*, 55. Jahrgang, Heft 3, 4. Februar 2000, S. 113–117.

Röll, Wolfgang, *Sozialdemokraten im Konzentrationslager Buchenwald 1937–1945*, Göttingen 2000.

Roßmann, Erich, *Ein Leben für Sozialismus und Demokratie*, Stuttgart 1946.

Rothstein, Siegmar, *Die Voraussetzungen der Gründung der Bundesrepublik Deutschland 1948/49*, hg. v. der Politischen Akademie Eichholz der Konrad-Adenauer-Stiftung für politische Bildung und Studienförderung e. V., Eichholz 1969.

Rousseau, Jean-Jacques, *Du contrat social ou principes du droit politique. Vom Gesellschaftsvertrag oder Grundsätze des Staatsrechts*, übers. und hg. v. Hans Brockard, Stuttgart 1979.

Ruppelt, Georg, *Hitler gegen Tell. Die „Gleich- und Ausschaltung" Friedrich Schillers im nationalsozialistischen Deutschland*, Hameln 2005.

Schlemmer, Anton, „Anton Pfeiffer (1888–1957). Chef der Staatskanzlei, Bayern", in: Buchstab, Günter/Kleinmann, Hans-Otto, *In Verantwortung vor Gott und den Menschen. Christliche Demokraten im Parlamentarischen Rat 1948/49*, Freiburg 2008.

Schmid, Karl, „Völkerbund", in: *Die Religion in Geschichte und Gegenwart. Handwörterbuch für Theologie und Religionswissenschaft*, 2. Aufl., Bd. 5, Tübingen 1931, Sp. 1602–1611.

Schmid, Karl, *Die Rechtsprechung des Ständigen Internationalen Gerichtshofs. In Rechtssätzen dargestellt*, Stuttgart 1932.

Schmid, Karl, „Friedrich und Rousseau oder Kunst und Natürlichkeit als staatsbauende Wirksamkeiten", in: *Vom Schicksal des deutschen Geistes. Erste Folge: Die Begegnung mit der Antike. Reden um Mitternacht*, hg. v. Wolfgang Frommel, Berlin 1934, S. 79–86.

Schmid, Karl, „Idee und Ideologie des Abendlandes an der Wende von Mittelalter und Neuzeit: Dante und Pierre Dubois", in: *Aufsätze zur Geschichte der Antike und des Christentums*, Berlin 1937, S. 92–112.

Schmid, Karl, „Einige Gedanken zum Problem einer allgemeinen internationalen Gerichtsbarkeit", in: *The New Commonwealth Quarterly*, published by The New Commonwealth Institute, Vol. III, No. 4, March 1938, S. 342–355.

Schmid, Carlo, „Das deutsch-französische Verhältnis und der dritte Partner", in: *Die Wandlung*, Heft 9, Heidelberg 1947, S. 792–805.

Schmid, Karl, „Europäische Union", in: *Merkur. Deutsche Zeitschrift für europäisches Denken*, Heft 5, Baden-Baden 1947, S. 649–654.

Schmid, Karl, „Unteilbarkeit der Rechtsordnung. Aus einer Ansprache auf dem Juristentag in Konstanz am 2. Juni 1947", in: *Deutsche Rechts-Zeitschrift*, hg. v. Karl S. Bader, 2. Jahrgang, Heft 7, Juli 1947, S. 205–208.

Schmid, Carlo, „Berlin, Bastion der Freiheit. Rede vom 9. Mai 1948 auf dem Bezirkstag der SPD in Berlin", in: Carlo Schmid, *Kampf um die Freiheit. Zwei Reden aus geschichtlichem Anlaß*, Hamburg 1948, S. 23–45.

Schmid, Karl, „Die Neuregelung des Besatzungsrechts", in: *Jahrbuch für internationales und ausländisches öffentliches Recht*, hg. v. Rudolf Laun und Hermann v. Mangoldt, Bd. 1, Hamburg 1948, S. 123–128.

Schmid, Karl, „Europa – Nur als Bund möglich", in: *Neues Europa. Halbmonatsschrift für Völkerverständigung*, Heft 9, Hannoversch-Münden 1948, S. 13–16.

Schmid, Karl, „Gliederung und Einheit. Die verfassungspolitischen Richtlinien der SPD", in: *Die Gegenwart. Eine Halbmonatsschrift*, hg. v. Bernhard Guttman u. a., Freiburg, 20. August 1948, S. 15–20.

Schmid, Karl, „Die politische und staatsrechtliche Ordnung der Bundesrepublik Deutschland", in: *Die öffentliche Verwaltung*, 2. Jahrgang, Heft 11, Juni 1949, S. 201–207.

Schmid, Carl, „Rückblick auf die Verhandlungen", in: *Die Wandlung*, Sommerheft 1949, Heidelberg 1949, S. 652–669.

Schmid, Carlo, *Politik als geistige Aufgabe*, Gesammelte Werke in Einzelausgaben, Bd. 1, Bern/München/Wien 1973.

Schmid, Carlo, „Über das europäische politische System", in: Carlo Schmid, *Politik als geistige Aufgabe*, Gesammelte Werke in Einzelausgaben, Bd. 1, Bern/München/Wien 1973, S. 180–201.

Schmid, Carlo, „Wilson und der Wilsonismus", in: Carlo Schmid, *Politik als geistige Aufgabe*, Gesammelte Werke in Einzelausgaben, Bd. 1, Bern/München/Wien 1973, S. 154–171.

Schmid, Carlo, „Europa als nationale Aufgabe", in: Carlo Schmid, *Europa und die Macht des Geistes*, Gesammelte Werke in Einzelausgaben, Bd. 2, München/Zürich 1976, S. 29–41.

Schmid, Carlo, *Erinnerungen*, Gesammelte Werke in Einzelausgaben, Bd. 3, Bern/München/Wien 1979.

Schmid, Karl/Schmitz, Ernst, „Der Paragraph 4 der Anlage zu Sektion IV des Teils X des Versailler Vertrags", in: *Zeitschrift für ausländisches öffentliches Recht und Völkerrecht*, Bd. 1, 1929, S. 251–320.

Schmid, Manfred, *Die Tübinger Studentenschaft nach dem Ersten Weltkrieg 1918–1923*, Tübingen 1988 (Werkschriften des Universitätsarchivs Tübingen, hg. v. Volker Schäfer, Reihe 1: Quellen und Studien, Heft 13).

Schmidt-Bleibtreu, Bruno/Klein, Franz, *Kommentar zum Grundgesetz für die Bundesrepublik Deutschland*, Darmstadt 1973.

Schmitz Ernst/Schmid, Karl, „Zur Dogmatik der Sektion V des Teiles des Versailler Vertrags", in: *Zeitschrift für ausländisches öffentliches Recht und Völkerrecht*, Bd. 2, 1931, S. 17–85.

Schneider, Andreas, „Hermann Brill in der Ära Frick und die Auseinandersetzung um die Ernennung Hitlers zum Gendarmeriekommissar von Hildburghausen", in: *Hermann Louis Brill 1895–1959. Widerstandskämpfer und unbeugsamer Demokrat*, hg. v. Renate Knigge-Tesche und Peter Reif-Spirek, Wiesbaden 2011, S. 57–76.

Schöbener, Burkhard/Knauff, Matthias, *Allgemeine Staatslehre*, 2. Aufl., München 2013.

Schroeder, Klaus-Peter, „Carlo Schmid (1896–1979) – Ein deutscher Europäer", in: *Eine Verfassung für Europa*, hg. v. Klaus Beckmann, Jürgen Dieringer und Ulrich Hufeld, 2., akt. u. erw. Aufl., Tübingen 2005, S. 21–35.

Schulz, Eberhart, „Gegen Willkür und Reaktion: Albin Tenner", in: *Gelebte Ideen. Sozialisten in Thüringen. Biographische Skizzen*, hg. v. Mario Hesselbarth, Eberhart Schulz und Manfred Weißbecker, Jena 2006, S. 422–427.

Siegmund, Jörg, „Zwischen Konsens und Blockadepolitik: Die Übergangsparlamente in Sachsen-Gotha und Sachsen-Coburg", in: *Die vergessenen Parlamente. Landtage und Gebietsvertretungen in den Thüringer Staaten und Gebieten 1919–1923*, hg. v. Thüringer Landtag, Erfurt 2002, S. 121–160 (Schriften zur Geschichte des Parlamentarismus in Thüringen, Bd. 19).

Sörgel, Werner, *Konsensus und Interessen. Eine Studie zur Entstehung des Grundgesetzes für die Bundesrepublik Deutschland*, Stuttgart 1969 (Frankfurter Studien. Zur Wissenschaft von der Politik, hg. v. Iring Fetscher und Carlo Schmid, Bd. V).

Stammen, Theo/Maier, Gerold, „Der Prozeß der Verfassungsgebung", in: *Vorgeschichte der Bundesrepublik Deutschland. Zwischen Kapitulation und Grundgesetz*, hg. v. Josef Becker, Theo Stammen und Peter Waldmann, München 1979, S. 381–419.

Stehkämper, Hugo, „Benedikt Schmittmann (1872–1939)", in: *Zeitgeschichte in Lebensbildern*, hg. v. Jürgen Aretz, Rudolf Morsey und Anton Rauscher, Bd. 6, Mainz 1984, S. 29–49.

Süsterhenn, Adolf/Schäfer, Hans, *Kommentar der Verfassung für Rheinland-Pfalz mit Berücksichtigung des Grundgesetzes für die Bundesrepublik Deutschland*, Koblenz 1950.

Sunnus, Michael, *Der NS-Rechtswahrerbund (1928-1945). Zur Geschichte der nationalsozialistischen Juristenorganisation*, Frankfurt a. M. u. a. 1990.

Uertz, Rudolf, „Adolf Süsterhenn (1905–1974). Landesminister, Rheinland-Pfalz", in: Buchstab, Günter, *In Verantwortung vor Gott und den Menschen. Christliche Demokraten im Parlamentarischen Rat 1948/49*, Freiburg 2008, S. 355–364.

Vogel, Rudolf, „Erinnerungen und Bemerkungen zum ‚Ellwanger Kreis'", in: *Ellwanger Jahrbuch 1979–1980*, hg. v. Geschichts- und Altertumsverein e. V., Bd. XXVII, S. 171–180.

Vogelsang, Thilo, *Das geteilte Deutschland*, München 1982 (dtv-Weltgeschichte des 20. Jahrhunderts, Bd. 11).

Voß, Joachim, *EuG. Europagesetze II*, München 1964.

Wahl, Volker, „Vorgeschichte und Gründung des Landes 1919/1920", in: Post, Bernhard/Wahl, Volker (Hg.), *Thüringen-Handbuch. Territorium, Verfassung, Parlament, Regierung und Verwaltung in Thüringen 1920 bis 1995*, Weimar 1999, S. 22–32.

Waser, Ruedi, „Nationaler Kultursozialismus oder Aufhebung der bürgerlichen Gesellschaft?", in: Müller, Christoph/Staff, Ilse, *Der soziale Rechtsstaat. Gedächtnisschrift für Hermann Heller 1891–1933*, Baden-Baden 1984, S. 521–552.

Weber-Fas, Rudolf, *Das kleine Staatslexikon. Politik, Geschichte, Diplomatie, Recht*, Frankfurt a. M. 2000.

Weber, Petra, *Carlo Schmid 1896–1979. Eine Biographie*, München 1996.

Weber, Petra, „Carlo Schmid, die SPD und der Verfassungskonvent von Herrenchiemsee", in: *Weichenstellung für Deutschland. Der Verfassungskonvent von Herrenchiemsee*, hg. v. Peter März und Heinrich Oberreuter, München 1999, S. 71–81.

Wegener, Wilhelm (Hg.), *Die neuen deutschen Verfassungen*, Essen 1947.

Wengst, Udo, „Herrenchiemsee und die Konstellationen des Jahres 1948", in: *Weichenstellung für Deutschland. Der Verfassungskonvent von Herrenchiemsee*, hg. v. Peter März und Heinrich Oberreuter, München 1999, S. 41–51.

Will, Martin, *Die Entstehung der Verfassung des Landes Hessen von 1946*, Tübingen 2009 (Beiträge zur Rechtsgeschichte des 20. Jahrhunderts, Bd. 63).

Wintzer, Joachim, *Deutschland und der Völkerbund 1918–1926*, Paderborn 2006.

Witzmann, Georg, „Was wir erlebten. Die Kämpfe um die Gothaische Verfassung im Jahre 1919", in: *Rund um den Friedenstein. Blätter für Thüringische Geschichte und Heimatgeschehen*, hg. v. Gothaischen Tageblatt, Jahrgang 9, Nr. 10, 19. Mai 1932, S. 1–4.

Wolfrum, Edgar, *Französische Besatzungspolitik und deutsche Sozialdemokratie. Politische Neuansätze in der „vergessenen Zone" bis zur Bildung des Südweststaates 1945–1952*, Düsseldorf 1991.

Wylick, Christine van, *Das Besatzungsstatut. Entstehung, Revision, Wandel und Ablösung des Besatzungsstatuts*, Diss., Köln 1956.

Yannacopoulos, Christos/Pflügner, Irma, „Der August Bebel von Gotha: Adolf Schauder", in: *Gelebte Ideen. Sozialisten in Thüringen. Biographische Skizzen*, hg. v. Mario Hesselbarth, Eberhart Schulz und Manfred Weißbecker, Jena 2006, S. 377–381.

Zimmer, Annette, *Demokratiegründung und Verfassungsgebung in Bayern. Die Entstehung der Verfassung des Freistaates Bayern von 1946*, Frankfurt a. M. 1987 (Verfassungspolitik. Heidelberger Studien zur Entstehung von Verfassungsfragen nach 1945, Bd. 4).

Geschichtswissenschaften

Band 44: Sabine Kurtenacker: **Der Einfluss politischer Erfahrungen auf den Verfassungskonvent von Herrenchiemsee** · Entwicklung und Bedeutung der Staats- und Verfassungsvorstellungen von Carlo Schmid, Hermann Brill, Anton Pfeiffer und Adolf Süsterhenn
2017 · 392 Seiten · ISBN 978-3-8316-4631-9

Band 43: Elcin Dindar: **Die türkische Zypernpolitik im Konfliktfeld des östlichen Mittelmeers 1950–1974**
2017 · 346 Seiten · ISBN 978-3-8316-4656-2

Band 42: Thomas Fischl: **Mitgefühl – Mitleid – Barmherzigkeit** · Ansätze von Empathie im 12. Jahrhundert
2017 · 280 Seiten · ISBN 978-3-8316-4608-1

Band 41: Jan-Hendrik Hartwig: **Die Erkenntnisse des Bundesnachrichtendienstes über die Wirtschaft der Deutschen Demokratischen Republik**
2017 · 420 Seiten · ISBN 978-3-8316-4602-9

Band 40: Magda Beiss: **Das Frankfurter Israelitische Familienblatt als Spiegel der Zeit von 1902 bis 1919**
2017 · 502 Seiten · ISBN 978-3-8316-4601-2

Band 39: Andrea Zedler, Jörg Zedler (Hrsg.): **Prinzenrollen 1715/16** · Wittelsbacher in Rom und Regensburg
2016 · 392 Seiten · ISBN 978-3-8316-4567-1

Band 38: Tobias Hof (Hrsg.): **Empire, Ideology, Mass Violence: The Long 20th Century in Comparative Perspective**
2016 · 278 Seiten · ISBN 978-3-8316-4331-8

Band 37: Matthias Johannes Bauer: **„Der Allten Fechter gründtliche Kunst"** – Das Frankfurter oder Egenolffsche Fechtbuch · Untersuchung und Edition · critical edition with two pages Englisch abstract
2016 · 324 Seiten · ISBN 978-3-8316-4559-6

Band 36: Isabella Schüler: **Franz Anton Graf von Kolowrat-Liebsteinsky (1778–1861)** · Der Prager Oberstburggraf und Wiener Staats- und Konferenzminister
2016 · 388 Seiten · ISBN 978-3-8316-4552-7

Band 35: Stefan Trinkl: **Das Zisterzienserkloster Fürstenfeld unter Abt Balduin Helm 1690–1705**
2015 · 470 Seiten · ISBN 978-3-8316-4438-4

Band 34: Anika Aulbach: **Die Frauen der Diadochendynastien** · Eine prosopographische Studie zur weiblichen Entourage Alexanders des Großen und seiner Nachfolger
2015 · 220 Seiten · ISBN 978-3-8316-4465-0

Band 33: Linda Brüggemann: **Herrschaft und Tod in der Frühen Neuzeit** · Das Sterbe- und Begräbniszeremoniell preußischer Herrscher vom Großen Kurfürsten bis zu Friedrich Wilhelm II. (1688–1797)
2015 · 478 Seiten · ISBN 978-3-8316-4442-1

Band 32: Karl Rösch: **Franz Josef Strauß – Bundestagsabgeordneter im Wahlkreis Weilheim 1949–1978**
2014 · 618 Seiten · ISBN 978-3-8316-4392-9

Band 31: Armin Gugau: **Untersuchungen zum Landshuter Erbfolgekrieg von 1504/1505** · Die Schäden und ihre Behebung
2015 · 380 Seiten · ISBN 978-3-8316-4387-5

Band 30: Rainer Welle: **... vnd mit der rechten faust ein mordstuck – Baumanns Fecht- und Ringkampfhandschrift** · Edition und Kommentierung der anonymen Fecht- und Ringkampfhandschrift Cod. I.6.4° 2 der UB Augsburg aus den Beständen der ehemaligen Öttingen-Wallersteinschen Bibliothek · 2 Bände, nur geschlossen beziehbar
2014 · 472 Seiten · ISBN 978-3-8316-4377-6

Band 29: Susanne Greiter: **Flucht und Vertreibung im Familiengedächtnis** · Geschichte und Narrativ
2013 · 350 Seiten · ISBN 978-3-8316-4292-2

Band 28: Panagiotis Argyropoulos: **Von der Theorie zur Empirie** · Philosophische und politische Reformmodelle des 4. bis 2. Jahrhunderts v. Chr.
2013 · 212 Seiten · ISBN 978-3-8316-4244-1

Band 27: Gerd-Bolko Müller-Faßbender: **München und seine Apotheken** · Geschichte des Apothekenwesens der bayerischen Haupt- und Residenzstadt von den Anfängen bis zum Ende des bayerischen Kurfürstentums
2015 · 388 Seiten · ISBN 978-3-8316-4157-4

Band 26: Hagan Brunke: **Essen in Sumer** · Metrologie, Herstellung und Terminologie nach Zeugnis der Ur III-zeitlichen Wirtschaftsurkunden
2011 · 284 Seiten · ISBN 978-3-8316-4089-8

Band 25: Felix de Taillez: **»Amour sacré de la Patrie« – de Gaulle in Neufrankreich** · Symbolik, Rhetorik und Geschichtskonzept seiner Reden in Québec 1967
2011 · 210 Seiten · ISBN 978-3-8316-4073-7

Band 24: Oliver Götze: **Der öffentliche Kosmos** · Kunst und wissenschaftliches Ambiente in italienischen Städten des Mittelalters und der Renaissance
2010 · 586 Seiten · ISBN 978-3-8316-4006-5

Band 23: Joachim Helbig: **Postvermerke auf Briefen 15.–18. Jahrhundert** · Neue Ansichten zur Postgeschichte der frühen Neuzeit und der Stadt Nürnberg
2010 · 288 Seiten · ISBN 978-3-8316-0945-1

Band 22: Karen Königsberger: **»Vernetztes System«?** · Die Geschichte des Deutschen Museums 1945–1980 dargestellt an den Abteilungen Chemie und Kernphysik
2009 · 390 Seiten · ISBN 978-3-8316-0898-0

Band 21: Dirk Preuß: **Anthropologe und Forschungsreisender** · Biographie und Anthropologie Egon Freiherr von Eickstedts (1892–1965) · mit einem Werkverzeichnis von Eickstedts
2009 · 392 Seiten · ISBN 978-3-8316-0872-0

Band 20: Anette Bangert: **Elector Ferdinand Maria of Bavaria** · Bavarian Imperial Politics during the Interregnum 1657–58
2008 · 310 Seiten · ISBN 978-3-8316-0772-3

Erhältlich im Buchhandel oder direkt beim Verlag:
Herbert Utz Verlag GmbH, München
089-277791-00 · info@utzverlag.de

Gesamtverzeichnis mit mehr als 3000 lieferbaren Titeln: www.utzverlag.de